Körperschaftsteuer in der Unternehmenspraxis

Lizenz zum Wissen.

Sichern Sie sich umfassendes Technikwissen mit Sofortzugriff auf tausende Fachbücher und Fachzeitschriften aus den Bereichen: Automobiltechnik, Maschinenbau, Energie + Umwelt, E-Technik, Informatik + IT und Bauwesen.

Exklusiv für Leser von Springer-Fachbüchern: Testen Sie Springer für Professionals 30 Tage unverbindlich. Nutzen Sie dazu im Bestellverlauf Ihren persönlichen Aktionscode C0005406 auf *www.springerprofessional.de/buchaktion/*

Springer für Professionals.
Digitale Fachbibliothek. Themen-Scout. Knowledge-Manager.

- Zugriff auf tausende von Fachbüchern und Fachzeitschriften
- Selektion, Komprimierung und Verknüpfung relevanter Themen durch Fachredaktionen
- Tools zur persönlichen Wissensorganisation und Vernetzung

www.entschieden-intelligenter.de

Springer für Professionals

Matthias Alber

Körperschaftsteuer in der Unternehmenspraxis

Steuerliche Optimierung für Unternehmer und Unternehmen

Matthias Alber
Hochschule für öffentliche Verwaltung
und Finanzen
Ludwigsburg, Deutschland

ISBN 978-3-8349-3360-7   ISBN 978-3-8349-3821-3 (eBook)
DOI 10.1007/978-3-8349-3821-3

Die Deutsche Nationalbibliothek verzeichnet diese Publikation in der Deutschen Nationalbibliografie; detaillierte bibliografische Daten sind im Internet über http://dnb.d-nb.de abrufbar.

Springer Gabler
© Springer Fachmedien Wiesbaden 2014
Das Werk einschließlich aller seiner Teile ist urheberrechtlich geschützt. Jede Verwertung, die nicht ausdrücklich vom Urheberrechtsgesetz zugelassen ist, bedarf der vorherigen Zustimmung des Verlags. Das gilt insbesondere für Vervielfältigungen, Bearbeitungen, Übersetzungen, Mikroverfilmungen und die Einspeicherung und Verarbeitung in elektronischen Systemen.

Die Wiedergabe von Gebrauchsnamen, Handelsnamen, Warenbezeichnungen usw. in diesem Werk berechtigt auch ohne besondere Kennzeichnung nicht zu der Annahme, dass solche Namen im Sinne der Warenzeichen- und Markenschutz-Gesetzgebung als frei zu betrachten wären und daher von jedermann benutzt werden dürften.

Lektorat: Anna Pietras

Gedruckt auf säurefreiem und chlorfrei gebleichtem Papier.

Springer Gabler ist eine Marke von Springer DE. Springer DE ist Teil der Fachverlagsgruppe Springer Science+BusinessMedia
www.springer-gabler.de

Vorwort zur 1. Auflage

Das vorliegende Sachbuch richtet sich insbesondere an die steuerlichen Berater von Kapitalgesellschaften und an GmbH-Geschäftsführer, die sich mit Steuerfragen zur GmbH-Besteuerung auseinandersetzen. Das Buch will an die Systematik des Körperschaftsteuerrechts und seine teilweise komplexen Besonderheiten heranführen und anhand einer Fülle von Beispielen verdeutlichen. Neben allgemeinen Besteuerungsprinzipien werden insbesondere

- Geschäftsführerbezüge und Pensionszusagen
- Maßnahmen in der Krise der GmbH
- Verdeckte Gewinnausschüttungen
- Verdeckte Einlagen
- Zinsschranke
- Organschaft
- Liquidation
- Kapitalerhöhung und –herabsetzung

dargestellt.

Darüber hinaus werden die folgenden wichtigen Themengebiete abgehandelt:

- Sachliche Steuerbefreiungen nach § 8b KStG und Ausnahmefälle
- Verlustabzugsbeschränkung nach § 8c KStG
- Steuerliches Einlagekonto i.S.d. § 27 KStG
- Einbringungen in eine Kapitalgesellschaft nach § 20 UmwStG sowie Anteilstausch nach § 21 UmwStG (unter Berücksichtigung des Umwandlungssteuererlasses vom 11.11.2011, BStBl I S. 1314).

Das Buch gibt den Rechtsstand März 2014 wieder und berücksichtigt unter anderem die Änderungen durch das Gesetz zur Änderung und Vereinfachung der Unternehmensbesteuerung und des steuerlichen Reisekostenrechts vom 20.2.2013 (BGBl. I 2013 S. 285) sowie das Amtshilferichtlinie-Umsetzungsgesetz vom 26.6.2013 (BGBl. I 2013 S. 1809) sowie das AIFM-Steuer-Anpassungsgesetz vom 18.12.2013 (BGBl. I 2013 S. 4318).

Neben relevanten Verwaltungsanweisungen sind darüber hinaus die wesentlichen Entwicklungen im Bereich der nationalen Rechtsprechung des BFH und der Rechtsprechung des EuGH eingearbeitet.

Das vorliegende Sachbuch ist für den „**Steuerpraktiker**" eine verlässliche Hilfe, um mit Steuerfragen zur GmbH und ihrem Anteilseigner in der täglichen Besteuerungspraxis und im Rahmen von Betriebsprüfungen souverän umgehen zu können. Für Gesellschafter-Geschäftsführer von GmbH's leistet das Sachbuch zudem eine große Hilfestellung, um „auf Augenhöhe" an der Diskussion über praktische Steuerfragen zur GmbH-Besteuerung mit dem steuerlichen Berater und der Finanzverwaltung teilzunehmen.

Esslingen, im März 2014
Prof. Matthias Alber

Inhaltsverzeichnis

1	**Einführung**		1
	1.1	Allgemeines	1
	1.2	GmbH	2
	1.3	UG (haftungsbeschränkt)	3
		1.3.1 Zivilrechtliche Grundlagen der UG (haftungsbeschränkt)	3
		1.3.2 Steuerliche Behandlung der UG (haftungsbeschränkt)	5
		1.3.3 Kapitalerhöhung zur "normalen" GmbH	5
	1.4	Aktiengesellschaft	8
2	**Körperschaftsteuerpflicht**		9
	2.1	Unbeschränkte und beschränkte Steuerpflicht	9
		2.1.1 Steuersubjekte	9
		2.1.2 Steuersatz und Freibetrag	12
		2.1.3 Voraussetzungen der unbeschränkten Körperschaftsteuerpflicht	12
		2.1.4 Umfang der unbeschränkten Steuerpflicht	13
		2.1.5 Beschränkte Steuerpflicht	13
	2.2	Beginn der Steuerpflicht	14
		2.2.1 Beginn der Körperschaftsteuerpflicht	14
3	**Einkommensermittlung**		19
	3.1	Grundsätze der Einkommensermittlung	19
		3.1.1 Übersicht	19
		3.1.2 Veranlagungszeitraum / Ermittlungszeitraum	20
		3.1.3 Einkunftsarten	20
	3.2	Einkommensermittlung im Einzelnen	23
		3.2.1 Abziehbare Aufwendungen	23
		3.2.2 Nicht abziehbare Aufwendungen nach § 10 KStG	35
	3.3	Besteuerung von Dividenden beim Anteilseigner nach § 8b KStG	42
		3.3.1 Überblick	43
		3.3.2 Besteuerung von Dividenden beim Anteilseigner (AE)	44
		3.3.3 Anteilseigner ist eine Kapitalgesellschaft; Steuerbefreiung von Beteiligungserträgen nach § 8 b Abs. 1 und Abs. 5 KStG	45

		3.3.4	Die neue Steuerpflicht für Streubesitzdividenden in § 8 b Abs. 4 KStG; Gesetz zu Streubesitzdividenden vom 21.3.2013 (BStBl I S. 344)	48
	3.4		Weitere praxiselevante Einzelfragen zu § 8 b KStG	60
		3.4.1	Überblick zu § 8 b KStG	60
		3.4.2	Zuordnung Veräußerungskosten und nachträgliche Kaufpreisänderung	61
		3.4.3	Ausnahme nach § 8 b Abs. 2 Satz 4 KStG	63
		3.4.4	Wertminderungen von Gesellschafterdarlehen (§ 8 b Abs. 3 Sätze 4ff. KStG)	65
		3.4.5	Teilwertabschreibungen auf Auslandsdarlehen	69
		3.4.6	Steuerfalle in § 8 b Abs. 7 KStG für sog. „Finanzunternehmen"	79
		3.4.7	Due-Dilligence-Kosten als Nebenkosten beim Erwerb von Anteilen an Kapitalgesellschaften	83
4	**Ermittlung der verbleibenden Körperschaftsteuer (vgl. R 30 KStR)**			85
5	**Leistungen aus dem steuerlichen Einlagekonto i. S. d. § 27 KStG**			87
	5.1		Verwendung des steuerlichen Einlagekontos für Leistungen	87
		5.1.1	Allgemeines	87
		5.1.2	Differenzrechnung nach § 27 Abs. 1 Satz 3 KStG	88
	5.2		Ermittlung des steuerlichen Einlagekontos (§ 27 Abs. 2 KStG)	93
	5.3		Direktzugriff auf das steuerliche Einlagekonto in Sonderfällen	94
		5.3.1	Kein Direktzugriff bei offener oder verdeckter Gewinnausschüttung	94
		5.3.2	Direktzugriff auf das steuerliche Einlagekonto bei Kapitalerhöhung aus Gesellschaftsmitteln / ordentliche Kapitalherabsetzung	96
		5.3.3	Verringerung des Sonderausweises nach § 28 Abs. 3 KStG	100
	5.4		Bescheinigung	102
	5.5		Steuerliche Behandlung der Leistungen beim Anteilseigner	104
	5.6		Einlageforderung an den Gesellschafter	105
6	**Verdeckte Gewinnausschüttungen (vGA)**			107
	6.1		Formen der verdeckten Gewinnausschüttung i. S. d. § 8 Abs. 3 Satz 2 KStG	107
		6.1.1	Verdeckte Gewinnausschüttung wegen Vorteilsgewährung	107
		6.1.2	Verdeckte Gewinnausschüttung wegen Verletzung des Rückwirkungsverbotes	108
		6.1.3	Praxishinweis: Prüfungsreihenfolge für vGA	109
		6.1.4	Steuerliche Beurteilung gemischter Aufwendungen; Auswirkungen des BFH-Beschlusses vom 21.9.2009	

		(BStBl 2010 II S. 672) und des BMF-Schreibens vom 6.7.2010 (BStBl I S. 614) bei der Körperschaftsteuer	111
	6.2	Übersicht: Steuerliche Auswirkungen einer vGA	116
		6.2.1 Bei der Kapitalgesellschaft	116
		6.2.2 Beim Gesellschafter	117
		6.2.3 Korrespondenzprinzip für vGA aus im Privatvermögen gehaltenen Kapitalbeteiligungen (§ 32 d Abs. 2 Nr. 4 EStG)	117
	6.3	Beherrschende Stellung (H 36, Beherrschender Gesellschafter, KStH 2008)	119
	6.4	Steuerliche Zurechnung einer verdeckten Gewinnausschüttung . . .	124
	6.5	Anwendung des Nachzahlungsverbotes bei fehlender Schriftform .	125
	6.6	Steuerliche Folgen einer vGA bei der Kapitalgesellschaft	127
		6.6.1 Einkommenskorrektur nach § 8 Abs. 3 Satz 2 KStG	127
		6.6.2 Zur Korrektur einer vGA außerhalb der Steuerbilanz . . .	128
		6.6.3 Steuerliche Auswirkungen einer abgeflossenen vGA (vgl. H 75, Abflusszeitpunkt, KStH 2008)	130
	6.7	Rückgewähr einer verdeckten Gewinnausschüttung	131
		6.7.1 Steuerliche Folgen der Rückgewähr	131
		6.7.2 Steuerliche Folgen beim nachträglichen Verzicht auf einen Rückgewähranspruch	133
	6.8	Umsatzsteuer und verdeckte Gewinnausschüttung	134
	6.9	Vereinbarung eines Vorteilsausgleichs zur Vermeidung einer vGA .	136
	6.10	Anwendung der Fiktionstheorie bei vGA	138
	6.11	Verdeckte Gewinnausschüttung wegen Geschäftschancen	140
		6.11.1 BFH-Rechtsprechung	140
		6.11.2 Auffassung der Finanzverwaltung	142
	6.12	Risikogeschäfte durch den Gesellschafter-Geschäftsführer	144
		6.12.1 BFH-Rechtsprechung	144
		6.12.2 Auffassung der Finanzverwaltung	145
7	**Offene und verdeckte Einlagen bei Kapitalgesellschaften**		147
	7.1	Allgemeines	147
	7.2	Gesellschaftsrechtliche Einlagen (offene Einlagen)	147
	7.3	Verdeckte Einlagen	148
		7.3.1 Gesellschafter oder eine ihm nahestehende Person	149
		7.3.2 Ursächlichkeit des Gesellschaftsverhältnisses	151
		7.3.3 Einlagefähiger Vermögensvorteil	151
	7.4	Übersicht: Steuerliche Auswirkungen einer verdeckten Einlage . . .	153
	7.5	Offene Geldeinlage durch den GmbH-Gesellschafter	154
	7.6	Wertansatz von verdeckten Einlagen	155
		7.6.1 Verdeckte Einlage einer Kapitalbeteiligung i. S. d. § 17 EStG	156
		7.6.2 Verdeckte Einlage eines Grundstücks i. S. § 23 EStG	159

8	**Rund um den Gesellschafter-Geschäftsführer**		161
	8.1	Bezüge des Gesellschafter-Geschäftsführers	161
		8.1.1 Angemessenheit der Geschäftsführer-Bezüge	161
		8.1.2 Überstundenvergütungen, Urlaubsrückstellungen und Abgeltungszahlungen für nicht genommenen Urlaub beim Gesellschafter-Geschäftsführer	169
		8.1.3 Tantiemen an den Gesellschafter-Geschäftsführer	174
		8.1.4 Verzicht auf Tätigkeitsvergütungen als verdeckte Einlage?	183
		8.1.5 Private Kfz-Nutzung durch den Gesellschafter-Geschäftsführer	186
		8.1.6 Checkliste: "Angemessenheit der GGf-Vergütungen"	191
	8.2	Pensionszusagen an Gesellschafter-Geschäftsführer von Kapitalgesellschaften	193
		8.2.1 Zivilrechtliche Wirksamkeit	193
		8.2.2 Überblick: Steuerliche Voraussetzungen bei Pensionszusagen	196
		8.2.3 Probezeit	197
		8.2.4 Ernsthaftigkeit	201
		8.2.5 Erdienbarkeit	202
		8.2.6 Steuerliche Folgen für die Rückdeckungsversicherung in vGA-Fällen	206
		8.2.7 Finanzierbarkeit	206
		8.2.8 Angemessenheit der Höhe nach	207
		8.2.9 Steuerliche Folgen bei fehlender betrieblicher Veranlassung	212
		8.2.10 Abfindungsklauseln in Pensionszusagen	213
		8.2.11 Pension neben Aktivgehalt; Folgerungen aus dem BFH-Urteil vom 5.3.2008 (AZ.: I R 12/07, DB 2008 S. 1183)	217
	8.3	Pensionsverzicht des Gesellschafter-Geschäftsführers / Übertragung von Pensionsansprüchen	218
		8.3.1 Pensionsverzicht in der Krise zur Abwendung der Insolvenz	218
		8.3.2 BMF-Schreiben vom 14.8.2012 (BStBl I S. 874); Verzicht auf den sog. "future-service"	221
		8.3.3 Verzicht auf den werthaltigen Pensionsanspruch (Verzicht auf den sog. "past-service")	224
		8.3.4 Übertragung der Pensionsverpflichtung auf einen Pensionsfonds	227
		8.3.5 Übertragung der Pensionsverpflichtung auf eine Unterstützungskasse	227
		8.3.6 Entgeltliche Übertragung der Pensionsverpflichtung auf eine andere GmbH (Schwester-GmbH); steuerliche Möglichkeiten und Risiken	228

		8.3.7	Weitere Möglichkeiten zur "Abfindung" des Pensionsanspruchs	230
9	**Sanierungsmaßnahmen des Gesellschafters in der Krise der GmbH** . .			231
	9.1	Forderungsverzicht durch die GmbH-Gesellschafter		231
		9.1.1	Steuerliche Folgen bei der Kapitalgesellschaft	231
		9.1.2	Steuerliche Folgen aufgrund des Forderungsverzichts beim Gesellschafter	232
	9.2	Rangrücktrittsvereinbarungen bei Gesellschafterdarlehen		237
		9.2.1	Einfacher Rangrücktritt mit Besserungsabrede	237
		9.2.2	Qualifizierter Rangrücktritt	238
		9.2.3	Einfacher Rangrücktritt ohne Besserungsabrede (Steuerliche Folgen nach MoMiG)	238
	9.3	Forderungsverzicht des GmbH-Gesellschafters gegen Besserungsschein (BMF-Schreiben vom 2.12.2003, BStBl I S. 648) .		240
	9.4	Schuldübernahme (Erfüllungsübernahme) durch den GmbH-Gesellschafter unter Verzicht auf Regressansprüche		243
	9.5	Schaffung einer werthaltigen Einlage		245
		9.5.1	Alternative: Geldeinlage statt Forderungsverzicht	245
		9.5.2	Alternative: Einlage der (wertlosen) Forderung in die Kapitalrücklage	245
	9.6	Sanierungsgewinne (betrieblicher Forderungsverzicht)		247
	9.7	Abzugsbeschränkungen bei unentgeltlicher oder teilentgeltlicher Nutzungsüberlassung durch den GmbH-Gesellschafter		248
		9.7.1	Überblick: Nutzungsvorteile und Abzugsbeschränkungen	248
		9.7.2	Abzugsbeschränkungen bei unentgeltlicher oder teilentgeltlicher Nutzungsüberlassung durch den GmbH-Gesellschafter	252
	9.8	Darlehensverhältnisse zwischen Kapitalgesellschaft und Gesellschafter		261
		9.8.1	Darlehen der Kapitalgesellschaft an den Gesellschafter . .	261
		9.8.2	Darlehen des Gesellschafters an seine Kapitalgesellschaft .	267
		9.8.3	Vereinbarung eines Vorteilsausgleichs zur Vermeidung einer vGA „Zinsvorteil"	272
		9.8.4	Darlehensgewährung zwischen Schwestergesellschaften . .	274
10	**Regelungen zur korrespondierenden Besteuerung von vGA und verdeckten Einlagen**			279
	10.1	Regelung in § 32 a Abs. 1 KStG zur korrespondierenden Besteuerung von vGA		279
		10.1.1	vGA hat das Einkommen der GmbH nicht gemindert . . .	279
		10.1.2	vGA hat das Einkommen der GmbH gemindert	281

	10.1.3	Korrespondenzprinzip für vGA aus im Privatvermögen gehaltenen Kapitalbeteiligungen zur Anwendung Sondersteuersatz (§ 32 d Abs. 2 Nr. 4 EStG)	282
10.2		Regelung in § 32 a Abs. 2 KStG für verdeckte Einlagen	284
	10.2.1	Verdeckte Einlage hat das Einkommen des Gesellschafters nicht gemindert	284
	10.2.2	Verdeckte Einlage hat das Einkommen des Gesellschafters gemindert	285
10.3		Steuerliche Auswirkungen in sog. Dreiecksfällen (§ 8 Abs. 3 Satz 5 KStG)	286

11 Schenkungsteuer bei vGA und verdeckten Einlagen ... 291

- 11.1 Allgemeines ... 291
- 11.2 Zuwendungen an Gesellschafter oder an nahestehende Personen (verdeckte Gewinnausschüttungen, Rz. 2.6) ... 292
- 11.3 Offene oder verdeckte Einlagen (Rz. 1 und Rz. 3) ... 296
- 11.4 Keine Schenkungsteuer in Konzernfällen (§ 7 Abs. 8 Satz 2 ErbStG, Rz. 4) ... 297
- 11.5 Exkurs: Steuerliche Anerkennung von inkongruenten Gewinnausschüttungen ... 298
  - 11.5.1 Bisherige Verwaltungsauffassung ... 299
  - 11.5.2 Neue Verwaltungslinie ... 299

12 Verlustabzug und Verlustabzugsbeschränkungen nach § 8c KStG ... 303

- 12.1 Steuerliche Auswirkungen des Verlustabzugs ... 303
  - 12.1.1 Steuerliche Behandlung des Verlustes im Verlustentstehungsjahr ... 303
  - 12.1.2 Steuerliche Behandlung des Verlustrücktrags ... 304
  - 12.1.3 Steuerliche Behandlung des Verlustvortrags ... 305
- 12.2 Verlustabzugsbeschränkungen nach § 8 c KStG ... 306
  - 12.2.1 Grundprinzip der Verlustabzugsbeschränkung für Körperschaften nach § 8 c Abs. 1 KStG; BMF-Schreiben vom 4.7.2008, BStBl I S. 736 (BMF) ... 306
  - 12.2.2 Konzernklausel in § 8 c Abs. 1 Satz 5 KStG ... 314
- 12.3 „Stille-Reserven-Klausel" nach § 8 c Abs. 1 Sätze 6 bis 9 KStG ... 317
  - 12.3.1 Überblick ... 317
  - 12.3.2 „Stille-Reserven-Klausel" bei negativem Eigenkapital ... 319

13 Voraussetzungen und Rechtsfolgen der ertragsteuerlichen Organschaft 323

- 13.1 Grundsätze der Organschaft ... 323
  - 13.1.1 Übersicht: Voraussetzungen für KSt- und GewSt-Organschaft ... 323

	13.1.2	Grundsätze zur körperschaftsteuerlichen Einkommensermittlung	325
13.2		(Keine) Berücksichtigung vororganschaftlicher Verluste	328
13.3		Personengesellschaft als OT	329
	13.3.1	Finanzielle Eingliederung (Tz. 13 und 14 des BMF-Schreibens vom 10.11.2005, BStBl I S. 1038)	329
	13.3.2	Eigene gewerbliche Tätigkeit der OT-PersG (Tz. 15 bis 20 des BMF-Schreibens vom 10.11.2005, a. a. O.)	330
13.4		Ausgleichszahlungen an außenstehende Anteilseigner (§ 16 KStG und R 65 KStR)	331
	13.4.1	Allgemeines	331
	13.4.2	Gewinnabhängige Ausgleichszahlungen an außenstehende Anteilseigner; Nichtanwendung des BFH-Urteils vom 4.3.2009, AZ.: I R 1/08, BStBl 2010 II S. 407	333
13.5		Steuerliche Folgen bei Nichtanerkennung der Organschaft (z. B. wegen fehlender Mindestlaufzeit von 5 Zeitjahren)	334
13.6		Unterlassene Verzinsung eines Verlustausgleichsanspruchs als vGA	335
13.7		Rückwirkende Organschaftsbegründung bei Umstrukturierungen .	336
	13.7.1	Eine durch übertragende Umwandlung aus einer Personengesellschaft entstandene Kapitalgesellschaft kann rückwirkend Organgesellschaft sein	336
	13.7.2	Rückwirkende Begründung einer Organschaft auch bei Ausgliederung eines Teilbetriebs nach § 20 UmwStG möglich	337
	13.7.3	Praxishinweis: Keine rückwirkende Begründung einer Organschaft bei Anteilstausch i. S. d. § 21 UmwStG möglich	338
13.8		Steuerliche Behandlung vororganschaftlich verursachter Mehr- und Minderabführungen	341
13.9		Bildung und Auflösung besonderer Ausgleichsposten beim OT nach § 14 Abs. 4 KStG i. V. m. R 63 KStR bei organschaftlichen Mehr- und Minderabführungen	343
13.10		Auflösung von Kapitalrücklagen aus organschaftlicher Zeit	345
13.11		Steuerliche Behandlung der Beteiligungserträge und Veräußerungserlöse der Organgesellschaft (sog. Bruttomethode, § 15 Satz 1 Nr. 2 KStG)	345
	13.11.1	Die Behandlung der Beteiligungserträge	345
	13.11.2	Veräußerung einer Beteiligung an einer Kapitalgesellschaft	347
13.12		Die „kleine" Organschaftsreform	349
	13.12.1	Aufgabe des doppelten Inlandsbezugs für Organgesellschaften (§ 14 Abs. 1 Satz 1 vor Nr. 1, Satz 1 Nr. 5, § 17 Satz 1, § 34 Abs. 9 Nr. 8 KStG)	350

		13.12.2	Anpassungen an abkommensrechtliche Diskriminierungsverbote	350
		13.12.3	Heilung fehlerhafter Bilanzansätze im handelsrechtlichen Jahresabschluss bei „verunglückter Organschaft"	351
		13.12.4	Erforderlicher Inhalt der Verlustübernahmeverpflichtung für Gesellschaften, die nicht unter das AktG fallen	354
		13.12.5	Gesonderte und einheitliche Feststellung des Organeinkommens	356
		13.12.6	Weitere aktuelle Hinweise zur Organschaft	356
14	**Liquidationsbesteuerung nach § 11 KStG**			**359**
	14.1	Besteuerungszeitraum bei der Liquidationsbesteuerung		359
	14.2	Gewinnermittlung im Abwicklungszeitraum		361
	14.3	Berücksichtigung eines KSt-Guthabens in Liquidationsfällen		362
	14.4	Steuerliche Auswirkungen beim Anteilseigner der liquidierten Kapitalgesellschaft		362
		14.4.1	Grundsatz: Kapitaleinnahmen nach § 20 Abs. 1 Nr. 2 EStG	362
		14.4.2	Ausnahme: Rückzahlung Nennkapital und Einlagekonto	363
		14.4.3	Rückausnahme: Sonderausweis = Rückzahlung Nennkapital als „Dividende"	364
		14.4.4	In welchem VZ kann ein Auflösungsverlust nach § 17 Abs. 4 EStG beim Anteils eigner steuerlich berücksichtigt werden?	364
		14.4.5	BMF-Schreiben vom 9.10.2012, BStBl I S. 953; Können Refinanzierungskosten noch nach dem Zeitpunkt der Auflösung als Werbungskosten abgezogen werden?	365
	14.5	Praxisfall		368
		14.5.1	Ermittlung des Einkommens und der Körperschaftsteuerschuld für den Abwicklungszeitraum 2012 bis 2013	369
		14.5.2	Ermittlung der Körperschaftsteuerschuld für den VZ 2013	370
		14.5.3	Ermittlung der Gewerbesteuerschuld für den EZ 2012 und EZ 2013 (vgl. § 16 Abs. 1 GewStDV)	371
		14.5.4	Berechnung der KSt-Rückstellung und des Solidaritätszuschlags für den Abwicklungszeitraum 2012 und 2013	372
		14.5.5	Liquidationsschlussbilanz und Kontrollrechnung zum Abwicklungsgewinn	372
		14.5.6	Steuerliche Auswirkungen beim Gesellschafter	373
15	**Umwandlungssteuerrecht**			**377**
	15.1	Einbringung eines Betriebs in eine Kapitalgesellschaft nach § 20 UmwStG		378

		15.1.1	Überblick	378
	15.2	\multicolumn{2}{l}{Einbringungsvoraussetzungen nach § 20 UmwStG}	379
		15.2.1	Sacheinlage	379
		15.2.2	Vorherige „Auslagerung" von Grundstücken im Falle der Einbringung in eine GmbH nach § 20 UmwStG	380
		15.2.3	Umwandlungssteuerliche Sacheinlage auch bei Bargründung oder Barkapitalerhöhung mit Aufgeld möglich	382
		15.2.4	Abgrenzung von einer Sacheinlage mit Aufgeld und verdeckter Einlage, BFH-Urteil vom 1.12.2011, AZ.: I B 127/11, GmbHR 2012 S. 654	384
	15.3	\multicolumn{2}{l}{Wertansatz des eingebrachten Vermögens}	385
		15.3.1	Übersicht: Bewertung des eingebrachten Betriebsvermögens	385
		15.3.2	Steuerliche Auswirkungen bei Einbringung in eine GmbH zum Buchwert	387
		15.3.3	Aufdeckung stiller Reserven bei negativem Kapital (§ 20 Abs. 2 Satz 2 Nr. 2 UmwStG)	390
		15.3.4	„Steuerfalle" in § 20 Abs. 2 Satz 4 UmwStG im Zusammenhang mit dem Wegfall der Maßgeblichkeit der Handelsbilanz	392
	15.4	\multicolumn{2}{l}{Zeitpunkt der Einbringung (§ 20 Abs. 5 und 6 UmwStG)}	394
		15.4.1	Allgemeines	394
		15.4.2	Im Einzelnen	395
	15.5	\multicolumn{2}{l}{Grenzüberschreitende Einbringungen}	399
	15.6	\multicolumn{2}{l}{Anteilstausch nach § 21 UmwStG}	402
		15.6.1	Allgemeines	402
		15.6.2	Steuerliche Folgen beim Einbringenden	404
	15.7	\multicolumn{2}{l}{Weitere Anwendungsfälle des § 20 UmwStG}	406
		15.7.1	Einbringung einer GmbH & Co. KG in die Komplementär-GmbH	406
		15.7.2	Einbringung des Besitzunternehmens in die Betriebs-Kapitalgesellschaft	411
	15.8	\multicolumn{2}{l}{Auswirkungen bei der übernehmenden Gesellschaft (§ 23 UmwStG)}	413
		15.8.1	Übersicht	413
		15.8.2	Rechtsfolgen	414
		15.8.3	Aufstockung der Wertansätze bei nachträglicher Einbringungsgewinnbesteuerung (§ 23 Abs. 2 UmwStG)	415
	15.9	\multicolumn{2}{l}{Praxishinweis: Checkliste zu §§ 20 bis 23 UmwStG}	416
	15.10	\multicolumn{2}{l}{Zusammenfassendes Praxisbeispiel zur Einbringung einer GbR in eine GmbH nach § 20 UmwStG}	419
	15.11	\multicolumn{2}{l}{Besteuerung des Anteilseigners (§ 22 UmwStG) RdNr. 22.01 bis 22.46 BMF}	425

15.11.1 Übersicht: Besteuerung des Anteilseigners (§ 22 UmwStG)   425
15.11.2 Einbringungsgewinn I (§ 22 Abs. 1 UmwStG)   426
15.11.3 Einbringungsgewinn II in den Fällen des Anteilstausches
(§ 22 Abs. 2 UmwStG) – RdNr. 22.12 bis 22.17 BMF – . . .   438

Stichwortverzeichnis   441

Einführung 1

1.1 Allgemeines

Die Körperschafsteuer (KSt) ist die **Einkommensteuer der juristischen Personen**. Sie erfasst das zu versteuernde Einkommen der im Körperschaftsteuergesetz (KStG) genannten Körperschaftsteuer, Personenvereinigungen und Vermögensmassen. Rechtsgrundlagen sind das KStG und die KStDV jeweils in der aktuellen Fassung. Ergänzende Hinweise der Finanzverwaltung ergeben sich aus den KStR (Stand 2004) und den KStH (Stand 2008).

Das frühere Anrechnungsverfahren wurde im Jahr 2000 durch das sog. Halbeinkünfteverfahren und seit 2009 durch das Teileinkünfteverfahren ersetzt. Dadurch solle insbesondere das Problem der Doppelbelastung ausgeschütteter Gewinne, sowohl auf der Ebene der Gesellschaft als auch der Ebene des Anteilseigners gelöst werden. Dies ist leider nur annähernd geglückt. Der aktuelle Körperschaftsteuersatz beläuft sich auf **15 %**. Auf der Anteilseignerebene werden ausgeschüttete Gewinne nur einem Sondersteuersatz i. H. v. 25 % unterworfen bzw. unterliegen dem Teileinkünfteverfahren (Steuerbefreiung i. H. v. 40 %).

Von der deutschen Wirtschaft wurde des Systemwandel auf das aktuelle Körperschaftsteuerrecht begrüßt. Zum einen wegen der Absenkung des Körperschaftsteuersatzes von 40 % auf jetzt 15 %. Zum anderen wegen der sachlichen Steuerbefreiung in § 8b KStG für Beteiligungserträge an anderen Körperschaften. Diese Steuerbefreiung wurde jedoch seit 1.3.2013 für sog. **Streubesitzdividenden** (Beteiligungen von weniger als 10 %) aufgehoben. Streubesitzdividenden unterliegen nunmehr uneingeschränkt der Körperschaftsteuer und der Gewerbesteuer.

1.2 GmbH

In der Besteuerungspraxis ist die am häufigsten anzutreffende juristische Person die GmbH. Die GmbH (Gesellschaft mit beschränkter Haftung) ist eine Kapitalgesellschaft (vgl. § 13 Abs. 2 GmbHG). Die GmbH ist i. d. R. auf einen überschaubaren Kreis von Gesellschaftern ausgerichtet, die in einem bestimmten Umfang auch füreinander einstehen müssen. Die gesetzlichen Grundlagen sind im GmbHG geregelt.

Es ist gesellschaftsrechtlich zulässig, dass ein einziger Gesellschafter sämtliche Anteile einer GmbH hält. Nach § 1 GmbHG kann bereits die Gründung durch **einen** Gesellschafter erfolgen. Die GmbH ist körperschaftsteuerlich ohne Rücksicht auf ihre wirtschaftliche Selbstständigkeit ein eigenständiges Steuersubjekt. Dies gilt auch für die Einmann-GmbH. Eine wirtschaftliche Betrachtungsweise derart, dass die Gesellschaft mit ihrem einzigen Gesellschafter „gleichgestellt" wird, kommt also nicht in Betracht.

Das ganze Körperschaftsteuerrecht beruht auf der Anerkennung der besonderen Rechtsnatur dieser Gesellschaftsform. Die Gesellschaft steht rechtlich völlig unabhängig neben dem Gesellschafter.

Die Rechtsform der GmbH der GmbH wird mittlerweile nicht nur aus Gründen der Haftungsbeschränkung gewählt, sondern insbesondere auch aus rein steuerlichen Erwägungen. Vor dem Hintergrund, dass in der GmbH auf Dauer thesaurierte Gewinne nur mit **15 % KSt** besteuert werden, hingegen ein Unternehmen (Einzelunternehmen) bzw. ein Mitunternehmer einer **Einkommensteuer (ESt) von bis zu 45 %** unterworfen wird, liegt dies auf der Hand.

Die GmbH kann bereits durch eine Person mit einem Mindeststammkapital i. H. v. 25.000 € gegründet werden („Ein-Mann-GmbH", vgl. § 1 und § 5 GmbHG).

Im Unterschied zu einer Personengesellschaft ist für den Gesellschaftsvertrag immer eine notarielle Beurkundung erforderlich (vgl. § 2 GmbHG).

Der GmbH-Gesellschafter erzielt typischerweise folgende Einkünfte:
- als Gesellschafter = Einkünfte aus Kapitalvermögen nach **§ 20 Abs. 1 Nr. 1 EStG**
- als Geschäftsführer = Einkünfte aus nichtselbständiger Arbeit nach **§ 19 EStG**.

D. h. bei einer sog. **„Ein-Mann-GmbH"** ist der Gesellschafter-Geschäftsführer in seiner Eigenschaft als Gesellschafter-Geschäftsführer „nur" **Arbeitnehmer** der Gesellschaft. Er selbst ist also steuerlich **nicht Unternehmer**. Dies hat zur Konsequenz, dass er keine gewerblichen Einkünfte i. S. § 15 EStG mit der Folge der Gewerbesteuerpflicht erzielt. Gewerbesteuerpflichtig ist vielmehr die GmbH, die einen Gewerbebetrieb kraft Gesetzes unterhält (vgl. § 2 Abs. 2 GewStG).

1.3 UG (haftungsbeschränkt)

1.3.1 Zivilrechtliche Grundlagen der UG (haftungsbeschränkt)

Bei der Unternehmergesellschaft mit der Firmenbezeichnung „UG haftungsbeschränkt" handelt es sich um eine **Rechtsformvariante der GmbH**. Auf die UG finden daher grundsätzlich alle Vorschriften des GmbHG und des sonstigen nationalen Rechts, welche die GmbH betreffen, Anwendung. Dies gilt allerdings nur insoweit, als § 5 a GmbHG keine abweichenden Sonderregelungen enthält.

1.3.1.1 Musterprotokoll

> **Wortlaut von § 2 Abs. 1 a GmbHG:**
> (1a) Die Gesellschaft kann in einem vereinfachten Verfahren gegründet werden, wenn sie **höchstens drei Gesellschafter und einen Geschäftsführer** hat. Für die Gründung im vereinfachten Verfahren ist das in der **Anlage** bestimmte Musterprotokoll zu verwenden. Darüber hinaus dürfen keine vom Gesetz abweichenden Bestimmungen getroffen werden. Das Musterprotokoll gilt zugleich als Gesellschafterliste. Im Übrigen finden auf das Musterprotokoll die Vorschriften dieses Gesetzes über den Gesellschaftsvertrag entsprechende Anwendung.

§ 2 Abs. 1 a GmbHG ermöglicht somit erleichterte Gründungen von GmbHs durch die Verwendung eines gesetzlichen Musterprotokolls (Anlage 1 a und 1 b zum GmbHG).

Das vereinfachte Gründungsverfahren (eine **notarielle Beurkundung** ist aber trotzdem notwendig) gilt
→ sowohl für die „normale" GmbH
→ als auch für die UG haftungsbeschränkt.

Die vereinfachte Gründung betrifft nicht nur die UG. Es ist also möglich, eine UG mit vereinfachtem oder mit „normalem" Gesellschaftsvertrag zu gründen. Genauso kann eine GmbH „vereinfacht" oder „normal" gegründet werden. Eine UG kann auch mit mehr als 3 Gesellschaftern und mit mehr als einem Geschäftsführer gegründet werden.

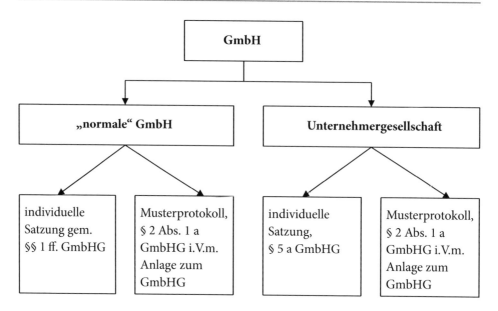

Die vereinfachte Gründung ist nur zulässig für Gesellschaften mit bis zu **3 Gesellschaftern** und höchstens **einem Geschäftsführer**. Faktisch wird sie i. d. R. aber oftmals nur bei 1-Personen-Gesellschaften in Betracht kommen, da das Musterprotokoll keine Regelungen zu den Verhältnissen der Gesellschafter untereinander enthält.

1.3.1.2 Mindestkapital

§ 5 a GmbHG enthält spezielle Regelungen zur UG haftungsbeschränkt:

> **Wortlaut von § 5 a GmbHG:**
> (1) Eine Gesellschaft, die mit einem Stammkapital gegründet wird, das den Betrag des Mindeststammkapitals nach § 5 Abs. 1 unterschreitet, muss in der Firma abweichend von § 4 die Bezeichnung „Unternehmergesellschaft (haftungsbeschränkt)" oder „UG (haftungsbeschränkt)" führen.
> (2) Abweichend von § 7 Abs. 2 darf die Anmeldung erst erfolgen, wenn das Stammkapital in voller Höhe eingezahlt ist. Sacheinlagen sind ausgeschlossen.
> (3) In der Bilanz des nach den §§ 242, 264 des Handelsgesetzbuchs aufzustellenden Jahresabschlusses ist eine gesetzliche Rücklage zu bilden, in die ein Viertel des um einen Verlustvortrag aus dem Vorjahr geminderten Jahresüberschusses einzustellen ist. Die Rücklage darf nur verwandt werden
> 1. für Zwecke des § 57c;
> 2. zum Ausgleich eines Jahresfehlbetrags, soweit er nicht durch einen Gewinnvortrag aus dem Vorjahr gedeckt ist;

> 3. zum Ausgleich eines Verlustvortrags aus dem Vorjahr, soweit er nicht durch einen Jahresüberschuss gedeckt ist.
>
> (...)
>
> (5) Erhöht die Gesellschaft ihr Stammkapital so, dass es den Betrag des Mindeststammkapitals nach § 5 Abs. 1 erreicht oder übersteigt, finden die Absätze 1 bis 4 keine Anwendung mehr, die Firma nach Absatz 1 darf beibehalten werden.

Hierbei sind insbesondere folgende Punkte zu beachten:
Es ist zwar kein **Mindeststammkapital** vorgegeben. Nach § 5 Abs. 2 Satz 1 GmbHG muss der Nennbetrag jedes Geschäftsanteils aber auf volle € lauten. Daraus ergibt sich für eine UG, dass das **Mindeststammkapital bei 1 €** liegen muss (bzw. mehrere €, wenn mehrere Gesellschafter beteiligt werden).

Das Stammkapital muss **bar** erbracht werden. Sacheinlagen sind nicht zulässig.

Die Ausschüttung sämtlicher Gewinne ist nicht zulässig. Nach § 5 a Abs. 3 GmbHG muss eine **gesetzliche Rücklage (1/4 des um den Verlustvortrag der Vorjahre geminderten Jahresüberschusses)** gebildet werden.

Erreicht das **Stammkapital** den Betrag von **25.000 €** und wird das Stammkapital entsprechend erhöht, finden die Sondervorschriften für die UG keine Anwendung mehr.

Maßgeblicher Zeitpunkt für den Wegfall der Sondervorschriften ist die **Eintragung der Kapitalerhöhung** in das Handelsregister.

1.3.2 Steuerliche Behandlung der UG (haftungsbeschränkt)

Die UG ist steuerliche eine **Kapitalgesellschaft** i. S. d. § 1 Abs. 1 Nr. 1 KStG und wird wie eine normale GmbH behandelt. Folglich liegen nach § 8 Abs. 2 KStG gewerbliche Einkünfte kraft Rechtsform vor.

Die Steuerpflicht (für KSt und GewSt) **beginnt** – wie bei der „Normal-GmbH" – mit Abschluss des notariellen Gesellschaftsvertrags (= sog. Vorgesellschaft). Betätigungen vor diesem Zeitpunkt (= sog. Vorgründungsgesellschaft) vollziehen sich im Rahmen eines Personenunternehmens.

1.3.3 Kapitalerhöhung zur "normalen" GmbH

Eine **Stammkapitalerhöhung** auf den „normalen" Mindestbetrag in Höhe von 25.000 € ist jederzeit zulässig. Diese Kapitalerhöhung kann dann entweder durch Einlagen („**effektive Kapitalerhöhung**") oder durch Umwandlung der vorhandenen – gesetzlichen und freien – Rücklagen erfolgen („**nominelle Kapitalerhöhung**").

Die Nennkapitalerhöhung auf 25.000 € und die damit verbundene „Umwandlung" einer UG haftungsbeschränkt in eine „Normal-GmbH" ist hinsichtlich des **Wertansatzes steuerlich unproblematisch** (zwingender Buchwertansatz, da „kleiner Formwechsel" innerhalb der Rechtsformart „GmbH"). Ist eine Gewinnrealisierung gewollt (z. B. zur Verlustnutzung), ist diese auch **nicht** wahlweise möglich.

Übernehmen die bisherigen Gesellschafter die sich aufgrund der Kapitalerhöhung ergebenden neuen Anteile entsprechend ihrem bisherigen Beteiligungsverhältnis, führt der Vorgang **nicht zu einem Anwendungsfall des § 8 c Abs. 1 KStG; ein ggf. bestehender steuerlicher Verlustvortrag geht also nicht verloren.**

Praxishinweis:
Kommt es bei der Kapitalerhöhung allerdings zu **Verschiebungen im Beteiligungsverhältnis,** kann dies nach § 8 c Abs. 1 Satz 1 oder 2 KStG zu einem teilweisen oder vollständigen Wegfall bisher nicht genutzter Verluste führen.

Beispiel:

An der AB-UG haftungsbeschränkt sind seit der Gründung im November 2010 die Gesellschafter A und B mit einem Anteil von jeweils 1 € (also zu je 50 %) beteiligt.

Im September 2013 erfolgt eine Kapitalerhöhung der UG, um die „Umwandlung" in eine „Normal-GmbH" zu ermöglichen. Da die UG nicht über ausreichende Rücklagen verfügt, muss die Kapitalerhöhung aus Gesellschaftermitteln als effektive Kapitalerhöhung erfolgen. Von den neuen Anteilen in Höhe von nominal 24.998 € übernimmt A 19.999 € und B 4.999 €. A hält somit 80 %, B 20 % der Anteile.

Die UG weist zum 31.12.2012 einen steuerlichen Verlustvortrag nach § 10 d EStG in Höhe von 30.000 € aus.

Lösung:

Durch die Kapitalerhöhung sind 30 % der Anteile von B auf A übergegangen. Somit wird der Tatbestand der Verlustabzugsbeschränkung des § 8 c Abs. 1 Satz 1 KStG verwirklicht (Übertragung von mehr als 25 % der Anteile). **30 % des Verlustvortrags gehen in 2013 unter (9.000 €)**, unabhängig davon, dass es sich nur um eine Verschiebung innerhalb des bisherigen Gesellschafterbestands handelt.

Auch ein bis September 2013 erzielter Verlust unterliegt insoweit der Verlustabzugsbeschränkung nach § 8 c KStG. Ein bis zu diesem Zeitpunkt erzielter Gewinn kann hingegen mit noch nicht genutzten Verlusten verrechnet werden (**vgl. BFH-Urteil vom 30.11.2011, BStBl 2012 II S. 360**). Tz. 31 Satz 2 des BMF-Schreibens vom 4.7.2008 (BStBl I S. 736) ist dadurch überholt.

Erfolgt eine **Kapitalerhöhung aus Gesellschaftsmitteln (z. B. durch Verwendung der gesetzlichen Rücklage)** entsteht ein **Sonderausweis i. S. d. § 28 Abs. 1 Satz 3 KStG.** Da

1.3 UG (haftungsbeschränkt)

die Kapitalerhöhung notwendig ist, um die gesetzliche Rücklagenpflicht zu beenden, wird dies in zahlreichen Sachverhalten der Fall sein (= zusätzliche gesonderte Feststellung). Im Einzelnen gilt Folgendes:

Rechtsfolgen der Kapitalerhöhung aus Gesellschaftsmitteln:
- Sind Beträge im **steuerlichen Einlagekonto** vorhanden, gelten diese als vorrangig vor den sonstigen Rücklagen als für die Kapitalerhöhung verwendet (§ 28 Abs. 1 Satz 1 KStG). Ein Sonderausweis entsteht insoweit nicht.
- Werden **sonstige Rücklagen** (außer steuerliches Einlagekonto) für die Kapitalerhöhung verwendet, entsteht insoweit ein **Sonderausweis**, der gesondert festgestellt werden muss (§ 28 Abs. 1 **Satz 2** KStG).
- **Ein gebildeter Sonderausweis mindert sich durch spätere Einlagen.** Dabei werden die Einlagen zunächst dem steuerlichen Einlagekonto gutgeschrieben und am Schluss des Wirtschaftsjahres vom Sonderausweis **abgezogen**. Der Bestand des steuerlichen Einlagekontos mindert sich entsprechend (**§ 28 Abs. 3 KStG**).

Rechtsfolgen bei späterer Kapitalherabsetzung / Auflösung der Gesellschaft:
- Zunächst gilt der Sonderausweis als für die Kapitalherabsetzung / Auskehrung verwendet (**Folge: steuerpflichtige Kapitaleinnahmen nach § 20 Abs. 1 Nr. 2 EStG beim Gesellschafter, obwohl Stammkapital ausgezahlt wird**); § 28 Abs. 2 Satz 1, 1 HS KStG.
- Ein übersteigender Betrag ist zunächst dem **steuerlichen Einlagekonto** gutzuschreiben, soweit die Einlage in das Nennkapital geleistet ist (§ 28 Abs. 2 Satz 1, 2. HS KStG). Bei der Auszahlung wird dann das steuerliche Einlagekonto – ohne Rücksicht auf die Höhe des ausschüttbaren Gewinns – entsprechend wieder gemindert (§ 28 Abs. 2 Satz 3 KStG). Die Minderung geht aber **maximal bis auf 0 €**; ein ggf. übersteigender Betrag ist als Ausschüttung zu behandeln (§ 28 Abs. 2 Satz 4 KStG).

Beispiel:

Die X-UG (Stammkapital bisher 1 €) beschließt im September 2013 eine Kapitalerhöhung auf 30.000 € durch Umwandlung von Rücklagen.

	Übrige Rücklagen		Einlagekonto		Stammkapital
Bestand bisher		30.000 €		5.000 €	1 €
Kapitalerhöhung	./.	24.999 €	./.	5.000 €	+ 29.999 €
Bestand neu		5.001 €		0 €	30.000 €

Lösung:

Das steuerliche Einlagekonto gilt nach § 28 Abs. 1 Satz 1 KStG als vorrangig für die Kapitalerhöhung verwendet. Es ergibt sich damit ein **Sonderausweis i. S. d. § 28 Abs. 1 KStG zum 31.12.2013 in Höhe von 24.999 €**.

Wird später durch Kapitalherabsetzung oder im Rahmen der Liquidation das Stammkapital herabgesetzt, gilt nach § 28 Abs. 2 Satz 1 KStG **zunächst der Sonderausweis** als für die Kapitalherabsetzung verwendet. Die Gesellschafter erzielen insoweit steuerpflichtige Kapitaleinkünfte i. S. d. § 20 Abs. 1 Nr. 2 EStG. Die Auskehrungen unterliegen der Abgeltungsteuer gem. § 32 d Abs. 1 EStG bzw. im Optionsfall dem Teileinkünfteverfahren gem. § 32 d Abs. 2 Nr. 3 EStG i. V. m. § 3 Nr. 40 EStG.

1.4 Aktiengesellschaft

Die Aktiengesellschaft (AG) ist eine Kapitalgesellschaft, die i. d. R. auf einen größere Kreis von Gesellschaftern ausgerichtet ist. Leitbild ist die börsennotierte Aktiengesellschaft. Die Börsennotierung macht es möglich, dass die Aktiengesellschaft Kapital von einer unbestimmten Vielzahl von Aktionären erhält. Die gesetzliche Grundlage der Aktiengesellschaft, das Aktiengesetz, ist so ausgestaltet, dass der Gesellschaft ihre Aktionäre nicht einmal namentlich bekannt sein müssen. Der Vorstand ist gegenüber den Aktionären weisungsunabhängig. Zur Überwachung des Vorstandes wird ein Aufsichtsrat eingesetzt, der ab einer Mitarbeiterzahl von 500 Personen obligatorisch ist (vgl. § 77 BetrVerfG). Vergütungen an den Aufsichtsrat, der nach § 18 Abs. 3 EStG Einkünfte aus sonstiger selbstständiger Arbeit erzielt, sind nach § 10 Nr. 4 KStG nur zur Hälfte steuerlich abzugsfähig. Zum Schutz der Aktionäre können viele Vorschriften des Aktiengesetzes nicht gesellschaftsvertraglich abgeändert werden.

Steuerlich gelten für die AG dieselben Grundsätze wie zur GmbH. D. h. auch der Vorstand, der alleiniger Gesellschafter (Aktionär) der AG ist, erzielt in dieser Eigenschaft Einkünfte aus nichtselbständiger Arbeit. Gewinnausschüttungen der AG gehören auch beim Aktionär zu den Einkünften aus Kapitalvermögen nach **§ 20 Abs. 1 Nr. 1 EStG**.

Körperschaftsteuerpflicht 2

2.1 Unbeschränkte und beschränkte Steuerpflicht

2.1.1 Steuersubjekte

Der Kreis der unbeschränkt steuerpflichtigen Körperschaften ist in § 1 Abs. 1 KStG **abschließend** aufgezählt (vgl. R 2 Abs. 1 KStR):

Nr. 1: Kapitalgesellschaften
Dies sind insbesondere **Europäische Gesellschaften (SE), die GmbH, die Unternehmergesellschaft (haftungsbeschränkt), die AG und die Kommanditgesellschaft auf Aktien**. Auch eine ausländische Gesellschaft, die nach dem Typenvergleich einer inländischen Kapitalgesellschaft entspricht (**z. B. Limited**) fällt darunter.

Die **GmbH & Co. KG** ist hingegen eine Personengesellschaft und ist **nicht** körperschaftsteuerpflichtig (vgl. H 2, GmbH & Co. KG, KStH 2008).

Nr. 2: Erwerbs- und Wirtschaftsgenossenschaften
Hierunter fallen z. B. die Volksbanken, Wohnungsbau-, Winzer-, Einkaufs- und Molkereigenossenschaften. Auch die **Europäische Genossenschaft (SCE)** fällt unter § 1 Abs. 1 Nr. 2 KStG.

Nr. 3: Versicherungsvereine auf Gegenseitigkeit
Hierbei handelt es sich um Personenvereinigungen, bei denen die Mitglieder eine „Schadens- bzw. Gefahrengemeinschaft" bilden. Die Mitglieder sind also auch die Versicherten. Dies gilt z. B. für eine Lebens- oder Krankenversicherung.

Nr. 4: Sonstige juristische Personen des privaten Rechts
Hierzu gehören nach § 21 BGB insbesondere die rechtsfähigen, nicht wirtschaftlichen (= ideellen) Vereine und Stiftungen. Z. B. gemeinnützige Sport- und Musikvereine sowie steuerbegünstigte Stiftungen, die nach § 5 Abs. 1 Nr. 9 KStG steuerbefreit sind.

Die Rechtsverhältnisse der Vereine sind in §§ 21 bis 79 BGB geregelt. Der rechtsfähige Verein ist in das Vereinsregister eingetragen; nach § 56 BGB soll die Zahl seiner Mitglieder mindestens sieben betragen.

Rechtsfähige Stiftungen sind von der Rechtsordnung anerkannte selbstständige Rechtssubjekte, sog. juristische Personen. Für sie gilt das Stiftungsrecht. In der Regel ist eine rechtsfähige Stiftung eine eigenständige juristische Person als **Stiftung des bürgerlichen Rechts** gem. §§ 80 bis 88 BGB, die einen durch Stiftungssatzung festgelegten Zweck mit Hilfe eines rechtlich verselbstständigten, dem Zweck dauernd gewidmeten Vermögens (Stiftungsvermögen) verfolgt. Sie ist die einzige Rechtsform, hinter der sich kein Dritter als Eigentümer oder Mitglied verbirgt.

Die §§ 80 ff. BGB regeln die materiell-rechtlichen Voraussetzungen für das Entstehen einer Stiftung bürgerlichen Rechts.

Auch **Familienstiftungen** können Stiftungen des bürgerlichen Rechts sein, die ausschließlich dem Wohl einer oder mehrerer bestimmter Familien dienen. Bei ihnen ist die Staatsaufsicht eingeschränkt. **Familienstiftungen können grundsätzlich nicht als gemeinnützig anerkannt werden**, da sie nicht auf das Gemeinwohl ausgerichtet sind, sondern auf die Begünstigung der Stifterfamilie.

Außerdem unterliegen Familienstiftungen in Zeitabständen von je 30 Jahren der **Erbschaftsteuer** (vgl. § 1 Abs. 1 Nr. 4 ErbStG). Dadurch wird alle 30 Jahre ein Erbfall fingiert und die Familienstiftung einer entsprechenden Besteuerung unterworfen. Diese Steuerschuld kann nach § 24 ErbStG im Wege der Verrentung in 30 gleichen jährlichen Teilbeträgen entrichtet werden; hierbei ist für die Verzinsung der Steuer von einem Zinssatz von 5,5 v. H. auszugehen. Wegen der Entstehung der Steuer, vgl. § 9 Abs. 1 Nr. 4 ErbStG; zur Berechnung der Steuer, vgl. § 15 Abs. 2 Satz 3 ErbStG.

Nr. 5: Nicht rechtsfähige Vereine, Stiftungen und andere Zweckvermögen
Der nicht rechtsfähige Verein (vgl. § 54 BGB) ist nicht im Vereinsregister eingetragen; auf ihn finden die Vorschriften über die GbR Anwendung.

In diesen Fällen ist nach **§ 3 Abs. 1 KStG** eine Abgrenzung von einer Personengesellschaft (GbR) erforderlich. Der nichtrechtsfähige Verein unterscheidet sich von einer GbR dadurch, dass er **vereinsrechtlich und nicht gesellschaftsrechtlich organisiert ist. Für einen Verein sprechen z. B. Verfolgung eines gemeinsamen Zwecks, Auftreten unter einem Gesamtnamen, Unabhängigkeit vom Mitgliederbestand, größere Mitgliederzahl und Bestehen eines Vorstands, der für die Gesamtheit der Mitglieder handelt.** Der nicht rechtsfähige Verein muss diese Wesensmerkmale ausdrücklich in einer **Satzung** niederlegen (vgl. Tz. 282 und 283 des BMF-Schreibens vom 22.12.2009, BStBl 2010 I S. 94, zu Einzelfragen zur Abgeltungsteuer).

Nicht rechtsfähige Vereine sind z. B. auch Gewerkschaften, Berufsverbände und politische Parteien.

Nicht rechtsfähige (auch unselbstständige oder fiduziarische) Stiftungen haben keine eigene Rechtspersönlichkeit. Der Stifter überträgt das Vermögen durch Vertrag oder Verfügung von Todes wegen auf eine vorhandene Person, z. B. eine juristische Person des privaten Rechts oder eine Gemeinde. Diese verwaltet es dann entsprechend dem festgelegten Zweck. Das Vermögen geht in einem solchen Fall in das Eigentum des Empfängers über und ist als **Sondervermögen** von dem übrigen Vermögen getrennt zu halten. Die nicht rechtsfähige Stiftung eignet sich vor allem für kleinere Vermögen, die den Aufwand einer selbstständigen Stiftungsgründen nicht lohnen.

Von den Genehmigungsbehörden der Länder wird für die Gründung von selbstständigen Stiftungen mit eigener Stiftungsverwaltung grundsätzlich ein Mindestvermögen von ca. 100.000 € empfohlen. Bei darunter liegenden Vermögen wird auf rechtlich unselbstständige Stiftungen verwiesen, bei denen das Vermögen z. B. einer bereits bestehenden rechtsfähigen Organisation treuhänderisch – zur Verwaltung – anvertraut wird. Allerdings bestehen hierzu in den einzelnen Bundesländern unterschiedliche Auffassungen.

Ein Zweckvermögen ist eine verselbstständigte Vermögensmasse für einen festgelegten Zweck. Z. B. Spenden, die bis zu ihrer Verwendung auf einem Spendensonderkonto verzinslich angelegt werden.

Nr. 6: Betriebe gewerblicher Art von juristischen Personen des öffentlichen Rechts

Juristische Personen des öffentlichen Rechts fallen grundsätzlich nicht unter die unbeschränkte Körperschaftsteuerpflicht, da sie mit der Wahrnehmung hoheitlicher Aufgaben betraut sind. Körperschaften des öffentlichen Rechts sind z. B.
- Gebietskörperschaften (Bund, Länder, Gemeinden)
- öffentlich-rechtliche Religionsgemeinschaften
- Universitäten und Studentenwerke
- öffentlich-rechtliche Rundfunkanstalten
- Kammern (IHK, Steuerberaterkammer).

Sofern sich aber Körperschaften des öffentlichen Rechts privatwirtschaftlich betätigen – entweder im Rahmen eines Betriebs gewerblicher Art oder in privatrechtlicher Form – unterliegen sie der Besteuerung. Durch einen Betrieb gewerblicher Art sollen im Ergebnis alle Einrichtungen der öffentlichen Hand der Körperschaftsteuer unterworfen werden, die das **äußere Bild eines Gewerbebetriebs** haben. **Vgl. § 4 KStG in Verbindung mit R 6 KStR.**

Zu den typischen Betrieben gewerblicher Art gehören insbesondere die Kreis- und Stadtsparkassen nach § 4 Abs. 2 KStG sowie die sog. Versorgungsbetriebe nach § 4 Abs. 3 KStG (z. B. Wasserwerk, E-Werk, öffentlicher Verkehr). Keine Betriebe gewerblicher Art sind hingegen Hoheitsbetriebe; vgl. § 4 Abs. 5 KStG i. V. m. R 9 KStR. Zur Abgrenzung in Einzelfällen, vgl. R 10 KStR.

2.1.2 Steuersatz und Freibetrag

Bei den Körperschaften i. S. d. § 1 Abs. 1 Nr. 1 bis 6 KStG beträgt der Steuersatz nach § 23 Abs. 1 KStG seit dem VZ 2008 **15 v. H.** des zu versteuernden Einkommens.

Außerdem ist bei den **Körperschaften i. S. d. § 1 Abs. 1 Nr. 3 bis 6 KStG** seit dem VZ 2009 nach § 24 KStG ein **Freibetrag in Höhe von 5.000 €** bei der Ermittlung des zvE abzuziehen. **Bei Kapitalgesellschaften i. S. d. § 1 Abs. 1 Nr. 1 KStG und Genossenschaften i. S. d. § 1 Abs. 1 Nr. 2 KStG wird dieser Freibetrag hingegen nicht berücksichtigt.**

2.1.3 Voraussetzungen der unbeschränkten Körperschaftsteuerpflicht

Der unbeschränkten Körperschaftsteuerpflicht unterliegen alle Körperschaften, die
- in § 1 Abs. 1 KStG aufgezählt sind **und**
- ihre Geschäftsleitung (10 AO) **oder** ihren Sitz (§ 11 AO) im Inland haben.

Hinweis: Ausländische Kapitalgesellschaften (z. B. limited)
Eine **ausländische Kapitalgesellschaft (z. B. Limited)**, die wie eine deutsche Kapitalgesellschaft strukturiert ist und ihren Sitz oder ihre Geschäftsleitung im Inland hat, **ist ebenfalls nach § 1 Abs. 1 Nr. 1 KStG unbeschränkt körperschaftsteuerpflichtig.**
Zu den Rechtsformen ausländischer Gesellschaften, vgl. H 2, Ausländische Gesellschaften, KStH 2008.

Zur Steuerpflicht der englischen „Limited" (Private Company Limited by Shares, Ltd.) gilt Folgendes:
- **bei der Körperschaftsteuer:**
  → Die Ltd. hat ihren statuarischen Sitz im Vereinigten Königreich Großbritannien und Nordirland und ihren tatsächlichen Verwaltungssitz (Geschäftsführung) in Deutschland.
  → Es handelt sich insoweit um eine doppelt ansässige Gesellschaft (Scheinauslandsgesellschaft). Nach dem DBA-Großbritannien gilt die Gesellschaft (Ltd.) als in dem Staat ansässig, in dem sich der Ort der tatsächlichen Geschäftsleitung befindet. Daraus folgt für den Fall der zugezogenen Ltd. mit ausschließlicher Tätigkeit in Deutschland ein ausschließliches Besteuerungsrecht Deutschland.
  → Der Sitz (§ 11 AO) der Ltd. ist zwar im Vereinigten Königreich Großbritannien und Nordirland; für die unbeschränkte Steuerpflicht reicht es allerdings aus, dass sich die tatsächliche Geschäftsleitung (§ 10 AO) im Inland befindet.
  → Da die Ltd. aufgrund des gesellschaftsrechtlichen Typenvergleichs einer deutschen GmbH entspricht (Kapitalgesellschaft), ergibt sich eine unbeschränkte Steuerpflicht nach § 1 Abs. 1 Nr. 1 KStG. Der Steuersatz bei der KSt beläuft sich ebenfalls auf 15 v. H.
  → Zu den steuerlichen Folgen im Fall der Löschung im britischen Handelsregister, vgl. Verfügung OFD Hannover vom 3.7.2009, DStR 2009 S. 1585, sowie BMF-Schreiben vom 6.1.2014, BStBl I S. 111.

- **bei der Gewerbesteuer:**
→ Nach § 2 Abs. 2 Satz 1 GewStG gilt eine Kapitalgesellschaft in vollem Umfang als Gewerbebetrieb; dasselbe gilt daher auch für die Ltd.
- **bei der Umsatzsteuer:**
→ Die Ltd. ist Unternehmer i. S. d. § 2 Abs. 1 Satz 1 UStG.
- **Besteuerung der Gesellschafter („share-holder"):**
→ Für die Gesellschafter sind – wie bei einer GmbH – die entsprechenden Vorschriften anzuwenden (z. B. § 20 Abs. 1 Nr. 1 EStG; § 8 b KStG; § 3 Nr. 40 EStG; § 17 EStG; § 3 c Abs. 2 EStG).

Aber:
Von der Gründung einer limited ist strikt abzuraten. Im Falle einer späteren Liquidation oder einer Verschmelzung auf eine deutsche (inländische) Kapitalgesellschaft gilt das – komplizierte und kostenintensive – englische Zivilrecht. Sofern das Mindeststammkapital i. H. v. 12.500 € (§ 7 Abs. 2 GmbHG) für die Errichtung einer GmbH nicht vorhanden ist, sollte die Gründung einer inländischen Unternehmensgesellschaft (§ 5a GmbHG) ins Auge gefasst werden. Diese „Vorstufe" zur GmbH kann sowohl gesellschaftsrechtlich und steuerlich ohne „Fallstricke" errichtet werden. Auch der spätere Wechsel zur GmbH ist ohne Probleme möglich.

2.1.4 Umfang der unbeschränkten Steuerpflicht

Die unbeschränkte Körperschaftsteuerpflicht erstreckt sich nach **§ 1 Abs. 2 KStG** auf **sämtliche Einkünfte**. Hierunter ist das sog. **Welteinkommen** zu verstehen. Einschränkungen können sich aber durch **DBA** ergeben.

2.1.5 Beschränkte Steuerpflicht

Bei der beschränkten Steuerpflicht sind folgende zwei Arten zu unterscheiden:

2.1.5.1 Körperschaften ohne Geschäftsleitung und Sitz im Inland (§ 2 Nr. 1 KStG)

Ausländischen Körperschaften mit Ort der Geschäftsleitung und Sitz im Ausland sind nur mit ihren **inländischen Einkünften i. S. d. § 49 EStG** beschränkt körperschaftsteuerpflichtig (vgl. R 4 Abs. 1 KStR 2004). Z. B. eine AG mit Sitz und Geschäftsleitung in Italien unterhält in Stuttgart eine Betriebsstätte.

§ 49 EStG enthält eine abschließende Aufzählung beschränkt steuerpflichtiger Einkünfte. Einkünfte aus Gewerbebetrieb unterliegen nach § 49 Abs. 1 Nr. 2 Buchst. a EStG der beschränkten Steuerpflicht, wenn im Inland eine Betriebsstätte (§ 12 AO) unterhalten wird oder ein ständiger Vertreter (§ 13 AO) für den Gewerbebetrieb bestellt ist.

2.1.5.2 Sonstige Körperschaften, die nicht unbeschränkt steuerpflichtig sind (§ 2 Nr. 2 KStG)

Hierunter fallen insbesondere inländische Körperschaften des öffentlichen Rechts mit ihren inländischen Einkünften, von denen ein Steuerabzug vorzunehmen ist und die nicht in einem Betrieb gewerblicher Art anfallen.

Eine Stadt ist an einer Kapitalgesellschaft beteiligt und bezieht von dieser eine Dividende. Da das Halten einer Beteiligung üblicherweise keinen Betrieb gewerblicher Art darstellt (**vgl. R 16 Abs. 5 KStR**), ist die Körperschaftsteuer durch den teilweisen Kapitalertragsteuerabzug abgegolten, vgl. **§ 32 Abs. 1 Nr. 2 KStG i. V. m. § 44 a Abs. 8 Satz 1 Nr. 2 EStG**.

2.2 Beginn der Steuerpflicht

2.2.1 Beginn der Körperschaftsteuerpflicht

Bei der Gründung einer Kapitalgesellschaft ist gesellschaftsrechtlich zwischen der **Vorgründungsgesellschaft**, der **Vorgesellschaft** und der **eingetragenen Kapitalgesellschaft** zu unterscheiden (BFH-Urteil vom 8.11.1989, BStBl 1990 II S. 91). Dabei ergeben sich folgende steuerliche Auswirkungen:

2.2.1.1 Vorgründungsgesellschaft

Die Vorgründungsgesellschaft ist in der Regel eine Gesellschaft bürgerlichen Rechts, deren Zweck in der gemeinsamen Errichtung einer Kapitalgesellschaft besteht. Sie bezieht sich auf die Zeit **vor Abschluss des notariellen Gesellschaftsvertrages**. Die Vorgründungsgesellschaft ist deshalb **nicht mit der späteren Kapitalgesellschaft identisch**; es besteht **keine Körperschaftsteuerpflicht**. Etwaige Verluste, die in diesem Stadium anfallen, können somit nicht mit späteren Gewinnen steuerlich verrechnet werden. Die Gründer können vielmehr Einkünfte aus § 15 Abs. 1 Nr. 2 EStG haben. Vgl. hierzu auch
H 2, Vorgründungsgesellschaft, KStH 2008. Im Falle einer beabsichtigten Einmann-GmbH ist die Vorgründungsgesellschaft als Einzelunternehmen anzusehen.

2.2.1.2 Vorgesellschaft

Als Vorgesellschaft bezeichnet man die errichtete, aber noch nicht eingetragene Kapitalgesellschaft, d.h. die Kapitalgesellschaft im Gründungsstadium. Die Vorgesellschaft setzt also **den Abschluss des notariellen Gesellschaftsvertrages** voraus. Steuerlich wird die GmbH-Vorgesellschaft als Kapitalgesellschaft behandelt, sofern sie später als GmbH ins Handelsregister eingetragen wird. **Kommt es jedoch nicht zur Eintragung ins Handelsregister, besteht keine Körperschaftsteuerpflicht.** Damit wird auch im Steuerrecht die **im Zivilrecht** vertretene **Einheits- und Identitätstheorie** berücksichtigt; vgl. H 2, Beginn der Steuerpflicht, KStH 2008. Nach dem BFH-Urteil vom 14.10.1992 (BStBl 1993 II S. 353) ist deshalb auch bei einer GmbH-Vorgesellschaft die Annahme einer **verdeckten Gewinnausschüttung möglich**.

2.2 Beginn der Steuerpflicht

Praxishinweis:
Nach dem BFH-Urteil vom 18.3.2010, AZ.: IV R 88/06, BStBl 2010 II S. 991, ist eine GmbH-Vorgesellschaft, die später <u>nicht</u> als GmbH eingetragen wird, <u>nicht</u> körperschaftsteuerpflichtig. In diesem Fall ist vielmehr ein Personenunternehmen gegeben und es liegen gewerbliche Einkünfte i. S. d. § 15 Abs. 1 Nr. 2 EStG vor.

2.2.1.3 Eingetragene Kapitalgesellschaft

Mit der **Eintragung ins Handelsregister** entsteht die juristische Person, d. h. mit der Eintragung der GmbH ins Handelsregister geht die GmbH-Vorgesellschaft in dieser auf. Spätestens ab diesem Zeitpunkt beginnt die Körperschaftsteuerpflicht.

Praxishinweis: Steuerliche Behandlung von Gründungskosten

Fall 1: Verdeckte Gewinnausschüttung
Übernimmt eine Kapitalgesellschaft die eigenen Gründungskosten, die zivilrechtlich von den Gesellschaftern zu tragen sind, liegt nach dem BFH-Urteil vom 11.10.1989 (BStBl 1990 II S. 89) eine **verdeckte Gewinnausschüttung** vor. Nach dem BMF-Schreiben vom 25.6.1991 (BStBl 1991 I S. 661) können die Gründungskosten nur dann als **Betriebsausgaben** anerkannt werden, wenn die **Übernahme der Gründungskosten** durch die GmbH **im Gesellschaftsvertrag vorgesehen ist**, grundsätzlich die Kosten ihrer Art nach im Einzelnen aufgeführt werden und der Gesamtbetrag des Gründungsaufwands im Gesellschaftsvertrag ziffernmäßig ausgewiesen wird.

Fall 2: Betriebsausgaben bei der GmbH
Sofern die Übernahme der Gründungskosten im Gesellschaftsvertrag geregelt ist, kommt nach Auffassung der Finanzverwaltung ein Abzug der Gründungskosten als Betriebsausgaben bei der Kapitalgesellschaft bereits dann in Betracht, **wenn die einzelnen Kosten zusammengefasst als Gesamtbetrag in der Satzung ausgewiesen sind**. Hierbei ist ausreichend, wenn ein Höchstbetrag beziffert wird, bis zu dem die Gesellschaft die Gründungskosten selbst trägt (**z. B. Formulierung: die GmbH trägt die Gründungskosten bis zu einem Betrag von 2.500 €**). Vgl. auch Vfg. OFD Karlsruhe vom 7.1.1999 (FR 1999 S. 276).

> **Fall 3: Anschaffungskosten beim Gesellschafter**
> Sofern der Gesellschafter selbst die Gründungskosten (Beratungskosten) trägt, gilt nach dem BFH-Urteil vom 20.4.2004 (BStBl II S. 597) Folgendes:
> Die Gründungskosten (Beratungskosten) sind **nicht Werbungskosten bei den Einkünften aus Kapitalvermögen nach § 20 Abs. 1 Nr. 1 EStG**, sondern **Anschaffungskosten** der Beteiligung i. S. d. § 17 EStG (Nebenkosten des Erwerbs).

Aber:
Kosten einer Kapitalerhöhung dürfen hingegen von der Gesellschaft auch ohne ausdrückliche Regelung im Gesellschaftsvertrag übernommen werden (**Ausnahme für Kosten der Übernahme der neuen Anteile durch die Gesellschafter, also für die notarielle Beurkundung der Übernahmeerklärung; diese Kosten sind zwingend vom Gesellschafter zu tragen**).

Beispiel 4:

A und B schließen am 10.2.2013 einen notariell beurkundeten Vorvertrag zum Abschluss eines Gesellschaftsvertrages. Dementsprechend bereiten sie die beabsichtigte GmbH-Gründung und die Geschäftsaufnahme – Groß- und Einzelhandel mit Personal-Computern aller Art sowie dazugehöriger Software – vor. Bereits am 15.3.2013 eröffnen sie das Geschäftslokal und tätigen die ersten Umsätze. Der eigentliche Gesellschaftsvertrag wird jedoch erst am **1.8.2013** notariell beurkundet; die daraufhin unverzüglich beantragte Eintragung der GmbH im für sie zuständigen Handelsregister datiert vom **21.11.2013**.

Im Übrigen wurden folgende – steuerliche zutreffende Betriebsergebnisse errechnet:

10.2 bis 14.3.2013	./.	7.896 €	vorbereitende Betriebsausgaben, nach § 4 Abs. 3 EStG aufgezeichnet
15.3. bis 31.7.2013	./.	21.520 €	
1.8. bis 20.11.2013	+	18.900 €	Verlust/Gewinn nach § 5 EStG ermittelt
21.11. bis 31.12.2013	+	46.150 €	

<u>10.2. bis 31.7.2013</u>

→ Vorgründungsgesellschaft = gewerbliche Mitunternehmerschaft i. S. d. § 15 Abs. 1 Satz 1 Nr. 2 EStG; § 3 Abs. 1 KStG schließt die KSt-Pflicht aus;

→ gesondertes und einheitliches Feststellungsverfahren i. S. d. §§ 179, 180 Abs. 1 Nr. 2 Buchst. a, 182 AO (Beteiligung mehrerer an den Einkünften): anteilige gewerblicher Verluste für A und B von jeweils (7.896 € + 21.520 € = 29.416 € : 2 =) 14.708 € (ausgleichsfähig nach § 2 Abs. 3 EStG und ggf. abzugsfähig im Rahmen des § 10 d EStG);

2.2 Beginn der Steuerpflicht

→ wegen der Höhe des (Verlust-) Anteils vgl. auch § 722 BGB bzw. § 121 HGB;

→ gewerbesteuerlich sind die bis zum 14.3.2013 angefallenen vorbereitenden Betriebsausgaben nicht zu berücksichtigen (R 2.5 Abs. 2 GewStR 2009).

1.8. bis 31.12.2013 → Körperschaft als Steuerrechtssubjekt i. S. d. §§ 1, 3 Abs. 1 KStG mit gewerblichen Einkünften kraft Rechtsform (vgl. § 8 Abs. 2 KStG); GmbH als juristische Person und Vorgesellschaft werden steuerlich zusammengefasst („Identitätstheorie"): Gewinn 65.050 € (wird bei der Körperschaftsteuer-Veranlagung für 2013 ohne Rücksicht auf etwaige Gewinnausschüttungen erfasst, vgl. § 8 Abs. 3 Satz 1 KStG).

Variante:
Aufgrund Meinungsverschiedenheiten von A und B wird die Geschäftstätigkeit zum 20.11.2013 eingestellt und rechtzeitig vor der Handelsregistereintragung der entsprechende Antrag zurückgezogen.

10.2. bis 20.11.2013 → gewerbliche Mitunternehmerschaft i. S. d. § 15 Abs. 1 Satz 1 Nr. 2 EStG; § 3 Abs. 1 KStG schließt die KSt-Pflicht aus; wegen der nicht zustande gekommenen juristischen Person **keine Zusammenfassung der Vorgesellschaft mit einer Kapitalgesellschaft möglich** (vgl. auch BFH-Urteil vom 18.3.2010, AZ.: IV R 88/06, a. a. O.);

→ gesondertes und einheitliches Feststellungsverfahren i. S. d. §§ 179, 180 Abs. 1 Nr. 2 Buchst. a, 182 AO (Beteiligung mehrerer an den Einkünften): anteilige gewerbliche Verluste für A und B von jeweils (7.896 € + 21.520 € ./. 18.900 € = 10.516 € : 2 =) 5.258 € (ausgleichsfähig nach § 2 Abs. 3 EStG und ggf. abzugsfähig im Rahmen des § 10 d EStG);

→ gewerbesteuerlich sind die bis zum 14.3.2013 angefallenen vorbereitenden Betriebsausgaben nicht zu berücksichtigen (R 2.5 Abs. 2 GewStR 2009).

Einkommensermittlung 3

Bei der Körperschaftsteuer wird das Einkommen nach den Vorschriften des KStG und nach bestimmten Vorschriften des EStG ermittelt (**§ 8 Abs. 1 KStG**). Welche einkommensteuerlichen Vorschriften bei der Körperschaftsteuer Anwendung finden, ergibt sich aus **R 32 Abs. 1 KStR**.

3.1 Grundsätze der Einkommensermittlung

3.1.1 Übersicht

Einkommensermittlung bei Körperschaften i. S. d. § 8 Abs. 2 KStG:
Gewinn/Verlust lt. Steuerbilanz bzw. Jahresüberschuss- / -fehlbetrag laut Handelsbilanz ggf. korrigiert nach § 60 Abs. 2 EStDV

+ / ./.	Hinzurechnungen/Kürzungen soweit gewinnmäßige Auswirkungen:
+	offene Gewinnausschüttungen (§ 8 Abs. 3 Satz 1 KStG)
+	**verdeckte Gewinnausschüttungen (§ 8 Abs. 3 Satz 2 KStG)**
./.	offene Einlagen (§ 4 Abs. 1 EStG)
./.	**verdeckte Einlagen (§ 8 Abs. 3 Satz 3 KStG)**
+	**nicht abziehbare Steuern einschl. Nebenleistungen (§ 10 Nr. 2 KStG)**
./.	Erstattung nicht abziehbarer Steuern einschließlich Nebenleistungen (Umkehrschluss § 10 Nr. 2 KStG)
+	Geldstrafen/Geldbußen (§ 10 Nr. 3 KStG, § 4 Abs. 5 Nr. 8 EStG)
+	die Hälfte der Aufsichtsratsvergütungen (§ 10 Nr. 4 KStG)
+	andere nicht abziehbare Aufwendungen (z. B. § 4 Abs. 5 und 7 EStG, § 160 AO)

+ / ./.	Kürzungen / Hinzurechnungen nach § 8 b KStG
./.	steuerfreie Einnahmen (z. B. Investitionszulagen nach § 13 InvZulG oder nach § 3 EStG, DBA)
+	Spenden (§ 9 Abs. 2 KStG)
=	steuerlicher Gewinn
./.	abzugsfähige Spenden (§ 9 Abs. 1 Nr. 2 KStG)
./.	Verlustabzug (§ 10 d EStG i. V. m. § 8 c KStG)
=	zu versteuerndes Einkommen

Vgl. hierzu auch R 29 Abs. 1 KStR!

3.1.2 Veranlagungszeitraum / Ermittlungszeitraum

Veranlagungszeitraum ist auch für die KSt grundsätzlich das Kalenderjahr (§ 25 EStG, § 7 Abs. 3 Satz 1 KStG). Für bestimmte Körperschaften, die sich in Liquidation befinden, tritt an die Stelle des Kalenderjahres der Abwicklungszeitraum (§ 11 Abs. 1 KStG). Ermittlungszeitraum ist ebenfalls das Kalenderjahr (§ 7 Abs. 3 Satz 2 KStG) oder ein davon abweichendes Wirtschaftsjahr (§ 7 Abs. 4 Satz 2 KStG).

Beispiel: Abweichendes Wirtschaftsjahr

Das Ergebnis des abweichenden Wirtschaftsjahres **1.7.2013 bis 30.6.2014** ist im **VZ 2014** zu erfassen (§ 7 Abs. 4 Satz 2 KStG). Die KSt-Vorauszahlungen 2014 werden am 10.9.2013, 10.12.2013, 10.3.2014 und 10.6.2014 geleistet (§ 31 Abs. 2 KStG).

3.1.3 Einkunftsarten

Fallgruppe 1: Kapitalgesellschaften (GmbH, AG) und Genossenschaften
Bei **unbeschränkt Steuerpflichtigen i. S. d. § 1 Abs. 1 Nr. 1 bis 3 KStG** sind nach **§ 8 Abs. 2 KStG alle Einkünfte als Einkünfte aus Gewerbebetrieb zu behandeln.**
Danach erzielt z. B. eine GmbH, die lediglich ihren Grundbesitz vermietet, kraft Rechtsform Einkünfte aus Gewerbebetrieb. Vgl. auch R 32 Abs. 3 KStR 2004.
Bei buchführungspflichtigen Körperschaften haben steuerfrei Einnahmen (z. B. Investitionszulage) den Handelsbilanz- und Steuerbilanzgewinn erhöht. Nicht abziehbare Aufwendungen (z. B. nach § 4 Abs. 5 EStG, § 10 KStG) haben den Gewinn gemindert. Für die Ermittlung des zu versteuernden Einkommens müssen deshalb die steuerfreien Ein-nahmen **außerbilanzmäßig abgerechnet** und die nicht

3.1 Grundsätze der Einkommensermittlung

> abziehbaren Aufwendungen **außerbilanzmäßig hinzugerechnet** werden (vgl. R 29 Abs. 1 KStR).
> Aufwendungen einer Kapitalgesellschaft können nicht einem außerbetrieblichen Bereich zugeordnet werden. Denn nach der BFH-Rechtsprechung verfügt eine Kapitalgesellschaft aus körperschaftsteuerlicher Sicht über **keine außerbetriebliche Sphäre** (BFH-Urteil vom 22.8.2007, BStBl II S. 962). Bei einem „**Liebhabereibetrieb**" ist deshalb die bei gesellschaftsrechtlicher Veranlassung erforderliche Einkommenskorrektur mittels der **Grundsätze über die vGA** vorzunehmen (§ 8 Abs. 3 Satz 2 KStG).

Gegen eine außerbetriebliche Sphäre sprechen nach Auffassung des BFH insbesondere folgende Erwägungen:
- vor allem das Abstellen auf § 8 Abs. 2 KStG, die Bestimmung, dass alle Einkünfte der Kapitalgesellschaft solche aus Gewerbebetrieb sind,
- das Fehlen einer außerbetrieblichen Sphäre in der Handelsbilanz (§ 238 Abs. 1 und § 246 Abs. 1 des Handelsgesetzbuches (HGB), das sich über § 5 Abs. 1 des EStG in der Steuerbilanz niederschlägt,
- das Fehlen einer § 12 Nr. 1 EStG entsprechenden Vorschrift im Körperschaftsteuerrecht
- sowie schließlich der andernfalls mögliche Wertungswiderspruch zu § 2 Abs. 2 Satz 1 des GewStG.

> **Fallgruppe 2: Andere steuerpflichtige Körperschaften (z.B nicht gemeinnützige Vereine und Stiftungen)**
> Ein Verein, der nicht unter die Steuerbefreiung nach § 5 Abs. 1 Nr. 9 KStG fällt, (z. B. Skatclub, Feuerwehrkameradschaft, Geselligkeitsverein), kann grundsätzlich **Bezieher sämtlicher Einkünfte** i. S. d. § 2 Abs. 1 EStG sein (vgl. R 32 Abs. 2 KStR). Die Vorschrift des § 8 Abs. 2 KStG, wonach bei buchführungspflichtigen Körperschaften, alle Einkünfte als Einkünfte aus Gewerbebetrieb zu behandeln sind, greift insoweit nicht. Auch die Unterscheidung in die vier verschiedenen Tätigkeitsbereiche bei den steuerbegünstigten Vereinen ist hier ohne Bedeutung. Im Übrigen wird für die Besteuerung zwischen rechtsfähigen und nicht rechtsfähigen Vereinen kein Unterschied gemacht.
> Erzielt z. B. ein steuerpflichtiger Verein im VZ 2013 Einkünfte aus Kapitalvermögen i. S. d. § 20 Abs. 1 Nr. 7 EStG, sind nach **§ 8 Abs. 10 KStG die Regelungen zur Abgeltungssteuer nicht anzuwenden**. Damit können Verluste innerhalb dieser Einkunftsart uneingeschränkt verrechnet und tatsächliche Werbungskosten bei diesen Einkünften berücksichtigt werden.
> **Mitgliederbeiträge**, die aufgrund der Satzung von den Mitgliedern lediglich in ihrer Eigenschaft als Mitglied erhoben werden, bleiben auch bei nicht steuerbefrei-

ten Vereinen aufgrund der **sachlichen Steuerbefreiung in § 8 Abs. 5 KStG** außer Ansatz (**vgl. R 42 Abs. 2 KStR**). Die damit im Zusammenhang stehenden Aufwendungen des Vereins (z. B. für ideelle Satzungszwecke) stellen jedoch nach § 10 Nr. 1 KStG i. V. m. § 3 c Abs. 1 EStG nicht abziehbare Aufwendungen dar.

Bei der Ermittlung des zu versteuernden Einkommens ist nach § 24 KStG ein Freibetrag in Höhe von 5.000 € zu berücksichtigen; der **Steuersatz bei der Körperschaftsteuer** beläuft sich auch für nicht gemeinnützige Vereine auf 15 v. H. des zu versteuernden Einkommens.

Fallgruppe 3: Gemeinnützige Körperschaften (§ 5 Abs. 1 Nr. 9 KStG)
Bei einem **gemeinnützigen Verein, einer gemeinnützigen Stiftung oder auch einer gemeinnützigen GmbH i. S. d. §§ 51 ff. AO** können sich die nachstehenden Tätigkeitsbereiche ergeben:
→ ideeller Bereich
→ Vermögensverwaltung
→ Zweckbetrieb
→ steuerpflichtiger wirtschaftlicher Geschäftsbetrieb.

Die persönliche Steuerbefreiung gemeinnütziger Vereine ist aber bei der Körperschaftsteuer nach § 5 Abs. 1 Nr. 9 Satz 2 KStG insoweit ausgeschlossen, als ein **wirtschaftlicher Geschäftsbetrieb** unterhalten wird. Dasselbe gilt für die Frage der Gewerbesteuerpflicht. Die richtige Zuordnung der Einnahmen in den dafür vorgesehenen Tätigkeitsbereich ist deshalb von grundlegender Bedeutung. Hierzu ergibt sich Folgendes:

Übersicht: Tätigkeitsbereiche des gemeinnützigen Vereins

Ideeller Bereich (z. B. Spenden, Aufnahmegebühren und Mitgliedsbeiträge, § 5 Abs. 1 Nr. 9 Satz 1 KStG)	Vermögensverwaltung (z. B. Zinsen, verpachtete Vereinsgaststätte und Verpachtung der Werberechte, § 14 Satz 3 AO)
→ Keine KSt und GewSt	→ Keine KSt und GewSt
→ Keine USt bei Mitgliedsbeiträgen (bislang gilt Abschn. 1.4 UStAE = **Nichtsteuerbarkeit der Mitgliedsbeiträge**; entgegen Urteil des EuGH vom 21.3.2002, UR 2002 S. 320). Dies ist für den Verein steuerlich stitionen tätigt und pauschale Mitgliedsbeiträge erhebt (**keine USt, kein Vorsteuerabzug**). Aber: „Wahlrecht"	→ USt i. d. R. steuerfrei, wenn steuerpflichtig 7 v. H.

Sofern ein Verein größere Investitionen tätigt und Mitgliedsbeiträge erhebt, kann er unter Berufung auf das EuGH-Urteil vom 21.3.2002 und die BFH-Urteile vom 11.10.2007, AZ.: V R 69/06, DB 2008 S. 40, und vom 3.4.2008, AZ.: V R 74/07, DStR 2008 S. 1481, die Mitgliedsbeiträge der **USt (7 v. H.)** unterwerfen und den **vollen Vorsteuerabzug (19 v. H.)** aus Investitionen vornehmen.

<u>Ausnahme:</u> § 15 Abs. 1 b i. V. m. § 27 Abs. 16 UStG und BMF-Schreiben vom 2.1.2012 (BStBl I S. 60).

Zweckbetriebe (§§ 65 bis 68 AO) (z. B. sportliche und kulturelle Veranstaltungen)	Wirtschaftliche Geschäftsbetriebe (§ 64 AO) (z. B. Vereinsfeste, Vereinsgaststätte und Werbung)
→ Keine KSt und GewSt	→ **KSt und GewSt**, wenn die **Besteuerungsgrenze von 35.000 €** nach § 64 Abs. 3 AO überschritten wird **und** Überschuss hieraus den Freibetrag bei der KSt und der GewSt von 5.000 € übersteigt.
→ Ein **Zweckbetrieb „sportliche Veranstaltungen"** liegt nach § 67 a Abs. 1 AO vor, wenn die **Zweckbetriebsgrenze von 45.000 €** nicht überschritten ist.	
	→ Steuersatz bei der KSt 15 v. H.
→ USt i. d. R. ermäßigter Steuersatz 7 v. H. (§ 12 Abs. 2 Nr. 8 a Sätze 1 und 3 UStG)	→ USt Regelsteuersatz 19 v. H.
<u>Aber:</u> Umsatzsteuerbefreiung „von Amts wegen" nach § 4 Nr. 20 Buchst. a Satz 2 UStG, z. B. bei Musikvereinen, wenn dies von der zuständigen Landesbehörde bescheinigt wird (es besteht kein Wahlrecht, vgl. auch Urteil des BVerwG vom 4.5.2006).	

3.2 Einkommensermittlung im Einzelnen

3.2.1 Abziehbare Aufwendungen

3.2.1.1 Abziehbare Aufwendungen nach § 9 Abs. 1 Nr. 1 KStG

3.2.1.1.1 Begriff der Kommanditgesellschaft auf Aktien (KGaA)

Die KGaA ist nach § 278 Abs. 1 AktG „eine Gesellschaft mit eigener Rechtspersönlichkeit, bei der mindestens ein Gesellschafter den Gesellschaftsgläubigern unbeschränkt haftet (**persönlich haftender Gesellschafter**) und die übrigen an dem in Aktien zerlegten Grundkapital beteiligt sind, ohne persönlich für die Verbindlichkeiten der Gesellschaft zu haften (**Kommanditaktionäre**)".

3.2.1.1.2 Einkommen- und körperschaftsteuerliche Behandlung der KGaA

Die KGaA wird körperschaftsteuerlich als **Kapitalgesellschaft** eingestuft. Vgl. dazu § 1 Abs. 1 Nr. 1 KStG.

Die zivilrechtlich vorgegebene Mischform – einerseits KG hinsichtlich des Komplementärkapitals, andererseits AG hinsichtlich des Kommanditkapitals – schlägt sich bei der weiteren steuerlichen Behandlung wie folgt nieder:

Das körperschaftsteuerliche Einkommen der KGaA wird nach **§ 9 Abs. 1 Nr. 1 KStG gemindert** um den „**Teil des Gewinns, der an persönlich haftende Gesellschafter auf ihre nicht auf das Grundkapital gemachten Einlagen oder als Vergütung (Tantieme) für die Geschäftsführung verteilt wird**". Mit den „nicht auf das Grundkapital gemachten Einlagen" ist das Komplementärkapital gemeint. Unter Vergütung sind die gesamten Geschäftsführerbezüge (Festgehalt, Tantiemen, Kfz-Nutzung usw.) zu verstehen.

Diese im Rahmen der Einkommensermittlung der KGaA abziehbaren Ausgaben i. S. d. § 9 Abs. 1 Nr. 1 KStG haben die persönlich haftenden Gesellschafter als Einkünfte aus Gewerbebetrieb gem. **§ 15 Abs. 1 Satz 1 Nr. 3 EStG** zu versteuern. § 15 Abs. 1 Satz 1 Nr. 3 EStG geht aber über den bei der KGaA abzuziehenden Betrag hinaus. Als gewerbliche Einkünfte sind u. a. auch Vergütungen für die Hingabe von Darlehen oder für die Überlassung von Wirtschaftsgütern zu erfassen.

Der persönlich haftende Gesellschafter kann daneben noch am Kommanditkapital (= Grundkapital) beteiligt sein. Die ihm gehörenden Kommanditaktien sind aber kein Sonderbetriebsvermögen. Soweit darauf Ausschüttungen erfolgen, sind diese nach § 32 d Abs. 1 EStG oder unter Berücksichtigung des **Teileinkünfteverfahrens** bei ihm als **Einnahmen aus Kapitalvermögen** oder, wenn die Kommanditaktien sich in einem Betriebsvermögen befinden, über § 20 Abs. 8 EStG bei der entsprechenden Einkunftsart zu erfassen.

Persönlich haftender Gesellschafter einer KGaA kann sowohl eine **natürliche Person** als auch eine **Kapitalgesellschaft** sein. Handelt es sich bei dem persönlich haftenden Gesellschafter einer KGaA z. B. um eine GmbH, sind die nach den Regeln des § 15 Abs. 1 Satz 1 Nr. 3 EStG ermittelten Einkünfte unmittelbar bei der Ermittlung des körperschaftsteuerlichen Einkommens der GmbH zu erfassen.

3.2.1.1.3 Gewerbesteuerliche Behandlung der KGaA

Gewerbesteuerliche Hinzurechnung nach § 8 Nr. 4 GewStG des Betrags, der körperschaftsteuerlich nach § 9 Abs. 1 Nr. 1 KStG abzuziehen ist. Dadurch wird erreicht, dass der gesamte von der KGaA erwirtschaftete Gewerbeertrag bei ihr auch der Gewerbesteuer unterliegt (vgl. R 8.2 GewStR 2009 und H 8.2 GewStH 2009).

Sofern der persönlich haftende Gesellschafter einer KGaA **selbst Gewerbetreibender ist**, der den Komplementär-Anteil in seinem Betriebsvermögen hält, wird eine **gewerbesteuerliche Doppelerfassung** durch eine **Kürzung nach § 9 Nr. 2 b GewStG** vermieden.

3.2.1.2 Spendenabzug bei der Körperschaftsteuer

3.2.1.2.1 Überblick: Spendenabzug nach § 10 b EStG / § 9 Abs. 1 Nr. 2 KStG / § 9 Nr. 5 GewStG

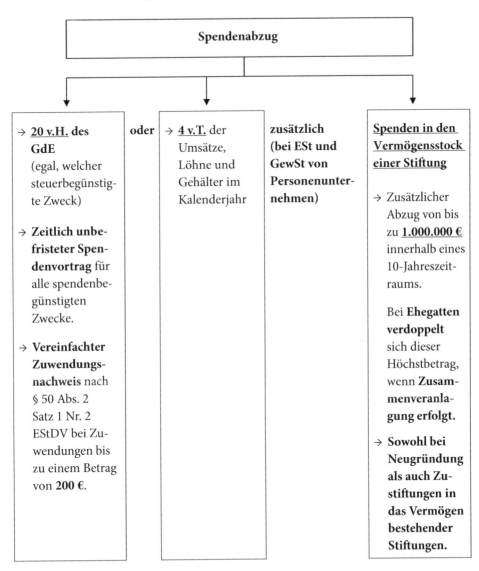

3.2.1.2.2 Zweckgerechte Verwendung der Zuwendungen erforderlich

Spenden und Mitgliedsbeiträge müssen für **steuerbegünstigte satzungsmäßige Zwecke** verwendet werden. Der **Spendenempfänger muss im Zeitpunkt der Spende als gemeinnützig anerkannt** sein (vgl. BFH-Urteil vom 5.4.2006, BStBl 2007 II S. 450).

zweckgerechte Verwendung:

- im ideellen Bereich (z.B. Jugendarbeit)
- im Zweckbetriebsbereich (z.B. für sportliche Veranstaltungen nach § 67 a AO)
- im Vermögen
  → Stiftungskapital und Zustiftungen (AEAO Nr. 30 zu § 55 Abs. 3)
  → Vermögenszuführungen nach § 58 Nr. 11 AO

zweckwidrige Verwendung:

- im steuerpflichtigen wirtschaftlichen Geschäftsbetrieb (z.B. zum Verlustausgleich in der selbst bewirtschafteten Vereinsgaststätte)
- im Vermögensverwaltungsbereich, vgl. AEAO Nr. 1 zu § 59 (z.B. zum Ausgleich von Verlusten aus der verpachteten Vereinsgaststätte)

↓

Haftung des Vereins und Vertrauensschutz für Spenden nach § 10 b Abs. 4 EStG prüfen

<u>Praxishinweis:</u> **Kein Spendenabzug bei fehlender Unentgeltlichkeit**
Eine Spende muss **ohne Erwartung eines besonderen Vorteils** gegeben werden (also unentgeltlich); die **Spendenmotivation** muss im Vordergrund stehen (vgl. BFH-Urteil vom 2.8.2006, BStBl 2007 II S. 8).

3.2.1.2.3 Spenden an Stiftungen (§ 10 b Abs. 1 a EStG)

Spenden in den Vermögensstock einer Stiftung (BMF-Schreiben vom 18.12.2008, BStBl 2009 I S. 16)

- Zusätzlicher Abzug für **Vermögensstockspenden seit 1.1.2007 von bis zu 1.000.000 €** (nur Spenden, nicht Mitgliedsbeiträge). Bei **Ehegatten verdoppelt** sich dieser Höchstbetrag, wenn **Zusammenveranlagung erfolgt** (vgl. BFH-Urteil vom 3.8.2005, BStBl 2006 II S. 121).

- Sowohl bei **Neugründung als auch Zustiftungen in das Vermögen bestehender Stiftungen**.
- Der Spendenabzug nach § 10 b Abs. 1 a EStG gilt auch für Förderstiftungen.
- <u>Beachte:</u> **Nur bei ESt und GewSt von Personenunternehmen, nicht bei Körperschaften.**
- Die Neuregelung gilt auch für **Aufstockungen innerhalb des ursprünglichen 10-Jahreszeitraums** ab Gründung der Stiftung und bis zur Höhe der Differenz bisheriger Abzugsbetrag (höchstens 307.000 €) und dem neuen Höchstbetrag von 1.000.000 €.
- Der Sonderausgabenabzug nach § 10 b Abs. 1 a EStG ist nur **auf Antrag** des Steuerpflichtigen vorzunehmen; stellt der Steuerpflichtige **keinen Antrag**, gelten auch für Vermögensstockspenden die **allgemeinen Regelungen nach § 10 b Abs. 1 EStG**.
- **Im Antragsfall** kann die Vermögensstockspende nach § 10 b Abs. 1 a EStG innerhalb eines Zeitraums von **10 Jahren** vom Spender beliebig auf die einzelnen Jahre verteilt werden.
- Der Steuerpflichtige beantragt in seiner Einkommensteuererklärung **erstens**, in welcher Höhe die Zuwendung als **Vermögensstockspende i. S. d. § 10 b Abs. 1 a EStG** behandelt werden soll, <u>und</u> **zweitens**, in welcher Höhe er im entsprechenden Zeitraum **eine Berücksichtigung** wünscht. Leistet ein Steuerpflichtiger im VZ 2013 beispielsweise 100.000 € in den Vermögensstock, entscheidet er im Rahmen seiner Einkommensteuererklärung 2013 über den Betrag, der als Vermögensstockspende nach **§ 10 b Abs. 1 a EStG** behandelt werden soll - z. B. 80.000 € im VZ 2013 -, dann sind die übrigen 20.000 € Spenden im Rahmen der **Höchstbeträge** im VZ 2013 nach § 10 b Abs. 1 EStG zu berücksichtigen.
- Leistet ein Steuerpflichtiger im VZ 2013 **einen höheren Betrag als 1 Mio €** in den Vermögensstock einer Stiftung, **kann er den 1 Mio € übersteigenden Betrag ebenfalls nach § 10 b Abs. 1 EStG geltend machen. Im zweiten Schritt** entscheidet der Steuerpflichtige über den Anteil der Vermögensstockspende, die er im VZ 2013 nach § 10 b Abs. 1 a EStG ab-ziehen möchte.
- **Innerhalb des 10-Jahreszeitraums ist ein Wechsel zwischen § 10 b Abs. 1 a EStG und § 10 b Abs. 1 EStG <u>nicht</u> zulässig.**
- **Zum Vortrag von Vermögensstockspenden gilt Folgendes:** Vermögensstockspenden, die **nicht** innerhalb des 10-jährigen Abzugszeitraums nach § 10 b Abs. 1 a Satz 1 EStG verbraucht wurden, **gehen in den allgemeinen unbefristeten Spendenvortrag nach § 10 b Abs. 1 EStG über**. Dabei sind die Vorträge von Vermögensstockspenden für jeden Ehegatten getrennt festzustellen.

Beispiel 1: Spenden in den Vermögensstock einer Stiftung nach § 10 b Abs. 1 a EStG

Ein **Steuerpflichtiger (natürliche Person)** hat im VZ 2013 die **Stiftung A** gegründet und 1 Mio € in das Vermögen der Stiftung geleistet. Im VZ 2014 gründet er eine weitere Stiftung (**Stiftung B**) und zahlt ebenfalls 1 Mio € in deren Vermögensstock.

Die Zuwendungen können im vorliegenden Fall nach **§ 10 b Abs. 1 a EStG** steuerlich wie folgt berücksichtigt werden:

Der Abzugszeitraum für die Zuwendung an die **Stiftung A** läuft <u>**von 2013 bis 2022**</u>. Das Abzugsvolumen beträgt bezogen auf den Abzugszeitraum **1 Mio €** und kann in einem Betrag oder auf den Abzugszeitraum von insgesamt 10 Jahren verteilt berücksichtigt werden.

Der Abzugszeitraum für die Zuwendung an die **Stiftung B** umfasst den <u>**Zeitraum 2014 bis 2023**</u>. Das Abzugsvolumen beträgt bezogen auf den Abzugszeitraum **1 Mio €** und kann in einem Betrag oder auf den Abzugszeitraum von 10 Jahren beliebig verteilt berücksichtigt werden.

<u>Praxishinweis:</u>

Da aber der Abzugsbetrag nach **§ 10 b Abs. 1 a Satz 1 EStG** innerhalb des Zehnjahreszeitraums personenbezogen **insgesamt nur einmal in Anspruch genommen werden darf**, können die Zuwendungen an die **Stiftung B nur im VZ 2023 berücksichtigt werden,** da erst ab 2023 ein neuer 10-jähriger Abzugszeitraum beginnt und bezüglich der Stiftung B in diesem Jahr gleichzeitig wieder endet.

Sofern hier – **was sinnvoll ist** – **kein Antrag zum Abzug als Vermögensstockspende i. S. d. § 10 b Abs. 1 a EStG** gestellt wird, gelten auch für Vermögensstockspenden die allgemeinen Regeln nach § 10 b Abs. 1 EStG (BMF-Schreiben vom 18.12.2008, BStBl 2009 I S. 16). In diesem Fall kommt für die Zuwendung an die **Stiftung B** bereits im VZ 2014 ein Abzug **im Rahmen der allgemeinen Höchstsätze (20 v. H. bzw. 4 v. T.) und im Wege des unbefristeten Spendenvortrags nach § 10 b Abs. 1 Satz 9 EStG** in Betracht.

Grafische Darstellung:

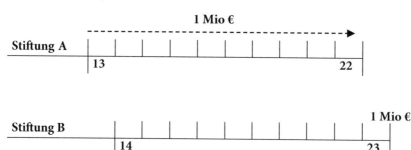

3.2.1.2.4 Vertrauensschutz und Haftung beim Spendenabzug nach § 10 b Abs. 4 EStG / § 9 Abs. 3 KStG

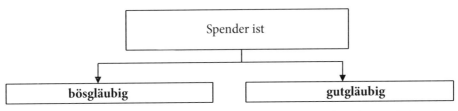

bösgläubig

- Die Bestätigung wird durch **falsche Angaben des Spenders** erwirkt (z.B. falsche Wertangaben bei Sachspenden).

- Dem Spender ist die Unrichtigkeit der Bestätigung bekannt oder infolge grober Fahrlässigkeit nicht bekannt. Z.B. der „Spende" steht eine **Gegenleistung** gegenüber (**vgl. BFH-Urteil vom 2.8.2006, BStBl 2007 II S. 8, „Golfclub-Urteil"**) oder eine Zuwendungsbestätigung wird über **nicht gezahlte** Spenden erteilt.

Steuerliche Folgen

- **Kein Spendenabzug** nach § 10 b EStG
- **Keine Haftung** des Vereins, aber ggf. Steuergefährdung i.S.d. § 379 Abs. 1 Nr. 1 AO

gutgläubig

Spender hat Gutglaubensschutz. Er darf grundsätzlich auf die Richtigkeit der Zuwendungsbestätigung über Spenden und Mitgliedsbeiträge vertrauen.

Steuerliche Folgen

- **Spendenabzug** nach § 10 b EStG.
- **Haftung des Vereins**
  Bei der ESt und KSt:
  → **30 v.H.** der Spende,
  bei der GewSt:
  → **15 v.H.** der Spende.

Folgende Fälle sind hierbei zu unterscheiden:

**Ausstellerhaftung
= unrichtige Bestätigung**

- Bei **Sachspenden** wird vom Verein ein **überhöhter Wert** bescheinigt.

- Kauf einer **Eintrittskarte** für eine Benefizveranstaltung mit „Spendenanteil" (mangels Unentgeltlichkeit liegt keine Spende vor, Aufteilung in Spende und Gegenleistung ist nicht zulässig).

- Ein **nicht gemeinnütziger** Verein stellt Zuwendungsbestätigungen für erhaltene „Spenden" aus und der Spender hat hier von nichts gewusst.

**Veranlasserhaftung
= Fehlverwendung**

- Spenden für die Jugendabteilung werden zum Ausgleich von Verlusten im wiG „Vereinsgaststätte" verwendet.

- Sachspenden werden im wiG „Sommerfest" verwendet.

- → **Keine Veranlasserhaftung** bei rückwirkender Aberkennung der Gemeinnützigkeit, wenn Spenden bereits für steuerbegünstigte Zwecke verwendet worden sind (**vgl. BFH-Urteil vom 10.9.2003, BStBl 2004 II S. 352**).

- → **Vorrangige Haftung des Vereins** (§ 10 b Abs. 4 Satz 4 EStG).

3.2.1.2.5 Spendenabzug bei der Körperschaftssteuer im Einzelnen:

Bei der Körperschaftsteuer ist der Spendenabzug in **§ 9 Abs. 1 Nr. 2 KStG i. V. m. R 47 KStR** geregelt. Für die Ermittlung der abzugsfähigen Spenden ist dabei wie folgt vorzugehen:
- Sämtliche Spenden und nicht als Betriebsausgaben abziehbare Beiträge, die den Gewinn gemindert haben, werden im Rahmen der Einkommensermittlung zunächst außerbilanzmäßig hinzugerechnet.
- Soweit diese Beträge unter Beachtung der Höchstbeträge nach § 9 Abs. 1 Nr. 2 KStG abziehbar sind, werden sie wieder außerbilanzmäßig abgerechnet.

Maßgebend für die Ermittlung der Höchstbeträge ist das Einkommen vor Abzug sämtlicher Spenden und des Verlustabzugs (**§ 9 Abs. 2 Satz 1 KStG**).

Vgl. hierzu das Schema zur Ermittlung des zu versteuernden Einkommens in R 29 Abs. 1 KStR (Nr. 14 und 15).

Die Spenden werden nach den im Wirtschaftsjahr geleisteten Spenden ermittelt, also bei abweichendem Wirtschaftsjahr nach den Spenden, die im Zeitraum des abweichenden Wirtschaftsjahres geleistet werden. Für die Berechnung dieses Spendenhöchstbetrags ist auf das Einkommen des Veranlagungszeitraums bzw. auf die Summe der gesamten Umsätze, Löhne und Gehälter im Kalenderjahr abzustellen.

Berechnung des Spendenabzugs nach § 9 Abs. 1 Satz 1 Nr. 2 KStG:
Zuwendungen zur Förderung steuerbegünstigter Zwecke
i. S. d. §§ 52 bis 54 AO ....

1. Alternative:
20 v. H. des Einkommens i. S. d. § 9 Abs. 2 KStG ./. ....
Abzugsfähiger Betrag I = ...
oder

2. Alternative:
4 v. T. der Umsätze und den im Kalenderjahr
gezahlten Löhnen und Gehältern
(**Abzugsfähiger Betrag II**) = ...

➤ **Abzugsfähig ist der höhere Betrag I oder II.**

3.2 Einkommensermittlung im Einzelnen

Beispiel 2:

Eine GmbH leistet im Wirtschaftsjahr (= Kalenderjahr) 2013 folgende Spenden:

– für sportliche Zwecke	6.000 €
– für wissenschaftliche Zwecke	14.000 €
– an politische Parteien	10.000 €
insgesamt:	30.000 €

Ordnungsgemäße Spendenbescheinigungen liegen vor.

Das körperschaftsteuerliche Einkommen der GmbH beträgt nach Abzug sämtlicher – als Betriebsausgaben behandelter Spenden – 70.000 €.

Die Summe der Umsätze und Löhne und Gehälter in 2013 beträgt 3 Mio €.

Lösung:

Berechnung der abzugsfähigen Spenden:

Einkommen i.S.d. § 9 Abs. 1 Satz 1 Nr. 2 KStG (geregelt in § 9 Abs. 2 Satz 1 KStG)	70.000 €
+ als Betriebsausgaben abgezogene Spenden	+ 20.000 €
+ nicht als Betriebsausgabe abziehbare Parteispende	+ 10.000 €
maßgebliches Einkommen (= Ausgangsbetrag für den körperschaftsteuerlichen Spendenabzug)	**100.000 €**

Höchstbetrag 1. Alternative:

Spenden für sportliche und wissenschaftliche Zwecke	20.000 €	
Höchstbetrag (20 v.H. von 100.000 € =)	./. 20.000 €	
abzugsfähig nach der 1. Alternative	0 €	**20.000 €**

Höchstbetrag 2. Alternative:

4 v.T. von 3 Mio € (d.h. von der Summe
der Umsätze + Löhne + Gehälter) =   12.000 €
                                                 ======

Abzugsfähig ist also der höhere Betrag nach der 1. Alternative.

Einkommensermittlung:

eingangs ermittelter Ausgangsbetrag	100.000 €
– Spenden, für sportliche und wissenschaftliche Zwecke (§ 9 Abs. 1 Satz 1 Nr. 2 KStG)	./. 20.000 €
zu versteuerndes Einkommen 2013	**80.000 €**

Aber: Abzugsverbot für Parteispenden!
Die Parteispende in Höhe von 10.000 € ist nicht im Rahmen des § 9 Abs. 1 Satz 1 Nr. 2 KStG abziehbar, da bei der Körperschaftsteuer Parteispenden steuerlich nicht berücksichtigt werden können. Ein Betriebsausgabenabzug ist auch nach § 4 Abs. 6 EStG ausgeschlossen.

Beispiel 3:

Eine GmbH leistet im Wirtschaftsjahr (= Kalenderjahr) 2013 folgende Spenden:

– für sportliche Zwecke	15.000 €
– für wissenschaftliche Zwecke	25.000 €
insgesamt:	**40.000 €**

Ordnungsgemäße Spendenbescheinigungen liegen vor.

Das körperschaftsteuerliche Einkommen der GmbH beträgt nach Abzug sämtlicher – als Betriebsausgaben behandelter Spenden – 400.000 €.

Die Summe der Umsätze und Löhne und Gehälter in 2013 beträgt 10 Mio €.

3.2 Einkommensermittlung im Einzelnen

Lösung:
Berechnung der abzugsfähigen Spenden:

Einkommen i.S.d. § 9 Abs. 1 Satz 1 Nr. 2 KStG	400.000 €
+ als Betriebsausgaben abgezogene Spenden	+ 40.000 €
Ausgangsbetrag für den körperschaftsteuerlichen Spendenabzug (vgl. § 9 Abs. 2 Satz 1 KStG und R 29 Abs. 1 Nr. 14 KStR)	440.000 €

Höchstbetrag 1. Alternative:

Spenden für sportliche und wissenschaftliche Zwecke	40.000 €
Höchstbetrag (20 v. H. von 440.000 € =)	88.000 €
abzugsfähig ist der niedrigere Betrag =	40.000 €

Danach sind sämtliche Spenden abzugsfähig. Die Berechnung des Höchstbetrags nach der 2. Alternative (4 v. T. der Summe der Umsätze + Löhne + Gehälter) erübrigt sich.

Einkommensermittlung:

Einkommen vor Spendenabzug	440.000 €
− nach § 9 Abs. 1 Nr. 2 KStG abziehbare Spenden	./. 40.000 €
zu versteuerndes Einkommen 2013	400.000 €

Beispiel 4:
Eine GmbH leistet im Wirtschaftsjahr = Kalenderjahr 2013 folgende Spenden:

– für sportliche Zwecke	4.000 €
– für wissenschaftliche Zwecke	8.000 €
– an politische Parteien	7.500 €
– in den Vermögensstock einer wissenschaftlichen Stiftung anlässlich deren Neugründung	24.000 €
insgesamt:	**43.500 €**

Das körperschaftsteuerliche Einkommen der GmbH für den VZ 2013 beträgt nach Abzug sämtlicher Spenden 56.500 €. Die Umsätze und Löhne / Gehälter in 2013 belaufen sich auf 7 Mio €. Ordnungsgemäße Spendenbestätigungen liegen vor.

Lösung:

Berechnung des Spendenabzugs:

Ausgangsbetrag		56.500 €
+ Parteispende	+	7.500 €
+ Hinzurechnung der Zuwendungen nach § 9 Abs. 1 Nr. 2 KStG	+	36.000 €
Einkommen i. S. d. § 9 Abs. 2 Satz 1 KStG (vgl. R 29 Abs. 1 Nr. 14 KStR)		100.000 €
→ Abzugsfähig nach § 9 Abs. 1 Satz 1 Nr. 2 1. Alt. KStG 20 v. H. von 100.000 € =		20.000 €
→ Abzugsfähig nach § 9 Abs. 1 Satz 1 Nr. 2 2. Alt. KStG 4 v. T. von 7 Mio € =		28.000 €
Spende für sportliche Zwecke		4.000 €
Spende für wissenschaftliche Zwecke		8.000 €
Spende an die Stiftung		24.000 €
Berücksichtigungsfähige Spenden		**36.000 €**

Beachte:

→ Kein Abzug der Spenden an politische Parteien nach § 9 Abs. 1 Nr. 2 KStG.

→ Keine Sonderregelung in § 9 Abs. 1 Nr. 2 KStG für Spenden in den Vermögensstock der Stiftung (§ 10 b Abs. 1 a EStG gilt nur für Personenunternehmen mit natürlichen Personen); **die Stiftungsspende ist deshalb im Rahmen der normalen Höchstbetragsberechnung zu berücksichtigen.**

→ Dasselbe gilt für den Spendenabzug bei der Gewerbesteuer nach § 9 Nr. 5 GewStG:

Einkommen i. S. d. § 9 Abs. 2 Satz 1 KStG		100.000 €
Spendenabzug nach der 2. Alternative	./.	28.000 €
zvE 2013		**72.000 €**

Nach **§ 9 Abs. 1 Satz 9 KStG** können die übersteigenden Spenden in Höhe von **8.000 €** (**36.000 € ./. 28.000 €**) im Wege des zeitlich unbegrenzten **Spendenvortrags** ab dem VZ 2014 berücksichtigt werden.

3.2.2 Nicht abziehbare Aufwendungen nach § 10 KStG

3.2.2.1 Aufwendungen zur Erfüllung von Satzungszwecken (§ 10 Nr. 1 KStG)

Die Regelung in § 10 Nr. 1 KStG stellt klar, dass Aufwendungen einer Körperschaft zur Erfüllung der satzungsmäßigen Zwecke das steuerliche Einkommen nicht mindern dürfen. Dies hat insbesondere für Stiftungen Bedeutung, die satzungsmäßige Aufwendungen (z. B. Renten) an die durch Stiftungsgeschäft Begünstigten zu erbringen haben.

Das Abzugsverbot nach § 10 Nr. 1 KStG hat darüber hinaus auch Bedeutung bei nach § 5 Abs. 1 Nr. 9 KStG persönlich steuerbefreiten Körperschaften (z. B. Vereinen), die einen steuerpflichtigen wirtschaftlichen Geschäftsbetrieb i. S. § 64 AO unterhalten. Die Einkünfte aus einem steuerpflichtigen wirtschaftlichen Geschäftsbetrieb (z. B. selbst bewirtschaftete Vereinsgaststätte) dürfen nicht durch Ausgaben des steuerbegünstigten ideellen Bereichs (z. B. einer Vereinszeitung) gemindert werden.

3.2.2.2 Nicht abziehbare Steuern nach § 10 Nr. 2 KStG

- **Körperschaftsteuer und Solidaritätszuschlag**
- **Kapitalertragsteuer** auf vereinnahmte Kapitalerträge
- **ausländische Steuern vom Einkommen**
- Erbschaftsteuer, insbesondere bei Stiftungen (vgl. BFH-Urteil vom 14.9.1994, BStBl 1995 II S. 207)
- Umsatzsteuer für Umsätze, die Entnahmen oder verdeckte Gewinnausschüttungen sind (**vgl. aber R 37 KStR**) und Vorsteuerbeträge für nach §§ 4 Abs. 5 Satz 1 Nr. 1 bis 4 und 7 sowie Abs. 7 EStG nicht abziehbare Ausgaben.

Praxishinweise: Nicht abziehbare Steuern
→ Die **Gewerbesteuer** und die darauf entfallenden Nebenleistungen, die für EZ seit 2008 anfallen, sind ebenfalls **nicht als Betriebsausgaben** abziehbar (**§ 8 Abs. 1 KStG i. V. m. § 4 Abs. 5 b EStG i. V. m. § 52 Abs. 12 Satz 7 EStG**). Ein GewSt-Aufwand in 2011, der Erhebungszeiträume bis 2007 betrifft, ist aber noch abzugsfähig (z. B. GewSt-Nachzahlung in 2011 für 2007).
→ Erträge und Gewinnminderungen, die sich aus der **Aktivierung des eigenen KSt-Guthabens** nach § 37 Abs. 5 KStG ergeben, sind außerbilanziell zu korrigieren (**§ 37 Abs. 7 Satz 1 KStG**). Dasselbe gilt z. B. für einen Aufwand aus der Abtretung des KSt-Guthabens nach § 37 KStG (**BMF-Schreiben vom 14.1.2008, BStBl I S. 280**). **Aber:** § 37 Abs. 7 KStG findet keine Anwendung auf Erträge, die aus der Abtretung **fremder KSt-Guthaben** resultieren. Diese sind vollumfänglich steuerpflichtig (**vgl. hierzu Sachverhalt in der StB-Prüfung 2011**).

→ Gewinnminderungen, die sich aus der **Passivierung eines KSt-Erhöhungsbetrags** nach § 38 Abs. 5 KStG ergeben, sind als nicht abziehbare Aufwendungen wieder außerbilanziell hinzuzurechnen (**§ 38 Abs. 10 KStG**).

→ Vgl. zu den nicht abziehbaren Steuern und Nebenleistungen auch R 48 KStR und H 48 KStH 2008.

Beispiel: Nicht abziehbarer Geschenkaufwand nach § 4 Abs. 5 Nr. 1 EStG

Eine GmbH schenkt Geschäftsfreunden in 2013 zu Weihnachten Wein im Wert von jeweils 200 €, insgesamt 5.000 € (netto).

Lösung:

Hierbei handelt es sich um nicht abziehbare Ausgaben nach **§ 8 Abs. 1 KStG i. V. m. § 4 Abs. 5 Nr. 1 EStG** (Geschenkaufwand über 35 €), die umsatzsteuerlich nach **§ 15 Abs. 1 a Satz 1 UStG** eine nicht abzugsfähige Vorsteuer auslösen. Bei der Einkommensermittlung der GmbH für 2013 sind deshalb **5.000 € nach § 4 Abs. 5 Nr. 1 EStG** sowie **950 €** (Vorsteuer) nach **§ 10 Nr. 2 KStG** außerbilanzmäßig hinzuzurechnen, sofern diese Beträge **gewinnmindernd** verbucht worden sind (außerbilanzmäßige Hinzurechnung insgesamt also 5.950 €).

Sofern die Vorsteuer als s. Forderung gebucht wurde, gilt Folgendes:

Die auf den Geschenkaufwand über jeweils 35 € entfallende Vorsteuer ist nach § 15 Abs. 1 a Satz 1 UStG nicht abziehbar und muss deshalb in der G + V-Rechnung als Aufwand behandelt werden. Die Ausnahmeregelung nach § 15 Abs. 1 a Satz 2 UStG gilt nur für Bewirtungsaufwendungen i. S. d. § 4 Abs. 5 Nr. 2 EStG.

Buchung in der StB
zum 31.12.2013:   a. o. Aufwand 950 € an s. Forderung 950 €   ./.   950 €

Aber: Vorsteuer ist nach **§ 10 Nr. 2 KStG** nicht abziehbar,
deshalb erfolgt eine außerbilanzmäßige Hinzurechnung   +   950 €

Beispiel: Nicht abziehbare Bewirtungskosten nach § 4 Abs. 5 Nr. 2 EStG

Bei einer GmbH sind im VZ 2013 Bewirtungsaufwendungen angefallen, die wie folgt verbucht worden sind:

Bewirtungsaufwand   2.830 €
Vorsteuer (s. Forderung)   538 € an Bank 3.368 €

3.2 Einkommensermittlung im Einzelnen

Lösung:
Die Bewirtungskosten sind nach § 8 Abs. 1 KStG i. V. m. § 4 Abs. 5 Nr. 2 EStG in Höhe von 30 v. H. von 2.830 € = **849 €** bei der Einkommensermittlung für den VZ 2013 außerbilanzmäßig hinzuzurechnen.

Von der GmbH wurde die hierauf entfallende Vorsteuer richtig als s. Forderung verbucht (**das Abzugsverbot greift nach § 15 Abs. 1 a Satz 2 UStG insoweit nicht**). Eine Hinzurechnung nach § 10 Nr. 2 KStG für nicht abziehbare Vorsteuer ist deshalb nicht erforderlich.

3.2.2.3 Bestimmte Nebenleistungen zu den nicht abziehbaren Steuern

- Das Abzugsverbot gilt auch für steuerliche Nebenleistungen im Zusammenhang mit nichtabziehbaren Steuern. **Dies bedeutet, dass steuerliche Nebenleistungen das Schicksal der steuerlichen Hauptleistung teilen.** Hierzu gehören insbesondere: Säumniszuschläge, Verspätungszuschläge, Zwangsgelder und Hinterziehungszinsen zur KSt; **vgl. R 48 Abs. 2 KStR**. Zu Hinterziehungszinsen bei dem Grunde nach abziehbaren Betriebssteuern (USt, LSt, GewSt nur bis VZ 2007), **vgl. Abzugsverbot in § 4 Abs. 5 Nr. 8 a EStG.**
- Ein **Verspätungszuschlag oder Säumniszuschläge wegen verspäteter Abgabe der Kapitalertragsteueranmeldung** sind hingegen nach dem BFH-Urteil vom 22.1.1997 (BStBl 1997 II S. 548) eine abzugsfähige **Betriebsausgabe**.
- Für Nachforderungszinsen nach § 233 a AO, Stundungszinsen nach § 234 AO und Aussetzungszinsen nach § 237 AO gilt das Abzugsverbot in § 10 Nr. 2 2. HS KStG ebenfalls, sofern sie auf nicht abziehbare Steuern entfallen (z. B. KSt). Nach dem BFH-Urteil vom 6.10.2009, AZ.: I R 39/09, DStR 2010 S. 319, ist das in § 10 Nr. 2 KStG angeordnete Abzugsverbot für Nachzahlungszinsen verfassungsrechtlich nicht zu beanstanden.
- Das Abzugsverbot kommt unabhängig davon in Betracht, dass **Erstattungszinsen** gem. § 233 a AO auf erstattete nicht abziehbare Steuern entgegen der BFH-Rechtsprechung zur Behandlung von Erstattungszinsen für überhöhte ESt-Zahlungen **nach § 20 Abs. 1 Nr. 7 Satz 3 EStG i. V. m. § 52 a Abs. 8 EStG** weiterhin zu den steuerpflichtigen Betriebseinnahmen gehören. Eine Änderung der bisherigen Verwaltungsauffassung ist im Hinblick auf das **BFH-Urteil vom 15.6.2010, AZ.: VIII R 33/07, BStBl 2011 II S. 503,** nicht erfolgt. Lediglich erstattete Nachzahlungszinsen (d. h. Minderung zuvor festgesetzter Nachzahlungszinsen) müssen nicht versteuert werden. **Vgl. hierzu R 48 Abs. 2 Sätze 2 und 3 KStR sowie LfSt Bayern, Verfügung vom 18.2.2011, DStR 2011 S. 411.** Im Übrigen ist nach dem **BFH-Beschluss vom 15.2.2012, AZ.: I B 97/11,** die o. g. geänderte Rechtsprechung des BFH auf die Einkommensermittlung von Kapitalgesellschaften, die über **keine außerbetriebliche Sphäre** verfügen, nicht übertragbar.

Aber: Steuerberatungskosten sind Betriebsausgaben
Bei einer Kapitalgesellschaft sind die **Steuerberatungskosten** für die KSt-, GewSt- und USt-Erklärung **in vollem Umfang als Betriebsausgaben abziehbar**; § 12 EStG findet auf Körperschaften keine Anwendung (**Rz. 9 des BMF-Schreibens vom 21.12.2007, BStBl 2008 I S. 256, zur Zuordnung der StB-Kosten nach § 12 EStG**).

Praxishinweis: Billigkeitsregelung für Erstattungszinsen
Nach dem **BMF-Schreiben vom 5.10.2000 (BStBl I S. 1508)** sind aus Gründen sachlicher Unbilligkeit auf Antrag Erstattungszinsen gem. § 233 a AO steuerlich dann nicht anzusetzen, soweit ihnen nicht abziehbare Nachforderungszinsen gegenüberstehen, die auf **ein und demselben Ereignis beruhen** (z. B. die Erhöhung des Warenbestandes eines Jahres, die zur Erhöhung des Wareneinsatzes im Folgejahr führt).

Beispiel:

→ Aufgrund einer BP in 2013 erhöht sich im VZ 2010 der Warenbestand und damit der Gewinn um 100.000 €

Erhöhung KSt 2010 15 v. H. + 15.000 €

Nachforderungszinsen im VZ 2013 (angenommen) **3.000 €**

→ Im VZ 2011 erhöht sich dementsprechend der Wareneinsatz (= **Gewinnminderung**) um 100.000 €

Verringerung KSt 2011 15 v. H. ./. 15.000 €

Erstattungszinsen im VZ 2013 (angenommen) **1.400 €**

Lösung:
Auf Antrag sind im VZ 2013 die **Erstattungszinsen in Höhe von 1.400 € nicht steuerpflichtig (d. h. es erfolgt eine außerbilanzmäßige Abrechnung bei der Einkommensermittlung)**, weil ihnen nicht abziehbare Nachforderungszinsen gegenüberstehen, die auf ein und demselben Ereignis beruhen.

Die **Nachforderungszinsen** von 3.000 € müssen hingegen bei der Einkommensermittlung für den VZ 2013 nach § 10 Nr. 2 KStG **außerbilanzmäßig hinzugerechnet** werden.

Übersicht: Behandlung von Zinsen, vgl. R 48 Abs. 2 KStR

Nachzahlungs-, Stundungs- und Aussetzungszinsen zur KSt	Erstattungszinsen / Prozesszinsen zur KSt	Erstattung von Nachzahlungszinsen	Rückzahlung von Erstattungszinsen

Nicht abzugsfähig	Steuerpflichtige Betriebseinnahmen; für Erstattungszinsen ist **Billigkeitsregelung** im BStBl 2000 I S. 1508 zu beachten	Steuerfreie Erstattung nicht abziehbarer Ausgaben	Abzugsfähige Betriebsausgaben

3.2.2.4 Erstattung nicht abziehbarer Steuern

Werden umgekehrt vom Finanzamt nicht abziehbare Steuern (z. B. KSt) erstattet und hat dieser Vorgang den Gewinn erhöht, muss **im Umkehrschluss aus § 10 Nr. 2 KStG** im Rahmen der Einkommensermittlung eine außerbilanzmäßige Abrechnung vorgenommen werden.

Dasselbe gilt für die Erstattung von GewSt, die für EZ seit 2008 anfällt (wegen § 4 Abs. 5 b EStG i. V. m. § 52 Abs. 12 Satz 7 EStG).

<u>Aber:</u> Privater Schadensersatz

Werden einer Kapitalgesellschaft nicht abziehbare Steuern als **privater Schadensersatz** erstattet, handelt es sich um einen Vorgang auf privatrechtlicher Ebene, der zu **steuerpflichtigen Betriebseinnahmen** führt (BFH-Urteil vom 4.12.1991, BStBl 1992 II S. 686).

3.2.2.5 Geldstrafen nach § 10 Nr. 3 KStG

Geldstrafen sind alle so bezeichneten Rechtsnachteile, die von einem Gericht verhängt werden. Die Geldstrafe ist eine Art Ersatz für Gefängnis und geht immer an die Staatskasse (zahlen statt absitzen). Da aber Geldstrafen nach deutschem Strafrecht gegenüber juristischen Personen nicht zulässig sind, ist § 10 Nr. 3 KStG insoweit eine Leervorschrift (vgl. R 49 KStR). Nicht unter das Abzugsverbot fallen die mit den Rechtsnachteilen zusammenhängenden Verfahrenskosten (z. B. Gerichts- und Anwaltskosten).

Zu beachten ist aber, dass sich für **Geldbußen** (z. B. bei Ordnungswidrigkeiten) ein Abzugsverbot aus **§ 4 Abs. 5 Nr. 8 EStG** ergeben kann. Das Abzugsverbot für Geldbußen gilt nach **§ 4 Abs. 5 Nr. 8 Satz 4 EStG** jedoch nicht, soweit der wirtschaftliche Vorteil, der durch den Gesetzesverstoß erlangt wurde, abgeschöpft worden ist, wenn die Steuern vom Einkommen und Ertrag, die auf den wirtschaftlichen Vorteil entfallen, nicht abgezogen worden sind. Auch bei Geldbußen sind die mit diesen zusammenhängenden Verfahrenskosten auch dann abziehbare Betriebsausgaben, wenn die Sanktion selbst nach § 4 Abs. 5 Nr. 8 EStG vom Abzug ausgeschlossen ist (vgl. H 24 EStH).

Beispiel: Gewinnabschöpfung brutto = Anwendung § 4 Abs. 5 Nr. 8 Satz 4 EStG

Eine Ordnungsbehörde setzt aufgrund einer Gesetzesüberschreibung für eine GmbH im VZ 2013 eine **Geldbuße in Höhe von insgesamt 12.000 €** fest, welche sich wie folgt zusammensetzt:

– Buße (= Ahndungsteil)		2.000 €
– Gewinnabschöpfung –brutto–		10.000 €
Geldbuße	insgesamt	**12.000 €**

→ Nach § 4 Abs. 5 Nr. 8 Satz 4 EStG abzugsfähige Betriebsausgaben: 10.000 €

→ Nicht abzugsfähige Betriebsausgaben nach § 4 Abs. 5 Nr. 8 Satz 1 EStG: 2.000 €

Beispiel: Gewinnabschöpfung netto = keine Anwendung § 4 Abs. 5 Nr. 8 Satz 4 EStG

Eine Ordnungsbehörde setzt aufgrund einer Gesetzesüberschreitung für eine GmbH im VZ 2013 eine **Geldbuße in Höhe von 9.100 €** fest, welche sich wie folgt zusammensetzt:

– Buße (= Ahndungsteil)		2.000 €
– Gewinnabschöpfung –netto–		7.100 €
Geldbuße	insgesamt	**9.100 €**

*Berechnung der Gewinnabschöpfung –netto–:

Gewinn		10.000 €
Ertragsteuern (KSt 10.000 € x 15 v. H. = 1.500 €, GewSt 10.000 € x 3,5 v. H. x 400 v. H. = 1.400 €)	./.	2.900 €
netto		7.100 €

→ Abzugsfähige Betriebsausgaben: 0 €

→ Nicht abzugsfähige Betriebsausgaben nach § 4 Abs. 5 Nr. 8 Satz 1 EStG: 9.100 €

3.2.2.6 Aufsichtsratsvergütungen nach § 10 Nr. 4 KStG

Unter das hälftige Abzugsverbot fallen alle Vergütungen, die als Entgelt für die Überwachung der Geschäftsführung gewährt werden (**vgl. R 50 KStR**). Unterliegt die Aufsichtsratsvergütung bei der Umsatzsteuer der Regelbesteuerung (Aufsichtsratsmitglied Unternehmer i. S. d. § 2 UStG) und kann die Kapitalgesellschaft den Vorsteuerabzug nach § 15 UStG beanspruchen, so ist bei der Einkommensermittlung nur die Hälfte des Nettobetrags der Vergütungen nach § 10 Nr. 4 KStG außerbilanzmäßig hinzuzurechnen.

Nach dem BFH-Urteil vom 28.8.2003 (BStBl 2004 II S. 112) übt eine Tätigkeit als Aufsichtsratsmitglied i. S. d. § 18 Abs. 1 Nr. 3 EStG derjenige aus, der mit der Überwachung der

Geschäftsführung einer Gesellschaft beauftragt ist. **Dies ist dann nicht der Fall, wenn vom Beauftragten im Wesentlichen Aufgaben der Geschäftsführung wahrgenommen werden.**

Es gelten folgende Abgrenzungskriterien:
- § 10 Nr. 4 KStG betrifft Mitglieder von Organen einer Körperschaft wie Aufsichtsrat, Verwaltungsrat oder um andere Personen, die mit der Überwachung der Geschäftsführung beauftragt sind.
- Auf die tatsächliche Bezeichnung dieser Personen kommt es nicht an. Wesentlich ist die von ihnen ausgeübte Tätigkeit.
- Der Begriff der überwachenden Tätigkeit ist dabei zwar **weit auszulegen**. Hiervon ist allerdings dann nicht mehr auszugehen, **wenn im Wesentlichen Aufgaben der Geschäftsführung selbst wahrgenommen werden**.
- Ebenso wenig hat eine Tätigkeit überwachende Funktion, wenn jemand gegenüber der Geschäftsführung einer Kapitalgesellschaft **lediglich beratend tätig wird**. Zwar kann in beiden Funktionen die Geschäftsführung einer Kapitalgesellschaft beeinflusst werden; **als wesentliches Merkmal der Überwachung fehlen der Beratungstätigkeit jedoch das Recht und die Pflicht zur Kontrolle der Geschäftsführung.**

Werden dem Aufsichtsratsmitglied dem aus der Wahrnehmung seiner Tätigkeit erwachsene **tatsächliche Aufwand (z. B. Reisekosten) gesondert erstattet**, fällt dies nach **R 50 Abs. 1 Satz 3 KStR** nicht unter das teilweise Abzugsverbot des § 10 Nr. 4 KStG; dieser Aufwand ist in voller Höhe als Betriebsausgaben abzugsfähig.

Das Aufsichtsratsmitglied erzielt insoweit Einkünfte aus sonstiger selbstständiger Tätigkeit nach **§ 18 Abs. 1 Nr. 3 EStG**. Ist das Aufsichtsratsmitglied nach § 49 Abs. 1 Nr. 3 EStG beschränkt einkommensteuerpflichtig, unterliegen die Aufsichtsratsvergütungen im Wege des Steuerabzugs der sog. Aufsichtsratsteuer. Diese beträgt 30 v. H. der Vergütungen (§ 50 a Abs. 1 Nr. 4 und Abs. 2 EStG).

Vgl. zur Besteuerung von Aufsichtsratsvergütungen auch Verfügung OFD Magdeburg vom 12.11.2002, GmbHR 2003 S. 52.

3.2.2.7 Nicht abziehbare Betriebsausgaben nach § 4 Abs. 5 bis 7 EStG

Darunter fallen z. B.
- Aufwendungen für Sachgeschenke über 35 € an Nichtarbeitnehmer (§ 4 Abs. 5 Satz 1 Nr. 1 EStG)
- 30 v. H. der angemessenen Bewirtungskosten aus geschäftlichem Anlass (§ 4 Abs. 5 Satz 1 Nr. 2 EStG)
- Gästehäuser außerhalb eines Betriebsorts (§ 4 Abs. 5 Satz 1 Nr. 3 EStG)
- Aufwendungen für Jagden, Fischereien, Yachten usw. einschließlich dort entfallenden Bewirtungen (§ 4 Abs. 5 Satz 1 Nr. 4 EStG)
- Fehlende Aufzeichnungen, z. B. bei abziehbaren Sachgeschenken oder Bewirtungsaufwendungen (§ 4 Abs. 7 EStG).

Praxishinweis: Abgrenzung vGA nach § 8 Abs. 3 Satz 2 KStG / Abzugsverbot nach § 4 Abs. 5 Satz 1 Nr. 4 EStG

Aufwendungen einer GmbH für eine Segelyacht und Oldtimer-Flugzeuge fallen nach dem BFH-Urteil vom 7.2.2007, AZ.: I R 27–29/05, BB 2007 S. 1151, unter das Abzugsverbot nach § 4 Abs. 5 Satz 1 Nr. 4 EStG. Die Abzugsverbote für die in dieser Vorschrift genannten Aufwendungen greifen auch dann, wenn die dort genannten Wirtschaftsgüter nicht der Unterhaltung von Geschäftsfreunden dienen.

Nach Auffassung des BFH **kann offenbleiben**, ob und ggf. in welcher Höhe die Aufwendungen für die Segelyacht und die Flugzeuge (auch) in den Streitjahren **durch das Gesellschaftsverhältnis veranlasst sind und daher als vGA das Einkommen der Klägerin nicht mindern dürfen (§ 8 Abs. 3 Satz 2 KStG, für die Gewerbesteuer i. V. m. § 7 GewStG).**

Die Aufwendungen der Klägerin für die Segelyacht und die beiden Oldtimer-Flugzeuge sind jedenfalls nach § 4 Abs. 5 Satz 1 Nr. 4 EStG i. V. m. § 8 Abs. 1 KStG, § 7 GewStG vom Abzug ausgeschlossen. **Zwischen § 4 Abs. 5 Satz 1 Nr. 4 EStG und § 8 Abs. 3 Satz 2 KStG besteht kein Rangverhältnis, beide Vorschriften sind vielmehr solange nebeneinander anwendbar,** wie ihre Rechtsfolgen nicht voneinander abweichen. Sofern jedoch die Rechtsfolgen voneinander abweichen, geht die Annahme einer vGA dem Abzugsverbot nach § 4 Abs. 5 Nr. 4 EStG vor.

Folgende Abweichungen können sich ergeben:
→ die vGA umfasst im Gegensatz zu § 4 Abs. 5 Nr. 4 EStG nicht nur den Aufwand, sondern auch einen **Gewinnzuschlag**;
→ die vGA beeinflusst als Leistung die Verwendungsreihenfolge nach **§ 27 Abs. 1 Satz 3 KStG**;
→ die Vorteilsgewährung führt beim Gesellschafter zu Einkünften aus Kapitalvermögen nach **§ 20 Abs. 1 Nr. 1 Satz 2 EStG.**

Fazit:
In der Praxis sollte es unbedingt unterlassen werden, „private Freizeitaktivitäten" über „die GmbH laufen zu lassen". Die Annahme einer vGA sowohl auf der Gesellschafts- als auch auf der Gesellschafterebene birgt steuerliche Risiken.

3.3 Besteuerung von Dividenden beim Anteilseigner nach § 8b KStG

Die Besteuerung von Dividenden auf der Ebene des Anteilseigners hängt davon ab, ob dieser eine natürliche oder eine juristische Person ist. Die steuerlichen Unterschiede sind erheblich.

3.3.1 Überblick

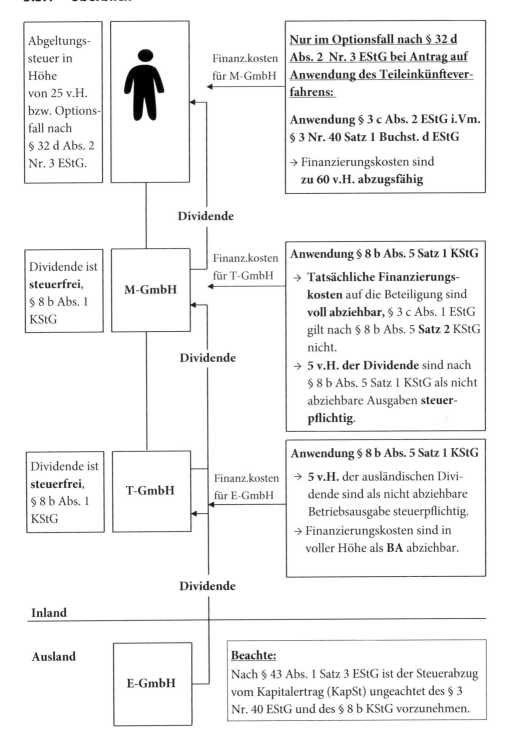

3.3.2 Besteuerung von Dividenden beim Anteilseigner (AE)

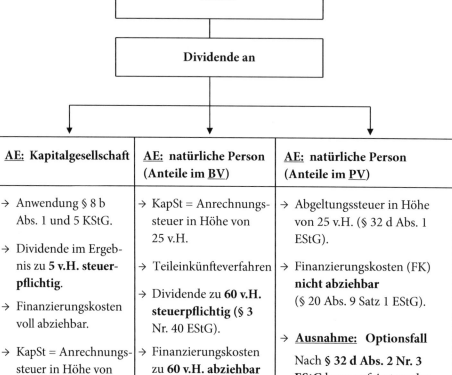

AE: Kapitalgesellschaft	AE: natürliche Person (Anteile im BV)	AE: natürliche Person (Anteile im PV)
→ Anwendung § 8 b Abs. 1 und 5 KStG. → Dividende im Ergebnis zu **5 v.H. steuerpflichtig**. → Finanzierungskosten voll abziehbar. → KapSt = Anrechnungssteuer in Höhe von 25 v.H. → Steuerpflicht für Streubesitzdividenden, § 8 b Abs. 4 KStG.	→ KapSt = Anrechnungssteuer in Höhe von 25 v.H. → Teileinkünfteverfahren → Dividende zu **60 v.H. steuerpflichtig** (§ 3 Nr. 40 EStG). → Finanzierungskosten zu **60 v.H. abziehbar** (§ 3 c Abs. 2 EStG).	→ Abgeltungssteuer in Höhe von 25 v.H. (§ 32 d Abs. 1 EStG). → Finanzierungskosten (FK) **nicht abziehbar** (§ 20 Abs. 9 Satz 1 EStG). → <u>Ausnahme:</u> Optionsfall Nach **§ 32 d Abs. 2 Nr. 3 EStG** kann auf Antrag das **Teileinkünfteverfahren** angewendet werden (**Ansatz Dividende und Finanzierungskosten jeweils zu 60 v.H.**). Die KapSt in Höhe von 25 v.H. ist in diesem Fall eine Anrechnungssteuer. <u>Voraussetzung:</u> • Beteiligung zu mindestens 25 v.H. oder • Beteiligung zu mindestens 1 v.H. und berufliche Tätigkeit für die GmbH.

3.3.3 Anteilseigner ist eine Kapitalgesellschaft; Steuerbefreiung von Beteiligungserträgen nach § 8 b Abs. 1 und Abs. 5 KStG

Erträge aus der Beteiligung an Kapitalgesellschaften sind nach **§ 8 b Abs. 1 KStG steuerfrei**, soweit sie **Körperschaften** zufließen. Dies gilt für Ausschüttungen jeglicher Art, also auch für verdeckte Gewinnausschüttungen. Es ist auch unerheblich, ob die ausschüttende Gesellschaft eine inländische oder eine ausländische Gesellschaft ist.

Vgl. hierzu das BMF-Schreiben vom 28.4.2003 zur Anwendung des § 8 b KStG (BStBl I S. 292).

Das pauschale Betriebsausgabenabzugsverbot nach § 8 b Abs. 5 Satz 1 KStG **in Höhe von 5 v. H.** der Bezüge gilt sowohl für **Inlands- als auch Auslandsbeteiligungen**.

Dies bedeutet Folgendes:
→ **Tatsächliche Finanzierungskosten** auf die Beteiligung sind voll abziehbar, § 3 c Abs. 1 EStG gilt nach § 8 b Abs. 5 **Satz 2** KStG nicht.
→ **5 v. H. der Dividende** (Inlandsfälle / EU- / EWR-Fälle und Drittstaaten-Fälle) sind nach § 8 b Abs. 5 Satz 1 KStG im Ergebnis **steuerpflichtig**.

<u>Hinweis:</u> 5 v. H.-Pauschale ist auch verfassungsgemäß
Vorlagebeschluss des FG Hamburg vom 7.11.2007, EFG 2008 S. 236, an das **BVerfG (AZ. des BVerfG: 1 BvL 12/07)** zur Verfassungsmäßigkeit des § 8 b Abs. 3 und 5 KStG (**Anwendung 5 v. H.-Pauschale ohne Nachweismöglichkeit tatsächlich niedrigerer BA**). Das BVerfG hat jedoch mit Beschluss vom 12.10.2010 (DStR 2010 S. 2393) entschieden, dass das pauschale Abzugsverbot in Höhe von 5 v. H. verfassungsgemäß ist.

Beispiel:

A-GmbH

Beteiligung ≥ 10 %   Dividende im VZ 2013

B-GmbH

Fall 1:
Keine Dividende von B-GmbH an A-GmbH; Finanzierungskosten bei der A-GmbH auf die Beteiligung an der B-GmbH im VZ 2013 in Höhe von 30.000 €.

Es ergeben sich aus dem Sachverhalt bei der A-GmbH folgende steuerliche Auswirkungen:

Dividende	0 €
Zinsen	30.000 €
Verlust lt. HB / StB	30.000 €
Keine Abrechnung der Dividende nach **§ 8 b Abs. 1 KStG**	—
Keine Hinzurechnung der Zinsen nach § 3 c Abs. 1 EStG	—
Keine Anwendung des § 8 b Abs. 5 Satz 1 KStG	—
Körperschaftsteuerliches Einkommen im VZ 2013	30.000 €

Fall 2:
Dividende von B-GmbH an A-GmbH im VZ 2013 in Höhe von 100.000 €; Finanzierungskosten bei der A-GmbH auf die Beteiligung an der B-GmbH in Höhe von 30.000 €.

Es ergeben sich aus dem Sachverhalt bei der A-GmbH folgende steuerliche Auswirkungen:

Dividende	100.000 €
Zinsen	./. 30.000 €
Gewinn lt. HB / StB	70.000 €
Außerbilanzmäßige Abrechnung der Dividende nach § 8 b Abs. 1 KStG	./. 100.000 €
Nicht abziehbare Betriebsausgaben nach § 8 b Abs. 5 Satz 1 KStG (5 v.H. von 100.000 €)	+ 5.000 €
Körperschaftsteuerliches Einkommen im VZ 2013	./. 25.000 €

3.3 Besteuerung von Dividenden beim Anteilseigner nach § 8b KStG

Fall 3:
Dividende von B-GmbH an A-GmbH im VZ 2013 in Höhe von 100.000 €; Finanzierungskosten bei der A-GmbH auf die Beteiligung an der B-GmbH in Höhe von 160.000 €.

Es ergeben sich aus dem Sachverhalt bei der A-GmbH folgende steuerliche Auswirkungen:

Dividende	100.000 €
Zinsen	./. 160.000 €
Verlust lt. HB / StB	./. 60.000 €
Außerbilanzmäßige Abrechnung der Dividende nach § 8 b Abs. 1 KStG	./. 100.000 €
Nicht abziehbare Betriebsausgaben nach § 8 b Abs. 5 Satz 1 KStG (5 v.H. von 100.000 €)	+ 5.000 €
Körperschaftsteuerliches Einkommen im VZ 2013	**./. 155.000 €**

Fall 4:
Dividende von B-GmbH an A-GmbH im VZ 2013 in Höhe von 100.000 €, es sind jedoch keine Finanzierungskosten angefallen.

Es ergeben sich aus dem Sachverhalt bei der A-GmbH folgende steuerliche Auswirkungen:

Dividende	100.000 €
Außerbilanzmäßige Abrechnung der Dividende nach § 8 b Abs. 1 KStG	./. 100.000 €
Nicht abziehbare Betriebsausgaben nach § 8 b Abs. 5 Satz 1 KStG (5 v.H. von 100.000 €)	+ 5.000 €
Körperschaftsteuerliches Einkommen im VZ 2013	**+ 5.000 €**

Von der A-GmbH wird der Vorgang **buchungsmäßig** in der Bilanz zum 31.12.2013 wie folgt erfasst:

Bank   73.625 €

KapSt   25.000 €

SolZ   1.375 €   an Beteiligungserträge 100.000 €

Bei der **Einkommensermittlung** für den VZ 2013 werden folgende **außerbilanzmäßige Korrekturen** vorgenommen:

KapSt   (§ 10 Nr. 2 KStG)   + 25.000 €

SolZ   (§ 10 Nr. 2 KStG)   + 1.375 €

Dividende (§ 8 b Abs. 1 KStG)   ./. 100.000 €

und zusätzlich:

nicht abziehbare Betriebsausgabe   + 5.000 €
(§ 8 b Abs. 5 Satz 1 KStG)

Die KapSt von 25.000 € wird auf die KSt-Schuld 2013 der A-GmbH nach § 31 Abs. 1 KStG i. V. m. § 36 Abs. 2 Nr. 2 EStG angerechnet; dasselbe gilt für den SolZ.

<u>Gewerbesteuerliche Behandlung im Fall 4 (vgl. R 9.3 GewStR 2009):</u>
a) Beteiligung zu Beginn des EZ 2013 <u>mindestens 15 %</u>
   → § 9 Nr. 2 a <u>Satz 4</u> GewStG: Kürzung der 5 % (5.000 €) nicht zulässig

b) Beteiligung zu Beginn des EZ 2013 <u>weniger als 15 %</u>
   → § 8 Nr. 5 GewStG: 95 % Hinzurechnung (+ 95.000 €)

3.3.4 Die neue Steuerpflicht für Streubesitzdividenden in § 8 b Abs. 4 KStG; Gesetz zu Streubesitzdividenden vom 21.3.2013 (BStBl I S. 344)

3.3.4.1 Hintergrund und Ablauf des Gesetzgebungsverfahrens

3.3.4.1.1 Die EuGH-Rechtsprechung

Nach § 8 b Abs. 1 KStG sind erhaltene Dividenden bei einer Körperschaft bisher unabhängig von der Beteiligungshöhe und der Beteiligungsdauer immer steuerfrei. Allerdings gelten 5 % der erhaltenen Dividenden in pauschaler Form als nicht abzugsfähige Betriebsausgaben. Entsprechendes gilt für Gewinne aus der Veräußerung von Beteiligungen an anderen Körperschaften (§ 8 b Abs. 2 und 3 KStG).

3.3 Besteuerung von Dividenden beim Anteilseigner nach § 8b KStG

Mit Urteil vom 20.10.2011, AZ.: C 284/09, DStR 2011 S. 2038, hat der **EuGH** entschieden, dass die KapSt-Belastung von Streubesitzdividenden an Körperschaften in der EU / im EWR-Bereich grundsätzlich gegen EU-Recht verstößt. Im Inland sind Dividenden an Körperschaften (**auch im Streubesitzbereich**) im Ergebnis steuerfrei (unter Anrechnung = Erstattung der KapSt), bei vergleichbaren Ausschüttungen an Anteilseigner im EU- / EWR-Bereich wird die KapSt jedoch in Höhe der im jeweiligen DBA festgelegten Quellensteuerberechtigung für Deutschland (**i. d. R. 15%**) definitiv. Lediglich in Fällen der Mutter- / Tochter-Richtlinie wird auf den KapSt-Abzug verzichtet (vgl. § 43 b EStG; **Mindestbeteiligung 10%**).

Vergleich Inlands- / EU-Fall (bisherige Rechtslage):

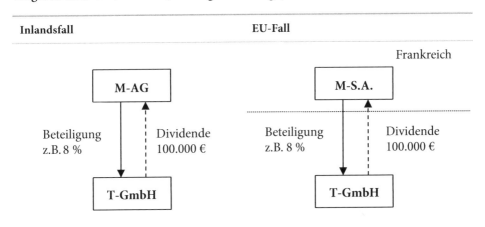

Inlandsfall	EU-Fall
Die T-GmbH behält zwar 25% KapSt ein, bei der M-AG ist die Dividende jedoch nach § 8 b Abs. 1 KStG steuerbefreit. 5% der Dividende gelten als nicht abzugsfähige Betriebsausgaben (§ 8 b Abs. 5 KStG, hier: 5.000 €). Anrechnung der KapSt bei der M-AG (§ 36 Abs. 2 Nr. 2 EStG).	Die T-GmbH behält 25% KapSt ein. Nach dem DBA wird die KapSt auf **15%** reduziert. Frankreich gewährt der M-S.A. eine Steuerbefreiung für die erhaltene Dividende; keine Anrechnung der deutschen KapSt in Frankreich. Auch in Deutschland kann keine Anrechnung erfolgen.
GewSt: Hinzurechnung nach § 8 Nr. 5 GewStG in Höhe von 95.000 €.	→ 15% KapSt werden definitiv = **Verstoß gegen EU-Recht**

In der Folge hat der **BFH** mit **Urteil vom 11.1.2012, AZ.: I R 25/10**, DB 2012 S. 838, die EuGH-Auffassung übernommen und ergänzend zu verfahrensrechtlichen Fragen bei der Erstattung der KapSt Stellung genommen (z. B. dass er für eine Erstattung **nicht das BZSt**, sondern das Finanzamt für zuständig hält, in dessen Bezirk sich der wertvollste Teil des Vermögens der ausländischen Kapitalgesellschaft befindet, bei Holdinggesellschaften also die wertvollste Beteiligung. Nach Auffassung des BFH muss es zu einer Reduktion der KapSt auf weniger als 1 % kommen: 5 % (§ 8 b Abs. 5 KStG) von 15,825 % (15 % KSt + SolZ).

3.3.4.1.2 Vorschlag des Bundestags: KapSt-Erstattung für die ausländischen Anteilseigner

Nach dem Bundestagsbeschluss über ein Gesetz zur Umsetzung des EuGH-Urteils vom 20.10.2011 in der Rechtssache C-284/09 zu Dividendenzahlungen an bestimmte gebietsfremde EU- / EWR-Körperschaften sollten die nach EU-Recht unzulässigen Kapitalertragsteuern an die ausländischen Anteilseigner erstattet werden. Diese Lösung wäre dem deutschen Fiskus allerdings auf Dauer teuer zu stehen gekommen (3 Mrd € im Erstjahr und anschließend jährlich ca. 600 Mio €).

3.3.4.1.3 Bundesrat: Einschränkung des § 8 b KStG

Der Bundesrat hat demgegenüber eine Einschränkung der Steuerbefreiung auch in Inlandsfällen von

a) Dividenden und
b) Veräußerungsgewinnen

in einem **neuen § 8 b Abs. 4 KStG** vorgeschlagen und deshalb dem Gesetzesbeschluss des Bundestags nicht zugestimmt (Anrufung des Vermittlungsausschusses).

Nach den Vorstellungen der Mehrheit der Bundesländer solle die Steuerbefreiung in § 8 b Abs. 1 und Abs. 2 KStG für **Beteiligungen unter 10 %** versagt werden.

3.3.4.2 Die neue gesetzliche Regelung (§ 8 b Abs. 4 KStG)

3.3.4.2.1 Kompromiss: Streubesitzdividenden werden steuerpflichtig

Bundestag und Bundesrat haben für das Gesetz zur Umsetzung des EuGH-Urteils vom 20.10.2011 in der Rechtssache C-284/09 im Vermittlungsausschuss am 26.2.2013 einen Kompromiss mit folgenden Eckpunkten gefunden, der vom Bundestag am 28.2.2013 und vom Bundesrat am 1.3.2013 bestätigt wurde:

→ **Steuerpflicht von erhaltenen Dividenden** bei Körperschaften, wenn **keine Mindestbeteiligung von 10 % vorliegt** (gilt für alle Bezüge, die **nach dem 28.2.2013** zufließen).
→ **Veräußerungsgewinne bleiben jedoch steuerfrei.**
→ Keine Änderung in § 3 Nr. 40 bzw. § 32 d EStG.
→ In Altfällen wird die KapSt nach § 32 Abs. 5 KStG an die betroffenen ausländischen Anteilseigner erstattet. Die Erstattung erfolgt zentral durch das Bundeszentralamt für Steuern (BZSt).

Das Gesetz datiert vom 21.3.2013 und wurde im BGBl 2013 I S. 561 verkündet.

3.3 Besteuerung von Dividenden beim Anteilseigner nach § 8b KStG

3.3.4.2.2 Praxisrelevante Einzelheiten

Die **Mindestbeteiligung von 10 %** muss grundsätzlich **zu Beginn des Kalenderjahres** vorliegen (für Ausschüttungen im Frühjahr 2013 also am 1.1.2013). Allerdings gilt der Erwerb einer Beteiligung von mindestens 10 % als **zu Beginn** des Kalenderjahres erfolgt.

Es ist allerdings nicht möglich, eine bestehende Beteiligung (z. B. von 8 %) durch einen Hinzuerwerb (von z. B. 2 %) kurzfristig vor der Ausschüttung noch auf die 10 %-Grenze anzuheben. **Ein Hinzuerwerb von Anteilen im Umfang von unter 10 % wirkt also nicht zurück.**

<u>Aber:</u> **Gewerbesteuerliches Stichtagsprinzip** Gewerbesteuerlich bleibt es aber dabei, dass
a) eine Mindestbeteiligungsgrenze von **15 %** gilt (§ 9 Nr. 2 a GewStG) und
b) dafür immer die **Verhältnisse zu Beginn des EZ (= grundsätzlich der 1.1.)** maßgeblich sind.

<u>Folgende Fallkonstellationen sind nach Auffassung der Finanzverwaltung denkbar:</u>

Fall 1: Keine Beteiligung zu Beginn des Jahres, Hinzuerwerb im Laufe des Jahres von 11 %
§ 8 b Abs. 4 **Satz 6** KStG regelt, dass für Zwecke dieses Absatzes der Erwerb einer Beteiligung von mindestens 10 % als zu Beginn des Kalenderjahres erfolgt. Durch die Rückbeziehung findet § 8 b Abs. 4 KStG auf Erträge aus dieser Beteiligung keine Anwendung.

Fall 2: Beteiligungshöhe zu Beginn des Jahres 4 %, Hinzuerwerb im Laufe des Jahres von 7 %
Zu Beginn des Kalenderjahrs besteht eine Beteiligung von weniger als 10 %. Nach dem Hinzuerwerb ist der Steuerpflichtige zu insgesamt 11 % beteiligt. Die Regelung des § 8 b Abs. 4 **Satz 6** KStG ist jedoch **nicht** anzuwenden, da nicht mindestens 10 % hinzuerworben werden. Die Beteiligungserträge sind in diesem Jahr in voller Höhe steuerpflichtig.

Fall 3: Beteiligungshöhe zu Beginn des Jahres 4 %, Hinzuerwerb im Laufe des Jahres 11 %
Zu Beginn des Kalenderjahrs besteht eine Beteiligung von weniger als 10 %. Nach dem Hinzuerwerb ist der Steuerpflichtige zu insgesamt 15 % beteiligt. **Die Regelung des § 8 b Abs. 4 Satz 6 KStG ist nur für den hinzuerworbenen Anteil von 11 % anzuwenden.** Erzielt der Steuerpflichtige in diesem Jahr Erträge aus der Beteiligung, sind diese insoweit steuerfrei, als sie auf den hinzuerworbenen 11 %-igen Anteil entfallen, und steuerpflichtig, soweit sie auf den Anteil von 4 % entfallen.

Fall 4: Keine Beteiligung zu Beginn des Jahres, Erwerb einer Beteiligung von 20 % am 1.4., einer Beteiligung von 7 % am 1.6. und einer Beteiligung von 4 % am 1.9.

Die Regelung des § 8 b Abs. 4 **Satz 6** KStG ist nur für den **Erwerb der Beteiligung in Höhe von 20 %** am 1.4. anzuwenden. Am 1.6. und 1.9. wurden jeweils Beteiligungen von weniger als 10 % erworben, so dass eine Rückbeziehung nicht in Betracht kommt. Erzielt der Steuerpflichtige in diesem Jahr Erträge aus der Beteiligung, sind diese insoweit steuerfrei, als sie auf den am 1.4. erworbenen 20 %-igen Anteil entfallen, und steuerpflichtig, soweit sie auf die Anteile von 7 % und 4 % entfallen.

Fall 5: Keine Beteiligung zu Beginn des Jahres, Hinzuerwerb von 5 % von Veräußerer 1 und Hinzuerwerb von 5 % von Veräußerer 2

Die Regelung des § 8 b Abs. 4 **Satz 6** KStG ist **nicht** anzuwenden, da nicht in einem Erwerbsvorgang mindestens 10 % erworben werden.

Fall 6: Erwerb von 15 % und Veräußerung von 10 % im gleichen Jahr, anschließende Ausschüttung

Der Erwerb der Beteiligung von 15 % gilt als zu Beginn des Kalenderjahrs erfolgt. Durch die Rückbeziehung findet § 8 b Abs. 4 KStG auf Erträge aus dieser Beteiligung keine Anwendung, auch wenn der Steuerpflichtige im Zeitpunkt der Ausschüttung nur noch zu 5 % beteiligt ist. Der Erwerber der Beteiligung, der 10 % hinzuerwirbt, profitiert ebenfalls von der Regelung des § 8 b Abs. 4 Satz 6 KStG und kann die auf ihn entfallenden Beteiligungserträge steuerfrei vereinnahmen.

Beispiel 1:

Die Z-GmbH hat im März 2013 60 % der Anteile an der T-GmbH erworben. Im Mai 2013 schüttet die T-GmbH eine Dividende in Höhe von 1.000.000 € an ihre Anteilseigner aus (davon 600.000 € an die Z-GmbH).

Lösung:

Die Z-GmbH war zwar nicht zu Beginn des Kalenderjahres mit mindestens 10 % an der T-GmbH beteiligt. Dennoch fällt die Ausschüttung unter die Steuerbefreiung des § 8 b Abs. 1 KStG (mit 5 %-Pauschale). § 8 b Abs. 4 KStG n. F. ist nicht anwendbar, da die Beteiligung als am 1.1.2013 erworben gilt (§ 8 b Abs. 4 Satz 6 KStG).

3.3 Besteuerung von Dividenden beim Anteilseigner nach § 8b KStG

Aber:

Gewerbesteuerlich liegt die **Mindestbeteiligungsvoraussetzung des § 9 Nr. 2 a GewStG nicht vor**. Die Z-GmbH war am 1.1.2013 nicht mit mindestens 15 % an der T-GmbH beteiligt. Somit ist die körperschaftsteuerliche Steuerbefreiung bei der Ermittlung des Gewerbeertrags wieder nach § 8 Nr. 5 GewStG rückgängig zu machen (**Hinzurechnung in Höhe von 95 % von 600.000 € = 570.000 €**).

Für die 10 %-Grenze ist **nur auf unmittelbare Beteiligung** abzustellen. Es erfolgt also keine Zusammenrechnung unmittelbarer und mittelbarer Beteiligungen. **Beteiligungen über eine Mitunternehmerschaft** (z. B. über eine KG) sind dem Mitunternehmer (z. B. einer GmbH, die an der KG beteiligt ist) nach **§ 8 b Abs. 4 Satz 4 KStG anteilig zuzurechnen**. Eine solche Beteiligung gilt dann als unmittelbare Beteiligung.

Beispiel 2:

Die A-GmbH hält 50 % der Anteile an der B-KG. Die B-KG ist mit **20 %** an der C-GmbH beteiligt.

Lösung:

Die A-GmbH erfüllt die Mindestbeteiligungsvoraussetzung von 10 % an der C-GmbH (**50 % von 20 % = 10 %**). Eine Dividende der C-GmbH wird zunächst der B-KG zugerechnet. Über **§ 8 b Abs. 6 KStG** kann für den Anteil der A-GmbH eine Steuerbefreiung nach § 8 b Abs. 1 KStG gewährt werden.

Aber:

Für die gewerbesteuerliche Kürzung nach § 9 Nr. 2 a GewStG ist in diesen Fällen – wie bisher – immer auf die **Beteiligungshöhe der beteiligten Mitunternehmerschaft** abzustellen.

In **Organschaftsfällen** werden Beteiligungen der Organgesellschaft und des Organträgers (trotz der sog. Bruttomethode des § 15 Satz 1 Nr. 2 KStG) **nicht zusammengerechnet (neuer Satz in § 15 Satz 1 Nr. 2 KStG)**. Ist eine Organgesellschaft unter 10 % an einer anderen Kapitalgesellschaft beteiligt, gilt zwar weiterhin die Bruttomethode. **Auf Ebene des Organträgers ist dann aber § 8 b Abs. 4 KStG anzuwenden.** Es wird dann also auch in diesem Fall keine Steuerbefreiung gewährt.

Beispiel 3:

Die T-GmbH ist Organgesellschaft der M-AG. Sowohl die T-GmbH als auch die M-AG halten jeweils **7 %** der Anteile an der E-GmbH. Im April 2013 erhalten sie jeweils eine Dividende von der E-GmbH für ihren 7 %-Anteil in Höhe von 300.000 €.

Lösung:

Beide Beteiligungen fallen unter § 8 b Abs. 4 KStG n. F. Trotz der Zusammenfassung der beiden Gesellschaften über die Organschaft und unabhängig von der Bruttomethode des § 15 Satz 1 Nr. 2 KStG kommt eine Zusammenrechnung der beiden Beteiligungen nicht in Betracht.

Auf Ebene der T-GmbH war für deren Dividende bereits nach bisherigen Regeln (**Bruttomethode**) keine Steuerbefreiung zu gewähren. Auf Ebene der M-AG gab es dann aber dennoch auch für diese Dividende die Steuerbefreiung nach § 8 b Abs. 1 KStG. Auch für die eigene Dividende der M-AG kommt nun eine Steuerbefreiung **nicht** mehr in Betracht.

Aber:

Die Dividenden unterliegen auch der GewSt-Pflicht. Eine Hinzurechnung nach § 8 Nr. 5 GewStG ist dafür aber nicht mehr erforderlich. Die Steuerpflicht nach § 8 b Abs. 4 KStG n. F. schlägt ohne weitere Korrektur auf die GewSt durch.

Wichtig:

Die neue Steuerpflicht gilt natürlich auch für **Anteile an Investmentfonds** (Aktienfonds). Das Gesetz enthält deshalb umfangreiche Änderungen des InvStG.

Wird die Steuerbefreiung nach § 8 b Abs. 4 KStG für Streubesitzdividenden versagt, greift die **5 %-Pauschale** des § 8 b Abs. 5 KStG nicht ein (**§ 8 b Abs. 4 Satz 7 KStG**); dies ergibt sich aber auch bereits aus dem Wortlaut des § 8 b Abs. 5 KStG). Ein tatsächlicher Beteiligungsaufwand (insbesondere Schuldzinsen) bleibt abzugsfähig.

Bei Streubesitzdividenden aus dem **Ausland** wirkt sich die Neuregelung i. d. R. nicht negativ aus. Zwar wird auch für diese Dividenden die Steuerbefreiung des § 8 b Abs. 1 Satz 1 KStG nach § 8 b Abs. 4 KStG nun versagt. Allerdings ist dafür die ausländische KapSt (die i. d. R. nach den DBA mit 15 % erhoben wird) nach **§ 26 Abs. 1 KStG** auf die deutsche KSt anrechenbar. Die Anrechnung wird deshalb i. d. R. die neue deutsche KSt-Belastung ausgleichen. Gewerbesteuerlich ergibt sich ebenfalls keine wesentliche Verschlechterung gegenüber der bisherigen Rechtslage (**Bisher:** Hinzurechnung nach § 8 Nr. 5 GewStG; nun schlägt die KSt-Pflicht auch auf die GewSt durch).

Beispiel 4:

Die deutsche G-GmbH hält etliche Aktien an der börsennotierten Schweizer F-AG. Im März 2013 erhält sie daraus Dividenden in Höhe von 10.000 €. Entsprechend Art. 10 Abs. 2 DBA-Schweiz wird eine KapSt in Höhe von 15 % einbehalten (Quellensteuer). Somit kommt es zu einer Gutschrift in Höhe von 8.500 € auf dem Girokonto der G-GmbH.

Lösung:

Nach bisherigem Recht waren die Dividenden der F-AG nach § 8 b Abs. 1 KStG steuerfrei (unter Anwendung der 5 %-Pauschale; somit waren 500 € steuerpflichtig).

Es kam weder eine Anrechnung noch ein Abzug der schweizerischen Quellensteuer in Deutschland in Betracht (§ 26 Abs. 1 KStG). Eine Anrechnung auf die GewSt war ebenfalls nicht möglich. Gewerbesteuerlich war eine Hinzurechnung nach § 8 Nr. 5 GewStG in Höhe von 9.500 € vorzunehmen.

Nach **§ 8 b Abs. 4 KStG n. F.** unterliegt die Dividende der F-AG nun auch der KSt-Pflicht (15 % von 10.000 € = 1.500 €). Nun ist aber eine **Anrechnung der ausländischen Quellensteuer** möglich, da deutsche KSt auf die ausländischen Einkünfte entfällt. Es kommt zu einer Vollanrechnung in Höhe von 1.500 €. Im Ergebnis ergibt sich bei der KSt in diesem Fall deshalb durch die Steuerpflicht keine Mehrbelastung.

Aber:

Die Steuerpflicht von 10.000 € schlägt auch auf die GewSt durch. Bisher war nach **§ 8 Nr. 5 GewStG** eine Hinzurechnung in Höhe von 9.500 € vorzunehmen.

Veräußerungsgewinne (z. B. aus Aktienverkäufen) bleiben auch bei Beteiligungen unter 10 % steuerfrei. Damit hat der Gesetzgeber auch das Problem der Veräußerungsverluste gelöst, das sich bei Versagung der Veräußerungsgewinnbefreiung gestellt hätte. Weil Veräußerungsgewinne steuerfrei bleiben, sind Veräußerungsverluste (und Teilwertabschreibungen auf Beteiligungen) weiterhin nicht abzugsfähig. Nach dem ursprünglichen Gesetzgebungsvorschlag des Bundesrats, der auch eine Streichung der Steuerbefreiung der Veräußerungsgewinne vorsah, hätten sich hier zusätzliche Probleme ergeben.

Praxishinweis:
Der Gesetzgeber will prüfen lassen, ob die Differenzierung zwischen (steuerpflichtigen) Dividenden und (steuerfreien) Veräußerungsgewinnen zu Steuergestaltungen führt (Dividendenstripping, Thesaurierung und spätere Veräußerung ggf. im bisherigen Gesellschafterkreis usw.). Sollte dies der Fall sein, soll künftig auch die Veräußerungsgewinnbefreiung gestrichen werden.

Zeitlich gilt die Neuregelung für ab dem 1.3.2013 zufließende Dividenden. Auf den Zeitpunkt des Gewinnausschüttungsbeschlusses kommt es dabei also nicht an.

Aber:
Eine Sonderregelung besteht für Umwandlungsfälle (§ 27 Abs. 11 UmwStG n. F.). Danach ist der neue § 8 b Abs. 4 KStG auch für steuerliche Umwandlungsstichtage vor dem 1.3.2013 zu berücksichtigen, wenn die Anmeldung der Umwandlung zur Eintragung beim Handelsregister **nach dem 28.2.2013** erfolgt. Betroffen hiervon sind insbesondere die (fiktiven) Ausschüttungen nach § 7 UmwStG bei Umwandlung einer Kapitalgesellschaft auf ein Personenunternehmen (§§ 3 bis 9 UmwStG).

Beispiel 5:

An der MN-GmbH ist mit 8 % auch die N-GmbH beteiligt. Die MN-GmbH wird im Sommer 2013 rückwirkend zum 31.12.2012 in eine KG umgewandelt. Dabei ergeben sich Bezüge in Höhe von 1 Mio €, wovon 80.000 € (8 %) auf die N-GmbH entfallen.

Lösung:

Obwohl steuerlicher Übertragungsstichtag der 31.12.2012 ist (und dieser vor dem 1.3.2013 liegt), unterliegen die Bezüge bei der N-GmbH bereits der neuen Steuerpflicht nach § 8 b Abs. 4 KStG (**keine Mindestbeteiligung von 10 %**).

Übersicht:

	Fall 1: Beteiligung < 10 %	Fall 2: Beteiligung 10 % bis < 15 %	Fall 3: Beteiligung ab 15 %
Dividenden bei der KSt (Zufluss seit 1.3.2013)	Steuerpflicht	Steuerbefreiung mit 5 %-Pauschale	Steuerbefreiung mit 5 %-Pauschale
Laufender Beteiligungsaufwand	tatsächlicher Aufwand **abzugsfähig**	tatsächlicher Aufwand **abzugsfähig**	tatsächlicher Aufwand **abzugsfähig**
Dividenden bei der GewSt	KSt-Pflicht schlägt auch auf GewSt durch (§ 8 Nr. 5 GewStG wird nicht benötigt)	Anwendung von § 8 Nr. 5 GewStG (Hinzurechnung von 95 % der Dividende)	Keine Korrektur nach § 8 Nr. 5 GewStG (KSt-Freiheit schlägt auch auf GewSt durch); keine Kürzung für 5 %-Pauschale (§ 9 Nr. 2 a Satz 4 GewStG)
Veräußerungsgewinne	steuerfrei mit 5 %-Pauschale	steuerfrei mit 5 %-Pauschale	steuerfrei mit 5 %-Pauschale
Veräußerungsverluste / Teilwertabschreibungen	nicht abzugsfähig	nicht abzugsfähig	nicht abzugsfähig

3.3.4.3 Erstattungslösung (nur) für Altfälle

Für **Altfälle** enthält § 32 Abs. 5 KStG eine Erstattungsregelung. Diese betrifft jedoch nur Beteiligungen ausländischer Kapitalgesellschaften aus anderen **EU- / EWR-Staaten** von unter 10 %. Ob der Ausschluss der Erstattung an Anteilseigner **aus Drittstaaten** dabei nicht gegen EU-Recht stößt (Beteiligungen < 10 % = Problem der Kapitalverkehrsfreiheit, die auch gegenüber Drittstaatlern gilt), dürfte absehbar wieder streitig werden.

Die Erstattung ist unter folgenden Voraussetzungen geregelt:
a) Gläubiger der Kapitalerträge muss eine **EU- / EWR-Kapitalgesellschaft** sein.
b) Es muss eine **unmittelbare Beteiligung** bestehen.
c) Die Mindestbeteiligungsvoraussetzungen des § 43 b Abs. 2 EStG dürfen nicht erfüllt sein (Fälle der Mutter-Tochter-Richtlinie; **mindestens 10 %** ununterbrochen für 12 Monate. In diesem Fall wird die KapSt nämlich nicht erhoben).
d) Es darf **keine Erstattung** nach anderen Vorschriften vorgesehen sein.
e) Die Voraussetzungen des **§ 8 b KStG** für eine Steuerbefreiung müssen (fiktiv nach deutschem Recht) erfüllt sein (damit kann die Erstattung nur für vor dem 1.3.2013 zufließende Dividenden in Betracht kommen; ab 1.3.2013 liegt wegen der neuen Steuerpflicht der Streubesitzdividenden in Inlandsfällen keine Diskriminierung der ausländischen Körperschaften mehr vor).
f) Die KapSt darf **nicht anrechenbar** oder als Betriebsausgaben / Werbungskosten abzugsfähig sein.

Die Erfüllung dieser Voraussetzungen ist vom Gläubiger der Kapitalerträge **nachzuweisen** (mit Bescheinigung der ausländischen Steuerbehörden).

Die Erstattung erfolgt durch das Bundeszentralamt für Steuern.

3.3.4.4 Auswirkung auf Umwandlungsfälle; keine Rückwirkung von Umwandlungen auf Anteilseignerebene

Für Verschmelzungsfälle enthält **§ 8 b Abs. 4 Satz 2 KStG** folgende Sonderregelung, die über § 15 Abs. 1 UmwStG für Spaltungsfälle entsprechend gilt:

„Für die Bemessung der Höhe der Beteiligung ist § 13 Absatz 2 Satz 2 des Umwandlungssteuergesetzes nicht anzuwenden."

Nach § 13 Abs. 2 Satz 2 UmwStG treten die Anteile an der übernehmenden Körperschaft steuerlich an die Stelle der Anteile an der übertragenden Körperschaft. Positive wie negative Aspekte der Anteile an der übertragenden Körperschaft wirken also grundsätzlich an den Anteilen der Übernehmerin fort (**sog. „Fußstapfentheorie"**). Dies gilt nun allerdings **nicht** für den (i. d. R. positiven) Aspekt der 10 %-Beteiligung.

Die Regelung ist nachteilig, wenn sich die Beteiligungsquote im Zuge der Umwandlung verringert. Die Regelung kann sich auch vorteilhaft auswirken, wenn vor der Umwandlung keine Schachtelbeteiligung bestand und die mit der Verschmelzung / Spaltung erlangten neuen Anteile am übernehmenden Rechtsträger als Schachtelbeteiligung gelten und der Erwerb nach **§ 8 b Abs. 4 Satz 6 KStG** auf den Jahresanfang zurückwirkt.

Beispiel 6:

Die M-AG war bisher mit einer Beteiligung von 20 % an der X-GmbH beteiligt. Mit steuerlicher Rückwirkung im Mai 2013 zum 31.12.2012 wird die X-GmbH auf die Y-GmbH verschmolzen, an der die M-AG bisher nicht beteiligt war. Im Gegenzug erhält die M-AG eine Beteiligung von 8 % an der Y-GmbH (die Y-GmbH war vor der Verschmelzung wertvoller als die X-GmbH). Im Juli 2013 erhält die M-AG eine Ausschüttung von der Y-GmbH.

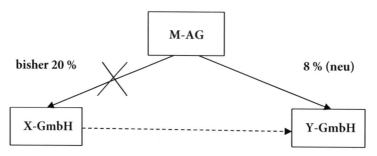

Verschmelzung rückwirkend zum 31.12.2012

Lösung:

Unter Anwendung des § 13 Abs. 2 Satz 2 UmwStG würden die Anteile an der Y-GmbH an die Stelle der Anteile an der X-GmbH treten. Die 10 %-Grenze wäre damit zu Beginn des Kalenderjahres erfüllt. Da die Anwendung des § 13 Abs. 2 Satz 2 UmwStG allerdings für die Prüfung der 10 %-Grenze des § 8 b Abs. 4 UmwStG gesetzlich ausgeschlossen ist, greift die Steuerbefreiung des § 8 b Abs. 1 KStG hier nicht (**keine 10 %-Beteiligung zu Beginn des Kalenderjahres**).

Beispiel 7:

Wie Beispiel 6; die Beteiligung an der (übertragenden) X-GmbH betrug jedoch 8 %. Im Zuge der Verschmelzung wird eine Beteiligung von 20 % an der übernehmenden Y-GmbH gewährt (die X-GmbH war also wesentlich wertvoller als die Y-GmbH).

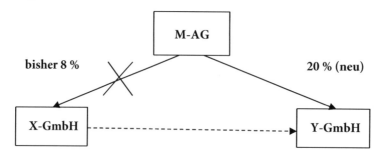

Verschmelzung rückwirkend zum 31.12.2012

3.3 Besteuerung von Dividenden beim Anteilseigner nach § 8b KStG

Lösung:

Nach der Fußstapfentheorie des – sowieso nicht anwendbaren – § 13 Abs. 2 Satz 2 UmwStG hätte die M-AG nur eine Beteiligung von 8 %. Sie erwirbt jedoch im Rahmen der Verschmelzung eine Beteiligung von mindestens 10 %, was bereits nach **§ 8 b Abs. 4 Satz 6 KStG zurückwirkt** (ohne dass es auf die umwandlungssteuerrechtliche Rückwirkung ankäme).

Im Übrigen bleibt es m. E. aber bei der **umwandlungssteuerrechtlichen Rückwirkung gem. § 2 Abs. 1 Satz 1 UmwStG** (ebenso Wiese/Lay, GmbHR 2013 S. 404/407). Geht also eine Beteiligung rückwirkend zum 31.12. des Vorjahres im Wege einer Verschmelzung oder Spaltung über, gilt diese Rückwirkung auch für die Prüfung der Anwendung des § 8 b Abs. 4 KStG. I. d. R. ergibt sich dieses Ergebnis aber auch noch zusätzlich über die Rückwirkung des § 8 b Abs. 4 Satz 6 KStG. Dies ist allerdings nicht immer der Fall.

Beispiel 8:

Ergänzung zu den obigen Beispielen 6 und 7: Sowohl die X-GmbH als auch die Y-GmbH hielten vor der Verschmelzung jeweils eine Beteiligung von 8 % an der E-GmbH.

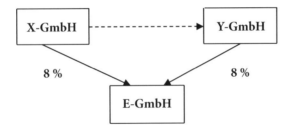

Verschmelzung rückwirkend zum 31.12.2012

Lösung:

In diesem Fall geht es nicht um die Anwendbarkeit der Fußstapfentheorie des § 13 Abs. 2 Satz 2 UmwStG. Zwar hilft ein Hinzuerwerb im laufenden Jahr grundsätzlich nicht zur Vermeidung der Steuerpflicht der Streubesitzdividenden nach § 8 b Abs. 4 KStG. Der 8 %-Anteil der X-GmbH an der E-GmbH wird zwar tatsächlich erst im Frühjahr 2013 erworben und wirkt deshalb nach § 8 b Abs. 4 Satz 6 KStG grundsätzlich nicht auf den Beginn des Jahres zurück. Nach **§ 2 Abs. 1 UmwStG** treten die Rechtsfolgen der Verschmelzung jedoch **rückwirkend zum 31.12.2012** ein, so dass die übernehmende Y-GmbH bereits am steuerlichen Übertragungsstichtag über eine Beteiligung von **16 %** verfügt (**8 % bereits zuvor gehalten; 8 % im Wege der Verschmelzung erhalten**). **Die anschließend erhaltene Dividende fällt deshalb nicht unter die neue Steuerpflicht nach § 8 b Abs. 4 KStG.** Es kommt vielmehr die sachliche Steuerbefreiung nach § 8 b Abs. 1 und Abs. 5 KStG in Betracht.

3.4 Weitere praxiselevante Einzelfragen zu § 8 b KStG

Verwaltungsregelungen:
Insbesondere BMF-Schreiben vom 28.4.2003, BStBl I S. 292 (die nachfolgend zitierten Randziffern beziehen sich auf dieses BMF-Schreiben) sowie BMF-Schreiben vom 13.3.2008, BStBl I S. 506.

3.4.1 Überblick zu § 8 b KStG

Tatbestand	Rechtsfolge aus § 8 b KStG
Erhaltene Dividenden	Steuerfreiheit aller inländischen und ausländischen Dividendenerträge u. Ä. (unabhängig von Beteiligungshöhe und -dauer); § 8 b **Abs. 1** KStG.
Veräußerungsgewinne von KapGes-Beteiligungen	Steuerfreiheit der Gewinne aus der Veräußerung in- und ausländischer Beteiligungen (unabhängig von Beteiligungshöhe und -dauer); § 8 b **Abs. 2** KStG. 5 v. H. des Veräußerungsgewinns gelten als nicht abzugsfähige Aufwendungen (§ 8 b **Abs. 3 Satz 1** KStG).
Missbrauchsregelungen	§ 8 b **Abs. 4** KStG a. F.: 7-Jahresfrist für die Veräußerung einbringungsgeborener und eingebrachter Anteile (für Einbringungsfälle bis 12.12.2006) ist zu beachten (§ 34 Abs. 7 a KStG).
Veräußerungsverluste	Nicht abzugsfähig (§ 8 b **Abs. 3 Satz 3** KStG).
Teilwertabschreibungen (ausschüttungs- und verlustbedingt)	Nicht abzugsfähig (§ 8 b **Abs. 3 Satz 3** KStG).
Gewinnminderungen auf Gesellschafterdarlehen	Nicht abzugsfähig; Neuregelung seit VZ 2008 (§ 8 b **Abs. 3 Sätze 4ff.** KStG).
Übrige Aufwendungen	Pauschalregelung: 5 v. H. der Dividende gelten als nicht abziehbare Ausgaben (§ 8 b **Abs. 5** KStG).
Beteiligung über eine Mitunternehmerschaft	§ 8 b Abs. 1 bis 5 KStG gelten entsprechend (§ 8 b **Abs. 6** KStG).
Kredit- und Finanzdienstleistungsinstitute sowie „Finanzunternehmen"	§ 8 b KStG ist i. d. R. nicht anwendbar (§ 8 b **Abs. 7** KStG); nach dem BMF-Schreiben vom 25.7.2002, BStBl I S. 712, gehören zu den Finanzunternehmen i. S. d. § 8 b Abs. 7 Satz 2 KStG auch Holding- und Beteiligungsunternehmen.
Lebens- und Krankenversicherungsunternehmen	§ 8 b KStG ist i. d. R. nicht anwendbar (§ 8 b **Abs. 8** KStG); Ausnahme in § 8 b Abs. 9 KStG.
Wertpapierleihe	Entgelte sind seit VZ 2007 nicht mehr abzugsfähig (§ 8 b **Abs. 10**, § 34 Abs. 7 Satz 9 KStG).

3.4.2 Zuordnung Veräußerungskosten und nachträgliche Kaufpreisänderung

Zur Behandlung von Veräußerungskosten, die vor oder nach dem Jahr der Anteilsveräußerung entstanden sind, gilt nach dem BMF-Schreiben vom 13.3.2008 (BStBl I S. 506) Folgendes:

→ Die in einem **anderen Wirtschaftsjahr entstandenen Veräußerungskosten** sind bei der Ermittlung des Veräußerungsgewinns oder Veräußerungsverlustes nach den **Grundsätzen des § 8 b Abs. 2 Satz 2 KStG im Wirtschaftsjahr der Veräußerung der Beteiligung** zu berücksichtigen. Der danach ermittelte Veräußerungsgewinn oder -verlust unterliegt den allgemeinen Regelungen des § 8 b KStG.

→ Bei der einheitlichen und gesonderten Gewinnfeststellung für Personengesellschaften müssen die Veräußerungskosten für die Ermittlung des Veräußerungsgewinns oder -verlustes in dem Veranlagungszeitraum, in dem sie entstanden sind, gesondert ausgewiesen werden.

→ Im Fall **nachträglicher Kaufpreisminderungen oder -erhöhungen** ist die Veranlagung des Wirtschaftsjahrs zu ändern, in dem die Veräußerung der Beteiligung erfolgt ist. **Dabei ist für die Korrektur des Einkommens nach § 8 b KStG davon auszugehen, dass die Kaufpreisminderung oder -erhöhung im Wirtschaftsjahr der Veräußerung eingetreten ist.** Aufwand oder Ertrag aus einer Auf- oder Abzinsung der Kaufpreisforderungen unterliegt nicht der Anwendung des § 8 b KStG.

<u>Hinweis:</u>
Der BFH hat mit **Urteil vom 22.12.2010, AZ.: I R 58/10, DStR 2011 S. 406**, die Verwaltungsauffassung bestätigt und entschieden, dass die Ermittlung des Veräußerungsgewinns nach § 8 b Abs. 2 Sätze 1 und 2 KStG stichtagsbezogen **auf den Veräußerungszeitpunkt** erfolgt. Eine nachträgliche Wertveränderung der Kaufpreisforderung aus einem Anteilsverkauf wegen Uneinbringlichkeit wirkt deshalb gewinnmindernd auf den Veräußerungszeitpunkt zurück.

Beispiel 1: Nachträglicher Ausfall der Kaufpreisforderung
Eine GmbH (Wj. = Kj.) veräußert im Jahr 2012 die Beteiligung an einer Tochtergesellschaft (Buchwert – BW – 100.000 €) zum Preis von 500.000 €. Im Jahr 2011 sind Veräußerungskosten – VK– (Beratungskosten) in Höhe von 20.000 € angefallen. Der Kaufpreis -KP- wurde gestundet. Im Jahr 2013 fällt die Kaufpreisforderung aus (die Abzinsung der Kaufpreisforderung ist in dem Beispiel aus Vereinfachungsgründen nicht berücksichtigt).

<u>Steuerliche Folgen:</u>
→ Im Jahr 2011 mindern die Veräußerungskosten das Einkommen.
→ Im Jahr 2012 werden die Veräußerungskosten in die Berechnung des nach § 8 b Abs. 2 KStG steuerfreien Veräußerungsgewinns und die Bemessungsgrundlage für die nicht abzugsfähigen Betriebsausgaben einbezogen.

→ Der Ausfall der Kaufpreisforderung im Jahr 2013 wirkt sich auf die Berechnung des § 8 b Abs. 2 Satz 2 KStG aus und führt nach § 175 Abs. 1 Nr. 2 AO zur nachträglichen Änderung der Veranlagung für das Jahr 2012.

Auswirkungen des Veräußerungsvorgangs auf Jahresüberschuss und Einkommen der Jahre 2011 bis 2013

	Gesamt 2011–2013	Jahr 2011	Jahr 2012	Jahr 2013
Veräußerungskosten 2011	./. 20.000 €	./. 20.000 €		
Veräußerung in 2012				
Ertrag aus KP-Forderung	500.000 €		500.000 €	
Ausbuchung der Beteiligung (BW)	./. 100.000 €		./. 100.000 €	
Nach § 8 b KStG zu berücksichtigen:			400.000 €	
KP 500.000 €				
BW ./. 100.000 €				
VK ./. 20.000 €				
Veräußerungsgewinn 380.000 €				
steuerfrei gem. § 8 b Abs. 2 Satz 2 KStG (Abrechnung)	./. 380.000 €		./. 380.000 €	
§ 8 b Abs. 3 Satz 1 KStG (5 v. H., Hinzurechnung)	+ 19.000 €		+ 19.000 €	
Einkommen vor Änderung	19.000 €	./. 20.000 €	39.000 €	
Aufwand aus dem Ausfall der KP-Forderung in 2013	./. 500.000 €			./. 500.000 €
Änderung in 2012:				
Bisher nach § 8 b KStG berücksichtigte Beträge sind außerbilanzmäßig zu neutralisieren (**da kein Fall des § 8 b Abs. 2 KStG vorliegt**)	+ 380.000 € ./. 19.000 €		+ 380.000 € ./. 19.000 €	
Nach § 8 b KStG sind außerbilanziell neu zu berücksichtigen:				
KP 0 €				
BW ./. 100.000 €				
VK ./. 20.000 €	+ 120.000 €		+ 120.000 €	
Veräußerungsverlust ./. 120.000 € (§ 8 b Abs. 3 Satz 3 KStG)				
Einkommen nach Änderung	0 €	./. 20.000 €	520.000 €	./. 500.000 €

3.4.3 Ausnahme nach § 8 b Abs. 2 Satz 4 KStG

→ Nach **§ 8 b Abs. 2 Satz 4 KStG** schließt eine frühere **steuerwirksame Teilwertabschreibung** – bei **Inlandsbeteiligungen (Beteiligungshöhe egal)**, bei **EU- EWR-Beteiligungen (Beteiligungshöhe egal)** sowie bei **Drittstaatenbeteiligungen (sofern Beteiligung weniger als 10 v. H. beträgt) bis einschließlich VZ 2001**, vgl. hierzu BMF-Schreiben vom 11.11.2010, BStBl 2011 I S. 40 – die Gewährung der Steuerbefreiung nach § 8 b Abs. 2 Satz 1 KStG für den Gewinn aus der Veräußerung der Beteiligung aus. Demgegenüber steht eine nach **§ 8 b Abs. 3 Satz 3 KStG nicht steuerwirksame Teilwertabschreibung (seit dem VZ 2002)** der Steuerfreiheit des Veräußerungsgewinns nicht entgegen.

Beispiel 2: „Last-in-First-out"-Reihenfolge

Die M-GmbH hält eine Beteiligung an der inländischen T-GmbH. Der Buchwert dieser Beteiligung hat sich wie folgt entwickelt:

AK 1998		800.000 €
Teilwertabschreibung in 2001 (steuerwirksam)	./.	200.000 €
Buchwert zum 31.12.2001		600.000 €
Teilwertabschreibung in 2008 (nicht steuerwirksam, § 8 b Abs. 3 Satz 3 KStG)	./.	200.000 €
Buchwert zum 31.12.2008 bis 31.12.2011		400.000 €
Im VZ 2012 wird die Beteiligung an der T-GmbH veräußert:		
Veräußerungserlös		550.000 €
Buchwert zum 31.12.2011	./.	400.000 €
Veräußerungsgewinn im VZ 2012		150.000 €

Fraglich ist, ob vorrangig die frühere steuerwirksame oder zunächst die nicht steuerwirksame Teilwertabschreibung dem Veräußerungsgewinn gegenzurechnen ist.

Lösung:

Nach früherer Auffassung der Finanzverwaltung sind Wertaufholungsgewinne primär auf solche Teilwertabschreibungen zurückzuführen, die in der Vergangenheit **steuerwirksam** geworden sind, **d.h. nicht der Steuerbefreiung nach § 8 b KStG unterliegen**. Es war also zuerst die ältere Teilwertabschreibung „rückgängig" zu machen. **D.h. der Veräußerungsgewinn von 150.000 € war nach § 8 b Abs. 2 Satz 4 KStG in voller Höhe körperschaftsteuer- und gewerbesteuerpflichtig**. Dasselbe galt für einen Gewinn aus dem Ansatz mit dem Wert, der sich nach § 6 Abs. 1 Nr. 2 Satz 3 EStG ergibt.

Aber: Gegenteilige BFH-Rechtsprechung

Der BFH hat hingegen mit Urteil vom 19.8.2009, AZ.: I R 2/09, BStBl 2010 II S. 760, wie folgt entschieden:

Sog. Wertaufholungen gem. § 6 Abs. 1 Nr. 2 Satz 3 EStG, denen in früheren Jahren **sowohl steuerwirksame als auch steuerunwirksame Abschreibungen** von Anteilen auf den niedrigeren Teilwert vorangegangen sind, sind nach Maßgabe von § 8 b Abs. 2 Satz 4 KStG zunächst mit den nicht steuerwirksamen und erst danach – mit der Folge der Steuerpflicht daraus resultierender Gewinne – mit den steuerwirksamen Teilwertabschreibungen zu verrechnen.

Im Ergebnis entspricht dieses Vorgehen einem „**Last in – First out**" der Verrechnungsreihenfolge.

Der Veräußerungsgewinn ist somit im vorliegenden Fall im VZ 2012 nur in Höhe von 7.500 € steuerpflichtig (5 v. H. von 150.000 €).

Variante:

Die M-GmbH hält eine Beteiligung an der inländischen T-GmbH. Der Buchwert dieser Beteiligung hat sich wie folgt entwickelt:

AK 1998	800.000 €	
Teilwertabschreibung in 2001 (steuerwirksam)	./. 200.000 €	1
Buchwert zum 31.12.2001	600.000 €	
Teilwertabschreibung in 2008 (nicht steuerwirksam, § 8 b Abs. 3 Satz 3 KStG)	./. 200.000 €	2
Buchwert zum 31.12.2008 bis 31.12.2011	400.000 €	
Im VZ 2012 wird die Beteiligung an der T-GmbH veräußert:		
Veräußerungserlös	650.000 €	
Buchwert zum 31.12.2011	./. 400.000 €	
Veräußerungsgewinn im VZ 2012	250.000 €	

In welcher Höhe ist der Veräußerungsgewinn im VZ 2012 steuerpflichtig?

Lösung:

Nach Auffassung des BFH im Urteil vom 19.8.2009 (a. a. O.) **ist zuerst die letzte, d. h. die nicht steuerwirksame, Teilwertabschreibung in 2008 „rückgängig" zu machen.** D. h. der Veräußerungsgewinn 2012 ist in Höhe von 200.000 € nach § 8 b Abs. 2 Satz 2 KStG körperschaftsteuer- und gewerbesteuerfrei (→ **es erfolgt im VZ 2012 im Ergebnis**

3.4 Weitere praxiselevante Einzelfragen zu § 8 b KStG

also eine außerbilanzmäßige Abrechnung in Höhe von 95 v.H. von 200.000 € = 190.000 €).

Nur der **übersteigende Betrag von 50.000 €** fällt unter die Ausnahmeregelung in § 8 b Abs. 2 **Satz 4** KStG (→ insoweit erfolgt keine außerbilanzmäßige Abrechnung bei der Einkommensermittlung 2012).

Im Ergebnis sind im VZ 2012 also 60.000 € steuerpflichtig (5 v. H. von 200.000 € = 10.000 € + 50.000 €).

3.4.4 Wertminderungen von Gesellschafterdarlehen (§ 8 b Abs. 3 Sätze 4ff. KStG)

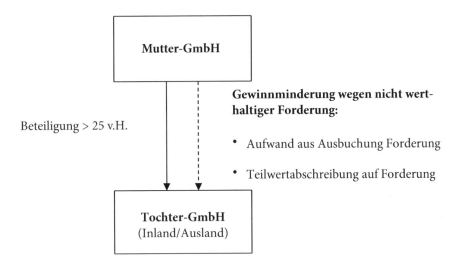

Nach § 8 b Abs. 3 **Satz 3** KStG sind Gewinnminderungen, die im Zusammenhang mit einem **Anteil i. S. d. § 8 b Abs. 2 KStG** stehen, bei der Ermittlung des Einkommens nicht zu berücksichtigen (d. h. es erfolgt eine außerbilanzmäßige Hinzurechnung). Nach § 8 b Abs. 3 **Sätze 4ff.** KStG i. d. F. des JStG 2008 gilt dies **seit dem VZ 2008** auch für Gewinnminderungen im Zusammenhang mit einem **Gesellschafterdarlehen**.

Hinweis:
Der **Verzicht auf eine werthaltige Forderung** ist hingegen eine **verdeckte Einlage** und führt beim Gesellschafter zu einer nachträglichen **Erhöhung der Anschaffungskosten** der Beteiligung (BFH vom 9.4.1997, BStBl 1998 II S. 307, und H 40, Forderungsverzicht, KStH 2008).

Nach § 8 b Abs. 3 **Satz 4** KStG gehören
→ **Gewinnminderungen** im Zusammenhang mit einem **Darlehen** oder
→ aus der **Inanspruchnahme von Sicherheiten**, die für ein **Darlehen** hingegeben wurden,

→ wenn ein Darlehen oder die Sicherheit von einem Gesellschafter gewährt wird,
→ der **zu mehr als einem Viertel** unmittelbar oder mittelbar am Grund- oder Stammkapital der Körperschaft, der er das Darlehen gewährt hat, **beteiligt** ist oder war

zu den nicht abzugsfähigen Gewinnminderungen i. S. d. § 8 b Abs. 3 Satz 3 KStG.

Praxishinweis: Zeitpunkt der „wesentlichen" Beteiligung bei Gesellschafterdarlehen
→ Teilwertabschreibungen auf ein nicht fremdübliches Gesellschafterdarlehen werden steuerlich nicht berücksichtigt, wenn das Darlehen von einem wesentlich beteiligten Gesellschafter (**unmittelbar oder mittelbar zu mehr als 25 %**) gewährt wird (§ 8 b Abs. 3 Satz 4 KStG).
→ Das FG Düsseldorf hat sich im Urteil vom 19.10.2012, AZ.: 6 K 2439/11 F, zu der Frage geäußert, auf welchen Zeitpunkt für das Vorliegen einer wesentlichen Beteiligung abzustellen ist. Nach Auffassung des FG reicht eine wesentliche Beteiligung **zu irgendeinem Zeitpunkt** während der Darlehenslaufzeit für die Versagung einer Teilwertabschreibung aus. **Allerdings müsse das Darlehen zu einem Zeitpunkt gewährt worden sein, in dem der Darlehensgeber auch Gesellschafter war.**
→ Im Urteilsfall war eine körperschaftsteuerpflichtige Gesellschafterin bei Darlehenshingabe zu weniger als 25 % an der Darlehensnehmerin (eine GmbH) beteiligt. Im Zeitpunkt der Teilwertabschreibung betrug die Beteiligung jedoch mehr als 25 %. Da für das Darlehen auch der Drittvergleich nicht gelang, erkannte das FG die Teilwertabschreibung steuerlich nicht an.
→ Gegen das Urteil wurde Revision beim BFH eingelegt (**AZ.: I R 87/12**). Den BFH wird auch die Frage beschäftigen, ob die Nichtberücksichtigung von Teilwertabschreibungen auf die Beteiligung (§ 8 b Abs. 3 Satz 3 KStG) im Falle der Liquidation der Tochtergesellschaft verfassungsgemäß ist.

Nach § 8 b Abs. 3 **Satz 5** KStG gilt dies auch
→ für dem Gesellschafter **nahestehende Personen** oder
→ für Gewinnminderungen aus dem **Rückgriff eines Dritten** auf den Gesellschafter oder eine diesem nahestehende Person aufgrund eines der Gesellschaft gewährten Darlehens.

§ 8 b Abs. 3 **Satz 6** KStG enthält eine Ausnahme von der Nichtabzugsfähigkeit, wenn der **Drittvergleich** geführt und dadurch die gesellschaftsrechtliche Veranlassung widerlegt werden kann (**Gegenbeweis**). Dies setzt aber den Nachweis voraus, dass auch ein fremder Dritter das Darlehen bei sonst gleichen Umständen gewährt oder noch nicht zurückgefordert hätte. Nach der Gesetzesbegründung ist aber insbesondere in folgenden Fällen ein Darlehen **nicht** als **fremdüblich** einzustufen:
→ Keine Verzinsung des Darlehens.
→ Verzinsung des Darlehens unter dem Marktzinssatz.
→ Darlehen wird zwar marktüblich verzinst, aber es werden keine Sicherheiten vereinbart (mit Abstellen nur auf die Sicherheiten der Tochtergesellschaft).
→ Darlehen wird zwar marktüblich verzinst und ausreichend besichert, aber es wird bei Eintritt der Krise der Tochtergesellschaft nicht zurückgefordert.

3.4 Weitere praxiselevante Einzelfragen zu § 8 b KStG

Damit fallen **seit dem VZ 2008 faktisch sämtliche Darlehensverluste** unter § 8 b Abs. 3 Sätze 4 ff. KStG und müssen außerbilanzmäßig korrigiert werden. Dies gilt insbesondere für

→ **Teilwertabschreibungen auf Forderungen** (Darlehen und andere Forderungen, z. B. aus Lieferungen und Leistungen, Forderungen aus Nutzungsüberlassungen, z. B. aus Miet- und Pachtforderungen, Lizenzforderungen).

→ Aufwand aus der **Ausbuchung von nicht werthaltigen Forderungen im Verzichtsfall** (darunter fällt auch die Abschreibung von bzw. der Verzicht auf die Rückgriffsforderung nach einer Bürgschaftsinanspruchnahme der Muttergesellschaft).

→ Aufwand aus einem **Verkauf der Forderung** zu einem Wert unter dem Nennwert (Factoring), z. B. im Zusammenhang mit der Anteilsveräußerung.

→ Aufwendungen aus der **Inanspruchnahme durch einen Dritten** nach vorheriger Sicherheitenstellung.

Darüber hinaus ist in diesem Zusammenhang auch Folgendes zu beachten:

→ Die Regelung greift unabhängig davon ein, ob es sich bei der Darlehensnehmerin um eine **inländische oder um eine ausländische Körperschaft** handelt.

→ § 8 b Abs. 3 **Satz 7** KStG dehnt den Anwendungsbereich der Regelung auf Forderungen aus Rechtshandlungen aus, die **einer Darlehensforderung vergleichbar** sind. Darunter können z. B. **Forderungen aus Warenlieferungen** fallen.

→ **Nicht** erfasst werden **Aufwendungen aus Nutzungsüberlassungen** (z. B. Aufwand für ein unentgeltlich an eine Tochtergesellschaft überlassenes Grundstück).

→ Bei grenzüberschreitenden Darlehen und Nutzungsüberlassungen ist jedoch ergänzend **§ 1 AStG** zu prüfen. Vgl. hierzu das **BMF-Schreiben vom 29.3.2011 (BStBl I S. 277)**.

→ Bei Darlehensgewährungen zwischen **Schwestergesellschaften** gelten vorrangig die allgemeinen Grundsätze der vGA und der verdeckten Einlage; ein Aufwand bei der M-GmbH (Vorteilsverbrauch in Höhe des nicht werthaltigen Teils der Forderung) fällt jedoch ebenfalls unter § 8 b Abs. 3 Satz 4 KStG.

Beispiel 3: Forderungsverzicht im Dreiecksfall

Die T 1-GmbH gibt der T 2-GmbH im Jahr 2008 ein **fremdübliches** Darlehen in Höhe von 500.000 €. AE sowohl der T 1-GmbH als auch der T 2-GmbH ist die M-GmbH. In 2010 gerät die T 2-GmbH in die Krise. Das Darlehen wird von der T 1-GmbH zunächst trotz Krise nicht zurückgefordert. Auf Veranlassung der M-GmbH verzichtet die T 1-GmbH in 2012 auf die nicht mehr werthaltige Forderung und bucht diese in der Bilanz zum 31.12.2012 gewinnmindernd aus. Von der T 2-GmbH wird die Verbindlichkeit dementsprechend über Ertrag ausgebucht. Andere Gläubiger der T 2-GmbH haben in 2012 keinen Forderungsverzicht ausgesprochen.

Lösung:

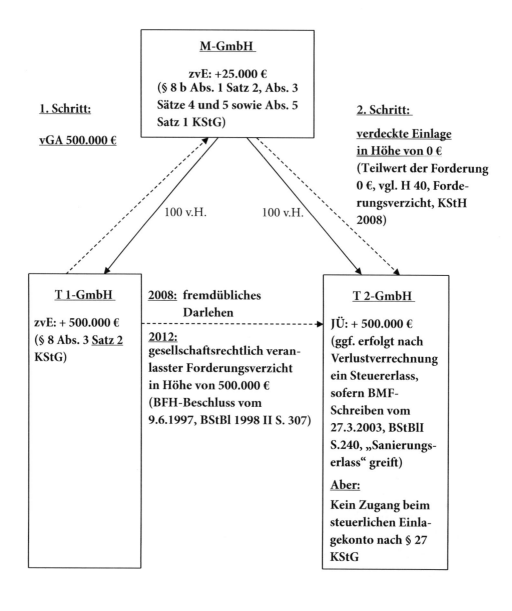

3.4 Weitere praxiselevante Einzelfragen zu § 8 b KStG

Fortsetzung Beispiel 3:

Die M-GmbH muss den Vorgang in der Steuerbilanz zum 31.12.2012 wie folgt verbuchen:

Aufwand 500.000 €	an	Beteiligungsertrag 500.000 €
(nicht werthaltiger Teil der Forderung, sog. Vorteilsverbrauch)		(vGA)

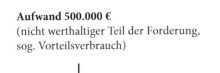
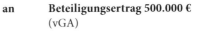

Anwendung § 8 b Abs. 3 Sätze 4 und 5 KStG:	Anwendung § 8 b Abs. 1 Satz 2 und Abs. 5 Satz 1 KStG:
+ 500.000 €	./. 500.000 €
	+ 25.000 €
	(5 v. H. von 500.000 €)

("Beteiligungsaufwand" aufgrund
Forderungsverzichts der T 1-GmbH =
nahestehende Person von M-GmbH)

Praxishinweis:
Sofern im vorliegenden Fall das Darlehen **von Anfang an nicht fremdüblich** gewesen wäre, kämen die Grundsätze des **BMF-Schreibens vom 29.3.2011 (BStBl I S. 277)** zur Anwendung. M. E. gelten die Rechtsfolgen im Falle eines ungesicherten Darlehens im sog. Dreiecksfall – <u>verdeckte Gewinnausschüttung und verdeckte Einlage jeweils in Höhe des Nennwerts!</u> – sowohl für **Inlands- als auch für Auslandsbeteiligungen**. Im Ergebnis hätte dies bei der **T 2-GmbH** zur Folge, dass die Gewinnerhöhung in Höhe von 500.000 € nach § 8 Abs. 3 Satz 3 KStG außerbilanzmäßig <u>neutralisiert</u> würde.

3.4.5 Teilwertabschreibungen auf Auslandsdarlehen

Die Finanzverwaltung hat mit **BMF-Schreiben vom 29.3.2011 (BStBl I S. 277, BMF)** zur Anwendung des § 1 AStG auf Fälle von **Teilwertabschreibungen und anderen Wertminderungen auf Darlehen an verbundene ausländische Unternehmen** Stellung genommen.

Unabhängig von der Anwendung des § 1 AStG sind zunächst **vorrangig** die Grundsätze der **verdeckten Einlage bzw. verdeckten Gewinnausschüttung** zu prüfen.

3.4.5.1 Anwendungsregelung (RdNr. 33 bis 35 BMF)

→ Für **Veranlagungszeiträume vor 2003** gilt, dass die Gewährung eigenkapitalersetzender zinsloser oder zinsgünstiger Darlehen durch eine inländische Konzernobergesellschaft an ihre ausländische Tochtergesellschaft keine Geschäftsbeziehung i. S. d. § 1

Abs. 1 AStG darstellt (BMF-Schreiben vom 12.1.2010, BStBl I S. 34), insoweit findet § 1 AStG keine Anwendung. Das vorliegende BMF-Schreiben findet jedoch auch für Veranlagungszeiträume vor 2003 Anwendung, wenn die Darlehensgewährung eine Geschäftsbeziehung i. S. d. § 1 Abs. 1 AStG i. V. m. § 1 Abs. 4 AStG i. d. F. des StÄndG 1992 darstellt.

→ Für **Veranlagungszeiträume ab 2003** ist dieses Schreiben auch dann anzuwenden, wenn die Darlehensgewährung in Jahren vor 2003 erfolgte, das Darlehen aber ab dem Veranlagungszeitraum 2003 **noch weiterbesteht**.
→ Für **Veranlagungszeiträume ab 2008** ist für Kapitalgesellschaften die Anwendung von **§ 8 b Abs. 3 KStG** i. d. F. des Jahressteuergesetzes 2008 gegenüber § 1 AStG **vorrangig**, soweit § 1 AStG keine weitergehenden Rechtsfolgen vorsieht.

Für **Mutterunternehmen** in der Rechtsform einer **Kapitalgesellschaft** hat die Anwendung von § 1 AStG also seit dem Jahr 2008 keine Bedeutung mehr, da die Abzugsfähigkeit der Teilwertabschreibung in aller Regel bereits nach der Regelung des § 8 b Abs. 3 Sätze 4 ff. KStG versagt wird (dort sind also nur Altfälle bis 2007 betroffen).

Interessanter ist die Frage bei einem deutschen Mutterunternehmen in der Rechtsform einer **Personengesellschaft oder eines Einzelunternehmens**. Hier spielt die Anwendbarkeit des § 1 AStG auch in aktuellen Fällen noch eine Rolle.

Es ergeben sich folgende Möglichkeiten:
- Vollständige Versagung des Abzugs (**wegen § 1 AStG**)
- Abzug nur in Höhe von 60 % (**wegen § 3 c Abs. 2 EStG**)
- Vollständiger Abzug.

Aber:
Die Finanzverwaltung wendet nach dem **BMF-Schreiben vom 29.3.2011, a. a. O.**, auf die Teilwertabschreibungen auf Forderungen gegenüber ausländischen Tochtergesellschaften die Regelung des **§ 1 AStG** an und lässt deshalb den Aufwand überhaupt **nicht** zum Abzug zu.

3.4.5.2 Anwendungsfälle

Fallgruppe 1	Fallgruppe 2	Fallgruppe 3	Fallgruppe 4
Deutsche **Mutter-Kapitalgesellschaft** gibt Darlehen an **deutsche** Tochter-GmbH	Deutsche **Mutter-Kapitalgesellschaft** gibt Darlehen an **ausländische** Tochter-Körperschaft	Deutsche **Mutter-KG** gibt Darlehen an **deutsche** Tochter-GmbH	Deutsche **Mutter-KG** gibt Darlehen an **ausländische** Tochter-Körperschaft
M-AG → 100 % → T-GmbH, Darlehen	M-AG → 100 % → T-Körp. (Ausland), Darlehen	M-KG → 100 % → T-GmbH, Darlehen	M-KG → 100 % → T-Körp. (Ausland), Darlehen
Ab 2008: § 8 b Abs. 3 **Sätze** 4ff. KStG	**Ab 2008:** § 8 b Abs. 3 **Sätze** 4ff. KStG	– Soweit natürliche Personen beteiligt – **Keine Anwendung** § 3 c Abs. 2 EStG: vgl. BMF-Schreiben vom 23.10.2013, BStBl I S. 1269.	BMF-Schreiben vom 29.3.2011, BStBl I S. 277 (**Anwendung von** § 1 AStG); vgl. Revisionsverfahren AZIR 23/13
Bis 2007: Darlehensverlust abzugsfähig (BFH-Urteil vom 14.1.2009, AZ.: I R 52/08, BStBl II S. 674)	**Bis 2007:** BMF-Schreiben vom 29.3.2011, BStBl I S. 277 (ggf. Anwendung von § 1 AStG). – M. E. **strittig**, betroffene Fälle sind offen zu halten; vgl. Revisionsverfahren AZIR 23/13		
			Streitig!

3.4.5.3 Im Einzelnen

3.4.5.3.1 Teilwertabschreibung auf Darlehen zwischen nahestehenden Personen

Die folgende Übersicht zeigt die Hauptanwendungsfälle bezüglich der **Teilwertabschreibung auf Darlehen zwischen nahestehenden Personen**. Darüber hinaus finden sich Ausführungen zu Wertberichtigungen auf **Forderungen aus Lieferungen und Leistungen** (RdNr. 20, 21) und zum **Forderungsverzicht** (RdNr. 14, 19, 24).

Sachverhalt	TWA nach § 1 AStG zu korrigieren?

Downstream-Loan
des beherrschenden Gesellschafters (RdNr. 8 bis 16)

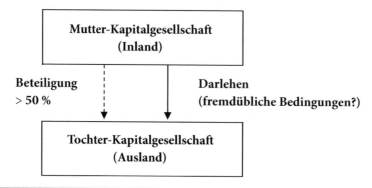

a) **Fremdüblicher Zinssatz** bei fremdüblicher Besicherung	**Keine Korrektur nach § 1 AStG**, wenn • Darlehenskonditionen fremdüblich und • Darlehensgeber während der Laufzeit wie ein fremder Geschäftsleiter alle Möglichkeiten zur Forderungssicherung gewahrt hat.
b) **Zinssatz mit Risikozuschlag** wegen fehlender Sicherheit	dto.
c) **Keine Sicherheit**, kein Risikozuschlag beim Zins, aber Konzernrückhalt	TWA nach § 6 EStG **nicht** zulässig

Downstream-Loan des beherrschenden Gesellschafters + weitere Geschäftsbeziehungen (RdNr. 17 bis 19)

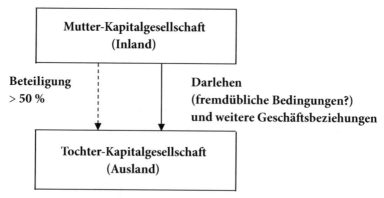

3.4 Weitere praxiselevante Einzelfragen zu § 8 b KStG

a) **Fremdüblicher Zinssatz** bei fremdüblicher Besicherung	**Keine Korrektur nach § 1 AStG**, wenn Darlehenskonditionen • fremdüblich w. o. • dabei Prüfung, ob die weiteren Geschäftsbeziehungen Auswirkungen auf die Fremdüblichkeit haben.
b) **Zinssatz mit Risikozuschlag** wegen fehlender Sicherheit	dto.
c) **Keine Sicherheit**, kein Risikozuschlag beim Zins, aber Konzernrückhalt	**Korrektur nach § 1 AStG**
Forderungen des beherrschenden Gesellschafters aus laufenden Geschäftsbeziehungen (RdNr. 22 bis 23)	
Darlehensgewährung durch „stehen gelassene" Forderungen aus Lieferungen und Leistungen	Darlehensgewährung z. B. liegt vor, bei Fortführung der Geschäftsbeziehung ohne mögliche Beitreibung der Forderung. Soweit keine Sicherheit vorliegt, ist von bestehendem Konzernrückhalt auszugehen. **Folge: Korrektur nach § 1 AStG.**

Downstream-Loan (keine Beherrschung, RdNr. 28 bis 29)

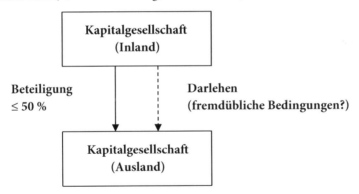

Entsprechen die Darlehensbedingungen und der vereinbarte Zinssatz dem **Fremdvergleichsgrundsatz** (z. B. fremdüblicher Zinssatz bei fremdüblicher Besicherung; Zinssatz enthält Risikozuschlag, der eine fehlende tatsächliche Sicherheit berücksichtigt) und ist trotzdem eine bilanzsteuerrechtlich ggf. zulässige Teilwertabschreibung vorzunehmen, ist **keine Berichtigung nach § 1 AStG möglich**, wenn auch für einen fremden Dritten als Darlehensgeber in einer vergleichbaren Situation zwischen Darlehenshingabe und Teilwertabschreibung weder Anlass noch Möglichkeit bestanden hätten, Sicherungsmaßnahmen zu ergreifen. **Für Wirtschaftsjahre, die nach dem 1.1.2008 enden, ist § 1 Abs. 1 Satz 2 AStG zu beachten.** Wurde eine tatsächliche Sicherheit **nicht vereinbart** und kann ihr Fehlen nicht durch einen fremdüblichen Risikozuschlag auf den Zinssatz kompensiert werden, entspricht das Darlehen **nicht dem Fremdvergleichsgrundsatz**. Der Abschreibungsbedarf wäre nicht entstanden, wenn fremdübliche Bedingungen vereinbart worden wären (siehe RdNr. 6).

Folge:
Deswegen ist eine bilanzsteuerrechtlich ggf. zulässige Teilwertabschreibung nach § 1 Abs. 1 AStG zu berichtigen (siehe RdNr. 27 BMF).

Darlehensbedingung und Zinssatz sind **fremdüblich**	**Keine** Korrektur nach § 1 AStG

Upstream-Loan (RdNr. 30)

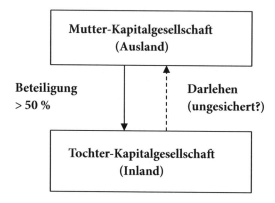

Erfolgt von Seiten der das Darlehen gewährenden Tochtergesellschaft eine bilanzsteuerrechtlich ggf. zulässige Teilwertabschreibung auf ein **ungesichertes Darlehen** an eine Obergesellschaft, liegt nach der Rechtsprechung des BFH in Höhe der **Teilwertabschreibung** eine **verdeckte Gewinnausschüttung nach § 8 Abs. 3 Satz 2 KStG** an die Obergesellschaft vor (BFH-Urteile vom 14.3.1990, AZ.: I R 6/89, BStBl II S. 795, und vom 14.7.2004, AZ.: I R 16/03, BStBl II S. 1010), denn die Darlehenshingabe ohne Si-cherheitsleistung ist nur wegen des Gesellschaftsverhältnisses erfolgt.

Folge:
Insoweit tritt § 1 AStG hinter die Rechtsfolgen der verdeckten Gewinnausschüttung zurück.

Ungesichertes Darlehen	**vGA in Höhe der TWA** (BFH, AZ.: I R 6/89, I R 16/03)

3.4 Weitere praxiselevante Einzelfragen zu § 8 b KStG

Darlehensgewährung an ausländische Schwestergesellschaften (Dreiecksfälle, RdNr. 31 bis 32)

In den Fällen der Gewährung eines **ungesicherten Darlehens** durch eine inländische Kapitalgesellschaft an eine nahestehende, ausländische Schwestergesellschaft (**Dreiecksfall**) führt eine bilanzsteuerrechtlich ggf. zulässige Teilwertabschreibung auf die Darlehensforderung zur Annahme einer **verdeckten Gewinnausschüttung** in Höhe der Wertminderung beim Darlehensgeber. **Die Rechtsfolgen des § 1 AStG treten in diesen Fällen hinter die des § 8 Abs. 3 KStG zurück** (§ 1 Abs. 1 Satz 1 AStG), weil die verdeckte Gewinnausschüttung entsprechend dem Fremdvergleichsgrundsatz zu einer Korrektur in gleicher Höhe führt. Erst der **Verzicht des Darlehensgebers** auf die Darlehensforderung führt zum **Zufluss der verdeckten Gewinnausschüttung** beim Anteilseigner in **Höhe des Nennwerts** der Darlehensforderung. Zu einer **verdeckten Einlage** beim Darlehensnehmer kommt es ebenfalls in **Höhe des Nennwerts** der Darlehensforderung. Die Grundsätze der Entscheidung des GrS zum Forderungsverzicht im BFH-Beschluss vom 9.6.1997, GrS 1/94, BStBl 1998 II S. 307 (d. h. Zufluss des Darlehens und verdeckte Einlage in Höhe des werthaltigen Teils) sind **nicht anwendbar, da die dem Darlehensverzicht zugrunde liegende Forderung bereits ihrerseits gesellschaftsrechtlich veranlasst ist.**

Entgegen der bisherigen Verwaltungsauffassung führt dieser Vorgang also **nicht** mehr zu einem berücksichtigungsfähigen **Aufwand** auf der Ebene der Muttergesellschaft (sog. Verbrauchstheorie), der jedoch seit dem VZ 2008 unter das Abzugsverbot nach § 8 b Abs. 3 Sätze 4 und 5 KStG fällt.

Ungesichertes Darlehen	Bei TWA **vGA** bei Darlehensgeber
	Bei Verzicht: • Zufluss der vGA beim Anteilseigner in Höhe des Nennwerts und • vE beim Darlehensnehmer in Höhe des **Nennwerts** (**Hinweis:** Keine Anwendung der Grundsätze des GrS zum Forderungsverzicht, GrS 1/94 = Zufluss des Darlehens und vE in Höhe des werthaltigen Teils des Darlehens)
Darlehenshingabe, obwohl Rückzahlung objektiv unmöglich oder mit hoher Wahrscheinlichkeit ausgeschlossen	**Bei Hingabe des Darlehens vGA** (BFH, AZ.: VIII R 62/93, IX R 4/06)

Beispiel 4: Forderungsverzicht im Dreiecksfall (Ausland)

Im Jahr 01 erfolgt die Darlehensgewährung (100) einer inländischen Gesellschaft (TG 1) an eine ausländische Schwestergesellschaft (TG 2) mit einem gemeinsamen, inländischen Anteilseigner (MG, Beteiligung jeweils 100 v. H.) ohne Einräumung einer Sicherheit, d. h. nicht fremdüblich i. S. d. RdNr. 27 BMF. Im Jahr 05 nimmt die TG 1 eine vollständige Teilwertabschreibung in Höhe von 100 vor, im Jahr 07 verzichtet die TG 1 endgültig auf das Darlehen.

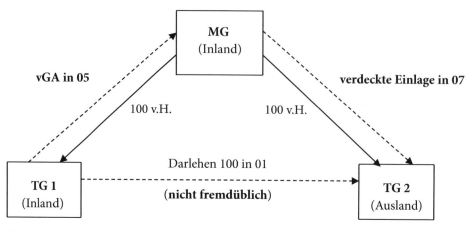

Lösung:

a) Korrektur nach § 8 Abs. 3 Satz 2 KStG bei der TG 1

Die Darlehensgewährung **in 01** führt mangels tatsächlicher Vermögensminderung zu keiner verdeckten Gewinnausschüttung auf Ebene der TG 1. Die Rückzahlung des Darlehens durch die TG 2 ist im Zeitpunkt der Darlehensvergabe objektiv möglich. Da die Darlehensgewährung im vorliegenden Dreiecksfall von der TG 1 an ihre ausländische Schwestergesellschaft TG 2 und nicht unmittelbar von der Muttergesellschaft an ihre Tochtergesellschaft erfolgt, finden die Grundsätze der Rechtsprechung des BFH zum Konzernrückhalt (BFH-Urteil vom 29.10.1997, AZ.: I R 24/97, BStBl 1998 II S. 573) keine Anwendung (BFH-Urteil vom 14.3.1990, AZ.: I R 6/89, BStBl II S. 795). Denn es ist nicht mit dem Fremdvergleichsgrundsatz vereinbar, dass im Rahmen der hier vorliegenden Darlehensgewährung im Konzern keine Sicherheiten wegen des Rückhalts im Konzern vereinbart worden sind. Die Darlehensvergabe in 01 ist bereits infolge der fehlenden Darlehensbesicherung gesellschaftsrechtlich veranlasst, eine verdeckte Gewinnausschüttung gem. § 8 Abs. 3 Satz 2 KStG liegt jedoch noch nicht vor, da nicht alle Tatbestandsmerkmale erfüllt sind.

Infolge einer – bilanzsteuerrechtlich zulässigen – Teilwertabschreibung und der dadurch eingetretenen tatsächlichen Vermögensminderung **in 05** kommt es im selben Jahr zu einer **verdeckten Gewinnausschüttung und Einkommenskorrektur bei der TG 1 nach § 8 Abs. 3 Satz 2 KStG**.

b) Zufluss bei der MG und AK auf die Beteiligung an der TG 2

Im Zeitpunkt des Darlehensverzichts **in 07** kommt es zum **Zufluss der verdeckten Gewinnausschüttung in Höhe von 100. Der Ansatz erfolgt mit dem vollen Darlehensbetrag (100)**. Ein geringerer Ansatz nur in Höhe des noch werthaltigen Teils scheidet aus, **da der Nennbetrag tatsächlich bei der TG 2 zugeflossen ist**. In gleicher Höhe erhöhen sich die Anschaffungskosten auf die Beteiligung an der TG 2. Sofern eine Teilwertabschreibung auf die so erhöhten Anschaffungskosten vorzunehmen ist, wird diese wegen **§ 8 b Abs. 3 Satz 3 KStG nicht steuerwirksam**.

c) Verdeckte Einlage bei der TG 2

In 07 kommt es außerdem zu einer **verdeckten Einlage in Höhe des Nennbetrags** der **Darlehensforderung** (= 100). Der Ansatz erfolgt auch hier – in Korrespondenz zu den Ausführungen unter Buchst. b) – mit dem Nennbertrag der Darlehensforderung, da der Nennbetrag tatsächlich bei der TG 2 zugeflossen ist.

Die Grundsätze der Entscheidung des GrS zum Forderungsverzicht im BFH-Beschluss vom 9.6.1997, GrS 1/94, BStBl 1998 II S. 307 (d. h. Zufluss des Darlehens und verdeckte Einlage in Höhe des werthaltigen Teils), kommen **nicht** zur Anwendung, da die dem Darlehensverzicht zugrunde liegende Forderung bereits ihrerseits **gesellschaftsrechtlich** veranlasst ist.

Beachte: vGA bei Hingabe des „Darlehens", RdNr. 32 BMF
Ist bereits im Zeitpunkt der Darlehensgewährung aufgrund der wirtschaftlichen Situation des Darlehensnehmers offensichtlich, dass mit der Zuwendung des Geldbetrags trotz der vertraglichen Bezeichnung und des buchmäßigen Ausweises als „Darlehen" **tatsächlich keine Rückzahlungsverpflichtung** verbunden ist (siehe RdNr. 7 BMF), **so stellt bereits die Hingabe des Geldbetrags an die Schwestergesellschaft eine verdeckte Gewinnausschüttung an die gemeinsame Muttergesellschaft dar (sofortiger Zufluss bei der MG, Einkommenskorrektur bei TG 1 erst bei Gewinnminderung)**. Dies gilt auch dann, wenn die Rückzahlung von vornherein objektiv unmöglich ist oder mit hoher Wahrscheinlichkeit ausgeschlossen werden kann.

Aber:
In diesen Fällen treten die Rechtsfolgen des § 1 AStG hinter die des § 8 Abs. 3 Satz 2 KStG zurück (§ 1 Abs. 1 Satz 1 AStG), weil die verdeckte Gewinnausschüttung entsprechend dem Fremdvergleichsgrundsatz zu einer Korrektur in gleicher Höhe führt.

3.4.5.3.2 Bedeutung des Konzernrückhalts für einen Forderungsverzicht

Das BMF-Schreiben definiert den Begriff Konzernrückhalt nicht. Nach Auffassung der Literatur ist der Konzernrückhalt **eine Art Good-Will-Erklärung**, eine Tochtergesellschaft in der Weise auszustatten, dass diese stets in der Lage ist, ihren finanziellen Verpflichtungen nachzukommen. Insoweit handelt es sich um einen **rechtlich nicht erstarkten Vorteil** aus der finanziellen, rechtlichen und organisatorischen **Konzerneinbindung** (vgl. Roser, GmbHR 2011 S. 841, S. 845 mwN).

Zur Bedeutung des Konzernrückhalts führt das BMF-Schreiben unter RdNr. 13 und 14 aus:

> „[…] Besteht der Rückhalt im Konzern tatsächlich gegenüber fremden Dritten als werthaltige Sicherheit weiter fort, gilt dies auch für die betreffende Darlehensbeziehung im Konzern. In einem solchen Fall ist **für eine Teilwertabschreibung** schon nach **§ 6 Absatz 1 Nummer 2 Satz 2 EStG kein Raum**, da der Rückzahlungsanspruch (Darlehen) nicht als gefährdet anzusehen ist, **solange der Rückhalt im Konzern besteht**. Eine dennoch vorgenommene Teilwertabschreibung ist damit bereits wegen Fehlens der Voraussetzungen des **§ 6 Absatz 1 Nummer 2 Satz 2 EStG** rückgängig zu machen. […] Dies **gilt auch für** eine tatsächliche Gewinnminderung, die unter vergleichbaren Umständen durch einen **Darlehensverzicht** entsteht."

Fraglich ist, welche Bedeutung diese Ausführungen in reinen **Inlandsfällen** für die Beurteilung des **Forderungsverzichts** einer Mutter- gegenüber ihrer Tochterkapitalgesellschaft beizumessen sind.

Den Ausführungen des BMF zur Teilwertabschreibung und zum Darlehensverzicht könnte entnommen werden, dass der Teilwert einer Forderung ihrem Nennwert entspricht, solange der Rückhalt im Konzern tatsächlich gegenüber fremden Dritten als werthaltige Sicherheit fortbesteht. Dies hätte zur Folge, dass im Fall eines Forderungsverzichts auf Ebene der Tochterkapitalgesellschaft stets eine **verdeckte Einlage in Höhe des Nennwerts der Darlehensforderung** vorläge. Trotz der ertragswirksamen Auflösung der Darlehensverbindlichkeit würde sich damit das Einkommen der Tochter wegen der außerbilanziellen Korrektur der verdeckten Einlage nicht erhöhen.

M. E. kann diese Schlussfolgerung aus dem o. g. Passus des BMF-Schreibens nicht gezogen werden. Zunächst ist zu beachten, dass sich das BMF-Schreiben ausschließlich auf Darlehensgewährungen an ausländische Gesellschaften bezieht (so ausdrücklich RdNr. 2). Eine unmittelbare **Anwendung auf Inlandsfälle** ist aus Verwaltungssicht offenbar **nicht beabsichtigt**.

Zudem kann nach **allgemeinen Grundsätzen** der Teilwert der eingelegten Forderung nicht ihrem Nennwert entsprechen. Denn der Teilwert ist allein aus der Sicht des Erwerbers zu ermitteln. Ein gedachter Erwerber des gesamten Betriebs der Mutter würde die Forderung gegen die zahlungsunfähige Tochtergesellschaft m. E. nicht vergüten, da diese für ihn keinen Wert hat. Denn T kann die Verbindlichkeit – da sie selbst zahlungsunfähig ist – nur erfüllen, wenn sie von der M bzw. dem Erwerber die Mittel hierfür erhält.

Beispiel 5:

Die M-GmbH ist Alleingesellschafterin der T-GmbH. M hat T im VZ 01 ein Darlehen in Höhe von 1.000 € gewährt. Die Darlehensgewährung erfolgt ohne Vereinbarung einer tatsächlichen Sicherheit. Ein Risikozuschlag auf den Zinssatz, der die fehlende Sicherheit berücksichtigt, erfolgte wegen des Rückhalts im Konzern nicht. Inzwischen ist T zahlungsunfähig. Forderungen außenstehender Dritter werden aufgrund des

Konzernrückhalts erfüllt. M verzichtet im VZ 02 aus gesellschaftsrechtlichen Gründen auf ihre Forderung.

Ertragsteuerliche Folgen für T?

Lösung:
Auf Ebene der T entsteht infolge der Ausbuchung der Darlehensverbindlichkeit ein Ertrag von 1.000 €. Fraglich ist, inwieweit dieser aufgrund einer verdeckten Einlage außerbilanziell zu korrigieren ist. Der Teilwert der erlassenen Forderung, auf den es für die Frage nach dem Vorliegen und dem Umfang einer verdeckten Einlage ankommt, ist nach Maßgabe des § 6 Abs. 1 Nr. 1 Satz 3 EStG zu bestimmen. Danach ist Teilwert der Betrag, den ein Erwerber des Betriebs für das einzelne Wirtschaftsgut ansetzen würde; dabei ist davon auszugehen, dass der Erwerber den Betrieb fortführt. Ein solcher Erwerber würde die Forderung gegen T nicht vergüten. Die verdeckte Einlage beträgt also „0". Es erfolgt keine außerbilanzielle Korrektur. Das Einkommen der T beträgt 1.000 €.

3.4.6 Steuerfalle in § 8 b Abs. 7 KStG für sog. „Finanzunternehmen"

3.4.6.1 Vorbemerkung

Als Gestaltungsmittel zur langfristigen Vermögensanlage bietet es sich an, Aktien und GmbH-Anteile im Betriebsvermögen einer sog. „Kapitalanlagen"-GmbH zu halten. Zu den Steuervorteilen gehört neben der sachlichen Steuerbefreiung in § 8 b Abs. 1 und 2 KStG für laufende Dividendenerträge und Veräußerungsgewinne von Anteilen auch der volle Betriebsausgabenabzug für etwaige Finanzierungskosten. Solange dieses Vermögen langfristig in der GmbH verbleibt und Gewinne hieraus thesauriert werden, kann dies zunächst ohne nennenswerte Steuerbelastung z. B. für die spätere Altersvorsorge beim GmbH-Gesellschafter genutzt werden. In diesem Fall treten die steuerlichen Folgen (Abgeltungsteuer in Höhe von 25 % nach § 32 d Abs. 1 EStG oder im Optionsfall Anwendung des Teileinkünfteverfahrens nach § 32 d Abs. 2 Nr. 3 EStG) erst auf der Gesellschafterebene bei späterer Ausschüttung der erwirtschafteten Gewinne ein. Bei dieser Gestaltung muss jedoch unbedingt darauf geachtet werden, dass die GmbH von der Finanzverwaltung nicht als **„Finanzunternehmen" i. S. d. § 8 b Abs. 7 Satz 2 KStG** eingestuft wird, wodurch die Steuerbefreiung damit nach § 8 b KStG verloren ginge.

3.4.6.2 Sachliche Steuerbefreiung nach § 8 b Abs. 1 und 2 KStG

Die Regelung des § 8 b Abs. 1 KStG enthält eine allgemeine Steuerbefreiung für bezogene Dividenden. Bezüge i. S. d. § 20 Abs. 1 Nr. 1 EStG, die eine Kapitalgesellschaft von einer anderen Kapitalgesellschaft erhält, bleiben bei der Ermittlung des Einkommens außer Ansatz. Die Steuerbefreiung ist weder an eine Mindestbesitzzeit noch an eine Mindestbeteiligung gebunden und gilt auch für ausländische Dividenden. Nach § 8 b Abs. 5 Satz 1 KStG werden pauschal 5 % der Einnahmen als nicht abziehbare Betriebsausgaben fingiert, d. h. im Ergebnis unterliegen nur 5 % der Dividenden der Körperschaftsteuer (Steuersatz: 15 %).

Aber:
Bei der Kapitalgesellschaft sind etwaige **Finanzierungskosten in voller Höhe (d. h. zu 100 %)** als Betriebsausgaben abziehbar (§ 8 b Abs. 5 Satz 2 KStG).

Auch Gewinne aus der Veräußerung eines Anteils an einer anderen in- oder ausländischen Körperschaft bleiben nach § 8 b Abs. 2 und 3 Satz 1 KStG im Ergebnis zu 95 % außer Ansatz. Es ist kein Mindestumfang der Anteile und keine Mindesthaltedauer erforderlich.

Steuerbefreiung nach § 8 b Abs. 1 und 2 KStG

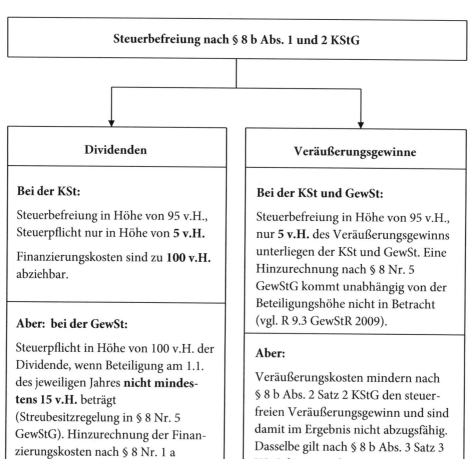

3.4.6.3 Ausnahme von der Steuerbefreiung nach § 8 b KStG für sog. „Finanzunternehmen"

§ 8 b Abs. 7 KStG enthält eine **Ausnahmeregelung zu den Steuerbefreiungsvorschriften des § 8 b Abs. 1 und 2 KStG**, aber auch zu den **Abzugsverboten in § 8 b Abs. 3 und 5 KStG**. Der Ausnahmetatbestand greift allerdings nur für Anteile ein, „die mit dem Ziel der **kurzfristigen Erzielung eines Eigenhandelserfolgs** erworben wurden", **also nicht für alle Anteile!**

Nach Auffassung der Finanzverwaltung im **BMF-Schreiben vom 25.7.2002 (BStBl I S. 712)** sind als Finanzunternehmen i. S. d. § 8 b Abs. 7 Satz 2 KStG regelmäßig anzusehen: Holding-, Factoring-, Leasing-, Anlageberatungs- und bestimmte Unternehmensberatungsunternehmen sowie grundsätzlich auch vermögensverwaltende Kapitalgesellschaften.

Vom **BFH** wurde diese Verwaltungsansicht im **Urteil vom 14.1.2009, AZ.: I R 36/08, BStBl II S. 671**, ausdrücklich bestätigt. Nach Auffassung des BFH gehören auch Holding- und Beteiligungsgesellschaften zu den Finanzunternehmen i. S. d. § 8 b Abs. 7 Satz 2 KStG. Von der Finanzverwaltung wird mittlerweile im Rahmen von Betriebsprüfungen die Finanzunternehmenseigenschaft sorgfältig geprüft und im Falle der Bejahung eines kurzfristigen Eigenhandelserfolgs auch die Steuerbefreiung nach § 8 b KStG versagt.

Hierbei ist zu berücksichtigen, dass die Interessenlage der Steuerpflichtigen hinsichtlich der Anwendbarkeit von § 8 b Abs. 7 KStG höchst unterschiedlich ist:

- Sofern **Dividendenerträge und/oder Veräußerungsgewinne** angefallen sind, soll § 8 b Abs. 7 KStG möglichst **nicht** zur Anwendung kommen, da ansonsten **keine Steuerbefreiung** gewährt wird.
- Demgegenüber ist die Anwendung von § 8 b Abs. 7 KStG gewünscht, wenn **Veräußerungsverluste und/oder Teilwertabschreibungen** auf die Beteiligungen bzw. auf gewährte Darlehen angefallen sind bzw. vorzunehmen waren. Durch den Ausschluss von § 8 b Abs. 3 KStG wäre dieser Aufwand nämlich dann **abzugsfähig**.

Ein **kurzfristiger Eigenhandel** i. S. d. § 8 b Abs. 7 Satz 2 KStG ist nach der Verwaltungsauffassung im BMF-Schreiben vom 25.7.2002, a. a. O., dann anzunehmen, wenn die Beteiligungen dem **Umlaufvermögen** zuzuordnen sind. Der BFH bestätigt im o. g. Urteil vom 14.1.2009, dass es insoweit eine zwingende Bindung an die kreditwesenrechtlichen Vorgaben des KWG nicht gibt. Bei den Anteilen kann es sich sowohl um **Aktien** als auch um **GmbH-Anteile** handeln. Ein Handeln im Rahmen eines organisierten, staatlich geregelten und überwachten Marktes ist nicht erforderlich. Die Absicht, einen kurzfristigen Eigenhandelserfolg zu erzielen, wird (nur) auf den **Zeitpunkt des Anteilserwerbs** bezogen. An seine Zuordnung ist das Unternehmen somit gebunden. Eine spätere Umwidmung bei der Zuordnung wird von der Finanzverwaltung i. d. R. abgelehnt.

Praxishinweis:
Unterhält eine Kapitalgesellschaft **keinen „aktiven" Gewerbebetrieb** (z. B. eine vermögensverwaltende GmbH), so dass eine Einstufung als „Finanzunternehmen" i. S. d. § 8 b Abs. 7 Satz 2 KStG droht, sind Beteiligungen stets dem **Anlagevermögen** zuzuordnen.

Dies erfordert m. E. eine **Haltedauer von mindestens 6 Monaten**. Erfolgte fälschlicherweise zunächst eine Zuordnung im Umlaufvermögen, obwohl die Beteiligung längerfristig gehalten wird, kommt m. E. eine **Umwidmung** in das Anlagevermögen in Betracht.

Beispiel 6:

Eine vermögensverwaltende GmbH, die keinen „aktiven" Gewerbebetrieb unterhält, erzielt im Veranlagungszeitraum 2012 aus Dividendenerträgen sowie aus der Veräußerung von GmbH-Anteilen und Aktien folgende Gewinne:

- Aus Streubesitzbeteiligungen, die im **Umlaufvermögen** bilanziert sind = 400.000 €.

Rechtsfolgen:

Der Gewinn hieraus unterliegt **in voller Höhe** der KSt und GewSt, die Steuerbefreiung kommt nach § 8 b Abs. 7 Satz 2 KStG **nicht zur Anwendung**.

- Aus Streubesitzbeteiligungen, die zum **Anlagevermögen** gehören, = 200.000 €.

Rechtsfolgen:

Der Gewinn ist nur in Höhe von 10.000 € körperschaftsteuerpflichtig (**5 %** von 200.000 €). Gewerbesteuerlich kommt jedoch für etwaige Dividendenerträge eine Hinzurechnung nach **§ 8 Nr. 5 GewStG** in Betracht.

Finanzunternehmen i. S. d. § 8 b Abs. 7 Satz 2 KStG?

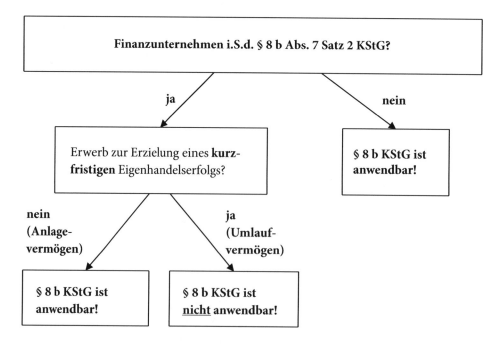

3.4.7 Due-Dilligence-Kosten als Nebenkosten beim Erwerb von Anteilen an Kapitalgesellschaften

Für die Frage, ob Beratungskosten im Zusammenhang mit dem Erwerb von Anteilen an Kapitalgesellschaften aktivierungspflichtige Anschaffungsnebenkosten i. S. d. § 255 Abs. 1 HGB oder sofort abziehbare Betriebsausgaben darstellen, ist nach Auffassung der Rechtsprechung (BFH-Urteil vom 27.3.2007, AZ.: VIII R 62/05, BStBl 2010 II S. 159; FG Köln, Urteil vom 6.10.2010 - AZ.: 13 K 4188/07, BB 2011 S. 174) darauf abzustellen, ob die **Aufwendungen vor oder nach Fassung des grundsätzlichen Erwerbsentschlusses angefallen** sind.

Aufwendungen zur Vorbereitung einer noch gänzlich unbestimmten, erst später vielleicht noch zu treffenden Erwerbsentscheidung sind somit **sofort** als **Betriebsausgaben** abzugsfähig; hierunter fallen insbesondere Aufwendungen für **Marktstudien** oder für die **Auffindung von Zielobjekten**.

Folgende Aufwendungen stellen dagegen **aktivierungspflichtige Anschaffungsnebenkosten** dar:

- **Due Diligence-Kosten**, d. h. Kosten für die Erstellung von Gutachten über rechtliche (auch steuerliche) und finanzielle Risiken bei der zu erwerbenden Kapitalgesellschaft; da derartige Gutachten regelmäßig sehr aufwendig und deshalb auch kostenintensiv sind, kann unterstellt werden, dass sie ohne grundsätzlichen Erwerbsentschluss nicht in Auftrag gegeben werden; zudem erfordern diese Gutachten auch eine weitgehende Einsichtnahme in Interna des Zielunternehmens, welche dieses nicht gewähren würde, wenn nicht schon konkrete Verkaufsverhandlungen geführt würden.
Das FG Köln hat mit dem o. g. Urteil vom 6.10.2010, AZ.: 13 K 4188/07, a. a. O., die Verwaltungsauffassung bestätigt und insoweit die due-dilligence-Kosten ebenfalls als Anschaffungskosten angesehen.
- **Kosten der Vertragsvorbereitung, Vertragsbegleitung und Vertragsgestaltung;** derartige Aufwendungen betreffen die Frage, „wie" der geplante und gewollte Erwerb gestaltet wird und nicht, „ob" erworben werden soll.
- **Kosten für die Erstellung eines Finanzierungsplanes und eines Businessplanes** im Vorfeld eines Anteilserwerbs (BFH-Urteil vom 20.4.2004, AZ.: VIII R 4/02, BStBl II S. 597).

<u>Praxishinweis:</u>   Kein Abzugsverbot nach § 8 b Abs. 3 Satz 3 KStG bei fehlgeschlagenem Beteiligungserwerb

Fraglich ist, ob auch **Due-Diligence-Kosten** im Zusammenhang mit einem **fehlgeschlagenen Beteiligungserwerb** als Anschaffungskosten i. S. d. § 8 b Abs. 3 Satz 3 KStG zu behandeln sind. Von der Finanzverwaltung wurde dies bislang so gesehen.

<u>Aber:</u>
Die Vorinstanz, FG Baden-Württemberg, Urteil vom 24.10.2011, AZ.: 10 K 5175/09, hat eine gegenteilige Rechtsauffassung vertreten und den **Betriebsausgabenabzug** bejaht.
Auch nach dem BFH-Urteil vom 9.1.2013, AZ.: I R 72/11, BStBl II S. 343, unterfallen „vergebliche" Kosten für die sog. Due-Diligence-Prüfung aus Anlass des gescheiterten Erwerbs einer Kapitalbeteiligung <u>nicht</u> dem Abzugsverbot des § 8 b Abs. 3 KStG.

Ermittlung der verbleibenden Körperschaftsteuer (vgl. R 30 KStR) 4

Der Körperschaftsteuersatz beträgt **15 v. H.** des zu versteuernden Einkommens (z. v. E.). Zuzüglich der Gewerbesteuer i. H. v. ca. **14 v. H.** beläuft sich die Ertragsteuerbelastung von Kapitalgesellschaften auf insgesamt ca. **30 v. H.** (unter Berücksichtigung des Solidaritätszuschlags von 5,5 v. H.). Diese Steuerbelastung ist gegenüber der Einkommensteuerbelastung der Gesellschafter (Progressionsbelastung) eindeutig von Vorteil. **Aber:** dies gilt nur für von der Kapitalgesellschaft **thesaurierte Gewinne**. Denn im Falle einer Gewinnausschüttung ergibt sich eine zusätzliche Einkommensteuerbelastung i. H. v. **25 v. H. (§ 32d Abs. 1 EStG)**.

Die verbleibende KSt kann wie folgt ermittelt werden:

Zu versteuerndes Einkommen (auf volle € abgerundet)		.... €
Körperschaftsteuer (§ 23 Abs. 1 KStG)		
im VZ 2011: **15 v. H.** des zvE		.... €
im VZ 2012: **15 v. H.** des zvE		.... €
im VZ 2013: **15 v. H.** des zvE		.... €
anzurechnende ausländische Steuern nach § 26 Abs. 1 KStG	./.	.... €
= Tarifbelastung		.... €
<u>davon ab:</u> **KSt-Minderung (nur bis 31.12.2006)** nach § 37 Abs. 2, Abs. 2 a Nr. 2 und Abs. 4 Satz 4 KStG aufgrund von ordnungsgemäßen Gewinnausschüttungen	./.	.... €
<u>dazu:</u> **KSt-Erhöhung (nur bis 31.12.2006)** nach § 38 Abs. 2 KStG aufgrund der Verrechnung von Leistungen mit dem EK 02 (§ 38 Abs. 4 Satz 4 KStG)	+	.... €

<u>dazu:</u> Nachsteuer (nur bis 31.12.2006)	
KSt-Erhöhung nach § 37 Abs. 3 <u>Satz 1</u> KStG bei erhaltenen Bezügen, die nach § 8 b Abs. 1 KStG steuerfrei sind und die bei der leistenden Kapitalgesellschaft **bis 31.12.2006** zu einer **KSt-Minderung** nach § 37 Abs. 2 und Abs. 2 a Nr. 2 KStG geführt haben +	.... €
Festzusetzende KSt	.... €
Anzurechnende KapSt ./.	.... €
Verbleibende KSt	.... € ========

5 Leistungen aus dem steuerlichen Einlagekonto i. S. d. § 27 KStG

Leistungen aus dem steuerlichen Einlagenkonto i. S. § 27 KStG führen auf der Gesellschafterebene zu Einkünften aus Kapitalvermögen (**vgl. § 20 Abs. 1 Nr. 1 Satz 3 EStG**), da insoweit die Rückzahlung geleisteter Einlagen an den Gesellschafter erfolgt (sog. „**Einlagenrückgewähr**").

Aus „**Beratersicht**" ist es deshalb von großer Bedeutung, geleistete Einlagen später wieder „**steuerfrei**" zurückzahlen zu können.

5.1 Verwendung des steuerlichen Einlagekontos für Leistungen

5.1.1 Allgemeines

Offene und verdeckte Einlagen durch den GmbH-Gesellschafter (z. B. Ausgabeaufgeld, Nachschüsse, freiwillige Geldeinlage, Forderungsverzicht) sind bilanziell

- „**gewinnneutral über Kapitalrücklage**" (§ 272 Abs. 2 Nr. 1 oder 4 HGB) zu verbuchen

oder

- „**gewinnerhöhend über Ertrag**" zu erfassen (mit außerbilanzieller Abrechnung nach § 8 Abs. 3 Satz 3 KStG) und sind dann im „Jahresüberschuss / Gewinnrücklagen" ausgewiesen.

Unabhängig von der bilanziellen Behandlung erhöht sich das steuerliche Einlagekonto nach § 27 KStG. Beim steuerlichen Einlagekonto handelt es sich nicht um ein Buchführungskonto (**es wird also nicht „an Einlagekonto" gebucht!**), sondern um eine gesonderte Feststellung außerhalb der Bilanz. **Vgl. hierzu auch das BMF-Schreiben vom 4.6.2003 (BStBl I S. 366).** Darauf beziehen sich auch die nachfolgend zitierten Rz.

Nach Auffassung der Finanzverwaltung ist für die Frage, ob das Einlagekonto für Leistungen (insbesondere offene und verdeckte Gewinnausschüttungen sowie Vorabausschüttungen) verwendet wird, auf die **Bestände zum Ende des vorangegangenen Wirtschaftsjahres** abzustellen (vgl. Rz. 10 und 21). Leistungen der Kapitalgesellschaft mindern das steuerliche Einlagekonto nur, **soweit** die Summe der im Wirtschaftsjahr erbrachten **Leistungen** den auf den Schluss des **vorangegangenen Wirtschaftsjahrs** ermittelten **ausschüttbaren Gewinn übersteigen** (Einlagenrückgewähr nach § 27 Abs. 1 Satz 3 KStG).

Praxishinweis:
Kein Direktzugriff auf das steuerliche Einlagekonto auch bei Auflösung und Rückzahlung einer Kapitalrücklage möglich

Nach dem **BFH-Urteil vom 8.6.2011, AZ.: I R 69/10, GmbHR 2011 S. 1108,** liegt im Falle der Auflösung und Rückgewähr einer Kapitalrücklage kein den gesellschaftsrechtlichen Vorschriften entsprechender Gewinnverteilungsbeschluss für ein abgelaufenes Wirtschaftsjahr vor. Die Regelungen des § 28 Abs. 3 i. V. m. § 30 Abs. 2 KStG a. F. können **nicht** dahingehend ausgelegt werden, dass bei Zahlungen an die Gesellschafter aus der Auflösung einer Kapitalrücklage gem. § 272 Abs. 2 Nr. 4 HGB abweichend von der gesetzlichen Reihenfolge ein **Direktzugriff auf das EK 04** möglich ist.

Das Urteil erging zwar zu einem Sachverhalt im früheren Anrechnungsverfahren. Die Aussagen des BFH zum – **nicht möglichen Direktzugriff auf das EK 04** – jetzt: das steuerliche Einlagekonto – gelten jedoch im Anwendungsbereich des § 27 Abs. 1 Satz 3 KStG entsprechend.

5.1.2 Differenzrechnung nach § 27 Abs. 1 Satz 3 KStG

Eigenkapital lt. Steuerbilanz zum 31.12.2012

./. Nennkapital
./. Steuerliches Einlagekonto zum 31.12.2012

= **Ausschüttbarer Gewinn zum 31.12.2012**
 (wenn negativ, Ansatz mit 0 €)

./. **Leistungen in 2013**

5.1 Verwendung des steuerlichen Einlagekontos für Leistungen

= Differenz

Differenz = positiv

↓

keine Verwendung des steuerlichen Einlagekontos

↓

Dividende
= KapSt
= **Abgeltungsteuer** nach § 32 d Abs. 1 EStG bzw. **Teileinkünfteverfahren** nach § 3 Nr. 40 Satz 1 Buchst. d EStG i. V. m. § 32 d Abs. 2 Nr. 3 EStG oder Steuerbefreiung nach § 8 b Abs. 1 und 5 KStG (95 v. H.)

Differenz = negativ

↓

insoweit <u>Verwendung</u> des steuerlichen Einlagekontos (= Einlagen rückgewähr)

↓

Keine Dividende
= keine KapSt
= erfolgsneutrale Verrechnung mit den AK (§ 20 Abs. 1 Nr. 1 <u>Satz 3</u> EStG),

sofern AK bzw. BW überschritten:
= Teileinkünfteverfahren (§ 3 Nr. 40 Satz 1 Buchst. c Satz 2 i. V. m. § 17 Abs. 4 EStG) bzw. Steuerbefreiung nach § 8 b Abs. 2 und 3 KStG (95 v. H.)

Beispiel 1: Differenzrechnung nach § 27 Abs. 1 Satz 3 KStG

Steuerbilanz GmbH zum 31.12.2012

Nennkapital	50.000 €
Rücklagen	
im Fall 1:	95.000 €
im Fall 2:	75.000 €
im Fall 3:	50.000 €

Das steuerliche Einlagekonto zum 31.12.2012 beträgt

im Fall 1:	20.000 €
im Fall 2:	20.000 €
im Fall 3:	60.000 €

Es erfolgt eine Gewinnausschüttung (= Leistung) an die Anteilseigner in 2013 in Höhe von 70.000 €. Die Anteile sind Privatvermögen und es liegen Beteiligungen i. S. d. § 17 EStG vor.

	Fall 1	Fall 2	Fall 3
EK lt. Steuerbilanz zum 31.12.2012	145.000 €	125.000 €	100.000 €
./. Nennkapital	./. 50.000 €	./. 50.000 €	./. 50.000 €
./. Einlagekonto	./. 20.000 €	./. 20.000 €	./. 60.000 €
= ausschüttbarer Gewinn zum 31.12.2012	75.000 €	55.000 €	./. 10.000 € Ansatz mit 0 €
./. GA in 2013 (Leistungen)	./. 70.000 €	./. 70.000 €	./. 70.000 €
= Differenz	+ 5.000 €	./. 15.000 €	./. 70.000 €
Steuerliche Folgen im VZ 2013:	**Keine Verwendung des Einlagekontos**, Einnahmen nach § 20 Abs. 1 Nr. 1 EStG und – im Optionsfall nach § 32 d Abs. 2 Nr. 3 EStG – Teileinkünfteverfahren nach § 3 Nr. 40 Satz 1 Buchst. d EStG (**42.000 € sind also steuerpflichtig, 60 v. H. von 70.000 €**).	**Einlagerückzahlung in Höhe von 15.000 €**, die mit den AK i. S. d. § 17 EStG zu verrechnen ist. Einnahmen nach § 20 EStG nur in Höhe von **55.000 €, steuerpflichtig sind im Optionsfall also 33.000 € (60 v. H. von 55.000 €)**.	Die Einlagerückzahlung kann nicht höher sein als der **Bestand des steuerlichen Einlagekontos zum 31.12.2012 in Höhe von 60.000 €.** Insoweit erfolgt eine Verrechnung mit den AK. Der **übersteigende Betrag von 10.000 €** unterliegt bei den AE im Optionsfall dem Teileinkünfteverfahren. **Steuerpflichtig sind also 6.000 €.**

Beispiel 2: Anteile im PV = Verringerung AK i. S. d. § 17 EStG

Der Gesellschafter erhält in 2013 eine Gewinnausschüttung in Höhe von 200.000 €, für die nach § 27 Abs. 1 Satz 3 KStG in voller Höhe das vorhandene steuerliche Einlagekonto verwendet wird. Die Steuerbescheinigung der leistenden GmbH (**vgl. BMF-Schreiben vom 18.12.2009, BStBl 2010 I S. 79, Muster II**) wird deshalb wie folgt ausgefüllt:

„Leistungen aus dem steuerlichen Einlagekonto (§ 27 KStG) = 200.000 €"

5.1 Verwendung des steuerlichen Einlagekontos für Leistungen

Die Anschaffungskosten des Gesellschafters für seine GmbH-Anteile i. S. d. § 17 EStG betragen insgesamt 300.000 €.

Lösung:

Im vorliegenden Fall verringern sich wegen § 20 Abs. 1 Nr. 1 **Satz 3** EStG im VZ 2013 lediglich die Anschaffungskosten des Gesellschafters i. S. d. § 17 EStG um 200.000 € auf 100.000 €. Kapitalertragsteuer ist nicht zu erheben. Unmittelbare steuerliche Auswirkungen ergeben sich dadurch bei ihm nicht.

Beispiel 3: Anteile im PV = Fall des § 17 Abs. 4 EStG

Der Gesellschafter erhält in 2013 eine Gewinnausschüttung aus dem steuerlichen Einlagekonto in Höhe von 400.000 €; die Anschaffungskosten auf seine GmbH-Anteile i. S. d. § 17 EStG betragen insgesamt 300.000 €.

Lösung:

Nach § 17 Abs. 4 Satz 1 EStG i. V. m. § 3 Nr. 40 Satz 1 Buchst. c Satz 2 EStG ist in diesem Fall im VZ 2013 das Teileinkünfteverfahren wie folgt anzuwenden:

Gewinnausschüttung in 2012 aus dem steuerlichen Einlagekonto i. S. d. § 27 KStG	400.000 €	
davon Ansatz mit 60 v. H.		**240.000 €**
Anschaffungskosten insgesamt	300.000 €	
davon nach § 3 c Abs. 2 EStG 60 v. H.		./. 180.000 €
Steuerpflichtiger Gewinn § 17 Abs. 4 EStG		60.000 €

Beispiel 4: Anteile im BV = Verringerung BW der Beteiligung

Gesellschafter M

Fall 1:   M = natürliche Person (Besitzunternehmen)
Fall 2:   M = M-GmbH

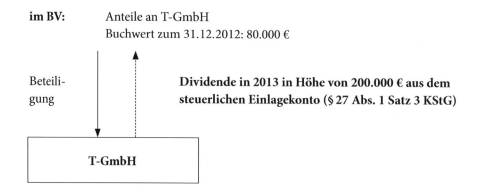

Der Gesellschafter M bucht in der Bilanz zum 31.12.2013 wie folgt:

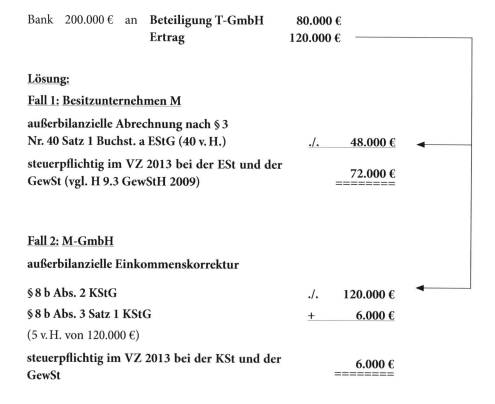

Praxishinweis: Feststellungsbescheid nach § 27 KStG begründet Bindungswirkung für den Anteilseigner

Der BFH hat mit **Urteil vom 19.5.2010 (AZ.: I R 51/09, BFH/NV 2010 S. 1886, DStR 2010 S. 1833)** entschieden, dass der gegenüber der ausschüttenden Kapitalgesellschaft ergangene **Feststellungsbescheid** über den Bestand des steuerlichen Einlagekontos **auch für die Besteuerung des Gesellschafters bindend** ist.

Die gesonderte Feststellung des Bestands des steuerlichen Einlagekontos einer Kapitalgesellschaft entfaltet zwar grundsätzlich keine unmittelbare Bindungswirkung für die Anteilseigner i. S. d. § 182 AO, da Gegenstand der gesonderten Feststellung nur Besteuerungsgrundlagen der Kapitalgesellschaft sind und sich der Feststellungsbescheid auch nur gegen die Kapitalgesellschaft und nicht gegen deren Anteilseigner richtet.

Gleichwohl entfaltet der Feststellungsbescheid **gem. § 27 Abs. 2 KStG über § 20 Abs. 1 Nr. 1 Satz 3 EStG eine materiell-rechtliche Bindungswirkung** auch für die Anteilseigner. Denn nach dieser Vorschrift gehören Bezüge aus Anteilen an einer Körperschaft nicht zu den Einnahmen aus Kapitalvermögen, soweit für diese das steuerliche Einlagekonto i. S. d. § 27 KStG als verwendet gilt.

Tatbestandsmerkmale des § 20 Abs. 1 Nr. 1 Satz 3 EStG sind damit die im Bescheid nach § 27 Abs. 2 KStG ausgewiesenen Bestände. Gilt danach das steuerliche Einlagekonto für die Leistung der Körperschaft als verwendet, ist diese Verwendungsfiktion auch auf der Ebene der Gesellschafter zu beachten.

Ein Gesellschafter kann sich deshalb nicht mit Erfolg darauf berufen, das steuerliche Einlagekonto sei im Bescheid über die Feststellung des steuerlichen Einlagekontos unzutreffend ausgewiesen.

5.2 Ermittlung des steuerlichen Einlagekontos (§ 27 Abs. 2 KStG)

Aus „Beratersicht" ist es von großer Bedeutung, dass geleistete Einlagen als Zugang beim steuerlichen Einlagekonto i. S. § 27 KStG erklärt und vom Finanzamt entsprechend erfasst werden. Sofern dies versehentlich unterlassen wurde, kommt eine spätere Änderung des Feststellungsbescheids m. E. nur unter den Voraussetzungen des **§ 129 AO (= offenbare Unrichtigkeit)** in Betracht. Dies setzt jedoch eine Verbuchung geleisteter Einlagen auf dem Konto „**Kapitalrücklagen**" voraus.

Ermittlungsschema für das steuerliche Einlagekonto:

Endbestand Ende des vorherigen Wirtschaftsjahres (Anfangsbestand)

- ./. Abgänge im laufenden Wirtschaftsjahr (= **Leistungen**, die mit dem steuerlichen Einlagekonto zu verrechnen sind; § 27 Abs. 1 Satz 3 KStG)

- \+ Zugang bei **Herabsetzung des Nennkapitals** (außerhalb einer Umwandlung) bzw. bei Auflösung der Körperschaft (§ 28 Abs. 2 Satz 1 KStG)

- ./. Abgang bei **Rückzahlung von Nennkapital** (§ 28 Abs. 2 Satz 3 KStG)

- \+ Zugänge im laufenden Wirtschaftsjahr (= nicht in das Nennkapital geleistete **offene und verdeckte Einlagen**; § 27 Abs. 1 Satz 1 KStG)

+ / ./. Zugang / Abgang aus organschaftlichen **Minder- und Mehrabführungen** nach § 27 Abs. 6 KStG

./. Verringerung aufgrund **Kapitalerhöhung aus Gesellschaftsmitteln** (durch Umwandlung von Rücklagen, § 28 Abs. 1 KStG)

./. Abgang aufgrund **Verminderung Sonderausweis** und steuerliches Einlagekonto nach § 28 Abs. 3 KStG

= **Endbestand des steuerlichen Einlagekontos zum Schluss des Wirtschaftsjahres**

5.3 Direktzugriff auf das steuerliche Einlagekonto in Sonderfällen

5.3.1 Kein Direktzugriff bei offener oder verdeckter Gewinnausschüttung

Fall	Direktzugriff möglich?
Offene oder verdeckte Gewinnausschüttung (§ 27 Abs. 1 Satz 3 KStG)	Zugriff auf das steuerliche Einlagekonto nur, wenn und soweit am Ende des Vorjahres kein ausschüttbarer Gewinn vorhanden war (**kein Direktzugriff**); das steuerliche Einlagekonto kann durch Ausschüttungen nach § 27 Abs. 1 **Satz 4 KStG nicht negativ** werden. Eine „**Durchbrechung**" der Reihenfolge setzt also voraus, dass die offene Gewinnausschüttung im „**richtigen" Jahr** erfolgen muss. Vgl. hierzu Beispiel 5.
Rückzahlung von Nachschüssen i. S. d. § 26 GmbHG	Zugriff auf das steuerliche Einlagekonto nur, wenn und soweit am Ende des Vorjahres kein ausschüttbarer Gewinn vorhanden war (**kein Direktzugriff**); das steuerliche Einlagekonto kann **nicht negativ** werden. Rz. 29 ist insoweit überholt.
Forderungsverzicht gegen Besserungsschein (soweit der Anspruch bei Verzicht werthaltig war) und die Verbindlichkeit später wieder auflebt (**Eintritt des Besserungsfalles**)	**Direktzugriff** auf das steuerliche Einlagekonto, da die Wiedereinbuchung der Verbindlichkeit keine Leistung i. S. d. § 27 Abs. 1 Satz 3 KStG darstellt; das steuerliche Einlagekonto kann dadurch **auch negativ** werden (vgl. Rz. 29).
Rückzahlung von Nennkapital nach Kapitalherabsetzung (**ordentliche Kapitalherabsetzung**)	**Direktzugriff** auf das steuerliche Einlagekonto, soweit ein etwaiger Sonderausweis überschritten wird (§ 28 Abs. 2 Satz 3 KStG, Rz. 40). Das steuerliche Einlagekonto kann dadurch **nicht negativ** werden; für ggf. übersteigenden Betrag gilt Ausschüttungsfiktion nach § 28 Abs. 2 Satz 4 KStG. **Zum Direktzugriff auf das steuerliche Einlagekonto bei Kapitalerhöhung aus Gesellschaftsmitteln mit anschließender Kapitalherabsetzung, vgl. Beispiel 6.**

5.3 Direktzugriff auf das steuerliche Einlagekonto in Sonderfällen

Organschaftliche Mehrabführungen	**Direktzugriff** auf das steuerliche Einlagekonto (§ 27 **Abs. 6 KStG**); das steuerliche Einlagekonto kann dadurch **auch negativ** werden (vgl. Rz. 28).
Verwendungsfestschreibung (§ 27 Abs. 5 KStG)	**Keine Verwendungsfestschreibung** bei **zu hoch** bescheinigter Verwendung des steuerlichen Einlagekontos (**§ 27 Abs. 5 Satz 4 KStG**); damit kann sich auch **kein Negativbetrag** ergeben.

<u>Vergleich:</u> Einlagenrückgewähr

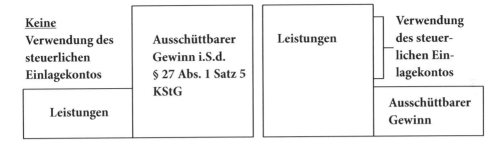

Beispiel 5: Gewinnausschüttung im "richtigen" Jahr

- Bilanzgewinn, Gewinnrücklagen zum 31.12.2011
  (= **ausschüttbarer Gewinn zum 31.12.2011**):   0 €
- **Steuerliches Einlagekonto zum 31.12.2011:**   500.000 € (Kapitalrücklage)
- AK des Gesellschafters i. S. d. § 17 EStG: 525.000 €
- **Jahresüberschuss 2012**
  (= ausschüttbarer Gewinn zum 31.12.2012):   500.000 €

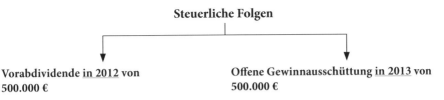

Vorabdividende <u>in 2012</u> von 500.000 €

Keine steuerpflichtige Dividende, sondern **steuerfreier Zufluss** beim AE, da ausschüttbarer Gewinn zum 31.12.2011 0 € beträgt und deshalb **Verwendung des steuerlichen Einlagekontos zum 31.12.2011** erfolgt.

Verringerung AK i. S. d. § 17 EStG um 500.000 €.

Offene Gewinnausschüttung <u>in 2013</u> von 500.000 €

Dividende unterliegt Sondersteuersatz von 25 v. H. = 125.000 € (§ 32 d Abs. 1 EStG), sofern nicht nach § 32 d Abs. 2 Nr. 3 EStG zum Teileinkünfteverfahren optiert wurde. Es erfolgt keine Verwendung des steuerlichen Einlagekontos (da ausschüttbarer Gewinn zum 31.12.2012 = 500.000 €).

5.3.2 Direktzugriff auf das steuerliche Einlagekonto bei Kapitalerhöhung aus Gesellschaftsmitteln / ordentliche Kapitalherabsetzung

5.3.2.1 Überblick: Kapitalerhöhung / Kapitalherabsetzung

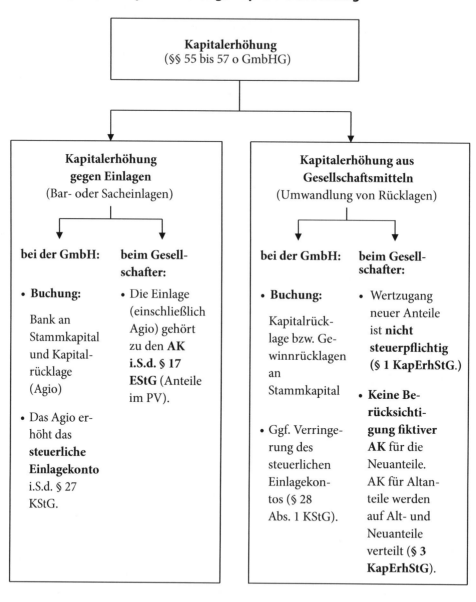

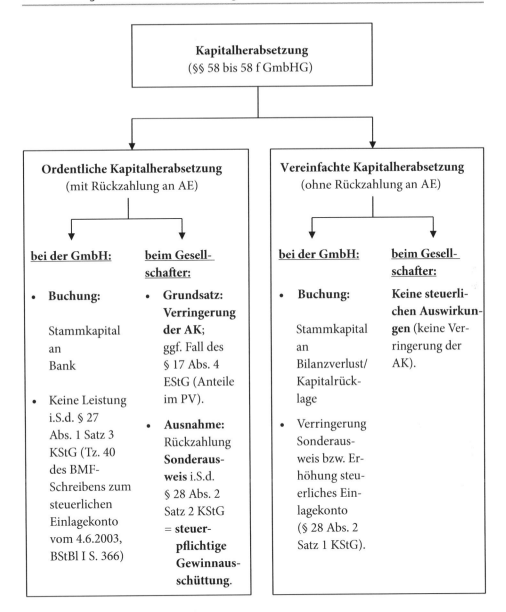

5.3.2.2 Kapitalerhöhung aus Gesellschaftsmitteln mit anschließender Kapitalherabsetzung

1. Schritt: Kapitalerhöhung aus Gesellschaftsmitteln (Umwandlung von Rücklagen in Höhe des steuerlichen Einlagekontos)

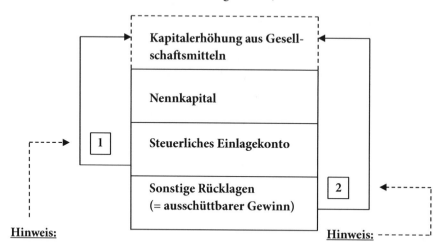

Hinweis:

Der in dem **steuerlichen Einlagekonto** ausgewiesene Betrag gilt nach **§ 28 Abs. 1 Sätze 1 und 2 KStG vorrangig** als für die Kapitalerhöhung verwendet (vgl. Rz. 35)

Hinweis:

Nur der übersteigende Betrag ist **nach § 28 Abs. 1 Satz 3 KStG** in einem **Sonderausweis** festzustellen (vgl. Rz. 36)

2. Schritt: Ordentliche Kapitalherabsetzung mit Auszahlung an den AE

Kein Sonderausweis vorhanden

Sonderausweis vorhanden

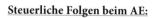

Steuerliche Folgen beim AE:

Nach **§ 28 Abs. 2 Satz 3 KStG** führt die Rückzahlung, soweit **kein Sonderausweis** entstanden ist, beim AE nicht zu Bezügen i. S. d. § 20 Abs. 1 Nr. 2 EStG. Nur **Verringerung seiner AK i. S. d. § 17 EStG**, soweit die Rückzahlung vom positiven Bestand des steuerlichen Einlagekontos abgezogen wird.

Steuerliche Folgen beim AE:

Nach **§ 28 Abs. 2 Sätze 1 und 2 KStG** gilt für die Kapitalherabsetzung **vorrangig ein Sonderausweis** als verwendet. Die Rückzahlung führt beim AE zu **steuerpflichtigen Kapitaleinnahmen nach § 20 Abs. 1 Nr. 2 EStG**; eine Minderung der AK für die Anteile tritt insoweit nicht ein.

Vgl. auch **Tz. 92** des BMF-Schreibens zur Abgeltungsteuer vom 22.12.2009 (BStBl 2010 I S. 94).

5.3 Direktzugriff auf das steuerliche Einlagekonto in Sonderfällen

Beispiel 6: zur "Aushebelung" der Differenzrechnung nach § 27 Abs. 1 Satz 3 KStG und zur steuerfreien "Ausschüttung" des steuerlichen Einlagekontos

Stammkapital	200.000 €
Ausschüttbarer Gewinn zum 31.12.2011	**1.000.000 €**
Steuerliches Einlagekonto zum 31.12.2011 (vor Kapitalerhöhung)	**1.000.000 €**
AK des AE für seine GmbH-Anteile i. S. d. § 17 EStG	1.200.000 €

Im Mai 2011 erfolgt eine **Kapitalerhöhung aus Gesellschaftsmitteln in Höhe von 1.000.000 € (= Bestand des steuerlichen Einlagekontos zum 31.12.2011)**. Bilanzmäßig liegt ein Passivtausch vor (Rücklagen an Stammkapital). Im Juni 2012 wird nach Ablauf des Sperrjahres (§ 58 GmbHG) eine **ordentliche Kapitalherabsetzung in dieser Höhe (1.000.000 €) und Auszahlung an den Anteilseigner** vorgenommen (Buchung: Stammkapital 1 Mio € an Bank 1 Mio €).

Steuerliche Folgen:

Für die Kapitalerhöhung aus Gesellschaftsmitteln in Höhe von 1.000.000 € in 2011 gilt nach **§ 28 Abs. 1 Sätze 1 und 2 KStG das steuerliche Einlagekonto zum 31.12.2011 vorrangig** als verwendet (**hier also 1.000.000 €**). Das steuerliche Einlagekonto verringert sich dadurch zum 31.12.2011 auf 0 €.

Ein **Sonderausweis nach § 28 Abs. 1 Satz 3 KStG** entsteht durch die Kapitalerhöhung **nicht**.

Kapitalerhöhung aus Gesellschaftsmitteln in 2011	1.000.000 €
steuerliches Einlagekonto zum 31.12.2011	./. 1.000.000 €
Differenz = Sonderausweis	**0 €**

Entwicklung des steuerlichen Einlagekontos:

31.12.2011 (vor Kapitalerhöhung)	1.000.000 €
Kapitalerhöhung (§ 28 Abs. 1 Sätze 1 und 2 KStG)	./. 1.000.000 €
31.12.2011	0 €
Zugang aufgrund Kapitalherabsetzung in 2012 (§ 28 Abs. 2 Satz 1, 2. HS KStG)	+ 1.000.000 €

Rückzahlung des Nennkapitals an den AE in 2012
(§ 28 Abs. 2 Satz 3 KStG) ./.   1.000.000 €
Bestand zum 31.12.2012 0 €

Die Kapitalrückzahlung in 2012 führt beim AE **nicht zu steuerpflichtigen Bezügen i. S. d. § 20 Abs. 1 Nr. 2 EStG**, da im Beispielsfall ein **Sonderausweis nach § 28 Abs. 1 Satz 3 KStG** nicht entstanden ist. Der Abzug vom steuerlichen Einlagekonto nach § 28 Abs. 2 Satz 3 KStG **verringert lediglich die AK des AE i. S. d. § 17 EStG um 1.000.000 €**. Ein Fall des § 17 Abs. 4 EStG liegt insoweit nicht vor. Die Rest-AK des AE betragen 200.000 € (1.200.000 € ./. 1.000.000 €).

5.3.3 Verringerung des Sonderausweises nach § 28 Abs. 3 KStG

5.3.3.1 Umgliederung

Nach § 28 Abs. 3 KStG vermindert sich ein Sonderausweis zum Schluss des Wj. um den positiven Bestand des steuerlichen Einlagekontos zu diesem Stichtag; der Bestand des steuerlichen Einlagekontos mindert sich entsprechend (**vgl. Tz. 44 des BMF-Schreibens vom 4.6.2003, a. a. O.**).

Diese Bestimmung soll verhindern, dass auf einen Feststellungsstichtag nebeneinander ein Sonderausweis und ein positives Einlagekonto bestehen. Das Gesetz versucht dadurch, den Sonderausweis, der das KSt-Recht kompliziert, möglichst zu vermeiden.

Sofern im Zeitpunkt der Kapitalerhöhung zunächst ein **Sonderausweis** zu bilden war, weil das steuerliche Einlagekonto nicht zur Finanzierung der Nennkapital-Erhöhung ausreichte, ist dieser Sonderausweis **zu späteren Feststellungszeitpunkten wieder zu verringern**, soweit sich spätere Erhöhungen bei dem steuerlichen Einlagekonto ergeben haben.

5.3 Direktzugriff auf das steuerliche Einlagekonto in Sonderfällen

Beispiel 7: Umgliederung nach § 28 Abs. 3 KStG

	Sonstige Rücklagen (nicht gesondert festgehalten) €	Steuerliches Einlagekonto (gesondert festgestellt) €	Nennkapital €	Sonderausweis gem. § 28 Abs. 1 Satz 3 KStG (gesondert festgestellt) €
Bestände zum 31.12.2010	100.000	40.000	300.000	0
1. Schritt:				
Kapitalerhöhung aus Gesellschaftsmitteln in 2011	./. 30.000	./. 40.000	+ 70.000	+ 30.000
Bestände zum 31.12.2011	70.000	0	370.000	30.000
2. Schritt:				
Zugänge zum Einlagekonto im VZ 2012 (z. B. werthaltiger Forderungszicht des Gesellschafters, Buchung: s. Verbindlichkeiten an Ertrag 20.000 €)	+ 20.000	+ 20.000		
Zwischensumme	90.000	20.000	370.000	30.000
Umgliederung gem. § 28 Abs. 3 KStG		./. 20.000		./. 20.000
Bestände zum 31.12.2012	90.000	0	370.000	10.000

5.3.3.2 Zeitliche Reihenfolge

Sofern in einem Wirtschaftsjahr bei bestehendem Sonderausweis eine **Nennkapitalherabsetzung mit Rückzahlung und** eine nicht auf das Nennkapital geleistete **Einlage** der Gesellschafter **zusammentreffen**, dann ist **zuerst die Kapitalherabsetzung abzuwickeln, denn § 28 Abs. 2 Satz 1 KStG bezieht sich auf den Schluss des vorangegangenen Wirtschaftsjahres**.

Die Verringerung des Sonderausweises und des steuerlichen Einlagekontos durch die „Umgliederung" der Einlage ist ein später liegender Rechenvorgang. § 28 Abs. 3 KStG bezieht sich nämlich auf den Sonderausweis zum Schluss des Wirtschaftsjahres der Einlage.

Beispiel 8: Kapitalherabsetzung und Umgliederung Sonderausweis nach § 28 Abs. 3 KStG

	Steuerliches Einlagekonto €	Nennkapital €	Sonderausweis gem. § 28 Abs. 1 Satz 3 KStG €
Bestände zum 31.12.2012	0	250.000	80.000
1. Schritt: (§ 28 Abs. 2 Satz 1 KStG)			
→ Kapitalherabsetzung und Rückzahlung an die AE in 2013 (führt beim AE zu Bezügen i. S. d. § 20 Abs. 1 Nr. 2 EStG)		./. 50.000	./. 50.000
Zwischenstand	0	200.000	30.000
→ Einlagen des AE in 2013	+ 100.000		
2. Schritt: (Tz. 44 BMF-Schr. vom 4.6.2003)			
→ Umgliederung gem. § 28 Abs. 3 KStG	./. 30.000		./. 30.000
Bestände zum 31.12.2013	70.000	200.000	0

5.4 Bescheinigung

Werden Leistungen aus dem steuerlichen Einlagekonto erbracht, ist die Körperschaft nach **§ 27 Abs. 3 KStG** verpflichtet, ihren Anteilseignern die folgenden **Angaben** nach amtlich vorgeschriebenem Muster zu bescheinigen (vgl. BMF-Schreiben vom 20.2.2001, BStBl I S. 235; Bezeichnung „VE 8 Halbeinkünfteverfahren"):

- den Namen und die Anschrift des Anteilseigners,
- die Höhe der Leistungen, soweit das steuerliche Einlagekonto gemindert wurde,
- den Zahlungstag.

5.4 Bescheinigung

Erfolgt die Ausschüttung über ein **Kreditinstitut** (vor allem bei Publikum-AGs), ist dieses zur Ausstellung der Bescheinigung verpflichtet (§ 27 Abs. 4 KStG). Dabei muss auf der Bescheinigung auch dargelegt werden, für welche Kapitalgesellschaft die Leistung erbracht wird.

<u>Praxishinweis:</u> Verwendungsfestschreibung nach § 27 Abs. 5 KStG

Die Verwendung des Einlagekontos wurde zu niedrig bescheinigt	Die Verwendung des Einlagekontos wurde zu hoch bescheinigt
Mögliche Ursachen: • Die KapGes ging bei Ausschüttung von einem zu hohen ausschüttbaren Gewinn aus (z. B. Reduzierung der bilanziellen Rücklagen durch Bp). • Die KapGes ging davon aus, dass kein Bestand im Einlagekonto vorhanden sei (z. B. Erhöhung des Einlagekontos durch Bp). • Rechenfehler, Versehen usw.	Mögliche Ursachen: • Die KapGes ging bei Ausschüttung von einem zu niedrigen ausschüttbaren Gewinn aus (z. B. Erhöhung der bilanziellen Rücklagen durch Bp). • Die Körperschaft ging von einem zu hohen Bestand im Einlagekonto aus (z. B. Streichung von bisher erklärten Zugängen im Einlagekonto durch Bp oder Verwendung in Vorjahren durch von der Bp festgestellte vGA). • Rechenfehler, Versehen.
Rechtsfolgen: • **Verwendungsfestschreibung tritt ein** (die zu niedrig bescheinigte Verwendung bleibt also unverändert). • Dies gilt auch dann, wenn **bis zum Erlass des erstmaligen Feststellungsbescheids** überhaupt **keine Einlagerückgewähr bescheinigt** wurde; dann gilt der Betrag der Einlagerückgewähr nämlich mit **0 €** bescheinigt (§ 27 Abs. 5 **Satz 2** KStG). **Vgl. hierzu auch BFH-Urteil vom 10.6.2009 (BStBl II S. 974) sowie Verfügung OFD Münster vom 27.11.2009 (DB 2009 S. 2691).** • Eine **Berichtigung** oder erstmalige Erteilung von Steuerbescheinigungen ist in diesen Fällen nach § 27 Abs. 5 **Satz 3** KStG **nicht zulässig.**	Rechtsfolgen: • **Keine Verwendungsfestschreibung** (§ 27 Abs. 5 **Satz 4** KStG). • Die auf den überhöht ausgewiesenen Betrag der Einlagerückgewähr entfallende **KapSt** ist durch **Haftungsbescheid** geltend zu machen (Haftung ist unabhängig vom Verschulden). • Allerdings können die Steuerbescheinigungen **berichtigt** werden (§ 27 Abs. 5 **Satz 5** KStG). In diesem Fall hat der AE keine steuerfreien Einnahmen nach § 20 Abs. 1 Nr. 1 Satz 3 EStG (**keine Verringerung seiner AK**), sondern steuerpflichtige Kapitalerträge. • Wird ein Haftungsbescheid erlassen, muss die **gesonderte Feststellung des steuerlichen Einlagekontos** nach § 27 Abs. 5 **Satz 6 KStG** an die der KapSt-Haftung zugrunde gelegte Einlagerückgewähr **angepasst** werden. **D. h. in diesem Fall verringert sich das steuerliche Einlagekonto nicht.**

5.5 Steuerliche Behandlung der Leistungen beim Anteilseigner

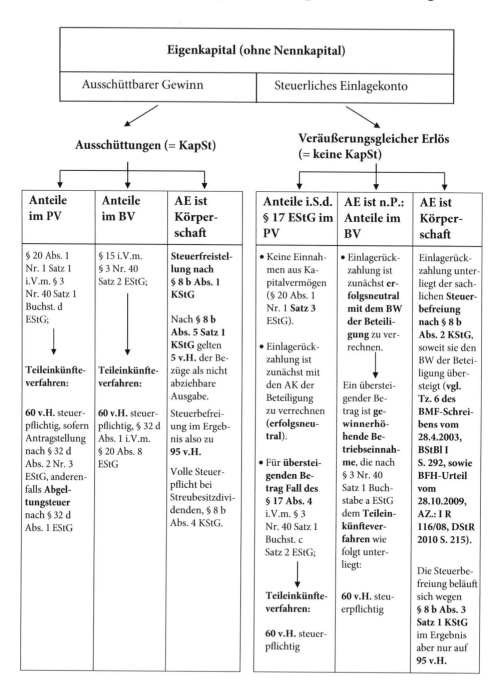

Praxishinweise:
Für Einlagerückzahlungen einer **ausländischen** Körperschaft war bis einschließlich 2005 **§ 20 Abs. 1 Nr. 1 Satz 3 EStG nicht** anzuwenden, weil es bei einer ausländischen Körperschaft ein steuerliches Einlagekonto i. S. d. § 27 KStG bislang nicht gab.

Seit dem VZ 2006 gilt **§ 27 Abs. 8 KStG**. Danach wurde der Anwendungsbereich der Regelungen zum steuerlichen Einlagekonto, der bisher nur unbeschränkt steuerpflichtige Körperschaften umfasste, **auf in einem anderen Mitgliedsstaat der EU unbeschränkt steuerpflichtige Körperschaften (insbesondere Kapitalgesellschaften)** ausgedehnt. Von Bedeutung ist die Regelung für in Deutschland veranlagte AE, die die **Steuerfreiheit der Einlagenrückgewähr nach § 20 Abs. 1 Nr. 1 Satz 3 EStG** in Anspruch nehmen möchten. Die Umsetzung dieser Regelung (Nachweis der Einlagen und des ausschüttbaren Gewinns) wird aber in der Praxis große Schwierigkeiten bereiten.

Für **Drittstaatensachverhalte** (z. B. Kapitalgesellschaften mit Sitz in USA oder der Schweiz) gilt § 27 Abs. 8 KStG aber **nicht**, d. h. auch eine Einlagenrückgewähr wird bei inländischen AE weiterhin als **Dividende** behandelt.

Vgl. auch Dötsch/Pung, SEStEG: Die Änderungen des KStG, DB 2006 S. 2648.

Leistungen aus dem steuerlichen Einlagekonto fallen beim Gesellschafter (Anteile im Betriebsvermögen) **nicht unter die Kürzung nach § 9 Nr. 2 a GewStG (vgl. H 9.3, Ausschüttungen, für die Beträge des steuerlichen Einlagekontos als verwendet gelten, GewStH 2009**). Vgl. auch BFH-Urteile vom 15.9.2004, BStBl 2005 II S. 297, und vom 28.10.2009, AZ.: I R 116/08, DStR 2010 S. 215).

5.6 Einlageforderung an den Gesellschafter

Offene und verdeckte Einlagen erhöhen das steuerliche Einlagekonto zum Schluss des Wirtschaftsjahres, in dem die Einlage getätigt wurde. **Dabei kommt es auf den tatsächlichen Zufluss bei der Kapitalgesellschaft an.**

Eine bloße **Einlageforderung** erhöht zwar das bilanzielle Eigenkapital und damit den ausschüttbaren Gewinn, **nicht jedoch das steuerliche Einlagekonto** (vgl. Tz. 26 des BMF-Schreibens vom 4.6.2003, a. a. O., sowie das BFH-Urteil vom 31.3.2004, GmbHR 2004 S. 1162).

Aber:
- Im Laufe des Wirtschaftsjahrs erbrachte Einlagen stehen für eine Verrechnung mit Leistungen des gleichen Wirtschaftsjahres noch nicht zur Verfügung, da es für die Verrechnung immer auf den vorangegangenen Bilanzstichtag ankommt.
- Die Zugänge auf dem steuerlichen Einlagekonto werden **nicht gesellschafterbezogen** erfasst. Es ist also durchaus denkbar, dass die Einlagen nur von einem bestimmten Gesellschafter stammen, die Rückzahlung dieser Einlagen später jedoch **anteilig mehreren** Gesellschaftern zuzurechnen ist.

6 Verdeckte Gewinnausschüttungen (vGA)

Verdeckte Gewinnausschüttungen sind **„Ausschüttungen"** der Kapitalgesellschaft an den Gesellschafter, die in einem **„schuldrechtlichen Rechtskleid"** abgebildet sind (z. B. überhöhtes Geschäftsführergehalt). Dadurch soll auf der Gesellschaftsebene steuerwirksamer Aufwand und eine entsprechende Reduzierung der KSt- und GewSt-Belastung erreicht werden. Auf der Gesellschafterebene liegen regelmäßig Einkünfte i. S. d. § 2 Abs. 1 EStG vor (z. B. Arbeitslohn nach § 19 EStG). Für die Besteuerungspraxis sind folgende Fälle zu unterscheiden:

6.1 Formen der verdeckten Gewinnausschüttung i. S. d. § 8 Abs. 3 Satz 2 KStG

6.1.1 Verdeckte Gewinnausschüttung wegen Vorteilsgewährung

Tatbestandsmerkmale (R 36 Abs. 1 KStR):
- Vermögensminderung (überhöhte Aufwendungen) oder verhinderte Vermögensmehrung (Verzicht auf Erträge)
- durch Zuwendung eines Vorteils an den Gesellschafter entweder unmittelbar oder an eine ihm nahestehende Person
- Veranlassung durch das Gesellschaftsverhältnis; maßgebend ist der **Fremdvergleich**
- Auswirkung auf die Höhe des Einkommens

<u>Nicht erforderlich:</u>
Ein Vermögensabfluss bei der Gesellschaft und damit eine **unmittelbare Bereicherung** des Gesellschafters. Dies gilt z. B. für eine überhöhte Tantiemerückstellung zugunsten des Gesellschafter-Geschäftsführers. Allerdings setzt eine vGA voraus, dass die Unterschiedsbetragsminderung bei der Körperschaft **die Eignung hat, beim Gesellschafter einen sonsti-**

gen Bezug i. S. d. § 20 Abs. 1 Nr. 1 Satz 2 EStG auszulösen (vgl. BFH-Urteil vom 7.8.2002, BStBl 2004 II S. 131).

Folge:
Verdeckte Gewinnausschüttung in Höhe des gewährten Vorteils.
Eine verdeckte Gewinnausschüttung kommt z. B. in folgenden Fällen in Betracht:
- Ein Gesellschafter erhält für seine Geschäftsführertätigkeit ein unangemessen hohes Gehalt.
- Ein Gesellschafter erhält ein Darlehen von der Gesellschaft zinslos oder zinsverbilligt.
- **Aufwendungen der Kapitalgesellschaft für Reisen ihres Gesellschafter-Geschäftsführers sind vGA**, wenn die Reise durch **private Interessen** des Gesellschafters mitveranlasst ist. Dies ist dann anzunehmen, wenn bei einer entsprechenden Reise eines Einzelunternehmers oder eines Personengesellschafters das **Aufteilungs- und Abzugsverbot des § 12 Nr. 1 EStG** eingreifen würde (vgl. BFH-Urteil vom 6.4.2005, BStBl II S. 666).
- Eine GmbH gibt **aus Anlass des 50. Geburtstags ihres Gesellschafter-Geschäftsführers einen Empfang**, an dem überwiegend Arbeitnehmer der GmbH teilnehmen (vgl. BFH-Urteil vom 14.7.2004, AZ.: I R 57/03, BStBl 2011 II S. 285, sowie H 36, Einzelfälle, KStH 2008).

6.1.2 Verdeckte Gewinnausschüttung wegen Verletzung des Rückwirkungsverbotes

Tatbestandsmerkmale (R 36 Abs. 2 KStR):
- Entgelt für eine Leistung
- an den **beherrschenden Gesellschafter** (H 36, Beherrschender Gesellschafter, KStH 2008) oder eine diesem **nahestehende Person** (H 36, Nahestehende Person, KStH 2008)
- ohne eine im Voraus getroffene, zivilrechtlich wirksame, klare und eindeutige – ggf. mündliche – Vereinbarung

  oder

- es wird nicht einer im Voraus getroffenen, zivilrechtlich wirksamen, klaren und eindeutigen Vereinbarung entsprechend verfahren (**Verstoß gegen das Durchführungsgebot**)

Folge:
Verdeckte Gewinnausschüttung in Höhe des gesamten Entgelts.

Praxishinweis: Zum Erfordernis der zivilrechtlichen Wirksamkeit bei Vereinbarungen zwischen Kapitalgesellschaft und (beherrschendem) Gesellschafter gilt Folgendes:

Aus dem Gebot klarer und eindeutiger Vereinbarungen leitet die Rechtsprechung des BFH auch das Erfordernis der zivilrechtlichen Wirksamkeit ab. Leistungen, die eine Kapitalgesellschaft an ihren beherrschenden Gesellschafter (oder eine ihm nahestehende Person) aufgrund einer zivilrechtlich unwirksamen Vereinbarung bewirkt, sind daher vGA. Es bedarf daher insbesondere bei Dauerschuldverhältnissen (z. B. Anstellungsverträgen, Miet- und Pachtverträgen) der Prüfung der zivilrechtlichen Formerfordernisse. Zu beachten ist dabei u. a. auch die einschlägigen Bestimmungen des GmbHG. Die zivilrechtliche Wirksamkeit ist nach **H 36, Zivilrechtliche Wirksamkeit, KStH 2008,** steuerrechtlich neben dem Erfordernis einer klaren und im Voraus getroffenen Vereinbarung eine eigenständige Voraussetzung ihrer Anerkennung.

<u>Selbstkontrahierungsverbot</u>
Vereinbarungen zwischen dem Geschäftsführer und der von ihm vertretenen GmbH sind auch dann steuerlich unbeachtlich, wenn sie gegen das Selbstkontrahierungsverbot (§ 181 BGB) verstoßen. **Eine Befreiung von dieser Beschränkung ist nur wirksam, wenn sie in der Satzung (Gesellschaftsvertrag) geregelt und in das Handelsregister eingetragen worden ist.** Die einem Gesellschafter-Geschäftsführer einer mehrgliedrigen GmbH erteilte Befreiung von der Beschränkung des § 181 BGB bleibt auch wirksam, wenn sich die GmbH in eine Einmann-GmbH verwandelt.

Das Selbstkontrahierungsverbot gilt nicht nur bei der Einpersonen-GmbH (vgl. § 35 Abs. 4 Satz 1 GmbHG), sondern auch für den (Gesellschafter-) Geschäftsführer einer mehrgliedrigen GmbH.

Im BFH-Urteil vom 23.10.1996 (BStBl 1999 II S. 35) hat der BFH bestätigt, dass die Befreiung vom Selbstkontrahierungsverbot einer Regelung in der Satzung und der Eintragung im Handelsregister bedarf. Allerdings wird in dieser Entscheidung eine wirksame Befreiung auch dann bejaht, wenn diese nach Abschluss von In-sich-Geschäften in der Satzung geregelt und im Handelsregister eingetragen wird. Die In-sich-Geschäfte sind nach Auffassung des BFH dann als **nachträglich genehmigt** anzusehen. Das steuerrechtliche Rückwirkungsverbot steht dem nicht entgegen, vorausgesetzt, den In-Sich-Geschäften liegen klare und von vornherein abgeschlossene Vereinbarungen (z. B. Befreiung vom § 181 BGB im Anstellungsvertrag) zugrunde.

6.1.3 Praxishinweis: Prüfungsreihenfolge für vGA

Die vGA wegen Verletzung des Rückwirkungsverbots ist **vorrangig** zu prüfen, da in diesem Fall das gesamte Entgelt Gegenstand der vGA ist. Sofern keine vGA wegen Verletzung des Rückwirkungsverbotes vorliegt, muss zusätzlich untersucht werden, ob eine vGA wegen Vorteilsgewährung in Betracht kommt.

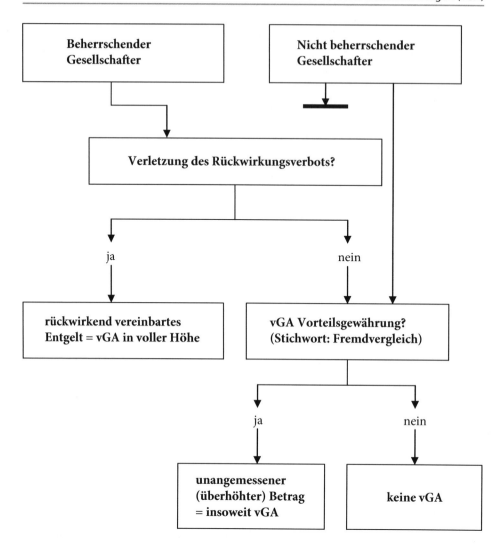

Beispiel 1: Zum Nachzahlungsverbot

Der beherrschende Gesellschafter verpachtet ein Grundstück an die GmbH. Der monatliche Pachtzins wurde mit Vereinbarung vom 2.1.2013 auf 4.000 € festgelegt. Die Pachtzahlungen erfolgten laufend.

Am 1.10.2013 vereinbarten die beteiligten Parteien eine Erhöhung des monatlichen Pachtzinses um 2.000 € auf 6.000 € rückwirkend ab 1.1.2013.

    a) **Der Pachtzins von 6.000 € kann als angemessen angesehen werden.**

        → vGA wegen Verletzung des Rückwirkungsverbots

            $9 \times 2.000\ € = $ 18.000 €

b) Der angemessene Pachtzins beträgt 5.000 €.

→ vGA wegen Verletzung des Rückwirkungsverbots

9 × 2.000 € =   18.000 €

und

→ vGA Vorteilsgewährung für 3 Monate

3 × 1.000 € =   3.000 €

vGA im VZ 2013 insgesamt 21.000 €

<u>Variante:</u> Nicht beherrschender Gesellschafter

Fall a): → keine vGA

Fall b): → vGA Vorteilsgewährung 12.000 € (12 × 1.000 €)

6.1.4 Steuerliche Beurteilung gemischter Aufwendungen; Auswirkungen des BFH-Beschlusses vom 21.9.2009 (BStBl 2010 II S. 672) und des BMF-Schreibens vom 6.7.2010 (BStBl I S. 614) bei der Körperschaftsteuer

Im Bereich der vGA gilt § 12 Nr. 1 Satz 2 EStG nicht unmittelbar. Allerdings hat der I. Senat des **BFH im Urteil vom 6.4.2005 (BStBl II S. 666)** unter Hinweis auf eine rechtsformneutrale Besteuerung entschieden, dass die für eine verdeckte Gewinnausschüttung ausreichende private Mitveranlassung durch das Gesellschaftsverhältnis regelmäßig gegeben ist, wenn bei vergleichbaren Aufwendungen eines sonstigen Unternehmers **§ 12 Nr. 1 Satz 2 EStG** eingreifen würde. In der Entscheidung hat der I. Senat erstmals ausdrücklich die Abgrenzungskriterien des § 12 Nr. 1 Satz 2 EStG auf die vGA übertragen.

Auch der VIII. Senat des BFH hat in **seinem Urteil vom 9.3.2010, AZ.: VIII R 32/07, DB 2010 S. 1266,** zur beruflichen Veranlassung von **Auslandsreisen** (Teilnahme an Auslandsreisen eines Ministerpräsidenten) zum Ausdruck gebracht, dass sich die private (gesellschaftsrechtliche) Veranlassung bei der Körperschaftsteuer grundsätzlich nach denselben Kriterien bestimmt, die für die Beurteilung bei Einzelunternehmen und Personengesellschaften entwickelt worden sind (RdNr. 12 der Entscheidung).

Es ergeben sich folgende Auswirkungen:

6.1.4.1 Aufwendungen, die durch die private Lebensführung des Gesellschafter-Geschäftsführers veranlasst sind (= vGA!)

Wenn ein <u>**privater Anlass**</u> des Gesellschafter-Geschäftsführers (insbesondere bei Feiern und Bewirtungen) auslösendes Moment für die Aufwendungen ist, reichen Bezüge zum Betrieb der Kapitalgesellschaft nicht für eine Aufteilung der Aufwendungen aus. **Es ist insgesamt von einer vGA auszugehen.** Dies entspricht auch den Grundsätzen des BMF-Schreibens vom 6.7.2010, a. a. O., **RdNr. 5ff.**

Repräsentationsaufwendungen, die für den Gesellschafter-Geschäftsführer durch die Gesellschaft übernommen werden, stellen vGA dar. Dies gilt auch dann, wenn zu einer Veranstaltung (**z. B. Geburtstagsfeier**) überwiegend Geschäftsfremde oder Arbeitnehmer der Gesellschaft eingeladen sind und der Gesellschafter-Geschäftsführer daneben privat eine eigene Feier veranstaltet. Die gesellschaftsrechtliche Veranlassung verdrängt die möglicherweise daneben bestehende Absicht, Imagepflege für die Kapitalgesellschaft zu betreiben. Entsprechendes gilt für vergleichbare Anlässe (**z. B. Trauerfeier**).

6.1.4.2 Nicht aufteilbare (abgrenzbare) gemischt veranlasste Aufwendungen (= vGA!)

Insgesamt von einer vGA ist außerdem auszugehen, wenn die Aufwendungen sowohl gesellschaftsrechtlich als auch betrieblich veranlasst sind und eine **Aufteilung (Abgrenzung) nicht möglich ist**. Die gesellschaftsrechtliche Mitveranlassung führt insgesamt zu einer Wertung als vGA.

Keine Betriebsausgaben stellen im Regelfall **Auslandsgruppenreisen zu Informationszwecken** dar, weil kein (abgrenzbarer) Zeitabschnitt nur betrieblichen Zwecken dient. Entsprechende Aufwendungen einer Kapitalgesellschaft für ihren Gesellschafter-Geschäftsführer führen zu **vGA**. Nach dem BFH-Beschluss vom 7.10.2008, AZ.: I B 37/07 (BFH/NV 2009 S. 216) liegen vGA vor, wenn die Reisezeit weder vollständig noch teilweise eindeutig den betrieblichen Interessen der Kapitalgesellschaft zugeordnet werden kann. Dies entspricht der Linie des BMF-Schreibens vom 6.7.2010, a. a. O., **RdNr. 17**.

Auch für andere nicht aufteilbare Aufwendungen sind insgesamt vGA anzunehmen. Für **Lösegeldzahlungen** hat dies der BFH in dem Beschluss vom 22.2.2001, AZ.: I B 132/00 (BFH/NV 2009 S. 216) bejaht, und zwar auch dann, wenn die Entführung auf einer **Dienstreise** stattgefunden hat. Nicht abziehbar ist z. B. auch ein **allgemeines Kommunikationsseminar** für den Gesellschafter-Geschäftsführer.

6.1.4.3 Aufteilbare (abgrenzbare) Aufwendungen, die teils gesellschaftsrechtlich und teils betrieblich veranlasst sind

Aufgrund der geänderten Rechtsprechung werden nach dem BMF-Schreiben vom 6.7.2010 (a. a. O.) aufteilbare Aufwendungen, die teilweise betrieblich und teilweise privat veranlasst sind, bei der Einkommensteuer nach Veranlassungsbeiträgen aufgeteilt (**RdNr. 10ff.**). Eine Aufteilung kann beispielsweise nach **Zeit-, Mengen- oder Flächenanteilen oder nach Köpfen** erfolgen.

Von der Finanzverwaltung wird nunmehr auch für den Bereich der Körperschaftsteuer eine Aufteilung zugelassen (**Änderung der Rechtslage**). Ein Widerspruch zu den allgemeinen vGA-Grundsätzen (Fremdvergleichsgrundsatz) ist darin nicht zu sehen. Abgrenzbar betrieblich veranlasste Aufwendungen stellen keine vGA dar, denn ein ordentlicher und gewissenhafter Geschäftsleiter würde sie übernehmen. Voraussetzung ist jedoch, dass ein objektiver Aufteilungsmaßstab gegeben ist. Es sind folgende Fälle zu unterscheiden:

> **Fall 1: Sind Aufwendungen betrieblich veranlasst und sind private Belange des Gesellschafters nur in untergeordnetem Maße berührt, unterbleibt eine Aufteilung. Die Aufwendungen sind insgesamt abziehbar. Eine teilweise vGA ist nicht anzunehmen.**
> → Die Kapitalgesellschaft feiert z. B. ein **Betriebsjubiläum**, an dem u. a. auch die **Gesellschafter und deren Familien bewirtet werden**. Die Veranlassung ist betrieblich, die Aufwendungen können in voller Höhe abgezogen werden.
> → **Beiträge einer Kapitalgesellschaft an einen Industrieverein** können ebenfalls in vollem Umfang als Betriebsausgaben abgezogen werden, auch wenn gelegentlich Veranstaltungen dem repräsentativen Bereich zuzuordnen sind (BFH-Urteil vom 16.12.1981, BStBl 1982 II S. 465).
> → **Bei Reisen des Gesellschafter-Geschäftsführers** gilt dies für die **Kosten der An- und Abreise, wenn der Reise ein unmittelbarer betrieblicher Anlass zugrunde liegt.** Dies ist z. B. dann der Fall, wenn die Kapitalgesellschaft als **Aussteller auf einer Messe** vertreten ist oder ein ortsgebundener Geschäftstermin wahrgenommen wird (vgl. auch BMF-Schreiben vom 6.7.2010, a. a. O., **RdNr. 12**). Die Verbindung mit einem dem geschäftlichen Anlass vorangehenden oder nachfolgenden **Privataufenthalt** ist regelmäßig **unschädlich**, da ein ordentlicher und gewissenhafter Geschäftsleiter die Kosten der An- und Abreise auch für einen fremden Arbeitnehmer übernehmen würde.

> **Fall 2: Im umgekehrten Fall (gesellschaftsrechtliche Veranlassung mit geringfügigen betrieblichen Bezügen) sind insgesamt vGA anzunehmen. Dies ist dann der Fall, wenn der Gesellschafter-Geschäftsführer auf einer privaten Urlaubsreise einen geschäftlichen Termin wahrnimmt. Die Aufwendungen – insbesondere Kosten der An- und Abreise zum Urlaubsort – stellen vGA dar. Eine Aufteilung ist nicht vorzunehmen.**
> → Nur für die **unmittelbar** mit dem geschäftlichen Termin zusammenhängenden Aufwendungen verbleibt es beim Abzug als Betriebsausgaben. Für den Bereich der Einkommensteuer sieht das BMF-Schreiben vom 6.7.2010, a. a. O., **RdNr. 11, Beispiel 1**, eine entsprechende Behandlung vor.

> **Fall 3: Sind Aufwendungen gemischt betrieblich und gesellschaftsrechtlich veranlasst, ist nach allgemeinen vGA-Grundsätzen zu prüfen, ob und in welcher Höhe die Aufwendungen durch einen**

ordentlichen und gewissenhaften Geschäftsleiter übernommen worden wären.

→ Besteht ein objektiver Aufteilungsmaßstab, stellen die betrieblich veranlassten Aufwendungen regelmäßig keine vGA dar. Dabei können die in **RdNr. 13 ff.** des BMF-Schreibens vom 6.7.2010 dargestellten Aufteilungskriterien entsprechend auch bei der Körperschaftsteuer herangezogen werden.

→ Bei sowohl **betrieblicher als auch privater Veranlassung einer Reise** stellen **abgrenzbar betrieblich veranlasste Aufwendungen** keine vGA dar (zur Aufteilung der Flug- und Übernachtungskosten nach dem Verhältnis der betrieblichen und privaten Zeitanteile der Reise, vgl. **Beispiel 3/RdNr. 15 des BMF-Schreibens vom 6.7.2010, a. a. O.**).

→ Bisher durch den BFH nicht entschieden worden ist, wie bei der Körperschaftsteuer in dem in **Beispiel 2/RdNr. 15** des BMF-Schreibens vom 6.7.2010 dargestellten Fall einer **Betriebsfeier (Firmeninhaber lädt in nicht untergeordnetem Umfang – im Beispiel 20 % – private Gäste ein)** zu verfahren ist. Sofern die private Mitveranlassung untergeordnet ist **(bei der Einkommensteuer wird dies bei einem Umfang von < 10 % angenommen)**, sind die Aufwendungen **in vollem Umfang als Betriebsausgaben** abziehbar. Übersteigen die gesellschaftsrechtlich veranlassten Aufwendungen diesen Betrag, liegen **anteilig vGA** an die Gesellschafter vor.

Vgl. hierzu auch Finanzministerium Schleswig-Holstein, Kurzinfo vom 1.11.2010, DStR 2011 S. 314.

Beispiel 2: Anteilige vGA im Zusammenhang mit Firmenjubiläum

Die Aufwendungen für eine Feier zum 30-jährigen Firmenjubiläum der X-GmbH im Mai 2013 betragen netto 8.000 €, auf Essen und Getränke entfallen 5.000 €. Der Gesamtbetrag in Höhe von 8.000 € netto wurde besonders aufgezeichnet und gewinnmindernd über Aufwand verbucht.

An der Feier im Mai 2013 nahmen insgesamt 120 Personen teil (60 Angestellte der X-GmbH, 30 Kunden und 30 private Gäste des alleinigen Gesellschafter-Geschäftsführers X.

Lösung:

Korrektur außerhalb der Bilanz:

→ vGA Vorteilsgewährung i. S. d. § 8 Abs. 3 Satz 2 KStG an X
(25 v. H. von 8.000 € = 2.000 € zuzüglich USt in Höhe von 380 €, 19 v. H. von 2.000 €)   + 2.380 €

→ Nicht abziehbare Betriebsausgabe nach § 4 Abs. 5 Nr. 2 EStG
(30 v. H. von 75 v. H. von 5.000 €)   + 1.125 €

Korrektur innerhalb der Bilanz:

→ USt-Aufwand wegen vGA (19 v. H. von 2.000 €)   ./. 380 €

Die Grundsätze des **BMF-Schreibens vom 6.7.2010 (BStBl I S. 614)** zur Aufteilung gemischter Aufwendungen sind für die Abgrenzung von vGA zu Betriebsausgaben bei einer Kapitalgesellschaft entsprechend anzuwenden. Im vorliegenden Fall bedeutet dies Folgendes:

Aufgrund der **Teilnahme privater Gäste** handelt es sich um eine **gemischt betrieblich und „privat" veranlasste Veranstaltung**. Zwar liegt der Anlass der Veranstaltung im betrieblichen Bereich (**Firmenjubiläum**). Die Einladung der privaten Gäste erfolgte allerdings ausschließlich aus privaten Gründen von X, so dass die Kosten der Verköstigung und Unterhaltung der privaten Gäste als privat veranlasst zu behandeln sind und die Annahme einer vGA zur Folge haben. Sachgerechtes objektivierbares Kriterium für eine Aufteilung ist eine **Aufteilung nach Köpfen**. 90 Personen nehmen aus betrieblichen Gründen an dem Firmenjubiläum teil, 30 aus privaten Gründen.

Damit sind 2.000 € (25% der Gesamtkosten), die anteilig auf die privaten Gäste entfallen, nicht als Betriebsausgaben abziehbar, sondern als vGA wegen Vorteilsgewährung an X nach § 8 Abs. 3 Satz 2 KStG bei der Einkommensermittlung für den VZ 2013 außerbilanziell hinzuzurechnen. Für die Bemessung der vGA ist von deren gemeinem Wert (einschließlich USt in Höhe von 380 €) auszugehen. Die vGA beläuft sich somit auf **2.380 € (2.000 € + 380 €)**. In dieser Höhe liegt auch eine **bilanzielle Gewinnminderung i. S. d. § 8 Abs. 3 Satz 2 KStG vor (Aufwand 2.000 € zuzüglich 380 € USt-Aufwand, vgl. hierzu auch die nachstehenden Ausführungen)**.

Umsatzsteuerliche Auswirkungen:

→ Soweit die Vorsteuer auf den nach § 4 Abs. 5 Nr. 2 EStG nicht abziehbaren Teil (1.125 €) entfällt, ist der Vorsteuerabzug **nicht** ausgeschlossen (**§ 15 Abs. 1 a Satz 2 UStG**).

→ Soweit die Vorsteuer auf die vGA (2.000 €) entfällt, erfolgt umsatzsteuerlich eine Korrektur durch die Annahme einer umsatzsteuerpflichtigen Leistung nach § 3 Abs. 9 a i. V. m. § 10 Abs. 5 Nr. 1 und Abs. 4 UStG.

Buchung:

USt-Aufwand 380 € an s. Verbindlichkeiten 380 €.

Gewinnauswirkung aufgrund Korrektur innerhalb der Bilanz also ./. 380 €.

Aber:

Keine Hinzurechnung der USt nach § 10 Nr. 2 KStG, da sie bereits in die Bemessung der vGA einbezogen worden ist (**R 37 KStR**).

6.2 Übersicht: Steuerliche Auswirkungen einer vGA

6.2.1 Bei der Kapitalgesellschaft

Sofern vGA zur **Einkommensminderung** (= Gewinnminderung) führt

---

außerbilanzmäßige Einkommenskorrektur nach **§ 8 Abs. 3 Satz 2 KStG** im Rahmen der Einkommensermittlung

Hinweis:
Nach dem BMF-Schreiben vom 28.5.2002 (BStBl I S. 603) ist die Gewinnerhöhung aufgrund einer vGA grundsätzlich **außerhalb der Steuerbilanz** hinzuzurechnen.

Sofern vGA (= Leistung) **abgeflossen** ist, konnte sich nur bis zum 31.12.2006 nach § 38 KStG eine KSt-Erhöhung ergeben (§ 38 Abs. 4 Satz 4 KStG).
Allerdings ist für die Leistung zu prüfen, ob eine **Einlagenrückgewähr i. S. d. § 27 Abs. 1 Satz 3 KStG** vorliegt, die zu einer Verringerung des steuerlichen Einlagekontos führt.

Bei einer vGA ist nach der Verwaltungspraxis grundsätzlich **keine KapSt** einzubehalten. Es gilt der Vorrang des Veranlagungs- vor dem Abzugsverfahrens (vgl. BFH-Urteil vom 3.7.1968, BStBl 1969 II S. 4).
Dies gilt auch im Geltungsbereich der Abgeltungsteuer seit 2009. Für **GmbH-Anteile im Privatvermögen** mit abgeltender Besteuerung von 25 v. H. wird insoweit **§ 32 d Abs. 3 EStG** angewandt.
Für Anteile im Betriebsvermögen mit Teileinkünfteverfahren (Subsidiarität nach § 20 Abs. 8 EStG) und **für Optionsfälle des § 32 d Abs. 2 Nr. 3 EStG** (für Anteile im Privatvermögen mit Anwendung des Teileinkünfteverfahrens) bleibt es bei der bisherigen Handhabung.

6.2.2 Beim Gesellschafter

Sofern vGA dem Gesellschafter **zufließt**, ergibt sich bei ihm ein sonstiger Bezug i. S. d. § 20 Abs. 1 Nr. 1 Satz 2 EStG, der nach § 32 d Abs. 3 EStG (**Sondersteuersatz**) zu erfassen ist oder im Optionsfall nach § 32 d Abs. 2 Nr. 3 EStG dem **Teileinkünfteverfahren** nach § 3 Nr. 40 Satz 1 Buchst. d EStG unterliegt.

↓

Wurde die vGA (z. B. überhöhtes Gehalt) bereits bisher versteuert, erfolgt beim Gesellschafter-Geschäftsführer eine **Umqualifizierung der Einkünfte** (z. B. von § 19 EStG nach § 20 Abs. 1 Nr. 1 Satz 2 EStG) und im Optionsfall Anwendung des **Teileinkünfteverfahrens** (§ 3 Nr. 40 Satz 1 Buchst. d EStG).
Zur **korrespondierenden Besteuerung der vGA** beim Anteilseigner (im Falle der Bestandskraft des ESt-Bescheids), vgl. **§ 32 a Abs. 1 KStG**.

<u>Hinweis:</u>
Sofern **vGA (= Leistung)** aus dem steuerlichen Einlagekonto i. S. d. § 27 Abs. 1 KStG erfolgt, liegen keine Einnahmen aus Kapitalvermögen vor (**§ 20 Abs. 1 Nr. 1 Satz 3 EStG** → Verringerung AK der Anteile → ggf. Fall des § 17 Abs. 4 EStG, wenn AK insgesamt überschritten sind).

↓

Die Rückzahlung einer vGA durch den Gesellschafter ist nach **H 40, Rückgewähr einer vGA, KStH 2008,** eine **Einlage**, die bei ihm zu nachträglichen AK auf seine Beteiligung i. S. d. § 17 EStG führt (vgl. BFH-Urteil vom 14.7.2009, AZ.: VIII R 10/07, DStR 2009 S. 2142).

6.2.3 Korrespondenzprinzip für vGA aus im Privatvermögen gehaltenen Kapitalbeteiligungen (§ 32 d Abs. 2 Nr. 4 EStG)

Auf der Gesellschafterebene kommt eine **ermäßigte Besteuerung in Gestalt des Sondersteuersatzes von 25 v. H.** im Falle einer vGA nur dann in Betracht, wenn diese bei der Kapitalgesellschaft das Einkommen nicht gemindert hat (§ 8 Abs. 3 Satz 2 KStG).

Grundsatz: Hinzurechnung vGA = Sondersteuersatz

vGA hat das Einkommen der KapGes **nicht gemindert** und wurde nach § 8 Abs. 3 Satz 2 KStG **hinzugerechnet**.	**Anwendung Sondersteuersatz von 25 v. H.** (§ 32 d Abs. 1 und Abs. 3 EStG), sofern AE nicht nach § 32 d Abs. 2 Nr. 3 EStG zur Teileinkünftebesteuerung optiert hat (§ 3 Nr. 40 Satz 1 Buchst. d Satz 2 EStG).

Ausnahme: Keine Hinzurechnung vGA = Keine Anwendung Sondersteuersatz

vGA hat das Einkommen der leistenden Körperschaft **gemindert** und wurde **nicht** nach § 8 Abs. 3 Satz 2 KStG **hinzugerechnet**.	Nach § 32 d Abs. 2 Nr. 4 EStG gilt **seit dem VZ 2011** § 32 d Abs. 1 EStG nicht und es erfolgt beim AE **eine volle Besteuerung (zu 100 v. H.)**. Damit besteht auch insoweit eine Korrespondenz zwischen der steuerlichen Behandlung der vGA bei der Körperschaft und ihrem AE.

Rückausnahme: Erhöhung Einkommen nahestehender Person = Sondersteuersatz

vGA hat das Einkommen der leistenden Körperschaft zwar **gemindert** und wurde **nicht** nach § 8 Abs. 3 Satz 2 KStG **hinzugerechnet**.	Beim AE erfolgt doch **Anwendung des Sondersteuersatzes von 25 v. H.**, soweit die vGA das Einkommen einer dem AE **nahestehenden Person** erhöht hat und auf deren Veranlagung § 32 a KStG nicht anwendbar ist (§ 32 d Abs. 2 Nr. 4 2. HS EStG).

Beispiel 3:

Der Gesellschafter-Geschäftsführer einer GmbH erhält im VZ 2013 eine Gesamtvergütung für seine Geschäftsführer-Tätigkeit in Höhe von 300.000 €, die in Höhe von 100.000 € als vGA Vorteilsgewährung (überhöhte Gehaltszahlung) anzusehen ist.

Steuerliche Auswirkungen bei der GmbH im VZ 2013:

Zur Angemessenheit der Bezüge von Gesellschafter-Geschäftsführern, vgl. das BMF-Schreiben vom 14.10.2002 (BStBl 2002 I S. 972) sowie die BFH-Urteile vom 27.2.2003 (BStBl 2004 II S. 132), vom 4.6.2003 (BStBl 2004 II S. 136) und vom 4.6.2003 (BStBl 2004 II S. 139).

Zusätzliches Einkommen im VZ 2013 (außerbilanzmäßige Einkommenskorrektur nach **§ 8 Abs. 3 Satz 2 KStG** für überhöhten Gehaltsaufwand in 2013)	100.000 €
Bemessungsgrundlage für KSt und GewSt	100.000 €
Mehr-KSt in 2013 =	15.000 €
(Tarifbelastung von **15 v. H.** nach § 23 Abs. 1 KStG)	
Mehr-GewSt in 2013 =	14.000 €
(100.000 € x 3,5 v. H. x 400 v. H.; **vgl. § 4 Abs. 5 b EStG**)	
Zusätzliche Ertragsteuerbelastung in 2013 aufgrund vGA insgesamt	29.000 €

Steuerliche Auswirkungen beim Gesellschafter im VZ 2013:

Bisher: § 19 EStG in Höhe von	300.000 €
Jetzt: ggf. Änderung des ESt-Bescheids 2012 nach § 32 a Abs. 1 KStG	
§ 19 EStG in Höhe von	200.000 €
und	
§ 20 Abs. 1 Nr. 1 Satz 2 EStG von	100.000 €,
davon im Optionsfall nach § 32 d Abs. 2 Nr. 3 EStG 40 v. H. steuerfrei	40.000 €
insgesamt steuerpflichtig	260.000 €

6.3 Beherrschende Stellung (H 36, Beherrschender Gesellschafter, KStH 2008)

Ein Gesellschafter beherrscht eine Kapitalgesellschaft, wenn er den Abschluss des zu beurteilenden Rechtsgeschäfts erzwingen kann. Dies ist der Fall, wenn er aufgrund der ihm aus seiner Gesellschafterstellung herrührenden Stimmrechte den entscheidenden Beschluss durchsetzen kann.

Dabei ist zu beachten, dass auch **mittelbare Beteiligungen** eine beherrschende Stellung begründen können.

Beispiel 4: Beherrschende Stellung aufgrund mittelbarer Beteiligung

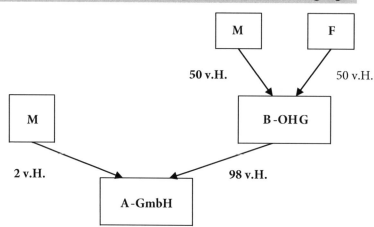

Alleiniger Geschäftsführer sowohl der A-GmbH als auch der B-OHG ist M.

Sämtliche Anteile der A-GmbH sind mit einem Stimmrecht ausgestattet. Nach den Gesellschaftsverträgen sowohl der A-GmbH als auch der B-OHG sind sämtliche Beschlüsse mit einfacher Mehrheit zu treffen.

Frage:

Ist **M** beherrschender Gesellschafter der A-GmbH?

Lösung:

M ist an der A-GmbH mit 2 v. H. beteiligt und an der Mehrheitsgesellschafterin B-OHG (98 v. H.) mit 50 v. H. M hat mithin zusätzlich noch eine **mittelbare Beteiligung** über die B-OHG in Höhe von **50 v. H. von 98 v. H. = 49 v. H.**

Mittelbare und unmittelbare Beteiligung dürfen zusammengerechnet werden, so dass M mit **49 v. H. und 2 v. H. = 51 v. H. beherrschender Gesellschafter** der A-GmbH mit der Mehrheit der Stimmrechte ist.

Sofern eine GmbH **eigene Anteile** hält, sind diese **stimmrechtslos** und bleiben deshalb bei der Prüfung, ob eine beherrschende Stellung des Gesellschafters vorliegt, unberücksichtigt.

6.3 Beherrschende Stellung (H 36, Beherrschender Gesellschafter, KStH 2008)

Beispiel 5: Beherrschende Stellung bei eigenen Anteilen

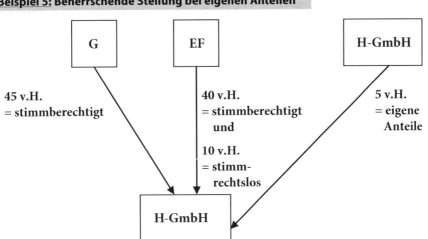

Nach dem Gesellschaftsvertrag sind sämtliche Beschlüsse mit einfacher Mehrheit zu treffen.

Frage:

Ist **G** beherrschender Gesellschafter?

Lösung:

→ G hat an der H-GmbH nur eine Beteiligung von 45 v.H. Die Stimmrechte seiner Ehefrau (EF) können ihm nicht zugerechnet werden, weil keine gleichgerichteten Interessen zwischen den Eheleuten erkennbar sind. Die bloße Ehegemeinschaft begründet noch keine gleichgerichteten Interessen (vgl. H 36, Gleichgerichtete Interessen, KStH 2004).

→ EF hat nur 40 v.H. stimmberechtigte und 10 v.H. stimmrechtslose Anteile. G dagegen verfügt über 45 v.H. Anteile mit vollem Stimmrecht und hat damit mehr Stimmrechte als seine Frau.

→ Die **eigenen Anteile** der H-GmbH von 5 v.H. sind stimmrechtslos (BFH, BStBl 1971 II S. 89; Dötsch u.a. Kommentar zum KStG, Rz. 305 zu § 8 Abs. 3 KStG n.F.).

→ Von den insgesamt **(45 und 40 =) 85 Stimmen** hat G damit bei **45 Stimmen** die **Mehrheit der Stimmrechte**. Da für Beschlussfassungen in der H-GmbH einfache Mehrheit genügt, kann G in der H-GmbH seinen Willen durchsetzen.

Ergebnis:

G ist also beherrschender Gesellschafter der H-GmbH.

Soweit für Beschlüsse eine qualifizierten Mehrheit (z. B. eine Zweidrittelmehrheit oder Dreiviertelmehrheit) erforderlich ist, reicht die Mehrheit der Stimmrechte nicht aus. Denn eine beherrschende Stellung setzt voraus, dass der Gesellschafter bei Gesellschafterversammlungen **entscheidenden** Einfluss ausüben kann.

Eine **Beteiligung von 50 v. H. oder weniger** reicht jedoch bei Vorliegen besonderer Umstände aus. Es genügt z. B., wenn mehrere Gesellschafter einer GmbH mit **gleichgerichteten Interessen** zusammenwirken. Z. B. 3 Gesellschafter-Geschäftsführer, die zu je 1/3 an der GmbH beteiligt sind, erhalten jeweils eine rückwirkende Gehaltserhöhung.

Im Übrigen reicht die Tatsache, dass die Gesellschafter **nahe Angehörige** sind, allein nicht aus, um gleichgerichtete Interessen anzunehmen; es müssen vielmehr weitere Anhaltspunkte hinzutreten. Dies bedeutet, dass **Ehegattenanteile** bei der Beurteilung einer beherrschenden Stellung nur dann zusammengerechnet werden können, wenn konkrete Anhaltspunkte für gleichgerichtete wirtschaftliche Interessen der Eheleute bestehen. Vgl. BFH-Urteil vom 1.2.1989 (BStBl 1989 II S. 522).

Prüfungsreihenfolge für beherrschende Stellung

Für die Prüfung, ob im Einzelfall eine beherrschende Stellung vorliegt und deshalb das Gebot der zivilrechtlich wirksamen, klaren und im Voraus abgeschlossenen Vereinbarung zu beachten ist, bietet sich folgende Vorgehensweise an:

1. Schritt:

→ Hat der Gesellschafter **die Mehrheit der Stimmrechte**, d. h. im Regelfall eine Beteiligung von mehr als 50 v. H.?

2. Schritt:

→ Wenn nein, liegen aber **gleich gerichtete Interessen** vor? Bei nahen Angehörigen dürfen gleich gerichtete Interessen jedoch nicht pauschal unterstellt werden; sie können im Einzelfall gleichwohl vorliegen.

3. Schritt:

→ Handelt es sich um eine dem beherrschenden Gesellschafter **nahestehende Person**? Auch insoweit gilt das Nachzahlungsverbot. Nahestehende Personen des beherrschenden Gesellschafters sind im Regelfall **z. B. Ehegatten und Kinder**.

6.3 Beherrschende Stellung (H 36, Beherrschender Gesellschafter, KStH 2008)

Beispiel 6: Gleichgerichtete Interessen (H 36, Gleichgerichtete Interessen, KStH 2008)

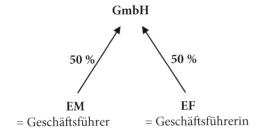

Beide Gesellschafter-Geschäftsführer erhalten im VZ 2012 rückwirkend eine der Höhe nach angemessene Sondervergütung

→ **vGA wegen Verletzung des Rückwirkungsverbots aufgrund gleichgerichteter Interessen**

<u>Variante:</u> nur EM erhält rückwirkend eine Gehaltserhöhung

       EM   EF

= Geschäftsführer   ----

→ **Keine vGA (gleich gerichtete Interessen dürfen hier nicht unterstellt werden)**

Beispiel 7: Nahestehende Person (H 36, Nahestehende Person, KStH 2008)

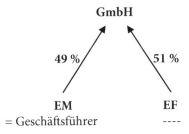

EM erhält im VZ 2012 rückwirkend eine der Höhe nach angemessene Sondervergütung

→ **vGA wegen Verletzung des Rückwirkungsverbots.** Denn EM ist eine der beherrschenden Gesellschafterin EF **nahestehende Person**.

→ Die vGA ist **in voller Höhe EM zuzurechnen** und von ihm im VZ 2012 nach § 20 Abs. 1 Nr. 1 Satz 2 i.V.m. § 3 Nr. 40 Satz 1 Buchst. d EStG im Rahmen des Teileinkünfteverfahrens zu versteuern (Optionsfall).

Beispiel 8: Nahestehende Person

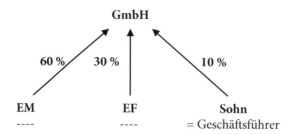

Der Sohn erhält im VZ 2012 rückwirkend eine der Höhe nach angemessene Sondervergütung

→ **vGA wegen Verletzung des Rückwirkungsverbots.** Denn der Sohn ist eine nahestehende Person des beherrschenden Gesellschafters EM.

→ Die vGA ist **in voller Höhe** – also nicht quotal – **vom Sohn als Anteilseigner** nach § 20 Abs. 1 Nr. 1 Satz 2 i. V. m. § 3 Nr. 40 EStG im Rahmen des Teileinkünfteverfahrens (Optionsfall) zu versteuern (Umqualifizierung der Einkünfte von § 19 EStG).

6.4 Steuerliche Zurechnung einer verdeckten Gewinnausschüttung

Eine verdeckte Gewinnausschüttung muss grundsätzlich **derjenige Gesellschafter** als Kapitalertrag nach § 20 Abs. 1 Nr. 1 Satz 2 EStG versteuern, **dem der Vorteil gewährt wurde. Eine vGA ist deshalb immer inkongruent.**

Erhält den Vorteil eine dem Gesellschafter **nahestehende Person**, muss gleichwohl der **Gesellschafter** den Kapitalertrag versteuern (**vgl. § 20 Abs. 5 EStG**), es sei denn, **die nahestehende Person ist selbst Gesellschafter.** Vgl. H 36, Nahestehende Person, Zurechnung der vGA, KStH 2008.

> **Beachte: Keine Zurechnung eines Beteiligungsertrags gegenüber dem Gesellschafter bei Veruntreuung durch nahestehende Person**
> Verschafft sich der Geschäftsführer einer Familien-GmbH, der **nicht selbst Gesellschafter**, aber Familienangehöriger eines Gesellschafters ist, **widerrechtlich** Geldbeträge aus dem Vermögen der GmbH, so ist nach dem **BFH-Urteil vom 19.6.2007, AZ.: VIII R 54/05, BStBl II S. 830**, dem Gesellschafter keine mittelbare vGA zuzurechnen, wenn ihm die widerrechtlichen eigenmächtigen Maßnahmen des Geschäftsführers **nicht bekannt waren und auch nicht in seinem Interesse erfolgt sind.**
> Die Zurechnung einer vGA beim Gesellschafter ist nur möglich, wenn dieser von der widerrechtlichen eigenmächtigen Geldentnahme der nahestehenden Person (hier: Sohn) wusste und die nahestehende Person bewusst gewähren ließ, so dass eine Zuwendung an seinen Sohn anzunehmen ist.

6.5 Anwendung des Nachzahlungsverbotes bei fehlender Schriftform

Der BFH hat mit Urteil vom 24.1.1990 (BStBl II S. 645) eine mündlich abgeschlossene Vereinbarung trotz vereinbarter Schriftform als zivilrechtlich wirksam und deshalb die **mündliche Gehaltserhöhung** nicht als verdeckte Gewinnausschüttung angesehen. Dieses Urteil betrifft aber nur den Fall der mündlichen Aufhebung eines schriftlich vereinbarten Formzwanges.

Ist hingegen auch für die **Aufhebung der Schriftformklausel** ein **Formzwang** vereinbart, gilt nach dem BFH-Beschluss vom 31.7.1991 (BStBl 1991 II S. 933) Folgendes:

„Enthält der Geschäftsführervertrag zwischen einer GmbH und ihrem beherrschenden Gesellschafter die Klausel, **dass Vertragsänderungen der Schriftform bedürfen und eine nur mündlich vereinbarte Aufhebung des Schriftformzwanges unwirksam sein soll**, so ist eine nur mündlich vereinbarte Gehaltserhöhung mit der Folge zivilrechtlich unwirksam, dass der erhöhte Betrag steuerlich als verdeckte Gewinnausschüttung zu behandeln ist."

Zur Aufhebung einer zwischen Kapitalgesellschaft und beherrschendem Gesellschafter vereinbarten Schriftformklausel, vgl. auch das BFH-Urteil vom 24.7.1996 (BStBl 1997 S. 138).

In diesem Zusammenhang wird auch auf das BFH-Urteil vom 29.7.1992 (BStBl 1993 II S. 139) hingewiesen. Danach kann lediglich **bei Dauerschuldverhältnissen**, deren Durchführung – wie z. B. die von Dienst- oder Mietverträgen – einen regelmäßigen Leistungsaustausch zwischen den Vertragsparteien voraussetzt, im Allgemeinen **aufgrund der Regelmäßigkeit der Leistungen** und des engen zeitlichen Zusammenhangs von Leistung und Gegenleistung bereits aus dem tatsächlichen Leistungsaustausch (**Auszahlung, zeitnahe Verbuchung und Abführung von Lohnsteuer und ggf. Sozialversicherungsbeiträgen**) der Schluss gezogen werden, dass ihm eine mündlich abgeschlossene entgeltliche Vereinbarung zugrunde liegt. **Vgl. H 36, Zivilrechtliche Wirksamkeit, KStH 2008.**

Nach dem BMF-Schreiben vom 13.10.1997 (BStBl I S. 900) kann bei Dauerschuldverhältnissen zu Auslegungszwecken auf die tatsächliche Übung ab dem Zeitpunkt zurückgegriffen werden, ab dem sie objektiv erkennbar nach außen in Erscheinung tritt.

Beispiel 9:

A ist beherrschender Gesellschafter und Geschäftsführer einer GmbH. In dem schriftlich abgeschlossenen Anstellungsvertrag ist eine monatliche Vergütung in Höhe von 10.000 € vereinbart. **Für Änderungen und Ergänzungen des Anstellungsvertrags war Schriftform vorgesehen.**

Ab 1.3.2013 wurde die monatliche Vergütung ohne schriftliche Vereinbarung erhöht auf 12.000 €. Die erhöhte Vergütung wurde monatlich bei Fälligkeit ausbezahlt; alle übrigen Konsequenzen wurden zeitnah gezogen (Abführung von Lohnsteuer und entsprechende Verbuchung).

Lösung:

Die steuerliche Anerkennung der Erhöhung der Vergütung kann nicht deshalb versagt werden, weil die Vertragsparteien von der (ursprünglich) vereinbarten Schriftform abgewichen sind. Die insoweit getroffene Vertragsbestimmung kann jederzeit formlos aufgehoben werden (vgl. § 125 Satz 2 BGB). Etwas anderes würde nur dann gelten, wenn der ursprüngliche Vertrag die Bestimmung enthielte, dass die Vereinbarung über die Schriftform selbst nur durch eine schriftliche Vereinbarung aufgehoben werden kann.

Im vorliegenden Fall kann die Existenz der von vornherein abgeschlossenen mündlichen Vereinbarung über die Erhöhung der Vergütung zweifelsfrei aus den monatlichen Zahlungen und Verbuchungen der erhöhten Gehälter sowie aus der Abführung der Lohnsteuer von der erhöhten Vergütung gefolgert werden. Eine **verdeckte Gewinnausschüttung wegen Verletzung des Nachzahlungsverbots liegt somit für die Gehaltserhöhung von 2.000 € seit 1.3.2013 nicht vor.**

Beispiel 10:

Wie Beispiel 9, die Formulierung im Anstellungsvertrag lautet jedoch: „Änderungen dieses Vertrages bedürfen der Schriftform; **zur Aufhebung des Schriftformzwangs ist ebenfalls Schriftform erforderlich.**"

Lösung:

Mit der im Anstellungsvertrag vereinbarten Formel, dass eine Befreiung von der Schriftform durch mündliche Vereinbarung unwirksam ist, haben die Vertragsparteien die Rechtsfolge des § 125 Satz 2 BGB für eine nur mündlich abgeschlossene Vertragsänderung ausdrücklich vereinbart. Dies führt zur zivilrechtlichen Unwirksamkeit formloser Änderungen.

Die Zahlungen aufgrund der Erhöhungsvereinbarung zum 1.3.2013 in Höhe von 20.000 € (10 × 2.000 €) sind daher **verdeckte Gewinnausschüttungen** und führen im VZ 2013 nach § 8 Abs. 3 Satz 2 KStG zu einer entsprechenden außerbilanziellen Einkommenskorrektur (BFH-Beschluss vom 31.7.1991, a.a.O.). Außerdem ist für die Leistung in 2013 zu prüfen, ob eine Einlagenrückgewähr i.S.d. § 27 Abs. 1 Satz 3 KStG vorliegt.

Beispiel 11:

Wie Beispiel 9, jedoch mit der Abweichung, dass zusätzlich zu der monatlichen Erhöhung der Vergütung am 1.3.2014 erstmals eine Tantieme in Höhe von 20.000 € für das Jahr 2013 gezahlt wird. Schriftliche Vereinbarungen hierüber liegen nicht vor. In der Bilanz zum 31.12.2013 wurde eine entsprechende Tantiemerückstellung gewinnmindernd eingestellt.

Lösung:

Die Tantiemezahlung ist als **verdeckte Gewinnausschüttung** zu behandeln (**außerbilanzmäßige Einkommenskorrektur nach § 8 Abs. 3 Satz 2 KStG im VZ 2012, Abfluss der Leistung i. S. d. § 27 KStG erst im VZ 2014**). Durch den ordnungsgemäßen Vollzug der Tantiemezahlung (Auszahlung, Verbuchung, Abführung von Lohnsteuer) allein kann nicht zweifelsfrei festgestellt werden, dass die Tantiemeregelung auf einer von vornherein abgeschlossenen mündlichen Vereinbarung beruht, d. h. bereits zu Beginn des Jahres getroffen worden ist, für das die Tantieme gezahlt wird (hier also am 1.1.2013). Diese Unklarheit geht zu Lasten der GmbH.

Der Nachweis einer Vereinbarung auf andere Weise als durch Schriftform kann bei einmaligen jährlichen Zahlungen oder Gutschriften grundsätzlich nicht erbracht werden. Vgl. BFH-Urteil vom 4.12.1991 (BStBl 1992 II S. 362). Denn die **tatsächliche Übung**, der regelmäßige Leistungsaustausch, lässt sich üblicherweise nur bei monatlichen Zahlungen ohne weiteres nachvollziehen. Es ist aber nicht generell ausgeschlossen, die vorherige Vereinbarung auch einmalig jährlicher Vergütungen (Tantieme, Urlaubsgeld, Weihnachtsgeld) anhand tatsächlicher Übung festzustellen (vgl. BFH-Urteil vom 17.10.1990, BFH/NV 1991 S. 773). Eine feste Regel, wie viele Jahre bereits diese Vergütungen geleistet sein müssen, lässt sich nicht aufstellen; jedenfalls kann aber z. B. nach zwei Jahren noch kein „regelmäßiger Leistungsaustausch" begründet sein, der den Schluss auf eine vorherige mündliche Vereinbarung rechtfertigte.

Üblicherweise kann also lediglich bei Dauerschuldverhältnissen, deren Durchführung – wie z. B. bei Dienst- oder Mietverträgen – einen regelmäßigen Leistungsaustausch voraussetzt, aus der Regelmäßigkeit der Leistungen und dem engen zeitlichen Zusammenhang von Leistung und Gegenleistung auf eine (mündlich) getroffene Vereinbarung geschlossen werden.

6.6 Steuerliche Folgen einer vGA bei der Kapitalgesellschaft

6.6.1 Einkommenskorrektur nach § 8 Abs. 3 Satz 2 KStG

Nach § 8 Abs. 3 Satz 2 KStG dürfen vGA das Einkommen der Gesellschaft nicht mindern. Hat sich durch eine vGA das Einkommen gemindert, muss der verdeckt ausgeschüttete Betrag bei der Einkommensermittlung wieder außerbilanzmäßig hinzugerechnet werden. Die Einkommensminderung kann sich sowohl durch überhöhte Aufwendungen als auch durch Verzicht auf Erträge ergeben. Der BFH spricht in diesem Zusammenhang von einer Vermögensminderung oder verhinderten Vermögensmehrung (vgl. auch R 36 Abs. 1 KStR 2004).

6.6.2 Zur Korrektur einer vGA außerhalb der Steuerbilanz

Mit dem umfangreichen **BMF-Schreiben vom 28.5.2002** (BStBl I S. 603), Beck, 100 § 8/13, hat die Finanzverwaltung zu den Konsequenzen einer vGA Stellung genommen. Dabei wurden folgende **Grundsatzentscheidungen** getroffen:
 Das BFH-Urteil vom 29.6.1994 (BStBl 2002 II S. 366) wird angewandt. Der BFH hatte mit diesem Urteil entschieden, dass sich die Rechtsfolge des § 8 Abs. 3 Satz 2 KStG in einer außerbilanziellen Gewinnkorrektur erschöpft. **Die Gewinnerhöhung aufgrund einer vGA i. S. d. § 8 Abs. 3 Satz 2 KStG ist dem Steuerbilanzgewinn deshalb außerhalb der Steuerbilanz hinzuzurechnen** (RdNr. 2 und 3 des BMF-Schreibens vom 28.5.2002, a. a. O.).

Ist die vGA bei der erstmaligen Veranlagung des Wirtschaftsjahres, in dem es zu der Vermögensminderung bzw. zu der verhinderten Vermögensmehrung gekommen ist, nicht hinzugerechnet worden und kann diese Veranlagung nach den Vorschriften der AO **nicht mehr berichtigt oder geändert** werden, so **unterbleibt** die Hinzurechnung nach § 8 Abs. 3 Satz 2 KStG endgültig (RdNr. 4).

Zu einer **Leistung** (i. S. d. Teileinkünfteverfahrens) kommt es unabhängig von der bilanziellen bzw. einkommensmäßigen Behandlung der vGA erst im Zeitpunkt ihres tatsächlichen **Abflusses** (RdNr. 5; **vgl. auch H 75, Abflusszeitpunkt, KStH 2008**). Entsprechendes gilt für den **Zufluss** beim Gesellschafter (RdNr. 6).

Ein in der Bilanz unter Beachtung der entsprechenden Gewinnermittlungsvorschriften gebildeter Passivposten (z. B. eine Pensionsrückstellung i. S. d. § 6 a EStG) ist im Hinblick auf eine vGA nicht zu korrigieren (RdNr. 7).

Zur weiteren zutreffenden Behandlung sind für Passivposten, denen ganz oder teilweise eine vGA zugrunde liegt, **Nebenrechnungen** zu führen. Dabei werden zwei Teilbeträge gebildet und jährlich fortentwickelt (RdNr. 8 und 9):

Teilbetrag I:
Summe der vGA-Beträge i. S. d. § 8 Abs. 3 Satz 2 KStG für den betroffenen Passivposten (unabhängig von der tatsächlichen außerbilanziellen Hinzurechnung).

Teilbetrag II:
Summe der vGA-Beträge i. S. d. § 8 Abs. 3 Satz 2 KStG für den betroffenen Passivposten, die **tatsächlich** bei der Einkommensermittlung dem Steuerbilanzgewinn hinzugerechnet worden sind.

Teilbetrag I und II decken sich dann, wenn die vGA bereits ab dem Erstjahr entdeckt und hinzugerechnet worden ist (= Regelfall). Eine **Differenz** ergibt sich dann, wenn eine Hinzurechnung aus verfahrensrechtlichen Gründen in bestandskräftigen bzw. festsetzungsverjährten Jahren **nicht** mehr möglich ist (z. B. bei einer zu spät festgestellten vGA aus einer Pensionszusage).

Die Teilbeträge sind **aufzulösen**, soweit die Verpflichtung in der Steuerbilanz gewinnerhöhend aufzulösen ist. Zur **Vermeidung einer doppelten Erfassung** ist die Gewinnerhö-

6.6 Steuerliche Folgen einer vGA bei der Kapitalgesellschaft

hung aus der Auflösung der Verpflichtung (bei Ausbuchung über Ertrag) bis zur Höhe des aufzulösenden **Teilbetrags II** aus sachlichen Billigkeitsgründen außerhalb der Steuerbilanz vom Steuerbilanzgewinn abzuziehen. **Die außerbilanzielle Kürzung wird damit nur in dem Umfang zugestanden, in dem in früheren Jahren tatsächlich eine Hinzurechnung nach § 8 Abs. 3 Satz 2 KStG erfolgt ist (RdNr. 9).**

Praxishinweis:
Der **BFH** hat diese Verwaltungsauffassung im **Urteil vom 21.8.2007, AZ.: I R 74/06, BStBl 2008 II S. 277,** ausdrücklich bestätigt. Danach ist eine wegen Wegfalls der Verpflichtung gewinnerhöhend aufgelöste Pensionsrückstellung im Wege **einer Gegenkorrektur** nur um die tatsächlich bereits erfassten vGA der Vorjahre **außerbilanziell zu kürzen.**

Beispiel 12:

Die P-GmbH hat ihrem beherrschenden Gesellschafter-Geschäftsführer P im Dezember 2007 eine Pensionszusage auf das 65. Lebensjahr erteilt. Der ledige P war zu diesem Zeitpunkt bereits 58 Jahre alt. In den Steuerbilanzen 2009 bis 2012 hat sich die Pensionsrückstellung wie folgt entwickelt (vereinfachte Darstellung):

Stichtag	Zuführungsbetrag	Rückstellungsbetrag
31.12.2009	+ 30.000 €	30.000 €
31.12.2010	+ 30.000 €	60.000 €
31.12.2011	+ 30.000 €	90.000 €
31.12.2012	+ 30.000 €	120.000 €

Im Herbst 2013 findet bei der P-GmbH eine Betriebsprüfung für die Jahre 2010 bis 2012 statt (Bescheide insoweit unter Vorbehalt der Nachprüfung). Der Prüfer stellt dabei fest, dass die Pensionszusage an P nicht erdienbar ist und deshalb zu einer vGA führt.

Die Veranlagung des Jahres 2009 ist bestandskräftig durchgeführt; der Vertrag über die Pensionszusage lag dem Finanzamt bei Durchführung der Veranlagung für 2008 vor.

Im Dezember 2013 stirbt der Gesellschafter-Geschäftsführer P.

Lösung:
Die Pensionszusage kann mangels Erdienbarkeit steuerlich nicht anerkannt werden (vgl. R 38 Satz 6 KStR).

Nach dem BMF-Schreiben vom 28.5.2002 (a. a. O.) führt eine vGA nicht zu einer Bilanzberichtigung, so dass es auch nicht zulässig ist, die Gewinnminderung in bestandskräftig veranlagten Jahren noch nachträglich zu korrigieren. **Der Betriebsprüfer kann damit nur für die Jahre seines Prüfungszeitraums die vGA-Beträge von jeweils 30.000 € außerhalb der Steuerbilanz hinzurechnen.** In der Steuerbilanz zum 31.12.2012 ist die Pensionsrückstellung damit auch nach der Betriebsprüfung noch mit 120.000 € passiviert.

Die **Teilbeträge I und II** entwickeln sich nach Betriebsprüfung wie folgt:

Stichtag	Teilbetrag I	Teilbetrag II
31.12.2009	**30.000 €**	0 €
31.12.2010	60.000 €	30.000 €
31.12.2011	90.000 €	60.000 €
31.12.2012	**120.000 €**	90.000 €

Aufgrund des Todes von P im Dezember 2013 ist die Pensionsrückstellung in der Bilanz zum 31.12.2013 nicht mehr auszuweisen und daher aufzulösen. Die auszubuchende Rückstellung erhöht den Steuerbilanzgewinn des Wirtschaftsjahres 2013 um 120.000 €. Die Teilbeträge I und II sind ebenfalls aufzulösen. **Nach RdNr. 9 des BMF-Schreibens erfolgt ein außerbilanzieller Abzug bis zur Höhe des aufzulösenden Teilbetrags II:**

Gewinnerhöhung in 2013 aus der Auflösung der Pensionsrückstellung	120.000 €
außerbilanzieller Abzug bis zur Höhe des aufzulösenden Teilbetrags II	
(vgl. BFH-Urteil vom 21.8.2007, BStBl 2008 II S. 277)	./. 90.000 €
verbleibende Einkommenserhöhung im Jahr 2013	30.000 €

6.6.3 Steuerliche Auswirkungen einer abgeflossenen vGA (vgl. H 75, Abflusszeitpunkt, KStH 2008)

Sofern eine vGA (= Leistung) bei der Kapitalgesellschaft abgeflossen und beim Gesellschafter zugeflossen ist, ergeben sich nachstehende steuerliche Auswirkungen:

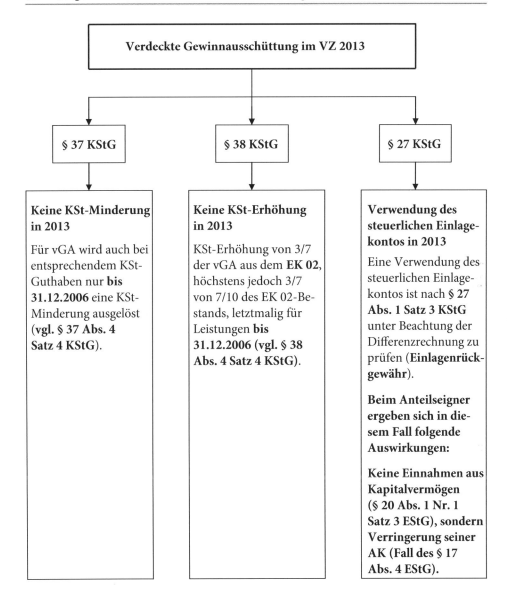

6.7 Rückgewähr einer verdeckten Gewinnausschüttung

6.7.1 Steuerliche Folgen der Rückgewähr

Nach **H 40, Rückgewähr einer vGA, KStH 2008,** kann eine verdeckte Gewinnausschüttung durch Rückgewähransprüche nicht rückgängig gemacht werden.

Ein Anspruch auf Rückgewähr einer verdeckten Gewinnausschüttung hat steuerlich vielmehr den Charakter einer **Einlageforderung**. Dadurch wird weder die Annahme einer vorherigen verdeckten Gewinnausschüttung i. S. d. § 8 Abs. 3 Satz 2 KStG noch einer Leistung i. S. d. § 38 KStG ausgeschlossen. Vgl. das BMF-Schreiben vom 6.8.1981 (BStBl I S. 599) sowie das BFH-Urteil vom 29.5.1996 (BStBl 1997 II S. 92).

Der **BFH** hat im **Urteil vom 14.7.2009, AZ.: VIII R 10/07, DStR 2009 S. 2142**, nochmals bestätigt, dass die Rückzahlung einer vGA eine **Einlage** ist. Nach Auffassung des BFH führt die im Gesellschaftsverhältnis veranlasste Rückzahlung einer vGA auch dann zu einer Einlage, wenn die Rückzahlung auf einer **Satzungsklausel, einer gesellschaftsrechtlichen Regelung oder der gesellschaftsvertraglichen Treuepflicht** beruht (Anschluss an BFH-Urteil vom 29.8.2000, BStBl II 2001 S. 173).

Die Rückzahlung bzw. Rückforderung verdeckter Gewinnausschüttungen ist deshalb steuerlich wie folgt zu beurteilen:

Außerbilanzmäßige Abrechnung
- Die Rückzahlung der verdeckten Gewinnausschüttung bzw. die Bilanzierung eines Rückforderungsanspruchs darf sich bei der Kapitalgesellschaft als gesellschafts-rechtlich veranlasste **Einlage** nicht auf die Höhe ihres zu versteuernden Einkommens auswirken; **bei gewinnerhöhender Verbuchung ist deshalb nach § 8 Abs. 3 Satz 3 KStG eine außerbilanzmäßige Abrechnung im Rahmen der Einkommensermittlung erforderlich**. Dies gilt unabhängig davon, ob die Rückgewähr auf einem gesetzlichen oder vertraglichen Rückforderungsanspruch (Satzungsklausel, d. h. geschriebene Abrede im Gesellschaftsvertrag) beruht oder freiwillig erfolgt.
- **Zugang beim steuerlichen Einlagekonto**
  Die Einlage (die tatsächliche Rückzahlung des Gesellschafters) erhöht das steuerliche Einlagekonto i. S. d. § 27 KStG.
  Für einen Rückgewähranspruch (z. B. vertraglicher Rückgewähranspruch aufgrund Steuer- oder Satzungsklausel oder gesetzlicher Rückgewähranspruch nach §§ 30, 31 GmbHG) ist nach dem BFH-Urteil vom 29.5.1996 (BStBl 1997 II S. 92) zu beachten, dass der Rückgewähranspruch in der früheren Gliederung des verwendbaren Eigenkapitals **erst im Zeitpunkt seiner Erfüllung im EK 04 zu erfassen ist**.
  Dasselbe gilt auch für den Zugang beim steuerlichen Einlagekonto i. S. d. § 27 KStG.
- **Nachträgliche Anschaffungskosten beim Gesellschafter**
  Beim Gesellschafter entstehen in Höhe der tatsächlich zurückgezahlten Beträge zusätzliche Anschaffungskosten auf seine Beteiligung i. S. d. § 17 EStG.
  Auch die BFH-Rechtsprechung geht im Einklang mit der Verwaltungsauffassung insoweit von nachträglichen Anschaffungskosten aus. Denn nach dem BFH-Urteil vom 25.5.1999 (BB 1999 S. 1743) ist die Rückgewähr einer vGA aufgrund eines durch Satzungsklausel begründeten Rückforderungsanspruchs aus der Sicht des Gesellschafters als **Einlage** zu werten.
- <u>Praxishinweis:</u>
  Sofern der Gesellschafter für die Zeit zwischen Vorteilsgewährung und Rückgewähr

Zinsen entrichten muss (**Verzinsung der vGA**), sind diese Werbungskosten bei den Einkünften aus Kapitalvermögen. Das vollständige Abzugsverbot nach § **20 Abs. 9 EStG** bzw. im Optionsfall nach § **32 d Abs. 2 Nr. 3 EStG** anteilig nach § **3 c Abs. 2 EStG** ist insoweit jedoch zu beachten.

- **Praxishinweis: Rückzahlung offene GA**

  Diese Grundsätze gelten im übrigen auch für die **Rückgängigmachung bereits vollzogener offener Gewinnausschüttungen und für zurückgewährte Vorabausschüttungen**. Eine vollzogene Ausschüttung kann also nicht durch Aufhebung oder Änderung eines zuvor gefassten Gewinnverteilungsbeschlusses mit steuerlicher Wirkung rückgängig gemacht werden.

  Nach dem BFH-Urteil vom 29.8.2000 (BStBl 2001 II S. 173) ist auch die Rückzahlung einer offenen Gewinnausschüttung eine **Einlage**, die beim Gesellschafter nachträgliche Anschaffungskosten i. S. d. § 17 EStG zur Folge hat.

  Auch die KapSt ändert sich durch die Rückgewähr einer überhöhten Vorabausschüttung nicht mehr (vgl. Urteil FG Hamburg vom 21.9.1999, EFG 2000 S. 39).

6.7.2 Steuerliche Folgen beim nachträglichen Verzicht auf einen Rückgewähranspruch

Sofern die Kapitalgesellschaft einen gesetzlichen oder vertraglichen Rückgewähranspruch (Einlageforderung) aktiviert hat und später auf die Rückzahlung verzichtet, stellt sich die Frage, ob dieser Verzicht auf die Rückgewähr eine erneute verdeckte Gewinnausschüttung darstellt.

Der BFH hat hierzu im **Urteil vom 13.11.1996 (BB 1997 S. 1241)** Folgendes entschieden:

Hat eine GmbH gegen ihren Gesellschafter einen Zahlungsanspruch, der seinen Rechtsgrund in der wirtschaftlichen Rückgängigmachung einer vGA hat, so findet § 8 Abs. 3 Satz 2 KStG nur auf die ursprüngliche Schadenszufügung Anwendung. Der spätere Verzicht der GmbH auf den Zahlungsanspruch ist steuerlich wie der Verzicht auf eine Einlageforderung zu behandeln, die für sich genommen keine vGA sein kann.

D. h. der spätere Verzicht der GmbH auf diese Einlageforderung kann keine erneute verdeckte Gewinnausschüttung auslösen.

Beispiel 13:

Der Gesellschafter hat von seiner GmbH im Mai 2012 für private Zwecke eine verdeckte Gewinnausschüttung wegen Vorteilsgewährung in Höhe von 30.000 € erhalten, die gewinnmindernd verbucht wurde. Die GmbH aktiviert aufgrund einer Satzungsklausel in ihrer Bilanz zum 31.12.2012 einen Rückforderungsanspruch (Buchung: sonstige Forderung 30.000 € an a. o. Ertrag 30.000 €).

Im Jahr 2013 verzichtet die Gesellschaft hierauf und bucht die Forderung wieder gewinnmindernd aus (Buchung: a. o. Aufwand 30.000 € an sonstige Forderung 30.000 €).

Lösung:

Die verdeckte Gewinnausschüttung wegen Vorteilsgewährung führt im VZ 2012 nach § 8 Abs. 3 Satz 2 KStG zunächst zur **außerbilanzmäßigen Hinzurechnung**. Die bereits im Jahr 2012 aktivierte Rückforderung kann die steuerlichen Folgen der verdeckten Gewinnausschüttung nicht beseitigen. Da der Vorgang gewinnerhöhend verbucht wurde, ist der gesellschaftsrechtlich veranlasste Betrag von 30.000 € **nach § 8 Abs. 3 Satz 3 KStG** im Rahmen der Einkommensermittlung für den VZ 2012 wieder **außerbilanzmäßig abzurechnen**.

Beachte: Kein Zugang beim steuerlichen Einlagekonto zum 31.12.2012.

Der Verzicht der GmbH im Jahr 2013 auf diese Einlageforderung hat **keine erneute verdeckte Gewinnausschüttung** zur Folge, sondern führt lediglich im Rahmen der Einkommensermittlung für den VZ 2013 zu einer **außerbilanzmäßigen Hinzurechnung** in Höhe von 30.000 € (Hinzurechnung des gesellschaftsrechtlich veranlassten Aufwands).

Im Ergebnis hat sich damit die Aktivierung des Rückforderungsanspruchs und der anschliessende Verzicht hierauf steuerlich überhaupt nicht auswirkt.

6.8 Umsatzsteuer und verdeckte Gewinnausschüttung

Nach § 10 Nr. 2 KStG ist nichtabziehbar auch die Umsatzsteuer für Umsätze, die Entnahmen oder verdeckte Gewinnausschüttungen sind. Sofern die Umsatzsteuer auf eine verdeckte Gewinnausschüttung nach § 10 Nr. 2 KStG hinzuzurechnen wäre, hätte dies aufgrund der „Bruttoerfassung" der vGA zur Folge, dass die Umsatzsteuer zweimal hinzugerechnet würde. Sofern also eine vGA Umsatzsteuer nach § 3 Abs. 1 b oder Abs. 9 a UStG auslöst, ist **diese Umsatzsteuer bei der Gewinnermittlung nicht zusätzlich nach § 10 Nr. 2 KStG hinzuzurechnen, weil sie über die Hinzurechnung des gemeinen Werts bzw. der erzielbaren Vergütung (Bruttobetrag einschl. USt) nach § 8 Abs. 3 Satz 2 KStG bereits erfasst ist** (vgl. R 37 KStR).

Der Wertansatz der vGA ist also wie folgt zu ermitteln:

Bruttowert (gemeiner Wert bzw. erzielbare Vergütung)

./. **tatsächliche Bruttozahlung** des Gesellschafters

= Wert der vGA (= Leistung)

↓

sofern vGA Umsatzsteuer auslöst

→ USt ist abziehbare Betriebsausgabe (Passivierung einer Verbindlichkeit)

→ Keine Hinzurechnung der USt nach § 10 Nr. 2 KStG (R 37 KStR)

6.8 Umsatzsteuer und verdeckte Gewinnausschüttung

Aber:

Das in **§ 15 Abs. 1 a Satz 1 UStG** geregelte Abzugsverbot für Vorsteuerbeträge, die auf nach § 4 Abs. 5 Nr. 1 bis 4, 7 oder Abs. 7 EStG steuerlich nicht zu berücksichtigende Betriebsausgaben entfallen, führt jedoch nach **§ 10 Nr. 2 KStG** bei der Einkommensermittlung zu einer außerbilanzmäßigen Hinzurechnung.

Ausnahme:

Kein Abzugsverbot für Vorsteuerbeträge im Zusammenhang mit **Bewirtungsaufwendungen** nach § 4 Abs. 5 Satz 1 Nr. 2 EStG (vgl. **§ 15 Abs. 1 a Satz 2 UStG** und BMF-Schreiben vom 23.6.2005, BStBl I S. 816).

Beispiel 14: vGA Einkommenskorrektur nur in Höhe bilanzieller Gewinnminderung

Eine GmbH (Fahrradhandel) liefert ihrem Gesellschafter im Mai 2013 unentgeltlich ein Fahrrad, das sie für 500 € + 19 % Umsatzsteuer erworben hat. Der Verkaufspreis würde 1.190 € brutto betragen.

Lösung:

Es liegt eine **vGA i. H. d. gemeinen Werts (möglicher Verkaufswert) von 1.190 €** vor. Allerdings ergibt sich eine **Zurechnung bei der Einkommensermittlung** für 2013 nach § 8 Abs. 3 Satz 2 KStG nur wie folgt:

in Höhe der fehlenden Ertragsbuchung von 1.000 € und 95 € aus dem USt-Aufwand (500 € x 19 v. H.), insgesamt 1.095 €. Denn auf den **bilanziellen Gewinn** hat sich nur ein Betrag in Höhe von 1.095 € ausgewirkt. Die Verbuchung der Einkaufsrechnung (Wareneinkauf: 500 €, Vorsteuer: 95 €) bleibt unverändert.

Der **gemeine Wert in Höhe von 1.190 €** ist jedoch eine Leistung i. S. d. § 27 KStG (= abgeflossene vGA). Es ist zu prüfen, ob sich aufgrund der **abgeflossenen vGA von 1.190 €** (= Leistung in 2013) im VZ 2013 eine Verwendung des steuerlichen Einlagekontos zum 31.12.2012 ergibt (**Einlagenrückgewähr i. S. d. § 27 Abs. 1 Satz 3 KStG**) ergibt. Dies wäre dann der Fall, wenn für die Verrechnung der vGA mit dem Eigenkapital lt. Steuerbilanz zum 31.12.2012 kein ausschüttbarer Gewinn vorhanden ist.

Die nach **§ 3 Abs. 1 b Nr. 1 i. V. m. § 10 Abs. 4 Satz 1 Nr. 1 UStG** zu zahlende Umsatzsteuer aufgrund der unentgeltlichen Wertabgabe in Höhe von **500 € x 19 % = 95 €** stellt eine **abziehbare Betriebsausgabe** dar, die nicht nach § 10 Nr. 2 KStG bei der Einkommensermittlung hinzuzurechnen ist (**Passivierung einer USt-Verbindlichkeit in der Bilanz zum 31.12.2013**).

Durch die Erhöhung des Einkommens (Zurechnung vGA ./. USt-Nachholung) ergibt sich auch eine höhere Gewerbesteuerbelastung für 2013, für die ggf. eine entsprechende Rückstellung zu bilden ist (Abzugsverbot nach § 4 Abs. 5 b EStG beachten).

Der Gesellschafter hat im VZ 2013 Einnahmen aus Kapitalvermögen nach § 20 Abs. 1 Nr. 1 Satz 2 EStG in Höhe von 1.190 €, davon im Optionsfall nach § 32 d Abs. 2 Nr. 3 EStG 60 v. H. von 1.190 € = 714 € steuerpflichtig (§ 3 Nr. 40 Satz 1 Buchst. d EStG).

6.9 Vereinbarung eines Vorteilsausgleichs zur Vermeidung einer vGA

Ein steuerlicher Vorteilsausgleich zwischen der GmbH und dem Gesellschafter kommt nur dann in Betracht, wenn hierüber im Voraus eine klare und eindeutige Vereinbarung (siehe Fall 2) getroffen wurde.

Beispiel 15:

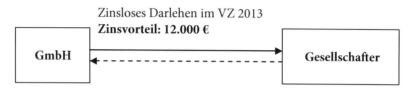

Vorteil Gesellschafter an GmbH,
z.B. unentgeltliche oder verbilligte
Grundstücksüberlassung
(**Nutzungsvorteil: 10.000 €**)

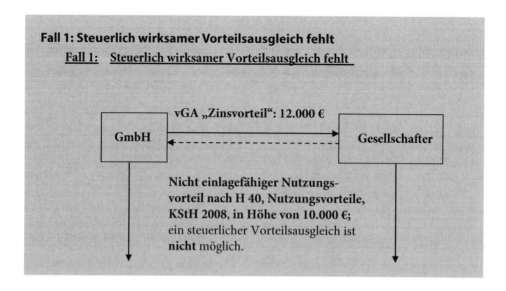

Steuerliche Folgen:

Die **vGA** führt zur außerbilanzmäßigen Einkommenskorrektur nach § 8 Abs. 3 Satz 2 KStG im VZ 2013 in Höhe von 12.000 €.

Durch den **nicht einlagefähigen Nutzungsvorteil** ergeben sich keine unmittelbaren Auswirkungen (auch kein Zugang beim steuerlichen Einlagekonto i.S.d. § 27 KStG zum 31.12.2013).

Steuerliche Folgen:

Die vGA ist nach § 20 Abs. 1 1 Nr. 1 Satz 2 i.V.m. § 3 Nr. 40 EStG in Höhe von 7.200 € steuerpflichtig (Optionsfall).

Anwendung des **§ 3 c Abs. 2 EStG** für die Grundstücksaufwendungen des Gesellschafters im Zusammenhang mit seinem Nutzungsvorteil an die GmbH.

Fall 2: Klare und eindeutige Vereinbarung über Vorteilsausgleich liegt vor

Nach dem BFH-Urteil vom 7.12.1988 (BStBl 1989 II S. 248) setzt bei einem **beherrschenden Gesellschafter** die steuerrechtliche Berücksichtigung eines Vorteilsausgleichs voraus, dass er stets auf einer **im Voraus getroffenen, klaren und eindeutigen Vereinbarung über den Grund und die Höhe der Gegenleistung beruht.**

Der BFH hat dies im Urteil vom 28.2.1990 (BStBl 1990 II S. 649) nochmals ausdrücklich bestätigt. **Vgl. auch H 36, Vorteilsausgleich, KStH 2008.**

```
                    Keine vGA bis zur Höhe des
                    auch wertmäßig festgelegten
                    Vorteilsausgleichs von 10.000 €;
                    vGA „Zinsvorteil" nur 2.000 €
   ┌─────────┐                                      ┌──────────────┐
   │  GmbH   │◄ ─ ─ ─ ─ ─ ─ ─ ─ ─ ─ ─ ─ ─ ─ ─ ─ ─ ─│ Gesellschafter│
   └─────────┘                                      └──────────────┘
                    Kein nicht einlagefähiger Nutzungs-
                    vorteil bzw. keine verdeckte Einlage
                    bis zur Höhe des auch wertmäßig
                    festgelegten Vorteilsausgleichs
```

Liegt im Beispielsfall also eine schriftliche Vereinbarung des Inhalts vor, dass das zinslose Gesellschafterdarlehen nur deshalb eingeräumt wurde, weil die GmbH ihrerseits das Grundstück des Gesellschafters unentgeltlich nutzen konnte und wird dies auch wertmäßig festgelegt, ist insoweit ein **steuerlicher Vorteilsausgleich** durchzuführen. Dies bedeutet, dass nur der darüber hinausgehende Betrag von **2.000 € (12.000 € ./. 10.000 €)** bei der Einkommensermittlung für 2013 nach § 8 Abs. 3 Satz 2 KStG als **verdeckte Gewinnausschüttung** hinzugerechnet werden muss.

> **Variante:**
> Sofern die angemessene Pacht für das Grundstück z. B. **15.000 €** jährlich betragen würde, wäre im Falle eines steuerlichen Vorteilsausgleichs **im Ergebnis im VZ 2013 ein nicht einlagefähiger Nutzungsvorteil in Höhe von 3.000 €** (15.000 € ./. 12.000 €) anzunehmen. D. h. eine verdeckte Gewinnausschüttung käme insoweit nicht in Betracht.

6.10 Anwendung der Fiktionstheorie bei vGA

Beim Gesellschafter, der eine vGA erhält, ist nach der sog. Fiktionstheorie zu prüfen, ob im Zusammenhang mit der Erfassung der vGA nach § 20 Abs. 1 Nr. 1 Satz 2 EStG tatsächliche oder fiktive Betriebsausgaben, Werbungskosten oder (höhere) Anschaffungskosten berücksichtigt werden können.

Die Anwendung der Fiktionstheorie ist auf das **BFH-Urteil vom 14.8.1975 (BStBl 1976 II S. 88)** zurückzuführen. Dabei wird unterstellt, dass die Kapitalgesellschaft vom Gesellschafter zunächst eine angemessene Gegenleistung erhält und diese dann ganz oder teilweise wieder an den Gesellschafter als vGA zurückgewährt wird. Der Vorgang wird also gedanklich in **2 Schritte** unterteilt:

- Der Gesellschafter entrichtet ein angemessenes Entgelt (**1. Schritt**).
- Er erhält das Entgelt (ganz oder teilweise) in Form einer verdeckten Gewinnausschüttung zurück (**2. Schritt**).

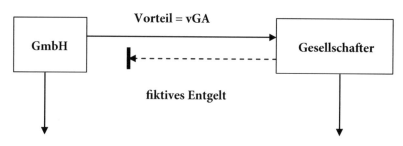

Steuerliche Folgen:

- Einkommenskorrektur nach § 8 Abs. 3 Satz 2 KStG
- Verwendung des steuerlichen Einlagekontos nach § 27 Abs. 1 Satz 3 KStG prüfen

Steuerliche Folgen:

- Erfassung vGA nach § 15 oder § 20 EStG i. V. m. § 32 d Abs. 3 EStG bzw. § 3 Nr. 40 EStG (für Anteile im PV im Optionsfall nach § 32 d Abs. 2 Nr. 3 EStG)
- **Zusätzliche BA, WK oder AK prüfen (Fiktionstheorie)**

– § 3 c Abs. 2 EStG ist nur bei Wiederinvestition in eine Kapitalbeteiligung und damit der Einkunftsart nach §§ 17, 20 Abs. 1 Nr. 1 EStG zu beachten. Bei der Einkunftsart § 20 EStG gilt jedoch das Abzugsverbot nach § 20 Abs. 9 EStG, sofern kein Optionsfall vorliegt (vgl. § 32 d Abs. 2 Nr. 3 Satz 2 EStG).

Beispiel 16:

Der Gesellschafter (Beteiligung 100 v. H.) erhält von seiner GmbH in 2013 ein zinsloses Darlehen in Höhe von 200.000 €. Von einem fremden Dritten hätte die GmbH jährlich 7 v. H. Zinsen verlangt. Die GmbH-Anteile gehören zum Privatvermögen des Gesellschafters. Dieser verwendet das Darlehen wie folgt:

a) für eine betriebliche Investition in seinem Einzelbetrieb,

b) zur Finanzierung des Erwerbs eines fremdvermieteten Mehrfamilienhauses,

c) für eine betriebliche Investition in eine GmbH & Co. KG, an der er zu 60 v. H. als Mitunternehmer beteiligt ist,

d) zur Anschaffung einer Kapitalbeteiligung.

Lösung:

Der Gesellschafter muss die vGA in Höhe von 14.000 € (7 v. H. von 200.000 €) nach § 20 Abs. 1 Nr. 1 Satz 2 EStG im VZ 2013 als Einnahme aus Kapitalvermögen erfassen. Davon sind nach § 3 Nr. 40 Satz 1 Buchst. d EStG im Optionsfall 60 v. H. = 8.400 € steuerpflichtig (Teileinkünfteverfahren). Nach der Fiktionstheorie können aber die **fiktiven Zinszahlungen** von 14.000 € bei ihm im VZ 2013 steuerlich wie folgt berücksichtigt werden.

Zu a): Betriebsausgaben zu 100 %

Betriebsausgaben (§ 4 Abs. 4 EStG) im VZ 2013 bei den Einkünften aus Gewerbebetrieb

Buchung im Einzelunternehmen:

Zinsaufwand an Privateinlage   14.000 €

Gehört die GmbH-Beteiligung zum **Betriebsvermögen** des Gesellschafters, ist die vGA in Höhe von 14.000 € nach **§ 20 Abs. 8 EStG** als gewerbliche Betriebseinnahme zu erfassen (**für Anteile im BV gilt das Teileinkünfteverfahren auch ohne Option**).

Der Vorgang wird im Einzelunternehmen wie folgt verbucht:

Zinsaufwand (Fiktionstheorie) 14.000 € an Beteiligungserträge 14.000 €

Der Beteiligungsertrag ist nach § 3 Nr. 40 Satz 1 Buchst. d und Satz 2 EStG im VZ 2013 in Höhe von 60 v. H. = 8.400 € steuerpflichtig.

Zu b): Werbungskosten zu 100 %

Werbungskosten (§ 9 EStG) im VZ 2013 bei den Einkünften aus Vermietung und Verpachtung in Höhe von **14.000 €**. Das Abzugsverbot nach § 3 c Abs. 2 EStG greift nicht.

Zu c): Betriebsausgaben zu 100 %

Sonderbetriebsausgaben des Gesellschafters nach § 15 Abs. 1 Nr. 2 EStG bei der KG in Höhe von **14.000 €** (Verbrauch der vGA im Rahmen der KG-Beteiligung).

Gehört die GmbH-Beteiligung zum Sonderbetriebsvermögen, führen die Kapitalerträge zu Sonderbetriebseinnahmen in Höhe von 14.000 €, die nach § 3 Nr. 40 Satz 2 EStG nur in Höhe von 60 v. H. von 14.000 € = 8.400 € steuerpflichtig sind.

Dies gilt unabhängig davon, ob die GmbH der KG das Darlehen unmittelbar einräumt. Denn die GmbH & Co. KG ist aus Sicht der GmbH eine ihrem Gesellschafter **nahestehende Person**.

Zu d): Werbungskosten zu 60 %

Aufwendungen im Zusammenhang mit dem Erwerb einer Kapitalbeteiligung unterliegen aber dem **teilweisen Abzugsverbot nach § 3 c Abs. 2 EStG** (z. B. bei Veräußerung der Beteiligung werden die Anschaffungskosten nur zu 60 % berücksichtigt). Dies gilt auch – wie hier – nach erfolgter vGA und der Anwendung der Fiktionstheorie. Dies bedeutet, dass beim Gesellschafter im VZ 2013 im Optionsfall nach § 32 d Abs. 2 Nr. 3 EStG Werbungskosten bei den Einkünften aus Kapitalvermögen nach § 20 Abs. 1 Nr. 1 EStG nur in Höhe von 60 v. H. von 14.000 € = 8.400 € steuerlich berücksichtigt werden können.

Im Fall des § 32 d Abs. 3 EStG geht die Fiktionstheorie ins Leere, da nach **§ 20 Abs. 9 Satz 1 EStG** der Abzug der tatsächlichen Werbungskosten ausgeschlossen ist.

6.11 Verdeckte Gewinnausschüttung wegen Geschäftschancen

6.11.1 BFH-Rechtsprechung

Der BFH hat seine frühere Rechtsprechung zur Annahme einer verdeckten Gewinnausschüttung im Zusammenhang mit einem Verstoß des Gesellschafter-Geschäftsführers einer GmbH gegen das Wettbewerbsverbot geändert. Vgl. z. B. BFH-Urteile vom 30.8.1995 (BB 1995 S. 2513), vom 11.6.1996 (DB 1996 S. 2366), vom 13.11.1996 (BB 1997 S. 508), vom 18.12.1996 (GmbHR 1997 S. 362) und vom 24.3.1998 (BB 1998 S. 1828).

Mittlerweile gilt Folgendes:

Ausnutzung einer konkreten Geschäftschance oder Zunutzemachen einer Information der GmbH durch den Gesellschafter:
Nach Auffassung des BFH kommt insoweit eine verdeckte Gewinnausschüttung regelmäßig nur dann in Betracht, wenn seitens des Gesellschafters eine Ausnutzung einer konkreten Geschäftschance oder Zunutzemachung einer Information der GmbH erfolgt, die zu einer Gewinnverlagerung auf den Gesellschafter führt. Dies gilt unabhängig davon, ob ein gesetzliches oder vertragliches Wettbewerbsverbot besteht.

Nach dem **BFH-Urteil vom 12.6.1997 (BB 1997 S. 1829)** bedeuten die Grundsätze der Geschäftschancenlehre jedoch nicht, dass eine Kapitalgesellschaft jede denkbare Geschäftschance auch wahrnehmen muss. Ob eine Kapitalgesellschaft eine sich ihr bietende Geschäftschance wahrgenommen hätte, ist aus der Sicht eines ordentlichen und gewissenhaften Geschäftsleiters zu beurteilen (**z. B. wenn eine sich ihr bietende Geschäftschance mehr oder weniger risikolos wahrgenommen werden kann**).

Zur **Geschäftschancenlehre** und zur **Einschaltung des Gesellschafter-Geschäftsführers als Subunternehmer** gilt nach dem **BFH-Urteil vom 9.7.2003 (BFH/NV 2003 S. 1666)** Folgendes:
„1. Es ist am Maßstab des Handelns eines ordentlichen und gewissenhaften Geschäftsleiters zu beurteilen, **ob eine Kapitalgesellschaft eine sich ihr bietende Geschäftschance auch wahrgenommen hätte**. Ob sie die Chance mit eigenen personellen und sachlichen Mitteln nutzt oder aber ihren Gesellschafter als Subunternehmer beauftragt, unterliegt ihrer freien unternehmerischen Entscheidung (ständige Rechtsprechung).
2. Auch bei Einschaltung des Gesellschafters als Subunternehmer hat die Kapitalgesellschaft diesem jede Vergütung zu zahlen, die für die erbrachte Leistung marktüblich ist. Sie kann die Vergütung nicht pauschal an ihrem zu erwartenden (Gesamt-)Gewinn orientieren und ggf. entsprechend kürzen. Ein ordentlicher und gewissenhafter Geschäftsleiter wird regelmäßig allerdings nur eine Vergütung akzeptieren, die der Gesellschaft eine Gewinnmöglichkeit aus dem betreffenden Geschäftsvorfall belässt.
3. Übernimmt eine Kapitalgesellschaft einen Auftrag, der zunächst ihrem Gesellschafter angeboten worden ist, auf dessen Veranlassung hin als eigenen und beauftragt sie sodann ihrerseits den Gesellschafter als Subunternehmer, so ist zu erwarten, dass sie für die Übernahme des Auftrags und dessen Durchführung eine angemessene Vergütung verlangen wird.
4. Die Vereinbarung über eine Honorarabrechnung nach Tagessätzen für freiberuflich zu erbringende Leistungen des alleinigen Gesellschafter-Geschäftsführers gegenüber der GmbH muss i. d. R. klar und eindeutig sein. Ist diese Art der Honorarabrechnung in dem betreffenden freiberuflichen Bereich jedoch üblich, kann sie auch ansonsten steuerlich zu akzeptieren sein."

6.11.2 Auffassung der Finanzverwaltung

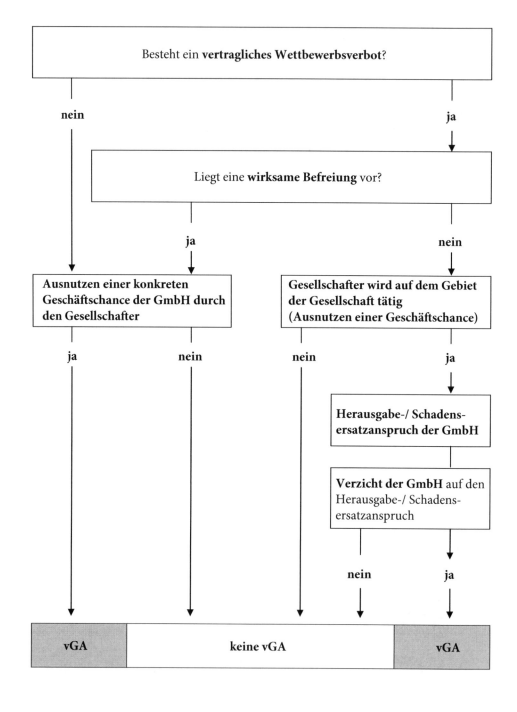

6.11 Verdeckte Gewinnausschüttung wegen Geschäftschancen

Kriterien, die für die Zuordnung einer Geschäftschance zur GmbH sprechen:
- Die GmbH ist mit dem Geschäft als Erste in Berührung gekommen und hat sich bereits um den Kunden bemüht.
- Sie hat bereits erste Maßnahmen zur Durchführung des Geschäfts getroffen.
- Die Gesellschaft hat bereits besondere Aufwendungen für das Geschäft gehabt.
- Es handelt sich um einen Anschlussauftrag zu einem bereits von der Gesellschaft durchgeführten Geschäft.
- Der Gesellschafter bedient sich zur Durchführung des Geschäfts des Personals und der Sachausstattung der Gesellschaft.
- Der Gesellschafter verwendet besonderes Know-how, das er bei der Gesellschaft erworben hat, zur Durchführung des Geschäfts.
- Den Gesellschafter trifft ein vertragliches Wettbewerbsverbot.
- Es bietet sich eine Einmalchance, die die Gesellschaft mehr oder weniger risikolos wahrnehmen kann.

Kriterien, die gegen die Zuordnung einer Geschäftschance zur GmbH sprechen:
- Der Gesellschafter wird außerhalb des satzungsmäßigen Unternehmensgegenstands der Gesellschaft tätig.
- Die Gesellschaft hat Geschäfte dieser Art, obwohl sie zu ihrem satzungsmäßigen Unternehmensgegenstand gehören, bisher nicht durchgeführt.
- Besteht eine Aufgabenabgrenzung zwischen Gesellschaft und Gesellschafter und ist der Gesellschafter (nur) in dem ihm darin zugewiesenen Aufgabenbereich tätig, spricht dies für die Zuordnung der Geschäftschance zu ihm.
- Der Gesellschaft fehlen die personellen Kapazitäten, der Maschinenpark oder die finanziellen Mittel, das Geschäft durchzuführen.
- Die Gesellschaft kann das mit dem Geschäft verbundene Risiko nicht tragen.
- Der Kunde hat das Geschäft dem Gesellschafter persönlich angetragen und weigert sich, es mit der Kapitalgesellschaft abzuschließen.

Beispiel 17: vGA wegen Geschäftschance

Einer Autohaus GmbH werden im Jahr 2012 aus der Insolvenzmasse eines anderen Autohändlers fünf nahezu neuwertige Fahrzeuge zum Kauf angeboten. Der Insolvenzverwalter dieses Autohändlers verlangte für die fünf Fahrzeuge insgesamt 200.000 €.

Da sich die beiden Gesellschafter-Geschäftsführer der GmbH einig waren, diese Fahrzeuge zu einem höheren Preis weiterverkaufen zu können, erwarben sie selbst die Fahrzeuge von dem Insolvenzverwalter aus Mitteln ihres Privatvermögens. Anschließend veräußerten sie die Pkws zeitnah für insgesamt 240.000 € an mehrere Interessenten weiter. Der Veräußerungserlös wurde von ihnen ebenfalls privat vereinnahmt. Bei der GmbH wurde deshalb aus diesem Vorgang buchungsmäßig keine Konsequenzen gezogen.

Die Zulässigkeit derartiger Geschäfte durch den Gesellschafter ist weder im Gesellschaftsvertrag noch in den Anstellungsverträgen geregelt.

Lösung:
Es muss davon ausgegangen werden, dass die Gesellschafter einvernehmlich gehandelt haben; es sind deshalb keine zivilrechtlichen Ersatzansprüche der Gesellschaft gegen die Gesellschafter entstanden.

Allerdings liegt eine vGA aufgrund der Überlassung von Geschäftschancen an die Gesellschafter vor. Die GmbH ist als Erste mit dem Geschäft in Berührung gekommen, da ihr die Pkws zum Kauf angeboten wurden. Einem fremden Dritten hätte die GmbH die Geschäftschance nicht unentgeltlich überlassen. Die Höhe der vGA bemisst sich nach dem Betrag, den die GmbH von einem fremden Dritten für die Überlassung der Ge-schäftschance verlangt hätte. Es muss davon ausgegangen werden, dass die GmbH dabei den zu erwartenden Gewinn weitgehend hätte selbst abschöpfen wollen, so dass die Höhe der vGA nicht weit von dem tatsächlich erzielten Gewinn in Höhe von 40.000 € abweichen dürfte.

Die verdeckte Gewinnausschüttung beträgt deshalb 40.000 € und führt im VZ 2013 als verhinderte Vermögensmehrung nach § 8 Abs. 3 Satz 2 KStG zur außerbilanzmäßigen Einkommenskorrektur.

Die Gesellschafter erzielen in 2013 insoweit Einkünfte aus Kapitalvermögen nach § 20 Abs. 1 Nr. 1 Satz 2 EStG in Höhe von 40.000 €, die nach § 3 Nr. 40 Satz 1 Buchst. d EStG in Höhe von 24.000 € steuerpflichtig sind (Optionsfall).

Sofern die Veräußerung durch die GmbH-Gesellschafter im Rahmen eines bestehenden Gewerbebetriebs i. S. d. § 15 EStG erfasst worden wäre, hätte der aus der Inanspruchnahme der Geschäftschance erzielte Gewinn um fiktive Betriebsausgaben in Höhe von 40.000 € verringert werden müssen.

6.12 Risikogeschäfte durch den Gesellschafter-Geschäftsführer

6.12.1 BFH-Rechtsprechung

Risikogeschäfte, insbesondere
- **Goldoptionsgeschäfte** (BFH-Urteil vom 14.9.1994, BStBl 1997 II S. 89)
- **Devisentermingeschäfte** (BFH-Urteil vom 8.8.2001, BStBl 2003 II S. 487)
- **Wertpapier-Risikogeschäfte** (BFH-Urteil vom 31.3.2004, BFH/NV 2004 S. 1482)

sind grundsätzlich **betrieblich veranlasst**. Denn Kapitalgesellschaften haben keine außerbetriebliche Sphäre. Hieraus erlittene Verluste stellen ebenso wie Kursverluste Betriebsausgaben dar; bei den realisierten Kursgewinnen handelt es sich um Betriebseinnahmen.

Nach der BFH-Rechtsprechung gilt Folgendes:
Tätigt eine GmbH Risikogeschäfte (z. B. Wertpapiergeschäfte oder Devisentermingeschäfte), so rechtfertigt dies regelmäßig nicht die Annahme, die Geschäfte würden im privaten Interesse des (beherrschenden) Gesellschafters ausgeübt. Die Gesellschaft ist grundsätzlich

darin frei, solche Geschäfte und die damit verbundenen Chancen, zugleich aber auch Verlustgefahren wahrzunehmen.

Nach dem BFH-Urteil vom 31.3.2004 (a.a.O.) kann eine vGA jedoch anzunehmen sein, wenn die GmbH die Wertpapiergeschäfte mit ihren beherrschenden Gesellschaftern tätigt und der Kaufpreis durch Kursbeeinflussung zugunsten der Gesellschafter bestimmt ist.

6.12.2 Auffassung der Finanzverwaltung

Die Finanzverwaltung vertritt im **BMF-Schreiben vom 20.5.2003 (BStBl I S. 333)** hingegen folgende Auffassung:

„Das **BMF-Schreiben vom 19.12.1996 (BStBl 1997 I S. 112)** legt in seinen Tz. 1 und 2 im Zusammenhang mit sog. Risikogeschäften Kriterien für die Abgrenzung der Gesellschafter- von der Gesellschaftssphäre fest. Dabei ist die Übernahme risikobehafteter Geschäfte nicht von vornherein als im Geschäftsleben unüblich anzusehen.

Etwas anderes gilt allerdings dann, wenn ein ordentlicher und gewissenhafter Geschäftsleiter das Geschäft nicht eingegangen wäre. Diese Voraussetzung ist insbesondere erfüllt, wenn das Geschäft nach Art und Umfang der Geschäftstätigkeit der Gesellschaft völlig unüblich, mit hohen Risiken verbunden und nur aus privaten Spekulationsabsichten des Gesellschafter-Geschäftsführers zu erklären ist.

Im Urteil vom 8.8.2001 (BStBl 2003 II S. 487) hat der BFH dagegen entschieden, dass es Sache der Gesellschaft sei, Risikogeschäfte mit den damit verbundenen Chancen und Verlustgefahren wahrzunehmen. Dies gelte selbst dann, wenn sich die damit zum Ausdruck kommende Risiko- und Spekulationsbereitschaft mit den Absichten des Gesellschafter-Geschäftsführers decken sollten. Der Umstand, dass die Durchführung nach Art und Umfang der Geschäftstätigkeit der Gesellschaft völlig unüblich oder mit hohem Risiko verbunden sei, könne die Veranlassung der Geschäfte durch das Gesellschaftsverhältnis nicht begründen.

Nach dem Ergebnis einer Erörterung mit den obersten Finanzbehörden der Länder sind die Grundsätze des BFH-Urteils über den entschiedenen Einzelfall hinaus nicht anzuwenden. **Die Grundsätze des BMF-Schreibens vom 19.12.1996 (a.a.O.) gelten für die Abgrenzung der Gesellschafter- von der Gesellschaftssphäre bei Risikogeschäften weiter.** Die Umstände des Einzelfalls sind im Rahmen der Feststellungslast möglichst umfassend zu werten."

Beispiel 18: vGA wegen Übernahme Risikogeschäft

Die Gesellschafter-Geschäftsführer einer GmbH mit einem Stammkapital in Höhe von 50.000 € sind EM mit 90 v.H. und seine EF mit 10 v.H.

Anfang 2013 trat eine nigerianische Firma an die Geschäftsführer der GmbH heran und bot eine Provision für die – wie es in einem Anschreiben heißt – Genehmigung zur Überweisung von 35,5 Mio Dollar „auf Ihr Firmenkonto oder Privatkonto" an. Die Provision sollte 35 v.H. des eingezahlten Betrags betragen. Vor dem geplanten Geldtransfer sollte die GmbH allerdings noch für Sicherheiten und Auslagenersatz

Zahlungen nach Nigeria leisten. In zwei Raten (im Mai sowie Juni 2013) wurden hierfür insgesamt 300.000 € vom Bankkonto der GmbH abgebucht. Nach Überweisung dieser Gelder stellte die nigerianische Seite sämtliche Kontakte ein. Die Zahlungen wurden zunächst auf dem in der Buchführung der GmbH geführten Sachkonto, das mit „Herr EM, sonstige Verrechnung" überschrieben ist, erfasst. Im Rahmen des Jahresabschlusses nach Ablauf des Geschäftsjahres erfolgte eine Umbuchung der Beträge auf das Konto „a.o. Aufwand".

Lösung:

Nach dem **Urteil des FG München vom 6.5.2003 (EFG 2003 S. 1268)** stellt die **Übernahme dieses Risikogeschäfts („Afrikageschäft") durch die GmbH eine vGA in Höhe von 300.000 € dar.**

Im Verhältnis zwischen einer Kapitalgesellschaft und ihrem beherrschenden Gesellschafter muss von vornherein klar und eindeutig dokumentiert werden, ob ein außerhalb des Satzungszwecks liegendes unübliches bzw. risikobehaftetes Geschäft auf Rechnung der Kapitalgesellschaft oder des Gesellschafters durchgeführt werden soll. Wird Klarheit über die Zuordnung zum Geschäftsbereich der Kapitalgesellschaft erst zu einem Zeitpunkt geschaffen, in dem sich der Verlust aus dem Geschäft bereits abzeichnet, liegt in der Verlustübernahme durch die Kapitalgesellschaft eine vGA.

Auch nach Auffassung der Finanzverwaltung in dem BMF-Schreiben vom 19.12.1996 (a.a.O.) und 20.5.2003 (a.a.O.) ist im vorliegenden Fall eine vGA wegen Risikogeschäfte anzunehmen. **Denn das Geschäft war völlig unüblich, mit hohen Risiken verbunden und nur aus privaten Spekulationsabsichten der Gesellschafter-Geschäftsführer zu erklären.**

7 Offene und verdeckte Einlagen bei Kapitalgesellschaften

7.1 Allgemeines

Gesellschaftsrechtliche Vermögensmehrungen sind durch das Gesellschaftsverhältnis veranlasste Vermögenszuführungen eines Gesellschafters ins Vermögen der Gesellschaft. Sie dürfen die steuerliche Bemessungsgrundlage nicht beeinflussen und sind, soweit sie sich **gewinnerhöhend** ausgewirkt haben, im Rahmen der Einkommensermittlung durch **entsprechende Kürzungen zu neutralisieren** (§ 4 Abs. 1 Satz 1 EStG).

Gesellschaftsrechtliche Vermögensmehrungen führen beim Gesellschafter dem Grunde nach zu **(nachträglichen) Anschaffungskosten auf seine Beteiligung**, was sich bei ihm steuerlich allerdings erst im Falle der Veräußerung der Anteile oder Liquidation der Gesellschaft auswirkt, vorausgesetzt es handelt sich um eine Beteiligung i. S. d. § 17 EStG oder die Anteile werden in einem Betriebsvermögen gehalten. Vgl. BFH-Urteil vom 27.4.2000 (BStBl 2001 II S. 168).

7.2 Gesellschaftsrechtliche Einlagen (offene Einlagen)

Gesellschaftsrechtliche offene, **gegen die Gewährung neuer Gesellschaftsanteile** vollzogener Einlagen sind den gesellschaftsrechtlichen Vorschriften entsprechende Kapitalzuführungen der Gesellschafter, z. B.:
- Leistungen auf die Stammeinlagen bei einer GmbH
- Ausgabeaufgeld (§ 3 Abs. 2 GmbHG)
- Nachschüsse (§ 26 GmbHG).

Gesellschaftsrechtliche Einlagen können zu Nennkapital oder zu Kapitalrücklagen führen (vgl. § 272 Abs. 2 HGB). Derartige Kapitalzuführungen erhöhen zwar das Vermögen der Gesellschaft, berühren aber handelsrechtlich nicht den Gewinn und erfordern daher auch keine außerbilanzmäßige Korrektur im Rahmen der Einkommensermittlung (vgl. BFH-Urteil vom 24.4.2007, BStBl 2008 II S. 253).

Nach dem BFH-Urteil vom 27.5.2009, AZ.: I R 53/08, DB 2010 S. 30, ist ein Aufgeld (§ 272 Abs. 2 Nr. 1 HGB) keine verdeckte Einlage, sondern eine offene Einlage. Unter einer verdeckten Einlage ist die Zuwendung eines bilanzierbaren Vermögensvorteils aus gesellschaftsrechtlichen Gründen **ohne Entgelt in Gestalt von Gesellschaftsrechten** zu verstehen. Nach diesen Maßstäben kann ein Aufgeld nicht als verdeckte Einlage angesehen werden. **Denn das Aufgeld ist Bestandteil der Gegenleistung für die Verschaffung von Gesellschaftsrechten und wird folglich nicht unentgeltlich entrichtet.** Darin unterscheidet es sich von der **freiwilligen Zuzahlung** in das Gesellschaftsvermögen, die gem. § 272 Abs. 2 Nr. 4 HGB ebenfalls in die Kapitalrücklage einzustellen ist, bei der es sich jedoch um eine **unentgeltliche Leistung des Gesellschafters** handelt, die nicht in Zusammenhang mit dem Erwerb von individuellen Gesellschaftsrechten steht.

7.3 Verdeckte Einlagen

Mit dem Begriff der verdeckten Einlage sind Kapitalzuführungen (Geld- oder Sachwerte) durch Anteilseigner und somit Vermögensmehrungen bei der Gesellschaft verbunden, die nicht auf gesellschaftsrechtlichen Vorschriften, sondern auf gesellschaftlichen Interessen der Gesellschafter beruhen.

Der Begriff der verdeckten Einlage wird in **R 40 Abs. 1 KStR** definiert.

Eine verdeckte Einlage liegt danach vor,
- wenn ein Gesellschafter oder eine ihm nahestehende Person
- außerhalb der gesellschaftsrechtlichen Einlagen
- der Gesellschaft einen einlagefähigen Vermögensvorteil zuwendet,
- und diese Zuwendung durch das Gesellschaftsverhältnis veranlasst ist.

Ein einlagefähiger Vermögensvorteil ist gegeben, wenn sich durch die Zuwendung die Aktiva erhöhen oder die Passiva verringern (H 40, Einlagefähiger Vermögensvorteil, KStH 2008). Eine Nutzungsüberlassung (z. B. zinslose Darlehensgewährung) kann hingegen nicht Gegenstand einer Einlage sein (**H 40, Nutzungsvorteile, KStH 2008**). Verzichtet der Gesellschafter dagegen im Nachhinein auf ein bereits entstandenes Nutzungsentgelt (z. B. auf entstandene Zinsen), vermindert sich ein Passivposten und die Einlagefähigkeit des Vermögensvorteils ist damit zu bejahen.

Sofern sich verdeckte Einlagen bei der Gesellschaft **gewinnerhöhend** ausgewirkt haben (bei Buchung über a. o. Ertrag), muss nach § 8 Abs. 3 Satz 3 KStG eine entsprechende außerbilanzmäßige Korrektur im Rahmen der Einkommensermittlung erfolgen; eine außerbilanzmäßige Korrektur entfällt, wenn die verdeckten Einlagen gewinnneutral (z. B. über Kapitalrücklage) gebucht wurden (**vgl. R 40 Abs. 2 KStR**).

Zu den einzelnen Tatbestandsmerkmalen ergibt sich Folgendes:

7.3 Verdeckte Einlagen

7.3.1 Gesellschafter oder eine ihm nahestehende Person

Die Zuführung des Vermögensvorteils in die Kapitalgesellschaft kann **unmittelbar** durch den Gesellschafter selbst zu Lasten seines Vermögens erfolgen.

> **Beispiel 1: Werthaltiger Forderungsverzicht**
>
> Der Gesellschafter einer GmbH verzichtet in 2013 auf die Rückzahlung eines (**werthaltigen**) Darlehens in Höhe von 50.000 €, das er der GmbH gewährt hat. Geschäftliche Erwägungen des Gesellschafters für den Verzicht scheiden aus.
> Der Vorgang wurde von der GmbH wie folgt verbucht:
>
> Fall 1:   Sonstige Verbindlichkeiten 50.000 € an **a. o. Ertrag**   50.000 €
>
> Fall 2:   Sonstige Verbindlichkeiten 50.000 € an **Kapitalrücklage**   50.000 €

> **Lösung:**
>
> Bei dem Schulderlass handelt es sich um eine unmittelbare einlagefähige Vorteilszuzuwendung durch den Gesellschafter und damit um eine verdeckte Einlage. Hierdurch darf sich das Einkommen der Kapitalgesellschaft nicht erhöhen. Bei der GmbH ist deshalb im <u>Fall 1</u> nach § 8 Abs. 3 Satz 3 KStG im Rahmen der Einkommensermittlung für 2013 eine **außerbilanzmäßige Abrechnung in Höhe von 50.000 €** vorzunehmen.
> Im **Fall 2** hat sich die verdeckte Einlage hingegen nicht gewinnerhöhend ausgewirkt, so dass eine außerbilanzmäßige Einkommenskorrektur unterbleibt.
> In **beiden Fällen** führt die verdeckte Einlage zu einem **Zugang beim steuerlichen Einlagekonto nach § 27 KStG in Höhe von 50.000 € zum 31.12.2013**. Außerdem erhöhen sich in beiden Fällen **die Anschaffungskosten des Gesellschafters** für seine GmbH-Beteiligung i. S. d. § 17 EStG in 2012 entsprechend.

Die Zuwendung des Vermögensvorteils an die Gesellschaft kann aber auch **mittelbar** durch **eine dem Gesellschafter nahestehende Person** zu Lasten ihres Vermögens im Interesse des Gesellschafters erfolgen. Nach dem BFH-Beschluss vom 9.6.1997 (BStBl 1998 II S. 307) kann eine verdeckte Einlage auch dann vorliegen, wenn ein Forderungsverzicht von einer dem Gesellschafter nahestehenden Person ausgesprochen wird.

> **Beispiel 2: Forderungsverzicht durch nahestehende Person**
>
> Die **Ehefrau des Gesellschafters** verzichtet auf ihre Darlehensforderung gegenüber der Kapitalgesellschaft. Der Verzicht erfolgt nicht aus geschäftlichen Gründen.

Lösung:

Hierbei handelt es sich ebenfalls um eine **verdeckte Einlage** des Gesellschafters, da dieser – über eine ihm nahestehende Person – der Kapitalgesellschaft **mittelbar** einen Vermögensvorteil zugewendet hat. Der Begriff "nahestehende Person" ist also bei der verdeckten Einlage und der verdeckten Gewinnausschüttung identisch. Die Eigenschaft kann durch persönliche oder sachliche Beziehungen zum Gesellschafter begründet werden (vgl. **H 40, Nahestehende Person, KStH 2008**).

Praxishinweis:

Nach dem BFH-Urteil vom 12.12.2000 (BStBl 2001 II S. 286) kann der Wertverlust einer Darlehensforderung einer **nahestehenden Person** beim Gesellschafter **nicht als nachträgliche Anschaffungskosten** der Beteiligung i.S.d. § 17 EStG berücksichtigt werden (sog. Drittaufwand, vgl. H 17 (5), Drittaufwand, EStH).

Beispiel 3: Drittaufwand

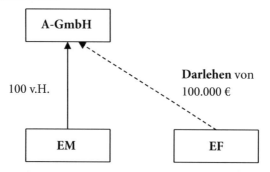

EF gewährt der A-GmbH ein krisenbestimmtes Darlehen von 100.000 €. Die GmbH wird insolvent und EF fällt mit dem Darlehen im VZ 2013 aus.

Lösung:

Der Wertverlust der Darlehensforderung stellt **Drittaufwand** dar, der bei **EM** im VZ 2013 **nicht** zu nachträglichen Anschaffungskosten i.S.d. § 17 EStG führt.

Praxishinweis:

Sofern **EF** der GmbH hingegen kein Darlehen gewährt, sondern eine **Geldeinlage** erbringt, liegt eine **mittelbare verdeckte Einlage** vor. Diese erhöht die AK i.S.d. § 17 EStG auf die Beteiligung vom Gesellschafter **EM** (vgl. **BFH-Urteil vom 12.12.2000, BStBl 2001 II S. 234**). Denn in den Fällen der mittelbaren verdeckten Einlage ist der eingelegte Vermögensvorteil eine logische Sekunde vorher auf den Gesellschafter (hier: EM) übertragen worden. Er erbringt die Einlage deshalb aus seinem eigenen Vermögen (vgl. H 17 (5), Drittaufwand, EStH).

7.3 Verdeckte Einlagen

7.3.2 Ursächlichkeit des Gesellschaftsverhältnisses

Nicht jeder Vorteil, den ein Gesellschafter seiner Kapitalgesellschaft einräumt, ist durch das Gesellschaftsverhältnis verursacht. Denn der Gesellschafter kann den Vorteil auch **aus betrieblichen Gründen** als Gläubiger der GmbH erbringen. Hat z. B. der Gesellschafter einer GmbH im Rahmen seines Einzelgewerbebetriebes Waren an die GmbH geliefert und verzichten auch andere Lieferanten auf einen Teil ihrer Forderung zur Sanierung der Gesellschaft, so wird man diesen Vorgang auch beim Gesellschafter nicht zwingend als Ausfluss seiner Gesellschafterstellung ansehen können. In diesem Fall ergibt sich bei der GmbH grundsätzlich ein **steuerpflichtiger a. o. Ertrag** → vgl. hierzu die Ausführungen zum betrieblichen Forderungsverzicht (Sanierungsgewinn) unter Teil I.

Vorsicht:
Die Veranlassung durch das Gesellschaftsverhältnis ist dann gegeben, wenn ein Nichtgesellschafter bei Anwendung der Sorgfalt eines ordentlichen Kaufmanns den Vermögensvorteil der Gesellschaft nicht eingeräumt hätte (H 40, Gesellschaftsrechtliche Veranlassung, KStH 2008, und die dort zitierte BFH-Rechtsprechung).

7.3.3 Einlagefähiger Vermögensvorteil

Einlagefähig sind nach § 4 Abs. 1 EStG in Verbindung mit § 8 Abs. 1 KStG nur Wirtschaftsgüter, die bei der empfangenden Kapitalgesellschaft bilanziert werden können. Hierbei handelt es sich um Vermögensvorteile, die entweder einen **Aktivposten geschaffen oder erhöht** bzw. den **Wegfall oder die Verminderung eines Passivpostens** bewirkt haben.

Beispiel 4: Erhöhung Aktivposten

Der Gesellschafter kauft von seiner GmbH im VZ 2013 ein Grundstück (Buchwert: 80.000 €) für 150.000 €. Bei einem Verkauf an einen fremden Dritten hätte die GmbH höchstens einen Preis von 100.000 € (= Verkehrswert) erzielt.

Die GmbH hat den Vorgang in 2013 wie folgt verbucht:

Bank   150.000 €   an   Grundstücke   80.000 €
                                        a. o. Ertrag   70.000 €

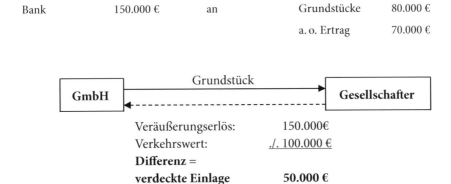

Veräußerungserlös:	150.000 €
Verkehrswert:	./. 100.000 €
Differenz =	
verdeckte Einlage	**50.000 €**

Lösung:

Die überhöhte Zahlung für das Grundstück führt zur Erhöhung eines Aktivpostens und stellt eine verdeckte Einlage dar. Da diese verdeckte Einlage gewinnerhöhend gebucht wurde, ist im Rahmen der Einkommensermittlung für 2013 nach § 8 Abs. 3 Satz 3 KStG eine **außerbilanzmäßige Abrechnung von 50.000 €** vorzunehmen. Außerdem ergibt sich dadurch ein **Zugang beim steuerlichen Einlagekonto** i. S. d. § 27 KStG zum 31.12.2013 in Höhe von 50.000 €.

Diese Korrektur wirkt sich auch auf den Gewerbeertrag für den EZ 2013 (§ 7 GewStG) und damit auf die Gewerbesteuer aus, die demzufolge ebenfalls neu zu berechnen ist.

Der Gesellschafter hat Anschaffungskosten für das Grundstück nur in Höhe von 100.000 €. Der übersteigende Betrag von 50.000 € führt bei ihm in 2013 zu nachträglichen Anschaffungskosten auf seine GmbH-Beteiligung i. S. d. § 17 EStG.

Beispiel 5: Erhöhung Aktivposten

Die GmbH kauft von ihrem Gesellschafter in 2013 ein Grundstück für 100.000 €. Von einem fremden Dritten hätte der Gesellschafter dafür 150.000 € (Verkehrswert) verlangt.

Die GmbH hat den Vorgang in 2013 wie folgt verbucht:

Grundstück   100.000 €   an   Bank   100.000 €

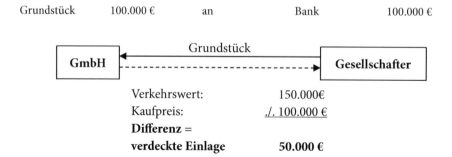

Lösung:

Die verbilligte Veräußerung des Grundstücks durch den Gesellschafter stellt eine verdeckte Einlage dar. **Die GmbH muss das Grundstück in 2013 mit 150.000 € bilanzieren. Der Differenzbetrag von 50.000 € ist einer Kapitalrücklage zuzuführen und erhöht gleichzeitig das steuerliche Einlagekonto i. S. d. § 27 KStG zum 31.12.2013 entsprechend.**

Der Gesellschafter hat in 2013 auf Einnahmen in Höhe von 50.000 € verzichtet. Aufgrund dieser Vermögenseinbuße zugunsten seiner GmbH erhöhen sich seine Anschaffungskosten für die GmbH-Beteiligung i. S. d. § 17 EStG um 50.000 €.

Sofern das Grundstück beim Gesellschafter bislang z. B. zum **Betriebsvermögen** seines Einzelunternehmens gehörte (Buchwert: 100.000 €), löst die verdeckte Einlage als tauschähnlicher Vorgang in seinem Einzelunternehmen in 2013 eine **Gewinnrealisierung in Höhe von 50.000 €** aus.

7.4 Übersicht: Steuerliche Auswirkungen einer verdeckten Einlage

Gehört das Grundstück zum **Privatvermögen** des Gesellschafters, kann sich dadurch eine Steuerpflicht nach § 23 Abs. 1 Satz 5 Nr. 2 EStG ergeben.

Zuwendung des Gesellschafters ist einlagefähig, Erhöhung Aktivposten oder Wegfall Passivposten (vgl. R 40 KStR 2004 und H 40 KStH 2008)

Bei der Kapitalgesellschaft

- Sofern sich der Gewinn erhöht hat (Buchung: a.o.Ertrag), **außerbilanzmäßige Abrechnung** im Rahmen der Einkommensermittlung (§ 8 Abs. 3 Satz 3 KStG).

- **Zugang beim steuerlichen Einlagekonto** i.S.d. § 27 KStG (vgl. BMF-Schreiben vom 4.6.2003 zum steuerlichen Einlagekonto, BStBl I S. 366).

- Im Falle des **Forderungsverzichts** auf eine **nicht mehr vollwertige Forderung** gilt Folgendes:

  Eine verdeckte Einlage und gleichzeitig ein **Zugang beim steuerlichen Einlagekonto i.S.d. § 27 KStG** kann nur in Höhe des **Teilwerts (ggf. 0 €)** der Forderung angenommen werden (vgl. H 40, Forderungsverzicht, KStH 2008).

  Die Differenz zwischen Nennwert und (geringem) Teilwert des Darlehens führt bei der Kapitalgesellschaft zu einem **steuerpflichtigen a.o. Ertrag** (insoweit erfolgt also keine außerbilanzmäßige Abrechnung).

Beim Gesellschafter

- **Nachträgliche AK** auf die Beteiligung i.S.d. § 17 EStG bzw. Erhöhung Buchwert der Beteiligung.

- Bei nachträglichem Verzicht auf **werthaltigen** Vergütungsanspruch (z.B. Gehalt, Pacht oder Zinsen), Einkommensverwendung des Gesellschafters
  → **Einkünfte verringern sich also nicht!**

- Im Falle des **Forderungsverzichts** auf eine **nicht mehr vollwertige Forderung** gelten die Grundsätze des BMF-Schreibens vom 21.10.2010 (BStBl I S.832).

  → Nachträgliche AK auf die Beteiligung in Höhe des **Nennwerts** bzw. gemeinen Werts (**vgl. im Einzelnen Teil I**).

> **Beispiel 6: Wegfall Passivposten = verdeckte Einlage in Höhe Teilwert der Forderung**

Der Gesellschafter verzichtet am 31.12.2013 (bei Fälligkeit) auf eine in 2013 entstandene Pachtforderung (es liegt keine Betriebsaufspaltung vor). **Nennwert: 100.000 €, Teilwert: 20.000 €.**

Die GmbH bucht in der Bilanz zum 31.12.2013:

s. Verbindlichkeiten 100.000 € an **a. o. Ertrag 100.000 €**

80.000 € sind steuerpflichtig (es erfolgt insoweit also keine außerbilanzmäßige Abrechnung)	20.000 € sind **steuerfrei**, außerbilanzmäßige Abrechnung nach § 8 Abs. 3 Satz 3 KStG im Rahmen der Einkommensermittlung für den VZ 2013, Zugang beim steuerlichen Einlagekonto zum 31.12.2013; vgl. H 40, Forderungsverzicht, KStH 2008.

Steuerliche Auswirkungen beim Gesellschafter:

§ 21 EStG im VZ 2013:	20.000 €	
Erhöhung AK für seine GmbH-Anteile i. S. d. § 17 EStG:	100.000 €,	wenn z. B. Pachtforderung erst in der Krise begründet wurde (sog. Krisendarlehen)

7.5 Offene Geldeinlage durch den GmbH-Gesellschafter

Für die Einlage – z. B. zur Vermeidung der insolvenzrechtlichen Überschuldung – genügt ein einfacher Gesellschafterbeschluss, eine notarielle Beurkundung und die Eintragung in das Handelsregister ist nicht erforderlich. Es ergeben sich folgende steuerliche Auswirkungen:

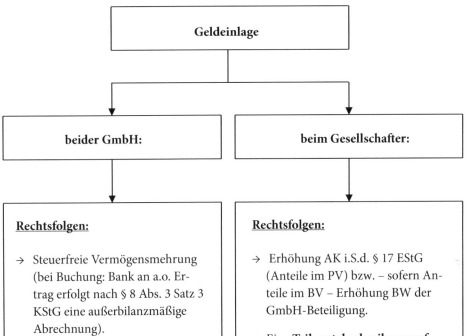

7.6 Wertansatz von verdeckten Einlagen

Die Bewertung verdeckter Einlagen erfolgt grundsätzlich mit dem **Teilwert** (**vgl. R 40 Abs. 4 Satz 1 KStR**). Folgende Ausnahmefälle sind in der Besteuerungspraxis zu beachten:

7.6.1 Verdeckte Einlage einer Kapitalbeteiligung i. S. d. § 17 EStG

Nach **§ 6 Abs. 1 Nr. 5 b EStG** würde eigentlich für die verdeckte Einlage einer Beteiligung i. S. d. § 17 EStG in eine andere Kapitalgesellschaft die Begrenzung des Wertansatzes der Einlage auf die Anschaffungskosten gelten. Nach **R 40 Abs. 4 Satz 2 KStR** findet diese Beschränkung jedoch aus folgenden Gründen keine Anwendung:

Nach **§ 17 Abs. 1 Satz 2 EStG** steht die verdeckte Einlage von Anteilen an einer Kapitalgesellschaft in eine andere Kapitalgesellschaft **der Veräußerung der Anteile gleich**. Veräußerungsgewinn ist in diesem Fall der Betrag, um den der gemeine Wert der Anteile nach Abzug der Veräußerungskosten die Anschaffungskosten übersteigt (vgl. § 17 Abs. 2 Satz 2 EStG). Soweit die Anschaffungskosten den gemeinen Wert übersteigen, kann ein Veräußerungsverlust unter den Voraussetzungen des § 17 Abs. 2 Satz 4 EStG steuerlich berücksichtigt werden.

Dies bedeutet, dass § 6 Abs. 1 Nr. 5 EStG insoweit **im Wege der teleologischen Reduktion** einschränkend auszulegen und immer der **Teilwert** anzusetzen ist.

Beispiel 7: Verdeckte Einlage Kapitalbeteiligung

Der Gesellschafter A ist zu 100 v. H. an der X-GmbH beteiligt. Die Anteile sind Privatvermögen des A. Die Anschaffungskosten betragen 300.000 €, der Teilwert und gemeine Wert 600.000 €. A gründet als Alleingesellschafter die Y-GmbH. Nennwert, Anschaffungskosten und Verkehrswert der Anteile an der Y-GmbH, die A ebenfalls im Privatvermögen hält, belaufen sich auf 100.000 €. A überträgt im Mai 2013 seine 100 v. H.-Beteiligung an der X-GmbH **im Wege der verdeckten Einlage (also unentgeltlich)** auf die Y-GmbH.

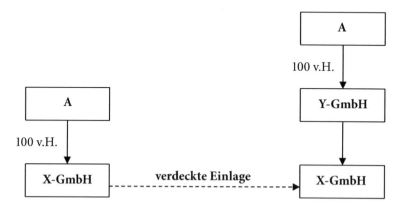

Lösung:

a) **Steuerliche Auswirkungen beim Gesellschafter A**

A hat seine Beteiligung an der X-GmbH aufgrund der gesetzlichen Fiktion des § 17 Abs. 1 Satz. 2 EStG im VZ 2013 entgeltlich auf die Y-GmbH übertragen. Es liegt eine Veräußerung vor, wobei der fehlende Veräußerungspreis **nach § 17 Abs. 2 Satz 2 EStG** durch den gemeinen Wert von 600.000 € ersetzt wird. Diesem sind die Anschaffungskosten von 300.000 € gegenüberzustellen. Es ergibt sich somit im **VZ 2013** ein Veräußerungsgewinn i. S. d. § 17 EStG von 300.000 €, der nach § 3 Nr. 40 Satz 1 Buchst. c EStG dem Teileinkünfteverfahren unterliegt.

Durch die verdeckte Einlage erhöhen sich im VZ 2013 nach § 6 Abs. 6 Satz 2 EStG die Anschaffungskosten des A für seine Anteile an der aufnehmenden Y-GmbH um 600.000 € auf 700.000 €; damit stimmen sie mit dem nunmehrigen gemeinen Wert der Anteile an der Y-GmbH überein.

Die spätere Veräußerung der 100 v. H.-Beteiligung an der Y-GmbH (und damit indirekt der früheren 100 v. H.-Beteiligung an der X-GmbH) durch A zum Preis von 700.000 € an einen Dritten wäre daher im Ergebnis steuerfrei (700.000 € Erlös ./. 700.000 € Anschaffungskosten = 0 €).

b) Steuerliche Auswirkungen bei der Y-GmbH

Nach **R 40 Abs. 4 Satz 2 KStR** sowie den Grundsätzen des BFH-Urteils vom 11.2.1998 (BStBl II S. 691) und des BMF-Schreibens vom 2.11.1998 (BStBl I S. 1227) ist § 6 Abs. 1 Nr. 5 EStG in diesen Fällen im Wege der teleologischen Reduktion einschränkend auszulegen und eine verdeckt eingelegte Beteiligung i. S. d. § 17 EStG bei der aufnehmenden Kapitalgesellschaft stets mit dem **Teilwert** anzusetzen. Zur Vermeidung einer doppelten Besteuerung der stillen Reserven muss deshalb bei der übernehmenden Y-GmbH in der Bilanz zum 31.12.2012 die Beteiligung an der X-GmbH entgegen § 6 Abs. 1 Nr. 5 b EStG nicht mit den Anschaffungskosten des Gesellschafters, sondern mit dem **Teilwert von 600.000 €** angesetzt werden.

Außerdem führt die verdeckte Einlage bei der Y-GmbH nach § 27 KStG zu einem Zugang beim steuerlichen Einlagekontos zum 31.12.2012 in Höhe von 600.000 €.

<u>Hinweis: Offene Sacheinlage / Anteilstausch i. S. d. § 21 UmwStG</u>
Die offene Sacheinlage einer Beteiligung i. S. d. § 17 EStG an einer Kapitalgesellschaft **in eine andere Kapitalgesellschaft gegen die Gewährung neuer Gesellschaftsanteile (Tausch)** ist kein unentgeltlicher Vorgang, sondern eine **entgeltliche Veräußerung i. S. d. § 17 Abs. 1 Satz 1 EStG**.

<u>Aber: Qualifizierter Anteilstausch</u>
In diesem Fall kommt jedoch unter den Voraussetzungen des Anteilstauschs i. S. d. **§ 21 Abs. 1 Satz 2 UmwStG (Einbringung einer mehrheitsvermittelnden Beteiligung)** eine Buchwerteinbringung in Betracht; für den Einbringenden hat dies nach § 21 Abs. 2 Satz 1 UmwStG zur Folge, dass sich kein Veräußerungsgewinn nach § 17 EStG ergibt.

Vgl. hierzu im Einzelnen RdNr. 21.01 bis 21.17 des UmwSt-Erlasses vom 11.11.2011 (BStBl I S. 1314) sowie die Ausführungen in Teil P.

Beispiel 8: Anteilstausch

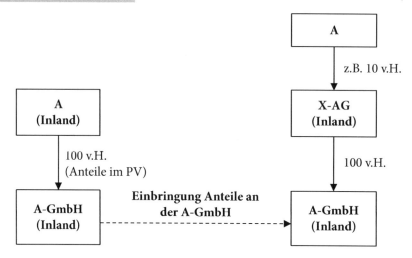

Ein „**Anteilstausch**" kann wie folgt vorgenommen werden:

Fall 1: A erhält für die Einbringung der GmbH-Anteile Anteile an der X-AG:
→ § 17 Abs. 1 <u>Satz 1</u> EStG (**Tausch = steuerpflichtig**)

Fall 2: A bringt die Anteile an der A-GmbH unentgeltlich (ohne Gegenleistung) in die X-AG ein:
→ § 17 Abs. 1 <u>Satz 2</u> EStG (**Veräußerungsfiktion = steuerpflichtig bei A**)

Fall 3: A erhält für die Einbringung aufgrund einer Sachkapitalerhöhung neu geschaffene Anteile an der X-AG:
→ **sofern ein qualifizierter Anteilstausch i. S. d. § 21 Abs. 1 Satz 2 UmwStG vorliegt = steuerfreier Tausch bei A** (kein Fall des § 17 Abs. 1 Sätze 1 und 2 EStG). Diese Vorgehensweise ist für die Besteuerungspraxis empfehlen. Vgl. hierzu im Einzelnen die Ausführungen im Teil P.

7.6.2 Verdeckte Einlage eines Grundstücks i. S. § 23 EStG

Die verdeckte Einlage eines Grundstücks in eine Kapitalgesellschaft (unentgeltliche Übertragung oder verbilligte Veräußerung des Grundstücks) innerhalb von 10 Jahren nach der Anschaffung führt zur Anwendung **des § 23 Abs. 1 Satz 5 Nr. 2 EStG**. D. h. unabhängig von einer späteren Veräußerung des Grundstücks durch die GmbH (innerhalb oder außerhalb der Zehnjahresfrist des § 23 Abs. 1 Satz 1 Nr. 1 EStG) wird bereits im VZ der verdeckten Einlage (in Höhe der Differenz des gemeinen Werts des Grundstücks zu seinen ursprünglichen Anschaffungskosten) ein privates Veräußerungsgeschäft nach § 23 EStG angenommen.

Dabei ist auch zu beachten, dass bei der verdeckten Einlage eines Grundstücks **innerhalb von 3 Jahren** nach seiner Anschaffung in eine Kapitalgesellschaft nach § 23 Abs. 3 Satz 2, 2. Halbsatz EStG die **Begrenzung nach § 6 Abs. 1 Nr. 5 a EStG** (Wertansatz höchstens mit den AK) **nicht gilt**, sondern immer der **gemeine Wert** im Zeitpunkt der Einlage anzusetzen ist.

D. h. auch bei Einlagen innerhalb von 3 Jahren ist ein Veräußerungsgewinn nach § 23 EStG möglich (Besteuerung der stillen Reserven).

Bei der aufnehmenden Kapitalgesellschaft hat dies zur Folge, dass § 6 Abs. 1 Nr. 5 EStG im Wege der **teleologischen Reduktion** einschränkend auszulegen und das Grundstück auch bei verdeckten Einlagen **innerhalb von 3 Jahren** nach seiner Anschaffung stets mit dem **Teilwert** anzusetzen ist. Die Begrenzung nach § 6 Abs. 1 Nr. 5 Buchst. a EStG gilt also nicht. **Vgl. hierzu R 40 Abs. 4 Satz 3 KStR sowie BFH-Urteil vom 24.4.2007 (BStBl 2008 II S. 253)**.

Beim Gesellschafter führt die verdeckte Einlage des Grundstücks in seine Kapitalgesellschaft nach § 6 Abs. 6 Satz 2 EStG in Höhe des Teilwerts der verdeckten Einlage zu nachträglichen Anschaffungskosten auf seine Beteiligung i. S. d. § 17 EStG. D. h. § 6 Abs. 6 Satz 3 EStG greift insoweit ebenfalls nicht.

> **Beispiel 10: Verdeckte Einlage Grundstück in eine GmbH innerhalb von 3 Jahren nach Anschaffung**

Anschaffung Grundstück durch den GmbH-Gesellschafter im Privatvermögen in 2011 (**Anschaffungskosten: 100.000 €**). Der Gesellschafter bringt das Grundstück unentgeltlich im Wege der verdeckten Einlage im VZ 2013 in seine GmbH ein (**Teilwert und gemeiner Wert: 500.000 €**). Von der GmbH soll das Grundstück zunächst nicht veräußert werden.

Lösung:

a) **Steuerliche Auswirkungen beim Gesellschafter:**

Steuerpflichtiger Veräußerungsgewinn im VZ 2013 nach **§ 23 Abs. 1 Satz 5 Nr. 2 i. V. m. Abs. 3 Satz 2, 2. Halbsatz, und Satz 7 EStG** in Höhe von 400.000 €. Erhöhung der Anschaffungskosten seiner GmbH-Beteiligung i. S. d. § 17 EStG im Jahr 2013 nach § 6 Abs. 6 Satz 2 EStG um 500.000 €.

b) **Steuerliche Auswirkungen bei der GmbH:**

Die GmbH müsste das Grundstück eigentlich nach § 6 Abs. 1 Nr. 5 a EStG mit den Anschaffungskosten von 100.000 € aktivieren. Das Grundstück ist jedoch im Wege der **teleologischen Reduktion** nach § 6 Abs. 1 Nr. 5 Satz 1 EStG **mit dem Teilwert von 500.000 € anzusetzen**, um eine doppelte Versteuerung der bereits beim Gesellschafter aufgedeckten stillen Reserven zu vermeiden (**vgl. R 40 Abs. 4 Satz 3 KStR**).

Die GmbH bucht in der Bilanz zum 31.12.2013:

Grundstück 500.000 € an **a. o. Ertrag 500.000 €**.

Diese Gewinnerhöhung wird nach **§ 8 Abs. 3 Satz 3 KStG** im Rahmen der Einkommensermittlung für den VZ 2013 **außerbilanziell abgerechnet**.

Die verdeckte Einlage erhöht das steuerliche Einlagekonto i. S. d. § 27 KStG bei der GmbH zum 31.12.2013 um 500.000 €.

Rund um den Gesellschafter-Geschäftsführer 8

8.1 Bezüge des Gesellschafter-Geschäftsführers

Die Angemessenheit der Bezüge des Gesellschafter-Geschäftsführers sind eine **„Dauerbaustelle"** bei Kapitalgesellschaften und ihren Gesellschafter-Geschäftsführern. Von der Finanzverwaltung wird diese Thematik vor allem im Rahmen einer Betriebsprüfung problematisiert.

8.1.1 Angemessenheit der Geschäftsführer-Bezüge

8.1.1.1 Übersicht: vGA "Angemessenheit der GF-Bezüge"

<u>1. Schritt:</u> **Vergütungsbestandteile sind dem Grunde nach vGA** (vgl. BMF-Schreiben vom 14.10.2002, BStBl I S. 972)
- **Überstundenvergütungen**
- **Pensionszusage**
  (fehlende Erdienbarkeit, Ernsthaftigkeit oder Probezeit, vgl. BMF-Schreiben vom 14.12.2012, BStBl 2013 S. 58)
- **Nur-Tantieme**
  (kein zulässiger Ausnahmefall i. S. d. BMF-Schreibens vom 1.2.2002, BStBl I S. 219)
- **Keine klare und eindeutige Tantiemevereinbarung** beim beherrschenden Gesellschafter-Geschäftsführer.
- **Nichtdurchführung** der Tantieme (keine Auszahlung, keine Schriftform).
- **Umsatztantiemen** nur in **Ausnahmefällen** möglich:
  – bei Branchenüblichkeit
  – in der Aufbauphase

– bei ausschließlicher Vertriebszuständigkeit des Gesellschafter-Geschäftsführers (vgl. auch H 39, Umsatztantieme, KStH 2008)

2. Schritt: Vergütungsbestandteile sind der Höhe nach vGA, z. B. Angemessenheit der Tantieme nicht gegeben (vgl. BMF-Schreiben vom 1.2.2002, BStBl I S. 219)
- **Obergrenze für Gewinntantieme von 50 v. H.** des handelsrechtlichen Jahresüberschusses vor Abzug der Gewinntantieme und der ertragsabhängigen Steuern (KSt, GewSt, SolZ) ist überschritten.
- **Regelaufteilung der Gesamtbezüge** (75 v. H.- zu 25 v. H.-Grenze) nicht erfüllt.

<u>Zulässige Ausnahmefälle von der 75 v. H.- / 25 v. H.-Grenze:</u>
- Gründungsphase
- Phasen vorübergehender wirtschaftlicher Schwierigkeiten
- Tätigkeiten in stark risikobehafteten Geschäftszweigen (vgl. BMF-Schreiben vom 1.2.2002, a. a. O.)
- Ertragslage der GmbH unterliegt starken Schwankungen (vgl. BFH-Urteile vom 27.2.2003, BStBl 2004 II S. 132 und vom 4.6.2003, BStBl 2004 II S. 136)

3. Schritt: Gesamtvergütung überhöht = vGA
Tatsächliche Gesamtvergütung (Festgehalt, Tantieme und Pensionszusage)
./. Angemessener Betrag
- **Grundsatz:** Übersicht **„Auswertung Gehaltsuntersuchungen"**
- **„Spezialität"** bei ertragstarken GmbHs mit hohen GF-Vergütungen: **Halbteilungsgrundsatz**, vgl. Tz. 16 des BMF-Schreibens vom 14.10.2002 (a. a. O.)

Differenz = vGA Vorteilsgewährung

Beispiel 1:

Eine GmbH hat ihrem beherrschenden Gesellschafter-Geschäftsführer eine Tantieme in Höhe von 30 v. H. des Jahresergebnisses vor Tantieme, Sonderabschreibungen und ertragsabhängigen Steuern zugesagt.

Im Wj. 2013 hat die GmbH die BMG für die Gewinntantieme wie folgt ermittelt:

Jahresergebnis (handels- und steuerrechtlich)	4.600 €
+ ertragsabhängige Steuern	5.400 €
+ Gewinntantieme	90.000 €
= **Zwischensumme**	100.000 €
+ **in Anspruch genommene Sonderabschreibungen**	200.000 €
= **BMG für Gewinntantieme**	300.000 €
davon **30 v. H.** ergibt eine Gewinntantieme in Höhe von	90.000 €

Steuerliche Beurteilung:

Die Tantiemevereinbarung unter Berücksichtigung von Sonderabschreibungen ist zwar grundsätzlich anzuerkennen, allerdings wurde in diesem Fall **eine andere als die im BMF-Schreiben vom 1.2.2002 (a. a. O.) bezeichnete Bemessungsgrundlage zugrunde gelegt**. Deshalb ist in einer Vergleichsrechnung zu prüfen, ob und ggf. in welchem Umfang die ermittelte Tantieme die zulässige Höhe von 50 v. H. des handelsrechtlichen Jahresüberschusses vor Abzug der Tantieme und der ertragsabhängigen Steuern **(50 v. H. von 100.000 € = 50.000 €)** übersteigt.

Der übersteigende Betrag von 40.000 € (90.000 € ./. 50.000 €) stellt im VZ 2013 eine vGA dar.

Hinweis:

Das **Sächsische FG** hat mit **Urteil vom 5.7.2005, AZ.: 4 K 1926/00, EFG 2006 S. 436**, gegen die Verwaltungsauffassung entschieden, dass auch in Anspruch genommene Sonderabschreibungen der Bemessungsgrundlage für eine Gewinntantieme hinzuzurechnen sind, da sie mit tatsächlichen wirtschaftlichen Wertverlusten nichts zu tun hätten. Vom BFH wurde im Revisionsverfahren mit Urteil vom 14.3.2006, AZ.: I R 72/05, BFH/NV 2006 S. 1711, hierzu jedoch keine Entscheidung getroffen.

Beispiel 2:

Festgehalt	300.000 €
Gewinntantieme	100.000 €
Pensionszusage	
(fiktive Jahresnettoprämie, **vgl. H 38, Angemessenheit, KStH 2008**)	100.000 €
Insgesamt im VZ 2013	**500.000 €**
Angemessen (Fremdvergleich)	./. 300.000 €
vGA Vorteilsgewährung im VZ 2013	**200.000 €**

= **40 v. H. der Gesamtvergütung**. Sofern die Vergütungsbestandteile zeitgleich vereinbart worden sind, wird die vGA **quotal (d. h. in Höhe von 40 v. H.)** auf die einzelnen Vergütungsbestandteile verteilt.

Davon entfallen auf

- Festgehalt =   120.000 €
  (40 v. H. von 300.000 €)
    - Einkommenskorrektur nach § 8 Abs. 3 Satz 2 KStG im VZ 2013

- Einlagenrückgewähr i. S. d. § 27 Abs. 1 Satz 3 KStG prüfen
- Beim Gesellschafter Umqualifizierung der Einkünfte von § 19 EStG nach § 20 Abs. 1 Nr. 1 Satz 2 EStG und ggf. Anwendung des Teileinkünfteverfahrens (§ 3 Nr. 40 Satz 1 Buchst. d i. V. m. § 32 d Abs. 2 Nr. 3 EStG)

- **Gewinntantieme =   40.000 €**
  (40 v. H. von 100.000 €)
  - Einkommenskorrektur im VZ 2013
  - Nebenrechnung (Teilbetrag I und II) i. S. d. BMF-Schreibens vom 28.5.2002 (BStBl I S. 603)
  - Abfluss i. d. R. zeitversetzt, erst dann Einlagenrückgewähr nach § 27 Abs. 1 Satz 3 KStG prüfen
  - Beim Gesellschafter im Zeitpunkt Zufluss Umqualifizierung seiner Einkünfte von § 19 und § 20 EStG

- **Pensionszusage =   40.000 €**
  (40 v. H. von 100.000 €)
  - Einkommenskorrektur und zwar 40 v. H. der jeweiligen Zuführung zur Pensionsrückstellung. Z. B. Zuführung zur Pensionsrückstellung in der Bilanz zum 31.12.2013 180.000 €, davon 40 v. H. = 72.000 €
  - Nebenrechnung (Teilbetrag I und II) erforderlich
  - Zunächst kein Abfluss, in der Pensionsanwartschaftsphase ist eine Einlagenrückgewähr nach § 27 Abs. 1 Satz 3 KStG insoweit nicht möglich (erst ab Eintritt Pensionsfall)
  - Beim Gesellschafter zunächst kein Zufluss, sondern erst bei Eintritt Pensionsfall!

8.1.1.2 Übersicht: Angemessenheit GGF-Vergütungen

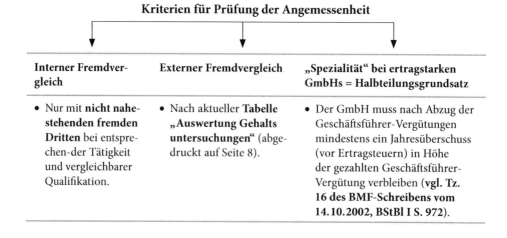

Interner Fremdvergleich	Externer Fremdvergleich	„Spezialität" bei ertragstarken GmbHs = Halbteilungsgrundsatz
• Nur mit **nicht nahestehenden fremden Dritten** bei entsprechen-der Tätigkeit und vergleichbarer Qualifikation.	• Nach aktueller **Tabelle „Auswertung Gehaltsuntersuchungen"** (abgedruckt auf Seite 8).	• Der GmbH muss nach Abzug der Geschäftsführer-Vergütungen mindestens ein Jahresüberschuss (vor Ertragsteuern) in Höhe der gezahlten Geschäftsführer-Vergütung verbleiben (**vgl. Tz. 16 des BMF-Schreibens vom 14.10.2002, BStBl I S. 972**).

8.1 Bezüge des Gesellschafter-Geschäftsführers

Interner Fremdvergleich	Externer Fremdvergleich	„Spezialität" bei ertragstarken GmbHs = Halbteilungsgrundsatz
	• Für Gehaltssteigerungen ab 2002 ist ein Zuschlag seit 2010 Zuschlag von jeweils 3 v. H. p. a. möglich. • Bei mehreren Geschäftsführern ist i. d. R. ein **angemessener Abschlag** erforderlich (bei 2 Geschäftsführern: Abschlag von jeweils 20 v. H. bis 25 v. H.).	• **Hinweis:** Nach Auffassung des **FG Berlin-Brandenburg** liegt bei einer **Kapitalverzinsung von über 30 v. H.** auch dann keine Gewinnabsaugung durch überhöhte Geschäftsführer-Gehälter vor, wenn die Geschäftsführer-Gehälter den der GmbH verbleibenden Gewinn vor Ertragsteuern übersteigen (Urteil vom 16.1.2008, AZ.: 12 K 8312/04 B, BB 2008 S. 1489).

Aktuelle Gehaltstabelle der Finanzverwaltung Baden-Württemberg zur Angemessenheitsprüfung (Stand 2009):

Branchengruppe	Umsatz: unter 2.500.000 € Mitarbeiter: unter 20	Umsatz: 2.500.000 € bis 5.000.000 € Mitarbeiter: 20 bis 50	Umsatz: 5.000.000 € bis 25.000.000 € Mitarbeiter: 51 bis 100	Umsatz: 25.000.000 € bis 50.000.000 € Mitarbeiter: 101 bis 500
Industrie / Produktion	141.000–182.000 €	177.000–235.000 €	224.000–260.000 €	279.000–441.000 €
Großhandel	161.000–198.000 €	173.000–237.000 €	198.000–257.000 €	260.000–450.000 €
Einzelhandel	123.000–152.000 €	131.000–176.000 €	176.000–213.000 €	212.000–439.000 €
Freiberufler	159.000–228.000 €	231.000–272.000 €	270.000–325.000 €	279.000–478.000 €
Sonstige Dienstleistungen	136.000–182.000 €	188.000–230.000 €	213.000–265.000 €	242.000–459.000 €
Handwerk	102.000–145.000 €	136.000–191.000 €	184.000–237.000 €	205.000–364.000 €

Praxishinweis:
Die aktuellen Tabellenwerte gelten seit 2009. Seit 2010 sind die aktuellen Werte jährlich um 3 v. H. zu erhöhen.

8.1.1.3 Weitere Praxishinweise für die Angemessenheitsprüfung

Für die Verwaltungspraxis in Baden-Württemberg (vgl. auch Verfügung OFD Karlsruhe vom 17.4.2001, DStR 2001 S. 792) sind insbesondere folgende Punkte zu beachten:

- Den Unwägbarkeiten bei der Bemessung der angemessenen Geschäftsführergehälter wird dadurch Rechnung getragen, dass sich die Behandlung der Angemessenheit durch das Finanzamt **im Regelfall an den oberen Angaben der Übersicht „Auswertung Gehaltsuntersuchungen"** orientieren.
- Allenfalls bei sehr **ertragsschwachen (verlustbehafteten)** Gesellschaften kann auf die **unteren Werte** zurückgegriffen werden.
- Sofern die Merkmale Umsatz und Arbeitnehmerzahl in der Einteilung der „Größenklassen" abweichen (z. B. die zweite und dritte Spalte ist betroffen), ist der **höhere Wert** maßgebend. Für diese Merkmale ist grundsätzlich auf eine **Prognose** für die **künftigen drei Jahre** abzustellen.
- Ein Überschreiten der in der Übersicht „Auswertung Gehaltsuntersuchungen" aufgeführten Obergrenzen kommt nur im Rahmen der **Grundsätze zum „Halbteilungsgrundsatz"** in Betracht. Vgl. hierzu auch **Tz. 16 des BMF-Schreibens vom 14.10.2002 (BStBl I S. 972)**. Dieser Halbteilungsgrundsatz ist der Höhe nach nicht unbegrenzt möglich; bei sehr hohen Gewinnen greift im Einzelfall eine **absolute betragsmäßige Deckelung**.
- Im Übrigen ist zu berücksichtigen, dass nach der Rechtsprechung des BFH bei einer nur **geringfügigen Überschreitung** der Angemessenheitsgrenze noch keine verdeckte Gewinnausschüttung vorliegt. Eine verdeckte Gewinnausschüttung ist danach jedenfalls dann anzunehmen, wenn die Angemessenheitsgrenze **um mehr als 20 v. H.** überschritten wird (BFH-Urteil vom 28.6.1989, BStBl II S. 854).

<u>Praxishinweise:</u>
- **Fremdvergleich bei Gesellschaften mit einer Beteiligung von weniger als 25 v. H.**

Der BFH hat in seinen Urteilen vom 4.8.1959 (AZ.: I 4/59 S, BStBl III S. 374) und vom 27.3.1963 (AZ.: I 9/61, HFR 1963 S. 342) u. a. entschieden, dass bei Gesellschafter-Geschäftsführern, die selbst oder zusammen mit nahestehenden Personen zu weniger als 25 v. H. an einer Kapitalgesellschaft beteiligt sind, ein Interessengegensatz vorliegt und deshalb keine Bedenken gegen die Angemessenheit ihrer Bezüge bestehen.

Nach Auffassung der Finanzverwaltung in Baden-Württemberg ist diese Rechtsprechung weiterhin anwendbar. **Bei einer Beteiligung <u>unter 25 v. H.</u> bestehen i. d. R. keine Bedenken gegen die Angemessenheit schuldrechtlicher Vergütungen (<u>Ausnahme:</u> gleichgerichtete Interessen, nahestehende Person eines beherrschenden Gesellschafters).**

- **Lohnfortzahlung im Krankheitsfall**

Fraglich ist, ob und wenn ja, wie lange eine Lohnfortzahlung im Krankheitsfall bei Gesellschafter-Geschäftsführern aus steuerlicher Sicht anzuerkennen ist. Sozialversicherungspflichtige Fremdarbeitnehmer erhalten lediglich eine Lohnfortzahlung von 6 Wochen.

8.1 Bezüge des Gesellschafter-Geschäftsführers

Nach Auffassung der Finanzverwaltung in Baden-Württemberg ist eine **Lohnfortzahlung von bis zu 6 Monaten nicht zu beanstanden**.
Die Prämie für eine entsprechende Versicherung (fiktive Jahresnettoprämie für eine private Krankengeldtageversicherung) ist in diesen Fällen in die Gesamtausstattung einzubeziehen.

Beispiel 3: Zur Angemessenheit nach der Übersicht "Auswertung Gehaltsuntersuchungen"

Eine Handwerks-GmbH beschäftigt 2013 über 20 Mitarbeiter und erzielt einen Umsatz von ca. 3 Mio €. Die GmbH wird in 2013 voraussichtlich einen Gewinn erwirtschaften, der zumindest eine angemessene Verzinsung (Zinssatz von ca. 6 v. H. bis 10 v. H.) des ein gesetzten Kapitals (Teilwerte der bilanzierten Wirtschaftsgüter ohne Geschäftswert) beinhaltet. In diesem Fall können für die Angemessenheit der Gesamtbezüge des Gesellschafter-Geschäftsführers im VZ 2013 folgende Grenzwerte herangezogen werden:

Oberer Tabellenwert lt. neuer Tabelle „Übersicht Gehaltsuntersuchungen"	191.000 €
Zuschlag von 12 v. H. für Gehaltssteigerung in 2013 (4 × 3 v. H.)	+ 22.920 €
Zwischenwert	213.920 €
Zuschlag aufgrund Geringfügigkeitsgrenze von 20 v. H.	+ 42.784 €
Absolute Obergrenze für Angemessenheit	**256.704 €**

Wichtig:
Sofern die Geringfügigkeitsgrenze und damit die absolute Obergrenze von 256.704 € überschritten wird, beläuft sich der steuerlich anzuerkennende Betrag auf **213.920 €**.

Beispiel 4: Zur Angemessenheit nach dem "Halbteilungsgrundsatz"

Voraussichtlicher Jahresüberschuss vor Ertragsteuern und vor Geschäftsführervergütung im VZ 2013 800.000 €.

Das **höchstzulässige Geschäftsführergehalt** bei Anwendung des Halbteilungsgrundsatzes beläuft sich im VZ 2013 auf **50 v. H. von 800.000 € = 400.000 €**.
Nach Auffassung der Finanzverwaltung in Baden-Württemberg wird vom Halbteilungsgrundsatz auch im Hinblick auf das Urteil des FG Berlin-Brandenburg vom 16.1.2008 (BB 2008 S. 1489, siehe vorstehend unter 1.2) nicht abgewichen.

8.1.1.4 Angemessenheit der Vergütungen bei mehreren Geschäftsführern bzw. bei Tätigkeit in weiteren Unternehmen

Fall 1: GmbH hat mehrere Geschäftsführer
Hat eine GmbH mehrere Geschäftsführer, so kann ein Abschlag erforderlich sein. Dies gilt insbesondere bei kleineren GmbHs. Der Abschlag beträgt bei **zwei** Gesellschafter-Geschäftsführern für jeden Geschäftsführer im Regelfall **20 v. H. bis 25 v. H.** und bei **drei** Geschäftsführern mindestens **30 v. H.** der Tabellenwerte „Auswertung Gehaltsuntersuchungen". Vgl. hierzu auch das BFH-Urteil vom 4.6.2003, AZ.: I R 38/02, BStBl 2004 II S. 139, in dem der BFH bei Bestellung mehrerer Gesellschafter-Geschäftsführer bei sog. kleinen GmbHs ggf. Vergütungsabschläge für gerechtfertigt ansieht, in Ausnahmefällen aber auch Gehaltszuschläge akzeptiert. Zur angemessenen Gesamtausstattung bei mehreren Gesellschafter-Geschäftsführern, vgl. auch BFH-Beschluss vom 9.2.2011, AZ.: I B 111/10, GmbHR 2011 S. 838.

Beispiel 5: Zur Angemessenheit bei mehreren Gesellschafter-Geschäftsführern

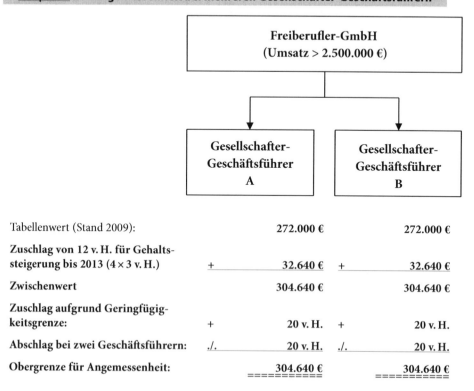

	Gesellschafter-Geschäftsführer A		Gesellschafter-Geschäftsführer B
Tabellenwert (Stand 2009):	272.000 €		272.000 €
Zuschlag von 12 v. H. für Gehaltssteigerung bis 2013 (4 × 3 v. H.)	+ 32.640 €	+	32.640 €
Zwischenwert	304.640 €		304.640 €
Zuschlag aufgrund Geringfügigkeitsgrenze:	+ 20 v. H.	+	20 v. H.
Abschlag bei zwei Geschäftsführern:	./. 20 v. H.	./.	20 v. H.
Obergrenze für Angemessenheit:	304.640 €		304.640 €

8.1 Bezüge des Gesellschafter-Geschäftsführers

Fall 2: Tätigkeit in weiteren Unternehmen

Ist der Gesellschafter-Geschäftsführer in mehreren GmbHs tätig, so kann er nicht in jeder GmbH ein „volles" Gehalt beziehen, da er nicht jeder GmbH seine ganze Arbeitskraft zur Verfügung stellen kann.

Die angemessene Gesamtausstattung in allen Gesellschaften zusammen beträgt in diesen Fällen grundsätzlich **etwa 150 v. H. der Tabellenwerte „Auswertung Gehaltsuntersuchungen". Letztlich kommt es aber auf die Verhältnisse im Einzelfall an.**

Eine Einzelfallbetrachtung ist in jedem Fall erforderlich, wenn der Gesellschafter-Geschäftsführer nebenher noch ein Einzelunternehmen betreibt oder in einer Personengesellschaft tätig ist. Dann decken sich die Angemessenheitsgrenzen mit dem Umfang, in dem der Gesellschafter-Geschäftsführer für die einzelnen Unternehmen tätig ist.

Nach dem **BFH-Urteil vom 26.5.2004, AZ.: I R 92/03, DStR 2004 S. 1919,** ist eine zusätzliche Tätigkeit i. d. R. mindernd zu berücksichtigen, es sei denn, die anderweitige Tätigkeit bringt für die zu beurteilende Gesellschaft **Vorteile** mit sich, **die den Verlust an zeitlichem Einsatz des Geschäftsführers ausgleichen.**

8.1.2 Überstundenvergütungen, Urlaubsrückstellungen und Abgeltungszahlungen für nicht genommenen Urlaub beim Gesellschafter-Geschäftsführer

8.1.2.1 Überstundenvergütungen und Zuschläge für Sonntags-, Feiertags- und Nachtarbeit

Entscheidendes Kriterium lt. BFH-Rechtsprechung (vgl. BFH-Urteile vom 14.7.2004, AZ.: I R 111/03, BStBl 2005 II S. 307, sowie vom 3.8.2005, AZ.: I R 7/05, BFH/NV 2006 S. 131, und vom 13.12.2006, AZ.: VIII R 31/05, BStBl 2007 II S. 393):

= **Vereinbarung auch mit vergleichbaren gesellschaftsfremden Personen**

Wurde eine bestimmte Vereinbarung nicht nur mit dem Gesellschafter-Geschäftsführer, sondern auch mit vergleichbaren gesellschaftsfremden Personen abgeschlossen, so kann dies nach Auffassung des BFH gegen eine Veranlassung der Vereinbarung durch das Gesellschaftsverhältnis sprechen. Eine solche Gestaltung weist nämlich darauf hin, dass die Vereinbarung speziell in dem betreffenden Unternehmen auf betrieblichen Gründen beruht. Hält die zu beurteilende Regelung in diesem Sinne einem **betriebsinternen Fremdvergleich** stand, so kann eine vGA im Einzelfall zu verneinen sein.

Die aktuelle Auffassung der Finanzverwaltung stellt sich wie folgt dar: Bei den Urteilen handelt es sich um **Einzelfallentscheidungen** des BFH, die über diesen Fall hinaus nur anwendbar sind, **wenn eine den Urteilssachverhalten vergleichbare Konstellation vorliegt**.

Hierfür ist ein **betriebsinterner Fremdvergleich** unter Berücksichtigung der folgenden Punkte durchzuführen:
- finanzielle Ausstattung
- Regelarbeitszeit
- betriebliche Funktion
- vertragliche Vereinbarungen.

Hält die zu beurteilende Regelung einem **betriebsinternen Fremdvergleich** stand, kann **eine vGA im Einzelfall verneint** werden, wenn **fremde Arbeitnehmer** entsprechende Zuschläge erhalten. Erhält der Gesellschafter-Geschäftsführer aber ein **höheres Gehalt** als ein gesellschaftsfremder leitender Angestellter oder bezieht er **Tantiemen**, die den Fremdarbeitnehmern nicht ebenfalls zustehen, kann der **betriebsinterne Fremdvergleich** nach Auffassung der Finanzverwaltung nicht geführt werden und die Zuschläge sind als **vGA** zu qualifizieren.

Praxishinweis:
Vom **BFH** wurde dies mit **Beschluss vom 12.10.2010, AZ.: I B 45/10, BFH/NV 2011 S. 258**, auch für eine GmbH bestätigt, die eine **Bäckerei** betreibt.

8.1.2.2 Urlaubsrückstellung und Abgeltungszahlungen für nicht genommenen Urlaub

Die Zahlung von **Urlaubs- oder Weihnachtsgeld** ist bei Gesellschafter-Geschäftsführern im Rahmen der Angemessenheit nicht als vGA zu werten, wenn auch andere Arbeitnehmer derartige Sonderzahlungen erhalten. Dabei können Urlaubs- und Weihnachtsgelder nach Auffassung der Finanzverwaltung in Baden-Württemberg bis zu insgesamt **zwei Monatsgehältern** noch als angemessen angesehen werden. Die Rechtsprechung (BFH-Urteil vom 11.12.1991, BStBl 1992 II S. 434) sieht die Zahlung von Urlaubs- und Weihnachtsgeld als Vergütung des gesamten Jahres an. Daraus folgt, dass bei nur teilweiser Tätigkeit in einem Jahr (z. B. Beschäftigung ab 1.9. bis 31.12.) auch nur eine **zeitanteilige** Sondervergütung gezahlt werden darf (**hier: 4/12**).

Außerdem ist bei **beherrschenden Gesellschafter-Geschäftsführern** für die Anerkennung einer Sonderzahlung als Gehalt zusätzlich auf das **Rückwirkungsverbot** zu achten, d. h. die Vereinbarung muss zu Beginn des Jahres vorliegen, für das sie erstmals gelten soll.

Nach dem **BFH-Urteil vom 28.1.2004 (BStBl 2005 II S. 524)** stellen Abgeltungszahlungen für nicht in Anspruch genommenen Urlaub an den Gesellschafter-Geschäftsführer einer GmbH oder an eine diesem nahestehende Person auch bei Fehlen von Vereinbarungen zu den Voraussetzungen der Zahlungen und trotz des gesetzlichen Verbots der Abgeltung von Urlaubsansprüchen in § 7 Abs. 4 BUrlG **keine vGA dar, wenn betriebliche Gründe der Urlaubsinanspruchnahme entgegenstehen**.

Wird eine Vereinbarung über die Urlaubsabgeltung geschlossen, ist der Aufwand in einer **Rückstellung** zu passivieren. Dies gilt auch dann, wenn die Vereinbarung eine Abgeltung vorsieht, die über das steuerlich anzuerkennende Maß hinausgeht (BMF-Schreiben vom 28.5.2002, BStBl I S. 603).

8.1 Bezüge des Gesellschafter-Geschäftsführers

Sofern der Urlaub von Gesellschafter-Geschäftsführern nicht in Anspruch genommen wird, ist eine Abgeltungszahlung für **höchstens 30 Tage** möglich. **Die Höhe der Urlaubsrückstellung und der Abgeltungszahlung bemisst sich nach Auffassung der Finanzverwaltung anteilig nach der Gesamtvergütung (einschließlich variabler Gehaltsbestandteile), gerechnet auf 360 Tage.**

Eine Urlaubsabgeltung ist im Hinblick auf den BFH-Beschluss vom 6.10.2006, AZ.: I B 28/06, GmbHR 2007 S. 104, **drei Jahre lang bis zur Verjährung möglich**. Nach Auffassung des BFH wandelt sich der Anspruch des Geschäftsführers auf Gewährung des dienstvertraglich vereinbarten Urlaubs, der im abgelaufenen Kalenderjahr betriebsbedingt nicht in Anspruch genommen werden konnte, ohne weiteres Zutun der Beteiligten – auch ohne gesonderte Übertragungsvereinbarung – in einen auf Leistung von Geld gerichteten Abgeltungsanspruch des Geschäftsführers um. Dieser auf Geld gerichtete Anspruch des Geschäftsführers verfällt nicht, wenn er nicht bis zu einem bestimmten Zeitpunkt erfüllt wird, sondern unterliegt – soweit dienstvertraglich nichts anderes vereinbart ist – **lediglich den allgemeinen schuldrechtlichen Bestimmungen von Verjährung und Verwirkung**.

Für die Höhe der Urlaubsrückstellung und eine spätere Abgeltung bedeutet dies im Einzelnen Folgendes:

Urlaubsanspruch 2010:	3 Jahre ⟶	Urlaubsabgeltung bis spätestens 31.12.2013
Urlaubsanspruch 2011:	3 Jahre ⟶	Urlaubsabgeltung bis spätestens 31.12.2014
Urlaubsanspruch 2012:	3 Jahre ⟶	Urlaubsabgeltung bis spätestens 31.12.2015

Praxishinweis: **Keine Einbeziehung der Abgeltungszahlungen für nicht in Anspruch genommenen Urlaub in Angemessenheit Gesamtausstattung**

Bei den Abgeltungszahlungen handelt es sich um die Abgeltung von Freizeit (also nicht der Arbeitsleistung). In der Gesamtausstattung sind zudem bereits die laufenden Gehaltszahlungen berücksichtigt und damit auch die im Anstellungsvertrag vereinbarten bezahlten Urlaubstage.

Die Abgeltungszahlungen für nicht in Anspruch genommenen Urlaub (max. für 30 Tage pro Jahr) sind deshalb nach Auffassung der Finanzverwaltung in Baden-Württemberg in die Gesamtausstattung der Gesellschafter-Geschäftsführerbezüge **nicht einzubeziehen**.

Beispiel 6:

Die A-GmbH hat mit ihrem beherrschenden Gesellschafter-Geschäftsführer A eine Vereinbarung abgeschlossen, nach der A seinen Urlaub **zeitlich unbegrenzt vortragen oder abgelten** lassen kann.

Im Jahr 2009 konnte A seinen Jahresurlaub von 30 Tagen nicht nehmen. Zum **31.12.2009** passivierte die A-GmbH eine der Höhe nach zutreffende Urlaubsrückstellung von **30.000 €**. Im Jahr 2010 konnte A aus betrieblichen Gründen weder den Urlaub aus 2009, noch den Jahresurlaub 2010 nehmen. Zum **31.12.2010** passivierte die A-GmbH eine Urlaubsrückstellung für den Urlaub 2009 und 2010 in Höhe von **60.000 €**. Zum **31.12.2011** wurde eine Urlaubsrückstellung in Höhe von **90.000 €** passiviert (für 2009, 2010 und 2011). Zum **31.12.2012** beläuft sich die Urlaubsrückstellung auf **120.000 €** (für 2009, 2010, 2011 und 2012 jeweils 30.000 €).

Da A auch in 2013 den alten Urlaub voraussichtlich nicht nehmen kann, wird der Urlaubsanspruch 2009 und 2010 in Höhe von jeweils 30.000 € (insgesamt also 60.000 €) im März 2013 abgegolten (Buchung in der Bilanz zum 31.12.2013: Urlaubsrückstellung 60.000 € an Bank 60.000 €). Außerdem wird die Urlaubsrückstellung zum 31.12.2013 um 30.000 € erhöht (Buchung: Gehaltsaufwand 30.000 € an Urlaubsrückstellung 30.000 €).

Lösung:

Bilanzstichtag	Urlaubsrückstellung (in der Bilanz)	vGA (außerbilanzmäßig)
31.12.2009	30.000 €	0 €
31.12.2010	60.000 €	0 €
31.12.2011	90.000 €	0 €
31.12.2012	120.000 €	**+ 30.000 €**
31.12.2013	90.000 €	0 €

Zum **31.12.2012** ist gem. **§ 8 Abs. 3 Satz 2 KStG** ein **Betrag in Höhe von 30.000 € als vGA außerbilanziell** hinzuzurechnen, der auf den **Urlaub 2009** entfällt. Denn die Regelung im Anstellungsvertrag, die auch die 3-jährige Verjährungsfrist des § 195 BGB abbedingt, hält einem **Fremdvergleich nicht stand** und kann deshalb **steuerlich nicht anerkannt werden**.

Mit der **Abgeltung des Urlaubs 2009 in 2013** liegt bei der GmbH auch eine **Leistung i. S. d. § 27 Abs. 1 Satz 3 KStG** vor (Einlagenrückgewähr ist zu prüfen).

A muss im **VZ 2013** die **Abgeltungszahlung für den Urlaub 2009** (= vGA in Höhe von 30.000 €) gem. § 20 Abs. 1 Nr. 1 Satz 2 EStG i. V. m. § 32 d Abs. 1 und 3 EStG (Sondersteuersatz von 25 v. H.) oder aber nach § 3 Nr. 40 Satz 1 Buchst. d EStG im Rahmen des **Teileinkünfteverfahrens** versteuern (60 v. H. von 30.000 € = 18.000 €, sofern Antrag nach § 32 d Abs. 2 Nr. 3 EStG vorliegt).

Die Abgeltung des **Urlaubsanspruchs für 2010 im VZ 2013** ist hingegen aufgrund der BFH-Entscheidung vom 6.10.2006 (a. a. O.) **steuerlich anzuerkennen und deshalb Arbeitslohn** nach § 19 EStG. Eine vGA liegt insoweit also nicht vor.

8.1.2.3 Arbeitszeitkontenmodell bzw. Zeitwertkontenmodell beim Gesellschafter-Geschäftsführer und vGA

Die reinen **Arbeitszeitkontenmodelle** (= Mehrarbeitszeit wird in ein Zeitkonto eingestellt, das später in Form von bezahlter Freizeit in Anspruch genommen werden kann) werden von der Finanzverwaltung aus **ertragsteuerlicher Sicht** bei **Gesellschafter-Geschäftsführern** nach den Grundsätzen zur Überstundenrechtsprechung **nicht anerkannt** (= **vGA**).

Bei einem **Zeitwertkontenmodell in Form einer Gehalts- bzw. Entgeltumwandlung** verzichtet der Gesellschafter-Geschäftsführer auf einen Teil seiner künftigen Bezüge und lässt diese über seine Gesellschaft für seine Altersvorsorge entsprechend anlegen. Das so entstandene Wertguthaben kann dann z. B. für den Vorruhestand bzw. für ein Altersteilzeitmodell genutzt werden.

Nach dem **BMF-Schreiben vom 17.6.2009 (BStBl I S. 1286) zu den Voraussetzungen für die steuerliche Anerkennung von Zeitwertkontenmodellen** werden bei **Organen einer Körperschaft** (z. B. von Mitgliedern des Vorstands einer AG oder Geschäftsführern einer GmbH) Zeitwertkonten steuerlich **nicht** anerkannt. Vielmehr führt bereits die **Wertgutschrift auf dem Zeitwertkonto** bei dieser Personengruppe zu **Zufluss von Arbeitslohn**. Dies gilt entsprechend für als Arbeitnehmer beschäftigte **beherrschende Anteilseigner**. Die allgemeinen Grundsätze der verdeckten Gewinnausschüttung bleiben unberührt.

Der Erwerb einer Organstellung hat keinen Einfluss auf ein bis zu diesem Zeitpunkt aufgebautes Wertguthaben. Nach Erwerb der Organstellung führen alle weiteren Zuführungen zu dem Zeitwertkonto steuerlich zu Zufluss von Arbeitslohn.

Hinweis: **Verfahren beim BFH anhängig**
Vor kurzem haben sowohl das Hessische FG (Urteil vom 19.1.2012, AZ.: 1 K 250/11, EFG 2012 S. 1243), das Niedersächsische FG (Urteil vom 16.2.2012, AZ.: 14 K 202/11, EFG 2012 S. 1397) und auch das FG Düsseldorf (Urteil vom 21.3.2012, AZ.: 4 K 2834/11 AO, EFG 2012 S. 1400) entschieden, dass die Gutschrift auf einem Arbeitszeitkonto auch bei einem Organ einer Kapitalgesellschaft **nicht** zum sofortigen Lohnzufluss führt.

Gegen die Urteile sind beim BFH die **Revisionen** mit den AZ.: VI R 19/12, VI R 25/12, VI R 26/12 anhängig. Entsprechende Fälle können also offen gehalten werden.

Praxishinweis:
Derzeit kann man sich in der Praxis nicht darauf verlassen, dass das Arbeitszeitkontenmodell bei Gesellschafter-Geschäftsführern wieder möglich ist.

Neben der Frage des Lohnzuflusses stellt sich im Übrigen noch die Problematik der **verdeckten Gewinnausschüttung**. Diese hat die Finanzverwaltung bisher zurückgestellt, weil in ihren Augen das Modell besser mit dem Lohnzufluss „bekämpft" werden konnte. Sollte der BFH den Lohnzufluss verneinen, wird die vGA-Frage aber wieder diskutiert (immerhin vertritt Gosch = Vorsitzender Richter des zuständigen KSt-Senats im BFH die Auffassung, dass eine vGA vorliegt; vgl. Gosch, KStG, § 8 Tz. 591).

Literaturhinweise:
Wellisch/Quiring, BB 2012 S. 2029; Sterzinger, BB 2012 S. 2728; Hilbert/Paul, NWB 2012 S. 3391.

8.1.3 Tantiemen an den Gesellschafter-Geschäftsführer

8.1.3.1 Zur Tantiemevereinbarung dem Grunde nach

8.1.3.1.1 Klare und eindeutige Tantiemevereinbarung

Nach dem BFH-Urteil vom 30.1.1985 (BStBl II S. 345) muss die Tantiemevereinbarung bei einem **beherrschenden Gesellschafter-Geschäftsführer** dem Grunde und der Höhe nach im Voraus klar und eindeutig getroffen werden. Die Höhe der Vergütung muss allein **durch Rechenvorgänge** ermittelt werden können, ohne dass es noch der Ausübung irgendwelcher Ermessensakte seitens der Geschäftsführung oder Gesellschafterversammlung bedarf. Sofern als Bemessungsgrundlage für die Tantieme z. B. der Jahresüberschuss vor Tantieme und vor Abzug der Körperschaftsteuer und Gewerbesteuer zugrunde gelegt werden soll, muss dies im Voraus auch ausdrücklich vereinbart werden (**vgl. H 36 III, Klare und eindeutige Vereinbarung, KStH 2008**).

Eine klare und eindeutige Tantiemevereinbarung kann beispielsweise in folgenden Fällen nicht angenommen werden:
- Die Tantieme eines beherrschenden Gesellschafter-Geschäftsführers bemisst sich nach dem „**Gewinn gem. Grundsätzen ordnungsmäßiger Buchführung unter Berücksichtigung aller steuerlich zulässigen Maßnahmen**" oder nach dem „**Ergebnis der Steuerbilanz**" (BFH vom 1.7.1992, BStBl II S. 975).
- Die Kapitalgesellschaft und der beherrschende Gesellschafter vereinbaren lediglich, dass der Gesellschafter eine „**angemessene**" Vergütung erhalten soll (vgl. BFH vom 17.12.1997, BStBl II 1998 S. 545).
- Eine Formulierung, nach der sich die zu zahlende Tantieme z. B. auf 10 v. H. des „**vorläufigen Ergebnisses**" oder des „**vorläufigen Gewinns**" bemisst (vgl. BFH-Urteil vom 1.4.2003, GmbHR 2003 S. 1502).
- Die Tantiemevereinbarung steht unter dem Zustimmungsvorbehalt der Gesellschafterversammlung (**vgl. H 39, Zustimmungsvorbehalt, KStH 2008**).

Steuerfalle:
Bei einem beherrschenden Gesellschafter-Geschäftsführer muss die Tantieme auch im Voraus vereinbart werden („**Nachzahlungsverbot**"). Im Voraus bedeutet nicht vor Zahlung der Tantieme, sondern bevor die Leistung erbracht wird, der die Tantiemezahlung zugrunde liegt. Eine Tantieme für 2013 muss deshalb **spätestens am 1.1.2013** vereinbart werden. Sofern die Regelung erst im Laufe eines Veranlagungszeitraums erfolgt, ist diese zur Vermeidung einer vGA **zeitanteilig zu kürzen** (BFH vom 17.12.1997, a. a. O.).

Beispiel 7:

Am 1.10.2013 vereinbaren die GmbH und der beherrschende Gesellschafter-Geschäftsführer eine Tantieme für 2013 von insgesamt 120.000 €.

Lösung:

Die Zahlung der ungekürzten Tantieme würde hier zu einer **vGA im VZ 2013 in Höhe von 90.000 € (9/12 von 120.000 €)** führen. Steuerlich zulässig ist also lediglich ein Tantiemeanspruch von 30.000 € (**3/12 von 120.000 €**).

8.1.3.1.2 vGA bei Nichtdurchführung einer Tantiemevereinbarung

Grundsatz:
Bei einem beherrschenden Gesellschafter (oder einer ihm nahe stehenden Person) muss eine Vereinbarung auch **tatsächlich durchgeführt** werden, um die Ernsthaftigkeit der Vereinbarung erkennen zu lassen. D. h.: **Eine vGA ist z. B. auch dann möglich, wenn vereinbarte Vergütungen nicht gezahlt werden** (vgl. H 49, Verspätete Auszahlung, KStH 2008).

Sofern im Anstellungsvertrag mit dem beherrschenden Gesellschafter-Geschäftsführer eine **monatliche Gehaltszahlung** vereinbart ist, so ist der Vertrag nur dann vollzogen, wenn **monatliche Zahlungen** erfolgen (BFH vom 20.7.1988, BFH/NV 1990 S. 65). Die Nichtauszahlung einer Gewinntantieme bedeutet die Nichtdurchführung der Tantiemevereinbarung, so dass in Höhe der Tantiemebeträge eine vGA anzunehmen ist (BFH vom 29.7.1992, BStBl II 1993 S. 249).

Ausnahme:
Vom Durchführungsgebot kann nur **aus betrieblichen Gründen** abgewichen werden, wenn z. B. ein **Liquiditätsengpass** besteht. Die **Verbindlichkeit** gegenüber dem Gesellschafter muss dann aber in der Bilanz der Gesellschaft ausgewiesen werden. Um Schwierigkeiten in der Praxis zu vermeiden, ist außerdem darauf zu achten, dass bei „Stehen lassen" von Gehaltszahlungen und Tantiemebeträgen ein Darlehensvertrag zwischen dem Gesellschafter und der GmbH getroffen wird oder aber eine Gutschrift auf dem Gesellschafter-Verrechnungskonto erfolgt.

Forderungsverzicht grundsätzlich kein Verstoß gegen das Durchführungsgebot
Es stellt sich auch die Frage, ob ein Verstoß gegen das Durchführungsgebot auch **aufgrund eines Forderungsverzichts** des Gesellschafter-Geschäftsführers denkbar ist. Hier gilt Folgendes:

Nach dem **BFH-Urteil vom 29.6.1994 (BStBl II S. 952)** kann aus dem Forderungsverzicht eines beherrschenden Gesellschafters nur dann auf einen nicht durchgeführten Vertrag rückgeschlossen werden, wenn die äußeren Umstände des Verzichts dafür sprechen, dass eine ernstlich gewollte Verbindlichkeit der Kapitalgesellschaft von Anfang an gefehlt hat.

Beispiel 8:

Der beherrschende Gesellschafter-Geschäftsführer hat aufgrund seines Anstellungsvertrags einen Tantiemeanspruch für 2012 in Höhe von 50.000 €. Tatsächlich hat die GmbH in ihrer Bilanz zum 31.12.2012 nur eine Rückstellung von 30.000 € gebildet und später auch nur diesen Betrag ausgezahlt. Der Gesellschafter verzichtet in 2013 auf den (**werthaltigen**) Mehrbetrag von 20.000 €. Das Finanzamt geht von einer nicht durchgeführten Vereinbarung aus und behandelt die Rückstellung von 30.000 € als vGA.

Lösung:

Der rückwirkende Forderungsverzicht des Gesellschafters führt nach Auffassung des BFH im Urteil vom 29.6.1994 (a.a.O.) nicht generell wegen Verletzung des Durchführungsgebotes zu einer vGA. **Liegt danach keine vGA vor, so ergeben sich aber folgende steuerliche Auswirkungen:**

Der **Forderungsverzicht** des Gesellschafters in 2013 stellt eine **verdeckte Einlage** in die GmbH in Höhe von 20.000 € dar. Dies führt beim Gesellschafter im VZ 2013 zu weiteren **Einnahmen nach § 19 EStG von 20.000 €** sowie zu **nachträglichen Anschaffungskosten** auf seine GmbH-Beteiligung i.S.d. § 17 EStG in dieser Höhe (vgl. H 40, Forderungsverzicht, KStH 2008).

Bei der GmbH hätte die Verbindlichkeit in der Steuerbilanz zum 31.12.2012 mit 50.000 € passiviert werden müssen (zusätzliche Gewinnminderung in 2012 also 20.000 €). Aufgrund der verdeckten Einlage ergibt sich dann in 2013 im Rahmen der Einkommensermittlung **nach § 8 Abs. 3 Satz 3 KStG eine außerbilanzmäßige Abrechnung** von 20.000 € (wegen gewinnerhöhender Auflösung der Verbindlichkeit) und ein entsprechender Zugang beim steuerlichen Einlagekontos i.S.d. § 27 KStG zum 31.12.2013.

8.1.3.1.3 Fehlende Schriftform der Tantiemevereinbarung

Eine mündlich abgeschlossene Gehaltsvereinbarung ist nach der BFH-Rechtsprechung grundsätzlich noch keine vGA (vgl. BFH vom 29.7.1992, BStBl II 1993 S. 139). Auch nach Auffassung der Finanzverwaltung kann bei Dauerschuldverhältnissen – wie z.B. bei Dienst- und Mietverträgen – im Allgemeinen aus dem tatsächlichen Leistungsaustausch der Schluss gezogen werden, dass ihm eine (mündlich abgeschlossene) entgeltliche Vereinbarung zugrunde liegt. Tatsächlicher Leistungsaustausch bedeutet **Auszahlung, zeitnahe Verbuchung und ggf. Abführung von Lohnsteuer und Sozialversicherungsbeiträgen ("tatsächliche Übung",** vgl. H36 I, Zivilrechtliche Wirksamkeit, KStH 2008). Auf die tatsächliche Übung kann ab dem Zeitpunkt zurückgegriffen werden, ab dem sie objektiv erkennbar nach außen in Erscheinung tritt (vgl. BMF vom 13.10.1997, BStBl I S. 900).

Ob diese Rechtsprechung bzw. Verwaltungsmeinung auch bei **einmaligen jährlichen Zahlungen** wie z.B. bei Tantiemen gilt, ist jedoch nicht sicher. Denn die tatsächliche Übung, der regelmäßige Leistungsaustausch, lässt sich üblicherweise nur bei monatlichen Zahlungen ohne weiteres nachvollziehen. Andererseits ist aber nicht generell ausgeschlossen, die vorherige Vereinbarung auch bei einmaligen jährlichen Gewinntantiemen **anhand tat-**

8.1 Bezüge des Gesellschafter-Geschäftsführers

sächlicher Übung festzustellen (vgl. BFH vom 17.10.1990, BFH/NV 1991 S. 773). Dann dürfte es jedoch entscheidend darauf ankommen, **wieviele Jahre** die Tantieme nur aufgrund mündlicher Vereinbarung ausgezahlt wurde. Zwei Jahre dürften aber noch nicht ausreichen, um einen „regelmäßigen Leistungsaustausch" zu begründen.

Hinweis:
Üblicherweise kann also **lediglich bei Dauerschuldverhältnissen**, deren Durchführung einen regelmäßigen Leistungsaustausch voraussetzt (wie z. B. bei Dienst- oder Mietverträgen), aus der Regelmäßigkeit der Leistungen und dem engen zeitlichen Zusammenhang von Leistung und Gegenleistung auf eine (mündlich) getroffene Vereinbarung geschlossen werden.

Beispiel 9:
Der beherrschende Gesellschafter-Geschäftsführer einer GmbH erhält zusätzlich zu seinem monatlichen Festgehalt am 31.3.2013 erstmals eine Tantieme von 40.000 € für das Jahr 2012. Schriftliche Vereinbarungen hierüber liegen nicht vor. In der Bilanz zum 31.12.2012 wurde eine entsprechende Tantiemerückstellung gewinnmindernd eingestellt.

Lösung:
Die Tantiemezahlung ist als vGA zu behandeln und führt im VZ 2012 nach § 8 Abs. 3 Satz 2 KStG zur außerbilanzmäßigen Einkommenskorrektur in Höhe von 40.000 €. Durch den ordnungsgemäßen Vollzug der Tantiemezahlung in 2013 (Auszahlung, Verbuchung, Abführung von Lohnsteuer) allein kann nicht zweifelsfrei festgestellt werden, dass die Tantieme auf einer von vornherein abgeschlossenen mündlichen Vereinbarung beruht, d. h. bereits zu Beginn des Jahres 2012 getroffen worden ist. Diese Unklarheit geht zu Lasten der GmbH.

Beim Ansatz einer vGA wegen Nichtanerkennung von Tantiemen ist darauf zu achten, dass die nach § 8 Abs. 3 Satz 2 KStG vorzunehmende Einkommenskorrektur und der Abfluss regelmäßig zeitlich auseinanderfallen.

Die außerbilanzmäßige Einkommenskorrektur erfolgt hier im VZ 2012, der Abfluss ist aber erst im VZ 2013. Für diese Leistung (= vGA in Höhe von 40.000 €) ist deshalb eine Verwendung des steuerlichen Einlagekontos zum 31.12.2012 zu prüfen (Einlagenrückgewähr nach § 27 Abs. 1 Satz 3 KStG).

8.1.3.2 Steuerliche Voraussetzungen und Obergrenze für die Gewinntantieme

8.1.3.2.1 Obergrenze für die Gewinntantieme
Die Obergrenze von **50 v. H.** gilt nach dem BMF-Schreiben vom 1.2.2002 (BStBl I S. 219) für **alle** Gesellschafter-Geschäftsführer zusammen. Vom BFH wurde dies mit Urteilen vom 15.3.2000 (BStBl II S. 547 und BFH/NV 2000 S. 1245) bestätigt. Diese Grenze ist auch bei Tantiemezusagen an **einen** Gesellschafter-Geschäftsführer maßgebend.

Bemessungsgrundlage für die Gewinntantieme dem Grunde nach ist die im Voraus getroffene, klare und eindeutige, individuelle vertragliche Tantiemevereinbarung. Die Höhe der Vergütung muss allein durch **Rechenvorgänge** ermittelt werden können, ohne dass es noch der Ausübung von Ermessensakten seitens der Geschäftsführung oder der Gesellschafterversammlung bedarf (vgl. BFH-Urteil vom 17.12.1997, BStBl 1998 II S. 545).

Ob eine Gewinntantieme der Höhe nach angemessen ist, muss nach dem BFH-Urteil vom 10.7.2002 (BStBl 2003 II S. 418) grundsätzlich anhand derjenigen Umstände und Erwägungen beurteilt werden, die **im Zeitpunkt der Tantiemezusage** gegeben waren bzw. angestellt worden sind (Stichwort: „Fremdvergleich").

Nach dem **BMF-Schreiben vom 1.2.2002 (BStBl I S. 219)** ist Bemessungsgrundlage zur Prüfung der 50 v. H.-Grenze **der handelsrechtliche Jahresüberschuss vor Abzug der Gewinntantieme und der ertragsabhängigen Steuern (KSt, GewSt, SolZ).** Der BFH hat im Urteil vom 4.6.2003 (BStBl 2004 II S. 136) bestätigt, dass schon aus Gründen der Praktikabilität auf den Jahresüberschuss **vor** Tantieme und **vor** Ertragsteuern abzustellen ist.

8.1.3.2.2 Regelaufteilung der Gesamtbezüge (sog. 75 v. H.- zu 25 v. H.-Grenze)

Im **BMF-Schreiben vom 1.2.2002 (BStBl I S. 219)** kommen als Ausnahmefälle insbesondere nur in Betracht:
- die Gründungsphase
- Phasen vorübergehender wirtschaftlicher Schwierigkeiten
- Tätigkeiten in stark risikobehafteten Geschäftszweigen.

<u>Praxishinweis:</u>
Nach den BFH-Urteilen vom 27.2.2003 und 4.6.2003 (a. a. O.) kommt aber als Ausnahmefall zusätzlich in Betracht:

„**Die Ertragslage der Kapitalgesellschaft unterliegt starken Schwankungen**"
Ob dies der Fall ist, ist anhand einer **Gewinnprognose** zu beurteilen. Im Ergebnis wird dadurch die „75-zu-25"-Aufteilung zwar nicht abgeschafft, aber deutlich relativiert. Vgl. hierzu Urteilsanmerkungen von Gosch in DStR 2003 S. 1571 und S. 1749 sowie von Buciek in INF 2003 S. 808.

Dies bedeutet in der Praxis, dass sich die Zahl der Ausnahmefälle deutlich erweitert hat. Die Finanzverwaltung hat dies aufgrund der Veröffentlichung der BFH-Urteile im BStBl akzeptiert. Vgl. auch H 39, Grundsätze, KStH 2008.

8.1.3.3 Zur Vereinbarung einer Nur-Tantieme

Die Vereinbarung einer „Nur-Tantieme", bei der die Vergütung lediglich aus einer prozentual am Gewinn bemessenen Tantieme besteht, ist nach dem BMF-Schreiben vom 1.2.2002 (a. a. O.) **steuerlich grundsätzlich nicht anzuerkennen.**

Nach dem BMF-Schreiben vom 1.2.2002 (a. a. O.) kann die Vereinbarung einer „Nur-Tantieme" allerdings in bestimmten **Ausnahmefällen** steuerlich anerkannt werden, nämlich insbesondere
- in der Gründungsphase der Gesellschaft,
- in Phasen vorübergehender wirtschaftlicher Schwierigkeiten,
- bei Tätigkeiten in stark risikobehafteten Geschäftszweigen.

Auch bei Vorliegen einer derartigen Ausnahmesituation ist die „Nur-Tantieme" aber nur dann anzuerkennen, **wenn die Obergrenze von 50 v. H. (Tantieme darf also 50 v. H. des Jahresüberschusses nicht übersteigen) eingehalten und die Tantiemevereinbarung ausdrücklich zeitlich begrenzt ist.**

8.1.3.4 Nur-Rohgewinntantieme
Die vorstehenden Ausführungen gelten für eine Nur-Rohgewinntantieme entsprechend.

8.1.3.5 Umsatztantiemen
Umsatztantiemen werden steuerlich nur **in Ausnahmefällen** anerkannt (z. B. bei **Branchenüblichkeit** oder aber in der **Aufbauphase** oder bei **ausschließlicher Vertriebszuständigkeit**).

(BStBl 1989 II S. 854), vom 19.5.1993 (BFH/NV 1994 S. 124), vom 20.9.1995 (GmbHR 1996 S. 301), und vom **4.3.2009, AZ.: I R 45/08, GmbHR 2010 S. 105**. Nach Auffassung des BFH im Urteil vom 4.3.2009 (a. a. O.) muss die Zahlung der Umsatztantieme **auf die Dauer der Anlaufphase** beschränkt bleiben. Diese ist schon dann absolviert, wenn das Unternehmen eine **stabile Ertragssituation** (vor Umsatztantieme) aufweisen kann.

Nach dem BFH-Urteil vom 19.2.1999 (BStBl 1999 II S. 321) ist aber in jedem Fall in der vertraglichen Tantiemenvereinbarung eine **zeitliche und höhenmäßige Begrenzung** erforderlich. Derartige Begrenzungen sind zur Vermeidung einer Gewinnabsaugung notwendig. Dies gilt auch für den **nicht beherrschenden Gesellschafter-Geschäftsführer**. Die Formulierung der zeitlichen und betragsmäßigen Begrenzung kann in einer Tantieme-Vereinbarung wie folgt lauten:

„Die Tantieme beträgt….v. H. des im Geschäftsjahr erzielten Umsatzes. Sie beläuft sich höchstens auf…..€. Ein Anspruch auf Umsatztantieme besteht….Jahre".

Auch eine **Rohertragstantieme** unterliegt den o. g. einschränkenden Voraussetzungen für die Anerkennung von Umsatztantiemen, wenn der maßgebliche Rohertrag weitgehend dem Umsatz angenähert ist (vgl. BFH-Urteil vom 10.11.1998, HFR 1999 S. 479).

Eine **Kombination von Gewinn- und Umsatztantiemen** ist nach den BFH-Urteilen vom 9.9.1998 (BFH/NV 1999 S. 519) und vom 6.4.2005 (HFR 2006 S. 183) nicht möglich.

Zur **Abgrenzung Gewinntantieme / Umsatztantieme / gratifikationsähnliche Festvergütung**, vgl. BFH-Urteil vom 5.6.2002 (BStBl 2003 II S. 329). Sofern dem Gesellschafter-Geschäftsführer einer GmbH neben einem monatlichen Festgehalt jährlich eine **weitere Festvergütung** für den Fall gezahlt wird, dass eine **bestimmte Umsatzgrenze** erzielt wird, liegt keine schädliche Umsatztantieme vor, sondern eine **Festvergütung ähnlich einer Gratifikation**.

8.1.3.6 Vorschüsse auf die Gewinntantieme

Der Anspruch auf eine Gewinntantieme entsteht mit Ende des Geschäftsjahres und wird mit Feststellung des Jahresabschlusses fällig. Sofern Abschlagszahlungen auf die Gewinntantieme im Geschäftsführer-Anstellungsvertrag **nicht vereinbart sind** und auf den Tantiemeanspruch gleichwohl im laufenden Jahr (z. B. in 2014 für 2014) zinsfreie Vorauszahlungen geleistet werden, **ist der Verzicht auf eine angemessene Verzinsung eine vGA**. Dabei ist davon auszugehen, dass sich die GmbH und der Gesellschafter im Zweifel die Spanne zwischen banküblichen Soll- und Habenzinsen teilen (BFH vom 17.12.1997, BStBl II 1998 S. 545, sowie BFH-Urteil vom 22.10.2003, BStBl 2004 II S. 307).

Praxishinweis:

Um bei zinsfreien Abschlagszahlungen eine vGA zu vermeiden, müssen die Abschlagszahlungen bereits im Voraus im Geschäftsführer-Anstellungsvertrag im Einzelnen klar und eindeutig im Voraus vereinbart werden. **Vgl. auch H 39, Vorschüsse auf Tantieme, KStH 2008.**

8.1.3.7 Berücksichtigung von Verlustvorträgen bei der Tantiemeberechnung

Der BFH hat hierzu im Urteil **vom 17.12.2003 (BStBl 2004 II S. 524)** wie folgt entschieden: „Verspricht eine Kapitalgesellschaft ihrem Gesellschafter-Geschäftsführer eine Gewinntantieme, so muss ein bei ihr bestehender **Verlustvortrag** jedenfalls dann in die Bemessungsgrundlage der Tantieme einbezogen werden, **wenn der tantiemeberechtigte Geschäftsführer für den Verlust verantwortlich oder zumindest mitverantwortlich ist**. Anderenfalls liegt in Höhe des Differenzbetrags zwischen der tatsächlich zu zahlenden Tantieme und derjenigen, die sich bei Berücksichtigung des Verlustvortrags ergeben hätte, eine **vGA** vor."

Nach Auffassung des BFH entspricht es der inneren Logik einer Gewinntantieme, den Geschäftsführer **sowohl an der positiven als auch an den negativen Folgen seiner Tätigkeit zu beteiligen**. Dies geschieht durch die Einbeziehung von Verlustvorträgen in die Bemessungsgrundlage einer Gewinntantieme, die deshalb im Regelfall sachgerecht ist (**vgl. auch H 39, Verlustvorträge, KStH 2008**).

Beispiel 10:

Verlust 2012:	./. 400.000 €
Jahresüberschuss 2013:	+ 1.000.000 €
Bilanzgewinn 31.12.2013:	+ **600.000 €**

Folgende Fälle sind zu unterscheiden:

> **Fall 1: Bemessungsgrundlage ist Jahresgewinn**
> Ist die Höhe einer Tantieme für den beherrschenden Gesellschafter-Geschäftsführer einer GmbH nach seinem Dienstvertrag von der Höhe des „Jahresgewinns" abhängig, so muss bereits nach dem BFH-Urteil vom 25.4.1990 (BFH/NV 1991 S. 269) für die Tantieme § 86 AktG a. F. entsprechend herangezogen werden, wenn Vereinbarungen, die diesen Jahresgewinn näher definieren, fehlen. § 86 AktG schreibt vor, dass bei Zugrundelegung des Jahresgewinns als Maßstab die Beteiligung nach dem **Jahresüberschuss, vermindert um einen Verlustvortrag aus dem Vorjahr** und um die Beträge, die nach Gesetz oder Satzung aus dem Jahresüberschuss in offene Rücklagen einzustellen sind, zu berechnen ist.
> **Die Zahlung einer ungekürzten Tantieme führt deshalb insoweit zu einer vGA.**

> **Fall 2: Vereinbarung mit einem neuen Gesellschafter-Geschäftsführer (BMG ist Jahresüberschuss für 2013, Verlustvortrag aus 2012 wurde nicht in seiner Person erzielt)**
> Die Zugrundelegung des laufenden Jahresüberschusses ohne Berücksichtigung von Verlustvorträgen führt in diesem Fall nicht zur Annahme einer vGA, da eine solche Vereinbarung einem **Fremdvergleich** Stand hält und deshalb **nicht** durch das Gesellschaftsverhältnis veranlasst ist.

> **Fall 3: BMG ist Jahresüberschuss für 2013 (ohne Berücksichtigung des Verlustvortrags aus 2012, der vom selben Geschäftsführer erzielt wurde)**
> Im Hinblick auf die FG-Rechtsprechung (vgl. Hessisches FG, EFG 2000 S. 1147 und FG Köln, GmbHR 2001 S. 306) musste bereits nach bisheriger Auffassung der Finanzverwaltung in diesen Fällen für die Berechnung der Gewinntantieme ein Verlustvortrag gekürzt und es konnte nur der **„Nettogewinn"** (Jahresüberschuss **vermindert um Verlustvortrag) für die Berechnung der Gewinntantieme zugrunde gelegt werden.**
> Im Urteil vom 17.12.2003 (a. a. O.) wird dies vom BFH dahingehend abschließend bestätigt, dass die **Einbeziehung von Verlustvorträgen dann sachgerecht ist, wenn der tantiemeberechtigte Gesellschafter-Geschäftsführer für den Verlust verantwortlich oder mitverantwortlich ist.**

Wichtig:
Bestehende Gewinnvorträge können laufende Verluste (Jahresfehlbeträge) für Zwecke der Tantiemeberechnung nicht ausgleichen.

Beispiel 11:

Der Gesellschafter-Geschäftsführer erhält eine Gewinntantieme in Höhe von 20 v. H. des Jahresüberschusses vor Tantieme, vor Ertragsteuern und nach Berücksichtigung von Verlustvorträgen.

31.12.2012

Verschiedene Aktiva	225.000 €	Gez. Kapital		25.000 €
		Gewinnvortrag		500.000 €
		Jahresfehlbetrag 2012	./.	300.000 €
	225.000 €			225.000 €

31.12.2013

Verschiedene Aktiva	325.000 €	Gez. Kapital	25.000 €
		Gewinnvortrag	200.000 €
		Jahresüberschuss 2013	56.000 €
		Rückstellung	
		Gewinntantieme	20.000 €
		Steuerrückstellungen (KSt/SolZ/GewSt)	24.000 €
	325.000 €		325.000 €

Im Beispielsfall wird durch den bestehenden Gewinnvortrag der Jahresfehlbetrag 2012 ausgeglichen. **Mangels bilanziellem Verlustvortrag** in der Bilanz zum 31.12.2013 könnte die **Tantiemeberechnung von 20.000 €** (56.000 € + 20.000 € + 24.000 € = 100.000 €, davon 20 v. H.) für das Jahr 2013 eigentlich steuerlich anerkannt werden.

Aber:
Gegenteilige BFH-Rechtsprechung: BFH verlangt Ausgleich von Jahresfehlbeträgen durch zukünftige Jahresüberschüsse
Der BFH hat mit **Urteil vom 18.9.2007, AZ.: I R 73/06, BStBl 2008 II S. 314**, entschieden, **dass die unter der Verantwortung des Gesellschafter-Geschäftsführers angefal-

lenen oder noch anfallenden Jahresfehlbeträge lt. Handelsbilanz ebenfalls in die Bemessungsgrundlage der Tantieme einbezogen werden müssen. Die Jahresfehlbeträge müssen bei der Tantiemeberechnung regelmäßig vorgetragen und durch zukünftige Jahresüberschüsse ausgeglichen werden. Eine **vorhergehende Verrechnung** mit einem etwa bestehenden **Gewinnvortrag** lt. Handelsbilanz darf i. d. R. **nicht** vorgenommen werden.

Nach Auffassung des BFH kommt es im vorliegenden Fall im VZ 2013 in Höhe der gebildeten Gewinntantieme von 20.000 € zur Annahme einer vGA i. S. d. § 8 Abs. 3 Satz 2 KStG (außerbilanzmäßige Einkommenskorrektur).

Praxishinweis: Formulierungsvorschlag für Gewinntantieme-Vereinbarung:
„Die Gewinntantieme beträgt ..... v. H. (**höchstens 50 v. H. für alle Gesellschafter-Geschäftsführer zusammen**) des handelsrechtlichen Jahresüberschusses **nach Kürzung von Jahresfehlbeträgen aus Vorjahren (= „positiver Nettogewinn")** vor Abzug der Gewinntantieme und der ertragsabhängigen Steuern (KSt, GewSt, SolZ).

Eine Regelaufteilung der Gesamtbezüge (**sog. 75 v. H.- 25 v. H.-Grenze**) kommt im vorliegenden Fall **nicht** in Betracht, weil folgender Ausnahmefall vorliegt:
- Gründungsphase
- Phasen vorübergehender wirtschaftlicher Schwierigkeiten
- Tätigkeiten in stark risikobehafteten Geschäftszweigen (vgl. BMF-Schreiben vom 1.2.2002, BStBl I S. 219)
- Ertragslage der GmbH unterliegt starken Schwankungen (vgl. BFH-Urteile vom 27.2.2003, BStBl 2004 II S. 132, und vom 4.6.2003, BStBl 2004 II S. 136).

Hinweis:
In die Tantiemevereinbarung ist (sind) nur der (die) konkrete(n) Ausnahmefall (-fälle) aufzunehmen.

Wichtig: „Deckelung" der Tantieme
Die Gewinntantieme beläuft sich im Rahmen der Angemessenheit der Gesamtvergütung höchstens auf .... €."

8.1.4 Verzicht auf Tätigkeitsvergütungen als verdeckte Einlage?

Vgl. auch H 40, Verzicht auf Tätigkeitsvergütungen, KStH 2008.

8.1.4.1 Aktuelle BFH-Rechtsprechung
Der LSt-Senat des BFH hat sich in zwei Entscheidungen u. a. auch mit der Frage befasst, ob der Verzicht eines Gesellschafter-Geschäftsführers auf noch nicht ausgezahlte Lohnbestandteile zu einer verdeckten Einlage und damit zu einem Zufluss von Arbeitslohn führt (vgl. H 40 „Verzicht auf Tätigkeitsvergütungen" KStH):

Im Urteil vom **3.2.2011, AZ.: VI R 4/10, DStR 2011 S. 618**, ging es um in einem Anstellungsvertrag vereinbarte Weihnachtsgelder eines (nicht beherrschenden) Gesellschafter-Geschäftsführers, die aber über viele Jahre lang nicht ausgezahlt wurden, obwohl sich die GmbH nicht in Zahlungsschwierigkeiten befand. Der BFH sah in dem (von ihm angenommenen) Verzicht auf die Weihnachtsgelder keine verdeckte Einlage, da die GmbH die Weihnachtsgelder nicht als Aufwand verbucht und auch keinen entsprechenden Passivposten in ihrer Bilanz ausgewiesen hatte. Deshalb habe der Gesellschafter eine tatsächliche Vermögenseinbuße erlitten, was die Annahme einer verdeckten Einlage ausschließe.

Ähnlich hat der BFH im **Urteil vom 3.2.2011, AZ.: VI R 66/09, DStR 2011 S. 805**, zum Verzicht auf einen Tantiemeanspruch vor Fälligkeit entschieden. Ohne die Sache endgültig zu entscheiden (Zurückverweisung an das FG zur weiteren Sachverhaltsaufklärung) lehnt der BFH einen Zufluss der Tantieme im Verzichtszeitpunkt ab. Auf das Vorliegen einer verdeckten Einlage geht er dabei aber nicht näher ein. Offenkundig war aber auch hier für den BFH entscheidend, dass die GmbH den Tantiemebetrag noch nicht als Aufwand verbucht hatte und sich deshalb noch nicht bei der Ermittlung des Einkommens der Kapitalgesellschaft ausgewirkt hat.

8.1.4.2 Problemstellung und Bedeutung

Ein Verzicht auf Tätigkeitsvergütungen (Gehalt, Tantieme oder Pensionsansprüche) durch Gesellschafter-Geschäftsführer von Kapitalgesellschaften erfolgt i. d. R. in der Krise der Gesellschaft zur Abwendung der Insolvenz und zur Stärkung der Liquidität. Dies kann aber auch im Zusammenhang mit dem Ausscheiden des Gesellschafters und der Veräußerung seiner GmbH-Anteile oder aus sonstigen „privaten" Gründen geschehen. In diesen Fällen stellt sich dann für den Gesellschafter-Geschäftsführer die Frage, ob dieser Verzicht auf einen werthaltigen Vergütungsanspruch zu einem steuerpflichtigen Zufluss von Arbeitslohn nach § 19 EStG führt.

Vom BFH wurde nun entschieden, dass der Verzicht des Gesellschafter-Geschäftsführers auf bestehende oder künftige Entgeltansprüche bei ihm nicht zu Einnahmen aus nicht selbstständiger Arbeit führt, weil er dadurch eine tatsächliche Vermögenseinbuße erleidet.

8.1.4.3 Praxishinweise

Die Entscheidungen könnten bei vordergründiger Betrachtung dahingehend missverstanden werden, dass nunmehr ohne die Annahme eines Zuflusses jederzeit ein Verzicht durch den Gesellschafter-Geschäftsführer möglich ist. **Dies ist aber nicht der Fall. Im Gegenteil.** Richtigerweise muss nämlich ein bereits entstandener Vergütungsanspruch gewinnmindernd als **„sonstige Verbindlichkeit" (oder Rückstellung)** bilanziert werden. Durch den späteren Verzicht fällt dieser Passivposten weg. Diese bilanzielle Vermögensmehrung hat beim Gesellschafter-Geschäftsführer **im Falle der Werthaltigkeit des Anspruchs als verdeckte Einlage einen Zufluss von Arbeitslohn nach § 19 EStG zur Folge.**

Bei richtiger Bilanzierung hätte der BFH den Zufluss von Arbeitslohn bejahen müssen.

Lediglich der Verzicht auf ein erst künftig entstehendes Nutzungsentgelt löst mangels Bilanzierbarkeit keine verdeckte Einlage aus. Beispielsweise verzichtet der Gesellschafter-

8.1 Bezüge des Gesellschafter-Geschäftsführers

Geschäftsführer im September 2012 mit Wirkung ab Oktober 2012 (ganz oder anteilig) auf sein monatliches Gehalt oder er verzichtet im Dezember 2012 auf sein Weihnachtsgeld für 2013. Dieser Gehaltsverzicht für die Zukunft wird steuerlich auch gegen Besserungsschein anerkannt (vgl. BFH-Urteil vom 18.12.2001, DStRE 2003 S. 666).

Aus diesem Grund ist es in der Praxis nicht zu empfehlen, sich auf die vorstehenden Urteile des Bundesfinanzhofes zu stützen, sondern vielmehr vorausschauend auf Ansprüche vor deren Entstehung zu verzichten.

Die Finanzverwaltung wird deshalb weiterhin nach den bisherigen körperschaftsteuerlichen Grundsätzen für das Vorliegen einer verdeckten Einlage bei einem Verzicht auf Leistungsvergütungen verfahren.

Das bedeutet, dass vorrangig die Vergütungsansprüche aus einem Schuldverhältnis bei der Gesellschaft zu passivieren sind. Der spätere Verzicht führt dann zur **Auflösung dieser Verbindlichkeit bzw. Rückstellung** und damit in Höhe der **Werthaltigkeit** zu einer **verdeckten Einlage** sowie zum **Zufluss beim Gesellschafter**. **Vgl hierzu auch H 40, „Verzicht auf Tätigkeitsvergütungen", KStH.**

Entsprechendes gilt auch beim **unterjährigen Verzicht** (z. B. Verzicht im Juli 2012 auf Vergütungen für Januar bis Juni 2012). Soweit der Gesellschafter vor Ablauf des Jahres auf zeitanteilige Ansprüche verzichtet, ist maßgeblich, ob die Gesellschaft den zeitanteiligen Anspruch hätte passivieren müssen (vgl. auch Gosch/Roser, KStG, § 8 Rz. 131 „Vergütungsverzicht").

Verzicht des Gesellschafter-Geschäftsführers auf Gehaltsansprüche

auf bereits entstandene Ansprüche (für die Vergangenheit)	auf künftige Ansprüche (für die Zukunft)
• **Verdeckte Einlage** in Höhe der **Werthaltigkeit** der Gehaltsansprüche. Dies gilt auch im Falle des Pensionsverzichts für den bereits erdienten Teil des Pensionsanspruchs („**past-service**"). Bei der GmbH erfolgt in Höhe des **Teilwerts der Forderung** nach § 8 Abs. 3 Satz 3 KStG eine **außerbilanzielle Abrechnung** (bei Verbuchung über a. o. Ertrag) und ein **Zugang beim steuerlichen Einlagekonto** i. S. d. § 27 KStG.	• **Keine verdeckte Einlage.** Dies gilt auch beim Pensionsverzicht für den sog. „**future-service**" (vgl. BMF-Schreiben vom 14.8.2012, BStBl I S. 874). Es ergeben sich weder bei der GmbH noch beim Gesellschafter-Geschäftsführer unmittelbare steuerliche Auswirkungen (**keine Betriebsausgaben bei der GmbH, kein Zufluss von Arbeitslohn nach § 19 EStG, keine Erhöhung der Anschaffungskosten**).
• Beim Gesellschafter liegen (**in Höhe der Werthaltigkeit der Forderung**) Einkünfte nach § 19 EStG vor und Erhöhung seiner Anschaffungskosten der GmbH-Anteile i. S. d. § 17 EStG.	• Auch ein Gehaltsverzicht für die Zukunft **gegen Besserungsschein** ist steuerlich möglich.

8.1.5 Private Kfz-Nutzung durch den Gesellschafter-Geschäftsführer

Sofern das Firmen-Kfz durch den (beherrschenden) Gesellschafter-Geschäftsführer auch privat genutzt wird, ist hierüber eine **vorherige klare Vereinbarung** erforderlich. Liegt eine solche vor, stellt die private Nutzung keine vGA, sondern einen als Arbeitslohn zu erfassenden geldwerten Vorteil dar, für den die allgemeinen lohnsteuerlichen Grundsätze bei Kfz-Überlassung für Privatfahrten von Arbeitnehmern anzuwenden sind (§ 8 Abs. 2 Satz 2ff. EStG und R 8.1 (9) LStR 2011, 1 %-Regelung oder Fahrtenbuch mit Einzelnachweis der Kfz-Kosten). **Vgl. hierzu das BMF-Schreiben vom 18.11.2009, BStBl I S. 1326.**

Im Hinblick auf die Begrenzung der 1 %-Regelung auf Fahrzeuge, die **zu mehr als 50 v. H.** betrieblich genutzt werden (§ 6 Abs. 1 Nr. 4 Satz 2 EStG), gilt bei **Kapitalgesellschaften** Folgendes:

Die im Anstellungsvertrag geregelte Überlassung an einen Gesellschafter-Geschäftsführer gilt auch dann **insgesamt als betriebliche Nutzung**, wenn der Gesellschafter-Geschäftsführer das Fahrzeug auch **zu Privatfahrten** nutzt (vgl. BMF-Schreiben vom 7.7.2006, BStBl I S. 446, Tz. 1 a). Dies gilt auch für die erforderlichen Nutzungs- und Verbleibensvoraussetzungen nach § 7g Abs. 1 Satz 2 Nr. 2 Buchst. b EStG bei Inanspruchnahme eines Investitionsabzugsbetrags.

Wurde **keine Vereinbarung** getroffen, kann von einer vGA ausnahmsweise dann abgesehen werden, wenn die lohnsteuerlichen Konsequenzen der Kfz-Überlassung laufend gezogen worden sind **oder** das Verrechnungskonto des Gesellschafters laufend mit den (anteiligen) Kfz-Aufwendungen belastet worden ist.

Eine vGA ist auch dann **nicht** anzunehmen, wenn zwar eine Vereinbarung vorliegt, die Kfz-Nutzung jedoch nicht oder zu niedrig der LSt unterworfen wurde. Hier ist die Lohnversteuerung nachzuholen (BFH-Beschluss vom 23.4.2009, AZ.: VI R 81/06, BStBl 2010 II S. 234).

Eine **vertragswidrige private Pkw-Nutzung** durch den Gesellschafter-Geschäftsführer einer Kapitalgesellschaft stellt nach dem **BFH-Urteil vom 23.1.2008, AZ.: I R 8/06, DStR 2008 S. 865,** und dem **BFH-Beschluss vom 23.4.2009, AZ.: VI R 81/06, BStBl 2010 II S. 234,** in Höhe der Vorteilsgewährung (gemeiner Wert der Nutzungsüberlassung zuzüglich angemessener Gewinnaufschlag) eine **verdeckte Gewinnausschüttung** dar.

Nach dem **BMF-Schreiben vom 3.4.2012 (BStBl I S. 478)** gilt zur Anwendung der BFH-Urteile vom 23.1.2008, AZ.: I R 8/06, a. a. O., vom 23.4.2009, AZ.: VI R 81/06, a. a. O., und vom 11.2.2010, AZ.: VI R 43/09, DStR 2010 S. 643, im Hinblick auf die private Pkw-Nutzung durch den Gesellschafter-Geschäftsführer einer Kapitalgesellschaft Folgendes:

"**I. Vorliegen einer verdeckten Gewinnausschüttung (§ 8 Abs. 3 Satz 2 KStG)**
1 Nach den BFH-Entscheidungen vom 23.1.2008 - I R 8/06 - (a. a. O.) und vom 17.7.2008 - I R 83/07 - (BFH/NV 2009 S. 417) ist nur diejenige Nutzung eines betrieblichen Pkw durch einen Gesellschafter-Geschäftsführer **betrieblich** veranlasst, welche durch eine fremdübliche Überlassungs- oder Nutzungsvereinbarung abgedeckt wird. Die **ohne eine**

solche Vereinbarung erfolgende oder **darüber hinausgehende** oder einem **ausdrücklichen Verbot widersprechende** Nutzung ist hingegen durch das Gesellschaftsverhältnis zumindest mitveranlasst. Sie führt sowohl bei einem beherrschenden als auch bei einem nicht beherrschenden Gesellschafter-Geschäftsführer zu einer verdeckten Gewinnausschüttung (§ 8 Abs. 3 Satz 2 KStG).

2 Eine Überlassungs- oder Nutzungsvereinbarung kann auch durch eine – ggf. vom schriftlichen Anstellungsvertrag abweichende – **mündliche oder konkludente Vereinbarung** zwischen der Kapitalgesellschaft und dem Gesellschafter-Geschäftsführer erfolgen, wenn entsprechend dieser Vereinbarung tatsächlich verfahren wird (BFH-Urteil vom 24.1.1990 - I R 157/86 - BStBl II S. 645). Für einen außenstehenden Dritten muss dabei zweifelsfrei zu erkennen sein, dass der Pkw durch die Kapitalgesellschaft aufgrund einer entgeltlichen Vereinbarung mit dem Gesellschafter überlassen wird.

3 Erfolgt die Überlassung im Rahmen eines Arbeitsverhältnisses, muss die tatsächliche Durchführung der Vereinbarung insbesondere durch die **zeitnahe Verbuchung des Lohnaufwands und die Abführung der Lohnsteuer** (und ggf. der Sozialversicherungsbeiträge) durch die Kapitalgesellschaft nachgewiesen sein. Erfolgt die Überlassung nicht im Rahmen des Arbeitsverhältnisses, sondern im Rahmen eines entgeltlichen Überlassungsvertrags, muss auch hier die Durchführung der Vereinbarung – etwa durch die **zeitnahe Belastung des Verrechnungskontos** des Gesellschafter-Geschäftsführers – dokumentiert sein.

II. Bewertung der verdeckten Gewinnausschüttung

4 Auf der Ebene der Kapitalgesellschaft ist für die Bemessung der verdeckten Gewinnausschüttung im Zusammenhang mit der privaten Pkw-Nutzung von der erzielbaren Vergütung auszugehen (H 37 KStH 2008 Stichwort „Nutzungsüberlassungen"). Dies steht im Einklang mit den BFH-Urteilen vom 23.2.2005 - I R 70/04, BStBl II S. 882, und vom 23.1.2008 - I R 8/06 (a.a.O.), wonach die verdeckte Gewinnausschüttung mit dem gemeinen Wert der Nutzungsüberlassung zuzüglich eines angemessenen Gewinnaufschlags zu bemessen ist. Aus **Vereinfachungsgründen** kann es die Finanzbehörde **im Einzelfall** zulassen, dass die verdeckte Gewinnausschüttung gem. § 6 Abs. 1 Nr. 4 Satz 2 EStG **mit 1 % des inländischen Listenpreises** im Zeitpunkt der Erstzulassung zuzüglich der Kosten für Sonderausstattung einschließlich Umsatzsteuer für jeden Kalendermonat bewertet wird; bei Nutzung des Kfz durch den Gesellschafter-Geschäftsführer auch für Fahrten zwischen Wohnung und Arbeitsstätte erhöht sich dieser Wert um die in § 8 Abs. 2 Satz 3 EStG und für Familienheimfahrten im Rahmen einer doppelten Haushaltsführung um die in § 8 Abs. 2 Satz 5 EStG genannten Beträge.

5 Auf der **Ebene des Gesellschafters** ist die verdeckte Gewinnausschüttung auch nach Inkrafttreten des § 32 a KStG nach § 8 Abs. 2 Sätze 2, 3 und 5 EStG zu bewerten.

III. Anwendung

6 Dieses Schreiben ist in allen offenen Fällen anzuwenden."

Folgende Fälle sind im Einzelnen zu unterscheiden:

Fall 1:
Die private Nutzungsmöglichkeit ist im Anstellungsvertrag ausdrücklich geregelt und wird auch tatsächlich durchgeführt.

Folge:
→ Die Privatnutzung ist anhand der **1 %-Regelung** bzw. **Fahrtenbuchmethode** anzusetzen und als Arbeitslohn zu versteuern.

Fall 2:
Die Privatnutzung ist im Anstellungsvertrag zwar nicht geregelt, es werden jedoch laufende Lohnsteueranmeldungen unter Berücksichtigung der privaten Kfz-Nutzung abgegeben.

Folge:
→ Die Privatnutzung ist anhand der **1 %-Regelung** bzw. **Fahrtenbuchmethode** anzusetzen und lohnzuversteuern.

Fall 3:
Die Privatnutzung ist im Anstellungsvertrag zwar nicht geregelt, aber die private Kfz-Nutzung wird im Rahmen einer entgeltlichen Vereinbarung laufend dem Verrechnungskonto belastet bzw. abgerechnet.

Folge:
→ Eine vGA liegt **nicht** vor, soweit die Belastung laufend mit einem angemessenen Betrag erfolgt (aus Vereinfachungsgründen kann der Belastungsbetrag nach der **1 %-Regelung** berechnet werden).

Fall 4:
Es liegt weder eine Vereinbarung über die private Kfz-Nutzung vor noch wurde sie lohnversteuert oder dem Verrechnungskonto belastet.

8.1 Bezüge des Gesellschafter-Geschäftsführers

Folge:
→ Es liegt eine **vGA** vor. Der Vorteil ist nach Auffassung des BFH im Urteil vom 23.1.2008, AZ.: I R 8/06, DStR 2008 S. 865, nicht gem. § 6 Abs. 1 Nr. 4 Satz 2 EStG mit 1 % des Listenpreises, sondern nach Fremdvergleichsmaßstäben mit dem **gemeinen Wert der Nutzungsüberlassung zuzüglich eines angemessenen Gewinnaufschlags** zu bewerten.
→ Die Finanzverwaltung in Baden-Württemberg hat – entsprechend RdNr. 4 des o. g. BMF-Schreibens – zur Bewertung der vGA im Fall 4 beschlossen, dass aus Vereinfachungsgründen der **Wert der vGA der Höhe nach** weiterhin **nach der 1 %-Regelung** ermittelt werden kann. **Dies ist aber nicht zwingend**, d. h. die Gesellschaft kann die **tatsächlich entstandenen Kosten** nachweisen (BFH-Urteil vom 23.2.2005, AZ.: I R 70/04, BStBl II S. 882). In diesem Fall ist ein **Gewinnzuschlag von 15 v. H.** zu berücksichtigen. Dieses **faktische Wahlrecht** kann jährlich neu ausgeübt werden. Innerhalb eines Jahres ist aber einheitlich zu verfahren.

Fall 5:
Vertragswidrige Pkw-Nutzung, d. h. private Pkw-Nutzung ist im Anstellungsvertrag ausdrücklich verboten.

Folge:
→ Es liegt eine **vGA** vor. Nach den Entscheidungen des I. Senats vom 23.1.2008, AZ.: I R 8/06, DStR 2008 S. 865, und vom 17.7.2008, AZ.: I R 83/07, GmbHR 2009 S. 327, ist eine vertragswidrige Pkw-Nutzung **durch das Gesellschaftsverhältnis zumindest mitveranlasst** und führt damit stets zu einer vGA.

Hinweis: Nutzung eines Dienstwagens nur für Fahrten zwischen Wohnung und Arbeitsstätte gestattet
Nach dem **BFH-Urteil vom 6.10.2011, AZ.: VI R 56/10, BStBl 2012 II S. 362**, darf ein lohnsteuerlicher Vorteil nur angesetzt werden, wenn dem Arbeitnehmer **tatsächlich** ein Dienstwagen zur privaten Nutzung überlassen wurde.

Es muss zumindest eine entsprechende konkludente **arbeitsvertragliche Nutzungsvereinbarung** vorliegen. Der **Anscheinsbeweis** spricht lediglich dafür, dass ein **zur privaten Nutzung überlassener Dienstwagen** auch tatsächlich privat genutzt wird.

Aber:
Nutzungsverbote bei Gesellschafter-Geschäftsführern wurden bislang **weder** von der **Finanzverwaltung noch** von dem für die vGA-Abgrenzung zuständigen **KSt-Senat** des BFH akzeptiert (vgl. z. B. BFH-Urteil vom 23.1.2008, AZ.: I R 8/06, DStR 2008 S. 865).

Die zur Firmenwagenüberlassung an **Fremdarbeitnehmer** ergangene Rechtsprechung des LSt-Senats des BFH (zuletzt Urteil vom 6.10.2011, AZ.: VI R 56/10, BStBl 2012 II S. 362), die Nutzungsverbote für lohnsteuerliche Zwecke grundsätzlich anerkennt, konnte bislang nicht auf die Kfz-Nutzung eines Gesellschafter-Geschäftsführers übertragen werden. Mit dieser Rechtsprechung kann bei einem Nutzungsverbot zwar u. U. der Ansatz eines lohnsteuerlichen geldwerten Vorteils, nicht aber der vGA-Ansatz verhindert werden.

Aber: Aktuelle BFH-Rechtsprechung
→ Stellt der Arbeitgeber dem Arbeitnehmer unentgeltlich oder verbilligt ein Fahrzeug zur privaten Nutzung zur Verfügung, führt dies beim Arbeitnehmer auch dann zu einem steuerpflichtigen Vorteil, wenn der Arbeitnehmer das Fahrzeug tatsächlich nicht privat nutzt. Der Vorteil ist, wenn ein ordnungsgemäßes Fahrtenbuch nicht geführt worden ist, nach der 1 %-Regelung zu bewerten. Dies hat der BFH in einer Reihe von **Urteilen vom 21.3.2013 und 18.4.2013** entschieden und damit seine bisherige Rechtsprechung korrigiert. Bisher wurde in derartigen Fällen die tatsächliche private Nutzung des Fahrzeugs vermutet. Der Steuerpflichtige konnte die Vermutung unter engen Voraussetzungen widerlegen. Diese Möglichkeit ist nun entfallen.
→ Im Streitfall (**AZ.: VI R 31/10**) stellte die Klägerin, eine Steuerberatungsgesellschaft, ihrem Geschäftsführer einen Dienstwagen zur Verfügung. Nach dem Anstellungsvertrag durfte er den Dienstwagen auch für Privatfahrten nutzen. Bei der Lohnsteuer setzte die Klägerin für die private Nutzung lediglich eine Kostenpauschale an, denn eine private Nutzung des Dienstwagens habe nicht stattgefunden. Im Anschluss an eine Lohnsteueraußenprüfung erließ das FA einen Lohnsteuerhaftungsbescheid. Einspruch und Klage blieben ohne Erfolg.
→ Der BFH hat die Entscheidung des Finanzgerichts bestätigt. Die vom Arbeitgeber gewährte Möglichkeit, den Dienstwagen auch privat nutzen zu dürfen, führt beim Arbeitnehmer zu einem Vorteil, der als Lohn zu versteuern ist. Ob der Arbeitnehmer von der Möglichkeit der privaten Nutzung Gebrauch gemacht hat, ist dafür unerheblich, denn der Vorteil in Gestalt der konkreten Möglichkeit, das Fahrzeug auch zu Privatfahrten nutzen zu dürfen, ist dem Arbeitnehmer bereits mit der Überlassung des Fahrzeugs zugeflossen. Deshalb hatte das Finanzgericht den geldwerten Vorteil aus der Überlassung des Dienstwagens zur privaten Nutzung zu Recht (auch ohne weitere Feststellungen zum Sachverhalt) als Arbeitslohn angesehen.
→ Der BFH bestätigte auch die Auffassung der Vorinstanz, dass der Vorteil nach der 1 %-Regelung zu bewerten sei. § 8 Abs. 2 Satz 2 EStG setzt keine tatsächliche Nutzung voraus, sondern verweist nur auf die 1 %-Regelung (§ 6 Abs. 1 Nr. 4 Satz 2 EStG). Mit dem Betrag, der nach der 1 %-Regelung als Einnahme anzusetzen ist, sollen sämtliche geldwerten Vorteile, die sich aus der Möglichkeit zur privaten Nutzung des Dienstwagens ergeben – unabhängig von Nutzungsart und -umfang – pauschal abgegolten werden. Diese Typisierung hat der BFH wiederholt als verfassungsgemäß erachtet. Da im Streitfall ein ordnungsgemäßes Fahrtenbuch nicht geführt worden war, kam eine andere Entscheidung nicht in Betracht.
→ In zwei weiteren Urteilen vom 21.3.2013 (**AZ.: VI R 46/11 und VI R 42/12**) sowie in einem Urteil vom 18.4.2013 (**AZ.: VI R 23/12**) hat der BFH aber auch (nochmals) verdeutlicht, dass die 1 %-Regelung nur zur Anwendung kommt, wenn feststeht, dass der

8.1 Bezüge des Gesellschafter-Geschäftsführers

Arbeitgeber dem Arbeitnehmer tatsächlich einen Dienstwagen zur privaten Nutzung arbeitsvertraglich oder doch zumindest auf Grundlage einer konkludent getroffenen Nutzungsvereinbarung überlassen hat. **Nutzt der Gesellschafter/Geschäftsführer den betrieblichen Pkw allerdings unbefugt privat, liegt kein Arbeitslohn, sondern eine vGA vor.**

Übersicht:

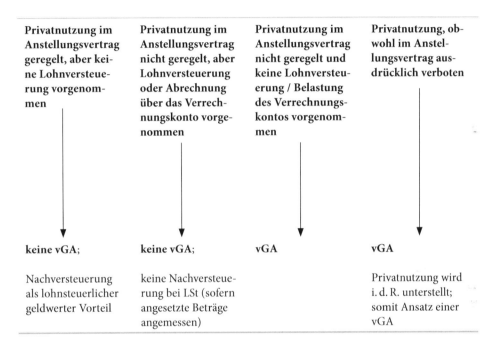

8.1.6 Checkliste: "Angemessenheit der GGf-Vergütungen"

- **Wie hoch ist die Vergütung des GGf?**
- Festgehalt ....
- Weihnachtsgeld ....
- Urlaubsgeld ....
- Tantieme ....
- Pensionszusage (fiktive Jahresnettoprämie) ....
- andere Versorgungsleistungen ....
- private Pkw-Nutzung ....
- andere Sachbezüge ....
  Gesamtausstattung ....

- Wie hoch ist der voraussichtliche durchschnittliche Umsatz der GmbH in den nächsten 3 Jahren?
  ....
- Wie viele Mitarbeiter beschäftigt die GmbH voraussichtlich in den nächsten 3 Jahren durchschnittlich?
  ....
- Das Unternehmen ist in folgender Branche tätig:
  ....
- Der untere Vergleichswert der aktuellen Gehaltstabelle beträgt
  ....
- Der obere Vergleichswert der aktuellen Gehaltstabelle beträgt
  ....
- Hat die GmbH auch Fremdgeschäftsführer?
  Wenn ja: Das Gehalt der Fremdgeschäftsführer ist ein starkes Indiz für die Angemessenheit der Vergütung des GGf im Rahmen des **internen Fremdvergleichs**. Andernfalls ist nur ein **externer Fremdvergleich** möglich.

- Macht die GmbH nur Verluste oder geringe Gewinne und erfolgt keine Mindestverzinsung von ca. 6 v. H. bis 10 v. H. des eingesetzten Kapitals? (Teilwerte der bilanzierten Wirtschaftsgüter ohne selbst geschaffene immaterielle Wirtschaftsgüter, insbesondere ohne Firmenwert).
  Wenn ja: Es sind die **unteren** Tabellenwerte zugrunde zu legen (ggf. Zuschlag bis 20 v. H. im Rahmen der Geringfügigkeitsgrenze).

- Macht die GmbH „normale" Gewinne, d. h. zumindest in Höhe einer Kapitalverzinsung von ca. 6 v. H. bis 10 v. H.?
  Wenn ja: Es können die **oberen** Tabellenwerte zugrunde gelegt werden (ggf. Zuschlag bis 20 v. H. im Rahmen der Geringfügigkeitsgrenze).

- **Ist die GmbH sehr ertragsstark?**
  Wenn ja: Es können auch hier die **oberen** Tabellenwerte zugrunde gelegt werden (ggf. Zuschlag bis 20 v. H. im Rahmen der Geringfügigkeitsgrenze).

  Es kann aber auch die „**Spezialität**" des Halbteilungsgrundsatzes angewendet werden. Solange der Halbteilungsgrundsatz (**Gesamtvergütung GGf höchstens 50 v. H. des Jahresüberschusses vor Ertragsteuern und Geschäftsführervergütung**) beachtet wird, kann von der Angemessenheit der Gesamtausstattung des GGf ausgegangen werden. Allerdings gilt im Einzelfall eine absolute betragsmäßige Deckelung. Der Halbteilungsgrundsatz gilt auch bei mehreren GGf, wobei auf die Gesamtsumme der Vergütungen abzustellen ist.

- **Hat die GmbH mehrere Geschäftsführer?**

Wenn ja: Insbesondere bei kleineren GmbHs ist regelmäßig ein **Abschlag** von den Tabellenwerten erforderlich (bei zwei GGf ca. **20 v. H. bis 25 v. H.**; bei drei GGf mindestens **30 v. H.**; ggf. nach Verrechnung mit dem Zuschlag von bis zu 20 v. H. im Rahmen der Geringfügigkeitsgrenze).

- **Ist der GGf in mehreren GmbHs tätig?**
  Wenn ja: Die angemessene Gesamtausstattung in allen GmbHs zusammen beträgt grundsätzlich höchstens etwa **150 v. H. der Tabellenwerte**. Letztlich kommt es aber auf die Verhältnisse im Einzelfall an. Die Einzelfallbetrachtung ist auch notwendig, wenn der GGf nebenher ein Einzelunternehmen betreibt oder in einer Personengesellschaft tätig ist.

- **Sind neben der Gesamtausstattung auch die einzelnen Vergütungsbestandteile angemessen? Dies gilt z. B. für eine**
  – **Pensionszusage**
    Die Obergrenze einer angemessenen Altersversorgung einschließlich der Ansprüche aus der gesetzlichen Rentenversicherung liegt bei **75 v. H.** der letzten Aktivbezüge. Außerdem ist eine Dynamisierung von maximal **3 v. H.** jährlich ab Rentenbeginn steuerlich zulässig.
  – **Gewinntantieme-Vereinbarung**
    Die Gewinntantieme darf höchstens **50 v. H.** (für alle Gesellschafter-Geschäftsführer zusammen) des handelsrechtlichen Jahresüberschusses **nach Kürzung von Jahresfehlbeträgen aus Vorjahren (= „positiver Nettogewinn" ohne vorhergehende Verrechnung mit einem bestehenden Gewinnvortrag)** vor Abzug der Gewinntantieme und der ertragsabhängigen Steuern (KSt, GewSt, SolZ) betragen.
  – **Erfolgt eine private Kfz-Nutzung?**
    Eine vertragswidrige Pkw-Nutzung durch den Gesellschafter-Geschäftsführer führt zur Annahme einer vGA (**Problem: „Anscheinsbeweis"**).
  – **Liegt ein Verzicht des Gesellschafter-Geschäftsführers auf Gehaltsansprüche vor?**
    Der Verzicht auf bereits entstandene Ansprüche führt im Fall der Werthaltigkeit als verdeckte Einlage zum Zufluss von Arbeitslohn nach § 19 EStG. **Nur der Verzicht auf künftige Ansprüche ist steuerlich unproblematisch.**

8.2 Pensionszusagen an Gesellschafter-Geschäftsführer von Kapitalgesellschaften

8.2.1 Zivilrechtliche Wirksamkeit

Bei der Vereinbarung und allen Änderungen der Pensionszusage ist die **Zuständigkeit der Gesellschafterversammlung** zu beachten. Vgl. BMF-Schreiben vom 21.12.1995 (BStBl 1996 I S. 50). Der Gesellschafter-Geschäftsführer muss auch wirksam vom **Selbstkontrahierungsverbot** des § 181 BGB befreit sein.

Die Pensionszusage muss nach § 6 a Abs. 1 Nr. 3 EStG **schriftlich erteilt** werden. **Mündliche Zusagen reichen nicht aus**; das gilt auch für Nebenabreden und Änderungen. Vgl. hierzu auch das **BMF-Schreiben vom 28.8.2001 (BStBl I S. 594)**. Danach ist Voraussetzung für die steuerliche Anerkennung einer Pensionsrückstellung nach § 6 a EStG u. a. eine schriftlich erteilte Pensionszusage (§ 6 a Abs. 1 Nr. 3 EStG). Die Vereinbarung muss neben dem Zusagezeitpunkt eindeutige und präzise Angaben zu Art, Form, Voraussetzungen und Höhe der in Aussicht gestellten künftigen Leistungen enthalten (**vgl. hierzu auch R 6 a Abs. 7 EStR**). Sofern es zur eindeutigen Ermittlung der in Aussicht gestellten Leistungen erforderlich ist, sind auch Angaben für die versicherungsmathematische Ermittlung der Höhe der Versorgungsverpflichtung (z. B. anzuwendender Rechnungszinsfuß oder anzuwendende biometrische Ausscheidewahrscheinlichkeiten) schriftlich festzulegen.

Sind die genannten Angaben nicht vorhanden, scheidet die Bildung einer Pensionsrückstellung in der Steuerbilanz aus → vgl. R 38 KStR.

<u>Praxishinweise:</u> Prüfung bei Pensionszusagen
1. Stufe: Pensionsrückstellung in der Bilanz
Sofern Pensionszusage **zivilrechtlich unwirksam** ist, muss die Pensionsrückstellung in der **Handelsbilanz erfolgswirksam** aufgelöst werden. Dasselbe gilt für die **Steuerbilanz.**

Sind die Voraussetzungen des **§ 6 a EStG nicht** erfüllt, ist die Pensionsrückstellung insoweit **innerhalb der Steuerbilanz erfolgswirksam** aufzulösen:
- Schriftformerfordernis (§ 6 a Abs. 1 Nr. 3 EStG);
- keine Widerrufsklausel (§ 6 a Abs. 1 Nr. 2 EStG i. V. m. R 6 a Abs. 3 und 4 EStR 2005);
- keine Abhängigkeit von künftigen gewinnabhängigen Bezügen (§ 6 a Abs. 1 Nr. 2 EStG);
- keine Überversorgung (max. 75 % des Aktivgehalts bei einer endgehaltsunabhängigen Pensionszusage, vgl. BFH-Urteil vom 15.9.2004, BStBl 2005 II S. 176, und BMF-Schreiben vom 3.11.2004, BStBl I S. 1045);
- zutreffende Teilwertberechnung (§ 6 a Abs. 3 Satz 3 EStG i. V. m. BMF-Schreiben vom 16.12.2005, BStBl I S. 1054);
- Nachholverbot (§ 6 a Abs. 4 Satz 1 EStG, vgl. BFH-Beschluss vom 14.1.2009, AZ.: I R 5/08, BStBl II S. 457).
- Sonderfall „Nur-Pension" (**BMF-Schreiben vom 13.12.2012, BStBl 2013 I S. 35**); nach dem BFH-Urteil vom 28.4.2010, AZ.: I R 78/08, BStBl 2013 II S. 41 S. 976, erfolgt Korrektur innerhalb der Bilanz (**Überversorgung**)

<u>Steuerliche Folgen bei Verstoß:</u>
Gewinnerhöhende Auflösung der Rückstellung als Ertrag in der ersten noch änderbaren Bilanz.

8.2 Pensionszusagen an Gesellschafter-Geschäftsführer von Kapitalgesellschaften

2. Stufe: vGA-Prüfung (außerhalb der Bilanz)
Prüfung, ob und inwieweit die Pensionsverpflichtung auf einer vGA beruht.
- Ernsthaftigkeit
- Probezeit (Wartezeit)
- Erdienbarkeit
- Unverfallbarkeit der Zusage
- Angemessenheit (**höchstens 75 v. H. der Aktivbezüge**)

Steuerliche Folgen bei Verstoß:
- Außerbilanzmäßige Einkommenskorrektur nach § 8 Abs. 3 Satz 2 KStG im Jahr der Aufwandsbuchung bei der GmbH.
- Prüfung einer Einlagenrückgewähr nach § 27 Abs. 1 Satz 3 KStG für Leistungen (vGA) erst bei „Pensionszahlungen" an den Gesellschafter.
- Erfassung der vGA als Einnahme nach § 20 Abs. 1 Nr. 1 Satz 2 EStG erst im Zeitpunkt des Zuflusses beim Gesellschafter.

Zum Nachholverbot nach § 6 a Abs. 4 EStG bei Berechnungsfehlern gilt Folgendes:
Bislang war streitig, ob das Nachholverbot des § 6 a Abs. 4 EStG auch dann gilt, wenn in der Vergangenheit eine Pensionsrückstellung wegen eines Berechnungsfehlers zu niedrig ausgewiesen wurde. **Mit Beschluss vom 14.1.2009, AZ.: I R 5/08, BStBl II S. 457, hat der BFH diese Frage nun eindeutig bejaht.**

Urteilssachverhalt (vereinfacht):
Die A-GmbH hat ihrer Gesellschafter-Geschäftsführerin A im Jahr 2002 eine Pensionszusage erteilt. In der Steuerbilanz wurde jeweils der Wert nach § 6 a Abs. 3 Satz 2 Nr. 1 EStG passiviert. Nicht berücksichtigt wurde dabei allerdings, dass A auch bei Berufsunfähigkeit von der Vollendung des 65. Lebensjahrs an die (höhere) dynamisierte Altersrente erhalten sollte (dem Versicherungsmathematiker war insoweit der Sachverhalt nicht vollständig mitgeteilt worden). Die Bilanzansätze waren danach:

	Passivierter Wert	Richtiger Wert
31.12.2011	400.000 €	600.000 €
31.12.2012	440.000 €	657.000 €

Im Rahmen einer Betriebsprüfung wurde der Fehler festgestellt. Als Folge reichte die A-GmbH eine berichtigte Steuerbilanz zum 31.12.2012 ein und passivierte die Rückstellung mit dem zutreffenden Teilwert von 657.000 €. Das FA erkannte nur eine Rückstellung in Höhe von 457.000 € an (TW 31.12.2011: 600.000 € ./. Buchwert: 400.000 € = Fehlbetrag: 200.000 €). In Höhe des Fehlbetrags sei das Nachholverbot zu beachten, so dass die Rückstellung 457.000 € beträgt (= 657.000 € ./. 200.000 €).

Andere Berechnung:	Passivierter Wert zum 31.12.2011	400.000 €
	+ „richtige" Teilwertdifferenz 2012	+ 57.000 €
	Rückstellung lt. Bp. zum 31.12.2012	457.000 €

<u>Entscheidung des BFH:</u>
„**Wurde infolge eines Berechnungsfehlers eine Pensionsrückstellung in einer früheren Bilanz mit einem Wert angesetzt, der dem Betrag nach unterhalb des Teilwerts liegt, so greift das Nachholverbot des § 6 a Abs. 4 Satz 1 EStG ein.**"
Nach Auffassung des BFH greift das Nachholverbot auch dann ein, wenn der zu niedrige Ansatz auf einem Berechnungsfehler beruht, weil § 6 a Abs. 4 Satz 1 EStG für eine solche Fallgestaltung keine Ausnahme vom Nachholverbot vorsieht.

8.2.2 Überblick: Steuerliche Voraussetzungen bei Pensionszusagen

Steuerliche Voraussetzungen (neben § 6 a EStG)

Ernsthaftigkeit	Erdienbarkeit	Finanzierbarkeit	Angemessenheit
Vertragliche Pensions-Altersgrenze • Frühestens auf das 60. Lebensjahr (vgl. R 38 Satz 8 KStR) und • **Probezeit** (zusagefreie Zeit) für Gesellschafter-Geschäftsführer (vgl. **BMF-Schreiben vom 14.12.2012, BStBl 2013 I S. 58, und H 38, Warte- / Probezeit, KStH 2008**).	Bei **beherrschenden** Gesellschafter-Geschäftsführern: • **Zusage vor Vollendung des 60. Lebensjahres** und • ab Erteilung noch **mindestens 10 Jahre aktive Tätigkeit** absehbar (vgl. BMF-Schreiben vom 9.12.2002, BStBl I S. 1393). Bei **nicht beherrschenden** Gesellschafter-Geschäftsführern: • Zusage **vor Vollendung des 60. Lebensjahres und**	Die Finanzierbarkeit einer Pensionszusage ist bei beherrschenden und nicht beherrschenden Gesellschafter-Geschäftsführern zu verneinen, wenn diese zu einer **Überschuldung der Gesellschaft im insolvenzrechtlichen Sinne** führt. Vgl. **BMF-Schreiben vom 6.9.2005 (BStBl I S. 875).**	Dem Grunde („Üblichkeit") und der Höhe nach (**Obergrenze von 75 v. H. der Aktivbezüge** einschließlich Ansprüche aus der gesetzlichen Rentenversicherung). Dies gilt für beherrschende und nicht beherrschende Gesellschafter-Geschäftsführer. Vgl. BFH-Urteil vom 15.9.2004, (BStBl 2005 II S. 176).

8.2 Pensionszusagen an Gesellschafter-Geschäftsführer von Kapitalgesellschaften

Ernsthaftigkeit	Erdienbarkeit	Finanzierbarkeit	Angemessenheit
• Bei bestehender GmbH **2 bis 3 Jahre**. • Bei neuer GmbH **mindestens 5 Jahre**. • **Ausnahmen:** – Umwandlungsfälle – Begründung Betriebsaufspaltung – Vortätigkeit als Geschäftsführer Hinweis: Nach dem **BMF-Schreiben vom 6.3.2012 (BStBl I S. 238)** tritt für Versorgungszusagen seit 2012 an die Stelle des 60. Lj. regelmäßig das **62. Lj**. Fraglich ist, ob R 38 Satz 8 KStR geändert wird.	• Betriebszugehörigkeit **insgesamt 12 Jahre**, davon ab Erteilung mindestens 3 Jahre. Hinweis: Die Vereinbarung einer sofortigen **ratierlichen Unverfallbarkeit** ist möglich (vgl. BMF-Schreiben vom 9.12.2002, BStBl I S. 1393). D. h. der zeitanteilig erdiente Pensionsanspruch bleibt auch bei vorzeitigem Ausscheiden erhalten.	Bei Abschluss einer vollumfänglichen **Rückdeckungsversicherung** sind die Voraussetzungen der Finanzierbarkeit gegeben.	Eine **Dynamisierung** von maximal 3 v. H. jährlich ab Rentenbeginn ist steuerlich zulässig (zusätzlich zur 75 v. H.-Grenze).

8.2.3 Probezeit

8.2.3.1 Dauer der Probezeit

Die Finanzverwaltung hat in den **H 38, Warte- / Probezeit, KStH 2008** und im **BMF-Schreiben vom 14.12.2012 (BStBl I 2013 S. 58)** zu dem Kriterium der „Probezeit" Stellung genommen.

Die Probezeit ist der Zeitraum zwischen Dienstbeginn und der erstmaligen Vereinbarung einer schriftlichen Pensionszusage (**zusagefreie Zeit**). Nicht zur Probezeit gehört der – ggf. vertraglich vereinbarte – Zeitraum zwischen der Erteilung einer Pensionszusage und der erstmaligen Anspruchsberechtigung (**versorgungsfreie Zeit**).

> **Beispiel 1:**
> In eine bestehende GmbH tritt am 1.9.2011 ein neuer beherrschender Gesellschafter-Geschäftsführer ein. Dieser erhält am 1.9.2013 eine Pensionszusage auf das 66. Lebensjahr. Die Zusage beinhaltet auch eine Invaliditätsversorgung, die allerdings erst ab 1.9.2014 wirksam wird.

Lösung:

Bei dem Zeitraum zwischen dem 1.9.2011 und dem 1.9.2013 handelt es sich um die **Probezeit (= zusagefreie Zeit)**; der Zeitraum zwischen dem 1.9.2013 und dem 1.9.2014 ist die **versorgungsfreie Zeit**.

Von der Finanzverwaltung werden folgende Anforderungen an die Probezeit gestellt:

Fall 1: Bestehende GmbH: Probezeit von 2 bis 3 Jahren erforderlich
Für die steuerliche Beurteilung einer Pensionszusage ist regelmäßig eine **Probezeit von 2 bis 3 Jahren** als ausreichend anzusehen. Die Erteilung der Pensionszusage an den Gesellschafter-Geschäftsführer unmittelbar nach der Anstellung und ohne die unter Fremden übliche Erprobung ist nach ständiger BFH-Rechtsprechung i. d. R. nicht betrieblich, sondern durch das Gesellschaftsverhältnis veranlasst.

Fall 2: Neu gegründete GmbH: Probezeit von mindestens 5 Jahren
Ein ordentlicher und gewissenhafter Geschäftsleiter einer neu gegründeten Kapitalgesellschaft wird einem gesellschaftsfremden Geschäftsführer erst dann eine Pension zusagen, wenn er die künftige wirtschaftliche Entwicklung und damit die künftige wirtschaftliche Leistungsfähigkeit der Kapitalgesellschaft zuverlässig abschätzen kann (ständige Rechtsprechung des BFH). Hierzu bedarf es i. d. R. eines **Zeitraums von wenigstens 5 Jahren**.

Fall 3: Zulässige Ausnahmefälle
Eine Probezeit ist bei solchen Unternehmen verzichtbar, die aus eigener Erfahrung Kenntnisse über die Befähigung des Geschäftsleiters haben und die die Ertragserwartungen aufgrund ihrer bisherigen unternehmerischen Tätigkeit hinreichend deutlich abschätzen können. Diese Kriterien sind bei einem Unternehmen erfüllt, das seit Jahren tätig war und lediglich sein Rechtskleid ändert, wie beispielsweise bei **Begründung einer Betriebsaufspaltung** oder einer **Umwandlung** (BFH-Urteile vom 29.10.1997, AZ.: I R 52/97, BStBl 1999 II S. 318, und vom 23.2.2005, AZ.: I R 70/04, BStBl II S. 882) und der bisherige, **bereits erprobte Geschäftsleiter** das Unternehmen fortführt.

Wird ein Unternehmen durch seine bisherigen leitenden Angestellten „**aufgekauft**" und führen diese Angestellten den Betrieb in Gestalt einer neu gegründeten Kapitalgesellschaft als Geschäftsführer fort (**sog. Management-Buy-Out**), so kann es ausreichen, wenn bis zur Erteilung der Zusagen nur **rund ein Jahr** abgewartet wird (BFH-Urteil vom 24.4.2002, AZ.: I R 18/01, BStBl II S. 670).

8.2.3.2 Verstoß gegen die angemessene Probezeit

Sofern die Pensionszusage unter Verstoß gegen die angemessene Probezeit erteilt wurde, ist nach Tz. 2 des BMF-Schreibens vom 14.12.2012 (a.a.O.) wie folgt zu unterscheiden:

- **Vor Ablauf der Probezeit tritt Versorgungsfall ein**
  Die **Zuführungen zur Pensionsrückstellung und die Pensionszahlungen sind vGA nach § 8 Abs. 3 Satz 2 KStG** und führen zu einer außerbilanzmäßigen Einkommenskorrektur (vgl. BMF-Schreiben vom 28.5.2002, BStBl I S. 603). Die Pensionszahlungen werden als Leistungen i.S.d. § 27 KStG behandelt. Dies gilt auch für Pensionszahlungen, die erst nach Ablauf der angemessenen Probezeit geleistet werden.

- **Versorgungsfall tritt nicht ein, aber an der unter Verstoß gegen die Probezeit erteilten Pensionszusage wird festgehalten**

Ausschlaggebend ist die Situation im **Zeitpunkt der Zusage**, so dass die Anwartschaft auch nach Ablauf der angemessenen Probezeit **nicht** zu einer **fremdvergleichsgerechten** Pensionszusage wird (BFH-Urteil vom 28.4.2010, AZ.: I R 78/08, BStBl 2013 II S. 41). Dies gilt auch dann, wenn die Pensionszusage in der Folgezeit geändert, also z.B. erhöht wird.

Die Zuführungen zur Pensionsrückstellung werden **insgesamt als vGA** nach § 8 Abs. 3 Satz 2 KStG behandelt. Die Korrektur der vGA erfolgt außerhalb der Steuerbilanz (Tz. 7 und 8 des BMF-Schreibens vom 28.5.2002, a.a.O.).

Beispiel 2:

Die ursprüngliche im August 2010 unter Verstoß gegen eine angemessene Probezeit von 2 Jahren erteilte Zusage wird nach Ablauf der Probezeit fortgeführt.

Lösung:

Nach der Tz. 2 des BMF-Schreibens vom 14.12.2012 ist auf die Situation im Zeitpunkt der Zusage abzustellen. Die Zuführungen zur Rückstellung sind **von Anfang an (d.h. seit dem VZ 2010ff.) als vGA** zu behandeln und nach § 8 Abs. 3 Satz 2 KStG außerbilanzmäßig zu korrigieren. Die vGA stellt aber mangels Abfluss noch keine Leistung i.S.d. § 27 KStG dar, die eine Einlagenrückgewähr auslösen kann.

Der gesamte Aufwand kann also nicht steuerwirksam berücksichtigt werden. Der Gesellschafter-Geschäftsführer hat nach Eintritt des Pensionsfalls **Einkünfte nach § 20 Abs. 1 Nr. 1 Satz 2 EStG (vGA)** zu versteuern.

Diese geänderte Rechtsauffassung gilt für Pensionsvereinbarungen, die – wie hier – **nach dem 29.7.2010** (Datum der Veröffentlichung des BFH-Urteils vom 28.4.2010, a.a.O., auf den Internetseiten des BFH) abgeschlossen worden sind.

Praxishinweis:
Mit dem BMF-Schreiben vom 14.12.2012 folgt die Finanzverwaltung nunmehr der Auffassung des BFH im **Urteil vom 28.4.2010, AZ.: I R 78/08, a. a. O.**, wonach allein **die Situation im Zusagezeitpunkt** ausschlaggebend ist, so dass die Anwartschaft auch nach Ablauf der angemessenen Probezeit **nicht** in eine fremdvergeichsgerechte Versorgungszusage „hineinwächst".

Die geänderte Verwaltungsauffassung gilt für Pensionsvereinbarungen, die **nach dem 29.7.2010** (Datum der Veröffentlichung des Urteils vom 28.4.2010, a. a. O., auf den Internetseiten des BFH) abgeschlossen worden sind.

- **Aufhebung der ursprünglichen und Abschluss einer neuen Pensionszusage nach Ablauf der Probezeit**

Die Zuführungen aufgrund der Altzusage sind zunächst **vGA**, die nach **§ 8 Abs. 3 Satz 2 KStG** außerbilanzmäßig zu korrigieren sind.

Bei der Bildung der Pensionsrückstellung nach § 6 a EStG aufgrund der neuen Pensionszusage ist der auf die Zeit vom Dienstantritt bis zum Zusagezeitpunkt entfallende Zuführungsbedarf rechnerisch als Aufwand im neuen Zusagejahr zu berücksichtigen (**Teilwertmethode nach § 6 a EStG**). Ein Verstoß gegen das Nachzahlungsverbot liegt insoweit nicht vor.

Beispiel 3:

Erteilung einer Pensionszusage an den beherrschenden Gesellschafter-Geschäftsführer einer neu gegründeten GmbH ohne Beachtung einer angemessenen Probezeit im Jahr der Anstellung (im VZ 2008, laufende Zuführung zur Pensionsrückstellung jährlich 100). **Die Zusage wird steuerlich nicht anerkannt. Die Beteiligten heben deshalb die Zusage im VZ 2012 auf.** Im VZ 2013 erteilt die GmbH erneut eine Pensionszusage in gleicher Höhe, die Probezeit ist nunmehr eingehalten.

Lösung:

Die Aufhebung der Pensionszusage im VZ 2012 stellt beim Gesellschafter einen **Verzicht auf seine Pensionsanwartschaftsrechte** dar. Diese **verdeckte Einlage** löst im VZ 2012 beim Gesellschafter **hinsichtlich des bis zum Verzichtszeitpunkt bereits erdienten Anteils** des Versorgungsanspruchs in Höhe des **Teilwerts** der Pensionszusage einen **Zufluss von vGA nach § 20 Abs. 1 Nr. 1 Satz 2 EStG** aus und gleichzeitig eine Erhöhung der Anschaffungskosten seiner GmbH-Anteile i. S. d. § 17 EStG (**vgl. H 40, Verzicht auf Pensionsanwartschaftsrechte, KStH 2008**).

Die unter Anwendung der Teilwertmethode nach § 6 a EStG im VZ 2013 steuerlich zu bildende Rückstellung (= 600) beinhaltet neben dem auf 2013 (= 100) entfallenden Rückstellungsbetrag auch den auf den Zeitraum 2008 bis 2012 (= 500) entfallenden Teilbetrag. Der betriebliche Aufwand beträgt 600 im VZ 2013. Im Ergebnis kommt es in der Steuerbilanz zum 31.12.2013 zu einer "Nachdotierung" von 500 für die Jahre 2008 bis 2012.

8.2.4 Ernsthaftigkeit

Ist die Pension **ernsthaft** vereinbart, d.h. ist die Pensionszusage **frühestens auf das 60. Lebensjahr** erteilt worden? Bei der **Berechnung der Rückstellung** ist aber bei **beherrschenden** Gesellschafter-Geschäftsführern von einer Zusage auf das 65. Lebensjahr auszugehen. Dies gilt auch im Falle der **Vereinbarung einer flexiblen Altersgrenze**, die frühestens auf ein Endalter von 60 Jahren in Betracht kommt. Im Ergebnis ist eine vertragliche Altersgrenze von 60 Jahren bis ca. 75 Jahren steuerlich zulässig.

Zur Berechnung von Pensionsrückstellungen für beherrschende Gesellschafter-Geschäftsführer von Kapitalgesellschaften und dem maßgeblichen Pensionsalter nach R 6a Abs. 8 EStR gilt Folgendes:

Mit den EStR 2008 wurde die Altersgrenze für beherrschende Gesellschafter-Geschäftsführer hinsichtlich der Berechnung von Pensionsrückstellungen erhöht (bis zum 67. Lebensjahr; gestuft nach Geburtsjahrgängen; vgl. R 6a Abs. 8 EStR).

Übersicht: Ernsthaftigkeit einer Pensionszusage

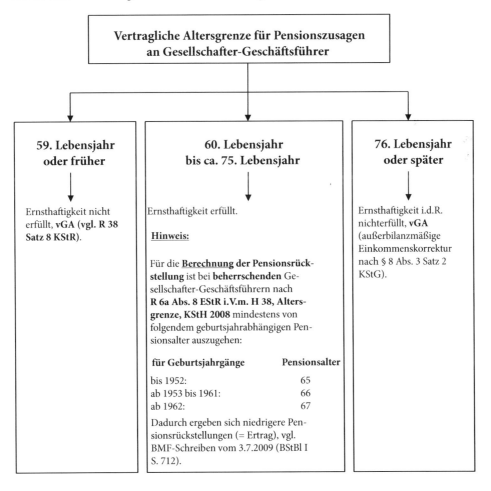

> **Beispiel 5:**
>
> Die Berechnung der Pensionsrückstellung auf die vertragliche Altersgrenze von 60 Jahren führt im VZ 2012 zu einer Erhöhung der Pensionsrückstellung in der **Handelsbilanz** um   100.000 €.
>
> Durch die Berechnung der Pensionsrückstellung auf die Mindestaltersgrenze beim beherrschenden Gesellschafter-Geschäftsführer (**Geburtsjahrgang bis 1952**) von 65 Jahren erhöht sich die Pensionsrückstellung im VZ 2012 in der **Steuerbilanz** nur um   70.000 €
>
> **Differenz**   30.000 €

<u>Hinweis:</u>
Bei Ausscheiden des Gesellschafter-Geschäftsführers mit 60 Jahren ist die zunächst auf das Endalter 65 berechnete Rückstellung nach § 6 a EStG in der **Steuerbilanz gewinnmindernd aufzustocken**.

8.2.5 Erdienbarkeit

Ist die Pension **erdienbar**? Der beherrschende und nicht beherrschende Gesellschafter-Geschäftsführer darf im Zeitpunkt der Pensionszusage **das 60. Lebensjahr** noch nicht vollendet haben. Außerdem müssen beim **beherrschenden** Gesellschafter-Geschäftsführer ab Erteilung der Zusage noch **mindestens zehn Jahre** aktive Tätigkeit zu erwarten sein.

Beim **nicht beherrschenden** Gesellschafter-Geschäftsführer **gilt ebenfalls die Zehn-Jahres-Frist**.

Es reicht bei **nicht beherrschenden** Gesellschafter-Geschäftsführern aber auch aus, wenn der Beginn seiner Betriebszugehörigkeit bei Erteilung der Zusage **mindestens neun Jahre zurückliegt** und er noch **mindestens drei Jahre** aktive Dienstzeit zu erwarten hat (**insgesamt also zwölf Jahre**). Vgl. auch BMF-Schreiben vom 9.12.2002 (BStBl I S. 1393).

8.2 Pensionszusagen an Gesellschafter-Geschäftsführer von Kapitalgesellschaften

Erdienbarkeit

Beherrschender Gesellschafter

Keine vGA, wenn

- die Pensionszusage **vor Vollendung des 60. Lebensjahres** erteilt wird

  und

- **Erdienbarkeitsfrist 10 Jahre** erfüllt ist (beginnend im Zeitpunkt der Erteilung der Pensionszusage; keine Anrechnung vorheriger Dienstzeiten)

Nicht beherrschender Gesellschafter

Keine vGA, wenn

- die Pensionszusage **vor Vollendung des 60. Lebensjahres** erteilt wird

  und

- der Zeitraum zwischen Pensionszusage und vorgesehenem Eintritt in den Ruhestand entweder

  – mindestens 10 Jahre beträgt

  oder

  – zwar nur mindestens 3 Jahre beträgt, der Gesellschafter-Geschäftsführer im vorgesehenen Zeitpunkt des Eintritts in den Ruhestand jedoch bereits seit **mindestens 12 Jahren** dem Betrieb der GmbH angehört (**9 + 3-Regel**)

Beispiel 6:

Erteilung Pensionszusage an den beherrschenden Gesellschafter-Geschäftsführer kurz **vor Vollendung des 64. Lebensjahres**

Erdienbarkeit nicht gegeben, sondern <u>Annahme vGA</u>, da

- im Zusagezeitpunkt 60. Lebensjahr bereits vollendet,
- restliche Erdienenszeit von weniger als 10 Jahren
(**BFH-Urteil vom 23.7.2003, BStBl 2003 II S. 926**)

Eintritt Versorgungsfall **mit Vollendung des 70. Lebensjahres**.

<u>Praxishinweis</u>: **Zusage einer Witwenrente als vGA**
Zur Zusage einer **Witwenrente an einen über 65-jährigen Gesellschafter-Geschäftsführer** gilt nach dem **BFH-Urteil vom 18.3.2009, AZ.: I R 63/08, BFH/NV 2009 S. 1841** Folgendes:
Die Zusage einer Witwenrente an den Gesellschafter-Geschäftsführer einer GmbH rechtfertigt regelmäßig die Annahme einer **verdeckten Gewinnausschüttung**, wenn der Begünstigte im Zusagezeitpunkt das **65. Lebensjahr** überschritten hat. Eine Anstellung des Geschäftsführers **„auf Lebenszeit"** ändert daran nichts. Die verdeckte Gewinnausschüttung in Gestalt der Witwenrente ist auch objektiv geeignet, eine nachträgliche Kapitaleinkunft i. S. d. § 20 Abs. 1 Nr. 1 Satz 2 EStG als Voraussetzung einer vGA bei der GmbH auszulösen, sei es bei dem nunmehrigen Gesellschafter, sei es bei der Witwe selbst oder sei dies auch bei einer dritten Person als Erben.

Beispiel 7: Verlängerung des Erdienenszeitraums; BFH-Beschluss vom 28.6.2005 (GmbHR 2005 S. 1510)

Pensionszusage an den beherrschenden Gesellschafter-Geschäftsführer am 9.12. 2009 im **57. Lebensjahr auf das 65. Lebensjahr**

- zunächst **keine Erdienbarkeit** der Pensionszusage (**mindestens 10 Jahre erforderlich, hier nur 8 Jahre**);
- Zuführungen zur Pensionsrückstellung in den VZ 2009 bis VZ 2011 sind **vGA** (außerbilanzmäßige Einkommenskorrektur nach § 8 Abs. 3 Satz 2 KStG).

Verlängerung des Erdienenszeitraums am 3.1.2012 auf das 70. Lebensjahr

- durch die Änderung der Zusage ist **Erdienbarkeit ab 2012** erfüllt;
- Zuführungen zur Pensionsrückstellung **ab 2012** stellen **keine vGA** mehr dar;
- für die Zeit davor gelten diese Grundsätze jedoch nicht (**d.h. vGA bis 2011 bleibt**).

Eintritt Pension mit Vollendung des 70. Lebensjahres

Praxishinweise: zur Erdienbarkeit
Nach dem **BFH-Urteil vom 15.3.2000 (BStBl II S. 504)** sind bei einem **nicht beherrschenden** Gesellschafter-Geschäftsführer in die Mindestbetriebszugehörigkeit von 12 Jahren (für das Erfordernis der Erdienbarkeit) **nicht nur Zeiträume im Betrieb der GmbH einzubeziehen**, sondern auch solche, in denen der Gesellschafter-Geschäftsführer zuvor in einem **Einzelunternehmen** tätig war, das er in die GmbH eingebracht oder das er an diese veräußert hat. D. h. – im Gegensatz zum beherrschenden Gesellschafter-Geschäftsführer – sind beim nicht beherrschenden Gesellschafter-Geschäftsführer für das Erfordernis der Erdienbarkeit auch frühere Tätigkeiten in einer **„Vorgängerfirma"** einzubeziehen.

Die Grundsätze über die Erdienbarkeit gelten auch dann, wenn eine **wesentliche Erhöhung der Pensionszusage** erfolgt. Z. B. zwei Jahre vor Eintritt des Pensionsfalls wird im 63.

Lebensjahr die Pensionszusage von bisher 5.000 € monatlich auf 9.000 € erhöht. In Höhe von 4.000 € handelt es sich um eine partielle Neuzusage, die nicht mehr erdienbar ist und auch einem Fremdvergleich nicht standhält. Insoweit liegt also eine vGA vor.

Vgl. auch BFH-Urteil vom 23.9.2008, AZ.: I R 62/07, BStBl 2013 II S. 39.

8.2.6 Steuerliche Folgen für die Rückdeckungsversicherung in vGA-Fällen

Nach dem **BFH-Urteil vom 7.8.2002, BStBl 2004 II S. 131**, stellen die **Beiträge für eine Rückdeckungsversicherung** auch dann **keine vGA** dar, wenn die Pensionszusage durch das Gesellschaftsverhältnis veranlasst ist und deshalb eine vGA i. S. d. § 8 Abs. 3 Satz 2 KStG vorliegt. **Die Rückdeckungsversicherung ist vielmehr – unabhängig davon, ob die Pensionszusage eine vGA auslöst – eine betrieblich veranlasste Finanzierungsmaßnahme.**

Dasselbe gilt im Falle eines Pensionsverzichts (= verdeckte Einlage).

Diese Entscheidung wird damit begründet, dass
- bei der Kapitalgesellschaft **keine Vermögensminderung** eintritt, da sie selbst und nicht der Begünstigte der Pensionszusage Bezugsberechtigte aus der Versicherung ist (**Aktivierung der Ansprüche in der Bilanz der Gesellschaft mit dem anteiligen Deckungskapital**), und
- eine solche Rückdeckungsversicherung **nicht die Eignung** hat, beim Gesellschafter einen **sonstigen Bezug** i. S. d. § 20 Abs. 1 Nr. 1 Satz 2 EStG auszulösen.

Eine vGA liegt auch dann nicht vor, wenn die Ansprüche aus der Rückdeckungsversicherung – anders als in dem vom BFH entschiedenen Fall – aus Gründen der Insolvenzsicherung an den begünstigten Gesellschafter-Geschäftsführer **verpfändet** sein sollten. Die Verpfändung ist nur aufschiebend bedingt. Der Gesellschafter-Geschäftsführer hat, solange der Insolvenzfall noch nicht eingetreten ist, weder rechtlich noch wirtschaftlich eine Zugriffsmöglichkeit auf den Anspruch aus der Rückdeckungsversicherung.

8.2.7 Finanzierbarkeit

Der BFH hat insbesondere mit Urteilen vom
- 8.11.2000   (BStBl 2005 II S. 653)
- 20.12.2000   (BStBl 2005 II S. 657)
- 7.11.2001   (BStBl 2005 II S. 659)
- 4.09.2002   (BStBl 2005 II S. 662)
- 31.03.2004   (BStBl 2005 II S. 664)

gegen die frühere Verwaltungspraxis zur Finanzierbarkeit entschieden.

8.2 Pensionszusagen an Gesellschafter-Geschäftsführer von Kapitalgesellschaften

Nach dem **BMF-Schreiben vom 6.9.2005 (BStBl I S. 875)** sind die Grundsätze dieser Urteile anzuwenden.

Nach Auffassung des BFH gelten insbesondere folgende Grundsätze:
- Die Finanzierbarkeit ist **im Zusagezeitpunkt** und allenfalls bei **wesentlichen Änderungen der Zusage** zu überprüfen. Die spätere wirtschaftliche Entwicklung der Gesellschaft ist grundsätzlich unbeachtlich.

  Ausnahme:
  Die wirtschaftliche Situation der GmbH verschlechtert sich und es besteht zivilrechtlich die Möglichkeit zur Anpassung der Pensionszusage.
- Zur Prüfung der Finanzierbarkeit ist eine **fiktive Überschuldungsbilanz** der Gesellschaft nach **insolvenzrechtlichen Grundsätzen** aufzustellen. Die Finanzierbarkeit einer Pensionszusage ist lediglich dann zu verneinen, wenn anhand dieser Bilanz eine Überschuldung der Gesellschaft vorliegt.
- Es sind alle materiellen und immateriellen Wirtschaftsgüter, insbesondere auch ein (originärer) Geschäftswert zu berücksichtigen. Zu berücksichtigen sind ebenso die Ertragslage zum Stichtag der Bilanzerstellung sowie die weiteren Ertragsaussichten.
- Der Wert der Pensionszusage ist mit dem im Zusagezeitpunkt gegebenen **Anwartschaftsbarwert** (§ 6 a Abs. 3 Satz 2 Nr. 2 EStG) – soweit nachweisbar ggf. auch mit einem niedrigeren handelsrechtlichen Teilwert – anzusetzen.
- Eine bestehende Rückdeckungsversicherung erhöht das Aktivvermögen, künftig fällige Versicherungsbeiträge sind jedoch in die Prüfung einzubeziehen.
- Die Finanzierbarkeit ist für die einzelnen Risiken / Komponenten (z. B. Invalidität, Altersversorgung) **getrennt** durchzuführen.
- Ist die Pensionszusage nicht in voller Höhe finanzierbar, hat eine **Aufteilung** in einen finanzierbaren und einen nicht finanzierbaren Teil zu erfolgen. Lediglich hinsichtlich des nicht finanzierbaren Teils ist eine vGA anzunehmen und eine Hinzurechnung der jährlichen Zuführung außerhalb der Bilanz vorzunehmen.

8.2.8 Angemessenheit der Höhe nach

8.2.8.1 Obergrenze von 75 v. H. der Aktivbezüge (Überversorgung)

Die Pension muss **der Höhe nach angemessen sein**. Die Obergrenze einer angemessenen Altersversorgung einschließlich Ansprüche aus der gesetzlichen Rentenversicherung liegt bei **75 v. H. der letzten Aktivbezüge**. Vgl. BFH-Urteil vom 15.9.2004 (BStBl 2005 II S. 176) und BMF-Schreiben vom 3.11.2004 (BStBl I S. 1045).

Die Vereinbarung fester Steigerungssätze (**Dynamisierungsklausel**) von maximal **3 v. H.** jährlich **ab Rentenbeginn** ist steuerlich zulässig. Sie dürfen noch zur 75 v. H.-Grenze hinzukommen (vgl. BFH-Urteil vom 15.9.2004, a. a. O.).

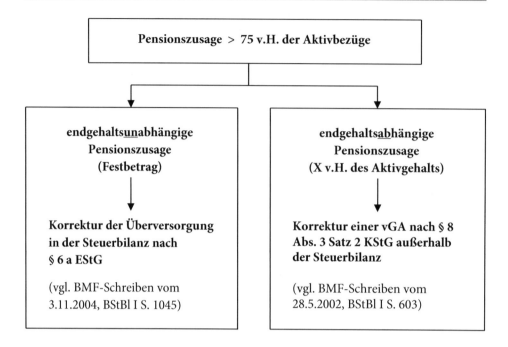

Praxishinweis: Steuerliche Folgen bei Gehaltsreduzierung
Die Obergrenze von 75 v.H. der Aktivbezüge gilt auch, wenn die künftigen Aktivbezüge (zeitweilig) **herabgesetzt** werden. Dies hat eine „**Mischberechnung**" sowohl bei **endgehaltsunabhängiger** als auch bei **endgehaltsabhängiger** Pensionszusage zur Folge (vgl. Rz. 19 des BMF-Schreibens vom 3.11.2004, BStBl I S. 1045).

8.2.8.2 Aktuelle BFH-Rechtsprechung

Leitsätze des BFH-Urteils vom 27.3.2012, AZ.: I R 56/11, GmbHR 2012 S. 758:
- Sind Versorgungsbezüge in Höhe eines festen Betrags zugesagt (endgehaltsunabhängige Zusage), der im Verhältnis zu den Aktivbezügen am Bilanzstichtag überhöht ist (Überversorgung), so ist die nach § 6 a EStG zulässige Rückstellung für Pensionsanwartschaften nach Maßgabe von § 6 a Abs. 3 Satz 2 Nr. 1 Satz 4 EStG unter Zugrundelegung eines angemessenen Prozentsatzes der jeweiligen letzten Aktivbezüge zu ermitteln (75%-Grenze).
- Eine solche Überversorgung ist aus steuerrechtlicher Sicht regelmäßig auch dann gegeben, wenn die Versorgungsanwartschaft trotz dauerhaft abgesenkter Aktivbezüge unverändert beibehalten und nicht ihrerseits gekürzt wird. Darauf, ob die Kürzung der Anwartschaft nach arbeitsrechtlichen Maßgaben zulässig ist, kommt es nicht an.

Steuerliche Folgerungen aus dieser BFH-Rechtsprechung:
→ Es darf nicht unberücksichtigt bleiben, dass der Gesellschafter-Geschäftsführer in den betroffenen Fällen regelmäßig bereits lange Jahre für ein angemessenes (höheres) Gehalt gearbeitet und sich **in diesen Jahren auch eine (höhere) Pension erdient** hat, als dies

nun in dem Betrag bei Anwendung der 75%-Grenze auf das herabgesetzte Gehalt zum Ausdruck kommt. Das **o.g. BMF-Schreiben vom 3.11.2004, a.a.O., Rz. 19**, enthält deshalb zumindest für Fälle der Absenkung des Gehaltsniveaus wegen eines Wechsels des Beschäftigungsgrades eine **Mischberechnung**, die diesen Umstand berücksichtigt. In Baden-Württemberg wird diese Mischberechnung auch bei Absenkung des Gehaltsniveaus **aus wirtschaftlichen Gründen** angewandt.

→ Der BFH nimmt am Ende seines Urteils auf diese Aussage im BMF-Schreiben Bezug. Man kann deshalb davon ausgehen, dass er die dort geregelte **Durchschnittsberechnung** für zutreffend hält. Auch im Urteilsfall erfolgte die Gehaltsherabsetzung **wegen wirtschaftlicher Schwierigkeiten (und nicht wegen eines Wechsels des Beschäftigungsgrades)**.

→ Der BFH hat allerdings offen gelassen, was er unter „dauerhaft abgesenkten" Aktivbezügen versteht. Als Umkehrschluss aus dem Urteil wird man feststellen können, dass bei einer nicht dauerhaften Absenkung **keine Absenkung des Pensionsanspruchs** erfolgen muss (auch nicht auf den o.b. Durchschnittswert). **Als nicht dauerhaft wird man derzeit nur eine Absenkung für einige wenige Monate ansehen können.**

Beispiel 8: Korrektur Überversorgung in der Steuerbilanz bei endgehaltsunabhängiger Pension

Der 45-jährige beherrschende Gesellschafter-Geschäftsführer bezieht im Jahr 2012 ein **laufendes Aktivgehalt in Höhe von 10.000 € monatlich**. Von seiner GmbH wird ihm eine **Pensionszusage in Höhe von 10.000 €** ab dem 65. Lebensjahr zugesagt. Ansprüche aus der gesetzlichen Rentenversicherung sollen aus Vereinfachungsgründen nicht bestehen.

Lösung:

Es liegt eine **endgehaltsunabhängige Pensionszusage** vor. Der BFH geht davon aus, dass mit der hohen Festbetragszusage lediglich eine künftige Einkommensentwicklung vorweggenommen und damit **Aufwand aus der Zukunft bilanziell vorgezogen** werden soll. Es wird also nicht unterstellt, dass der Gesellschafter-Geschäftsführer später eine unangemessen hohe betriebliche Altersversorgung erhalten soll, sondern nur, dass bilanzieller Aufwand durch eine zunächst überhöhte Zusage in ein früheres Wirtschaftsjahr verlagert wird.

Deshalb wird in diesem Fall – sowohl bei Fremdarbeitnehmern als auch bei Gesellschafter-Geschäftsführern – **die Pensionsrückstellung nach § 6 a EStG wegen Überversorgung nur aus einem Betrag von 75 v.H. von 10.000 € = 7.500 €** berechnet.

Eine zu hoch gebildete Rückstellung ist im Wege der **Bilanzberichtigung** zu korrigieren.

Beispiel 9: Korrektur vGA außerhalb der Bilanz bei endgehaltsabhängiger Pension

Die Pensionszusage des Gesellschafter-Geschäftsführers wird mit **100 v.H. des Aktivgehalts** festgelegt. Es liegt eine **endgehaltsabhängige Pensionszusage** vor (**X v.H. des Aktivgehalts**).

Lösung:

Die Pensionsrückstellung wird in diesem Fall nach § 6 a EStG auf der Grundlage einer Pension in Höhe von 10.000 € (und nicht von 7.500 €) berechnet, da **keine Vorwegnahme einer künftigen Einkommensentwicklung** vorliegt. Eine Bilanzberichtigung ist nicht zulässig (vgl. BMF-Schreiben vom 3.11.2004, BStBl I S. 1045, Rz. 16).

Allerdings ist eine vGA insoweit anzunehmen, als die Pensionszusage 75 v. H. des Aktivgehalts überschreitet (außerbilanzielle Hinzurechnung).

Dies bedeutet, dass jeweils 25 v. H. der Zuführung zur Pensionsrückstellung (100 v. H. ./. 75 v. H. = 25 v. H.) **außerbilanziell als vGA i. S. d. § 8 Abs. 3 Satz 2 KStG** zu korrigieren sind, soweit dies verfahrensrechtlich noch zulässig ist.

Die späteren Pensionszahlungen sind entsprechend in Versorgungsbezüge nach § 19 EStG und in Einnahmen aus Kapitalvermögen nach § 20 Abs. 1 Nr. 1 Satz 2 EStG (vGA) aufzuteilen.

Beispiel 10: zur "Mischberechnung" bei Gehaltsherabsetzung im Falle einer end gehaltsunabhängigen Pensionszusage

Ein Gesellschafter-Geschäftsführer erhält im Jahr 2000 (Alter 50 Jahre) eine endgehalts**un**abhängige **Pensionszusage auf das 65. Lebensjahr in Höhe von jährlich 75.000 €**. Das jährliche Festgehalt des Gesellschafter-Geschäftsführers beläuft sich im Jahr der Zusage und in den folgenden neun Jahren auf **100.000 €**. Im Jahr 2012 bis einschließlich Jahr 2016 wird der Anstellungsvertrag des Gesellschafter-Geschäftsführers geändert und die jährlichen Bezüge werden auf **50.000 €** herabgesetzt; die erteilte Pensionszusage bleibt unberührt. Die Gesamtbezüge des Gesellschafter-Geschäftsführers sind angemessen.

Die Herabsetzung des Festgehalts könnte auf die **schlechte finanzielle Lage** der GmbH zurückzuführen sein. Aber auch bei gutgehenden Gesellschaften ist die Minderung denkbar, z. B. im Rahmen einer **Teilzeitregelung** (Herabsetzung der Arbeitsleistung auf 50 v. H.).

Lösung:

Nach Auffassung der Finanzverwaltung bleiben die bis zur Herabsetzung der Bezüge zeitanteilig erdienten Pensionsansprüche erhalten und es muss dann erst für den in der Folgezeit zeitanteilig erdienten Pensionsanspruch die Begrenzung vorgenommen werden („**Mischberechnung**").

Die Mischberechnung ergibt im vorliegenden Fall als maßgebende Bezugsgröße für die Pensionszusage ein Gehalt in Höhe von **83,33 v. H. (10 × 100 v. H. + 5 × 50 v. H. : 15)** des zuletzt gültigen (fiktiven) vollen Gehalts von 100.000 € (= **83.333 €**) und nicht nur in Höhe des aktuellen Gehalts von 50.000 €. **Die 75 v. H.-Grenze ist deshalb auf den Betrag von 83.333 € anzuwenden (75 v. H. von 83.333 € = 62.500 €).**

Vgl. hierzu auch Tz. 19 des BMF-Schreibens vom 3.11.2004 (BStBl I S. 1045) zur bilanzsteuerrechtlichen Berücksichtigung von hohen Versorgungsanwartschaften

(**Überversorgung**). Die dort genannte Regelung zur Mischberechnung gilt allerdings nur für den **Wechsel Vollzeit- / Teilzeitbeschäftigung**.

> **Beispiel 11: zur "Mischberechnung" bei Gehaltsherabsetzung im Falle einer endgehaltsabhängigen Pensionszusage**

Der Gesellschafter-Geschäftsführer A hat 20 Jahre lang ein Gehalt in Höhe von monatlich **10.000 €** (= maßgebliche Bezugsgröße) bezogen. Die letzten 5 Jahre bis zum Eintritt in den Ruhestand verzichtet er wegen finanzieller Schwierigkeiten bei der Gesellschaft auf die Hälfte seines Festgehalts; d. h. er erhält nur noch ein Gehalt in Höhe von **5.000 €** monatlich. Ihm war eine angemessene **Pension von 75 v. H. seines Festgehalts** zugesagt worden.

Lösung:

Nach der Gehaltsherabsetzung beträgt der zivilrechtliche Pensionsanspruch nur noch 75 v. H. von 5.000 € = 3.750 €. Dabei bleibt rechnerisch unberücksichtigt, dass der Gesellschafter-Geschäftsführer 20 Jahre lang ein Festgehalt von 10.000 € bezogen hat, aus dem sich ein Pensionsanspruch in Höhe von 7.500 € errechnete.

A hat sich aber nach 20 Jahren Tätigkeit einen anteiligen Pensionsanspruch in Höhe von **20/25 von 7.500 € = 6.000 €** erdient; wegen der Gehaltsherabsetzung beträgt der Anspruch aber nur noch 3.750 € (**davon 5/25 = 750 €**).

Ein Fremdgeschäftsführer hätte sich den in 20 Jahren Tätigkeit erworbenen Pensionsanspruch vertraglich zusichern lassen. Unterlässt dies der Gesellschafter-Geschäftsführer, so handelt es sich in Höhe der **Differenz zwischen dem erdienten = 6.750 € (6.000 € + 750 €) und dem tatsächlich zivilrechtlich vereinbarten Pensionsanspruch = 3.750 € um einen im Gesellschaftsverhältnis begründeten Pensionsverzicht in Höhe von 3.000 €**.

Dieser Verzicht stellt eine **verdeckte Einlage** dar und führt beim Gesellschafter-Geschäftsführer zu einem **Zufluss von Arbeitslohn, soweit der Pensionsanspruch im Zeitpunkt der Gehaltsreduzierung werthaltig ist** (zumindest in Höhe des Rückdeckungsanspruchs bei Verpfändung an den Gesellschafter-Geschäftsführer).

Eine Ausnahme gilt nur für den **Verzicht in der Krise zur Abwendung der Insolvenz** (vgl. BMF-Schreiben vom 6.9.2005, BStBl I S. 875, und Bayerisches Landesamt für Steuern, Verfügung vom 15.2.2007, DStR 2007 S. 993).

8.2.8.3 (Bilanz-) Steuerliche Behandlung einer "Nur-Pension"

Der **BFH hat im Urteil vom 28.4.2010, AZ.: I R 78/08, BStBl 2013 II S. 41**, erneut entschieden, dass er insoweit die Auffassung der Finanzverwaltung **nicht** teilt und eine sog. **Nur-Pensionszusage** eine **Überversorgung** nach sich zieht, welche die Auflösung der Pensionsrückstellung in der Bilanz zur Folge hat. In diesen Fällen kann also keine Pensionsrückstellung nach § 6 a EStG gebildet werden.

Nach dem **BMF-Schreiben vom 13.12.2012** (BStBl 2013 I S. 35) folgt nunmehr die Finanzverwaltung der BFH-Rechtsprechung in allen noch offenen Fällen; das hiervon noch abweichende BMF-Schreiben vom 16.6.2008 (BStBl I S. 681) wird aufgehoben.

8.2.9 Steuerliche Folgen bei fehlender betrieblicher Veranlassung

8.2.9.1 Steuerliche Folgen vor Eintritt des Versorgungsfalles

Die Zuführungen zu einer Rückstellung für die Verbindlichkeit aus einer betrieblichen Versorgungszusage, die den Vorgaben des § 6 a EStG entspricht, aus steuerlichen Gründen aber als **verdeckte Gewinnausschüttung** zu behandeln sind, sind nach § 8 Abs. 3 Satz 2 KStG **außerhalb der Bilanz** dem Gewinn hinzuzurechnen. Ist eine Hinzurechnung unterblieben und aus **verfahrensrechtlichen Gründen** eine Änderung der betreffenden Steuerbescheide nicht mehr möglich, können die rückgestellten Beträge auf der Ebene der Kapitalgesellschaft **nicht** mehr als verdeckte Gewinnausschüttung berücksichtigt werden.

Die Gewinnerhöhung ist nach den Grundsätzen des **BMF-Schreibens vom 28.5.2002 (BStBl I S. 603) außerhalb der Steuerbilanz** durch eine entsprechende Hinzurechnung zu vollziehen.

Zu einer **Leistung der Kapitalgesellschaft i. S. d. § 27 Abs. 1 Satz 3 KStG** (Einlagenrückgewähr) kommt es aber unabhängig von der bilanziellen bzw. einkommensmäßigen Behandlung der vGA **erst im Zeitpunkt ihres tatsächlichen Abflusses** (vgl. H 75, Abflusszeitpunkt, KStH 2008).

Nach dem BMF-Schreiben vom 28.5.2002 (a.a.O.) ist hierbei Folgendes zu beachten:

Ein in der Bilanz unter Beachtung der entsprechenden Gewinnermittlungsvorschriften gebildeter Passivposten (z. B. eine Pensionsrückstellung i. S. d. § 6 a EStG) ist im Hinblick auf eine vGA nicht zu korrigieren (RdNr. 7).

Zur weiteren zutreffenden Behandlung sind für Passivposten, denen ganz oder teilweise eine vGA zugrunde liegt, **Nebenrechnungen** zu führen. Dabei werden zwei Teilbeträge gebildet und jährlich fortentwickelt (RdNr. 8 und 9):

Teilbetrag I:
Summe der vGA-Beträge i. S. d. § 8 Abs. 3 Satz 2 KStG für den betroffenen Passivposten **(unabhängig von der tatsächlichen außerbilanziellen Hinzurechnung)**.

Teilbetrag II:
Summe der vGA-Beträge i. S. d. § 8 Abs. 3 Satz 2 KStG für den betroffenen Passivposten, die **tatsächlich** bei der Einkommensermittlung dem Steuerbilanzgewinn hinzugerechnet worden sind.

Teilbetrag I und II decken sich dann, wenn die vGA bereits ab dem Erstjahr entdeckt und hinzugerechnet worden ist (= **Regelfall**). Eine **Differenz** ergibt sich dann, wenn eine Hinzurechnung aus verfahrensrechtlichen Gründen in bestandskräftigen bzw. festsetzungsverjährten Jahren **nicht** mehr möglich ist (z. B. bei einer zu spät festgestellten vGA aus einer Pensionszusage).

Die Teilbeträge sind **aufzulösen**, soweit die Verpflichtung in der Steuerbilanz gewinnerhöhend aufzulösen ist. Zur **Vermeidung einer doppelten Erfassung** ist die Gewinnerhöhung aus der Auflösung der Verpflichtung (bei Ausbuchung über Ertrag) bis zur Höhe des aufzulösenden **Teilbetrags II** aus sachlichen Billigkeitsgründen außerhalb der Steuerbilanz vom Steuerbilanzgewinn abzuziehen. **Die außerbilanzielle Kürzung wird damit nur in dem Umfang zugestanden, in dem in früheren Jahren tatsächlich eine Hinzurechnung nach § 8 Abs. 3 Satz 2 KStG erfolgt ist (RdNr. 9).**

Vom BFH wurde diese Verwaltungsauffassung im Urteil vom 21.8.2007, AZ.: I R 74/06, BStBl 2008 II S. 277, ausdrücklich bestätigt.

8.2.9.2 Steuerliche Folgen nach Eintritt des Versorgungsfalles

Werden aufgrund einer nicht betrieblich veranlassten Pensionszusage nach Eintritt des Versorgungsfalles Versorgungsleistungen erbracht, liegt bei der Kapitalgesellschaft eine **Leistung i. S. d. § 27 KStG** vor. Im Rahmen der Differenzrechnung nach § 27 Abs. 1 Satz 3 KStG ist zu prüfen, ob die Leistungen den ausschüttbaren Gewinn übersteigen und deshalb eine Verwendung des steuerlichen Einlagekontos in Betracht kommt.

Beim Gesellschafter führt die vGA zu **Einnahmen aus Kapitalvermögen nach § 20 Abs. 1 Nr. 1 Satz 2 EStG**, die dem Sondersteuersatz in Höhe von 25 v. H. (§ 32 d Abs. 1 und 3 EStG) oder aber im Optionsfall nach § 32 d Abs. 2 Nr. 3 EStG i. V. m. § 3 Nr. 40 Satz 1 Buchst. d EStG der **Teileinkünftebesteuerung** unterliegen. Es sind insoweit also keine Versorgungsbezüge i. S. d. § 19 Abs. 2 EStG zu erfassen.

8.2.10 Abfindungsklauseln in Pensionszusagen

8.2.10.1 BMF-Schreiben vom 6.4.2005 (BStBl I S. 619) und vom 1.9.2005 (BStBl I S. 860)

Nach dem BFH-Urteil vom 10.11.1998, BStBl 2005 II S. 261, stellt die dem Arbeitgeber vorbehaltene Möglichkeit, Pensionsverpflichtungen jederzeit in Höhe des Teilwerts nach § 6 a Abs. 3 EStG abfinden zu können, einen schädlichen Vorbehalt i. S. d. § 6 a Abs. 1 Nr. 2 EStG dar und steht deshalb einer Passivierung derartiger Pensionsverpflichtungen entgegen.

Abfindungsklausel in einer Pensionszusage	
Schädlich:	Abfindungsmöglichkeit gegenüber aktiven Anwärtern mit dem **Teilwert** gem. § 6 a Abs. 3 Satz 2 Nr. 1 EStG.
	Steuerliche Folgen: Ertragswirksame Ausbuchung der Pensionsrückstellung aus der Steuerbilanz.
Unschädlich:	Abfindungsrecht mit dem **Barwert der künftigen Pensionsleistungen** i. S. d. § 6 a Abs. 3 Satz 2 Nr. 1 EStG (d. h. **mit dem vollen, unquotierten späteren Pensionsanspruch bei Pensionsbeginn**) zum Zeitpunkt der Abfindung. Das Berechnungsverfahren zur Ermittlung der Abfindungshöhe muss aber eindeutig und präzise schriftlich fixiert sein.

Übergangsregelung für Abfindungsklauseln:
Schädliche Abfindungsklauseln, die **bis zum 31.12.2005** angepasst wurden, sind auch für die Vergangenheit nicht zu beanstanden. Wurde eine schädliche Abfindungsklausel also nicht angepasst, führt sie (rückwirkend) in allen noch offenen Jahren zur Steuerschädlichkeit (und damit zur **ertragswirksamen Ausbuchung** der Pensionsrückstellung im ersten offenen Jahr).

Enthält die Pensionsvereinbarung **bisher keine Abfindungsklausel**, muss eine solche **nicht** aufgenommen werden. Betroffen sind also nur Fälle, in denen die Pensionszusage bisher eine schädliche Abfindungsklausel im o. g. Sinne enthält.

8.2.10.2 Steuerliche Folgen bei Ausübung einer bilanzsteuerlich unschädlichen Abfindungsklausel

Die bilanzsteuerliche Voraussetzung für die Anerkennung von Abfindungsklauseln führt zu **körperschaftsteuerlichen Folgeproblemen**, wenn die Abfindung des Pensionsanspruchs später tatsächlich erfolgt. Nach dem **BMF-Schreiben vom 9.12.2002 (BStBl I S. 1393)** ist die Abfindung einer Pensionszusage bei **vorzeitigem Ausscheiden** des Gesellschafter-Geschäftsführers nämlich nur in Höhe des **ratierlich erdienten Anspruchs** unschädlich. Ein darüber hinausgehender Betrag führt zu einer **verdeckten Gewinnausschüttung**.

Ist also eine bilanzsteuerrechtlich zutreffende Abfindungsklausel vorhanden und wird diese **wie vereinbart vollzogen**, führt dies zu einer **vGA** insoweit, als auch noch nicht erdiente Ansprüche abgefunden werden.

Wird demgegenüber nur der körperschaftsteuerlich zutreffende Abfindungsbetrag ausbezahlt, ist die Differenz **zunächst eine vGA** mit anschließender **verdeckten Einlage (mit Zufluss einer verdeckten Gewinnausschüttung beim Gesellschafter)**. Denn der Gesellschafter hat auf einen zivilrechtlich bestehenden Anspruch verzichtet.

Praxishinweis: Verzicht auf Abfindungsklausel sinnvoll
In der Praxis ist es für die Kapitalgesellschaften angesichts dieses merkwürdigen Ergebnisses sinnvoll, auf **Abfindungsklauseln** in den Pensionszusagen **völlig zu verzichten**. Steht das **Ausscheiden eines Gesellschafter-Geschäftsführers bevor** (z. B. wegen eines anstehenden **Verkaufs der Anteile oder wegen einer bevorstehenden Umwandlung**), so reicht nach

8.2 Pensionszusagen an Gesellschafter-Geschäftsführer von Kapitalgesellschaften

Auffassung der Finanzverwaltung eine **Abfindungsvereinbarung kurz vor der Auszahlung** aus (vgl. auch Urteil des FG Münster vom 23.3.2009, EFG 2009 S. 1779).

Vgl. hierzu im Einzelnen unter 10.3 Fallvarianten: Abfindung von Pensionsansprüchen (hier: Fall 2).

8.2.10.3 Fallvarianten: Abfindung von Pensionsansprüchen

Folgende Fälle sind zu unterscheiden:

Fall 1: Abfindung unverfallbarer Pensionsanspruch nach Eintritt Versorgungsfall (ohne Abfindungsklausel)

- Sofern dem Gesellschafter-Geschäftsführer nach Eintritt in den Ruhestand anstelle der Altersrente eine Kapitalabfindung in Höhe des Barwerts des Pensionsanspruchs eingeräumt wird, ist dies steuerlich nicht zu beanstanden.
  In diesem Fall ist eine entsprechende Abfindungsvereinbarung kurz vor der Abfindung ausreichend (**nur Änderung des Auszahlungsmodus**).
- Eine vGA kommt nach Auffassung der Finanzverwaltung in Baden-Württemberg trotz **Weiterbeschäftigung des Gesellschafter-Geschäftsführers** in den Fällen mit Pensionsbeginn vor der Veröffentlichung des BFH-Urteils vom 5.3.2008, AZ.: I R 12/07, DB 2008 S. 1183, **nicht** in Betracht.
- Die Einräumung eines Kapitalwahlrechts und einer Kapitalabfindung **bereits vor Eintritt des Versorgungsfalls** wird hingegen steuerlich grundsätzlich nicht anerkannt und führt zur Annahme einer **vGA** → vgl. hierzu Fall 2.

Fall 2: Abfindung unverfallbarer Pensionsanspruch vor Eintritt Versorgungsfall (ohne Abfindungsklausel, aber aus wirtschaftlichen Gründen)

- Eine **Abgeltung (Abfindung)** des Pensionsanspruchs bei noch laufendem Dienstverhältnis wird steuerlich anerkannt, wenn dafür ein **wirtschaftlicher Grund vorliegt (bevorstehende Anteilsveräußerung, Umwandlung oder Liquidation)**. Vgl. auch BFH-Urteil vom 28.4.2010, AZ.: I R 78/08, GmbHR 2010 S. 924, zur steuerlichen Anerkennung einer Abfindung, um dadurch den Verkauf der Geschäftsanteile einer GmbH zu ermöglichen.
- Die Abfindung ist nur in Höhe des bis zum Abfindungszeitpunkt **ratierlich erdienten Pensionsanspruch** zulässig (= sog. **m/n-tel Anwartschaftsbarwert**). Ein **darüber hinausgehender Abfindungsbetrag** führt zu einer **vGA** (BMF-Schreiben vom 9.12.2002, BStBl I S. 1393). Eine **zu geringe Abfindung** stellt im Falle der **Werthaltigkeit** in Höhe der Differenz einen **Verzicht = verdeckte Einlage des Gesellschafter-Geschäftsführers** dar (**Folge:** auch insoweit Zufluss

gem. § 19 EStG und nachträgliche Anschaffungskosten i. S. d. § 17 EStG; vgl. H 40, Verzicht auf Pensionsanwartschaftsrechte, KStH 2008).
- **Eine entsprechende Abfindungsvereinbarung kurz vor der Abfindung reicht aus.** Eine vorherige Regelung in der Pensionszusage selbst ist nicht erforderlich (vgl. Urteil FG Münster vom 23.3.2009, EFG 2009 S. 1779).
- Das FG Münster weist in den Urteilsgründen vom 23.3.2009 (a. a. O.) darauf hin, dass die **Vereinbarung von Abfindungsklauseln** in Pensionszusagen auch deshalb problematisch ist, weil diese zur Vermeidung eines schädlichen Widerrufsvorbehalts i. S. d. § 6 a Abs. 1 Nr. 2 EStG die Abfindung zu **Anwartschaftsbarwerten i. S. d. § 6 a Abs. 3 Satz 2 Nr. 1 EStG (d. h. mit dem vollen, unquotierten späteren Pensionsanspruch bei Pensionsbeginn) vorsehen müssen** (vgl. BFH-Urteile vom 10.11.1998, BStBl II 2005 S. 261, und vom 28.4.2010, AZ.: I R 78/08, DStRE 2010 S. 976; BMF-Schreiben vom 6.4.2005, BStBl I S. 619) und eine Abfindung zu einem solchen Wert bei vorzeitigem Ausscheiden eines Gesellschafter-Geschäftsführers wegen Abgeltung noch nicht erdienter Ansprüche körperschaftsteuerlich zu einer **verdeckten Gewinnausschüttung** führen würde **(nur der ratierlich erdiente Anspruch ist unschädlich).**

Praxishinweis: Verzicht auf Abfindungsklausel sinnvoll
In der Praxis ist es für die Kapitalgesellschaften angesichts dieses merkwürdigen Ergebnisses sinnvoll, auf **Abfindungsklauseln** in den Pensionszusagen **völlig zu verzichten.** Steht das **Ausscheiden eines Gesellschafter-Geschäftsführers bevor (z. B. wegen eines anstehenden Verkaufs der Anteile oder wegen einer bevorstehenden Umwandlung),** so reicht nach Auffassung der Finanzverwaltung eine **Abfindungsvereinbarung kurz vor der Auszahlung** aus (vgl. auch Urteil des FG Münster vom 23.3.2009, EFG 2009 S. 1779).

Fall 3: Abfindung Pensionsanspruch trotz vertraglichem Abfindungsverbot
Mit Urteil vom 14.3.2006, AZ.: I R 38/05, BFH/NV 2006 S. 1515, hat der BFH entschieden, dass die Zahlung einer Abfindung an den Gesellschafter-Geschäftsführer als Gegenleistung für einen **Pensionsverzicht** (zumindest) dann zu einer **vGA (in Gestalt der Übertragung der Rückdeckungsversicherung)** führt, wenn der **Anstellungsvertrag ein Abfindungsverbot** enthält. Dabei nimmt der BFH daneben auch noch einen Zufluss von Arbeitslohn aufgrund der **verdeckten Einlage (Verzicht auf Pensionsanwartschaftsrechte)** an. Eine wirtschaftliche Neutralisierung beider Vorgänge scheidet angesichts ihrer wechselseitigen gesellschaftlichen Veranlassung aus.
Nach Auffassung der Finanzverwaltung sind diese Entscheidungsgrundsätze allgemein anzuwenden.

Beispiel 12: Zur Abfindungsklausel

Der Gesellschafter-Geschäftsführer G hat im Jahr 2002 im Alter von 45 Jahren eine Pensionszusage auf das 65. Lebensjahr erhalten. Die Zusage enthält eine Abfindungsklausel, wonach die GmbH die Zusage mit dem Barwert der künftigen Pensionsleistungen i. S. d. § 6 a Abs. 3 Satz 2 Nr. 1 EStG abfinden kann (= Barwert des Pensionsanspruchs, wie er beim Eintritt in die Pension im Jahr 2020 besteht).

Im Jahr 2012 will G seine GmbH-Anteile verkaufen. In diesem Zusammenhang soll sein Pensionsanspruch abgefunden werden, da der Käufer die Anteile nur unter der Bedingung übernimmt, dass die GmbH keine Pensionsverpflichtung gegenüber dem bisherigen Gesellschafter mehr hat.

<u>Lösung:</u>

Bilanzsteuerlich war die Abfindungsklausel (Abfindung mit dem vollen Pensionsanspruch) unschädlich; die Pensionsrückstellung durfte also in den Steuerbilanzen passiviert werden (vgl. BMF-Schreiben vom 6.4.2005, BStBl I S. 619).

Wird die Abfindungsklausel allerdings vollzogen, führt dies insoweit zu einer **vGA**, als auch noch **nicht erdiente Ansprüche aus der Zukunft (also für die Jahre ab 2013 bis zum Pensionsbeginn im Jahr 2022)** mit abgefunden werden.

Wird hingegen nur der körperschaftsteuerlich zutreffende Abfindungsbetrag ausbezahlt, ist die **Differenz zunächst eine vGA** mit anschließender **verdeckten Einlage (mit Zufluss einer verdeckten Gewinnausschüttung beim Gesellschafter)**. Denn der Gesellschafter hat auf einen zivilrechtlich bestehenden Anspruch verzichtet.

8.2.11 Pension neben Aktivgehalt; Folgerungen aus dem BFH-Urteil vom 5.3.2008 (AZ.: I R 12/07, DB 2008 S. 1183)

Der BFH hat mit dem o. g. Urteil vom 5.3.2008 entschieden, dass das Einkommen aus einer fortbestehenden (aktiven) Tätigkeit nach Erreichen der vertraglichen Altersgrenze auf die Versorgungsleistung (**im Streitfall: Abfindung des Pensionsanspruchs**) angerechnet werden muss. Sofern keine Berücksichtigung eines versicherungsmathematischen Abschlags erfolgt, liegt (**zumindest teilweise**) **eine vGA** vor. Nach Auffassung des BFH schließen sich uneingeschränkte Pensionszahlungen und Gehälter für die aktive Tätigkeit jedenfalls aus der Sicht des Leistenden grundsätzlich aus. Neben den Fällen mit Kapitalabfindung sind auch alle Fälle betroffen, in denen **neben laufenden Pensionszahlungen ein Aktivgehalt** bezogen wird.

Das BFH-Urteil vom 5.3.2008 (a. a. O.) ist bisher noch nicht im BStBl veröffentlicht worden. Von der Finanzverwaltung in Baden-Württemberg wurde das Nebeneinander von Aktivgehalt und Pensionszahlungen in der Vergangenheit steuerlich anerkannt. Aus diesem Grund wird von der Finanzverwaltung in Baden-Württemberg in Fällen mit **Pensionsbeginn vor der Veröffentlichung des o. g. BFH-Urteils im BStBl II** das Nebeneinander von Pension und Aktivgehalt auch für die Zukunft steuerlich **nicht beanstandet**.

Aber:
Die Rechtsfrage, ab welcher Höhe ein neben einer Pension gezahltes Gehalt im Rahmen eines Fremdvergleichs auf die Pensionszahlungen anzurechnen ist, ist mittlerweile erneut beim BFH anhängig (**AZ.: BFH: I R 60/12**). Vorgehend wurde vom FG Sachsen mit Urteil vom 27.6.2012, AZ.: 3 K 359/06, die Annahme einer vGA an den Gesellschafter-Geschäftsführer verneint.

Wichtig: Besteht überhaupt ein Auszahlungsanspruch?
In der Praxis ist in diesen Fällen allerdings darauf zu achten, dass zivilrechtlich mit der Erreichung der Altersgrenze überhaupt ein **Auszahlungsanspruch** besteht. Dies ist dann **nicht der Fall**, wenn die Pensionszahlung nicht nur vom Erreichen einer Altersgrenze, sonden auch **vom Ausscheiden aus dem Betrieb abhängig** gemacht wird!

8.3 Pensionsverzicht des Gesellschafter-Geschäftsführers / Übertragung von Pensionsansprüchen

8.3.1 Pensionsverzicht in der Krise zur Abwendung der Insolvenz

Steuerliche Folgen bei der GmbH	Steuerliche Folgen beim Ges.-GF
Der Verzicht in der Krise zur Abwendung der Insolvenz ist betrieblich veranlasst. Hierfür ist ein Nachweis durch eine Überschuldungsbilanz erforderlich. Dies gilt unabhängig vom Bestehen einer Rückdeckungsversicherung. • **Keine verdeckte Einlage**, kein Zugang beim steuerlichen Einlagekonto nach § 27 KStG. • **Keine außerbilanzmäßige Abrechnung des Ertrags** aus der Auflösung der Pensionsrückstellung nach § 8 Abs. 3 Satz 3 KStG (vgl. BMF-Schreiben vom 6.9.2005, BStBl I S. 875, und Verfügung Bayerisches Landesamt für Steuern vom 15.2.2007, DStR 2007 S. 993).	• **Zufluss von Arbeitslohn** in Höhe von 0 €. • **Nachträgliche Anschaffungskosten** auf die Beteiligung i. S. d. § 17 EStG in Höhe von 0 €.

Hinweis: „Besserungsverzicht"
Der **Pensionsverzicht ist auch gegen Besserungsschein** möglich; nach Beendigung der wirtschaftlichen Krise ergibt sich dann wieder ein Aufwand bei der GmbH; der Gesellschafter-Geschäftsführer erlangt seinen Altersversorgungsanspruch wieder. Es ergeben sich folgende steuerliche Auswirkungen:

1. Schritt: Pensionsverzicht gegen Besserungsschein
Die Ausbuchung der Pensionsrückstellung führt zu einem **gewinnerhöhenden Ertrag**.

8.3 Pensionsverzicht des Gesellschafter-Geschäftsführers

2. Schritt: Eintritt des Besserungsfalls
Die Einbuchung der Pensionsrückstellung führt zu einem **gewinnmindernden Aufwand**. Es handelt sich aber <u>nicht um eine neue Pensionszusage</u>, d. h. eine **neue Erdienbarkeitsfrist ist nicht erforderlich**. Der Umstand, dass der Gesellschafter-Geschäftsführer bei Eintritt des Besserungsfalls bereits das 60. Lebensjahr vollendet hat, ist deshalb steuerlich unschädlich (es liegt auch kein Fall des Nachholungsverbots des § 6 a Abs. 4 Satz 2 EStG vor).

> **Beispiel 1: Zum Pensionsverzicht gegen Besserungsschein**

Der beherrschende Gesellschafter-Geschäftsführer B hat im VZ 2008 in der Krise der B-GmbH zur Abwendung der Insolvenz auf seine Pensionsansprüche verzichtet (betrieblich veranlasster Verzicht, Teilwert Pension: 0 €). Der Pensionsverzicht erfolgte gegen Besserungsschein.

Der Besserungsfall tritt im VZ 2013 ein. **B ist zu diesem Zeitpunkt 62 Jahre alt**; die ursprüngliche Pensionszusage wurde auf das 65. Lebensjahr erteilt.

Lösung:
Der betrieblich veranlasste Pensionsverzicht in der Krise in 2008 führt bei der B-GmbH zu einem gewinnerhöhenden Ertrag; bei B ist in 2008 kein Zufluss von Arbeitslohn anzunehmen.

Bei Eintritt des Besserungsfalls im VZ 2013 hat die Wiedereinbuchung der Pensionsrückstellung mit dem sich nach § 6 a Abs. 3 EStG ergebenden Wert einen **gewinnmindernden Aufwand** zur Folge. Das Nachholverbot nach § 6 a Abs. 4 Satz 1 EStG steht dem nicht entgegen. **Es handelt sich auch nicht um eine neue Pensionszusage**, d. h. für B ist eine neue Erdienbarkeitsfrist nicht erforderlich. **Der Umstand, dass B bei Eintritt des Besserungsfalls im VZ 2013 bereits das 60. Lebensjahr vollendet hat, ist deshalb steuerlich unschädlich.**

Variante: Nicht-Bilanzierung trotz Eintritt des Besserungsfalls
Trotz Eintritt des Besserungsfalls in 2013 wird der Pensionsanspruch weder von B geltend gemacht noch von der B-GmbH eine Pensionsrückstellung in der Bilanz zum 31.12.2013 passiviert.

Lösung:
In diesem Fall liegt ein gesellschaftsrechtlich veranlasster **Verzicht** von B auf seine Pensionsanwartschaftsrechte vor, der als **verdeckte Einlage** im VZ 2013 bei ihm auch einen **Zufluss von Arbeitslohn** nach § 19 EStG beinhaltet. Denn der wiederauflebende Pensionsanspruch (Verbindlichkeit) müsste in der Bilanz zwingend passiviert werden (= Wiedereinbuchung).

Beispiel 2: Zum Vollverzicht auf eine Pensionszusage zur Abwendung einer drohenden Insolvenz

Eine GmbH hat ein negatives Kapital von 30.000 €. In den Wirtschaftsgütern sind keine stillen Reserven enthalten und es existiert auch kein Firmenwert.

Der Gesellschafter-Geschäftsführer verzichtet im VZ 2013 auf eine steuerlich anzuerkennende Pensionszusage (Rückstellungsbetrag: 100.000 €).

Lösung:

Fraglich ist, ob ein betrieblich veranlasster Verzicht (also zur Abwendung einer drohenden Insolvenz) nur bis zur Höhe von 30.000 € anzunehmen ist oder ob auch ein Vollverzicht über 100.000 € steuerlich noch anerkannt werden kann.

Auch ein Vollverzicht auf eine Pensionszusage ist noch **betrieblich veranlasst**, wenn dies zur Abwendung einer drohenden Insolvenz erfolgt. Eine Aufteilung in betrieblich (30.000 €) / gesellschaftsrechtlich (70.000 €) ist m. E. grundsätzlich nicht vorzunehmen.

Das bedeutet, dass nicht nur der Verzicht hinsichtlich der Abwendung einer drohenden Insolvenz bis zu 30.000 €, sondern auch ein **Vollverzicht auf 100.000 €** noch als betrieblich veranlasst anerkannt werden kann. Der die 30.000 € übersteigende Teil in Höhe von 70.000 € führt damit, soweit überhaupt werthaltig, nicht zu einer verdeckten Einlage und damit auch nicht zu einem Zufluss von Arbeitslohn.

Im Einzelfall muss allerdings von einer Veranlassung durch das Gesellschaftsverhältnis ausgegangen werden, wenn der Pensionsverzicht wertmäßig in einem krassen Missverhältnis zur Höhe der Überschuldung steht. Dies wäre z.B. im vorliegenden Sachverhalt bei einem Pensionsverzicht in Höhe von 300.000 € der Fall.

Beispiel 3: Zur "Verzichts-Reihenfolge"

Die A-GmbH hat ihrem beherrschenden Gesellschafter-Geschäftsführer A im Jahr 1998 eine steuerlich anzuerkennende Pensionszusage erteilt. Der Rückstellungsbetrag nach § 6 a EStG zum 31.12.2012 beläuft sich auf 200.000 €. Daneben hat A noch eine Darlehensforderung gegenüber der A-GmbH von ebenfalls 200.000 €.

Aufgrund der schwierigen wirtschaftlichen Situation muss der Gesellschafter A in 2013 entweder auf das bestehende Gesellschafterdarlehen oder auf seine Pensionszusage gegen Besserungsschein verzichten, um das wirtschaftliche Überleben der GmbH zu sichern.

Lösung:

Sofern neben dem Pensionsanspruch auch noch andere Forderungen (z.B. Darlehen) des Gesellschafters vorhanden sind, kann m. E. vom Gesellschafter keine bestimmte / zwingende „Verzichts-Reihenfolge" verlangt werden.

Im vorliegenden Fall kann der Gesellschafter A also auch zunächst auf seinen Pensionsanspruch verzichten. Insoweit ist dann von einer **betrieblichen Veranlassung** auszugehen (= **keine verdeckte Einlage und kein Zufluss von Arbeitslohn**).

8.3.2 BMF-Schreiben vom 14.8.2012 (BStBl I S. 874); Verzicht auf den sog. "future-service"

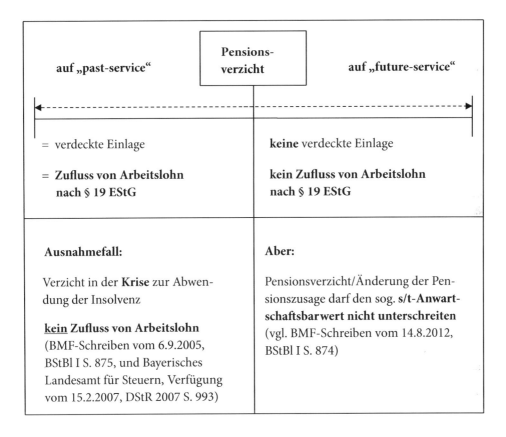

Nach dem **BMF-Schreiben vom 14.8.2012** gelten zum Verzicht des Gesellschafter-Geschäftsführers auf eine Pensionsanwartschaft nunmehr **bundeseinheitlich** folgende Grundsätze:

8.3.2.1 Verdeckte Einlage

Nach dem BFH-Beschluss vom 9.6.1997 (BStBl I 1998 II S. 307) führt der durch das Gesellschaftsverhältnis veranlasste Verzicht eines Gesellschafter-Geschäftsführers auf eine **werthaltige Forderung** gegenüber seiner Kapitalgesellschaft zu einer **verdeckten Einlage** nach § 8 Abs. 3 Satz 3 KStG in die Kapitalgesellschaft und zu einem **Zufluss von Einnahmen** beim Gesellschafter-Geschäftsführer. Diese Grundsätze gelten auch bei einem Verzicht des Gesellschafter-Geschäftsführers auf eine Pensionsanwartschaft. Für die **Bewertung der verdeckten Einlage** ist dabei nach dem BFH-Urteil vom 15.10.1997 (BStBl 1998 II S. 305) auf den **Teilwert der Pensionsanwartschaft** des Gesellschafter-Geschäftsführers abzustellen und nicht auf den gem. § 6 a EStG ermittelten Teilwert der Pensionsverbindlichkeit der

Kapitalgesellschaft. Der Teilwert ist dabei unter Beachtung der allgemeinen Teilwertermittlungsgrundsätze im Zweifel nach den Wiederbeschaffungskosten zu ermitteln. Demnach kommt es darauf an, welchen Betrag der Versorgungsberechtigte zu dem Zeitpunkt des Verzichts hätte aufwenden müssen, um eine gleich hohe Pensionsanwartschaft gegen einen vergleichbaren Schuldner zu erwerben. Dabei kann die Bonität des Forderungsschuldners berücksichtigt werden. Außerdem kann von Bedeutung sein, ob die Pension unverfallbar ist oder ob sie voraussetzt, dass der Berechtigte bis zum Pensionsfall für den Verpflichteten nicht selbstständig tätig ist (BFH-Urteil vom 15.10.1997, BStBl 1998 II S. 305).

8.3.2.2 Verzicht auf "post-service"

Im Falle des **vollständigen Verzichts auf eine Pensionsanwartschaft vor Eintritt des Versorgungsfalls** liegt eine verdeckte Einlage in Höhe des **bis zum Verzichtszeitpunkt bereits erdienten Anteils des Versorgunganspruchs** vor. Bei einem teilweisen Verzicht ist eine verdeckte Einlage **insoweit** anzunehmen, als der Barwert der bis zu dem Verzichtszeitpunkt bereits erdienten Versorgungsleistungen des Gesellschafter-Geschäftsführers den Barwert der nach dem Teilverzicht noch verbleibenden Versorgungsleistungen übersteigt. Dies gilt unabhängig davon, ob sich die Verzichtsvereinbarung der Bezeichnung nach

→ **nur auf künftig noch zu erdienende Anwartschaften (sog. Future-Service)** bezieht
→ oder ob es sich dabei um eine durch das Gesellschaftsverhältnis veranlasste **Änderung einer Pensionszusage** handelt, die mit einer **Reduzierung** der bisher zugesagten Versorgungsleistungen verbunden ist.

8.3.2.3 Verzicht auf "future-service"

Es wird nicht beanstandet, wenn als erdienter Teil der Versorgungsleistungen bei einer Leistungszusage an einen **beherrschenden** Gesellschafter-Geschäftsführer der **Teilanspruch** aus den **bisher zugesagten Versorgungsleistungen** angesetzt wird, der dem Verhältnis der ab Erteilung der Pensionszusage bis zum Verzichtszeitpunkt **abgeleisteten Dienstzeit (s)** einerseits und der ab Erteilung der Pensionszusage bis zu der in der Pensionszusage vorgesehenen **festen Altersgrenze (t)** andererseits entspricht (**zeitanteilig erdienter Anwartschaftsbarwert ab Pensionszusage – s/t**). Bei einem **nicht beherrschenden Gesellschafter-Geschäftsführer** ist insoweit nicht auf den Zeitpunkt der (erstmaligen) Erteilung einer Pensionszusage, sondern auf den **Beginn des Dienstverhältnisses** abzustellen (sog. **m/n-Anwartschaftsbarwert**).

Formel: Für beherrschende Gesellschafter-Geschäftsführer		
Bisherige Pensionszusage	x	ab Erteilung Pensionszusage bis zum Verzichtszeitpunkt **abgeleistete Dienstzeit**
Zeitraum ab Erteilung Pensionszusage bis zu der in der Pensionszusage vorgesehenen **festen Altersgrenze**		

Beispiel 4:

Sachverhalt

- Beherrschender Gesellschafter-Geschäftsführer einer GmbH, geb. 1.1.1960
- Diensteintritt in die GmbH am 1.1.1986
- Zusage am 1.1.1997 einer Alters- und Invalidenrente über 3.000 € / monatlich
- Pensionseintritt mit Vollendung des 66. Lebensjahres
- Herabsetzung der Versorgungsanwartschaft am 1.1.2013 auf 1.500 € / monatlich

Lösung:

Der erdiente Anteil der Versorgungsleistungen zum Zeitpunkt der Herabsetzung berechnet sich wie folgt:

$$\frac{\text{Pensionszusage 3.000 € x 15 (tatsächlich geleistete Dienstjahre ab Zusageerteilung)}}{30 \text{ (maximal mögliche Dienstjahre ab Zusageerteilung)}}$$

= **1.500 € / monatlich** (= s/t-Anwartschaftsbarwert)

Ergebnis:

Da die nach Herabsetzung noch verbleibenden Versorgungsleistungen in Höhe von 1.500 € monatlich genau dem bereits erdienten Anteil entsprechen, beträgt der **Wert der verdeckten Einlage** nach § 8 Abs. 3 Satz 3 KStG **0 €**.

Aber: Teilauflösung Pensionsrückstellung

Obwohl hierzu im BMF-Schreiben vom 14.8.2012 keine Aussage getroffen wurde, führt die Herabsetzung der Pensionszusage zu einer Teilauflösung der Rückstellung. Die Pensionsrückstellung wird zum Ende des Jahres der Reduzierung des Anspruchs wesentlich niedriger, weil der reduzierte Pensionsbetrag nach § 6 a EStG auf die Gesamtlaufzeit bis zum Pensionsbeginn – und damit auch auf die zukünftigen Jahre – neu verteilt werden muss. Die Teilauflösung führt in 2013 zu einem **bilanziellen Ertrag**, der **nicht außerbilanziell als verdeckte Einlage** korrigiert werden kann und deshalb ggf. einen **Verlustvortrag verbraucht**. Ein gewinnmindernder **Ausgleich** erfolgt erst bis zum Eintritt des Pensionsfalls.

8.3.2.4 Berechnung des Barwerts

Bei der **Berechnung des Barwerts** der bis zum Verzichtszeitpunkt erdienten sowie des Barwerts der danach herabgesetzten Pensionsanwartschaft sind die gleichen, im Verzichtszeitpunkt anerkannten Rechnungsgrundlagen und anerkannten Regeln der Versicherungsmathematik anzuwenden. Es wird dabei für den Barwertvergleich nicht beanstandet, wenn die Rechnungsgrundlagen verwendet werden, die am vorangegangenen Bilanzstichtag der steuerlichen Bewertung der Pensionsverpflichtung zugrunde lagen.

8.3.3 Verzicht auf den werthaltigen Pensionsanspruch (Verzicht auf den sog. "past-service")

Steuerliche Folgen bei der GmbH	Steuerliche Folgen beim Ges.-GF
Der (Teil-) Verzicht vor Eintritt des vereinbarten Versorgungsfalls auf den **bereits erdienten Teil** des Pensionsanspruchs ("past-service") ist bei Werthaltigkeit **gesellschaftsrechtlich** veranlasst. → **Verdeckte Einlage** (außerbilanzmäßige Abrechnung des Ertrags nach § 8 Abs. 3 Satz 3 KStG). → **Zugang beim steuerlichen Einlagekonto** nach § 27 KStG (vgl. H 40, Verzicht auf Pensionsanwartschaftsrechte, KStH).	→ **Zufluss von Arbeitslohn** nach § 19 EStG in Höhe Teilwert der Pensionszusage. Die Tarifermäßigung nach § 34 Abs. 1 und Abs. 2 Nr. 4 EStG ("Fünftelung") als Vergütung für eine mehrjährige Tätigkeit kommt insoweit in Betracht. → **Nachträgliche Anschaffungskosten** auf die Beteiligung i. S. d. § 17 EStG in Höhe Teilwert.

> **Beispiel 5: zum werthaltigen Pensionsverzicht**
> Der Gesellschafter-Geschäftsführer einer GmbH verzichtet in 2013 auf seine Pensionszusage. Die GmbH hat in der Steuerbilanz eine Pensionsrückstellung von 500.000 € ausgewiesen.

> **Fall 1: Teilwert Pensionsanwartschaft des Gesellschafters 400.000 €**
> **Verdeckte Einlage in Höhe von 400.000 €**. Die GmbH bucht in 2012: „Pensionsrückstellung 500.000 € an a. o. Ertrag 500.000 €".

Es ergeben sich im VZ 2013 folgende steuerliche Auswirkungen:

Bei der GmbH:
Außerbilanzmäßige Abrechnung in Höhe von 400.000 € (steuerpflichtig also 100.000 €); Zugang beim steuerlichen Einlagekonto i. S. d. § 27 KStG zum 31.12.2013 in Höhe von 400.000 €.

Beim Gesellschafter:
Zufluss von Arbeitslohn nach § 19 EStG im VZ 2013 in Höhe von 400.000 €; nachträgliche Anschaffungskosten GmbH-Beteiligung i. S. d. § 17 EStG von 400.000 €.

8.3 Pensionsverzicht des Gesellschafter-Geschäftsführers

Fall 2: Teilwert Pensionsanwartschaft des Gesellschafters 600.000 €
Verdeckte Einlage in Höhe von 600.000 €. Die GmbH muss den Vorgang in 2013 nach den Grundsätzen des BFH-Urteils vom 15.10.1997 (BStBl II 1998 S. 305) wie folgt verbuchen:
„Pensionsrückstellung   500.000 €
a. o. Aufwand   100.000 €   an a. o. Ertrag 600.000 €".

Es ergeben sich im VZ 2013 folgende steuerliche Auswirkungen:

Bei der GmbH:
Außerbilanzmäßige Abrechnung in Höhe von 600.000 € und gleichzeitig steuermindernder Aufwand von 100.000 €; Zugang beim steuerlichen Einlagekonto zum 31.12.2013 in Höhe von 600.000 €.

Beim Gesellschafter:
Zufluss von Arbeitslohn nach § 19 EStG von 600.000 €; Anschaffungskosten GmbH-Beteiligung i. S. d. § 17 EStG 600.000 €.

Beispiel 6: Zum Teilverzicht bei Abtretung Rückdeckungsversicherung
Der Gesellschafter-Geschäftsführer der GmbH **verzichtet in 2013 im Hinblick auf den Verkauf seiner GmbH-Anteile auf seine Pensionszusage gegen eine Abfindung in Höhe des Rückkaufswerts der Rückdeckungsversicherung. Der Teilwert der Pensionsanwartschaft beträgt 300.000 €**; der Teilwert der Rückdeckungsversicherung beläuft sich auf **100.000 €. Der Anspruch aus der Rückdeckungsversicherung wird an ihn abgetreten (= Abfindung)**. Bei der GmbH ist eine Pensionsrückstellung von 300.000 € und eine sonstige Forderung Rückdeckungsversicherung von 100.000 € bilanziert. Die Pensionsvereinbarung hat von vornherein die Möglichkeit einer Kapitalabfindung vorgesehen. Der Vorgang wird in 2013 wie folgt gebucht:

„Pensionsrückstellung 300.000 € an sonstige Forderung   100.000 €
a. o. Ertrag   200.000 €".

Es ergeben sich im VZ 2013 aufgrund des Teilverzichts folgende steuerliche Auswirkungen:

Bei der GmbH:
Es liegt eine verdeckte Einlage vor, d. h. der Ertrag von 200.000 € ist steuerfrei (es erfolgt insoweit nach § 8 Abs. 3 Satz 3 KStG eine außerbilanzmäßige Abrechnung im Rahmen der

Einkommensermittlung für den VZ 2013); Zugang beim steuerlichen Einlagekonto nach § 27 KStG zum 31.12.2013 in Höhe von 200.000 €.

Beim Gesellschafter:
Zufluss von Arbeitslohn in Höhe von 300.000 € nach § 19 EStG (100.000 € + 200.000 €).
Es greift die Vorschrift des § 34 Abs. 1 EStG (rechnerische Verteilung auf 5 Jahre bei Vergütungen für mehrjährige Tätigkeit).
Erhöhung der AK für seine GmbH-Beteiligung i. S. d. § 17 EStG in 2013 um 200.000 €. Ein etwaiger Veräußerungsgewinn nach § 17 EStG verringert sich dadurch im Ergebnis aber nur um 120.000 € (**60 v. H. von 200.000 €, § 3 c Abs. 2 EStG**).

Praxishinweis: Problem vGA / verdeckte Einlage bei Abtretung der Rückdeckungsversicherung (= Abfindung Pensionsanspruch)

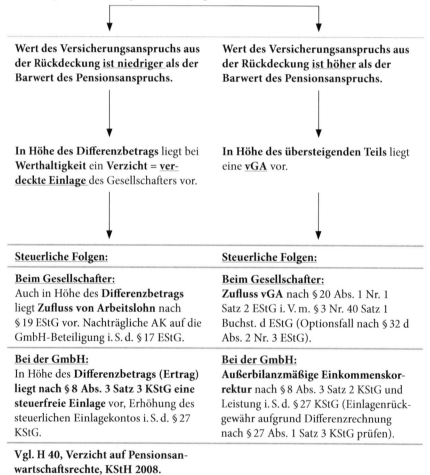

Wert des Versicherungsanspruchs aus der Rückdeckung <u>ist niedriger</u> als der Barwert des Pensionsanspruchs.	Wert des Versicherungsanspruchs aus der Rückdeckung <u>ist höher</u> als der Barwert des Pensionsanspruchs.
In Höhe des Differenzbetrags liegt bei **Werthaltigkeit** ein **Verzicht = verdeckte Einlage** des Gesellschafters vor.	**In Höhe des übersteigenden Teils** liegt eine **vGA** vor.
Steuerliche Folgen:	Steuerliche Folgen:
Beim Gesellschafter: Auch in Höhe des **Differenzbetrags** liegt **Zufluss von Arbeitslohn** nach § 19 EStG vor. Nachträgliche AK auf die GmbH-Beteiligung i. S. d. § 17 EStG.	Beim Gesellschafter: **Zufluss vGA** nach § 20 Abs. 1 Nr. 1 Satz 2 EStG i. V. m. § 3 Nr. 40 Satz 1 Buchst. d EStG (Optionsfall nach § 32 d Abs. 2 Nr. 3 EStG).
Bei der GmbH: In Höhe des **Differenzbetrags (Ertrag)** liegt nach § 8 Abs. 3 Satz 3 KStG eine **steuerfreie Einlage** vor, Erhöhung des steuerlichen Einlagekontos i. S. d. § 27 KStG.	Bei der GmbH: **Außerbilanzmäßige Einkommenskorrektur** nach § 8 Abs. 3 Satz 2 KStG und Leistung i. S. d. § 27 KStG (Einlagenrückgewähr aufgrund Differenzrechnung nach § 27 Abs. 1 Satz 3 KStG prüfen).
Vgl. H 40, Verzicht auf Pensionsanwartschaftsrechte, KStH 2008.	

8.3.4 Übertragung der Pensionsverpflichtung auf einen Pensionsfonds

Folgen bei der GmbH	Folgen beim Gesellschafter-Geschäftsführer
– **Ertrag** aus der Ausbuchung der Pensionsrückstellung. – Zahlung an den Pensionsfonds = **grundsätzlicher Aufwand**; Steuerfreistellung beim Gesellschafter aber nur, wenn über Rückstellung hinausgehender Aufwand bei der GmbH auf 10 Jahre verteilt wird (§ 4 e Abs. 3 EStG).	– Zufluss, aber **steuerfrei nach § 3 Nr. 66 EStG**, wenn die GmbH einen Antrag auf Aufwandsverteilung nach § 4 e Abs. 3 EStG stellt. – **Nachgelagerte Besteuerung** für spätere Leistungen des Pensionsfonds.

Vorteile:
- Steuergünstige Lösung (steuerfreier Zufluss beim Gesellschafter; Aufwand bei GmbH).

Nachteile:
- Liquiditätsproblem, sehr teure Lösung.
- Aufwand bei der GmbH nur verteilt über 10 Jahre steuerlich abziehbar.
- Risiko, dass hohe Zahlungen in den Pensionsfonds bei frühzeitigem Tod größtenteils verloren sind.

8.3.5 Übertragung der Pensionsverpflichtung auf eine Unterstützungskasse

Folgen bei der GmbH	Folgen beim Gesellschafter-Geschäftsführer
– **Ertrag** aus der Ausbuchung der Pensionsrückstellung. – Zahlung an die U-Kasse = **grundsätzlich Aufwand**; Abzug aber stark eingeschränkt durch § 4 d EStG.	– **Kein Zufluss** → keine Versteuerung bei Zahlung in die U-Kasse. – **Nachgelagerte Besteuerung** für spätere Leistungen der U-Kasse.

Vorteile:
- Steuerbegünstigte Lösung (kein Zufluss von Arbeitslohn beim Gesellschafter, vgl. BMF-Schreiben vom 31.3.2010, BStBl I S. 270, Rz. 253; Aufwand bei GmbH).

Nachteile:
- Liquiditätsproblem, teure Lösung.
- Aufwand bei der GmbH nur im Rahmen des **§ 4 d EStG** abzugsfähig (bei Einmalzahlung geht hoher Betrag steuerlich verloren; sinnvoll allenfalls mit laufenden Zahlungen in die U-Kasse).
- Risiko, dass hohe Zahlungen in die U-Kasse bei frühzeitigem Tod größtenteils verloren sind.

8.3.6 Entgeltliche Übertragung der Pensionsverpflichtung auf eine andere GmbH (Schwester-GmbH); steuerliche Möglichkeiten und Risiken

Folgen bei der übertragenden GmbH	Folgen beim beherrschenden Gesellschafter-Geschäftsführer
Gewinnminderung (Aufwand) nur in Höhe der Differenz, weil die aufzulösende Pensionsrückstellung nach § 6 a EStG regelmäßig niedriger ist als der Barwert des übergegangenen Anspruchs. **Aber:** Nach § 4 f Abs. 1 Satz 3 HS. 2 EStG i. d. F. des AIFM-Steuer-Anpassungsgesetz vom 18.12.2013 (BGBl. I 2013 S. 4318) erfolgt keine Verteilung des sich ergebenden Aufwands.	Zufluss von **Arbeitslohn** (BFH-Urteil vom 12.4.2007, BStBl II S. 581); aber **steuerfrei nach § 3 Nr. 55 EStG (BMF-Schreiben vom 24.7.2013, BStBl I S. 1022, Rz. 324).** Die Steuerfreiheit greift aber nur, wenn zuvor **kein Wahlrecht** zwischen Abfindung und Übertragung bestand (**Rz. 328**). Die Steuerfreiheit kommt in diesen Fällen auch beim beherrschenden Gesellschafter-Geschäftsführer in Betracht. **Nachgelagerte Besteuerung** für spätere Leistungen der „Pensionärs-GmbH", sofern zuvor Steuerfreiheit nach § 3 Nr. 55 EStG zugewähren war.
Folgen bei der übernehmenden GmbH	
Es erfolgt zunächst eine **gewinnneutrale Bilanzierung** der übernommenen Vermögensgegenstände im Zeitpunkt der Anschaffung. In der Schlussbilanz ist **keine Gewinnerhöhung (Ertrag)** in Höhe der Differenz zwischen den Anschaffungskosten der übernommenen Pensionsverpflichtung und deren Ansatz nach § 6 a EStG vorzunehmen. Aber: Nach **§ 5 Abs. 7 Satz 1 EStG** i. d. F. des AIFM-Steuer-Anpassungsgesetz vom 18.12.2013 (BGBl. I 2013 S. 4318) ist die Pensionsverpflichtung zum darauffolgenden Abschlussstichtag mit dem **niedrigeren Teilwert der Verpflichtung i.S.d. Satz 4 gewinnerhöhend** zu bilanzieren. **Strittig ist aber, ob** für diesen Gewinn eine Rücklagebildung und **Verteilung auf 15 Jahre** nach § 5 Abs. 7 Satz 5 EStG i. d. F. des AIFM-Steuer-Anpassungsgesetz vom 18.12.2013 (BGBl. I 2013 S. 4318) in Betracht kommt.	

Vorteile:
- Steuergünstige Lösung, da nunmehr Steuerfreiheit auch beim beherrschenden Gesellschafter-Geschäftsführer gewährt wird.

8.3 Pensionsverzicht des Gesellschafter-Geschäftsführers

Nachteile:
- Die Übertragung muss **voll entgeltlich** erfolgen; bei unzutreffendem Wert liegen vGA / vE vor (gewisse Unsicherheit hinsichtlich des Barwerts des Pensionsanspruchs).
- Möglicherweise **Schwierigkeiten mit dem Registergericht**; das AG Hamburg hat die Eintragung einer solchen „Pensionärs-GmbH" in das Handelsregister abgelehnt (Beschluss vom 1.7.2005, GmbHR 2005 S. 1304, bestätigt durch LG Hamburg mit Beschluss vom 8.12.2005, DB 2006 S. 941).

Beispiel 8: Entgeltliche Übertragung Pensionsanspruch auf "Pensionärs-GmbH"

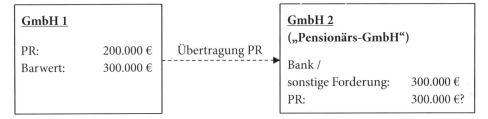

Steuerliche Folgen:

Bei GmbH 1: gewinnmindernder Aufwand 100.000 €; keine Verteilung auf 15 Jahre, vgl. § 4f Abs. 1 Satz 3 EStG.

Bei GmbH 2: gewinnerhöhender Ertrag in Höhe von 100.000 €.

Nach § 5 Abs. 7 Sätze 1 und 4 EStG ergibt sich in der Bilanz zum 31.12.2013 ein a.o. Ertrag in Höhe von 100.000 €; ob dieser auf 15 Jahre verteilt werden kann (§ 5 Abs. 7 Satz 5 EStG), ist strittig.

Beim Gesellschafter- Steuerfreier Zufluss von Arbeitslohn (BMF-Schreiben vom 24.7.2013, BStBl I S. 1022, Rz. 324 und 328/329). Dies gilt jedoch nur dann, wenn der Pensionsfall noch **nicht** eingetreten ist.

8.3.7 Weitere Möglichkeiten zur "Abfindung" des Pensionsanspruchs

- **Bei Liquidation:**
  Einzahlung in eine Direktversicherung (**Liquidationsdirektversicherung**)
  → steuerfrei nach § 3 Nr. 65 Satz 1 a EStG.

- **Übernahme der Pensionsverpflichtung** durch den **Erwerber der Anteile**; Verpflichtung bleibt also in der GmbH (→ keine Liquidität erforderlich; keine Steuerprobleme; aber „**Langlebigkeitsrisiko**" für den Erwerber).

- **Verkauf von Einzelwirtschaftsgütern** („**asset deal**" statt „**share deal**"); zurück bleibt eine **Pensions-GmbH** → kein Steuerproblem mit der Pensionszusage. Der Verkauf führt aber zu einer Gewinnrealisierung in der GmbH, die der KSt und GewSt unterliegt; der Erwerber des Unternehmens hat Abschreibungsvolumen und kann seine Finanzierungskosten in voller Höhe abziehen (§ 3 c Abs. 2 EStG greift nicht).

9 Sanierungsmaßnahmen des Gesellschafters in der Krise der GmbH

9.1 Forderungsverzicht durch die GmbH-Gesellschafter

Dieser Fall liegt vor, wenn **nur der Gesellschafter verzichtet, vgl. R 40 Abs. 3 Satz 2 KStR.**

9.1.1 Steuerliche Folgen bei der Kapitalgesellschaft

Von der GmbH wird der Verzicht z. B. wie folgt verbucht:

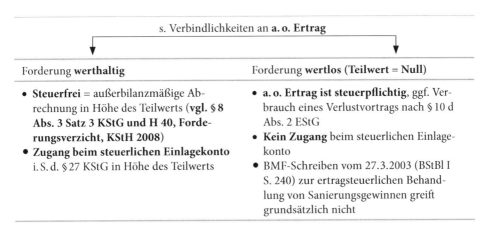

Forderung **werthaltig**	Forderung **wertlos (Teilwert = Null)**
• **Steuerfrei** = außerbilanzmäßige Abrechnung in Höhe des Teilwerts (**vgl. § 8 Abs. 3 Satz 3 KStG und H 40, Forderungsverzicht, KStH 2008**) • **Zugang beim steuerlichen Einlagekonto** i. S. d. § 27 KStG in Höhe des Teilwerts	• **a. o. Ertrag ist steuerpflichtig**, ggf. Verbrauch eines Verlustvortrags nach § 10 d Abs. 2 EStG • **Kein Zugang** beim steuerlichen Einlagekonto • BMF-Schreiben vom 27.3.2003 (BStBl I S. 240) zur ertragsteuerlichen Behandlung von Sanierungsgewinnen greift grundsätzlich nicht

Praxishinweis: Teilwert der Forderung maßgebend
Nach dem BFH-Beschluss vom 9.6.1997 (BStBl II S. 307) führt ein auf dem Gesellschaftsverhältnis beruhender Verzicht eines Gesellschafters auf seine **nicht mehr vollwertige**

Forderung gegenüber seiner Kapitalgesellschaft **bei dieser zu einer Einlage in Höhe des Teilwerts der Forderung.** Der BFH hat diese Auffassung mit Beschluss vom 16.5.2001 (BStBl 2002 II S. 436) nochmals bestätigt.

Eine verdeckte Einlage und gleichzeitig ein Zugang beim steuerlichen Einlagekonto i. S. d. § 27 KStG kann also nur in Höhe des **Teilwerts (ggf. 0 €)** der Forderung angenommen werden. Die **Differenz zwischen Nennwert und (geringerem) Teilwert** des Darlehens führt bei der Kapitalgesellschaft zu einem **steuerpflichtigen a. o. Ertrag.**

Zur **Ermittlung des Teilwerts** im Zeitpunkt des Forderungsverzichts, vgl. das **BFH-Urteil vom 31.5.2005 (GmbHR 2005 S. 1571).** Danach ist der Teilwert einer Forderung im Allgemeinen **mit Null** anzusetzen, wenn sich die Forderung gegen eine **überschuldete** Kapitalgesellschaft richtet und Gläubiger ein Gesellschafter ist. Für diese Überschuldungsprüfung erfolgt die Bewertung der betreffenden Wirtschaftsgüter **im Rahmen eines am Handelsrecht orientierten Vermögensstatus.**

9.1.2 Steuerliche Folgen aufgrund des Forderungsverzichts beim Gesellschafter

9.1.2.1 Fall 1: GmbH-Anteile und Forderung im Privatvermögen der Gesellschafter

Durch das Gesetz zur Modernisierung des GmbH-Rechts und zur Bekämpfung von Missbräuchen (MoMiG, BGBl I 2008 S. 2026) wurde das Eigenkapitalersatzrecht mit Wirkung ab 1.11.2008 neu geregelt. Die Regelungen zu den kapitalersetzenden Darlehen bzw. Bürgschaften (§§ 32 a, 32 b GmbHG a. F.) wurden gestrichen und im Insolvenzrecht sowie im Anfechtungsgesetz neu geregelt.

Die Finanzverwaltung hat durch das **BMF-Schreiben vom 21.10.2010 (BStBl I S. 832) das bisherige BMF-Schreiben vom 8.6.1999 (BStBl I S. 545)** zur Frage ersetzt, in welcher Höhe ein **wesentlich beteiligter Anteilseigner / Gesellschafter einer Kapitalgesellschaft (nachträgliche) Anschaffungskosten i. S. d. § 17 EStG auf seine Kapitalbeteiligung hat,** wenn er **Wertminderungen** aus seinem privaten **Gesellschafterdarlehen** (z. B. durch Ausfall / Verlust des Darlehens) im **Privatvermögen** erleidet.

Folgende Fälle sind für die Besteuerungspraxis zu unterscheiden:

Art des Darlehens	Merkmale	Nachträgliche AK in Höhe
Krisendarlehen	**Hingabe des Darlehens erst in der Krise** = Zeitpunkt, in dem angesichts der finanziellen Situation der GmbH, ein ordentlicher Kaufmann das Risiko einer Kreditgewährung zu denselben Bedingungen wie der Gesellschafter **nicht** mehr eingegangen wäre.	**Nennwert des Darlehens**

9.1 Forderungsverzicht durch die GmbH-Gesellschafter

Art des Darlehens	Merkmale	Nachträgliche AK in Höhe
Stehen gelassenes Darlehen	**Vor der Krise gewährtes Darlehen** wird vom Gesellschafter stehen gelassen, obwohl er es noch hätte abziehen können. Aufgrund der veränderten finanziellen Situation der GmbH ist absehbar, dass die Rückzahlung gefährdet sein wird.	**Grundsätzlich gemeiner Wert des Darlehens bei Eintritt der Krise** (dieser Wert liegt unter dem Nennwert, ggf. auch 0 €). **Ausnahme:** Krise ist erst nach dem Beginn des Anfechtungszeitraums entstanden (dann Behandlung wie „krisenbestimmtes" Darlehen).
Finanzplandarlehen	**Darlehen zur Finanzierung des Unternehmens,** um die zur Aufnahme der Geschäfte erforderliche Kapitalausstattung der GmbH krisenunabhängig durch Kombination von Eigenkapital und Fremdkapital zu erreichen.	**Nennwert des Darlehens**
Krisenbestimmtes Darlehen	Gesellschafter hat schon **vor dem Eintritt der Krise mit bindender Wirkung erklärt,** dass er das Darlehen auch im Falle einer Krise stehen lassen werde.	a) Krisenbindung aufgrund vertraglicher Vereinbarung = **Nennwert des Darlehens** b) Krisenbindung aufgrund gesetzlicher Neuregelungen der InsO und des AnfG = **Nennwert des Darlehens** bzw. **für den Fall, dass die gesellschaftsrechtliche Veranlassung auf die insolvenzrechtliche Nachrangigkeit zurückgeht** = **gemeiner Wert des Darlehens** im Zeitpunkt des Beginns des Anfechtungszeitraums

Sonderfälle	Merkmale	Steuerliche Folgen
Sanierungsprivileg	Darlehensgeber erwirbt erst in der Krise **Geschäftsanteile** (§ 32 a Abs. 3 Satz 3 GmbHG a. F.)	Darlehensverlust führt zu **nachträglichen AK** (BFH-Urteil vom 19.8.2008, BStBl 2009 II S. 5)

Sonderfälle	Merkmale	Steuerliche Folgen
„Kleinanlegerprivileg"	Nicht geschäftsführender GmbH-Gesellschafter mit einer Beteiligung von bis zu 10 v. H. (§ 32 a Abs. 3 Satz 2 GmbHG a. F.). Dasselbe gilt für **Aktionäre einer AG mit einem Aktienbesitz von bis zu 10 v. H. (bisher: bis zu 25 v. H.).** Eine Ausnahme gilt nur bei Einfluss auf die Unternehmensleitung. Eine Mitgliedschaft im Aufsichtsrat oder eine Vorstandsfunktion genügen dafür aber nicht.	**Nichtberücksichtigung** des Darlehensverlustes im Rahmen nachträglicher AK i. S. d. § 17 EStG (BFH-Urteil vom 2.4.2008, BStBl II S. 706).

Gestaltungsempfehlung:
Aus „Beratersicht" ist zu empfehlen, sämtliche Gesellschafterdarlehen als **krisenbestimmte Darlehen** auszugestalten. Nur in diesem Fall ist gewährleistet, dass der Gesellschafter nachträgliche Anschaffungskosten i. H. d. Nennwerts des Darlehens hat.

9.1.2.2 Fall 2: GmbH-Anteile und Forderung im Betriebsvermögen der GmbH-Gesellschafter

a) Rechtsfolgen des Forderungsverzichts durch Mutter-Kapitalgesellschaft

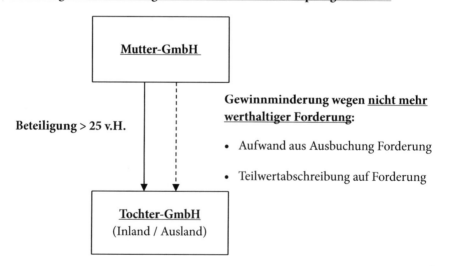

Nach § 8 b Abs. 3 **Satz 3** KStG sind Gewinnminderungen, die im Zusammenhang mit einem **Anteil i. S. d. § 8 b Abs. 2 KStG** stehen, bei der Ermittlung des Einkommens nicht zu

berücksichtigen (d. h. es erfolgt eine außerbilanzmäßige Hinzurechnung). Nach § 8 b Abs. 3 **Sätze 4ff.** KStG i. d. F. des JStG 2008 gilt dies **seit dem VZ 2008** auch für Gewinnminderungen im Zusammenhang mit einem **Gesellschafterdarlehen**.

Praxishinweis:
Nur der **Verzicht auf eine werthaltige Forderung** ist eine **verdeckte Einlage** und führt beim Gesellschafter zu einer nachträglichen **Erhöhung der Anschaffungskosten** der Beteiligung (BFH vom 9.4.1997, BStBl 1998 II S. 307, und H 40, Forderungsverzicht, KStH 2008).

b) Rechtsfolgen des Forderungsverzichts durch eine Mutter-Personengesellschaft

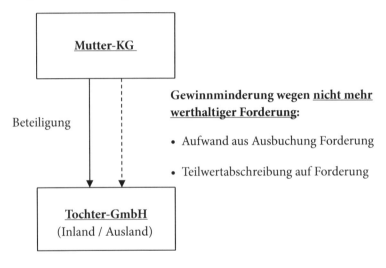

Folgende Möglichkeiten sind denkbar:
- **Vollständige Versagung des Abzugs:** wegen § 1 AStG i. V. m. BMF-Schreiben vom 29.3.2011 (BStBl I S. 277)
- **Abzug nur in Höhe von 60 v. H.:** wegen § 3 c Abs. 2 EStG i. V. m. BMF-Schreiben vom 8.11.2010 (BStBl I S. 1292)
- **Vollständiger Abzug:** wegen BFH-Urteile vom 18.4.2012, AZ.: X R 5/10, DStR 2012 S. 1318, und X R 7/10, GmbHR 2012 S. 860 i.V. BMF-Schreiben vom 23.10.2013, BStBl I S. 1269

Nach den BFH-Urteilen vom 18.4.2012 (a.a.O.) unterliegen Substanzverluste von im Betriebsvermögen gehaltenen Gesellschafterdarlehen aufgrund von Wertminderungen, wie sie durch Teilwertabschreibungen abgebildet werden, unabhängig von der Frage der Fremdüblichkeit der Darlehensüberlassung und einer etwaigen Veranlassung durch das Gesellschaftsverhältnis **mangels wirtschaftlichem Zusammenhang mit nach § 3 Nr. 40 EStG hälftig steuerbefreiten Beteiligungserträgen nicht dem Abzugsverbot des § 3 c**

Abs. 2 Satz 1 EStG. Im Falle eines Verzichts auf ein nicht mehr werthaltiges Gesellschafterdarlehen gelten diese Grundsätze entsprechend.

Jetzt: Neue Verwaltungslinie
Nach dem **BMF-Schreiben vom 23.10.2013, BStBl S. 1269**, erklärt die Finanzverwaltung die Grundsätze der BFH-Urteile vom 18.4.2012 (a.a.O.) **in allen offenen Fällen für anwendbar.**

c) Anwendungsfälle

Folgende Anwendungsfälle sind zu unterscheiden:

Fallgruppe 1	Fallgruppe 2	Fallgruppe 3	Fallgruppe 4
Deutsche **Mutter-Kapitalgesellschaft** gibt Darlehen an **deutsche** Tochter-GmbH	Deutsche **Mutter-Kapitalgesellschaft** gibt Darlehen an **ausländische** Tochter-Körperschaft	Deutsche **Mutter-KG** gibt Darlehen an **deutsche** Tochter-GmbH	Deutsche **Mutter-KG** gibt Darlehen an **ausländische** Tochter-Körperschaft
M-GmbH → 100% → T-GmbH ┆ Darlehen	M-GmbH → 100% → T-Körp. (Ausland) ┆ Darlehen	M-KG → 100% → T-GmbH ┆ Darlehen	M-KG → 100% → T-Körp. (Ausland) ┆ Darlehen
Seit 2008: §8b Abs. 3 **Sätze** 4ff. KStG **Bis 2007:** Darlehensverlust abzugsfähig (BFH-Urteil vom 14.1.2009, AZ.: I R 52/08, BStBl II S. 674)	**Seit 2008:** §8b Abs. 3 **Sätze** 4ff. KStG **Bis 2007:** BMF-Schreiben vom 29.3.2011, BStBl I S. 277 (ggf. Anwendung von §1 AStG). – M.E. **strittig**, betroffene Fälle sind offen zu halten.	BMF-Schreiben vom 23.10.2013, BStBl I S. 1269 = **keine** Anwendung §3c Abs. 2 EStG, d.h. Abzug zu 100% – Soweit natürliche Personen beteiligt –; vgl. Revisionsverfahren BFH AZIR 23/13	BMF-Schreiben vom 29.3.2011, BStBl I S. 277 (Anwendung von §1 AStG); vgl. Revisionsverfahren BFH AZ I R 23/13 **Streitig!**

9.2 Rangrücktrittsvereinbarungen bei Gesellschafterdarlehen

9.2.1 Einfacher Rangrücktritt mit Besserungsabrede

Begriff: Einfacher Rangrücktritt mit Besserungsabrede
Bei einem einfachen Rangrücktritt vereinbaren Schuldner und Gläubiger, dass eine Rückzahlung der Verbindlichkeit nur dann zu erfolgen habe, wenn der Schuldner dazu aus **zukünftigen Gewinnen, aus einem Liquidationsüberschuss oder aus anderem – freien – Vermögen** künftig in der Lage ist und der Gläubiger mit seiner Forderung im Rang hinter alle anderen Gläubiger zurücktritt.

Bei dieser Vereinbarung handelt es sich um einen Rangrücktritt, der mit einer Besserungsabrede verbunden ist.

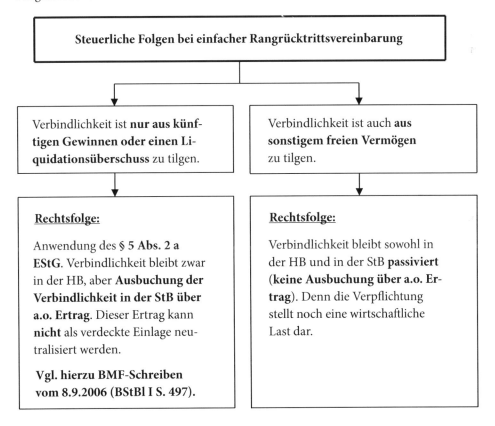

Hinweis: BFH bestätigt Verwaltungslinie
Nach dem **BFH-Urteil vom 30.11.2011, AZ.: I R 100/10, BStBl 2012 II S. 332,** kann eine Verbindlichkeit, die nur aus künftigen Gewinnen oder einem etwaigen Liquidationsüberschuss erfüllt zu werden braucht, mangels gegenwärtiger wirtschaftlicher Belastung nicht ausgewiesen werden. Der BFH bestätigt also die o.g. Verwaltungslinie, wonach im Falle

eines einfachen Rangrücktritts derartige Verpflichtungen noch keine wirtschaftliche Last darstellen.

9.2.2 Qualifizierter Rangrücktritt

Begriff: Qualifizierter Rangrücktritt
Bei einem qualifizierten Rangrücktritt erklärt der Gläubiger sinngemäß, er wolle wegen der genannten Forderung erst nach Befriedigung sämtlicher anderer Gläubiger der Gesellschaft und – bis zur Abwendung der Krise – auch nicht vor, **sondern nur zugleich mit den Einlagenrückgewähransprüchen der Gesellschafter berücksichtigt**, also so behandelt werden, als handele es sich bei seiner Forderung um statuarisches Kapital (vgl. Urteil des BGH vom 8.1.2001, BGHZ 146, 264–280). Ziel der Vereinbarung eines qualifizierten Rangrücktritts ist, **die Verbindlichkeit in der insolvenzrechtlichen Überschuldungsbilanz der Gesellschaft nicht auszuweisen (zumindest vor MoMiG).**

Steuerliche Folgen bei qualifiziertem Rangrücktritt:
Bei einem qualifizierten Rangrücktritt liegen die Voraussetzungen des § 5 Abs. 2 a EStG nicht vor, weil eine Abhängigkeit zwischen Verbindlichkeit und Einnahmen oder Gewinnen nicht besteht, sondern die Begleichung der Verbindlichkeit zeitlich aufschiebend bedingt – bis zur Abwendung der Krise – verweigert werden kann.
Die Verbindlichkeit ist weiterhin in der HB und in der StB zu passivieren (keine Ausbuchung über a. o. Ertrag).
In einem solchen Fall kann es nicht auf eine ausdrückliche Bezugnahme auf die Möglichkeit der Tilgung auch aus einem Liquidationsüberschuss oder aus sonstigem freien Vermögen ankommen.

9.2.3 Einfacher Rangrücktritt ohne Besserungsabrede (Steuerliche Folgen nach MoMiG)

Durch das Gesetz zur Modernisierung des GmbH-Rechts und zur Bekämpfung von Missbräuchen (MoMiG) wurden mit § 19 Abs. 2, § 39 Abs. 1 Nr. 5 und § 135 InsO neue insolvenzrechtliche Sonderregelungen für Gesellschafterdarlehen geschaffen. Danach sind alle Gesellschafterdarlehen **nachrangig (= gesetzlicher Rangrücktritt)**. Die Befriedigung eines Gesellschafterdarlehens innerhalb eines Jahres vor der Eröffnung des Insolvenzverfahrens ist anfechtbar. Dies gilt für alle Gesellschafterdarlehen unabhängig vom Zeitpunkt und von den Umständen ihrer Gewährung.
Zur Beseitigung / Verhinderung einer Überschuldung ist es nach dem Wortlaut des § 19 Abs. 2 Satz 2 InsO aber weiterhin erforderlich, einen **(vertraglichen) Rangrücktritt** ausdrücklich auszusprechen (vgl. Haas, DStR 2009 S. 326). Im Vergleich zur früheren Rechts-

9.2 Rangrücktrittsvereinbarungen bei Gesellschafterdarlehen

lage reicht dafür aber ein **einfacher Rangrücktritt**; ein **qualifizierter Rangrücktritt** (also eine Gleichstellung mit den Einlagerückgewähransprüchen der übrigen Gesellschafter) muss nicht mehr vorgenommen werden. Alte Vereinbarungen können, müssen aber nicht, durch die neuen schwächeren Rangrücktritte ersetzt werden.

Steuerliche Auswirkungen:
Nach dem **BMF-Schreiben vom 8.9.2006 (BStBl I S. 497)** kommt bei einem **einfachen Rangrücktritt (nicht aber beim qualifizierten Rangrücktritt)** die Vorschrift des **§ 5 Abs. 2 a EStG** zur Anwendung (= **Ausbuchung Verbindlichkeit über Ertrag**), wenn
- die Vereinbarung eine **Besserungsklausel** enthält und
- diese eine Tilgung **nur** aus späteren Gewinnen oder Liquidationserlösen vorsieht (**und nicht auch aus sonstigem freien Vermögen**).

Die Ausbuchung der Verbindlichkeit in der Steuerbilanz über Ertrag stellt **keine verdeckte Einlage** dar und kann deshalb nicht außerbilanzmäßig neutralisiert werden.

Praxishinweis: Kein Passivierungsverbot bei Rangrücktritt ohne Besserungsklausel
Der vom MoMiG definierte **vertragliche Rangrücktritt** entspricht inhaltlich dem **einfachen Rangrücktritt ohne Besserungsabrede**. Nach den BFH-Urteilen vom 10.11.2005 (BStBl 2006 II S. 618) und vom 30.11.2011, AZ.: I R 100/10, BStBl 2012 II S. 332, greift § 5 Abs. 2 a EStG nur, wenn der vertragliche Rangrücktritt **ausdrücklich eine Besserungsklausel** enthält und dort der Hinweis auf die Tilgungsmöglichkeit aus sonstigem freien Vermögen fehlt.

Die Vereinbarung eines Rangrücktritts (ohne Besserungsabrede) erfüllt <u>nicht</u> die **Tatbestandsvoraussetzungen des § 5 Abs. 2 a EStG**. In diesem Fall kann es nicht auf eine ausdrückliche Bezugnahme auf die Möglichkeit der Tilgung auch aus sonstigem frei-en Vermögen ankommen (**vgl. Tz. 8 des BMF-Schreibens vom 8.9.2006, a. a. O.**).

Zusammenfassung:

	Einfacher Rangrücktritt	Qualifizierter Rangrücktritt
Definition	Rückzahlung des Darlehens nur dann, wenn der Schuldner dazu aus **zukünftigen Gewinnen**, aus einem **Liquidationsüberschuss** oder aus einem **anderen – freien – Vermögen** künftig in der Lage ist und der Gläubiger mit seiner Forderung im Rang hinter alle anderen Gläubiger zurücktritt (Rz. 1 des BMF-Schreibens vom 8.9.2006, BStBl I S. 497).	Gleichstellung mit den **Einlagerückgewähransprüchen** der Gesellschafter, also Behandlung als handle es sich um statuarisches Kapital (Rz. 2).

Zusammenfassung:

	Einfacher Rangrücktritt	Qualifizierter Rangrücktritt
Rechtsfolgen in der StB	Ausbuchung über Ertrag, wenn keine Tilgung aus sonstigem freien Vermögen vereinbart (Rz. 6); ansonsten Passivierung.	Keine Anwendung von § 5 Abs. 2 a EStG. Die Verbindlichkeit ist also auszuweisen (Rz. 7).
Verdeckte Einlage?	Nein (keine Zuwendung; Ausbuchung – anders als beim Forderungsverzicht – nicht gesellschaftlich, sondern im Bilanzsteuerrecht veranlasst).	Die Frage stellt sich nicht, da kein bilanzieller Ertrag entsteht.

Steuerliche Folgen für die Praxis:
- Soll die Verbindlichkeit trotz Rangrücktritt **passiviert** werden oder bleiben, muss die Möglichkeit der **Tilgung auch aus sonstigem freien Vermögen** in die Rangrücktrittsvereinbarung aufgenommen werden (= Einlagen).
- Ist eine Passivierung in der Steuerbilanz **nicht gewollt**, darf die Tilgungsmöglichkeit aus **sonstigem freien Vermögen nicht** in der Rangrücktrittsvereinbarung enthalten sein. Diese Variante kann in der Praxis dann sinnvoll sein, wenn es darum geht, **Erträge für steuerliche Zwecke zu generieren** (z. B. zur Nutzung eines Verlusts, der ansonsten gem. § 8 c KStG droht, unterzugehen). Zu einem späteren Zeitpunkt – wenn wieder Aufwand gebraucht wird – kann die Vereinbarung so geändert werden, dass eine Passivierung (**und damit eine Einbuchung über Aufwand**) wieder möglich ist.
- Fraglich ist, ob die BFH-Rechtsprechung auch Auswirkungen auf die **Handelsbilanz** hat. Das BFH-Urteil vom 30.11.2011 (a. a. O.) ist an dieser Stelle nicht eindeutig. Der BFH argumentiert nämlich teilweise mit der Regelung des **§ 5 Abs. 2 a EStG (= bilanzsteuerliche Vorschrift)**. Andererseits nimmt er aber auch auf **handelsrechtliche Prinzipien** Bezug. Um Gesellschafterdarlehen aus der Handelsbilanz „herauszubekommen", sollte man sicherheitshalber einen Forderungsverzicht aussprechen (ggf. gegen Besserungsschein).

9.3 Forderungsverzicht des GmbH-Gesellschafters gegen Besserungsschein (BMF-Schreiben vom 2.12.2003, BStBl I S. 648)

Es ergeben sich auf der Gesellschafts- und auf der Gesellschafterebene folgende steuerlichen Auswirkungen:

9.3 Forderungsverzicht des GmbH-Gesellschafters gegen Besserungsschein

Ausbuchung der Verbindlichkeit im Zeitpunkt des Verzichts auch bei Besserungsvereinbarung, da die Verbindlichkeit nur aus künftigen Gewinnen erfüllt werden muss

↓

steuerpflichtiger Ertrag (soweit Forderung im Zeitpunkt des Verzichts wertlos ist, vgl. H 40, Forderungsverzicht, KStH 2008); kein Zugang beim steuerlichen Einlagekonto nach § 27 KStG.

↓

Rechtsfolgen:
- Ertrag führt zum **Verbrauch von Verlusten** oder Verlustvorträgen
- **Anwendung Mindestbesteuerung** nach § 10 d EStG bzw. § 10 a GewStG (vgl. aber BFH-Beschluss vom 26.8.2010, AZ.: I B 49/10, DStR 2010 S. 2179). Vgl. zur Gewährung von AdV bei endgültigem Verlustuntergang in Kombination mit der Mindestbesteuerung, **BMF-Schreiben vom 19.10.2011, BStBl I S. 974**.
- Problematisch ist die Anwendbarkeit des **Sanierungserlasses vom 27.3.2003, BStBl I S. 240**, sofern nur Gesellschafter verzichtet.
- **Wegfall der Forderung auf der Ebene des AE:**
  → AE = KapGes: Aufwand ggf. **nicht** abzugsfähig (§ 8 b Abs. 3 **Sätze 4ff.** KStG)
  → AE = natürliche Person (Anteile im BV): Anwendung § 3 c Abs. 2 EStG, Aufwand nur anteilig abziehbar, wenn fremdüblich; **vgl. BMF-Schreiben vom 8.11.2010, BStBl I S. 1292 (strittig)**.
  → AE = natürliche Person (Anteile im PV): **Nachträgliche AK** i.S.d. § 17 EStG in Höhe des Nennwerts bei sog. „Krisendarlehen" (**vgl. BMF-Schreiben vom 21.10.2010, BStBl I S. 832**).

Wiedereinbuchung der Verbindlichkeit bei Eintritt des Besserungsfalls

↓

steuermindernder Aufwand (soweit Forderung im Zeitpunkt des Verzichts wertlos war)

↓

Rechtsfolgen:
- Aufwand aus dem Wiederaufleben der Verbindlichkeit führt zur **Gewinnminderung** und ist steuerlich abziehbar.
- Die Finanzverwaltung hat sich noch nicht dazu geäußert, ob der Aufwand aus dem Wiederaufleben der Verbindlichkeit auch dann abzugsfähig ist, wenn **zwischen Verzicht und Wiederaufleben** ein Tatbestand des **§ 8 c KStG** verwirklicht wurde. Nach dem BMF-Schreiben vom 2.12.2003 (BStBl I S. 648) wurde dies im Anwendungsbereich des § 8 Abs. 4 KStG a. F. so gesehen. **Aber:** Nach dem **BFH-Urteil vom 12.7.2012, AZ.: I R 23/11**, ist die Abtretung der Besserungsanwartschaft auf eine Gesellschafterforderung an einen Anteilseigner im Rahmen eines sog. Mantelkaufs nicht missbräuchlich.
- Die ab dem Zeitpunkt der wieder eingebuchten Verbindlichkeit zu zahlenden **Zinsen** stellen **Betriebsausgaben** dar. Dies gilt auch für den Teil der Zinsen, der vereinbarungsgemäß für die Dauer der Krise nachzuzahlen ist.
- **Wiedereinbuchung der Forderung auf der Ebene des AE:**
  → AE = KapGes: Ertrag **nicht** steuerpflichtig (§ 8 b Abs. 3 **Satz 8 i.V. m. Satz 4** KStG).
  → AE = natürliche Person (Anteile im BV): Gewinn aus der Zuschreibung ist nur **anteilig** steuerpflichtig („umgekehrte" Anwendung des § 3 c Abs. 2 EStG).
  → AE = natürliche Person (Anteile im PV): **Verringerung der AK** i.S.d. § 17 EStG in Höhe des Nennwerts bei sog. „Krisendarlehen".

Praxishinweise:
- **Endgültiger Forderungsverzicht**
  Sofern ein Forderungsverzicht **endgültig** und nicht gegen ein vertraglich geregeltes Besserungsversprechen erfolgt (verdeckte Einlage), führt eine **spätere Rückgewähr** an den Gesellschafter zu einer **verdeckten Gewinnausschüttung** i. S. d. § 8 Abs. 3 Satz 2 KStG.
- **Auch Gehalts- oder Pachtverzicht für die Zukunft gegen Besserungsschein ist steuerlich möglich**
  Im Hinblick auf das BFH-Urteil vom 18.12.2002 (DStRE 2003 S. 666) wird ein **Gehaltsverzicht für künftige Zeiträume** gegen Besserungsschein steuerlich anerkannt. Dasselbe gilt für einen **Pachtverzicht**. Dies hat zur Folge, dass klar vereinbarte Gehalts- bzw. Pachtzahlungen für die Zeit zwischen dem bedingten Verzicht und dem Eintritt des Besserungsfalles steuerlich Betriebsausgaben / Arbeitslohn bzw. Pachtentgelt sind und **keine vGA** darstellen.
  Sofern der Gesellschafter-Geschäftsführer z. B. am 1.5.2013 ab Mai 2013 einen Gehaltsverzicht gegen Besserungsschein klar und eindeutig regelt, wird diese Vereinbarung steuerlich anerkannt.

Beispiel 11: Forderungsverzicht gegen Besserungsschein (Teilwert 0 €)

Der Gesellschafter hat in 2008 im Hinblick auf einen etwaigen finanziellen Engpass bei seiner GmbH auf ein von ihm der Gesellschaft vor längerer Zeit gewährtes Darlehen in Höhe von 100.000 € verzichtet. Gleichzeitig wurde eine schriftliche Vereinbarung getroffen, dass die Forderung wieder auflebt, sobald sich die wirtschaftliche Lage der GmbH so verbessert, dass die Rückzahlung dieses Darlehens ohne Gefährdung der Ansprüche anderer Gläubiger möglich ist (**sog. Besserungsklausel**). Im Zeitpunkt des Verzichts war die Forderung **wertlos**.

Aufgrund der guten wirtschaftlichen Lage der GmbH in 2012 hat die GmbH das Darlehen im Mai 2012 in Höhe von 100.000 € an ihren Gesellschafter zurückgezahlt.

Die GmbH hat aufgrund des Verzichts **in der Steuerbilanz zum 31.12.2008** die Verbindlichkeit ausgebucht (vgl. auch § 5 Abs. 2 a EStG) und den Vorgang wie folgt verbucht:

„s. Verbindlichkeiten 100.000 €   an a. o. Ertrag 100.000 €

In der **Steuerbilanz zum 31.12.2012** wird der Vorgang buchungsmäßig wie folgt behandelt:
1. **a. o. Aufwand 100.000 €** an s. Verbindlichkeiten 100.000 €.
2. s. Verbindlichkeiten 100.000 € an Bank 100.000 €.

Lösung:
Nach den Grundsätzen des BFH-Beschlusses vom 9.6.97 (BStBl 1998 II S. 307) führt der Verzicht auf die wertlose Forderung in 2008 zu einem steuerpflichtigen a. o. Ertrag in Höhe von 100.000 €. Eine außerbilanzielle Abrechnung und ein Zugang

beim steuerlichen Einlagekonto erfolgt im VZ 2008 also nicht. Die Erfüllung der Forderung nach Bedingungseintritt ist **keine verdeckte Gewinnausschüttung, sondern eine Kapitalrückzahlung**. Die Wiedereinbuchung der Verbindlichkeit wurde zutreffenderweise über a. o. Aufwand verbucht. Der Vorgang führt also **im VZ 2012** in Höhe des wertlosen Teils der ursprünglichen Forderung in Höhe von **100.000 €** bei der GmbH zu einem **steuermindernden Aufwand**.

Praxishinweis:
Beim Gesellschafter führte der Forderungsverzicht in 2008 nach den Grundsätzen des **BMF-Schreibens vom 21.10.2010 (BStBl I S. 832)** zunächst zu einer Erhöhung seiner Anschaffungskosten i. S. d. § 17 EStG für seine GmbH-Beteiligung; durch die Rückgewähr in 2012 verringern sich seine Anschaffungskosten wieder entsprechend. Bei einem Krisendarlehen oder krisenbestimmten Darlehen hätte der Forderungsverzicht zunächst zu einer Erhöhung der Anschaffungskosten in Höhe des Nennwerts des Darlehens geführt und bei Eintritt des Besserungsfalls zu einer Verringerung in dieser Höhe.

9.4 Schuldübernahme (Erfüllungsübernahme) durch den GmbH-Gesellschafter unter Verzicht auf Regressansprüche

Vorgehensweise:

1. Schritt: Gesellschafter hat sich für Verbindlichkeiten der GmbH verbürgt.

2. Schritt: Gesellschafter übernimmt diese Verbindlichkeiten (Erfüllungsübernahme). Eine Bürgschaftsinanspruchnahme ist bis dahin nicht erfolgt.

3. Schritt: Gesellschafter löst diese Verbindlichkeiten ab, ohne hieraus gegenüber der GmbH Ersatzforderungen zu stellen.

Steuerliche Auswirkungen:
Nach dem **BFH-Beschluss vom 20.12.2001 (BFH/NV 2002 S. 678)** liegt in dieser Vorgehensweise **kein Verzicht auf eine nicht mehr vollwertige Gesellschafterforderung** vor, die nur zu einer Einlage in Höhe des Teilwerts (ggf. 0 €) führen würde. Nach Auffassung des BFH ist vielmehr die Verbindlichkeit von der GmbH auszubuchen und mit dem zu aktivierenden Freistellungsanspruch gegen den Gesellschafter infolge der Schuldübernahme aufzurechnen. Insoweit ist eine **verdeckte Einlage** in Höhe des **Nominalwerts** der „Erfüllungsübernahme" anzunehmen.

Die Kapitalgesellschaft muss deshalb diesen Vorgang im Ergebnis wie folgt **gewinnneutral** verbuchen:
1. „**sonstige Verbindlichkeiten** an a. o.Ertrag"
2. „Forderung aus Freistellungsanspruch an **Kapitalrücklage**"
3. „**a.o. Aufwand** an Forderung aus Freistellungsanspruch".

Bei der Kapitalgesellschaft ist dieser Vorgang also gewinnneutral. Außerdem erhöht sich dadurch das **steuerliche Einlagekonto** i. S. d. § 27 KStG entsprechend. Beim Gesellschafter führt die Ablösung der Verbindlichkeit zu **nachträglichen Anschaffungskosten** auf seine Beteiligung i. S. d. § 17 EStG in Höhe des **Nennwerts** der Verbindlichkeit.

Sofern der Gesellschafter hingegen eine Bürgschaft für Verbindlichkeiten der GmbH übernimmt, später aus der Bürgschaft in Anspruch genommen wird und anschließend auf seine dadurch entstandene Forderung gegen die GmbH **verzichtet** (gesetzlicher Forderungsübergang nach § 764 Abs. 1 Satz 1 BGB vom Gläubiger auf den Bürgen), ist diese **verdeckte Einlage nicht mit dem Nennwert, sondern nur mit dem Teilwert der Forderung (ggf. 0 €) im Zeitpunkt des Verzichts zu bewerten.**

Beispiel 13: Forderungsverzicht nach Bürgschaftsinanspruchnahme

Der Gesellschafter verzichtet im Mai 2013 nach Bürgschaftsinanspruchnahme aufgrund einer Finanzplanbürgschaft aus dem Jahr 2008 auf seine Forderung in Höhe von 200.000 € gegenüber der GmbH. Die Gesellschaft bucht daraufhin die s. Verbindlichkeit über 200.000 € gewinnerhöhend aus. Im Zeitpunkt des Verzichts ist die Forderung **wertlos**.

Lösung:

Da die verdeckte Einlage aufgrund der Wertlosigkeit der Forderung bei der GmbH der Höhe nach 0 € beträgt, führt dies bei der GmbH im VZ 2013 zu einem **steuerpflichtigen a.o.Ertrag von 200.000 €**. Eine außerbilanzmäßige Abrechnung bei der Einkommensermittlung für den VZ 2013 und ein Zugang beim steuerlichen Einlagekonto zum 31. 12. 2013 ergibt sich dadurch **nicht**.

Dies gilt unabhängig davon, dass sich beim Gesellschafter im VZ 2013 aufgrund der Finanzplanbürgschaft nachträgliche Anschaffungskosten i. S. d. § 17 EStG von 200.000 € ergeben.

Beispiel 14: Verdeckte Einlage aufgrund Erfüllungsübernahme

Der Gesellschafter verpflichtet sich im März 2013 gegenüber seiner GmbH, Bankschulden aus Verbindlichkeiten der GmbH in Höhe von 200.000 €, wofür er sich in 2008 verbürgt hatte, zu übernehmen und hieraus keine Ersatzansprüche zu stellen. Im Mai 2013 löst er diese Schulden gegenüber der Bank ab. Eine Bürgschaftsinanspruchnahme ist bis dahin nicht erfolgt.

Lösung:

Die Schuldübernahme führt im VZ 2013 zu einer verdeckten Einlage in Höhe von 200.000 €. Die GmbH muss den Vorgang in ihrer Bilanz zum 31.12.2013 wie folgt **gewinnneutral** verbuchen:

1. „Verbindlichkeiten 200.000 € an **a. o. Ertrag 200.000 €**"
2. „Forderung Freistellungsanspruch 200.000 € an Kapitalrücklage 200.000 €"
3. „**a. o. Aufwand 200.000 €** an Forderung Freistellungsanspruch 200.000 €".

Das steuerliche Einlagekonto i. S. d. § 27 KStG erhöht sich bei der GmbH zum 31.12.2013 um 200.000 €.

Außerdem ergeben sich dadurch beim Gesellschafter im VZ 2013 nachträgliche Anschaffungskosten auf seine Beteiligung i. S. d. § 17 EStG in Höhe von 200.000 €.

9.5 Schaffung einer werthaltigen Einlage

9.5.1 Alternative: Geldeinlage statt Forderungsverzicht

Zur Schaffung einer **werthaltigen Einlage** im Zusammenhang mit dem Wegfall der Verbindlichkeit bei der T-GmbH könnte zunächst von der M-GmbH ein Geldbetrag in die T-GmbH eingelegt werden. Mit diesem Geldbetrag kann dann die Forderung beglichen werden, so dass es nicht zu einem Verzicht kommt. Die Geldeinlage könnte sowohl durch eine offene Einlage (**also im Rahmen einer Kapitalerhöhung**; dann entsteht überhaupt kein Ertrag, **Buchung bei T-GmbH: Bank 100 an Stammkapital 10 und an Kapitalrücklage 90**) oder einer **verdeckten Einlage** (Buchung bei T-GmbH: Bank 100 an Ertrag 100) erfolgen.

Geldeinlagen sind zwar immer mit dem **Nennwert** zu bewerten (**Folge:** außerbilanzielle Korrektur des Ertrags nach § 8 Abs. 3 Satz 3 KStG bei einer verdeckten Einlage).

Die Vorgehensweise ist jedoch „**missbrauchsbedroht**" (**§ 42 AO**). Dies gilt insbesondere dann, wenn die Geldzuführung mit der **Auflage** erfolgt, die Mittel zur Tilgung des Gesellschafterdarlehens zu verwenden und/oder wenn dies dann auch noch **zeitnah** geschieht (ggf. auch noch betragsgleich). Wegen reinem „**Hin- und Herzahlen**" könnte der Vorgang von der Finanzverwaltung in einen Forderungsverzicht umqualifiziert werden.

9.5.2 Alternative: Einlage der (wertlosen) Forderung in die Kapitalrücklage

Fraglich ist, ob die Entstehung eines (**steuerlichen**) **Ertrags** aus dem Forderungsverzicht bei der T-GmbH (**Buchung: s. Verbindlichkeiten 100 an a. o. Ertrag 100** und keine außerbilanzmäßige Abrechnung als verdeckte Einlage) dadurch vermieden werden kann, dass die M-GmbH ihre Forderung in Höhe von 100 aufgrund eines Gesellschafterbeschlusses **in die**

Kapitalrücklage einlegt (Buchung bei T-GmbH: Forderung an T 100 an Kapitalrücklage 100). Anschließend kommt es dann zur **Konfusion**, bei der die Forderung an T und die Verbindlichkeit an M erlöschen.

Dem wird die Finanzverwaltung jedoch nicht folgen. Diese Vorgehensweise ist nämlich bereits **handelsrechtlich** nicht zutreffend. Eine Einlage in die **Kapitalrücklage** (§ 272 Abs. 2 Nr. 4 HGB) liegt nämlich nur **in Höhe des gemeinen Werts der Forderung** vor (vgl. Beschluss des FG Hamburg vom 30.8.2001, AZ.: VII 105/01, EFG 2002 S. 94; streitig; vgl. auch Lutter/Hummelhoff, GmbHG, § 56 Rz. 4ff.). Somit ist bereits handelsrechtlich ein Ertrag auszuweisen (zur Thematik vgl. auch Thiel, GmbHR 1992 S. 20, und Wassermeyer, DB 1990 S. 2288).

Selbst wenn handelsrechtlich ein Zugang in der Kapitalrücklage mit dem Nennwert der Forderung erfasst werden dürfte, steht einer entsprechenden Behandlung in der Steuerbilanz die Regelung des **§ 6 Abs. 1 Nr. 5 EStG** entgegen. Danach ist die **Einlage (steuerlich)** mit dem **Teilwert** zu bewerten. Dieser beträgt hier **0 €**, so dass das Gesellschafterdarlehen bei der T-GmbH **in der Steuerbilanz über Ertrag** auszubuchen ist (zur Anwendbarkeit des § 6 Abs. 1 Nr. 5 EStG auf Forderungsverzichte durch Gesellschafter vgl. Beschluss des GrS des BFH vom 9.6.1997, AZ.: GrS 1/94, BStBl 1998 II S. 307). Eine außerbilanzmäßige Abrechnung nach § 8 Abs. 3 Satz 3 KStG erfolgt aufgrund des Teilwerts von 0 € nicht (**vgl. H 40 „Forderungsverzicht" KStH**). Aufgrund der eigenständigen steuerlichen Bewertungsregelung besteht insoweit auch keine Bindung an die Handelsbilanz über den Maßgeblichkeitsgrundsatz. Dies ergibt sich auch aus dem BFH-Urteil vom 15.10.1997, AZ.: I R 23/93, BFH/NV 1998 S. 826: „… kann der Forderungsverzicht keinen Einlagewert begründen …, ist die bei der Klägerin eingetretene Vermögensminderung als Gewinn zu behandeln."

Praxishinweis: Kein Direktzugriff auf das steuerliche Einlagekonto bei Auflösung und Rückzahlung einer Kapitalrücklage
Nach dem **BFH-Urteil vom 8.6.2011, AZ.: I R 69/10, GmbHR 2011 S. 1108**, liegt im Falle der Auflösung und Rückgewähr einer Kapitalrücklage kein den gesellschaftsrechtlichen Vorschriften entsprechender Gewinnverteilungsbeschluss für ein abgelaufenes Wirtschaftsjahr vor. Die Regelungen des § 28 Abs. 3 i. V. m. § 30 Abs. 2 KStG a. F. können **nicht** dahingehend ausgelegt werden, dass bei Zahlungen an die Gesellschafter aus der Auflösung einer Kapitalrücklage gem. § 272 Abs. 2 Nr. 4 HGB abweichend von der gesetzlichen Reihenfolge ein **Direktzugriff auf das EK 04** möglich ist.

Das Urteil erging zwar zu einem Sachverhalt im früheren Anrechnungsverfahren. Die Aussagen des BFH zum – **nicht möglichen Direktzugriff auf das EK 04 – jetzt: das steuerliche Einlagekonto** – gelten jedoch im Anwendungsbereich des § 27 Abs. 1 <u>Satz 3</u> KStG entsprechend.

9.6 Sanierungsgewinne (betrieblicher Forderungsverzicht)

Ein Sanierungsgewinn aufgrund des Erlasses von Schulden zum Zwecke der Sanierung der GmbH hat folgende steuerliche Auswirkungen:

a) **Bei der GmbH**

    Buchung: s. Verbindlichkeiten an **a. o. Ertrag**

    → **Grundsatz:**   **voll steuerpflichtig**; ggf. Verringerung eines Verlustvortrags i. S. d. § 10 d Abs. 2 EStG.

    → **Ausnahme:**   **BMF-Schreiben vom 27.3.2003 (BStBl I S. 240) zur ertragsteuerlichen Behandlung von Sanierungsgewinnen greift.** Dies bedeutet:

- Verluste sind vorrangig mit dem Sanierungsgewinn zu verrechnen. Die Verluste sind insoweit aufgebraucht (kein verbleibender Verlustvortrag nach § 10 d Abs. 4 EStG).
- Steuerstundung und Steuererlass der KSt auf den verbleibenden Sanierungsgewinn.
- Für Stundung und Erlass der **Gewerbesteuer** ist die jeweilige Gemeinde zuständig (**vgl. auch BFH-Urteil vom 25.4.2012, AZ.: I R 24/11, DStR 2012 S. 1544**).

b) **Bei den Gläubigern**   (ggf. auch Gesellschafter mit Forderung im Personenunternehmen)

    Buchung: a. o. Aufwand an s. Forderung

                                   →   gewinnmindernd

Praxishinweis:

- Das **BMF-Schreiben vom 27.3.2003 (a. a. O.) zur ertragsteuerlichen Behandlung von Sanierungsgewinnen** hat im Falle des alleinigen Forderungsverzichts durch den **Gesellschafter** grundsätzlich **keine Bedeutung**. Denn bei ihm ist regelmäßig davon auszugehen, dass der Verzicht **zur Erhaltung seiner Beteiligung** erfolgt.
- Die Grundsätze dieses BMF-Schreibens kommen insbesondere dann zur Anwendung, wenn **sowohl Fremdgläubiger als auch der Gesellschafter** zur **Sanierung** der GmbH einen Sanierungserlass aussprechen und die dem Erlass zugrunde liegende Forderung beim Gesellschafter im Rahmen seiner Personenfirma aufgrund Geschäftsbeziehungen zur GmbH entstanden ist.
- Sofern der Ertrag aus dem Verzicht nicht mit vorhandenen Verlustvorträgen ausgeglichen werden kann, ist man auf den **Sanierungserlass** der Finanzverwaltung angewiesen (= **BMF-Schreiben vom 27.3.2003, BStBl I S. 240**). Durch die BFH-Rechtsprechung – **vgl. BFH-Urteil vom 14.7.2010, AZ.: X R 34/08, BStBl II S. 916** – ist in diesem Bereich nun eine gewisse Rechtssicherheit eingetreten. Auf jeden Fall sind aber zunächst **alle Verlustvorträge zu nutzen**. Der Steuererlass erfolgt also nur

für die Steuerbeträge, die nach Nutzung eines Verlustvortrags noch verbleiben. **Die Mindestgewinnbesteuerung des § 10 d Abs. 2 EStG wird dabei jedoch „ausgeschaltet".**

- Die Anwendbarkeit des Sanierungserlasses sollte auf jeden Fall vor dem Verzicht mit dem Finanzamt im Rahmen eines **Antrags auf verbindliche Auskunft** abgeklärt werden! **Sanierungsbedürftigkeit, Sanierungseignung und Sanierungsabsicht müssen dargelegt werden.**

<u>Wichtig:</u> **Forderungsverzicht durch GmbH-Gesellschafter**

Nach Auffassung der Finanzverwaltung liegt i.d.R. ein **begünstigter Sanierungsgewinn** bei einem Darlehensverzicht durch einen Gesellschafter nur dann vor, wenn der Verzicht **eigenbetrieblich – und nicht gesellschaftsrechtlich –** veranlasst ist und wenn neben dem Gesellschafter auch **unbeteiligte Dritte** Darlehensverzichte aussprechen oder anderweitige Sanierungsbeiträge leisten.

Nach Auffassung der Finanzverwaltung (**Beschluss auf Bundesebene im Dezember 2013**) ist selbst in Fällen eines <u>Finanzplandarlehens</u>, auf dessen Rückzahlung verzichtet wird, obwohl kein Verkauf der Anteile erfolgt, **ein Erlass aus betrieblichen Gründen als Billigkeitsmaßnahme möglich** (**Annahme Sanierungsgewinn**). Diese Verwaltungslinie hat zur Konsequenz, dass zwischen der Frage der Begünstigung des Sanierungsgewinns und der Frage der Erhöhung der AK i.S.d. § 17 EStG **kein Zusammenhang** besteht.

<u>Rechtsfolgen:</u>
- Der **Ertrag** aus einem Verzicht auf ein Gesellschafterdarlehen kann unabhängig von der Art des Darlehens ein **begünstigter Sanierungsgewinn** sein, wenn ein Gläubigerakkord vorliegt.
- Auch in Fällen eines begünstigten Sanierungsgewinns können demnach **nachträgliche AK i.S.d. § 17 EStG** vorliegen.

9.7 Abzugsbeschränkungen bei unentgeltlicher oder teilentgeltlicher Nutzungsüberlassung durch den GmbH-Gesellschafter

9.7.1 Überblick: Nutzungsvorteile und Abzugsbeschränkungen

Verzichtet der GmbH-Gesellschafter ganz oder teilweise **auf künftige Nutzungsentgelte** (z. B. Gehalt, Pacht oder Zinsen), liegt **keine verdeckte Einlage** vor (**vgl. H 40, Nutzungsvorteile, KStH 2008**). Es ergeben sich folgende steuerliche Auswirkungen:

9.7 Abzugsbeschränkungen bei unentgeltlicher oder teilentgeltlicher

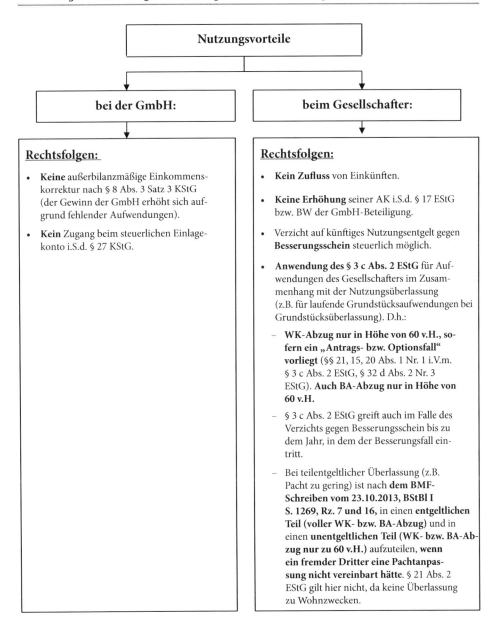

Wichtig:
Es kann nicht bei jedem Verzicht auf ein Nutzungsentgelt die Annahme einer verdeckten Einlage ausgeschlossen werden. Hierbei ist zu unterscheiden, ob auf ein erst **künftig entstehendes Nutzungsentgelt** verzichtet wird, oder aber auf ein bereits **entstandenes Nutzungsentgelt**; im letzteren Fall stellt der Verzicht eine **verdeckte Einlage** dar.

9 Sanierungsmaßnahmen des Gesellschafters in der Krise der GmbH

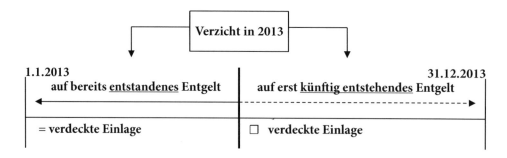

Beispiel 15: Verzicht für die Zukunft: Keine verdeckte Einlage

Der Gesellschafter gewährte seiner Kapitalgesellschaft ein Darlehen in Höhe von 100.000 € zu einem Zinssatz von 7 v.H. **Aus gesellschaftsrechtlichen Gründen verzichtet er am 1.3.2013 auf die Zinsen ab März 2013.**

Lösung:

Der **Verzicht auf ein künftig entstehendes Nutzungsentgelt** (hier: ab März 2013) führt bei der Kapitalgesellschaft **nicht** zu einem bilanzierbaren Wirtschaftsgut, da hierdurch – nach den Grundsätzen des schwebenden Geschäftes – in einer Bilanz zum Zeitpunkt des Verzichts kein Passivposten wegfallen würde. Eine verdeckte Einlage des Gesellschafters liegt deshalb nicht vor, so dass eine Kürzung nach § 8 Abs. 3 Satz 3 KStG nicht in Betracht kommt. **Der Gewinn der Kapitalgesellschaft für 2013 erhöht sich um die ersparten Zinsaufwendungen**; die Einkünfte des Gesellschafters sind aufgrund fehlender Einnahmen entsprechend geringer.

Sofern der Gesellschafter seiner GmbH von Anfang an ein zinsloses Darlehen eingeräumt hätte, hätten sich dieselben steuerlichen Auswirkungen ergeben.

Beispiel 16: Verzicht für die Vergangenheit: Verdeckte Einlage

Der Gesellschafter gewährte seiner GmbH ein verzinsliches Darlehen. Aus gesellschaftsrechtlichen Gründen verzichtet er **am 1.2.2013** auf den am 31.12.2012 fälligen Jahreszins für 2012 in Höhe von 7.000 €. Die Beteiligung gehört zu seinem Privatvermögen. Die GmbH hat zum 31.12.2012 einen Zinsaufwand in Höhe von 7.000 € verbucht. Der Vergütungsanspruch ist im Zeitpunkt des Verzichtes **werthaltig**.

Lösung:

Bei der GmbH ist durch den Verzicht auf ein bereits entstandenes Nutzungsentgelt ein Passivposten weggefallen. Da dies zu einer bilanziellen Vermögensmehrung führt, liegt eine verdeckte Einlage vor. Als gesellschaftsrechtlicher Vorgang darf die verdeckte Einlage das zu versteuernde Einkommen der Kapitalgesellschaft nicht erhöhen. Sofern der Vorgang in 2013 gewinnhöhend verbucht wurde (**Buchung: Sonstige Verbindlichkeiten 7.000 € an a. o. Ertrag 7.000 €**), ist dieser Betrag bei der

9.7 Abzugsbeschränkungen bei unentgeltlicher oder teilentgeltlicher

GmbH **im Rahmen der Einkommensermittlung 2013 nach § 8 Abs. 3 Satz 3 KStG außerbilanzmäßig abzurechnen.**

Diese Vermögensmehrung erhöht **zum 31.12.2013** gleichzeitig das **steuerliche Einlagekonto** i. S. d. § 27 Abs. 1 KStG.

Beim Gesellschafter liegen (im VZ 2012, wenn beherrschend) in Höhe von 7.000 € Einnahmen aus Kapitalvermögen i. S. d. § 20 Abs. 1 Nr. 7 EStG vor (**Einkommensverwendung**); aufgrund der verdeckten Einlage erhöhen sich jedoch die Anschaffungskosten seiner GmbH-Beteiligung i. S. d. § 17 EStG in 2013 um ebenfalls 7.000 €.

Sofern die erlassene Forderung im Zeitpunkt des Verzichts aber **nicht mehr werthaltig** gewesen wäre, würde sich der Zufluss und die Einlage auf den **werthaltigen Teil** (ggf. 0 €) beschränken. è Vgl. H 40, Forderungsverzicht, KStH 2008

Beispiel 17: Unterjähriger Verzicht: anteilige verdeckte Einlage

Der Gesellschafter gewährt seiner Kapitalgesellschaft ein verzinsliches Darlehen über 100.000 €. Aus gesellschaftsrechtlichen Gründen verzichtet er am 30.6.2013 auf die am Jahresende fälligen Zinsen für das laufende Jahr 2013 in Höhe von 7.000 €. Der Vergütungsanspruch ist im Zeitpunkt des Verzichts noch **werthaltig**.

Lösung:

Soweit der Zinsverzicht auf die Zeit vom **1.1.2013 bis 30.6.2013** entfällt, handelt es sich um den **Verzicht auf ein bereits entstandenes Nutzungsentgelt** und damit um eine **verdeckte Einlage** in Höhe von 3.500 €. Der Verzicht auf das erst künftig entstehende Nutzungsentgelt vom **1.7.2013 bis 31.12.2013** kann hingegen nicht Gegenstand einer verdeckten Einlage sein; insoweit handelt es sich um eine unentgeltliche Nutzungsüberlassung.

Denn in einer auf den **Zeitpunkt des Verzichts** (30.6.2013) zu erstellenden Bilanz der Kapitalgesellschaft, hätten die **Zinsen vom 1.1.2013 bis 30.6.2013** als Verbindlichkeiten eingestellt werden müssen. Sofern die GmbH diesen Vorgang buchungsmäßig nicht erfasst hat, muss deshalb im Rahmen der **Einkommensermittlung für 2013 nach § 8 Abs. 3 Satz 3 KStG** eine **außerbilanzmäßige Abrechnung in Höhe von 3.500 €** vorgenommen werden. Außerdem erhöht sich das **steuerliche Einlagekonto** i. S. d. § 27 KStG zum 31.12.2013 um 3.500 €.

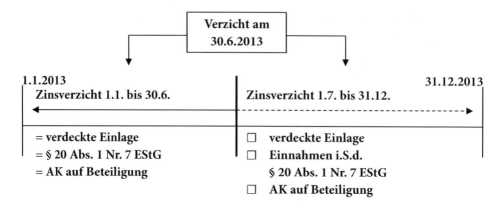

9.7.2 Abzugsbeschränkungen bei unentgeltlicher oder teilentgeltlicher Nutzungsüberlassung durch den GmbH-Gesellschafter

9.7.2.1 Aufwendungen des GmbH-Gesellschafters sind grundsätzlich Betriebsausgaben oder Werbungskosten

Überlässt der Gesellschafter einer Kapitalgesellschaft dieser unentgeltlich oder verbilligt ein Wirtschaftsgut zum Gebrauch oder zur Nutzung, liegt **keine verdeckte Einlage** vor. Die mit der Nutzungsüberlassung verbundenen **Aufwendungen des Gesellschafters** führen deshalb nach dem BFH-Beschluss vom 26.10.1987 (BStBl 1988 II S. 348) **nicht zu nachträglichen Anschaffungskosten auf seine Beteiligung**, sondern können – soweit sie durch die unentgeltliche Überlassung veranlasst sind – bei diesem steuerlich wie folgt berücksichtigt werden:

- **Betriebsausgaben**, wenn die Beteiligung zum **Betriebsvermögen** gehört, oder
- **Werbungskosten bei den Einkünften aus Kapitalvermögen** nach § 20 Abs. 1 Nr. 1 EStG, wenn die Beteiligung im **Privatvermögen** gehalten wird. Vgl. auch BFH-Urteil vom 2.5.2001 (BStBl II S. 668).

Abzug bis einschließlich VZ 2008: 50 v. H.
Abzug seit dem VZ 2009 („Antrags- bzw. Optionsfall"): 60 v. H.

9.7.2.2 Keine Berücksichtigung von Aufwendungen einer nahestehenden Person des GmbH-Gesellschafters für eine eigene Leistung an die Kapitalgesellschaft

Aufwendungen einer nahestehenden Person im Zusammenhang mit einer eigenen Nutzungsüberlassung an die Kapitalgesellschaft sind beim Gesellschafter als sog. **Drittaufwand nicht abzugsfähig.**

9.7.2.3 Die Kürzung nach der BFH-Rechtsprechung

Nach dem **BFH-Urteil vom 28.3.2000 (DB 2000 S. 1738 und BFH/NV 2000 S. 1278)** können Aufwendungen des Gesellschafters im Zusammenhang mit einer unentgeltlichen Nutzungsüberlassung im Regelfall **nur in Höhe seiner Beteiligungsquote** steuerlich berücksichtigt werden, wenn der **Mitgesellschafter ein naher Angehöriger ist**. Ein Abzug beim Mitgesellschafter (Angehöriger) kommt nach den Grundsätzen des **Drittaufwands** ebenfalls nicht in Betracht.

Ein **überquotaler Abzug (d. h. über seine Beteiligungsquote hinaus)** ist beim Gesellschafter nur noch dann möglich, wenn die unentgeltliche Nutzungsüberlassung auf eigenen wirtschaftlichen Interessen des Gesellschafters beruht und nicht durch private Gründe veranlasst ist. Anhand eines **Fremdvergleichs** ist deshalb zu prüfen, ob auch ein fremder Dritter diesen über seiner Beteiligungsquote liegenden Beitrag erbracht hätte. Dies ist aber regelmäßig zu verneinen, da ein fremder Dritter hierfür einen wertmäßigen Ausgleich verlangen würde.

Mit **Urteil vom 25.7.2000 (BStBl 2001 II S. 698)** hat der BFH dies dahingehend präzisiert, dass bei einer teilentgeltlichen Nutzungsüberlassung die Aufwendungen in einen entgeltlichen Teil (insoweit voller Werbungskostenabzug) und in einen unentgeltlichen Teil (Abzug der Aufwendungen nur in Höhe der Beteiligungsquote des Gesellschafters) aufzuteilen sind. Vgl. hierzu auch **BFH-Beschluss vom 4.5.2011, AZ.: VIII B 143/10, BFH/NV 2011 S. 1392. Danach bleibt ein überquotaler Aufwand, der durch den privaten Grund einer Angehörigenbegünstigung mitverursacht ist, außer Betracht.**

9.7.2.4 Die Kürzung nach § 3 c Abs. 2 EStG (BMF-Schreiben vom 23.10.2013, BStBl I S. 1269)

Mit Urteilen vom 18.4.2012, AZ.: X R 5/10 (BStBl 2013 II S. 785), AZ.: X R 7/10 (BStBl 2013 II S. 791), sowie vom 28.2.2013, AZ.: IV R 49/11 (BStBl II S. 802), hat der BFH entschieden, dass das Halb- bzw. Teilabzugsverbot nach § 3 c Abs. 2 EStG dem Grunde nach auch für Aufwendungen anzuwenden ist, die im wirtschaftlichen Zusammenhang mit einer durch das Gesellschaftsverhältnis veranlassten Überlassung von Wirtschaftsgütern stehen. Die Urteile weichen von der bisherigen Verwaltungsauffassung (BMF-Schreiben vom 8.11.2010, BStBl I S. 1292) ab. Mit dem **BMF-Schreiben vom 23.10.2013 (BStBl I S. 1269, nachfolgend BMF)** schließt sich die Finanzverwaltung der Auffassung des BFH an und erklärt die Grundsätze der o.g. Urteile in allen offenen Fällen für anwendbar.

Im Einzelnen gilt Folgendes:

- <u>Fall 1: Substanzmindernde Aufwendungen</u> (Rz. 8 BMF)
  Das Teilabzugsverbot nach § 3 c Abs. 2 EStG ist **nicht** für Aufwendungen anzuwenden, die die **Substanz** der überlassenen Wirtschaftsgüter betreffen. Dies sind insbesondere <u>**Teilwertabschreibungen, Absetzungen für Abnutzung sowie Erhaltungsaufwendungen**</u>.

- **Fall 2: Laufende (nicht substanzbezogene) Aufwendungen** (Rz. 4 und 9 BMF)
  Unter § 3 c Abs. 2 EStG fallen dagegen alle **laufenden Aufwendungen** wie z.B. Aufwendungen für Strom, Gas, Wasser, Heizung, Gebäudereinigungskosten, Versicherungsbeiträge, **Finanzierungskosten (Zinsen) für ein Grundstück**.

  → **Gesellschaftsrechtlich veranlasste Überlassung von Wirtschaftsgütern** (Rz. 6 BMF)
  Erfolgt die Nutzungsüberlassung teil- oder unentgeltlich und somit zu nicht fremdüblichen Konditionen (gesellschaftsrechtliche Veranlassung), stehen die Aufwendungen vorrangig mit später zu erwartenden Beteiligungserträgen im Zusammenhang. **Die Aufwendungen sind dann nach Maßgabe des § 3 c Abs. 2 EStG entsprechend zu kürzen**. Erfolgt die Überlassung teilentgeltlich, ist eine Aufteilung in einen voll entgeltlichen und einen unentgeltlichen Teil vorzunehmen.

  → **Aber:**
  Nach **Rz. 16 BMF** kann eine verbilligte Überlassung auch betrieblich veranlasst sein (**z.B. Absinken der vergleichbaren marktüblichen Pachtentgelte oder zeitlich befristete Pachtabsenkung im Rahmen von Sanierungsmaßnahmen, an denen auch gesellschaftsfremde Personen teilnehmen**). War der Verzicht betrieblich, d.h. durch das Pachtverhältnis veranlasst, unterliegen die Aufwendungen **nicht dem Teileinkünfteverfahren**.

- **Fall 3: Aufwendungen im Zusammenhang mit im Betriebsvermögen gehaltenen Darlehensforderungen (Substanzverluste)** (Rz. 11 BMF)
  Teilwertabschreibungen oder Forderungsverzichte auf Gesellschafterdarlehen oder Aufwendungen aus Bürgschaftsinanspruchnahmen fallen als substanzmindernde Aufwendungen **nicht** in den Anwendungsbereich des § 3 c Abs. 2 EStG. Bei einer gesellschaftsrechtlich veranlassten Darlehensgewährung sind allerdings die für eine Refinanzierung anfallenden Aufwendungen nach Maßgabe des § 3 c Abs. 2 EStG zu kürzen (**Rz. 13 BMF**).

9.7.2.5 Praxisrelevante Fälle im Überblick

Fall 1: Gesellschafterdarlehen

Beispiel 18: Refinanziertes Gesellschafterdarlehen

Angemessene Verzinsung (Teilung zwischen Soll- und Habenzins, vgl. BFH-Urteil vom 22.10.2003, BStBl 2004 II S. 307)?

→ **Zinsen zu hoch:**
vGA wegen Vorteilsgewährung

→ **Zinsen zu niedrig:**
nicht einlagefähiger Nutzungsvorteil, keine verdeckte Einlage.

Zur Vermeidung einer gewinnerhöhenden Abzinsung nach § 6 Abs. 1 Nr. 3 EStG muss das Gesellschafterdarlehen mit **mindestens 0,5 v. H.** verzinst werden (**vgl. BMF-Schreiben vom 26.5.2005, BStBl I S. 699**).

9 Sanierungsmaßnahmen des Gesellschafters in der Krise der GmbH

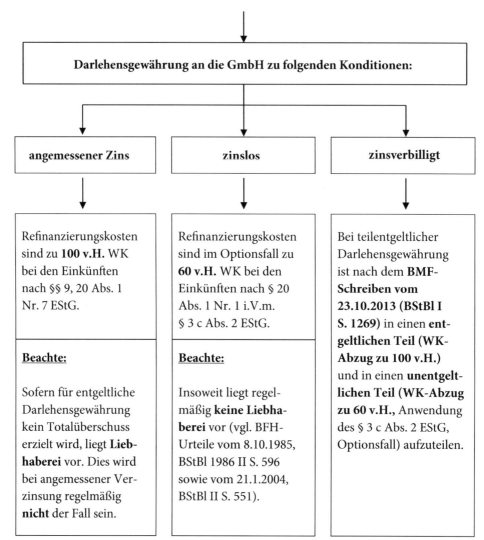

Beispiel 19: Unentgeltliche Darlehensgewährung durch den GmbH-Gesellschafter

An der GmbH sind der Ehemann (EM) mit 80 v.H. und seine Ehefrau (EF) mit 20 v.H. als Gesellschafter beteiligt. EM räumt der GmbH in 2012 ein unverzinsliches Darlehen über 200.000 € ein, das er mit einem Aufwand von 16.000 € refinanzieren muss. Die GmbH-Anteile werden im Privatvermögen gehalten.

9.7 Abzugsbeschränkungen bei unentgeltlicher oder teilentgeltlicher

Lösung:

Bei EM ergeben sich im VZ 2012 folgende steuerliche Einschränkungen:

→ **1. Abzugsbeschränkung aufgrund BFH-Rechsprechung**

EM kann im VZ 2012 als **Werbungskosten bei seinen Einkünften nach § 20 Abs. 1 Nr. 1 EStG** zunächst nur noch 80 v. H. von 16.000 € = **12.800 €** abziehen (20 v. H. = steuerlich nicht abziehbarer **Drittaufwand** und kann deshalb nicht von EF als Werbungskosten abgezogen werden). Ein überquotaler Abzug (d. h. über seine Beteiligungsquote hinaus) kommt nicht in Betracht.

Ein Abzug als Werbungskosten bei der Einkunftsart § 20 Abs. 1 Nr. 7 EStG ist hier nicht möglich, da die Darlehensgewährung unverzinslich erfolgt. Die Refinanzierungskosten stehen vielmehr mit der GmbH-Beteiligung des Gesellschafters und damit **der Einkunftsart nach § 20 Abs. 1 Nr. 1 EStG** im Zusammenhang.

→ **2. Abzugsbeschränkung aufgrund teilweisem Abzugsverbot nach § 3 c Abs. 2 EStG**

Der in der 1. Stufe auf 12.800 € gekürzte Betrag ist nach den Grundsätzen des Teileinkünfteverfahrens (Optionsfall) im VZ 2012 nur **in Höhe von 60 v. H. = 7.680 €** als **Werbungskosten nach §§ 9, 20 Abs. 1 Nr. 1 EStG** bei EM steuerlich abziehbar.

Praxishinweis:

Ein uneingeschränkter Werbungskostenabzug bei EM kommt nach **§ 32 d Abs. 2 Nr. 1 Buchst. b EStG** also nur dann in Betracht, wenn dieser angemessene Zinsen im Rahmen der Einkunftsart § 20 Abs. 1 Nr. 7 EStG von seiner GmbH erhält. Sofern das Darlehen an die GmbH in voller Höhe (also zu 100 v. H.) über die gesamte Laufzeit von EM refinanziert wird, muss dieser der GmbH mindestens **seine Refinanzierungskosten von 16.000 € jährlich in Rechnung stellen, um die Annahme einer Liebhaberei zu vermeiden.**

Wird hingegen das Darlehen nicht in voller Höhe refinanziert, kann nach herrschender Meinung für die Angemessenheit der Verzinsung üblicherweise davon ausgegangen werden, dass sich Darlehensgeber und -nehmer die **banktübliche Spanne zwischen Soll- und Habenzinsen** teilen (vgl. BFH-Urteile vom 28.2.1990, BStBl II S. 649 und vom 22.10.2003, BStBl 2004 II S. 307). Betragen die Sollzinsen z. B. 7 v. H. und die Habenzinsen 3 v. H., wäre danach ein Zinssatz von 5 v. H. angemessen und steuerlich nicht zu beanstanden.

Fall 2: **Grundstücksüberlassung bei Betriebsaufspaltung**

Beispiel 20: BMF-Schreiben vom 23.10.2013, BStBl I S. 1269

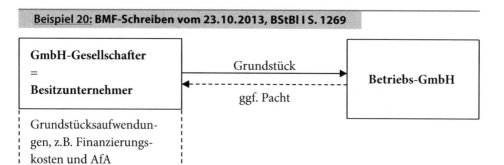

Steuerliche Behandlung der Grundstücksaufwendungen (einschließlich AfA und Finanzierungskosten) beim GmbH-Gesellschafter (und Besitzunternehmer)

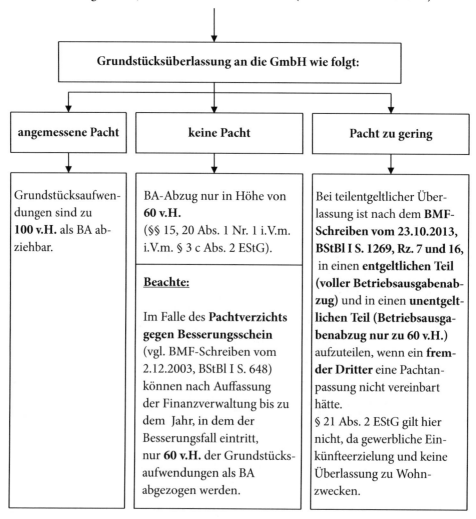

angemessene Pacht	keine Pacht	Pacht zu gering
Grundstücksaufwendungen sind zu **100 v.H.** als BA abziehbar.	BA-Abzug nur in Höhe von **60 v.H.** (§§ 15, 20 Abs. 1 Nr. 1 i.V.m. i.V.m. § 3 c Abs. 2 EStG). **Beachte:** Im Falle des **Pachtverzichts gegen Besserungsschein** (vgl. BMF-Schreiben vom 2.12.2003, BStBl I S. 648) können nach Auffassung der Finanzverwaltung bis zu dem Jahr, in dem der Besserungsfall eintritt, nur **60 v.H.** der Grundstücksaufwendungen als BA abgezogen werden.	Bei teilentgeltlicher Überlassung ist nach dem BMF-Schreiben vom 23.10.2013, BStBl I S. 1269, Rz. 7 und 16, in einen **entgeltlichen Teil** (voller Betriebsausgabenabzug) und in einen **unentgeltlichen Teil** (Betriebsausgabenabzug nur zu 60 v.H.) aufzuteilen, wenn ein **fremder Dritter** eine Pachtanpassung nicht vereinbart hätte. § 21 Abs. 2 EStG gilt hier nicht, da gewerbliche Einkünfteerzielung und keine Überlassung zu Wohnzwecken.

9.7 Abzugsbeschränkungen bei unentgeltlicher oder teilentgeltlicher   259

Aber:
Nach dem BFH-Urteil vom 28.2.2013, AZ.: IV R 49/11, findet das Teilabzugsverbot des § 3 c Abs. 2 EStG keine Anwendung auf Aufwendungen, die vorrangig durch voll steuerpflichtige Einnahmen veranlasst und daher in voller Höhe als WK bzw. BA zu berücksichtigen sind.

Beispiel 21: Teilentgeltliche Grundstücksüberlassung bei Betriebsaufspaltung

An der GmbH sind EM mit 70 v. H. und EF mit 30 v. H. als Gesellschafter beteiligt. EM hat ein Büro- und Verwaltungsgebäude errichtet, das er der GmbH im VZ 2012 zur Nutzung überlässt.

Zwischen EM und der GmbH wurde im VZ 2013 – zeitlich unbefristet – eine monatliche Pacht in Höhe von **2.000 €** vereinbart, obwohl im vorliegenden Fall der Höhe nach (**unter Berücksichtigung des Fremdvergleichs**) ein monatliches Pachtentgelt in Höhe von **6.000 €** angemessen wäre. Denn die GmbH befindet sich in wirtschaftlichen Schwierigkeiten und hat erhebliche Liquiditätsprobleme. Ein fremder Dritter hätte diese Pachtanpassung (insbesondere zeitlich unbefristet) so nicht vereinbart. Bei EM sind in 2013 im Zusammenhang mit seinem Büro- und Verwaltungsgebäude Grundstücksaufwendungen wie folgt angefallen:

- AfA   16.000 €
- Renovierungskosten   8.000 €
- laufende Grundstückskosten   24.000 €
- insgesamt   48.000 €

Fortsetzung Beispiel

Eine Betriebsaufspaltung liegt hier aufgrund personeller und sachlicher Verflechtung vor.

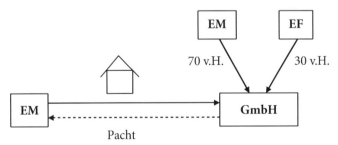

Lösung: BMF-Schreiben vom 23.10.2013, BStBl I S. 1269, Rz. 7
Durch die teilentgeltliche Nutzungsüberlassung ergeben sich bei EM im VZ 2013 folgende steuerliche Auswirkungen:

Entgeltlicher Teil:

Einnahmen nach § 15 i. V. m. § 21 Abs. 3 EStG: (soweit entgeltlich überlassen wird, 12 × 2.000 €, d. h. 1/3 der marktüblichen Miete)   24.000 €

hierauf entfallende Betriebsausgaben: (**1/3 der Kosten von insgesamt 48.000 € entsprechend dem entgeltlichen Teil voll abziehbar, d.h. zu 100 v.H.**)   ./. 16.000 €

Beachte:

§ 21 Abs. 2 EStG gilt hier nicht, da keine Überlassung zu Wohnzwecken und keine Vermietungseinkünfte vorliegen.

Einkünfte nach § 15 EStG (entgeltlicher Teil):   + 8.000 €

Einkünfte nach § 15 EStG (entgeltlicher Teil):   8.000 €

Unentgeltlicher Teil:

Einnahmen nach § 15 i. V. m. § 20 Abs. 1 Nr. 1 und Abs. 8 EStG: 0 €

hierauf entfallende Betriebsausgaben: (**2/3 der Kosten** von insgesamt 48.000 € entsprechend dem unentgeltlichen Teil) = 32.000 €

Diese Betriebsausgaben sind aber noch wie folgt zu kürzen:

→ 1. **Abzugsbeschränkung aufgrund BFH-Rechtsprechung zum Abzugsverbot für einen überquotalen Abzug (vgl. S. 49) greift**, d. h. überquotaler Abzug (über die Beteiligungsquote von EM hinaus) ist **nicht** möglich.

EM kann also zunächst **nur 70 v.H. von 32.000 € = 22.400 € abziehen**. Sofern nämlich EM – wie hier – eine monatliche Pacht in Höhe von 2.000 € – **zeitlich unbefristet** – nur deshalb vereinbart hat, weil die GmbH **erhebliche Liquiditätsprobleme** hat, kommt ein **überquotaler Abzug nicht in Betracht**. Denn ein fremder Dritter hätte diesen Beitrag so **nicht** erbracht.

→ 2. **Abzugsbeschränkung aufgrund teilweisem Abzugsverbot nach § 3 c Abs. 2 EStG greift wie folgt:**

Nach Maßgabe des BMF-Schreibens vom 23.10.2013 (BStBl I S. 1269, BMF) gilt:

- **AfA = 16.000 € x 70 v.H. x 2/3 = 7.467 €**   ./. 7.467 €
  → **Betriebsausgabenabzug in Höhe von 100 v.H.** (Substanzverlust, vgl. Rz. 8 BMF)

- Renovierungskosten (= Erhaltungsaufwendungen)   ./. 3.733 €
  = 8.000 € x 70 v.H. x 2/3 = 3.733 €
  → Betriebsausgabenabzug in Höhe von 100 v.H.
    (Substanzverlust, vgl. Rz. 8 BMF)

- Laufende Grundstückskosten   ./. 6.720 €
  = 24.000 € x 2/3 x 70 v.H. x 2/3 = 11.200 €
  → Betriebsausgabenabzug nur in Höhe von 60 v.H.
    = 6.720 € (vgl. Rz. 7 und 16 BMF)

Die Einkünfte von EM nach § 15 EStG im VZ 2013 betragen somit insgesamt   ./. 9.920 €

9.8 Darlehensverhältnisse zwischen Kapitalgesellschaft und Gesellschafter

9.8.1 Darlehen der Kapitalgesellschaft an den Gesellschafter

9.8.1.1 Darlehen zinslos oder zu einem unangemessen niedrigen Zinssatz

Es ergeben sich folgende steuerlichen Auswirkungen:

Sachverhalt

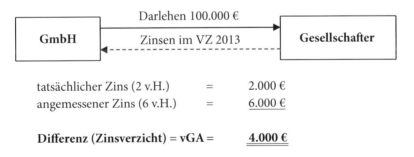

tatsächlicher Zins (2 v.H.)	=	2.000 €
angemessener Zins (6 v.H.)	=	6.000 €
Differenz (Zinsverzicht) = vGA =		**4.000 €**

Steuerliche Auswirkungen:
- Der ganz oder teilweise Zinsverzicht der Gesellschaft (Zinsvorteil beim Gesellschafter) ist eine durch das Gesellschaftsverhältnis veranlasste **verhinderte Vermögensmehrung**. Dies gilt auch für eine Darlehensgewährung im Rahmen eines **Gesellschafterverrechnungskontos**.
  Vgl. auch H 36, Darlehenszinsen, KStH 2008.
- Die vGA in Höhe von 4.000 € führt bei der GmbH im VZ 2013 nach § 8 Abs. 3 Satz 2 KStG zur außerbilanzmäßigen Einkommenskorrektur.

- Die verhinderte Vermögensmehrung ist ein Vermögensabfluss in 2013, so dass insoweit auch eine Verwendung des steuerlichen Einlagekontos nach § 27 Abs. 1 Satz 3 KStG zum 31.12.2012 (= **Einlagenrückgewähr**) zu prüfen ist (**vgl. H 75, Abflusszeitpunkt, KStH 2008**). Dies hätte eine Verringerung des steuerlichen Einlagekontos zum 31.12.2013 zur Folge.
- Beim Gesellschafter ergeben sich im VZ 2013 Einkünfte aus Kapitalvermögen nach § 20 Abs. 1 Nr. 1 Satz 2 EStG in Höhe von 4.000 €. Anwendung Sondersteuersatz von 25 v. H. (§ 32 d Abs. 1 und Abs. 3 EStG) bzw. im Optionsfall (§ 32 d Abs. 2 Nr. 3 EStG) steuerpflichtig nach § 3 Nr. 40 Satz 1 Buchst. d EStG 60 v. H. = 2.400 € (**Ausnahme:** die Leistung erfolgt **nicht aus dem ausschüttbaren Gewinn**, sondern Verwendung des steuerlichen Einlagekontos, vgl. § 20 Abs. 1 Nr. 1 Satz 3 EStG i. V. m. § 17 Abs. 4 EStG).
- Außerdem ist beim Gesellschafter die **Fiktionstheorie** zu prüfen (d. h. Ansatz von fiktiven Zinszahlungen, ggf. liegen **zusätzliche BA oder WK** vor, Anwendung § 3 c Abs. 2 EStG nur bei Verwendung des zinsverbilligten Darlehens für Erwerb einer Kapitalbeteiligung).

9.8.1.2 Darlehen zu einem überhöhten Zinssatz

Sachverhalt

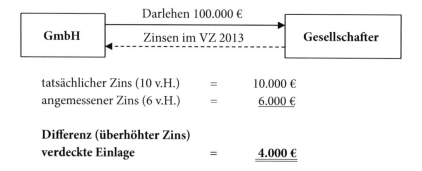

tatsächlicher Zins (10 v.H.)	=	10.000 €
angemessener Zins (6 v.H.)	=	6.000 €
Differenz (überhöhter Zins) verdeckte Einlage	=	**4.000 €**

Die GmbH verbucht den Zinsertrag in der Bilanz zum 31.12.2013 wie folgt:
Bank 10.000 € an a. o. Ertrag 10.000 €.

Steuerliche Auswirkungen:

➡ Verdeckte Einlage von 4.000 € führt bei der GmbH im VZ 2013 **nach § 8 Abs. 3 Satz 3 KStG** zur außerbilanzmäßigen Abrechnung bei der Einkommensermittlung (vgl. R 40 Abs. 2 KStR); steuerpflichtig sind im VZ 2013 also nur 6.000 €.

➡ Verdeckte Einlage führt zu einem Zugang beim steuerlichen Einlagekonto nach § 27 KStG zum 31.12.2013 in Höhe von 4.000 €.

9.8 Darlehensverhältnisse zwischen Kapitalgesellschaft und Gesellschafter 263

→ Beim Gesellschafter ergeben sich in 2013 nachträgliche AK auf die GmbH-Beteiligung i. S. d. § 17 EStG in Höhe von 4.000 €; Zinsaufwand für das Darlehen (ggf. WK- oder BA-Abzug) nur in Höhe von 6.000 €.

9.8.1.3 Angemessenheit der Verzinsung

Nach dem **BFH-Urteil vom 28.2.1990 (BStBl 1990 II S. 649)** sind folgende Fälle zu unterscheiden:
- **Hat die Gesellschaft selbst Kredit aufgenommen**, so berechnet sich die Höhe der verhinderten Vermögensmehrung nach den in Rechnung gestellten **Sollzinsen**, wenn und soweit davon ausgegangen werden kann, dass der dem Gesellschafter zinslos überlassene Darlehensbetrag **andernfalls zur Kreditrückzahlung verwendet worden wäre**.
- **Hat die Gesellschaft selbst keinen Kredit aufgenommen**, so bilden die banküblichen Habenzinsen die Untergrenze und die banküblichen Sollzinsen die Obergrenze der verhinderten Vermögensmehrung. Der im Einzelfall angemessene Betrag ist innerhalb der genannten Marge durch Schätzung zu ermitteln, wobei dem Risiko, dass das Darlehen nicht zurückgezahlt werden kann, besondere Bedeutung zukommt. In der Regel ist aber der Ansatz der Sollzinsen jedenfalls dann nicht gerechtfertigt, wenn die Gesellschaft keine Bankgeschäfte betreibt und deshalb auch nicht den damit verbundenen Aufwand hat. Sind keine anderen Anhaltspunkte für die Schätzung erkennbar, ist es nicht zu beanstanden, wenn von dem Erfahrungssatz ausgegangen wird, dass sich private Darlehensgeber und -nehmer die **bankübliche Marge zwischen Soll- und Habenzinsen** teilen.

Im **BFH-Urteil vom 22.10.2003 (BStBl 2004 II S. 307)** wurde die **Teilung zwischen Soll- und Habenzins** zur Ermittlung der vGA wie folgt bestätigt:

„Zahlt eine GmbH ihrem Gesellschafter ohne eine entsprechende klare und eindeutige Abmachung einen unverzinslichen Tantiemevorschuss, so ist der Verzicht auf eine angemessene Verzinsung eine vGA. Dabei ist davon auszugehen, dass sich die GmbH und der Gesellschafter im Zweifel **die Spanne zwischen banküblichen Soll- und Habenzinsen teilen.**"

9.8.1.4 Darlehensgewährung ist bereits dem Grunde nach steuerlich nicht anzuerkennen

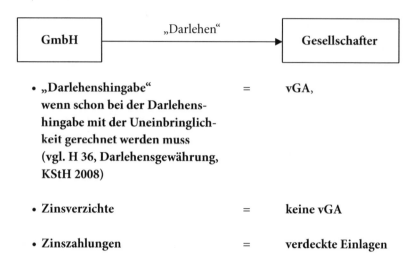

- „Darlehenshingabe" = vGA,
  wenn schon bei der Darlehenshingabe mit der Uneinbringlichkeit gerechnet werden muss
  (vgl. H 36, Darlehensgewährung,
  KStH 2008)

- Zinsverzichte = keine vGA

- Zinszahlungen = verdeckte Einlagen

Gegen die steuerliche Anerkennung eines Darlehensverhältnisses spricht z. B.:
- Fehlen einer Darlehensvereinbarung,
- Fehlen einer Vereinbarung über Tilgung und Rückzahlung des Darlehens,
- **Fehlen einer banküblichen Sicherheit im Zeitpunkt der Darlehensgewährung** (z. B. Hypothek oder Grundschuld, vgl. BFH-Urteil vom 14.7.2004, BStBl 2004 II S. 1010).

Nach dem **BFH-Urteil vom 14.3.1990 (BStBl 1990 II S. 795)** findet die durch den Ausfall einer Darlehensforderung eingetretene Vermögensminderung ihre Veranlassung im Gesellschaftsverhältnis, wenn es die Kapitalgesellschaft unterlassen hat, rechtzeitig, **insbesondere bei Ausreichung des Darlehens**, die erforderlichen Maßnahmen zu treffen, um das ihrem Gesellschafter gewährte Darlehen zu sichern und zurückzuerhalten.

Allerdings kann nach dem **BFH-Urteil vom 29.10.1997 (BStBl 1998 II S. 573)** aus dem Fehlen einer ausdrücklichen Vereinbarung über den Rückzahlungszeitpunkt und einer Abrede über die zu leistenden Sicherheiten nicht zwangsläufig auf das Vorhandensein einer verdeckten Gewinnausschüttung rückgeschlossen werden. Nach Auffassung des BFH bleibt ein Darlehensvertrag in der Regel zwischen einer Kapitalgesellschaft und ihrem beherrschenden Gesellschafter bzw. einer ihm nahestehenden Person auch dann noch ein Darlehensvertrag, wenn ihm eine Vereinbarung über den Rückzahlungszeitpunkt und/oder zu gewährende Sicherheiten fehlt.

Nach dem rechtskräftigen Urteil des **FG Brandenburg vom 23.10.2002 (EFG 2003 S. 261)** kann eine Darlehenshingabe durch eine GmbH an ihren Gesellschafter zu einer **verdeckten Gewinnausschüttung** führen, **wenn die Darlehensforderung bereits <u>bei Hingabe wertlos</u> ist, die Kapitalgesellschaft von der Wertlosigkeit der Darlehensforderung unter Zugrundelegung eines objektiven Maßstabes eines ordentlichen und gewissenhaften**

9.8 Darlehensverhältnisse zwischen Kapitalgesellschaft und Gesellschafter

Geschäftsführers weiß oder wissen müsste, der Darlehensanspruch <u>nicht besichert wird</u> und überwiegende betriebliche Gründe für eine Darlehenshingabe nicht gegeben sind.
   Vgl. auch die ausführliche Anmerkung zu diesem Urteil im EFG 2003 S. 263.
- Ungewöhnlich lange Laufzeit des Darlehens (z. B. 50 Jahre), so dass faktisch keine ernsthafte Rückzahlungspflicht besteht.
- Die Gesellschaft muss bereits bei Darlehenshingabe mit der Uneinbringlichkeit rechnen; **vgl. H 36, Darlehensgewährung, KStH 2008.**

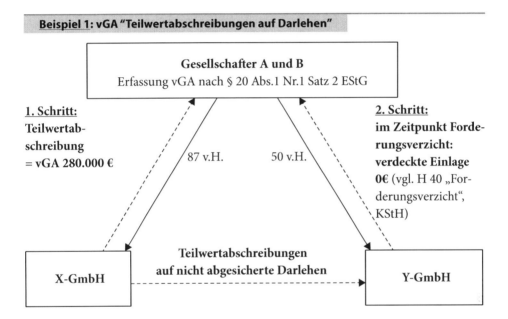

Sachverhalt:
Die **X-GmbH** gewährte der **Y-GmbH** seit 2008 fortlaufende Kredite, für die teilweise weder Laufzeiten noch Rückzahlungsmodalitäten vereinbart waren. Von 2010 bis 2012 übernahm die X-GmbH auch laufende Verbindlichkeiten der Y-GmbH. An Kreditzinsen berechnete die X-GmbH der Y-GmbH 8 % p. a., auch soweit ein Zinssatz von 10 % p. a. vereinbart war. Ein im September 2012 gestellter Antrag auf Eröffnung des Gesamtvollstreckungsverfahrens über das Vermögen der Y-GmbH wurde im Februar 2013 mangels Masse abgelehnt. In ihren Bilanzen auf den 31.12.2011 und auf den 31.12.2012 nahm die X-GmbH in Höhe der zu diesen Zeitpunkten offenen Darlehensforderungen Teilwertabschreibungen (2011: 280.000 €; 2012: 198.767 €) vor. Das FA rechnete dem Gewinn der X-GmbH für 2011 und 2012 die abgeschriebenen Darlehensforderungen gegen die Y-GmbH als vGA hinzu.

Entscheidung des BFH im Urteil vom 8.10.2008, AZ.: I R 61/07, BStBl 2011 II S. 62:
„1. Eine vGA an eine dem Gesellschafter nahestehende Kapitalgesellschaft setzt **nicht** voraus, dass der Gesellschafter in der vorteilsgewährenden oder der empfangenden Kapitalgesellschaft eine **beherrschende Stellung** innehat.

2. Wurde eine durch das Gesellschaftsverhältnis veranlasste, nicht vollwertige Darlehensforderung im Jahr der Darlehensgewährung fehlerhaft nicht wertberichtigt und wird die Wertberichtigung aufgrund des Grundsatzes des formellen Bilanzzusammenhangs in einem nachfolgenden VZ nachgeholt, so **kann die Nachholung in den nachfolgenden VZ zu einer vGA führen.**
3. Reicht der Steuerpflichtige mit der Steuererklärung zunächst einen formnichtigen Jahresabschluss ein und ersetzt er diesen später durch einen wirksamen Jahresabschluss, ist für die Übereinstimmung der steuerlichen mit der handelsrechtlichen Wahlrechtsausübung nach § 5 Abs. 1 Satz 2 EStG auf den wirksamen Jahresabschluss abzustellen."

<u>Im Einzelnen:</u>
Nach Auffassung des BFH hätte ein ordentlicher und gewissenhafter Geschäftsleiter der X-GmbH die später wertberichtigten, unzureichend abgesicherten Darlehen an eine nicht mit den Gesellschaftern verbundene fremde Kapitalgesellschaft in der prekären wirtschaftlichen Lage der Y-GmbH nicht ausgereicht.

Bei der Y-GmbH als Darlehensempfängerin hat es sich um eine den Gesellschaftern A und B nahestehende Person gehandelt. Als solche kommen auch Kapitalgesellschaften in Betracht, an denen ein oder mehrere Gesellschafter der vorteilsgewährenden Kapitalgesellschaft beteiligt sind. Das war hier im Hinblick auf A und B der Fall, die sowohl Gesellschafter der X-GmbH als auch Gesellschafter der Y-GmbH gewesen sind.

Eine vGA kann vorliegen, wenn eine Kapitalgesellschaft ihrem Gesellschafter oder einer diesem nahestehenden Person aus im Gesellschaftsverhältnis liegenden Gründen ein **ungesichertes Darlehen** gegeben hat und sie die Darlehensforderung in der Folge auf einen **niedrigeren Teilwert abschreiben** muss. Dass die Beteiligten die Darlehensausreichung bilanziell – zu Recht – entsprechend ihrem zivilrechtlichen Charakter als Gewährung von Fremdkapital erfasst haben, steht dazu nicht in Widerspruch.

Allerdings kann nicht ausgeschlossen werden, dass die den Wertberichtigungen zugrunde liegenden Darlehensforderungen – auch soweit sie im Zeitraum 2008 bis 2010 begründet worden sind – wegen der kritischen Finanzsituation der Y-GmbH bereits von Beginn an nicht werthaltig gewesen sind. **In diesem Fall wären bei korrekter Bilanzierung die Forderungen sogleich auszubuchen und die Ausbuchungen in den betreffenden Veranlagungszeiträumen als vGA zu neutralisieren gewesen.** Da indes davon ausgegangen werden muss, dass die die Veranlagungszeiträume 2008 bis 2010 betreffenden Ertragsteuerbescheide auf der Grundlage vollumfänglich aktivierter Darlehensforderungen inzwischen **in Bestandskraft erwachsen sind**, wären versäumte Teilwertabschreibungen nach den Grundsätzen des formellen Bilanzzusammenhangs (vgl. Senatsurteil vom 13.2.2008, AZ.: I R 44/07, BStBl II 2008 S. 673, m. w. N.) **im nächsten noch offenen Veranlagungszeitraum** – also im Streitjahr 2011 – nachzuholen. **Auch in diesem Fall hätten in 2011 entsprechende Teilwertabschreibungen vorgenommen werden müssen, die dann dem Gewinn der Klägerin als vGA hinzuzurechnen wären; denn die Rechtsfolge des § 8 Abs. 3 Satz 2 KStG erfordert insoweit keine Zeitkongruenz.**

9.8.2 Darlehen des Gesellschafters an seine Kapitalgesellschaft

9.8.2.1 Vorherige Vereinbarung

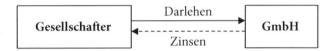

Verzinsung muss **im Voraus vereinbart** sein, wenn **beherrschender Gesellschafter** oder eine ihm **nahestehende Person**?

Sofern vorherige Vereinbarung fehlt:

Zinsen = vGA wegen Verletzung des Nachzahlungsverbots

Bei einem **beherrschenden Gesellschafter (oder einer ihm nahestehenden Person)** ist zur Vermeidung einer verdeckten Gewinnausschüttung wegen Verletzung des Nachzahlungsverbotes eine im voraus getroffene, klare und eindeutige Vereinbarung über die Verzinsung erforderlich. Vgl. H 36, Klare und eindeutige Vereinbarung, KStH 2008.

Dies gilt auch, wenn ein gesetzlicher Zinsanspruch des Gesellschafters besteht (vgl. BFH-Urteil vom 2.3.1988, BStBl 1988 II S. 590).

Beispiel 2: Rückwirkende Zinsvereinbarung

Der Gesellschafter A hat der A-GmbH ab 1.5.2013 ein langfristiges Darlehen über 100.000 € eingeräumt. Nach dem Darlehensvertrag ist eine Verzinsung zunächst nicht vorgesehen, d.h. das Darlehen wird bis auf weiteres zinslos gewährt. Der angemessene banktübliche Zinssatz würde in diesem Fall 7 v.H. jährlich betragen.

Am 1.9.2013 wurde jedoch zwischen dem Gesellschafter und der A-GmbH eine Nachtragsvereinbarung zum Darlehensvertrag geschlossen. Danach ist das Darlehen ab dem 1.5.2013 mit angemessenen 7 v.H. jährlich zu verzinsen. Die Zinsen sind jeweils am 31.12. zur Zahlung fällig. Die GmbH hat daraufhin die Zinszahlung für 2013 am 31.12.2013 wie folgt verbucht:

Zinsaufwand   4.667 € an Bank 4.667 €

Fall 1: A ist beherrschender Gesellschafter, nahestehende Person eines beherrschenden Gesellschafters oder es liegen gleichgerichtete Interessen mit anderen Gesellschaftern vor
- Zinsvorteil Darlehen   ------

Die zinslose Darlehensgewährung von A an die GmbH ist nach H 40, Nutzungsvorteile, KStH 2008, **keine verdeckte Einlage**. Es handelt sich vielmehr um einen nicht einlagefähigen Nutzungsvorteil. Unmittelbare steuerliche Auswirkungen ergeben sich dadurch in 2013 nicht.

- **Nachträgliche Verzinsung** + 2.333 €

Die nachträgliche Verzinsung ist in Höhe von **2.333 € (4/8 von 4.667 €)** in 2013 eine verdeckte Gewinnausschüttung wegen Verletzung des Nachzahlungsverbotes nach R 36 Abs. 2 KStR. Dies gilt unabhängig davon, ob die Zinsen der Höhe nach angemessen sind.

Zur Beherrschung, vgl. H 36, Beherrschender Gesellschafter, KStH 2008; zu gleichgerichteten Interessen, vgl. H 36, Gleichgerichtete Interessen, KStH 2008; zur nahestehenden Person H 36, Nahestehende Person, KStH 2008.

Die verdeckte Gewinnausschüttung in Höhe von 2.333 € ist zunächst nach § 8 Abs. 3 Satz 2 KStG bei der Einkommensermittlung für 2013 außerbilanzmäßig hinzuzurechnen.

Die vGA stellt auch eine Leistung in 2013 dar. Es ist zu prüfen, ob insoweit in 2012 eine Verwendung des steuerlichen Einlagekontos nach § 27 Abs. 1 Satz 3 KStG zum 31.12.2012 und deshalb eine entsprechende Verringerung des Einlagekontos zum 31.12.2013 in Betracht kommt.

Fall 2: A ist kein beherrschender Gesellschafter, keine nahestehende Person und es liegen keine gleichgerichteten Interessen vor

- **Zinsvorteil Darlehen** ------

Die zinslose Darlehensgewährung ist keine verdeckte Einlage (vgl. H 40, Nutzungsvorteile, KStH 2008).

- **Nachträgliche Verzinsung** ------

Die nachträgliche Darlehensverzinsung ist **keine verdeckte Gewinnausschüttung.** Eine verdeckte Gewinnausschüttung wegen Vorteilsgewährung liegt nicht vor, da die Zinsen der Höhe nach **angemessen** sind. Eine verdeckte Gewinnausschüttung wegen Verletzung des Rückwirkungsverbots kommt ebenfalls nicht in Betracht, da A kein beherrschender Gesellschafter ist, insoweit auch keine gleichgerichteten Interessen mit anderen Gesellschaftern vorliegen und es sich bei ihm auch nicht um eine nahe stehende Person eines beherrschenden Gesellschafters handelt. Die Zinsen sind deshalb bei der A-GmbH im VZ 2013 in vollem Umfang als **Betriebsausgaben** abziehbar.

9.8.2.2 Unangemessene Verzinsung

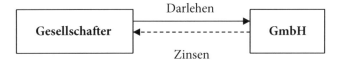

Zinsen zu **hoch** =	vGA wegen Vorteilsgewährung
Zinsen zu **niedrig** =	nicht einlagefähiger Nutzungsvorteil, keine verdeckte Einlage

Sofern ein Gesellschafter-Darlehen unangemessen **hoch verzinst wird**, stellt die Differenz zwischen dem vereinbarten Zinssatz und dem im Fremdvergleich üblichen Zins eine **verdeckte Gewinnausschüttung** dar. Wird das Gesellschafter-Darlehen zu **niedrig verzinst**, liegt keine verdeckte Einlage des Gesellschafters vor, sondern ein **nicht einlagefähiger Nutzungsvorteil** (vgl. H 40, Nutzungsvorteile, KStH 2008).

9.8.2.3 Unverzinsliches Gesellschafterdarlehen

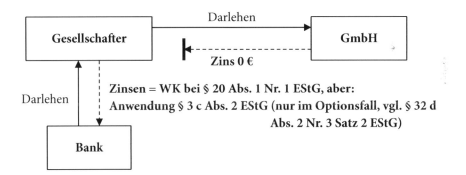

Ein unverzinsliches **Darlehen des Gesellschafters an seine GmbH** führt bei dieser grundsätzlich zu einer gewinnerhöhenden Abzinsung.

Nach **§ 6 Abs. 1 Nr. 3 Satz 2 EStG** ist eine Abzinsung nur dann **nicht** vorzunehmen, wenn:
- die Laufzeit der Verbindlichkeit am Bilanzstichtag weniger als **12 Monate** beträgt,
- die Verbindlichkeit **verzinslich** ist oder
- auf einer **Anzahlung oder Vorausleistung** beruht.

Die Finanzverwaltung hat zur Abzinsung von Verbindlichkeiten und Rückstellungen in den **BMF-Schreiben vom 23.8.1999 (BStBl I S. 818) und vom 26.5.2005 (BStBl I S. 699)** Stellung genommen.

> Sofern eine Abzinsung vorzunehmen ist, ergeben sich folgende steuerliche Auswirkungen:
> **Abzinsungsbetrag = bilanzieller außerordentlicher Ertrag** bei der Kapitalgesellschaft; ein Rechnungsabgrenzungsposten darf nicht gebildet werden.
> Diese Gewinnerhöhung kann auch **nicht als verdeckte Einlage** außerbilanzmäßig abgerechnet werden. Es handelt sich um eine unentgeltliche Nutzungsüberlassung (H 40 „Nutzungsvorteile", KStH 2008).
> Spätere **Aufzinsungsbeträge** führen zu **abzugsfähigen Betriebsausgaben**. Diese sind weder als Vergütungen i. S. d. § 8 a KStG noch als Entgelte für Schulden i. S. d. § 8 Nr. 1 Buchst. a GewStG zu behandeln (BMF-Schreiben vom 26.5.2005, a. a. O., Rz. 22 und 39).
> **Beim Gesellschafter erfolgt keine spiegelbildliche Abzinsung der entsprechenden Forderung** (im BV) im Wege der Teilwertabschreibung (vgl. BFH-Urteil vom 10.11.2005, BStBl 2006 II S. 618).

Praxishinweise:
- **zur Laufzeit der Verbindlichkeit bei fehlender vertraglicher Regelung**
  Sofern für ein Gesellschafterdarlehen **keine vertragliche Laufzeit vereinbart ist**, muss nach den gesamten Umständen des Falles entschieden werden, ob die drei-monatige gesetzliche Kündigungsfrist (§ 609 BGB a. F., § 488 BGB) zur Anwendung kommt (**Folge: keine Abzinsung**) oder von einer **längeren Laufzeit** auszugehen ist.
  Nach Auffassung der Finanzverwaltung wird bei einem **Darlehen des GmbH-Gesellschafters** grundsätzlich eine **längere Laufzeit** bejaht. Liegt ein sog. **krisenbestimmtes Darlehen oder Darlehen in der Krise** vor (zum Begriff, vgl. BMF-Schreiben vom 21.10.2010, BStBl I S. 832) wird von der Finanzverwaltung in jedem Fall eine über 12 Monate hinausgehende Laufzeit angenommen.
  Der BFH hat dies mit **Beschluss vom 6.10.2009, AZ.: I R 4/08, BStBl 2010 II S. 177, und Urteil vom 27.1.2010, AZ.: I R 35/09, DStR 2010 S. 531**, ausdrücklich bestätigt. Danach sind Darlehen mit unbestimmter Laufzeit abzuzinsen, auch wenn sie eigenkapitalersetzenden Charakter haben.
  Bei der Berechnung des abzuzinsenden Betrags kann dabei § 13 Abs. 2 BewG (Leistungen von unbestimmter Dauer) sinngemäß angewandt werden (vgl. Rz. 6 und 7 des BMF-Schreibens vom 26.5.2005, a. a. O.).
- **zur verzinslichen Verbindlichkeit**
  Eine verzinsliche Verbindlichkeit liegt vor, wenn ein Zinssatz von **mehr als 0 v. H.** vereinbart wurde (vgl. Rz. 13 des o. g. BMF-Schreibens). Sofern eine Verzinsung des Gesellschafterdarlehens in Höhe von **mindestens 0,5 v. H.** vereinbart wird, kommt nach Auffassung der Finanzverwaltung in Baden-Württemberg eine Abzinsung **nicht** in Betracht.
  Sofern der Verbindlichkeit zwar keine Kapitalverzinsung, sondern **andere wirtschaftliche Nachteile** gegenüberstehen, liegt ebenfalls eine **verzinsliche** Verbindlichkeit vor (**vgl. Rz. 14 des o. g. BMF-Schreibens**). Dies gilt z. B. für den Fall, dass die GmbH dem

Gesellschafter für das unverzinsliche Gesellschafterdarlehen ein Wirtschaftsgut unentgeltlich zur Nutzung überlassen muss (**sog. Vorteilsausgleich**).

- **Abzug von Refinanzierungskosten**
Refinanzierungskosten des GmbH-Gesellschafters können nur im Optionsfall nach § 32 d Abs. 2 Nr. 3 EStG unter Anwendung des **§ 3 c Abs. 2 EStG** berücksichtigt werden.

Beispiel 4: Abzinsung bei unbestimmter Laufzeit

Der Gesellschafter räumt in 2013 seiner GmbH ein unverzinsliches „krisenbestimmtes" Darlehen ohne Vereinbarung einer bestimmten Laufzeit in Höhe von 100.000 € ein.

Die Anwendung des § 13 Abs. 2 BewG führt nach der Rz. 7 des BMF-Schreibens vom 26.5.2005 (a. a. O.) zu einem **Vervielfältiger in Höhe von 0,503**.

Die GmbH muss deshalb in ihrer Steuerbilanz zum 31.12.2013 die Verbindlichkeit in Höhe von 100.000 € x 0,503 = **50.300 €** ansetzen und die erforderliche Abzinsung wie folgt verbuchen:

s. Verbindlichkeiten 49.700 € an **a. o. Ertrag 49.700 €**.

Diese Gewinnerhöhung ist im VZ 2013 steuerpflichtig und kann nicht nach § 8 Abs. 3 Satz 3 KStG als verdeckte Einlage außerbilanzmäßig abgerechnet werden.

Bei unbestimmter Laufzeit ist diese (zinslose) Verbindlichkeit auch in den folgenden Steuerbilanzen mit einem Betrag von 50.300 € zu passivieren.

Sofern aber später z. B. eine Verzinsung von 0,5 v. H. vereinbart würde, wäre die Verbindlichkeit wieder gewinnmindernd (über a. o. Aufwand) auf den Nennwert von 100.000 € aufzustocken.

Beispiel 5: Abzinsung bei bestimmter Laufzeit

Eine GmbH erhält von ihrem Gesellschafter Anfang 2013 ein **unverzinsliches Darlehen** in Höhe von 1 Mio € mit einer **Laufzeit von 8 Jahren**. Die Darlehensverbindlichkeit ist bei der Gesellschaft in der Steuerbilanz zum 31.12.2013 nach § 6 Abs. 1 Nr. 3 EStG mit dem abgezinsten Betrag von 687.000 € auszuweisen (**Vervielfältiger von 0,687** bei einer Restlaufzeit am Bilanzstichtag von sieben Jahren, vgl. Tabelle 2 zu Rz. 8 des BMF-Schreibens vom 26.5.2005, a. a. O.).

Der Abzinsungsbetrag (**Buchung: s. Verbindlichkeiten 313.000 € an a. o. Ertrag 313.000 €**) kann im Rahmen der Einkommensermittlung für den VZ 2013 **nicht nach § 8 Abs. 3 Satz 3 KStG als verdeckte Einlage außerbilanzmäßig abgerechnet werden**. Der zu versteuernde Gewinn der GmbH erhöht sich demnach in 2013 (vor Abzug der Gewerbesteuer) um den Abzinsungsbetrag von 313.000 €.

In den Folgejahren (also ab VZ 2014) führt die jährliche **Aufzinsung der Verbindlichkeit** zur entsprechenden Minderung des jeweiligen steuerlichen Gewinns (**Buchung: a. o. Aufwand** an s. Verbindlichkeiten).

9.8.3 Vereinbarung eines Vorteilsausgleichs zur Vermeidung einer vGA „Zinsvorteil"

Beispiel 6: Vereinbarung Vorteilsausgleich

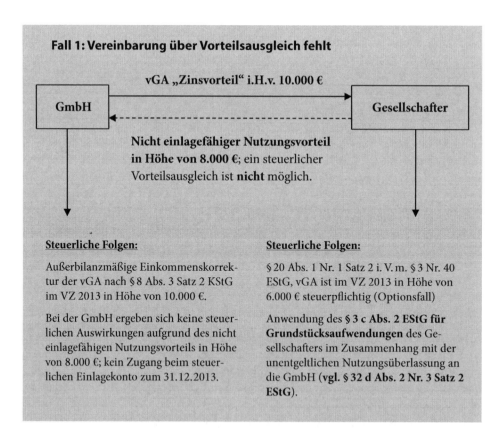

Zinsloses Darlehen: 200.000 €
Zinsvorteil im VZ 2013: **10.000 €**

Vorteil Gesellschafter an GmbH, z.B. unentgeltliche oder verbilligte Grundstücksüberlassung (Nutzungsvorteil im VZ 2012: **8.000 €**)

Fall 1: Vereinbarung über Vorteilsausgleich fehlt

vGA „Zinsvorteil" i.H.v. 10.000 €

Nicht einlagefähiger Nutzungsvorteil in Höhe von 8.000 €; ein steuerlicher Vorteilsausgleich ist **nicht** möglich.

Steuerliche Folgen:

Außerbilanzmäßige Einkommenskorrektur der vGA nach § 8 Abs. 3 Satz 2 KStG im VZ 2013 in Höhe von 10.000 €.

Bei der GmbH ergeben sich keine steuerlichen Auswirkungen aufgrund des nicht einlagefähigen Nutzungsvorteils in Höhe von 8.000 €; kein Zugang beim steuerlichen Einlagekonto zum 31.12.2013.

Steuerliche Folgen:

§ 20 Abs. 1 Nr. 1 Satz 2 i. V. m. § 3 Nr. 40 EStG, vGA ist im VZ 2013 in Höhe von 6.000 € steuerpflichtig (Optionsfall)

Anwendung des **§ 3 c Abs. 2 EStG für Grundstücksaufwendungen** des Gesellschafters im Zusammenhang mit der unentgeltlichen Nutzungsüberlassung an die GmbH (**vgl. § 32 d Abs. 2 Nr. 3 Satz 2 EStG**).

Fall 2: Klare und eindeutige Vereinbarung über Vorteilsausgleich liegt vor

Nach dem BFH-Urteil vom 7.12.1988 (BStBl 1989 II S. 248) setzt bei einem **beherrschenden Gesellschafter** die steuerrechtliche Berücksichtigung eines Vorteilsausgleichs voraus, dass er stets auf einer **im Voraus getroffenen, klaren und eindeutigen Vereinbarung über den Grund und die Höhe der Gegenleistung beruht**. Der BFH hat dies im Urteil vom 28.2.1990 (BStBl 1990 II S. 649) nochmals ausdrücklich bestätigt. Vgl. auch H 36, Vorteilsausgleich, KStH 2008.

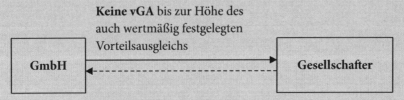

Keine vGA bis zur Höhe des auch wertmäßig festgelegten Vorteilsausgleichs

Kein nicht einlagefähiger Nutzungsvorteil bzw. keine verdeckte Einlage bis zur Höhe des auch wertmäßig festgelegten Vorteilsausgleichs

Steuerliche Konsequenzen:
Liegt im Beispielsfall also eine schriftliche Vereinbarung des Inhalts vor, dass das zinslose Gesellschafterdarlehen nur deshalb eingeräumt wurde, weil die GmbH ihrerseits das Grundstück des Gesellschafters unentgeltlich nutzen konnte und wird dies auch wertmäßig festgelegt, ist insoweit ein **steuerlicher Vorteilsausgleich** durchzuführen. Dies bedeutet, dass nur **der darüber hinausgehende Betrag von 2.000 €** (10.000 € ./. 8.000 €) bei der Einkommensermittlung für 2013 nach § 8 Abs. 3 Satz 2 KStG als **verdeckte Gewinnausschüttung** hinzugerechnet werden muss.

Variante:
Sofern die angemessene Pacht für das Grundstück z. B. **12.000 €** jährlich betragen würde, wäre im Falle eines steuerlichen Vorteilsausgleichs im VZ 2013 im Ergebnis ein **nicht einlagefähiger Nutzungsvorteil in Höhe von 2.000 € (12.000 € ./. 10.000 €)** anzunehmen. D. h. eine verdeckte Gewinnausschüttung käme insoweit **nicht** in Betracht.

Durch den nicht einlagefähigen Nutzungsvorteil in Höhe von 2.000 € würden sich auf der Ebene der Kapitalgesellschaft keine unmittelbaren steuerlichen Auswirkungen ergeben. In diesem Fall würde keine außerbilanzmäßige Abrechnung im Rahmen der Einkommensermittlung von 2.000 € und auch kein entsprechender Zugang beim steuerlichen Einlagekonto i. S. d. § 27 KStG zum 31.12.2013 erfolgen (vgl. auch H 40, Nutzungsvorteile, KStH 2008).

9.8.4 Darlehensgewährung zwischen Schwestergesellschaften

Beispiel 7: Zinslose Darlehensgewährung zwischen Schwestergesellschaften

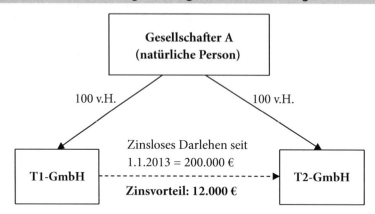

Steuerliche Auswirkungen:
Vgl. H 36, Schwestergesellschaften, KStH 2008, sowie BFH-Beschlüsse vom 26.10.1987 (BStBl 1988 II S. 348) und vom 9.6.1997 (BStBl 1998 II S. 307).

Lösung:

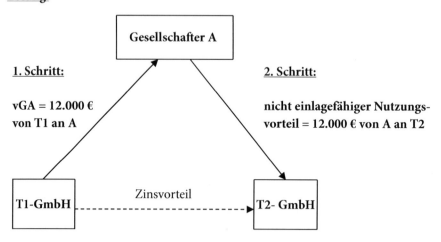

a) Steuerliche Folgen bei T 1-GmbH:
Verdeckte Gewinnausschüttung durch Vorteilsgewährung an eine dem Gesellschafter A **nahestehende Person** (T 2) in Höhe von 12.000 € (Zinsverzicht).
Erhöhung des steuerlichen Einkommens im VZ 2013 (§ 8 Abs. 3 Satz 2 KStG) um 12.000 €.
Die Einkommenskorrektur von 12.000 € führt im VZ 2013 zu einer KSt-Belastung von 15 v. H. Allerdings ist eine Verringerung des steuerlichen Einlagekontos i. S. d. § 27 KStG zum 31.12.2013 für die Leistung zu prüfen (Einlagenrückgewähr in 2013 nach § 27 Abs. 1 Satz 3 KStG).

b) Steuerliche Folgen beim Gesellschafter A:
Erfassung der vGA im VZ 2013 in Höhe von 12.000 € als Einkünfte aus Kapitalvermögen (§ 20 Abs. 1 Nr. 1 Satz 2 EStG, wenn Leistung nicht aus dem steuerlichen Einlagekonto erfolgt); davon **im Optionsfall nach § 32 d Abs. 2 Nr. 3 EStG** steuerfrei nach **§ 3 Nr. 40 Satz 1 Buchst. d EStG** 4.800 € (40 v. H. von 12.000 €), **steuerpflichtig sind also 7.200 €.**
Die vGA in Form der bloßen Nutzungsüberlassung (hier: die zinslose Darlehensgewährung) führt beim Gesellschafter nach der **Fiktionstheorie (Verbrauchstheorie)** dem Grunde nach zu **fiktiven Werbungskosten in Höhe von 12.000 €** (vgl. **§ 32 d Abs. 2 Nr. 3 Satz 2 EStG**).

Allerdings unterliegen Aufwendungen im Zusammenhang mit dem Erwerb einer Kapitalbeteiligung dem **Abzugsverbot nach § 3 c Abs. 2 EStG. Dies gilt auch – wie hier – nach erfolgter vGA und der Anwendung der Fiktionstheorie.** Dies bedeutet, dass beim Gesellschafter A im VZ 2013 Werbungskosten bei den Einkünften aus Kapitalvermögen nach § 20 Abs. 1 Nr. 1 EStG nur in Höhe von 60 v. H. von 12.000 € = 7.200 € steuerlich berücksichtigt werden können.

c) Steuerliche Folgen bei T 2-GmbH:
Der Vorteil der zinslosen Darlehensgewährung ist ein nicht einlagefähiger Nutzungsvorteil. Es ergeben sich bei T 2 dadurch im VZ 2013 keine unmittelbaren steuerlichen Aus-wirkungen; **eine außerbilanzmäßige Abrechnung nach § 8 Abs. 3 Satz 3 KStG in Höhe von 12.000 € ist also nicht zulässig, da keine verdeckte Einlage vorliegt.**
Auch ein Zugang beim steuerlichen Einlagekonto i. S. d. § 27 KStG zum 31.12.2013 erfolgt insoweit nicht.

Beispiel 8: Zinslose Darlehensgewährung zwischen Schwestergesellschaften

Sachverhalt:

Die **M-GmbH** ist jeweils zu 100 v.H. an der **T 1-GmbH** und an der **T 2-GmbH** beteiligt. Die T 1-GmbH gewährt der T 2-GmbH im VZ 2013 ein zinsloses Darlehen in Höhe von 200.000 €, da die T 2-GmbH aufgrund der schwachen Ertragssituation Liquiditätsprobleme hat. Das Darlehen ist gesichert. Die Auszahlung erfolgte am 2.1.2013. Bei einem banküblichen Zinssatz von 5 v.H. beträgt der jährliche Zinsvorteil 10.000 €.

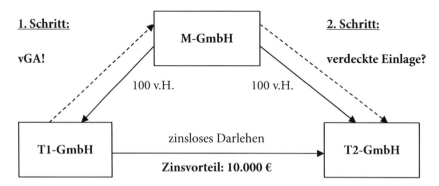

Aufgabe:

Wie ist der Sachverhalt bei der M-GmbH, bei T 1-GmbH und bei T 2-GmbH steuerlich zu behandeln?

Lösung:

a) **Steuerliche Folgen bei der T 1-GmbH: Korrektur der vGA**

Die T 2-GmbH ist eine nahestehende Person zu der M-GmbH, der Gesellschafterin der T 1-GmbH. Es liegt deshalb aufgrund der verhinderten Vermögensmehrung, die durch das Gesellschaftsverhältnis veranlasst ist, im VZ 2013 eine verdeckte Gewinnausschüttung der T 1-GmbH an die M-GmbH gem. § 8 Abs. 3 Satz 2 KStG vor. **Das Einkommen der T 1-GmbH ist nach § 8 Abs. 3 Satz 2 KStG (außerbilanziell) um 10.000 € zu erhöhen.**

b) **Steuerliche Folgen bei der M-GmbH: Erfassung vGA und Anwendung Verbrauchstheorie**

Bei der M-GmbH ist die erhaltene vGA nach § 8 b Abs. 1 KStG steuerfrei. Nach § 8 b Abs. 5 KStG gelten **5 v.H. der vGA (= 500 €)** allerdings als nicht abzugsfähige Betriebsausgabe (**Buchung: a.o. Aufwand 10.000 € an Beteiligungsertrag 10.000 €**).

Das zinslose Darlehen ist eine unentgeltliche Nutzungsüberlassung, die nicht zu einer verdeckten Einlage der M-GmbH in die T 2-GmbH führt. Die zinslose

Darlehensgewährung ist bei der T 2-GmbH kein aktivierungsfähiger Vermögensvorteil (H 40 „Nutzungsvorteile" KStH). Bei der M-GmbH liegen keine Anschaffungskosten auf die Beteiligung an der T 2-GmbH vor. **Die zinslose Darlehensgewährung (versteuerte vGA) ist deshalb bei der M-GmbH als (fiktiver) laufender Aufwand auf die Beteiligung der T 2-GmbH zu erfassen** („Verbrauchstheorie"; Beschluss des Großen Senats des BFH vom 26.10.1987, BStBl 1988 II S. 348, unter II.2.d der Urteilsgründe). Die erhaltene vGA wurde bei der M-GmbH für die Beteiligung an der T 2-GmbH verbraucht. **Der (fiktive) laufende Aufwand ist im VZ 2012 in voller Höhe (10.000 €) abzugsfähig.** § 3 c Abs. 1 EStG ist insoweit nicht anzuwenden.

Die vGA ist **nicht nach §§ 8 Nr. 5 i. V. m. 9 Nr. 2 a GewStG** bei der Ermittlung des **Gewerbeertrags** hinzuzurechnen. Eine Kürzung gem. § 9 Nr. 2 a GewStG kommt ebenfalls nicht in Betracht, da die vGA über § 8 b Abs. 1 KStG nicht im Gewinn aus Gewerbebetrieb i. S. d. § 7 GewStG enthalten ist. Die 5 v. H.-Pauschale ist kein Gewinnanteil i. S. d. § 9 Nr. 2 a GewStG und führt deshalb nicht zur Kürzung (**§ 9 Nr. 2 a Satz 4 GewStG**). Der (fiktive) Zinsaufwand in Höhe von 10.000 € fällt als Entgelt für Schulden aber unter die Hinzurechnungsvorschrift des **§ 8 Nr. 1 a GewStG**.

c) **Steuerliche Folgen bei der T 2-GmbH: keine verdeckte Einlage**

Die ersparten Zinsaufwendungen sind nicht (fiktiv) als Betriebsausgaben abzugsfähig, da keine verdeckte Einlage vorliegt. Bei der T 2-GmbH ist also im VZ 2013 keine Korrektur vorzunehmen (weder bilanziell noch außerbilanziell).

Praxishinweise im Überblick:

1. **Darlehen Kapitalgesellschaft an den Gesellschafter**

Fall 1:	Zins zu niedrig =	vGA Vorteilsgewährung
Fall 2:	Zins zu hoch =	verdeckte Einlage
Fall 3:	Uneinbringlichkeit „Darlehen" =	„Darlehenshingabe" vGA Vorteilsgewährung

2. **Darlehen Gesellschafter an die Kapitalgesellschaft**

Fall 1:	Keine vorherige Vereinbarung bei beherrschenden Gesellschaftern =	vGA Nachzahlungsverbot
Fall 2:	Zinsen zu hoch =	vGA Vorteilsgewährung
Fall 3:	Zinsen zu niedrig =	keine verdeckte Einlage

3. **Unverzinsliches Gesellschafterdarlehen**

Abzinsung nach § 6 Abs. 1 Nr. 3 EStG prüfen

Abzinsung =	Ertrag keine verdeckte Einlage
Aufzinsung =	Aufwand

4. Zinsvorteil bei Darlehen zwischen Schwestergesellschaften

Bei T 1-GmbH =	vGA Vorteilsgewährung
Beim Gesellschafter =	Erfassung vGA und Anwendung Fiktionstheorie
Bei T 2-GmbH =	Zinsvorteil keine verdeckte Einlage

10 Regelungen zur korrespondierenden Besteuerung von vGA und verdeckten Einlagen

Der Gesetzgeber hat u. a. in § 32a KStG Regelungen zur korrespondierenden Besteuerung von vGA und verdeckten Einlagen auf der Gesellschafts- und auf der Gesellschafterebene getroffen.

10.1 Regelung in § 32 a Abs. 1 KStG zur korrespondierenden Besteuerung von vGA

10.1.1 vGA hat das Einkommen der GmbH nicht gemindert

Der auf der Erfassung einer vGA (§ 8 Abs. 3 Satz 2 KStG) beruhende Körperschaftsteuerbescheid einerseits und der Einkommensteuerbescheid andererseits, der auf der Ebene des Anteilseigners für die vGA Kapitaleinkünfte i. S. d. § 20 Abs. 1 Nr. 1 Satz 2 EStG bzw. § 8 b Abs. 1 KStG in die Steuerfestsetzung einbezieht, **stehen nicht im Verhältnis von Grundlagen- und Folgebescheid gem. § 171 Abs. 10, § 175 Abs. 1 Satz 1 Nr. 1 AO.**

Vielmehr ist darüber in dem jeweiligen Besteuerungsverfahren selbstständig zu entscheiden. An dieser Beurteilung ändert sich nichts durch die Schaffung der Korrespondenzregelungen in § 32 a, § 8 b Abs. 1 Sätze 2 bis 4 KStG, § 3 Nr. 40 Satz 1 Buchst. d Sätze 2 und 3 EStG (**vgl. BFH-Urteil vom 18.9.2012, BStBl 2013 II S. 149**)!

Regelung in § 32 a Abs. 1 KStG zur formellen Bestandskraft

↓

Steuerliche Auswirkungen bei der GmbH:
Eine vGA hat nach § 8 Abs. 3 Satz 2 KStG das Einkommen **nicht** gemindert (wurde also im Rahmen der Einkommensermittlung **außerbilanzmäßig hinzugerechnet**).

↓

Steuerliche Folgen beim Anteilseigner:
Unabhängig von der Bestandskraft erfolgt nach § 32 a Abs. 1 KStG eine **Änderung des Steuerbescheids** und die Besteuerung der vGA beim Anteilseigner nach § 32 d Abs. 1 und Abs. 3 EStG (**Sondersteuersatz**) bzw. nach dem **Teileinkünfteverfahren** nach § 3 Nr. 40 Satz 1 Buchst. d Satz 2 EStG i. V. m. § 32 d Abs. 2 Nr. 3 EStG (natürliche Person) bzw. § 8 b Abs. 1 Satz 2 und Abs. 5 KStG (Körperschaft). § 32 a Abs. 1 Satz 2 KStG enthält hierfür eine eigenständige Regelung zur Ablaufhemmung.
Obwohl nach § 32 a Abs. 1 Satz 1 KStG der Bescheid des Gesellschafters geändert werden „kann", **liegt** nach der Gesetzesbegründung ein Ermessensspielraum des FA **nicht vor.** Vgl. Dötsch/Pung, DB 2007 S. 11 ff., sowie BFH-Beschluss vom 20. 3. 2009, AZ.: **VIII B 170/08, DStR 2009 S. 795, und Kohlhepp, Tendenzen des BFH zur Auslegung des § 32 a KStG, DStR 2009 S. 1416.**
Nach dem BFH-Beschluss vom 29. 8. 2012, AZ.: VIII B 45/12, BStBl 2012 S. 839, ist die Regelung in § 32 a KStG **verfassungsgemäß**.

10.1.2 vGA hat das Einkommen der GmbH gemindert

Aber: Das Korrespondenzprinzip gilt nach § 3 Nr. 40 EStG / § 8 b Abs. 1 KStG auch umgekehrt:

Regelung zur materiellen Bestandskraft in § 3 Nr. 40 EStG, § 8 b Abs. 1 KStG

↓

Steuerliche Auswirkungen bei der GmbH:
Eine vGA i. S. d. § 20 Abs. 1 Nr. 1 Satz 2 EStG hat das Einkommen der GmbH **gemindert** (es erfolgte also **keine Hinzurechnung der vGA nach § 8 Abs. 3 Satz 2 KStG**).

↓

Steuerliche Folgen beim Anteilseigner:
Nach **§ 3 Nr. 40 Satz 1 Buchst. d Satz 2 EStG i. V. m. § 32 d Abs. 2 Nr. 3 EStG** (natürliche Person) und **§ 8 b Abs. 1 Satz 2 KStG** (Körperschaft) erfolgt auf der Ebene des Anteilseigners **keine** abgemilderte Besteuerung der vGA im Teileinkünfteverfahren.

Zusammenfassung:

Bei der **Kapitalgesellschaft** kann die Veranlagung zwecks Einkommenskorrektur der vGA nach § 8 Abs. 3 Satz 2 KStG geändert werden. D. h. die vGA hat das Einkommen **nicht** gemindert (wurde also im Rahmen der Einkommensermittlung außerbilanzmäßig **hinzugerechnet**).	Bei der **Kapitalgesellschaft** hat die **vGA** den Gewinn **verringert**. Die Veranlagung kann **nicht mehr geändert** werden.
↓	↓
Nach **§ 32 a Abs. 1 KStG** kann die Veranlagung des **Anteilseigners** zwecks korrespondierender Erfassung der vGA geändert werden.	Nach **§ 3 Nr. 40 Satz 1 Buchst. d Satz 2 EStG bzw. § 8 b Abs. 1 Sätze 2 und 3 KStG** sind beim **Anteilseigner** die Vorschriften des Teileinkünfteverfahrens auf die vGA **nicht** anzuwenden.
Es erfolgt eine **ermäßigte Besteuerung der vGA beim AE** nach § 3 Nr. 40 Satz 1 Buchst. d Satz 1 EStG (natürliche Person, Optionsfall nach § 32 d Abs. 2 Nr. 3 EStG) bzw. § 8 b Abs. 1 Satz 1 und Abs. 5 Satz 1 KStG (Körperschaft).	**Hinweis:** Zur Anwendung des Sondersteuersatzes nach § 32 d Abs. 1 und Abs. 3 EStG in diesen Fällen, vgl. die nachstehenden Ausführungen auf der nächsten Seite.

10.1.3 Korrespondenzprinzip für vGA aus im Privatvermögen gehaltenen Kapitalbeteiligungen zur Anwendung Sondersteuersatz (§ 32 d Abs. 2 Nr. 4 EStG)

Auf der Gesellschafterebene kommt der ermäßigte Steuersatz (Sondersteuersatz von 25 v. H.) nur dann in Betracht, wenn eine vGA das Einkommen der Kapitalgesellschaft nicht gemindert hat.

Grundsatz: Hinzurechnung vGA = Anwendung Sondersteuersatz	
vGA hat das Einkommen der KapGes **nicht** gemindert und wurde nach § 8 Abs. 3 Satz 2 KStG **hinzugerechnet**.	**Anwendung Sondersteuersatz von 25 v. H.** (§ 32 d Abs. 1 und Abs. 3 EStG), sofern AE nicht nach § 32 d Abs. 2 Nr. 3 EStG zur Teileinkünftebesteuerung optiert hat (§ 3 Nr. 40 Satz 1 Buchst. d Satz 2 EStG).
Ausnahme: Keine Hinzurechnung vGA = Keine Anwendung Sondersteuersatz	
vGA hat das Einkommen der leistenden Körperschaft **gemindert** und wurde **nicht** nach § 8 Abs. 3 Satz 2 KStG **hinzugerechnet**.	Nach § 32 d Abs. 2 Nr. 4 EStG gilt § 32 d Abs. 1 EStG nicht und es erfolgt beim AE **eine volle Besteuerung (zu 100 v. H.)**. Damit besteht auch insoweit eine Korrespondenz zwischen der steuerlichen Behandlung der vGA bei der Körperschaft und ihrem AE.
Rückausnahme: Keine Hinzurechnung vGA, aber Erhöhung Einkommen nahestehender Person = Anwendung Sondersteuersatz	
vGA hat das Einkommen der leistenden Körperschaft zwar **gemindert** und wurde **nicht** nach § 8 Abs. 3 Satz 2 KStG **hinzugerechnet**.	**Beim AE erfolgt doch Anwendung des Sondersteuersatzes von 25 v. H.**, soweit die vGA das Einkommen einer dem AE **nahestehenden Person erhöht hat** und auf deren Veranlagung § 32 a KStG nicht anwendbar ist (§ 32 d Abs. 2 Nr. 4 2. HS EStG).

Praxishinweise:
Das **Jahr**, in dem sich die vGA auf der Ebene der Körperschaft nach § 8 Abs. 3 Satz 2 KStG auswirkt, und das **Jahr**, in dem die vGA auf der Ebene des Gesellschafters zu erfassen ist, müssen **nicht deckungsgleich** sein. Bildet z. B. die Körperschaft im Jahr 2013 eine als vGA zu qualifizierende Tantiemerückstellung und erfolgt die Auszahlung der Tantieme in

2014, kann, wenn der Steuerbescheid der Körperschaft für 2013 wegen der vGA erlassen, aufgehoben oder geändert wird, der ESt-Bescheid des Gesellschafters für 2013 nach **§ 32 a Abs. 1 KStG** geändert werden.

Beispiel 1: Anwendung § 32 a Abs. 1 KStG

An der A-GmbH sind B und C jeweils mit 50 v. H. beteiligt. Die A-GmbH hat von der Ehefrau des B ein Grundstück gepachtet. Die A-GmbH zahlt im VZ 2013 einen um 50.000 € überhöhten Pachtzins. Die Ehefrau hat den Pachtertrag in voller Höhe nach § 21 EStG versteuert. Die ESt-Veranlagung für 2013 ist bestandskräftig. Aufgrund einer Außenprüfung wird der KSt-Bescheid 2013 bei der A-GmbH nach § 164 Abs. 2 AO dahingehend geändert, dass eine vGA nach § 8 Abs. 3 Satz 2 KStG in Höhe von 50.000 € angesetzt und außerbilanzmäßig hinzugerechnet wird.

Lösung:

Nach **§ 32 a Abs. 1 Satz 1 KStG** kann die ESt-Veranlagung für 2013 der Eheleute B dahingehend geändert werden, dass bei der Ehefrau die Einnahmen nach § 21 EStG um 50.000 € gemindert und bei dem Ehemann im Optionsfall zu 60 v. H. steuerpflichtige Kapitalerträge in Höhe von 50.000 € nach § 20 Abs. 1 Nr. 1 i. V. m. § 3 Nr. 40 Satz 1 Buchst. d Satz 2 EStG (60 v. H. von 50.000 € = 30.000 €) angesetzt werden. C ist nicht betroffen, da die vGA in voller Höhe dem Gesellschafter B zuzurechnen ist.

Vgl. auch H 36, Zurechnung der vGA, KStH 2008.

Beispiel 2: Anwendung § 8 b Abs. 1 Satz 2 KStG

Die Tochter-GmbH veräußert an ihre Mutter-GmbH im VZ 2013 ein Grundstück für 100.000 €. Der Buchwert des Grundstücks bei der Tochter-GmbH beträgt 30.000 €; der Teilwert des Grundstücks beläuft sich auf 120.000 €. Die KSt-Veranlagung 2013 bei der Tochter-GmbH ist bestandskräftig, wobei ein Veräußerungsgewinn in Höhe von 70.000 € berücksichtigt wurde. Die KSt-Veranlagung 2013 bei der M-GmbH erfolgte nach § 164 AO unter dem Vorbehalt der Nachprüfung.

Lösung:

Auf der Ebene der **Mutter-GmbH** ist im VZ 2013 ein Beteiligungsertrag nach § 20 Abs. 1 Nr. 1 EStG in Höhe von 20.000 € anzusetzen, der nach **§ 8 b Abs. 1 Satz 2 KStG in voller Höhe** steuerpflichtig ist.

10.2 Regelung in § 32 a Abs. 2 KStG für verdeckte Einlagen

10.2.1 Verdeckte Einlage hat das Einkommen des Gesellschafters nicht gemindert

§ 32 a Abs. 2 KStG lautet wie folgt:
„Soweit gegenüber dem Gesellschafter ein Steuerbescheid oder ein Feststellungsbescheid hinsichtlich der Berücksichtigung einer verdeckten Einlage erlassen, aufgehoben oder geändert wird, kann ein Steuerbescheid gegenüber der Körperschaft, welcher der Vermögensvorteil zugewendet wurde, aufgehoben, erlassen oder geändert werden."

Beispiel 3: Anwendung § 32 a Abs. 2 KStG

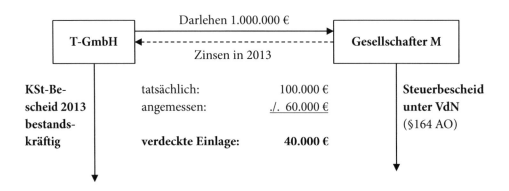

→ Änderung des bestandskräftigen KSt-Bescheids für 2013 ist nach § 32 a Abs. 2 KStG möglich

10.2.2 Verdeckte Einlage hat das Einkommen des Gesellschafters gemindert

Nach § 8 Abs. 3 Satz 4 KStG gilt dies aber auch umgekehrt:

„Verdeckte Einlagen erhöhen das Einkommen nicht. Das Einkommen erhöht sich, soweit eine verdeckte Einlage das Einkommen des Gesellschafters gemindert hat."

Beispiel 4: Anwendung § 8 Abs. 3 Satz 4 KStG

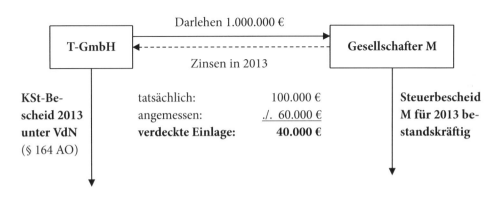

| KSt-Bescheid 2013 unter VdN (§ 164 AO) | tatsächlich: angemessen: verdeckte Einlage: | 100.000 € ./. 60.000 € 40.000 € | Steuerbescheid M für 2013 bestandskräftig |

Steuerliche Auswirkungen:

Bisher: Ertrag 100.000 €

keine
Korrektur: Ertrag 100.000 €

→ Keine außerbilanzmäßige Abrechnung der vE in Höhe von 40.000 € nach § 8 Abs. 3 Satz 4 KStG. D.h. der überhöhte Zinsertrag von 40.000 € ist bei der T-GmbH **steuerpflichtig**. Dies gilt unabhängig davon, dass der KSt-Bescheid nach § 164 AO änderbar wäre.

Steuerliche Auswirkungen:

Bisher: Aufwand 100.000 €

keine
Korrektur: Aufwand 100.000 €

→ Keine Änderung Steuerbescheid möglich, d. h. der Betriebsausgabenabzug bei M bleibt (obwohl Aufwand richtig: 60.000 €).

Aber:
Gleichwohl **Zugang beim steuerlichen Einlagekonto** nach § 27 KStG zum 31.12.2013 in Höhe von 40.000 €.

Zusammenfassung:

Beim **Anteilseigner** kann die ESt- bzw. KSt-Veranlagung zwecks Neutralisierung einer durch die **verdeckte Einlage** eingetretenen Gewinnminderung **noch geändert** werden.	Beim **Anteilseigner** ist durch die verdeckte Einlage eine **Gewinnminderung** eingetreten. Die ESt- bzw. KSt-Veranlagung kann **nicht mehr geändert** werden.
↓	↓
Nach **§ 32 a Abs. 2 KStG** kann die KSt-Veranlagung der **Kapitalgesellschaft** zwecks korrespondierender Erfassung der verdeckten Einlage **geändert** werden.	Nach **§ 8 Abs. 3 Satz 4 KStG** ist die verdeckte Einlage bei der **Kapitalgesellschaft als steuerpflichtige Betriebseinnahme** zu erfassen.
	Aber: Zugang beim **steuerlichen Einlagekonto** nach § 27 KStG.

10.3 Steuerliche Auswirkungen in sog. Dreiecksfällen (§ 8 Abs. 3 Satz 5 KStG)

In sog. Dreiecksfällen (Schwestergesellschaften mit einem gemeinsamen Gesellschafter) kommt die Sonderregelung des § 8 Abs. 3 Satz 5 KStG zur Anwendung.

Grundsatz: § 8 Abs. 3 Satz 5 1. HS
Das **Einkommen erhöht sich** im Falle einer **verdeckten Einlage, d. h. § 8 Abs. 3 Satz 4 KStG gilt auch für eine verdeckte Einlage**, die auf einer **vGA** einer der Gesellschafter nahestehenden Person beruht und bei der **Besteuerung des Gesellschafters nicht** berücksichtigt wurde.

Ausnahme: § 8 Abs. 3 Satz 5 2. HS („... es sei denn ...")
Das Einkommen erhöht sich im Falle einer **verdeckten Einlage nicht**, wenn die **vGA bei der leistenden Kapitalgesellschaft** das Einkommen **nicht** gemindert hat.

10.3 Steuerliche Auswirkungen in sog. Dreiecksfällen (§ 8 Abs. 3 Satz 5 KStG)

Beispiel 5: Anwendung § 8 Abs. 3 Satz 5 KStG

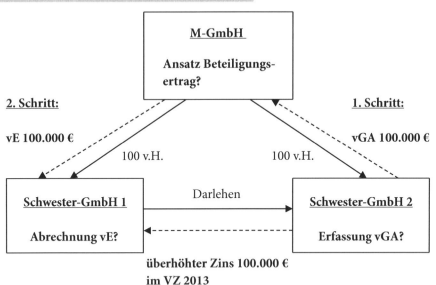

Sachverhalt:

Die Schwester-GmbH 1 gewährt der Schwester-GmbH 2 ein Darlehen. Für das Darlehen zahlt die Schwester-GmbH 2 im VZ 2013 einen überhöhten Zins in Höhe von 100.000 €. Anteilseigner sowohl der Schwester-GmbH 1 als auch der Schwester-GmbH 2 ist zu 100 v. H. die Mutter-GmbH.

Lösung:

Es liegt im VZ 2013 eine **vGA** der Schwester-GmbH 2 an die Mutter-GmbH und eine **verdeckte Einlage** der Mutter-GmbH in die Schwester-GmbH 1 in Höhe von jeweils 100.000 € vor (**vgl. BFH-Beschluss vom 26.10.1987, BStBl 1988 II S. 348**).

Fall 1: § 8 b Abs. 1 Satz 2 und § 8 Abs. 3 Satz 5 1. HS KStG
Die KSt-Veranlagung 2013 der zinszahlenden Schwester-GmbH 2 ist bestandskräftig und nach den Vorschriften der AO **nicht änderbar**. Die Zinszahlung wurde in voller Höhe als **Betriebsausgabe** berücksichtigt. **Die KSt-Veranlagungen 2013 der Mutter-GmbH und der Schwester-GmbH 1 sind offen.**

Lösung:
Bei der **Mutter-GmbH** ist nach § 20 Abs. 1 Nr. 1 EStG im VZ 2013 ein Beteiligungsertrag in Höhe von 100.000 € anzusetzen, der nach **§ 8 b Abs. 1 Satz 2 KStG in voller Höhe steuerpflichtig ist.** Die Anschaffungskosten der Mutter-GmbH auf

die Schwester-GmbH 1 sind wegen der verdeckten Einlage um 100.000 € zu erhöhen (**kein Fall des § 8 Abs. 3 Satz 6 KStG**).
Bei der <u>Schwester-GmbH 1</u> ist die Zinszahlung in Höhe von 100.000 € einkommensneutral (**d. h. es erfolgt im VZ 2013 nach § 8 Abs. 3 Satz 3 KStG eine außerbilanzmäßige Abrechnung**), da es sich hierbei um eine **verdeckte Einlage** handelt und die vGA **auf der Ebene der Mutter-GmbH erfasst** worden ist (**§ 8 Abs. 3 Satz 5 1. HS KStG**). Außerdem ergibt sich bei der Schwester-GmbH 1 ein **Zugang beim steuerlichen Einlagekonto zum 31.12.2013** nach § 27 KStG in Höhe von 100.000 €.

Fall 2: § 8 Abs. 3 <u>Satz 5</u> 1. HS und Satz 6 KStG
<u>Die KSt-Veranlagungen 2013 der zinszahlenden Schwester-GmbH 2 und der Mutter-GmbH sind bestandskräftig</u> und können nach den Vorschriften der AO nicht geändert werden. Bei der Schwester-GmbH 2 wurde die Zinszahlung in voller Höhe als **Betriebsausgabe** berücksichtigt, bei der Mutter-GmbH wurden aus dem Vorfall keine steuerlichen Folgerungen gezogen. **Die KSt-Veranlagung 2013 der Schwester-GmbH 1 ist offen.**

Lösung:
Bei der **Schwester-GmbH 1** ist die in eine verdeckte Einlage umzuqualifizierende Zinszahlung in Höhe von 100.000 € im VZ 2013 **steuerpflichtig**, da die vGA bei der Mutter-GmbH **nicht** steuerwirksam erfasst worden ist (**§ 8 Abs. 3 Satz 5 1. HS KStG**).
Aber:
Zugang beim steuerlichen Einlagekonto der Schwester-GmbH 1 zum 31.12.2013 nach § 27 KStG (100.000 €).
In diesem Fall ist auch die **Berücksichtigung nachträglicher Anschaffungskosten** bei der Mutter-GmbH auf die Beteiligung an der Schwester-GmbH 1 im Rahmen einer späteren Veranlagung im Wege einer Bilanzberichtigung **ausgeschlossen (§ 8 Abs. 3 Satz 6 KStG).**

Fall 3: § 8 Abs. 3 <u>Satz 5</u> 2. HS KStG
Nur die <u>KSt-Veranlagung 2013 der Mutter-GmbH (Gesellschafter) ist bestandskräftig</u> und nicht mehr änderbar. **Die M-GmbH ist im Ausland ansässig.**

Lösung:
Schwester-GmbH 2:
→ **Außerbilanzmäßige Hinzurechnung der vGA im VZ 2013** in Höhe von 100.000 € nach § 8 Abs. 3 Satz 2 KStG.

→ Verwendung des steuerlichen Einlagekontos zum 31.12.2012 nach § 27 Abs. 1 Satz 3 KStG für Leistungen (= vGA in 2013) prüfen; ggf. Verringerung des steuerlichen Einlagekontos zum 31.12.2013.

Mutter-GmbH:
→ **Kein Ansatz der vGA.**
→ § 32 a Abs. 1 KStG greift **nicht**, da M-GmbH im Ausland ansässig ist.

Schwester-GmbH 1:
→ **Außerbilanzmäßige Abrechnung** der **verdeckten Einlage im VZ 2013** in Höhe von 100.000 € (**§ 8 Abs. 3 Satz 5 2. HS KStG ... „es sei denn ..."**). Dadurch wird eine doppelte Besteuerung der Zinsen verhindert.
→ Zugang beim steuerlichen Einlagekonto der Schwester-GmbH 1 nach § 27 KStG zum 31.12.2013 in Höhe von 100.000 €.

Fall 4: Anwendung § 32 a Abs. 1 KStG
Die KSt-Veranlagungen der Mutter-GmbH und der Schwester-GmbH 1 für 2013 sind bestandskräftig und nach den Vorschriften der AO nicht änderbar. Bei der Mutter-GmbH wurden aus der überhöhten Zinszahlung bisher keine steuerlichen Folgen gezogen; die Schwester-GmbH 1 hat die Zinszahlung in voller Höhe als Ertrag erfasst und versteuert.
Die KSt-Veranlagung 2013 der Schwester-GmbH 2 ist offen.

Lösung:
Bei der **Schwester-GmbH 2** ist das Einkommen im VZ 2013 aufgrund der vGA nach **§ 8 Abs. 3 Satz 2 KStG** außerbilanzmäßig um 100.000 € zu erhöhen. Die KSt-Veranlagung 2013 der **Mutter-GmbH** kann nach **§ 32 a Abs. 1 KStG** geändert werden. Es ist ein **Beteiligungsertrag** nach § 20 Abs. 1 Nr. 1 EStG in Höhe von 100.000 € zu erfassen, der nach **§ 8 b Abs. 1 Satz 2 i. V. m. Abs. 5 KStG zu 95 v. H. steuerfrei ist**. Es ist davon auszugehen, dass § 32 a Abs. 1 KStG **auch die verdeckte Einlage** gegenüber der Schwester-GmbH 1 erfasst, sind bei der Mutter-GmbH **nachträgliche Anschaffungskosten** auf die Beteiligung an der Schwester-GmbH 1 in Höhe von 100.000 € zu berücksichtigen.
Wenn § 32 a Abs. 1 KStG auch die verdeckte Einlage bei der Schwester-GmbH 1 erfasst, ist bei der **Schwester-GmbH 1** der Zinsertrag 2013 zu neutralisieren (§ 8 Abs. 3 Satz 3 KStG) und bei dieser ein Zugang beim steuerlichen Einlagekonto zum 31.12.2013 nach § 27 KStG in Höhe von 100.000 € zu erfassen.

Fall 5: § 8 b Abs. 1 Satz 4 KStG
Die Schwester-Kapitalgesellschaft 1 ist im Ausland ansässig. Bei dieser sind die 100.000 € steuerpflichtiger Zinsertrag. Die KSt-Veranlagung 2012 der zinszahlenden Schwester-GmbH 2 ist bestandskräftig und nach den Vorschriften der AO nicht änderbar. Die Zinszahlung wurde in voller Höhe einkommensmindernd (als Betriebsausgabe) berücksichtigt.

Die KSt-Veranlagung 2013 der Mutter-GmbH ist offen.

Lösung:
Bei der **Mutter-GmbH** ist aufgrund der vGA im VZ 2013 nach § 20 Abs. 1 Nr. 1 EStG ein Beteiligungsertrag in Höhe von 100.000 € zu erfassen, der nach **§ 8 b Abs. 1 Satz 4 i. V. m. Abs. 5 KStG in Höhe von 95 v. H. steuerfrei** ist. Die Anschaffungskosten der Mutter-GmbH an der Schwester-Kapitalgesellschaft 1 erhöhen sich wegen der verdeckten Einlage um 100.000 €.

Schenkungsteuer bei vGA und verdeckten Einlagen

11.1 Allgemeines

Die Finanzverwaltung ist mit den **neuen gleich lautenden Ländererlassen vom 14.3.2012, BStBl I S. 331, welche die bisherigen Ländererlasse vom 20.10.2010 (BStBl I S. 1207) aufheben**, auf die BFH-Rechtsprechung (Urteil vom 9.12.2009, AZ.: II R 28/08, BStBl 2010 II S. 566) eingegangen. Die Erlasse folgen der vom BFH vorgegebenen rein zivilrechtlichen Betrachtungsweise, die eine strikte Trennung zwischen den der Kapitalgesellschaft und den Gesellschaftern zuzurechnenden Leistungen vorsieht. Die Kapitalgesellschaft wird nunmehr als eigenständige – intransparente – Rechtspersönlichkeit mit eigenem Vermögen gesehen, die sowohl Schenker als auch Beschenkte sein kann. Steuerbare Vorgänge sind u. a.:

- eine in einem zeitlichen Zusammenhang mit einer Einlage erfolgte Gewinnausschüttung zugunsten der anderen Gesellschafter (**Schenkung unter den Gesellschaftern**)
- überhöhte Vergütungen o. Ä. über die Beteiligungsquote hinaus zulasten der Mitgesellschafter (**Schenkung der Gesellschaft an den Gesellschafter**)
- überhöhte Vergütungen o. Ä. an nahestehende Personen (**Schenkung der Gesellschaft an die nahestehende Person**).

Die geänderte Erlassfassung ist auf alle Erwerbsfälle anzuwenden, für die die Steuer **nach dem 20.10.2010** entsteht. Eine Anwendung auf Erwerbsfälle, für die die Steuer vor dem 21.10.2010 entstanden ist, ist möglich, soweit R 18 ErbStR, H 18 ErbStH a. F. und die amtlich veröffentlichte Rechtsprechung des Bundesfinanzhofs dem nicht entgegenstehen.

Die nachfolgenden Rz. beziehen sich auf die neuen Ländererlasse vom 14.3.2012 (a. a. O.).

Praxishinweis: vGA kann nicht gleichzeitig freigebige Zuwendung an Gesellschafter sein
Nach dem **BFH-Urteil vom 30.1.2013, AZ.: II R 6/12, DStR 2013** S. 649, kann eine vGA an den Gesellschafter – entgegen der Verwaltungsauffassung in den Ländererlassen vom 14.3.2012, BStBl I S. 331 – nicht zusätzlich eine freigebige Zuwendung i. S. d. § 7 Abs. 1 Nr. 1 ErbStG sein. Der BFH begründet seine Auffassung insbesondere wie folgt:

- Im Verhältnis zwischen Kapitalgesellschaft und Gesellschafter gibt es neben betrieblich veranlassten Rechtsbeziehungen nur offene und verdeckte Gewinnausschüttungen sowie Kapitalrückzahlungen.
- **Gesellschaftsrechtlich** veranlasste Vorgänge können **nicht als freigebige Zuwendung** qualifiziert werden. (Verdeckte) Gewinnausschüttungen beruhen auf dem Gesellschaftsverhältnis und erfolgen daher **nicht freigebig**.
- Für verdeckte Gewinnausschüttungen kann nichts anderes gelten als für Vermögensübertragungen des Gesellschafters auf die Kapitalgesellschaft (zur Rechtsprechung bei disquotalen Einlagen).
- Verdeckte Gewinnausschüttungen unterliegen der Einkommensteuer.

Aber: Nichtanwendungserlass
Nach dem **Erlass der obersten Finanzbehörden der Länder vom 5.6.2013 (BStBl I S. 1465)** ist das BFH-Urteil vom 30.1.2013 (a.a.O.) bezüglich der Aussage, dass es im Verhältnis zwischen Kapitalgesellschaft und Gesellschaftern keine freigebige Zuwendung gebe, über den entschiedenen Einzelfall hinaus **nicht anzuwenden**.

11.2 Zuwendungen an Gesellschafter oder an nahestehende Personen (verdeckte Gewinnausschüttungen, Rz. 2.6)

Erhält ein Gesellschafter von der Gesellschaft einen **Vorteil (z. B. eine überhöhte Vergütung)**, ist eine **Schenkung der Gesellschaft an den Gesellschafter** insoweit anzunehmen, **soweit er nicht selbst an der Gesellschaft beteiligt ist**. Vgl. hierzu Rz. 2.6 der Ländererlasse vom 14.3.2012 sowie BFH-Urteil vom 7.11.2007 (BStBl 2008 II S. 258).

Beispiel 1: Schenkungsteuer bei disquotaler vGA

Ein zu 50 v. H. beteiligter Gesellschafter-Geschäftsführer A erhält in 2012 ein überhöhtes Gehalt in Höhe von 100.000 € (vGA Vorteilsgewährung wegen fehlendem Fremdvergleich.

Lösung:

In diesem Fall liegt in Höhe von 50.000 € eine Schenkung der Gesellschaft an den Gesellschafter A vor und führt zu einer **Doppelbelastung** mit Ertragsteuer und Schenkungsteuer.

11.2 Zuwendungen an Gesellschafter oder an nahestehende Personen

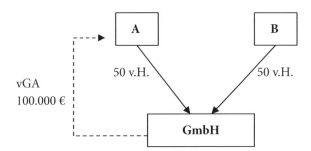

In Höhe von 50 v. H. von 100.000 € = 50.000 € liegt also eine freigebige Zuwendung der GmbH an A vor (nur in diesem Verhältnis findet entsprechend der BFH-Rechtsprechung eine Vermögensverschiebung statt).

Wert GmbH:	./.	100.000 €	
Privatvermögen A:	+	100.000 €	aus dem Vorteil „überhöhtes Gehalt"
	./.	50.000 €	aus dem reduzierten Anteilswert
Freigebige Zuwendung an A	+	50.000 €	

A ist also aus seiner eigenen Beteiligung (= 50 v. H.) nicht bereichert, da diese im Wege des Reflexes entsprechend an Wert verliert. M. E. fällt dieser Vorgang ebenfalls unter die **Regelung in § 15 Abs. 4 ErbStG** (vgl. Rz. 6) und ist hinsichtlich der Berechnung der Steuer wie eine **Direktzuwendung von B an A** zu betrachten (ggf. Anwendung der Steuerklasse I).

Ertragsteuerlich ergeben sich folgende steuerliche Auswirkungen:

Bei der GmbH:	Außerbilanzmäßige Einkommenskorrektur + 100.000 € (§ 8 Abs. 3 Satz 2 KStG)
Bei A:	Umqualifizierung seiner Einkünfte (ggf. nach § 32 a Abs. 1 KStG)
	→ § 19 EStG: ./. 100.000 €
	→ § 20 Abs. 1 Nr. 1 Satz 2 i. V. m. § 32 d Abs. 3 EStG: + 100.000 €

Hinweis:
Für **Alleingesellschafter** sind diese Regelungen schenkungsteuerlich insoweit ohne Bedeutung (vgl. Rz. 6.6).

Beispiel 2: Keine Schenkungsteuer bei quotaler vGA an alle Gesellschafter

Sachverhalt wie Beispiel 1. In zeitlichem und sachlichem Zusammenhang erhält jedoch auch B in 2012 ein überhöhtes Gehalt in Höhe von 100.000 €.

Lösung:

In diesem Fall liegt weder an A noch an B eine freigebige Zuwendung der GmbH vor.

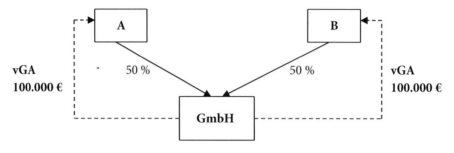

Wert GmbH:	./. 200.000 €	
Privatvermögen A und B: jeweils	+ 100.000 €	aus dem Vorteil „überhöhtes Gehalt"
jeweils	./. 100.000 €	aus dem reduzierten (eigenen) Anteilswert
Freigebige Zuwendung an A und B	0 €	

Bei Annahme eines **zeitlichen und sachlichen Zusammenhangs** wird von der Finanzverwaltung eine gesellschaftsrechtliche Kapital- bzw. Gewinnverteilungsabrede unterstellt. Die Voraussetzungen einer Schenkung sind damit nicht erfüllt.

Ertragsteuerlich ergeben sich folgende steuerliche Auswirkungen:

Bei der GmbH:	Außerbilanzmäßige Einkommenskorrektur + 200.000 € (§ 8 Abs. 3 Satz 2 KStG)	
Bei A und B:	→ jeweils § 19 EStG:	./. 100.000 €
	→ jeweils § 20 EStG:	+ 100.000 €

Hinweis: Erlöschen der Schenkungsteuer nur durch tatsächliche Rückzahlung
Fraglich ist, ob diese Rechtsfolge bei der Schenkungsteuer durch eine sog. **Satzungsklausel (Rückzahlungsverpflichtung einer vGA)** vermieden werden kann. Nach der **Tz. 2.6.3 der Länder-Erlasse vom 14.3.2012** schließen etwaige Ersatzansprüche der Gesellschaft gegen die handelnden Organe oder den veranlassenden Gesellschafter eine Freigebigkeit nicht aus.

Dies bedeutet, dass die reine „Verpflichtung" nach dem Gesellschaftsvertrag (Satzungsklausel) noch nicht ausreichend ist. Erst durch **die tatsächliche Geltendmachung der Gesellschaft und die Rücküberweisung durch den betroffenen Gesellschafter** erlischt die Schenkungsteuer wieder (vgl. § 29 Abs. 1 Nr. 1 ErbStG).

11.2 Zuwendungen an Gesellschafter oder an nahestehende Personen

Aber: Ertragsteuerlich stellt die Rückzahlung der vGA eine verdeckte Einlage dar
Bei der **KSt und ESt** können die Rechtsfolgen einer vGA durch eine Satzungsklausel **nicht** beseitigt werden; die Rückgewähr einer vGA führt zur Annahme einer **verdeckten Einlage** (vgl. H 40, Rückgewähr einer vGA, KStH 2008).

Praxishinweis: Freigebige Zuwendung an nahestehende Person
- Unter Berufung auf die o.g. Urteilsbegründung des **BFH vom 30.1.2013** hat das **FG Münster (Urteil vom 24.10.2013, AZ.: 3 K 103/13, Revision beim BFH, AZ.: II R 44/13)** auch für die **verdeckte Gewinnausschüttung an eine dem Gesellschafter nahestehende Person** (hier: verbilligter Grundstückskauf an den Bruder des Gesellschafters) eine **freigebige Zuwendung i.S.d. Schenkungsteuerrechts abgelehnt**.
- Das **FG München** hatte sich hingegen in seinem **Urteil vom 30.5.2012 (AZ.: 4 K 689/09, DStRE 2013 S. 82; Nichtzulassungsbeschwerde vom BFH mit Beschluss vom 10.5.2013, AZ.: II R 5/13, n.V., als unzulässig verworfen)** der Auffassung der Finanzverwaltung angeschlossen und für den Fall einer **vGA** an eine dem Gesellschafter **nahestehende Person** eine (gemischte) **freigebige Zuwendung bejaht**.

Beispiel 3: vGA und „Direktzuwendung" an nahestehende Person

Vater V ist Alleingesellschafter und Geschäftsführer der V-GmbH, bei der seine Tochter T als Arbeitnehmerin tätig ist. V veranlasst die GmbH aus privaten Gründen, der T in 2012 ein überhöhtes Gehalt in Höhe von 100.000 € zu zahlen.

Lösung:

Die Leistung ist nach den Rechtsprechungsgrundsätzen als Zuwendung der GmbH an die T zu behandeln (BFH-Urteil vom 7.11.2007, AZ.: II R 28/06, BStBl 2008 II S. 258) und unterliegt daher der ungünstigen **Steuerklasse III**, während eine Direktzuwendung von V an T der **Steuerklasse I** unterlegen hätte. Nach der Neuregelung in § 15 Abs. 4 ErbStG ist **seit 14.12.2011** der Vorgang hinsichtlich der Berechnung der Steuer wie eine **Direktzuwendung von V an T** zu behandeln, so dass die günstige **Steuerklasse I** und der höhere persönliche Freibetrag angewendet werden kann. Dies gilt auch dann, wenn die T an der V-GmbH als Gesellschafterin beteiligt sein sollte (vgl. **Rz. 6.2**).

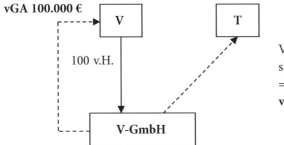

Vorteil 100.000 € an die nahestehende Person T
= freigebige Zuwendung,
vgl. Rz. 2.6.1

Ertragsteuerlich ergeben sich folgende steuerliche Auswirkungen:

Bei V-GmbH: → Einkommenskorrektur + 100.000 € (§ 8 Abs. 3 Satz 2 KStG)

Bei V: → § 20 Abs. 1 Nr. 1 Satz 2 i. V. m. § 32 d Abs. 3 EStG: + 100.000 €

Bei T: → § 19 EStG: ./. 100.000 €

11.3 Offene oder verdeckte Einlagen (Rz. 1 und Rz. 3)

Eine offene oder verdeckte Einlage durch einen Gesellschafter in die Kapitalgesellschaft führt grundsätzlich **nicht** zu einer steuerbaren Zuwendung an die anderen Gesellschafter der Gesellschaft. Etwas anderes gilt, wenn zeitnah zu der Einlage **offene oder verdeckte Ausschüttungen an die anderen Gesellschafter** geleistet werden. Vgl. auch BFH-Urteil vom 9.12.2009, AZ.: II R 28/08, BStBl 2010 II S. 566.

Aber:
Durch das **Gesetz zur Umsetzung der Beitreibungsrichtlinie (BeitrRLUmsG) vom 7.12.2011 (BStBl I S. 1171)** wurde in § 7 Abs. 8 Satz 1 ErbStG geregelt, die disquotale Einlage als schenkungsteuerpflichtigen Vorgang zu erfassen. Die Neuregelung gilt für Erwerbe, für die die Steuer **nach dem 13.12.2011** entsteht (§ 37 Abs. 7 ErbStG).

Die Regelung in § 7 Abs. 8 Satz 1 ErbStG erfasst auch **nicht einlagefähige Nutzungsvorteile** (z. B. die unentgeltliche oder verbilligte Grundstücksüberlassung, vgl. H 40, Nutzungsvorteile, KStH 2008). Diese Fälle können ebenfalls zu einer Werterhöhung von Anteilen führen, so dass die Anwendung von § 7 Abs. 8 Satz 1 ErbStG zu bejahen ist (**vgl. Rz. 3.3.1**).

Beispiel 4: Schenkungsteuer bei disquotaler Einlage

Vater V und Sohn S sind zu je 50 v. H. an der VS-GmbH beteiligt und haben bei Gründung der Gesellschaft je 50.000 € in die Gesellschaft eingezahlt. Im VZ 2012 legt V weitere 200.000 € in die Gesellschaft ein.

Lösung:
Durch die Einlage erhöht sich der Wert der Beteiligung des S von 50 v. H. x (50.000 € + 50.000 €) = 50.000 € auf 50 v. H. x (50.000 € + 50.000 € + 200.000 €) = 150.000 €. S hat also einen **Vermögensvorteil von 100.000 €** erlangt, der nach der bisherigen Rechtsprechung des Bundesfinanzhofs keine freigebige Zuwendung darstellt, weil er nicht in einer substanziellen Vermögensverschiebung, sondern lediglich in der Wertsteigerung der Gesellschaftsanteile besteht. Demgegenüber wäre eine Direktzuwendung von V an S in Höhe von 100.000 €, wie z. B. auch die Übernahme einer Einlageverpflichtung des S in Höhe von 100.000 €, nach Maßgabe der allgemeinen Voraussetzungen des § 7 Abs. 1 Nr. 1 ErbStG schenkungsteuerbar. **Zur Höhe der Bereicherung, vgl. Rz. 3.4 der Ländererlasse vom 14.3.2012.**

11.4 Keine Schenkungsteuer in Konzernfällen (§ 7 Abs. 8 Satz 2 ErbStG, Rz. 4)

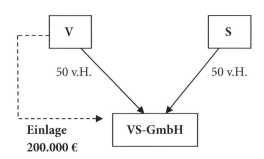

Seit 14.12.2011 gilt § 7 Abs. 8 Satz 1 ErbStG:
Werterhöhung des Anteils von S in Höhe von 100.000 €
= **freigebige Zuwendung von V an S** (vgl. Rz. 3.1)

Ertragsteuerlich ergeben sich folgende steuerliche Auswirkungen:

Bei der GmbH: → außerbilanzmäßige Einkommenskorrektur im VZ 2012 ./. 200.000 €, wenn die verdeckte Einlage gewinnerhöhend verbucht wurde (§ 8 Abs. 3 Satz 3 KStG)

→ Erhöhung des steuerlichen Einlagekontos nach § 27 KStG zum 31.12.2012 um 200.000 €

Bei V: → Erhöhung der Anschaffungskosten in 2012 für seine GmbH-Anteile i. S. d. § 17 EStG um 200.000 €

11.4 Keine Schenkungsteuer in Konzernfällen (§ 7 Abs. 8 Satz 2 ErbStG, Rz. 4)

Die zivilrechtliche Betrachtungsweise der Rechtsprechung hat in der Praxis zur Sorge geführt, dass auch verdeckte Gewinnausschüttungen im Konzern als schenkungsteuerbar angesehen werden könnten. § 7 Abs. 8 Satz 2 ErbStG stellt klar, dass solche Vermögensverschiebungen zwischen Kapitalgesellschaften nur in den dort definierten Ausnahmefällen als Schenkungen behandelt werden können.

Danach sind freigebig nur Zuwendungen zwischen Kapitalgesellschaften
- soweit sie in der **Absicht** getätigt werden, **Gesellschafter zu bereichern** und
- soweit an diesen Gesellschaften **nicht** unmittelbar oder mittelbar **dieselben Gesellschafter zu gleichen Anteilen** beteiligt sind.

Beispiel 5: Keine Schenkungsteuer in Konzernfällen

Die M-AG ist zu 100 v.H. Gesellschafterin der T1-GmbH und der T2-GmbH. Die M-AG veranlasst im VZ 2012 die T1, der T2 ein Grundstück zu einem Preis deutlich unter dem Verkehrswert zu verkaufen (Vorteil 100.000 €).

Lösung:

Der Vorgang ist nach ertragsteuerlichen Grundsätzen als **verdeckte Gewinnausschüttung** der T1 an die M sowie als **verdeckte Einlage** der M in die T2 zu werten, er darf aber nach § 7 Abs. 8 Satz 2 ErbStG nicht der Schenkungsteuer unterworfen werden, da weder die T1 noch die M mit dem Willen zur Unentgeltlichkeit handeln.

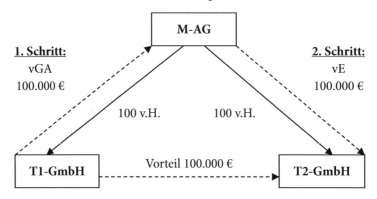

Es ergeben sich folgende steuerlichen Auswirkungen:

Bei T1-GmbH: außerbilanzmäßige Hinzurechnung der vGA nach § 8 Abs. 3 Satz 2 KStG im VZ 2012 in Höhe von 100.000 €

Bei M-AG: Erfassung der vGA nach § 8 b Abs. 1 Satz 2 KStG in Höhe von 5000 € (5 v.H. von 100.000 €); Erhöhung Buchwert Beteiligung an T2-GmbH um 100.000 €

Bei T2-GmbH: außerbilanzmäßige Abrechnung der verdeckten Einlage im VZ 2012 nach § 8 Abs. 3 Satz 3 KStG in Höhe von 100.000 € und Zugang beim steuerlichen Einlagekonto nach § 27 KStG zum 31.12.2012

Aber: keine Schenkungsteuer nach § 7 Abs. 8 Satz 2 ErbStG, vgl. Rz. 4.1

11.5 Exkurs: Steuerliche Anerkennung von inkongruenten Gewinnausschüttungen

Beispiel 6:

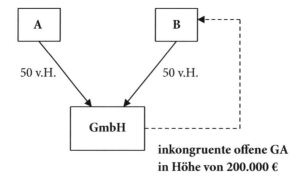

11.5 Exkurs: Steuerliche Anerkennung von inkongruenten Gewinnausschüttungen

Die Gesellschafter A und B beschließen in 2012 eine offene Gewinnausschüttung für 2011 in Höhe von insgesamt 200.000 €, die vollumfänglich B zufließen soll. Die Gewinnausschüttung ist aufgrund einer entsprechenden Öffnungsklausel im Gesellschaftsvertrag zivilrechtlich wirksam. Von B wird die Gewinnausschüttung in Höhe von 200.000 € nach Maßgabe des § 32 d Abs. 1 EStG auch regulär versteuert.

11.5.1 Bisherige Verwaltungsauffassung

Nach dem BFH-Urteil vom 19.8.1999 (BStBl 2001 II S. 43) sind von den Beteiligungsverhältnissen abweichende inkongruente (disquotale) Gewinnausschüttungen und inkongruente Wiedereinlagen steuerlich anzuerkennen und stellen grundsätzlich auch dann keinen Gestaltungsmissbrauch i. S. d. § 42 AO dar, wenn andere als steuerliche Gründe für solche Maßnahmen **nicht** erkennbar sind.

Die Finanzverwaltung hat mit **BMF-Schreiben vom 7.12.2000 (BStBl 2001 I S. 47)** verfügt, dass die Grundsätze dieses Urteils über den entschiedenen Einzelfall hinaus **nicht allgemein anzuwenden** sind. **D. h. von den Beteiligungsverhältnissen abweichende Ausschüttungen und inkongruente Wiedereinlagen werden steuerlich nur dann anerkannt, wenn hierfür außersteuerliche Gründe vorgebracht werden können.**

Voraussetzung hierfür ist, dass der Gesellschaftsvertrag der Kapitalgesellschaft eine inkongruente Ausschüttung an die Gesellschafter vorsieht oder dies durch eine entsprechende Öffnungsklausel in der Satzung ermöglicht wird.

Außersteuerliche Gründe liegen bislang z. B. in folgenden Fällen vor:
- **der Gesellschafter überlässt der Kapitalgesellschaft ein Grundstück unentgeltlich oder verbilligt zur Nutzung;**
- **der Gesellschafter übernimmt die Geschäftsführung der Kapitalgesellschaft unentgeltlich oder verbilligt.**

Ein Gehalts- oder Pachtverzicht kann als außersteuerlicher Grund nur dann anerkannt werden, wenn dies **für die Zukunft** erfolgt. **Z. B. der Gesellschafter-Geschäftsführer verzichtet ab 2.1.2013 – ganz oder teilweise – auf seine Gehaltsansprüche für 2013.**

11.5.2 Neue Verwaltungslinie

Die aktuelle Verwaltungslinie ergibt sich aus dem **BMF-Schreiben vom 17.12.2013 (BStBl 2014 I S. 63)** und ist in allen noch offenen Fällen anzuwenden. Danach gilt zur steuerlichen Anerkennung einer inkongruenten Gewinnausschüttung Folgendes:

a) Zivilrechtliche Wirksamkeit

Die steuerliche Anerkennung einer inkongruenten Gewinnausschüttung setzt zunächst voraus, dass eine vom Anteil am Grund- oder Stammkapital abweichende Gewinnverteilung zivilrechtlich wirksam bestimmt ist. Dies ist der Fall, wenn eine der folgenden Voraussetzungen erfüllt ist:

aa) **Bei Gesellschaften mit beschränkter Haftung**
Es wurde im Gesellschaftsvertrag gem. § 29 Abs. 3 Satz 2 GmbHG **ein anderer Maßstab** der Verteilung als das Verhältnis der Geschäftsanteile im Gesellschaftsvertrag festgesetzt. Für eine nachträgliche Satzungsänderung zur Regelung einer ungleichen Gewinnverteilung ist gem. § 53 Abs. 3 GmbHG die Zustimmung aller beteiligten Gesellschafter erforderlich.

Oder: Öffnungsklausel ausreichend
Die Satzung enthält **anstelle eines konkreten Verteilungsmaßstabs** eine **Klausel**, nach der alljährlich mit Zustimmung der beeinträchtigten Gesellschafter oder einstimmig über eine von der satzungsmäßigen Regelung abweichende Gewinnverteilung beschlossen werden kann, und der Beschluss ist mit der in der Satzung bestimmten Mehrheit gefasst worden.

bb) **Bei Aktiengesellschaften**
Es wurde in der Satzung gem. § 60 Abs. 3 AktG ein vom Verhältnis der Anteile am Grundkapital (§ 60 Abs. 1 AktG) abweichender Gewinnverteilungsschlüssel festgelegt. Für eine nachträgliche Satzungsänderung zur Änderung der Gewinnverteilung bedarf es gem. § 179 Abs. 3 AktG der Zustimmung der benachteiligten Aktionäre.

Aber: Öffnungsklausel nicht ausreichend
Enthält die Satzung lediglich eine Öffnungsklausel für eine von der gesetzlichen Gewinnverteilung abweichende Verteilung, ist diese für die Wirksamkeit einer inkongruenten Gewinnausschüttung **nicht ausreichend**.

b) **Kein Missbrauch rechtlicher Gestaltungsmöglichkeiten**

aa) **Inkongruente Gewinnausschüttung darf nicht zu einem Steuervorteil führen**
Die Grundsätze des Missbrauchs rechtlicher Gestaltungsmöglichkeiten (§ 42 AO) sind zu beachten. Nach § 42 Abs. 2 AO liegt ein Missbrauch vor, wenn eine unangemessene rechtliche Gestaltung gewählt wird, die beim Steuerpflichtigen oder einem Dritten im Vergleich zu einer angemessenen Gestaltung zu einem gesetzlich nicht vorgesehenen Steuervorteil führt.

Hinweis:
M.E. kann ein Missbrauch in den Fällen des § 32 d Abs. 1 EStG (Abgeltungsteuer) **nicht** vorliegen. Ein Steuervorteil kann sich nur dann ergeben, wenn die beteiligten Gesellschafter zum Teileinkünfteverfahren optiert haben (§ 32 d Abs. 2 Nr. 3 EStG).

bb) Ausnahme: Nachweis außersteuerlicher Gründe

Von einem solchen Missbrauch ist bei Vereinbarung einer inkongruenten Gewinnausschüttung **nicht auszugehen**, wenn für die vom gesetzlichen Verteilungsschlüssel abweichende Gewinnverteilung **beachtliche wirtschaftlich vernünftige außersteuerliche Gründe** nachgewiesen werden. Diese Prüfung ist unter Zugrundelegung der besonderen Umstände des Einzelfalls vorzunehmen.

Als außersteuerliche Gründe kommen z.B. in Betracht:

- Zu geringes Geschäftsführergehalt des Gesellschafter-Geschäftsführers.
- Unentgeltliche oder verbilligte Grundstücksüberlassung durch den Gesellschafter.
- Unverzinsliche oder gering verzinsliche Darlehensgewährung durch den Gesellschafter.

Aber:

Ein Indiz für eine unangemessene Gestaltung kann sein, wenn die Gewinnverteilungsabrede nur kurzzeitig gilt oder wiederholt geändert wird.

Die Grundsätze der verdeckten Gewinnausschüttung und der verdeckten Einlage bleiben unberührt.

Verlustabzug und Verlustabzugsbeschränkungen nach § 8c KStG 12

12.1 Steuerliche Auswirkungen des Verlustabzugs

12.1.1 Steuerliche Behandlung des Verlustes im Verlustentstehungsjahr

Bei der Körperschaftsteuer gilt für den Verlustabzug die Vorschrift des **§ 10 d EStG i. V. m. § 8 c KStG. Vgl. auch BMF-Schreiben vom 4.7.2008 zur Verlustabzugsbeschränkung nach § 8 c KStG (BStBl I S. 736).**

Im Verlustfall berechnet sich die KSt-Schuld wie folgt:

KSt-Tarifbelastung z. B. für 2013	
(da zvE im VZ 2013 negativ ist)	0 €
→ **Keine KSt-Minderung** (§ 37 Abs. 4 Satz 4 KStG)	0 €
→ **Keine KSt-Erhöhung** (§ 38 Abs. 4 Satz 4 KStG)	0 €
Festzusetzende KSt	0 €
anzurechnende KapSt	………. €
Verbleibende KSt	./. …… €

Für die Ermittlung des steuerlichen Verlustes im Verlustentstehungsjahr ist zu beachten, dass z. B.
- nicht abziehbare Ausgaben nach § 8 b Abs. 3 und 5 KStG den Verlust mindern,
- nicht abziehbare Aufwendungen i. S. d. § 10 KStG den Verlust mindern bzw. Erstattungen den Verlust erhöhen,
- abziehbare Aufwendungen i. S. d. § 9 Abs. 1 Nr. 2 KStG den Verlust erhöhen,

- steuerfreie Einnahmen, z. B. verdeckte Einlagen nach § 8 Abs. 3 Satz 3 KStG bzw. Beteiligungserträge nach § 8 b Abs. 1 und 2 KStG den Verlust erhöhen,
- verdeckte Gewinnausschüttungen nach § 8 Abs. 3 Satz 2 KStG den Verlust mindern.
→ Vgl. R 29 Abs. 1 Satz 2 Nr. 17 (Gesamtbetrag der Einkünfte i. S. d. § 10 d EStG) KStR.

12.1.2 Steuerliche Behandlung des Verlustrücktrags

Für den Verlustrücktrag gilt Folgendes:
Nicht ausgeglichene negative Einkünfte sind bis einschließlich VZ 2012 bis zu einem Betrag von 511.500 € auf **ein Jahr** rücktragbar. Durch das Gesetz zur Änderung und Vereinfachung der Unternehmensbesteuerung und des steuerlichen Reisekostenrechts vom 27.2.2013 (BGBl 2013 I S. 285) wurde der **Höchstbetrag ab dem VZ 2013 auf 1 Mio €** angehoben (bei zusammenveranlagten Ehegatten auf **2 Mio €**).

Beispiel 1: Verlustrücktrag aus 2013

Hinweis:

Der Anspruch auf KSt-Erstattung wegen des Verlustrücktrags in Höhe von 30.000 € ist erst **in der Handels- und Steuerbilanz zum 31.12.2013** als s. Forderung zu aktivieren. Eine Auswirkung auf das zvE 2013 ergibt sich dadurch aber nicht (**wegen Umkehrschluss nach § 10 Nr. 2 KStG**).

12.1.3 Steuerliche Behandlung des Verlustvortrags

Begrenzung des horizontalen Verlustvortrags nach § 10 d Abs. 2 EStG – also innerhalb derselben Einkunftsart – bei der Einkommensteuer und über § 8 Abs. 1 KStG bei der Körperschaftsteuer sowie über § 10 a GewStG auch bei der Gewerbesteuer

- **auf 1.000.000 € des Gesamtbetrags der Einkünfte unbeschränkt**

darüber hinaus
- **auf 60 v. H. der den Sockelbetrag von 1.000.000 € übersteigenden positiven Gesamtbetrags der Einkünfte im Vortragsjahr (Mindestbesteuerung).**

Beispiel 2: Verlustvortrag nach 2012

Bei der X-GmbH wird zum 31.12.2011 ein verbleibender Verlustvortrag in Höhe von 3.000.000 € gesondert festgestellt. Im Jahr 2012 erwirtschaftet die X-GmbH einen positiven Gesamtbetrag der Einkünfte von 2.400.000 €.

Gesamtbetrag der Einkünfte im VZ 2012	2.400.000 €
verbleibender Verlustvortrag zum	
31.12.2011 i. S. d. § 10 d Abs. 4 EStG	3.000.000 €
davon abzugsfähig im Jahr 2012	
1. **unbeschränkt bis zu 1.000.000 €** ./.	**1.000.000 €**
übersteigender Betrag	1.400.000 €
2. **beschränkter Abzug**	
60 v. H. vom verbleibenden Gesamtbetrag der Einkünfte in Höhe von 1.400.000 € = 840.000 € ./.	**840.000 €**
z. v. E. 2012	**560.000 €**
Verbleibender Verlustvortrag zum 31.12.2012	1.160.000 €

Praxishinweis:
Der BFH hat mit **Beschluss vom 26.8.2010, AZ.: I B 49/10 (BStBl 2011 II S. 826)** entschieden, dass es **ernstlich zweifelhaft** ist, ob die sog. **Mindestgewinnbesteuerung** gem. § 10 d Abs. 2 Satz 1 EStG verfassungsrechtlichen Anforderungen auch dann standhaft, wenn eine Verlustverrechnung in späteren Veranlagungszeiträumen **aus rechtlichen Gründen (hier: nach § 8 c KStG)** endgültig ausgeschlossen ist.

Nach Auffassung der Finanzverwaltung im **BMF-Schreiben vom 19.10.2011 (BStBl I S. 974)** ist Aussetzung der Vollziehung auf Antrag in den in dem Beschluss genannten Fällen zu gewähren, in denen es aufgrund des Zusammenwirkens der Anwendung der Mindestgewinnbesteuerung nach § 10 d Abs. 2 Satz 1 EStG oder § 10 a GewStG und eines **tatsächlichen oder rechtlichen Grunds**, der zum endgültigen Ausschluss einer Verlustnutzungsmöglichkeit führt, zu einem **Definitiveffekt** kommt.

Im Einzelnen handelt es sich um Fälle der
- Anteilsveräußerung nach § 8 c KStG in den Fassungen <u>vor</u> dem Wachstumsbeschleunigungsgesetz vom 22.12.2009 (BStBl 2010 I S. 2)
- Umwandlung beim übertragenden Rechtsträger (§ 12 Abs. 3 i. V. m. § 4 Abs. 2 Satz 2 UmwStG)
- Liquidation einer Körperschaft
- Beendigung der persönlichen Steuerpflicht bei fehlender Möglichkeit der „Verlustvererbung"

Die Aussetzung der Vollziehung wird auf die oben genannten Fallgruppen beschränkt.

Der BFH hat mit Urteil vom 22.8.2012, AZ: I R 9/11, BStBl 2013 II S. 512, entschieden, dass die Mindestbesteuerung **„in ihrer Grundkonzeption nicht verfassungswidrig"** ist.

Aber:
Gegen diese Entscheidung wurde beim BVerfG **Verfassungsbeschwerde** erhoben (AZ: 2 BvR 2998/12).

12.2 Verlustabzugsbeschränkungen nach § 8 c KStG

12.2.1 Grundprinzip der Verlustabzugsbeschränkung für Körperschaften nach § 8 c Abs. 1 KStG; BMF-Schreiben vom 4.7.2008, BStBl I S. 736 (BMF)

Die Verlustabzugsbeschränkung nach § 8c KStG ist auf sämtliche nicht genutzten Verluste der Kapitalgesellschaft anwendbar. Die Vorschrift knüpft an einen schädlichen Beteiligungserwerb innerhalb eines Zeitraums von fünf Jahren durch Personen eines Erwerberkreises an.

12.2.1.1 Überblick und Rechtsfolgen

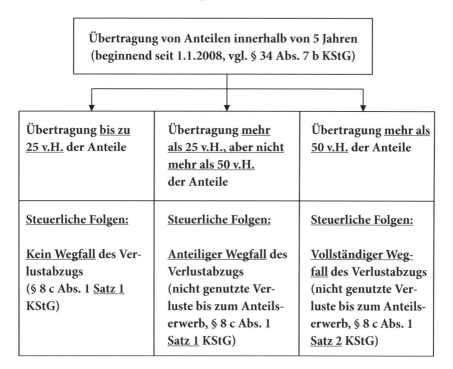

12.2.1.2 Einzelheiten zur Anteilsübertragung nach § 8 c Abs. 1 KStG

Ein schädlicher Beteiligungserwerb iS. § 8c KStG ist in folgenden Fällen anzunehmen:

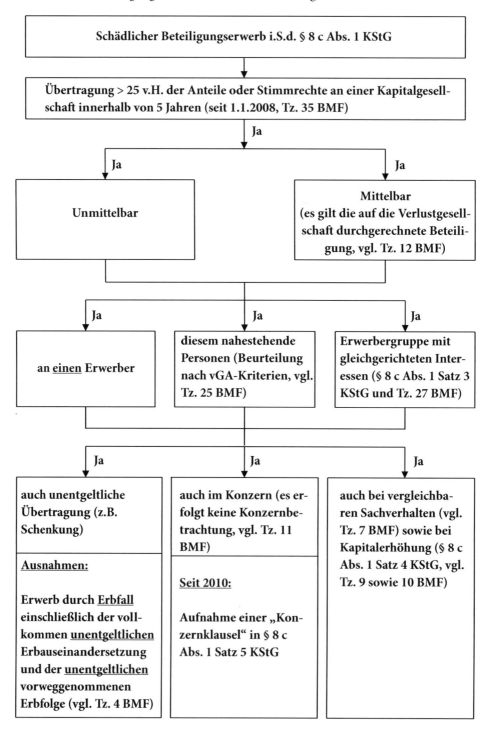

12.2.1.3 Verfahrensrechtliche Aspekte wegen verfassungsrechtlicher Bedenken gegen § 8 c KStG

Mit Beschluss vom 4.4.2011, AZ.: 2 K 33/10, DStR 2011 S. 1172, hat das **FG Hamburg** dem **BVerfG** die Frage zur Entscheidung vorgelegt, ob § 8 c KStG insbesondere wegen Verstoßes gegen das Trennungsprinzip und damit wegen Verstoßes gegen das Leistungsfähigkeitsprinzip verfassungswidrig ist. Der Entscheidung lag ein schädlicher Anteilserwerb i. S. d. § 8 c Abs. 1 Satz 1 KStG (**schädlicher Anteilserwerb ≤ 50 v. H.**) zugrunde. **Das AZ. des BVerfG lautet 2 BvL 6/11.**

Demgegenüber hat das Sächsische FG mit Urteil vom 16.3.2011, AZ.: 2 K 1869/10, EFG 2011 S. 1457, entschieden, dass § 8 c KStG im Falle eines **schädlichen Anteilserwerbs > 50 v. H.** keinen verfassungsrechtlichen Zweifeln begegnet. Inzwischen ist unter dem **AZ.: I R 31/11 beim BFH** die **Revision** anhängig, die durch BFH-Beschluss vom 28.10.2011 bis zur Entscheidung des BVerfG in dem o. g. Verfahren 2 BvL 6/11 ausgesetzt worden ist.

Ruhen des Verfahrens wird gewährt (Zwangsruhe nach § 363 Abs. 2 Satz 2 AO). Dies gilt nicht nur in den Fällen des § 8 c Abs. 1 Satz 1 KStG (anteiliger Wegfall des Verlustvortrags wegen Anteilsübertragung zwischen 25 % und 50 %), sondern auch in den Fällen des § 8 c Abs. 1 Satz 2 KStG (Anteilsübertragungen von mehr als 50 %). Zwar liegt dem Vorlagebeschluss des FG Hamburg ein Fall von § 8 c Abs. 1 **Satz 1** KStG zugrunde. Die vom FG dargelegten verfassungsrechtlichen Bedenken bestehen jedoch weitgehend auch in den Fällen des § 8 c Abs. 1 **Satz 2** KStG. Dem o. g. Urteil des Sächsischen FG lag ein solcher Fall zugrunde, so dass diese Frage nun beim BFH anhängig ist.

Aussetzung der Vollziehung will die Finanzverwaltung derzeit aber nur in den Fällen des § 8 c Abs. 1 Satz 1 KStG und nur bei einer Existenzgefährdung des Unternehmens (also bei Insolvenzgefahr) gewähren (also i. d. R. keine AdV).

12.2.1.4 Anteiliger / vollständiger Wegfall des Verlustvortrags

Ein **Anteilserwerb i. S. d. § 8 c Abs. 1 Satz 1 KStG (= anteiliger Wegfall Verlustvortrag) kann nicht Anlass einer weiteren Kürzung des Verlustvortrags** nach § 8 c Abs. 1 Satz 1 KStG in einem späteren VZ sein. Sofern die 25 v. H.-Grenze durch einen Erwerberkreis überschritten wird, beginnt mit dem nächsten Beteiligungserwerb ein neuer 5-Jahreszeitraum i. S. d. § 8 c Abs. 1 Satz 1 KStG für diesen Erwerberkreis (**Tz. 18 BMF**).

Für Zwecke des § 8 c Abs. 1 **Satz 2** KStG (= **vollständiger Wegfall Verlustvortrag**) sind diese Anteilserwerbe innerhalb des 5-Jahreszeitraums jedoch nochmals zu berücksichtigen (**vgl. Tz. 20 BMF**).

Beispiel 1: Anteiliger / vollständiger Wegfall Verlustvortrag bei gestrecktem Anteilserwerb

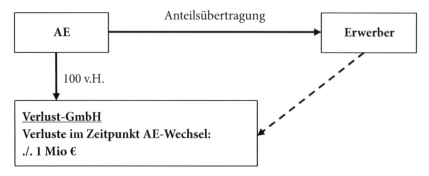

Fall 1:
AE überträgt **am 1.5.2011** 30 v. H. seiner Anteile an einen Erwerber.

→ Wegfall Verlustvortrag **im VZ 2011** in Höhe von **30 v. H. = 300.000 €** (§ 8 c Abs. 1 **Satz 1** KStG).

Fall 2:
AE überträgt **am 1.5.2011** 30 v. H. und am **1.8.2012 weitere 20 v. H.** seiner Anteile an diesen Erwerber.
→ Keine weitere Anwendung des § 8 c Abs. 1 **Satz 1** KStG, d. h. **keine weitere Kürzung des Verlustvortrags im VZ 2012** (700.000 € Verlustvortrag bleiben wie im Fall 1 erhalten). Mit dem Beteiligungserwerb **am 1.8.2012** in Höhe von 20 v. H. beginnt ein neuer 5-Jahreszeitraum i. S. d. § 8 c Abs. 1 Satz 1 KStG (**Tz. 18 BMF**). Ein schädlicher Gesamtplan i. S. d. Tz. 19 BMF liegt insoweit grundsätzlich **nicht** vor.

Fall 3:
AE überträgt **am 1.5.2011** 30 v. H., am **1.8.2012** 20 v. H. und am **1.10.2013** weitere **10 v. H.** seiner Anteile an diesen Erwerber.
→ Wegfall Verlustvortrag **im VZ 2011** nach § 8 c Abs. 1 **Satz 1** KStG in Höhe von 300.000 €.
→ **Im VZ 2013** Anwendung des § 8 c Abs. 1 **Satz 2** KStG, da innerhalb von 5 Jahren **mehr als 50 v. H.** der Anteile (**hier: 60 v. H.**) an **einen Erwerber** übergegangen sind. Denn die im Rahmen des § 8 c Abs. 1 Satz 1 KStG berücksichtigten Erwerbsvorgänge, die eine quotale Kürzung des nicht genutzten Verlustes ausgelöst

haben, sind im Rahmen des § 8 c Abs. 1 Satz 2 KStG nochmals zu berücksichtigen (Tz. 20 BMF). **Dies hat einen vollständigen Wegfall der im Zeitpunkt des schädlichen Beteiligungserwerbs am 1.10.2013 noch nicht genutzten Verluste zur Folge.**

Ausnahmen:
Konzernklausel nach § 8 c Abs. 1 Satz 5 KStG bzw. Stille-Reserven-Klausel nach § 8 c Abs. 1 Sätze 6 bis 9 KStG greift.

Beispiel 2: Verlustnutzung bei gestrecktem Anteilserwerb

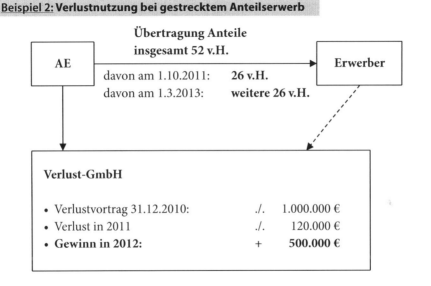

Steuerliche Folgen:
- → **Anteiliger Wegfall des Verlustvortrags** im VZ 2011 nach § 8 c Abs. 1 Satz 1 KStG in Höhe von **283.400 €** (26 v. H. von 1 Mio € = 260.000 € und 26 v. H. von 9/12 von 120.000 € = 23.400 €, vgl. Tz. 31 und 32 BMF). 836.600 € bleiben als Verlustvortrag zum 31.12.2011 erhalten.
- → **Verlustabzug nach § 10 d Abs. 2 EStG in 2012 in Höhe des laufenden Gewinns von 500.000 €** (keine Mindestbesteuerung); verbleibender Verlustvortrag zum 31.12.2012 336.600 €.
- → **Vollständiger Untergang** des noch nicht genutzten Verlustes in Höhe von 336.000 € nach § 8 c Abs. 1 **Satz 2** KStG in **2013**, da jetzt innerhalb des 5-Jahreszeitraums ein **schädlicher Beteiligungserwerb von über 50 v. H. vorliegt (hier: 52 v. H.)**; verbleibender Verlustvortrag 0 €.

12.2.1.5 § 8 c Abs. 1 KStG; Verlustverrechnung im Jahr des Anteilseignerwechsels

Nach **Rz. 31 Satz 2** des BMF-Schreibens vom 4.7.2008, BStBl I S. 736, kann im Fall eines **unterjährigen Beteiligungserwerbs** ein **bis zum Erwerbszeitpunkt erzielter Gewinn nicht mit einem zum Schluss des Vorjahres festgestellten Verlustvortrags verrechnet werden.**

Demgegenüber hat das **FG Münster mit Urteil vom 30.11.2010, AZ.: 9 K 1842/10 K, EFG 2011 S. 909**, entschieden, dass nur der Abzug von einem nach diesem Zeitpunkt entstandenen Gewinn bzw. dem hierauf entfallenden Gesamtbetrag der Einkünfte ausgeschlossen sei. Die **Revision** beim **BFH** war unter dem **AZ.: I R 14/11** anhängig. Vom BFH wurde mittlerweile mit **Urteil vom 30.11.2011, AZ.: I R 14/11, BStBl 2012 II S. 360**, ebenfalls eine **unterjährige Verlustverrechnung bejaht**. Die neue BFH-Rechtsprechung wird von der Finanzverwaltung angewandt.

Sachverhalt des BFH-Urteils vom 30.11.2011:
Unterjähriger Beteiligungserwerb und Verlustverrechnung (vereinfacht dargestellt)

Schädlicher AE-Wechsel i. S. d. § 8 c Abs. 1 Satz 1 KStG am 1.7.2012: 51 v. H.

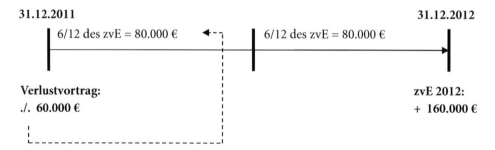

Kann der Verlustvortrag zum 31.12.2011 in Höhe von ./. 60.000 € mit dem anteiligen zvE 2012 von 80.000 € (bis zum AE-Wechsel) verrechnet werden?

Bisherige Auffassung Finanzverwaltung:	nein, steuerpflichtig im VZ 2012 = 160.000 € vgl. Rz. 31 Satz 2 BMF-Schreiben vom 4.7.2008 (a. a. O.)
Auffassung BFH:	ja, steuerpflichtig im VZ 2012 = 100.000 € (160.000 € ./. 60.000 €)

12.2.1.6 Übersicht: Prüfschema des § 8 c KStG

Ob die Voraussetzungen des § 8c KStG bzw. ein zulässiger Ausnahmefall vorliegen, kann wie folgt geprüft werden:

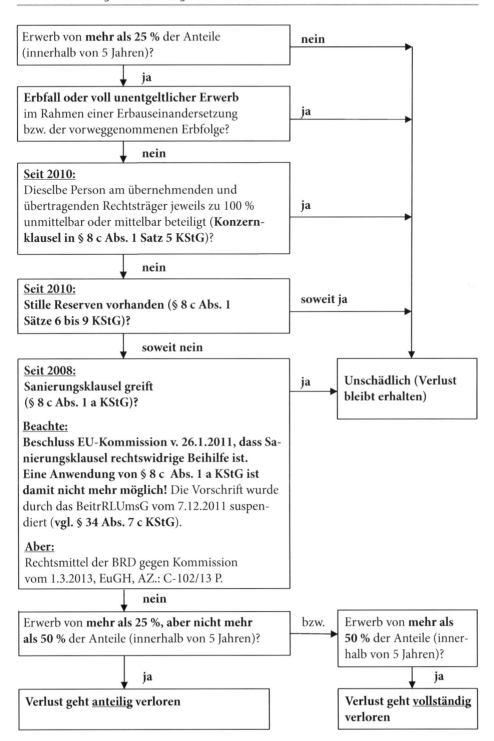

12.2.2 Konzernklausel in § 8 c Abs. 1 Satz 5 KStG

12.2.2.1 Überblick

Nach § 8 c Abs. 1 Satz 5 KStG bleiben seit 2010 Verlustvorträge bei konzerninternen Umgliederungen (sog. **„Umhängen" von Beteiligungen**) erhalten und gehen nicht unter, wenn an dem
- übertragenden und
- dem übernehmenden Rechtsträger
- **dieselbe Person**
- **zu jeweils 100 %** unmittelbar oder mittelbar beteiligt ist.

Die Ausnahmeregelung soll nach der Gesetzesbegründung für alle Umstrukturierungen, die ausschließlich innerhalb eines Konzerns vorgenommen werden, **an dessen Spitze zu 100 v. H. eine einzelne Person oder Gesellschaft steht. Die Regelung greift** dagegen nicht, wenn **neue Gesellschafter hinzutreten oder konzernfremde Gesellschafter** beteiligt sind.

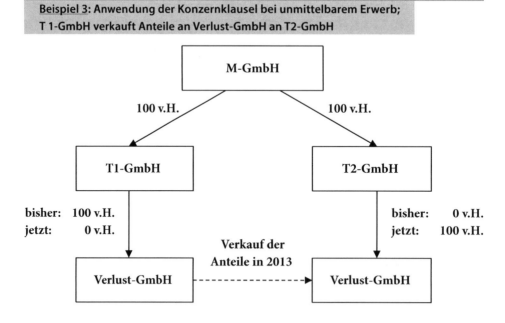

Beispiel 3: Anwendung der Konzernklausel bei unmittelbarem Erwerb; T 1-GmbH verkauft Anteile an Verlust-GmbH an T2-GmbH

Steuerliche Folgen:
- **Anwendung der Konzernklausel in § 8 c Abs. 1 Satz 5 KStG, da an der übertragenden T 1-GmbH und der übernehmenden T 2-GmbH die M-GmbH zu jeweils 100 v. H. beteiligt ist.**
- Kein Wegfall des Verlustvortrags bei der Verlust-GmbH aufgrund des „Umhängens" der Beteiligung im Konzern.

12.2 Verlustabzugsbeschränkungen nach § 8 c KStG

Beispiel 4: Anwendung der Konzernklausel bei mittelbarem Anteilseignerwechsel; T 1-GmbH verkauft Anteile an E-GmbH an T 2-GmbH

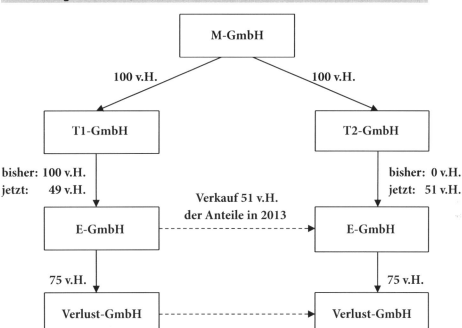

Steuerliche Folgen:
- Eigentlich Wegfall verbleibender Verlustvortrag bei der Verlust-GmbH nach § 8 c Abs. 1 Satz 1 KStG in Höhe von **38,25 v. H. (51 v. H. von 75 v. H.)**, da nach **Tz. 11 BMF** keine Konzernbetrachtung erfolgt.

Aber:

- **Anwendung der Konzernklausel in § 8 c Abs. 1 Satz 5 KStG, da an der übertragenden T 1-GmbH und der übernehmenden T 2-GmbH die M-GmbH zu jeweils 100 v. H. beteiligt ist**. Der Verlustvortrag bleibt bei der Verlust-GmbH aufgrund der konzerninternen Umgliederung in voller Höhe erhalten.

Die Regelung des § 8 c Abs. 1 Satz 5 KStG hat aufgrund ihres eng gefassten Wortlauts selbst bei häufig anzutreffenden konzerninternen Umstrukturierungen nur einen **eingeschränkten Anwendungsbereich**. Das gilt z. B. für den **Downstream-Merger** „unterhalb" der Konzernspitze. Beim Downstream-Merger einer Mutter auf ihre Tochtergesellschaft gehen die Anteile an der Tochter unmittelbar auf die Anteilseigner der Muttergesellschaft über (Direkterwerb), vgl. RdNr. 11.18 UmwSt-Erlass vom 11.11.2011 unter Verweis auf BFH vom 28.10.2009, AZ.: I R 4/09, BStBl II 2011 S. 315.

Beispiel 5: Anwendung Konzernklausel bei Abwärtsverschmelzung?

A und B sind zu jeweils 50 % Gesellschafter der M-GmbH, die über T-GmbH an der Verlustgesellschaft V-GmbH beteiligt ist. Zwischen M, T und V besteht jeweils ein 100 %-iges Beteiligungsverhältnis. V-GmbH verfügt zum 31.12.2012 über einen körper-schaftsteuerlichen Verlustvortrag von 1.000 €. Im Juni 2013 wird T-GmbH auf V-GmbH verschmolzen. Sind die Voraussetzungen der Konzernklausel erfüllt?

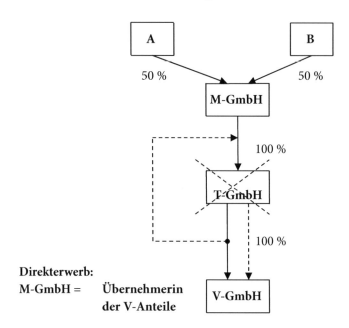

Steuerliche Folgen:
Da im Zuge des Downstream-Mergers die 100 %-ige Beteiligung an der V „bewegt" wird, liegt ein schädlicher Beteiligungserwerb i. S. d. § 8 c Abs. 1 Satz 2 KStG vor.

Nach der Diktion des UmwStG ist im Rahmen des Downstream-Mergers grundsätzlich T übertragender Rechtsträger i. S. d. § 11 UmwStG und V übernehmender Rechtsträger i. S. d. § 12 UmwStG. An beiden Gesellschaften ist M zu 100 % beteiligt, so dass die Konzernklausel erfüllt sein könnte.

Nach derzeitiger Auffassung der Finanzverwaltung, die in diesem Punkt der ganz h. M. im Zivilrecht und der BFH-Rechtsprechung folgt, kommt es jedoch hinsichtlich der V-Anteile zu einem **Direkterwerb**. D. h. die V-Anteile gehen **unmittelbar auf M** über. Daher ist **M übernehmender Rechtsträger der V-Anteile**. Da an M keine Person zu 100 % beteiligt ist, liegen die Voraussetzungen der Konzernklausel **nicht** vor.

12.3 „Stille-Reserven-Klausel" nach § 8 c Abs. 1 Sätze 6 bis 9 KStG

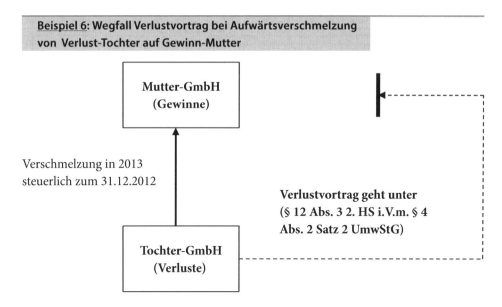

Lösung:
- Nach **§ 12 Abs. 3 2. HS i. V. m. § 4 Abs. 2 Satz 2 UmwStG** ist ein Übergang des verbleibenden Verlustvortrags von T-GmbH auf M-GmbH **nicht** möglich. **Dies gilt unabhängig davon, ob der Betrieb der T-GmbH fortgeführt wird.**
- Die T-GmbH kann jedoch nach § 11 Abs. 2 UmwStG durch **ZW- oder gW-Ansatz stille Reserven** aufdecken (sofern überhaupt welche vorhanden sind) und mit ihrem verbleibenden Verlustvortrag im Rahmen des § 10 d Abs. 2 EStG verrechnen. Dadurch kann bei der T-GmbH **eine steuerfreie Zuaktivierung der WG (Step-up)** und damit im Ergebnis durch ein höheres Abschreibungsvolumen bei der M-GmbH eine eingeschränkte Verlustverrechnung erreicht werden.

12.3 „Stille-Reserven-Klausel" nach § 8 c Abs. 1 Sätze 6 bis 9 KStG

12.3.1 Überblick

Nach § 8 c Abs. 1 Sätze 6 bis 9 KStG bleiben die nicht genutzten Verluste, die nach § 8c Abs. 1 Satz 1 oder 2 KStG entfallen würden, erhalten, soweit sie die anteilig auf sie entfallenden im Inland steuerpflichtigen stillen Reserven nicht übersteigen.

Die Bewertung der stillen Reserven ist regelmäßig durch Gegenüberstellung des auf **den erworbenen Anteil entfallenden**, bzw. bei einem schädlichen Beteiligungserwerb von mehr als 50 v. H., **des gesamten steuerlichen Eigenkapitals** (vgl. hierzu § 266 Abs. 3 „A. Eigenkapital" HGB) der Körperschaft und dem **gemeinen Wert** der erworbenen Anteile bzw. dem gemeinen Wert aller Anteile vorzunehmen. Der gemeine Wert der Anteile wird dabei in den Fällen des **entgeltlichen Erwerbs** im Regelfall dem **gezahlten Entgelt** entsprechen. Er kann aus dem Entgelt hochgerechnet werden, wenn z. B. wegen eines schädlichen Beteiligungserwerbs in Höhe von 60 v. H. insgesamt 100 v. H. der Verluste nach § 8 c Abs. 1 Satz 2 KStG wegfallen würden.

> **Beispiel 7: Zur Anwendung der „Stille-Reserven-Klausel"**
>
> A kauft im VZ 2013 100 v. H. der Anteile an der Verlust-GmbH (Verlustvortrag 2 Mio €) von B für 1 Mio € (steuerliches Eigenkapital der GmbH = 250.000 €, Unternehmenswert 1 Mio €).

Steuerliche Folgen:

In diesem Fall bleibt bei der GmbH der Verlustvortrag von 2 Mio € nach der „Stille-Reserven-Klausel" in § 8 c Abs. 1 Sätze 6ff. KStG in Höhe von **750.000 € (1.000.000 € ./. 250.000 €)** erhalten.

Variante 1:

A kauft **40 v. H.** der Anteile für 400.000 €.

Steuerliche Folgen:

Erhalt des Verlustvortrags von 2 Mio € in Höhe von

➜ 1.200.000 €   (60 v. H. von 2 Mio €, § 8 c Abs. 1 Satz 1 KStG)
➜ + 300.000 €   (400.000 € ./. anteiliges EK in Höhe von 40 v. H. = 100.000 €, § 8 c Abs. 1 Sätze 6 bis 8 KStG)

insges. **1.500.000 €**

Variante 2:

A kauft **80 v. H.** der Anteile für 800.000 €.

Steuerliche Folgen:

➜ Stille Reserven im erworbenen Anteil in Höhe von **600.000 €** (800.000 € ./. anteiliges EK in Höhe von 80 v. H. = 200.000 €).

➜ **Aber: Hochrechnung**

$$\frac{600.000\ € \times 100}{80} = \text{verbleibender Verlustvortrag } \mathbf{750.000\ €}$$

Lässt sich der Wert nicht aus einem Entgelt ableiten, muss bzw. kann als Nachweis für die Anwendung der Ausnahmeregelung ggf. eine **Unternehmensbewertung** vorgelegt werden.

Sind die stillen Reserven mehrstufig zu ermitteln, darf die Summe der in den untergeordneten Unternehmen ermittelten stillen Reserven die im Kaufpreis bzw. im Unternehmenswert der erworbenen Gesellschaft enthaltenen stillen Reserven nicht übersteigen.

Aufgrund der Beschränkung auf die im Falle einer Realisierung **im Inland steuerpflichtigen stillen Reserven** sind die stillen Reserven aus **Beteiligungen an Kapitalgesellschaften** grundsätzlich nicht zu berücksichtigen, da Gewinne aus der Veräußerung von Anteilen nach **§ 8 b Abs. 2 KStG** das Einkommen nicht erhöhen. Dasselbe gilt für diejenigen stillen Reserven, die auf **ausländische Betriebsstätten** entfallen, deren Ergebnis nach **einem DBA von der deutschen Besteuerung** auszunehmen ist.

12.3.2 „Stille-Reserven-Klausel" bei negativem Eigenkapital

Durch das **Jahressteuergesetz 2010 vom 8.12.2010 (BStBl I S. 1394)** wurde die „Stille-Reserven-Klausel" in § 8 c Abs. 1 **Satz 8** KStG seit dem VZ 2010 wie folgt eingeschränkt:

„Ist das Eigenkapital der Körperschaft **negativ**, sind stille Reserven im Sinne des Satzes 6 der Unterschiedsbetrag zwischen dem anteiligen oder bei einem schädlichen Beteiligungserwerb im Sinne des Satzes 2 dem gesamten in der steuerlichen Gewinnermittlung ausgewiesenen Eigenkapital und dem diesem Anteil entsprechenden **gemeinen Wert des Betriebsvermögens der Körperschaft**."

Im Fall des schädlichen Beteiligungserwerbs sollen nach dem Grundgedanken der Regelung Verluste weiter erhalten bleiben, denen **stille Reserven** gegenüberstehen, soweit diese auf den Beteiligungserwerb entfallen. § 8 c Abs. 1 **Satz 7** KStG stellt bislang aus Gründen der Vereinfachung für die rechnerische Ermittlung dieser stillen Reserven das maßgebliche Eigenkapital der verlusttragenden Körperschaft dem maßgeblichen **gemeinen Wert der Anteile** gegenüber. Dadurch wird vermieden, dass in allen Fällen des Beteiligungserwerbs eine **Unternehmensbewertung** durchzuführen ist. Dieses vereinfachte Verfahren führt aber nur in typischen Fällen zu zutreffenden Ergebnissen. In untypischen Fällen können sich **rein rechnerisch auch „stille Reserven" ergeben**, wenn eine Körperschaft **betriebswirtschaftlich tatsächlich nicht über solche stillen Reserven in ihren Wirtschaftsgütern verfügt**. Dies liegt insbesondere in den Fällen nahe, in denen die Körperschaft über negatives Eigenkapital verfügt und der gemeine Wert der Anteile darüber liegt.

Für diese Fälle sieht **Satz 8** vor, die Ermittlung der maßgeblichen stillen Reserven durch Gegenüberstellung des Eigenkapitals der Körperschaft und **des gemeinen Werts der Wirtschaftsgüter des Betriebsvermögens der Körperschaft (anstelle des gemeinen Werts der Anteile)** vorzunehmen. Dadurch werden nur die im Betriebsvermögen der verlusttragenden Körperschaft betriebswirtschaftlich fundiert enthaltenen stillen Reserven berücksichtigt.

Beispiel 8: Nur Ansatz im Inland steuerpflichtiger stiller Reserven

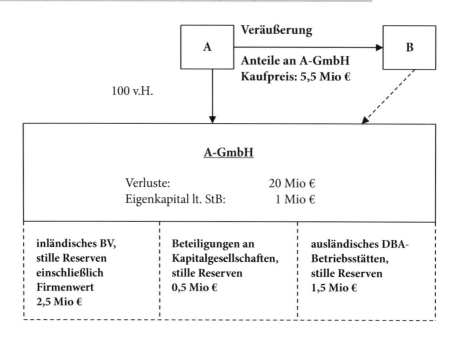

Steuerliche Folgen:

Anwendung der „Stille-Reserven-Klausel" in § 8 c Abs. 1
Sätze 6 bis 9 KStG

(Kaufpreis: 5,5 Mio € ./. EK lt. StB 1 Mio €) 4,5 Mio €

Stille Reserven aus Kapitalbeteiligungen
(§ 8 b Abs. 2 KStG) ./. 0,5 Mio €

Stille Reserven aus ausländischer DBA-Betriebsstätte ./. 1,5 Mio €

Verbleibender Verlustvortrag 2,5 Mio €

Dabei wird unterstellt, dass der Firmenwert der A-GmbH in voller Höhe auf das inländische Betriebsvermögen entfällt.

12.3 „Stille-Reserven-Klausel" nach § 8 c Abs. 1 Sätze 6 bis 9 KStG

Beispiel 9: Aber: Einschränkung der „Stille-Reserven-Klausel" bei negativem Eigenkapital

GmbH-Bilanz zum 31.12.2012

Verlust	700 €	Nennkapital	100 €
		Verbindlichkeiten	600 €
	700 €		700 €
	====		====

Die GmbH hat zum 31.12.2012 einen steuerlichen Verlustvortrag in Höhe von 1.000 €. Die Anteile werden an einen Erwerber für 1 € abgetreten.

Steuerliche Folgen:

Nach § 8 c Abs. 1 <u>Satz 8</u> KStG ist die Ermittlung der maßgeblichen stillen Reserven durch **Gegenüberstellung des Eigenkapitals** der Körperschaft und des **gemeinen Werts der WG des BV** der Körperschaft (**anstelle des gemeinen Werts der Anteile**) vorzunehmen. Dadurch werden nur die im BV der verlusttragenden Körperschaft betriebswirtschaftlich **fundiert enthaltenen stillen Reserven berücksichtigt**:

Gemeiner Wert des BV (unterstellt)		./. 600 €
steuerliches Eigenkapital	./.	./. 600 €
stille Reserven		**0 €**

Voraussetzungen und Rechtsfolgen der ertragsteuerlichen Organschaft

13.1 Grundsätze der Organschaft

Die ertragsteuerliche Organschaft ist das einzige „Instrument", um zwischen zwei selbstständigen Unternehmen (Steuerpflichtigen) **Gewinn- und Verlustausgleich** herbeizuführen. An die Organschaftsvoraussetzungen wurden nach Auffassung der Finanzverwaltung und der BFH-Rechtsprechung hohe Anforderungen geknüpft.

13.1.1 Übersicht: Voraussetzungen für KSt- und GewSt-Organschaft

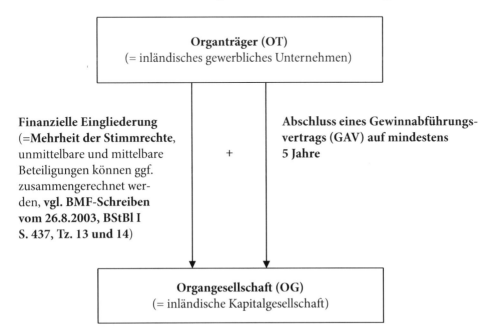

Wichtig: zeitliche Voraussetzungen für steuerwirksame Organschaft

Organschaft ab **VZ 2013**, wenn

- finanzielle Eingliederung ab 1.1.2013 (vgl. R 57 KStR)
- Abschluss GAV und Eintragung des GAV in das Handelsregister der Tochtergesellschaft bis spätestens 31.12.2013 (vgl. Tz. 3 des BMF-Schreibens vom 10.11.2005, BStBl I S. 1038).
- Mindestlaufzeit GAV <u>5 Zeitjahre</u>, d. h. ein Zeitraum von insgesamt 5 × 12 = 60 Monaten (und nicht Wirtschaftsjahre) (§ 14 Abs. 1 Satz 1 Nr. 3 KStG i. V. m. BFH-Urteil vom 28.11.2007, AZ.: I R 94/06, BB 2008 S. 1606, BFH-Beschluss vom 22.10.2008, AZ.: I R 66/07, DB 2009 S. 148, sowie BFH-Urteil vom 12.1.2011, AZ.: I R 3/10, BStBl II S. 727)

Beispiel 1: Finanzielle Eingliederung, vgl. R 57 KStR

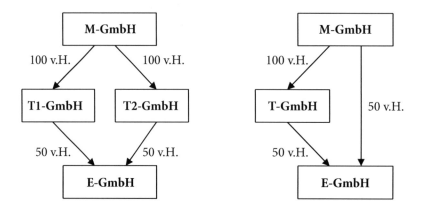

Die finanzielle Eingliederung der **E-GmbH in die M-GmbH** ist zu bejahen, da die Beteiligungen an den vermittelnden Gesellschaften T 1-GmbH und T 2-GmbH bzw. T-GmbH die Mehrheit der Stimmrechte gewährt.

Aber:

Die finanzielle Eingliederung der E-GmbH in die M-GmbH ist andererseits in folgenden Fällen nach **R 57 Satz 4 KStR** zu verneinen:

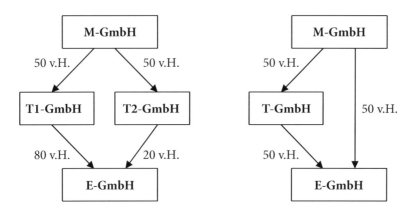

13.1.2 Grundsätze zur körperschaftsteuerlichen Einkommensermittlung

Das Einkommen der Organgesellschaft und des Organträgers werden zunächst eigenständig ermittelt und erst anschließend auf der Ebene des Organträgers zusammengefasst.

13.1.2.1 Bei der Organgesellschaft (OG) – Zeilen 20 bis 44e Anlage Org –

Steuerbilanzgewinn / Steuerbilanzverlust

+	nicht abziehbare Ausgaben (z. B. nach § 10 KStG)
+	sämtliche als Betriebsausgaben gebuchten Spenden
./.	**Einlagen des OT (§ 8 Abs. 3 Satz 3 KStG)**
+ / ./.	**keine Anwendung § 8 b KStG (Bruttomethode) nach § 15 Satz 1 Nr. 2 KStG**
+	**vGA an OT (§ 8 Abs. 3 Satz 2 KStG)**
+	**Ausgleichszahlungen nach § 16 KStG (R 65 KStR 2004)**
+	**Gewinnabführung an den OT oder**
./.	**Verlustausgleich des OT**
=	Summe der Einkünfte
./.	abziehbare Spenden i. S. d. § 9 Abs. 1 Nr. 2 KStG
=	Zwischensumme
./.	dem OT zuzurechnendes Einkommen
=	**eigenes Einkommen der OG (in der Regel 0 €)**
	Ausnahme:
	zvE der OG in Höhe von 20/17 der Ausgleichszahlungen nach § 16 KStG

==

13.1.2.2 Beim Organträger (OT) – Zeilen 4 bis 19 Anlage Org –

Steuerbilanzgewinn / Steuerbilanzverlust
+ vGA bei OT-KapGes (§ 8 Abs. 3 Satz 2 KStG)
+ nicht abziehbare Ausgaben (z. B. nach § 10 KStG)
+ sämtliche als Betriebsausgaben gebuchten Spenden
./. steuerfreie Vermögensmehrungen (z. B. Einlagen, InvZul)
+ / ./. Kürzungen / Hinzurechnungen nach § 8 b KStG
./. **vGA von OG (R 61 Abs. 4 und 62 Abs. 2 KStR)**
./. **Gewinnabführung von der OG oder**
+ **Verlustausgleich des OT an die OG**
= Summe der Einkünfte
./. abziehbare Aufwendungen (insbesondere Spenden des OT)
= Zwischensumme
+ **zuzurechnendes positives Einkommen der OG oder**
./. **negatives Einkommen der OG**
+ / ./. Anwendung § 8 b KStG / § 3 Nr. 40 und § 3 c Abs. 2 EStG
  (Bruttomethode nach § 15 Satz 1 Nr. 2 KStG)
./. Verlustabzug nach § 10 d EStG
= **zu versteuerndes Einkommen des OT**

Beispiel 2: Körperschaftsteuerliche Organschaft

Bei der Organgesellschaft (→ OG-GmbH):

Steuerbilanzgewinn 2013 der OG-GmbH	0 €
Dazu: nicht abziehbare Ausgaben	+ 30.000 €
Dazu: Gewinnabführung an OT (Zeile 20 Anlage Org)	**+ 200.000 €**
Summe der Einkünfte	230.000 €
Davon ab: dem OT zuzurechnendes Einkommen (Zeile 28 Anlage Org)	**./. 230.000 €**
Zu versteuerndes Einkommen 2013 der OG	0 €

Beim Organträger (→ OT-AG):

Steuerbilanzgewinn 2013 der OT-AG	700.000 €
Dazu: nicht abziehbare Ausgaben	+ 300.000 €
Zwischensumme	1.000.000 €
Davon ab: Gewinnabführung von der OG-GmbH (Zeile 5 Anlage Org)	**./. 200.000 €**
Summe der Einkünfte der OT-AG	800.000 €
Dazu: zuzurechnendes Einkommen der OG-GmbH (Zeile 13 Anlage Org)	**+ 230.000 €**
Zu versteuerndes Einkommen 2013 der OT-AG	1.030.000 €

13.1 Grundsätze der Organschaft

Beispiel 3: Gewerbesteuerliche Organschaft (anknüpfend an das obige Beispiel zur KSt)

OG-GmbH:

Zu versteuerndes Einkommen der OG	0 €
dem OT im Rahmen der körperschaftsteuerlichen Einkommensermittlung zugerechnetes Einkommen	+ 230.000 €
Gewinn aus Gewerbebetrieb (§ 7 GewStG)	230.000 €
– Zeile 33 Vordruck GewSt 1 A –	
Hinzurechnungen gem. § 8 GewStG	+ 170.000 €
(**unter Berücksichtigung Freibetrag nach § 8 Nr. 1 GewStG**)	
Kürzungen gem. § 9 GewStG	./. 50.000 €
– Zeilen 36 bis 74 Vordruck GewSt 1 A –	
Gewerbeertrag 2013:	**350.000 €**

Der Gewerbeertrag der OG wird nur rechnerisch ermittelt. An die OG ergeht kein GewSt-Messbescheid. Der Gewerbeertrag ist beim OT zu erfassen.

OT-AG:

Gewinn aus Gewerbebetrieb (= eigenes Einkommen des OT)	800.000 €
– Zeile 33 Vordruck GewSt 1 A –	
Hinzurechnungen gem. § 8 GewStG	+ 400.000 €
(**unter Berücksichtigung Freibetrag nach § 8 Nr. 1 GewStG**)	
Kürzungen gem. § 9 GewStG	./. 100.000 €
– Zeilen 36 bis 74 Vordruck GewSt 1 A –	
Gewerbeertrag OT	1.100.000 €
Gewerbeertrag OG	+ 350.000 €
– Zeile 77 Vordruck GewSt 1 A –	
Gewerbeertrag 2013 Organkreis:	**1.450.000 €**

Eine Abrundung auf volle 100 € nach unten erübrigt sich. Da der OT hier die Rechtsform der GmbH hat, ist kein Freibetrag zu berücksichtigen.

Der Steuermessbetrag für den EZ 2013 beträgt demnach:

3,5 v. H. von 1.450.000 € =   50.750 €.

Dieser Steuermessbetrag wird in dem an den OT ergehenden GewSt-Messbescheid festgesetzt.

13.2 (Keine) Berücksichtigung vororganschaftlicher Verluste

Ein Gewinn- und Verlustausgleich erfolgt frühestens ab Beginn der Organschaft. Sog. vororganschaftliche Verluste der OG aus der Zeit vor dem Abschluss des Ergebnisabführungsvertrags mindern nicht das steuerliche Einkommen während der Organschaft.

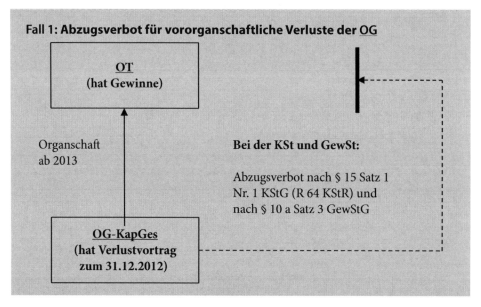

Praxishinweis: „Vergessene" Verrechnung vororganschaftlicher Verluste
Nach dem **BFH-Urteil vom 21.10.2010, AZ.: IV I R 21/07, DStR 2010 S. 2505,** ist ein Ergebnisabführungsvertrag **nicht tatsächlich durchgeführt,** wenn der Jahresüberschuss der Organgesellschaft **nicht mit einem vororganschaftlichen Verlustvortrag verrechnet,** sondern entgegen § 301 AktG in voller Höhe an den Organträger abgeführt wird.

Wichtig:
Neuregelung in § 14 Abs. 1 Satz 1 Nr. 3 KStG im Rahmen der „Kleinen" Organschaftsreform (vgl. BStBl 2013 I S. 188). Dadurch kommt mittlerweile eine „Heilung" d i e s e r Problematik in Betracht (vgl. unten 13.12.3)

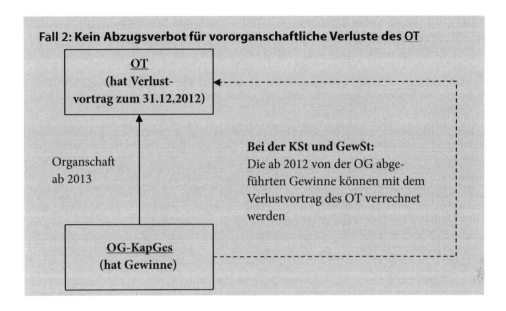

13.3 Personengesellschaft als OT

13.3.1 Finanzielle Eingliederung (Tz. 13 und 14 des BMF-Schreibens vom 10.11.2005, BStBl I S. 1038)

Bei einer Personengesellschaft als Organträger müssen die Voraussetzungen der finanziellen Eingliederung im Verhältnis zur Personengesellschaft selbst erfüllt sein (§ 14 Abs. 1 Satz 1 Nr. 2 Satz 3 KStG). Danach ist es erforderlich, dass zumindest die Anteile, die die Mehrheit der Stimmrechte an der Organgesellschaft vermitteln, **im Gesamthandsvermögen der Personengesellschaft gehalten werden**.

Befinden sich die Anteile an der Organgesellschaft im Sonderbetriebsvermögen eines Mitunternehmers (natürliche Personen) und werden sie (zur Begründung der Organschaft) in das Gesamthandsvermögen der Personengesellschaft übertragen, ist dies nach § 6 Abs. 5 Satz 3 EStG grundsätzlich **zu Buchwerten** möglich.

Soweit an der aufnehmenden Personengesellschaft **weitere Kapitalgesellschaften** beteiligt sind, ist aber nach **§ 6 Abs. 5 Satz 5 EStG der Teilwert** anzusetzen. Sofern kein Fall des § 8 b Abs. 4 oder Abs. 2 Satz 4 KStG vorliegt, sind die aufgedeckten stillen Reserven jedoch zu 95 v. H. steuerfrei (soweit Mitunternehmer eine Kapitalgesellschaft ist).

13.3.2 Eigene gewerbliche Tätigkeit der OT-PersG (Tz. 15 bis 20 des BMF-Schreibens vom 10.11.2005, a. a. O.)

Zusätzlich zu den übrigen Voraussetzungen muss nach § 14 Abs. 1 Satz 1 Nr. 2 Satz 2 KStG bei einer OT-PersG zur steuerlichen Anerkennung einer Organschaft eine eigene gewerbliche Tätigkeit i. S. d. § 15 Abs. 1 Nr. 1 EStG vorliegen.

Als OT nicht anerkannt werden Personengesellschaften, die gewerbliche Einkünfte lediglich aufgrund der Beteiligung an einer anderen gewerblich tätigen Personengesellschaft erzielen (**Infektion nach § 15 Abs. 3 Nr. 1 EStG**). **Gewerblich geprägte Personengesellschaften i. S. d. § 15 Abs. 3 Nr. 2 EStG können damit ebenfalls nicht mehr Organträger sein.**

Einzelfälle:
- **Eine Besitzpersonengesellschaft im Rahmen einer Betriebsaufspaltung kommt als Organträger in Betracht.** Ihr wird die gewerbliche Tätigkeit i. S. d. § 15 Abs. 1 Nr. 1 EStG der Betriebsgesellschaft zugerechnet.
- Die eigene gewerbliche Tätigkeit der OT-PersG darf **nicht nur geringfügig sein**.
- **Holdinggesellschaften / geschäftsleitende Holding**
  Bei Holdinggesellschaften reichen das Halten von Beteiligungen und eine Geschäftsführungstätigkeit **nicht aus**, um die Voraussetzung der eigenen gewerblichen Tätigkeit i. S. d. § 14 Abs. 1 Satz 1 Nr. 2 Satz 2 KStG zu erfüllen, wenn die Geschäftsführungstätigkeit nur gegenüber den Beteiligungsgesellschaften erbracht wird.
- **Erbringung von Dienstleistungen gegenüber Konzerngesellschaften**
  Das Merkmal der Teilnahme am allgemeinen wirtschaftlichen Verkehr ist erfüllt, wenn eine Gesellschaft Dienstleistungen **nur gegenüber einem Auftraggeber erbringt** (auch Dienstleistungen gegen gesondertes Entgelt nur gegenüber Konzerngesellschaften).

13.4 Ausgleichszahlungen an außenstehende Anteilseigner (§ 16 KStG und R 65 KStR)

13.4.1 Allgemeines

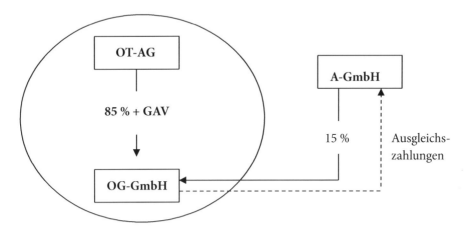

Im Gewinnabführungsvertrag wird grundsätzlich die Abführung des gesamten Gewinns der Organgesellschaft an den Organträger vereinbart – auch in den Fällen, in denen der Organträger nicht sämtliche Anteile an der Organgesellschaft hält. Damit würden aber außerhalb des Organkreises stehende Anteilseigner (wie oben die A-GmbH) leer ausgehen.

Als Ausgleich für entgehende Gewinnausschüttungen ist daher in § 304 AktG die Leistung von Ausgleichszahlungen an Minderheitsaktionäre geregelt. Im GmbHG gibt es zwar keine entsprechende ausdrückliche Regelung. Es wird aber in diesen Fällen nach den gleichen Grundsätzen verfahren. Die Ausgleichszahlungen werden im Gewinnabführungsvertrag vereinbart, weil sie ja letztlich eine Schmälerung der Gewinnabführung darstellen.

Die Ausgleichszahlungen können von der Organgesellschaft oder vom Organträger geleistet werden. Sie stellen handelsrechtlich zwar Aufwand dar, steuerrechtlich handelt es sich aber um **nicht abziehbare Betriebsausgaben gem. § 4 Abs. 5 Nr. 9 EStG**.

Die Ausgleichszahlungen sind als Ausschüttungen zu behandeln. Sie kommen beim Empfänger als **Einnahmen i. S. d. § 20 Abs. 1 Nr. 1 EStG** an. Ist außenstehender Anteilseigner eine natürliche Person, gilt insoweit die **teilweise Steuerfreistellung nach § 3 Nr. 40 EStG**. Ist der außenstehende Anteilseigner – wie oben im Ausgangsfall – eine Körperschaft (A-GmbH), greift bei ihr insoweit die **Steuerfreistellung nach § 8 b Abs. 1 KStG**.

§ 16 KStG schreibt bei der KSt für die Organgesellschaft zwingend die Versteuerung eines eigenen Einkommens in Höhe von 20/17 der geleisteten Ausgleichszahlungen vor. Der Ansatz von 20/17 der Ausgleichszahlungen als Einkommen ergibt sich aus der Hochrechnung des KSt-Satzes von 15 v. H.

Beachte:
§ 16 KStG gilt nur bei der KSt, nicht aber bei der GewSt.

Beispiel 4: Ausgleichszahlungen nach § 16 KStG

OG-GmbH:

Jahresüberschuss 2013	0 €
Dazu: Gewinnabführung an OT	+ 200.000 €
Ausgleichszahlungen nach § 16 KStG	+ 8.500 €
KSt auf Ausgleichszahlungen 15 v. H.	+ 1.500 €
(§ 10 Nr. 2 KStG)	
Sonstige nicht abziehbare Aufwendungen	+ 20.000 €
Einkommen	230.000 €
Davon ab:	
Dem OT anzurechnendes Einkommen	./. 220.000 €
Zu versteuerndes Einkommen 2013 der OG:	10.000 €
(20/17 von 8.500 €)	============

OT-GmbH:

Jahresüberschuss 2013	700.000 €
Davon ab:	
Gewinnabführung von der OG	./. 200.000 €
	500.000 €
Eigene nicht abziehbare Aufwendungen	+ 300.000 €
Einkommen OT	800.000 €
Dazu: Einkommen OG	+ 220.000 €
Zu versteuerndes Einkommen 2013 des OT:	1.020.000 €
	============

13.4.2 Gewinnabhängige Ausgleichszahlungen an außenstehende Anteilseigner; Nichtanwendung des BFH-Urteils vom 4.3.2009, AZ.: I R 1/08, BStBl 2010 II S. 407

In dem Urteil vom 4.3.2009, AZ.: I R 1/08, vertritt der **BFH** die Auffassung, dass eine Vereinbarung von Ausgleichszahlungen des beherrschenden Unternehmens an einen außenstehenden Aktionär der beherrschenden Gesellschaft der steuerrechtlichen Anerkennung eines Gewinnabführungsvertrags entgegensteht, wenn neben einem bestimmten Festbetrag ein zusätzlicher Ausgleich in jener Höhe vereinbart wird, um die der hypothetische Gewinnanspruch des Außenstehenden ohne die Gewinnabführung den Festbetrag übersteigen würde. Abweichend davon hatte die Finanzverwaltung bisher auch Vereinbarungen zugelassen, in denen sich ein an einen Minderheitsgesellschafter gezahlter Zuschlag auf einen festen Mindestbetrag an dem Gewinn der Organgesellschaft orientiert, sofern der feste Mindestbetrag den Mindestausgleich des § 304 Abs. 2 Satz 1 AktG nicht unterschreitet (BMF-Schreiben vom 13.9.1991, StEd 1991 S. 348).

Nach Auffassung der Finanzverwaltung (BMF-Schreiben vom 20.4.2010, BStBl I S. 372) sind die Rechtsgrundsätze des Urteils über den entschiedenen Einzelfall hinaus nicht anzuwenden. Das Urteil steht nicht im Einklang mit § 14 Abs. 1 Satz 1 KStG und den Grundsätzen des § 304 AktG.

Nach § 304 Abs. 2 Satz 1 AktG ist dem außenstehenden Aktionär als fester Ausgleich **mindestens** der Betrag zuzusichern, den er nach der bisherigen Ertragslage und den künftigen Ertragsaussichten der Gesellschaft voraussichtlich als durchschnittlichen Gewinnanteil erhalten hätte. Darüber hinausgehende (feste oder variable) Ausgleichszahlungen sind nicht ausgeschlossen, da § 304 Abs. 2 Satz 1 AktG im festen Zahlungsbetrag nur das Minimum des aktienrechtlich vorgeschriebenen Ausgleichs vorsieht.

Eine zivilrechtlich zulässigerweise vereinbarte Ausgleichszahlung steht daher der Durchführung des Gewinnabführungsvertrags nicht entgegen.

13.5 Steuerliche Folgen bei Nichtanerkennung der Organschaft (z. B. wegen fehlender Mindestlaufzeit von 5 Zeitjahren)

Sofern die steuerlichen Anforderungen an den GAV nicht eingehalten werden, kommt es zur Nichtanerkennung der Organschaft. Es ergeben sich folgende steuerlichen Konsequenzen:

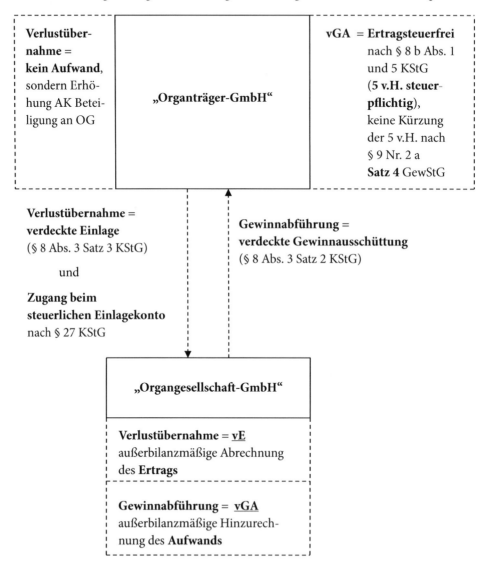

Wichtig:
Auch keine Gewinn- / Verlustverrechnung zwischen „OT" und „OG".

13.6 Unterlassene Verzinsung eines Verlustausgleichsanspruchs als vGA

Bei Bestehen eines Gewinnabführungsvertrags entsteht mit Ablauf des Bilanzstichtags ein Anspruch der Organgesellschaft auf Verlustübernahme, der sofort fällig ist. Die Pflicht zur Verzinsung dieses Verlustausgleichsanspruchs ergibt sich aus §§ 352, 353 HGB. Auf den **Anspruch auf Verzinsung** kann – entsprechend dem Schutzgedanken des § 302 Abs. 3 AktG – grundsätzlich **nicht** im Vorhinein durch die Organgesellschaft (bzw. vertraglich zwischen ihr und dem Organträger) verzichtet werden.

Die unterlassene oder unzutreffende Verzinsung eines Verlustausgleichsanspruchs steht zwar nach Auffassung der Finanzverwaltung einer tatsächlichen Durchführung des Gewinnabführungsvertrags nicht entgegen.

Die unterlassene Verzinsung des Verlustausgleichsanspruchs führt aus steuerlicher Sicht zur **Annahme einer vGA**, weil der Gewinnabführungsvertrag nicht zu „fremdüblichen" Bedingungen abgewickelt wird. Verdeckte Gewinnausschüttungen der Organgesellschaft an den Organträger haben jedoch den Charakter **vorweggenommener Gewinnabführungen**, so dass sie als Vorausleistung auf den Anspruch aus dem Gewinnabführungsvertrag zu werten sind. **Diese werden zur Vermeidung einer steuerlichen Doppelbelastung auf der Ebene des Organträgers entsprechend R 62 Abs. 2 KStR gekürzt.**

Durch eine verdeckte Gewinnausschüttung wird die Durchführung des Gewinnabführungsvertrags **nicht** gefährdet (**R 61 Abs. 4 Satz 1 KStR**).

Vgl. hierzu BMF-Schreiben vom 15.10.2007, BStBl I S. 765.

13.7 Rückwirkende Organschaftsbegründung bei Umstrukturierungen

Es stellt sich die Frage, ob durch eine entsprechende Umstrukturierung auch eine „rückwirkende" Organschaft in Betracht kommt. Folgende Fälle sind hierbei zu unterscheiden:

13.7.1 Eine durch übertragende Umwandlung aus einer Personengesellschaft entstandene Kapitalgesellschaft kann rückwirkend Organgesellschaft sein

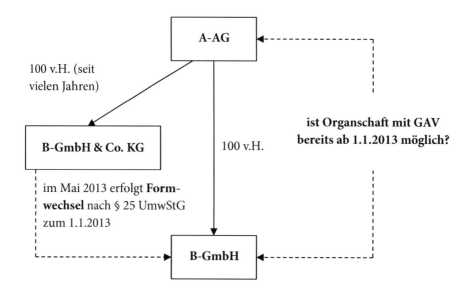

Entscheidung des BFH (Anerkennung des Organschaftsverhältnisses ab 1.1.2013):
Die Rückbeziehungsfiktion des § 20 Abs. 5 Satz 1 UmwStG gilt nach Auffassung des BFH zumindest für die rückwirkende (fiktive) Behandlung der B-GmbH & Co. KG als **Kapitalgesellschaft (B-GmbH) bereits ab 1.1.2013**. Die **Eingliederungsvoraussetzungen** des § 17 Abs. 1 i. V. m. § 14 KStG (**finanzielle Eingliederung ab 1.1.2013**) müssen dagegen – wie im vorliegenden Sachverhalt – tatsächlich vorliegen.

13.7.2 Rückwirkende Begründung einer Organschaft auch bei Ausgliederung eines Teilbetriebs nach § 20 UmwStG möglich

Beispiel 6: Ausgliederung Betrieb / Teilbetrieb

Die beiden Kapitalgesellschaften T 1-GmbH und T 2-GmbH sind seit Jahren 100%-ige Tochtergesellschaften der M-AG (Muttergesellschaft). **Der Betrieb von der T 2-GmbH soll in 2013 nach § 20 UmwStG rückwirkend zum 1.1.2013 in die neue T 3-GmbH ausgegliedert werden.** Ebenfalls rückwirkend zum 1.1.2013 (alle Gesellschaften haben Wirtschaftsjahr = Kalenderjahr) soll eine körperschaftsteuer- und gewerbesteuerliche **Organschaft** zwischen der **T 2-GmbH** (als Organträgerin) und der **neuen T 3-GmbH** (als Organgesellschaft) begründet werden.

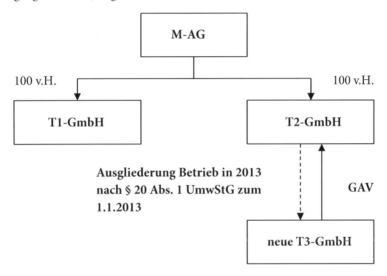

Lösung:
Fraglich ist, ob im Hinblick auf die Fiktionsregelung der §§ 2, 20 Abs. 5 UmwStG die Voraussetzungen der finanziellen Eingliederung bereits **ab 1.1.2013 vorliegen**.

Im vorliegenden Fall lagen die Voraussetzungen für die finanzielle Eingliederung **am 1.1.2013** zwar zwischen der **Muttergesellschaft** und der **T 2-GmbH** vor, **nicht** aber im Verhältnis der **T 2-GmbH** zur neuen **T 3-GmbH**. Die rückwirkende Ausgliederung eines Betriebs in eine neugegründete Tochtergesellschaft genügte nach bisheriger Auffassung der Finanzverwaltung nicht.

Aber: Neue BFH-Rechtsprechung und Verwaltungsauffassung

Nach dem **BFH-Urteil vom 28.7.2010, AZ.: I R 89/09, BStBl 2011 II S. 528,** ist die rückwirkende Begründung einer körperschaftsteuerlichen Organschaft nach Ausgliederung eines Teilbetriebs zur Neugründung und nach Anteilseinbringung möglich. Nach Auffassung des BFH stellt die vorherige Teilbetriebseigenschaft die „**stärkste Form der Eingliederung**" überhaupt dar. In den **RdNr. Org. 02 und Org. 13** des UmwSt-Erlasses vom 11.11.2011 (BStBl I S. 1314) wird diese Auffassung bestätigt.

13.7.3 Praxishinweis: Keine rückwirkende Begründung einer Organschaft bei Anteilstausch i. S. d. § 21 UmwStG möglich

Der BFH hat mit den Urteilen vom 28.7.2010, AZ.: I R 89/09, BStBl 2011 II S. 528, und AZ.: I R 111/09, GmbHR 2011 S. 44, die rückwirkende Begründung einer Organschaft anerkannt und sich dabei vorrangig auf die **Fußstapfentheorie** (Gedanke der Gesamtrechtsnachfolge) bezogen. Nach Auffassung des BFH kommt es auf die Frage, ob die finanzielle Eingliederung zurückwirkt, überhaupt nicht an. Entscheidend ist, dass der übernehmende Rechtsträger in Umwandlungsfällen in die Rechtsstellung des übertragenden Rechtsträgers eintritt.

Von der Finanzverwaltung wird jedoch eine rückwirkende Organschaft nur dann anerkannt, wenn sich aus § 2 UmwStG oder § 20 Abs. 5 und 6 UmwStG eine Rückwirkung ergibt. Nachteilig ist dies vor allem in Fällen des **Anteilstausches**. Ein Anteilstausch nach § 21 Abs. 1 Satz 2 UmwStG (Einbringung einer Mehrheitsbeteiligung in eine Tochtergesellschaft) kann **nicht mit steuerlicher Rückwirkung** erfolgen. § 21 UmwStG hat nämlich keine eigenständige Rückwirkungsregelung und verweist auch nicht auf § 20 Abs. 5 und 6 UmwStG (vgl. auch RdNr. 21.17 UmwSt-Erlass). **Bei einem Anteilstausch ist somit im Jahr der Einbringung nach Verwaltungslinie keine Organschaft möglich.**

> **Beispiel 7: Anteilstausch nach § 21 UmwStG**
>
> Die M-GmbH bringt ihren 100 v. H.-Anteil an der E-GmbH im August 2013 gegen Gewährung von Gesellschaftsrechten (Anteilstausch i. S. d. § 21 UmwStG) in ihre neu gegründete 100 v. H. Tochtergesellschaft T-GmbH ein (Ausgliederung nach § 123 Abs. 3 UmwG).
>
> Anschließend wird sowohl zwischen der T-GmbH und der E-GmbH als auch zwischen der M-GmbH und der T-GmbH ein GAV abgeschlossen.

13.7 Steuerliche Behandlung vororganschaftlicher Abführungen

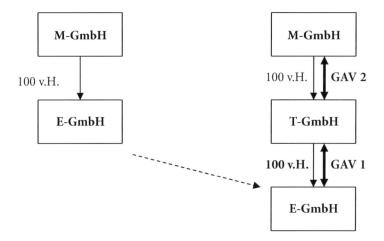

Können die beiden Organschaften bereits im Jahr 2013 anerkannt werden?

Lösung:

1. Organschaft zwischen der T-GmbH und der E-GmbH (GAV 1)

Nach **RdNr. Org. 15** UmwSt-Erlass kann diese Organschaft frühestens ab dem Beginn des auf die Einbringung folgenden Wirtschaftsjahres anerkannt werden (**also ab 2014**). Wegen der fehlenden Rückwirkungsmöglichkeit des § 21 UmwStG wird also auch die finanzielle Eingliederung nicht zurückbezogen.

Dass die T-GmbH bei der Ausgliederung als partielle Gesamtrechtsnachfolgerin in die Fußstapfen der bisherigen Anteilseignerin (M-GmbH) tritt, reicht nach Verwaltungsauffassung nicht für eine rückwirkende Anerkennung der finanziellen Eingliederung aus.

Das BFH-Urteil vom 28.7.2010, AZ.: I R 111/09, GmbHR 2011 S. 44, will die Finanzverwaltung nicht auf die aktuelle Rechtslage anwenden. Es ist nämlich noch zum alten Recht vor SEStEG ergangen, als es auch für den Anteilstausch noch eine Rückwirkung von 8 Monaten gab. Der BFH hat ausdrücklich offen gelassen, wie die Rechtslage nach der Gesetzesänderung durch das SEStEG wäre.

Hinweis: Einbringung Teilbetrieb und Mehrheitsbeteiligung in T-GmbH

Anders wäre die Rechtslage, wenn die Einbringung des Anteils an der E-GmbH zusammen mit einem aktiven **Teilbetrieb** erfolgt wäre. Es würde sich dann um eine Einbringung nach § 20 UmwStG handeln, für die die Rückwirkungsfiktion in § 20 Abs. 5 und 6 UmwStG gilt (**vgl. Org. 14 UmwSt-Erlass**).

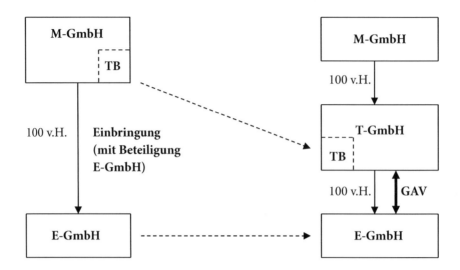

→ Eine rückwirkende Organschaft ab 2013 zwischen T-GmbH und E-GmbH ist möglich.

2. Organschaft zwischen der M-GmbH und der T-GmbH (GAV 2)

Diese Ebene ist im UmwSt-Erlass-E nicht geregelt. Die finanzielle Eingliederung zur T-GmbH hat jedoch während des **gesamten Wirtschaftsjahres** der T-GmbH bestanden (auch wenn es sich wegen Gründung der T-GmbH im laufenden Jahr 2013 nur um ein Rumpf-Wirtschaftsjahr handelt). Die Anerkennung der Organschaft auf dieser Ebene **ab 2012** ist damit kein Problem; eine Rückwirkungsfrage stellt sich hier nicht.

Voraussetzung für die steuerliche Anerkennung bereits ab dem Erstjahr 2013 ist jedoch, dass der GAV noch im Laufe dieses Jahres abgeschlossen (**auf 5 Zeitjahre!**) und in das Handelsregister eingetragen wird.

Hinweis: Organschaft zwischen der M-GmbH und der E-GmbH

RdNr. Org. 16 UmwSt-Erlass lässt es auch zu, zwischen der M-GmbH und der E-GmbH durch Abschluss eines GAV eine Organschaft zu begründen. Die E-GmbH war nämlich zunächst unmittelbar und dann mittelbar in die M-GmbH finanziell eingegliedert. Damit liegt für das gesamte Wirtschaftsjahr 2013 eine finanzielle Eingliederung vor. Allerdings lässt RdNr. Org. 16 UmwSt-Erlass diese Rechtsfolge nach ihrem Wortlaut nur zu, wenn bereits vor dem Anteilstausch eine Organschaft zwischen der M-GmbH und der E-GmbH bestand (also ein GAV abgeschlossen war). Diese Ver-waltungsauffassung ist nicht nachvollziehbar. Die mittelbare Organschaft müsste vielmehr auch dann anerkannt werden, wenn der GAV zwischen der M-GmbH und der E-GmbH erst nach der Ausgliederung der Anteile an der E-GmbH in die T-GmbH vereinbart wird.

13.8 Steuerliche Behandlung vororganschaftlich verursachter Mehr- und Minderabführungen

Bei Mehr- oder Minderabführungen handelt es sich um einen Differenzbetrag, um den die **handelsrechtliche Gewinnabführung den Steuerbilanzgewinn der OG übersteigt (= Mehrabführung) bzw. unterschreitet (= Minderabführung)**, soweit dadurch das zu versteuernde Einkommen beeinflusst wird. Wirkt sich die Abweichung z. B. wegen der Nichtabziehbarkeit einer Ausgabe nicht auf das zu versteuernde Einkommen aus, liegt keine Mehr- oder Minderabführung in diesem Sinne vor (z. B. Änderung der KSt-Rückstellung). Begründet sich die Mehr- / Minderabführung auf Sachverhalten, die vor Beginn der Organschaft verwirklicht worden sind, ist diese Mehrabführung **vororganschaftlich** bedingt.

Beispiel 8:

Die B-GmbH hat eine Rückstellung in Höhe von 200.000 € in 2012 gebildet. Seit 1.1.2013 besteht eine Organschaft mit der C-AG. Die Betriebsprüfung stellt später fest, dass die Rückstellung erst in 2013 gerechtfertigt war.

Aufgrund der Betriebsprüfung wird bei der B-GmbH in 2012 der steuerliche Gewinn um 200.000 € erhöht. In 2013 fällt der steuerliche Gewinn um 200.000 € niedriger als der handelsrechtliche Gewinn aus, so dass es insoweit zu einer **vorvertraglich verursachten Mehrabführung** kommt.

Steuerliche Folgen der Mehr-/Minderabführung nach § 14 Abs. 3 KStG

Minderabführung:	Mehrabführung:
• **Einlage** des OT in die OG. • **Erhöhung** des steuerlichen Einlagekontos bei der OG (§ 27 Abs. 6 KStG).	• **Offene Gewinnausschüttung** (keine Gewinnabführung, **vgl. § 37 Abs. 2 Satz 2 KStG**). • **KSt-Minderung** nach § 37 KStG **nur bis 31.12.2006** bei **OG** möglich (§ 37 Abs. 4 Satz 4 KStG). • **KSt-Erhöhung** nach § 38 KStG **nur bis 31.12.2006** möglich (§ 38 Abs. 4 Satz 4 KStG). • **KapSt** (§ 44 Abs. 7 EStG).

13.9 Bildung und Auflösung besonderer Ausgleichsposten beim OT nach § 14 Abs. 4 KStG i. V. m. R 63 KStR bei organschaftlichen Mehr- und Minderabführungen

Nach § 14 KStG ist dem Organträger **das Einkommen der Organgesellschaft unabhängig von der tatsächlichen Gewinnabführung zuzurechnen**.

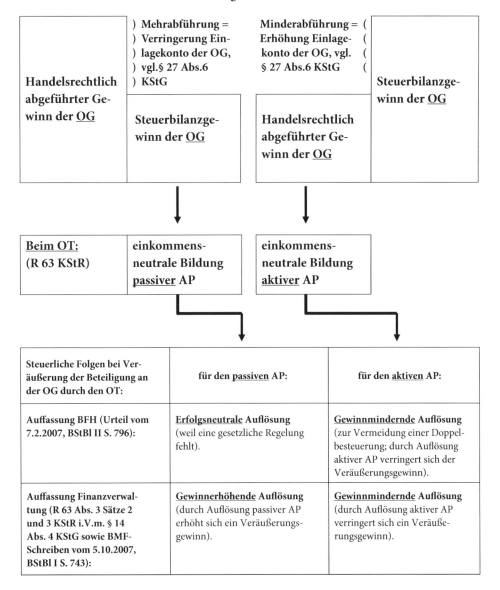

Beispiele: Mehrabführung	Beispiele: Minderabführung
a) **Abweichende Bewertung von Aktiv- oder Passivposten in der Steuerbilanz** bzw. Betriebsprüfung bei der OG verlagert Abschreibungen, die in der HB nicht nachvollzogen werden,	a) **Abweichende Bewertung von Aktiv- oder Passivposten in der Steuerbilanz** bzw. Betriebsprüfung bei der OG verlagert Abschreibungen, die in der HB nicht nachvollzogen werden,
z. B.:	z. B.:
• eine zuvor handelsrechtlich gebildete, aber steuerlich nicht zulässige Rückstellung wird wieder aufgelöst • Rückstellung steuerlich erst zu einem späteren Zeitpunkt anerkannt wird • handelsrechtliche AfA wird niedriger als die steuerlich vorzunehmende AfA angesetzt.	• Nichtanerkennung einer handelsrechtlich gebildeten Rückstellung • handelsrechtliche AfA ist höher als die steuerlich zulässige AfA.
b) Auflösung von Rücklagen.	b) OG bildet Gewinnrücklagen (§ 14 Abs. 1 Satz 1 Nr. 4 KStG, R 63 Abs. 1 KStR).
c) Steuerfreie Erträge der Organgesellschaft (z. B. Investitionszulage).	c) Verpflichtung des OT zum Ausgleich vorvertraglicher Verluste der OG (§ 301 AktG), vgl. R 63 Abs. 2 KStR.
Bildung **passiver AP** beim OT	Bildung **aktiver AP** beim OT

Der **Ausgleichsposten ist einkommensneutral aufzulösen**, soweit die Organgesellschaft den seiner Bildung zugrunde liegenden Bilanzansatz (z. B. Gewinnrücklage) zugunsten des an den Organträger abzuführenden Gewinns auflöst.

Bei **Veräußerung der Beteiligung** wird die Korrektur nach **§ 14 Abs. 4 Satz 2 KStG** durch **erfolgswirksame Auflösung des besonderen Ausgleichspostens** vorgenommen (R 63 Abs. 3 Sätze 2 und 3 KStR sowie BMF-Schreiben vom 5.10.2007, BStBl I S. 743). **Die Auflösung des Ausgleichspostens erhöht oder verringert also im Zusammenhang mit der Veräußerung einer Beteiligung den Veräußerungsgewinn oder -verlust.** Auf den saldierten Betrag ist **§ 3 Nr. 40, § 3 c Abs. 2 EStG und § 8 b KStG** anzuwenden (**vgl. R 63 Abs. 3 Satz 3 KStR**).

Beispiel 9:

Die OG erwirtschaftet einen Jahresüberschuss von 100.000 €. Davon stellt sie im VZ 2013 zulässigerweise 50.000 € in **Gewinnrücklagen** ein (**vgl. § 14 Nr. 4 KStG**).

Die handelsrechtliche Gewinnabführung in 2013 beträgt 50.000 €. Das zuzurechnende Einkommen der OG beim OT beträgt im VZ 2013 aber **100.000 €**. Um sicherzustellen, dass nach einer Veräußerung der Organbeteiligung die bei der OG so gebildeten Rücklagen nicht noch einmal beim OT steuerrechtlich erfasst werden, ist in der Steuerbilanz des OT ein **aktiver Ausgleichsposten** in Höhe der versteuerten Rücklagen in Höhe von 50.000 € **einkommensneutral** zu bilden.

Buchung in der StB zum 31.12.2013 des OT:

Forderungen an verbundene Unternehmen	50.000 €	
Aktiver steuerlicher Ausgleichsposten	50.000 € an Ertrag	100.000 €

Einkommensermittlung 2013 beim OT:

Jahresüberschuss OT	------
./. Gewinnabführung	./. 50.000 €)
	)
./. Ertrag aus Bildung Ausgleichsposten	./. 50.000 €)
+ zuzurechnendes Einkommen OG	+ 100.000 €

13.10 Auflösung von Kapitalrücklagen aus organschaftlicher Zeit

Nach dem **BFH-Urteil vom 8.8.2001 (BStBl 2003 II S. 923)** kann eine in organschaftlicher Zeit gebildete und aufgelöste Kapitalrücklage an die Gesellschafter **ausgeschüttet** werden („Leg-ein-Hol-zurück"); sie unterliegt **nicht** der Gewinnabführung.

Diese Rechtsprechung ist anzuwenden; vgl. BMF-Schreiben vom 27.11.2003, BStBl I S. 647.

13.11 Steuerliche Behandlung der Beteiligungserträge und Veräußerungserlöse der Organgesellschaft (sog. Bruttomethode, § 15 Satz 1 Nr. 2 KStG)

13.11.1 Die Behandlung der Beteiligungserträge

Für die Einkommensermittlung der Organgesellschaft (= Kapitalgesellschaft) gilt stets Körperschaftsteuerrecht. Für die Einkommensermittlung des Organträgers bzw. seiner Mitunternehmer kann sowohl Körperschaftsteuer- als auch Einkommensteuerrecht gelten, da Organträger sowohl eine Körperschaft, eine Personengesellschaft oder eine natürliche Person sein kann.

Gäbe es keine Sonderregelung i. S. d. § 15 Satz 1 Nr. 2 KStG, könnte eine Organträger-Personengesellschaft mit natürlichen Personen als Mitunternehmer oder eine natürliche Person als Organträger über die Zurechnung des Organeinkommens in den Genuss von Steuervergünstigungen, insbesondere § 8 b KStG, gelangen, die ihr nach ihrer Rechtsform nicht zustehen. **Daher wird in § 15 Satz 1 Nr. 2 Satz 1 KStG für die Organgesellschaft vollumfänglich die Anwendung des § 8 b Abs. 1 bis 6 KStG ausgeschlossen. Dies bedeutet Folgendes:**

a) <u>**Auf der Ebene der Organgesellschaft:**</u>
   Beteiligungsertrag = voll steuerpflichtiger Vorgang.

b) <u>**Auf der Ebene des Organträgers:**</u>
   Die Anwendung des § 8 b KStG sowie § 3 Nr. 40 EStG und des § 3 c Abs. 1 und 2 EStG sowie § 8 b Abs. 5 KStG werden **auf die Ebene des Organträgers verlagert.**

Vgl. auch das BMF-Schreiben vom 26.8.2003 (BStBl I S. 437, RdNr. 21 ff.).

Beteiligungserträge sind daher nur nach den Regelungen des § 8 b KStG steuerfrei zu stellen, soweit sie letztendlich auf **Kapitalgesellschaften** entfallen. Soweit die Beteiligungserträge letztlich auf **natürliche Personen** entfallen, unterliegen sie dem **Teileinkünfteverfahren**.

Sofern Organträger eine **Personengesellschaft** ist, richtet sich die steuerliche Behandlung nach der **Rechtsform der Mitunternehmer**.

Übersicht I: Beteiligungserträge bei ESt und KSt

13.11 Steuerliche Behandlung der Beteiligungserträge und Veräußerungserlöse

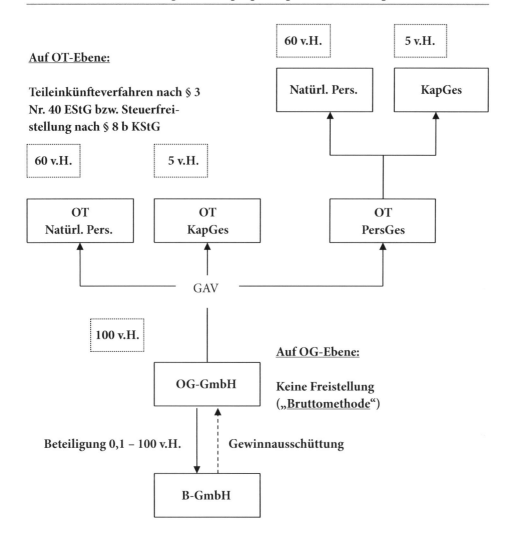

13.11.2 Veräußerung einer Beteiligung an einer Kapitalgesellschaft

Auch insoweit gilt nach **§ 15 Satz 1 Nr. 2 KStG** die Bruttomethode.

Dies bedeutet Folgendes:

a) **Auf der Ebene der Organgesellschaft:**
   Veräußerung = voll steuerpflichtiger Vorgang.
   Die **Gewerbesteuer** folgt auf der Ebene der **OG** der Behandlung bei der KSt. **D. h. keine Anwendung des § 8 b KStG bzw. § 3 Nr. 40 EStG im Rahmen der Gewinnermittlung nach § 7 GewStG.**

b) Auf der Ebene des Organträgers:

Je nach Rechtsform des Organträgers erfolgt bei Körperschaften die im Ergebnis **95 %-ige** oder bei Einzelunternehmen die **teilweise Steuerfreistellung** nach den Regeln des **§ 8 b Abs. 2 KStG oder des § 3 Nr. 40 EStG**.

Sofern OT eine Personengesellschaft ist, kommt es für die Anwendung des § 8 b KStG und des § 3 Nr. 40 EStG auf die **Rechtsform der Mitunternehmer** an (**vgl. § 7 Satz 4 GewStG und BMF-Schreiben vom 21.3.2007, BStBl I S. 302**).

Verluste der Organgesellschaft aus der Veräußerung einer Beteiligung sind entsprechend der Rechtsform des Organträgers **zu 40 v. H. (§ 3 c Abs. 2 EStG)** bzw. **vollständig (§ 8 b Abs. 3 Satz 3 KStG) nicht abzugsfähig**. Entsprechend sind auch **Teilwertabschreibungen auf die Organbeteiligung** und andere Gewinnminderungen ausgeschlossen; für sie gelten ebenfalls die Abzugsbeschränkungen des § 8 b Abs. 3 Satz 3 KStG bzw. des § 3 c Abs. 2 EStG.

Hinweis:
Der Gewinn aus der Veräußerung einer Beteiligung an einer Kapitalgesellschaft ist kein von der Kapitalgesellschaft ausgeschütteter Gewinn i. S. d. **§ 9 Nr. 2 a GewStG** und daher **kommt – unabhängig von der Höhe der Beteiligung – eine Kürzung nicht in Betracht**. Aus dem gleichen Grund kommt auch **keine Hinzurechnung** nach § 8 Nr. 5 GewStG in Betracht (**vgl. R 9.3 GewStR 2009**).

Übersicht II: Veräußerungsgewinne bei ESt / KSt und GewSt

13.12 Die „kleine" Organschaftsreform

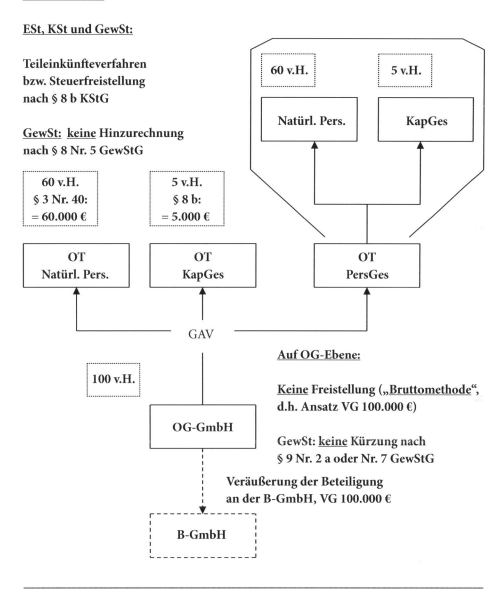

13.12 Die „kleine" Organschaftsreform

Durch das Gesetz zur Änderung und Vereinfachung der Unternehmensbesteuerung und des steuerlichen Reisekostenrechts vom 20.2.2013 (BGBl 2013 I S. 285) wurden für die **„Organschaftspraxis"** wichtige gesetzliche Regelungen getroffen. Diese stellen sich wie folgt dar:

13.12.1 Aufgabe des doppelten Inlandsbezugs für Organgesellschaften (§ 14 Abs. 1 Satz 1 vor Nr. 1, Satz 1 Nr. 5, § 17 Satz 1, § 34 Abs. 9 Nr. 8 KStG)

Der Inlandsbezug für Organgesellschaften wird in allen noch nicht bestandskräftig veranlagten Fällen dahingehend geändert, dass neben der Geschäftsleitung im Inland der Sitz in einem Mitgliedstaat der Europäischen Union oder in einem Vertragsstaat des EWR-Abkommens genügt.

Durch § 14 Abs. 1 Satz 1 Nr. 5 KStG n. F. soll ausgeschlossen werden, dass **Verluste der Organgesellschaft** mehrfach berücksichtigt werden können, z. B. weil sie in verschiedenen Ländern in eine Gruppenbesteuerung einbezogen ist. Ein Fall i. S. d. § 14 Abs. 1 Satz 1 Nr. 5 KStG n. F. liegt insbesondere dann vor, wenn die negativen Einkünfte einer doppelt ansässigen Organgesellschaft im Rahmen der Besteuerung im ausländischen Staat mit positiven Einkünften eines Gruppenträgers ausgeglichen oder abgegolten werden.

13.12.2 Anpassungen an abkommensrechtliche Diskriminierungsverbote

§ 14 Abs. 1 Satz 1 Nr. 2 KStG wird an die Rechtsprechung des BFH im Urteil vom 9.2.2011, AZ.: I R 54, 55/10, BStBl 2012 II S. 106, zum **abkommensrechtlichen Gesellschafterdiskriminierungsverbot** in Art. 24 Abs. 5 des OECD-Musterabkommens angepasst. Zur gewerbesteuerlichen Organschaft hat der BFH entschieden, dass eine Kapitalgesellschaft mit Geschäftsleitung und Sitz im Inland Organgesellschaft eines in Großbritannien ansässigen gewerblichen Unternehmens als Organträger sein kann. Die entgegenstehende Beschränkung in § 14, 2. HS, und § 14 Nr. 3 Satz 1 KStG 1999 i. V. m. § 2 Abs. 2 Satz 2 GewStG 1999 auf ein Unternehmen mit Geschäftsleitung und Sitz im Inland als Organträger sei nicht mit dem Diskriminierungsverbot des Art. 20 Abs. 4 und 5 DBA-Großbritannien 1964/1970 vereinbar.

Der neu gefasste § 14 Abs. 1 Satz 1 Nr. 2 KStG stellt nunmehr für alle an der steuerlichen Organschaft beteiligten Personen unterschiedslos darauf ab, ob die Beteiligung des Organträgers an der Organgesellschaft einer **inländischen Betriebsstätte i. S. d. § 12 AO** des Organträgers zuzurechnen ist. Da weder auf den Sitz noch auf den Ort der Geschäftsleitung des Organträgers abgestellt wird, wird nach der Gesetzesbegründung nicht mehr nach den für die Anwendung des abkommensrechtlichen Gesellschafterdiskriminierungsverbots maßgebenden ansässigkeitsbegründenden Merkmalen des Art. 4 des OECD-Musterabkommens unterschieden. Voraussetzung für die Anerkennung der Organschaft ist, dass die Beteiligung des Organträgers an der Organgesellschaft während der **gesamten Dauer** der Organschaft ununterbrochen einer inländischen Betriebsstätte i. S. d. § 12 AO des Organträgers zuzurechnen ist und die dieser Betriebsstätte zuzurechnenden Einkünfte der inländischen Besteuerung unterliegen.

13.12.3 Heilung fehlerhafter Bilanzansätze im handelsrechtlichen Jahresabschluss bei „verunglückter Organschaft"

Der Regelung in § 14 Abs. 1 Satz 1 Nr. 3 KStG werden folgende Sätze angefügt:

„Der Gewinnabführungsvertrag gilt auch als durchgeführt, wenn der abgeführte Gewinn oder ausgeglichene Verlust auf einem Jahresabschluss beruht, der fehlerhafte Bilanzansätze enthält, sofern
a) der Jahresabschluss wirksam festgestellt ist,

b) die Fehlerhaftigkeit bei Erstellung des Jahresabschlusses unter Anwendung der Sorgfalt eines ordentlichen Kaufmanns nicht hätte erkannt werden müssen und

c) ein von der Finanzverwaltung beanstandeter Fehler spätestens in dem nächsten nach dem Zeitpunkt der Beanstandung des Fehlers aufzustellenden Jahresabschlusses der Organgesellschaft und des Organträgers korrigiert und das Ergebnis entsprechend abgeführt oder ausgeglichen wird, soweit es sich um einen Fehler handelt, der in der Handelsbilanz zu korrigieren ist.
Die Voraussetzung des Satzes 4 Buchstabe b gilt bei Vorliegen eines uneingeschränkten Bestätigungsvermerks nach § 322 Absatz 3 des Handelsgesetzbuches oder der Bescheinigung eines Steuerberaters oder Wirtschaftsprüfers über die Erstellung eines Jahresabschlusses mit umfassenden Beurteilungen als erfüllt."

<u>Praxishinweis:</u>
Nach § 34 Abs. 9 Nr. 7 KStG n. F. ist diese Gesetzesänderung auf **alle offenen Fälle** anzuwenden.

<u>Wichtig:</u>
Eine Heilungsmöglichkeit besteht lediglich für **fehlerhafte Bilanzansätze im handelsrechtlichen Jahresabschluss**. Zu einem fehlerhaften Bilanzansatz der Abführungsverpflichtung kommt es insbesondere auch dann, wenn ein Jahresüberschuss **ohne vorherigen Ausgleich vororganschaftlicher Verluste** abgeführt wird.

Beispiel 1:

Zwischen der M-GmbH (OT) und der T-GmbH (OG) besteht seit 2012 eine Organschaft. Die M-GmbH erzielt Gewinne, die T-GmbH verfügt zum 31.12.2011 über Verlustvorträge (sowohl bilanziell als auch steuerlich).

Die **steuerlichen Verlustvorträge** der OG sind während des Bestehens der Organschaft „eingefroren" (R 64 KStR i. V. m. § 15 Satz 1 Nr. 1 KStG und § 10 a Satz 3 GewStG).

Aber:

Nach dem **BFH-Urteil vom 21.10.2010, AZ.: IV R 21/07, DStR 2010 S. 2505**, ist ein **Ergebnisabführungsvertrag jedoch nicht tatsächlich durchgeführt, wenn der Jahresüberschuss der Organgesellschaft entgegen § 301 AktG nicht mit einem vororganschaftlichen Verlustvortrag verrechnet, sondern in voller Höhe an den Organträger abgeführt wird.** Nach Auffassung des BFH gilt dies unabhängig von der Höhe des Verlustvortrags. Eine Bagatellregelung für geringfügige Verstöße gibt es nicht. Ein derartiger Fehler innerhalb der ersten 5 Jahre einer Organschaft führt dazu, dass die Organschaft rückwirkend nicht anerkannt wird.

<u>Bisherige Rechtsfolgen:</u>

Seit Abschluss des Gewinnabführungsvertrags durchgeführte Gewinnabführungen und Verlustübernahmen werden als **verdeckte Gewinnausschüttungen** und **verdeckte Einlagen** besteuert. Zudem findet keine **Gewinn- oder Verlustverrechnung** zwischen den beteiligten Gesellschaften mehr statt. Bei einer Organschaft zwischen Kapitalgesellschaften bedeutet das:

→ Bei der M-GmbH führt eine Übernahme des Verlustes der T-GmbH nicht zu Aufwand, sondern zu einer Erhöhung der Anschaffungskosten der Beteiligung an der T-GmbH.

→ Gewinnabführungen sind als verdeckte Gewinnausschüttungen bei der M-GmbH nach § 8 b Abs. 1 und 5 KStG zu 95 % steuerfrei, sofern diese eine Kapitalgesellschaft ist.

→ Bei der T-GmbH führt eine Verlustübernahme der M-GmbH zu einer außerbilanziellen Abrechnung des Ertrags nach § 8 Abs. 3 Satz 3 KStG und zu einer Erhöhung des steuerlichen Einlagekontos i. S. d. § 27 KStG.

→ Eine Gewinnabführung an die M-GmbH begründet bei der T-GmbH eine verdeckte Gewinnausschüttung, so dass der entstandene Aufwand außerbilanziell nach § 8 Abs. 3 Satz 2 KStG hinzuzurechnen ist.

<u>Bisherige „Heilungsmöglichkeit":</u>

Die Praxis hat sich bislang teilweise damit beholfen, in diesen Fällen nachträglich – sofern möglich – sämtliche handelsrechtlichen Jahresabschlüsse der Organgesellschaft und des Organträgers zu berichtigen.

<u>Jetzt: Korrektur in laufender Rechnung</u>

Durch die Gesetzesänderung wird nunmehr eine Korrektur **in laufender Rechnung** ermöglicht (z. B. in der Handelsbilanz zum 31.12.2013).

13.12 Die „kleine" Organschaftsreform

Variante:

Verfügt hingegen **die M-GmbH (OT)** über einen steuerlichen Verlustvortrag zum 31.12.2011, kann das ab 2012 von der T-GmbH (OG) zugerechnete Einkommen mit diesem Verlustvortrag des OT im Rahmen der Mindestbesteuerung verrechnet werden.

Die Neuregelung („Heilung") kommt jedoch in folgenden Fällen nicht in Betracht:

a) Der Fehler hätte unter Anwendung der Sorgfalt eines ordentlichen Kaufmanns erkannt werden müssen

<u>Aber:</u> Diese **Sorgfalt** ist zu bejahen (= **„Heilung" möglich**)

- bei Vorliegen eines **uneingeschränkten Bestätigungsvermerks nach § 322 Abs. 3 HGB**
  - zum Jahresabschluss
  - zu einem Konzernabschluss, in dem der handelsrechtliche Jahresabschluss einbezogen worden ist
  - oder über die freiwillige Prüfung des Jahresabschlusses
  oder
- bei Vorliegen der **Bescheinigung eines Steuerberaters oder Wirtschaftsprüfers** über die Erstellung eines Jahresabschlusses mit umfassenden Beurteilungen.

b) Der Gewinnabführungsvertrag (GAV) ist zivilrechtlich nichtig

Nach § 14 Abs. 1 Satz 2 KStG setzt die Organschaft einen **wirksamen** GAV voraus. Der GAV muss lt. BGH in das **Handelsregister der OG** eingetragen werden, um wirksam zu sein. Ein zivilrechtlich nichtiger GAV, der nach den Grundsätzen der fehlerhaften Gesellschaft so lange als wirksam behandelt wird, bis sich einer der Vertragspartner auf die Nichtigkeit beruft, ist für steuerliche Zwecke nicht anzuerkennen (vgl. BMF-Schreiben vom 31.10.1989, BStBl I S. 430).

c) Steuerliche Anforderungen an den GAV werden nicht beachtet

Beispiele:
- Nichteinhaltung der 5-jährigen Mindestlaufzeit (vgl. R 60 Abs. 2 KStR).
- Bei einer OT-Personengesellschaft werden die Anteile an der OG nicht im Gesamthandsvermögen der Personengesellschaft gehalten (vgl. BMF-Schreiben vom 10.11.2005, BStBl I S. 1038).
- Fehlen eines wichtigen Grundes bei vorzeitiger Beendigung des Gewinnabführungsvertrags (vgl. R 60 Abs. 6 KStR).
- Fehlende Vereinbarung einer Verlustübernahmeregelung „entsprechend § 302 AktG", wenn eine GmbH Organgesellschaft ist (vgl. R 66 Abs. 3 KStR und nachstehend unter 5.2.2.4).

13.12.4 Erforderlicher Inhalt der Verlustübernahmeverpflichtung für Gesellschaften, die nicht unter das AktG fallen

Für die Zukunft wird geregelt, dass Organgesellschaften, die nicht unter das AktG fallen (**insbesondere Gesellschaften mit beschränkter Haftung**) die Verlustübernahmeverpflichtung durch einen **dynamischen Verweis** auf die Regelung des § 302 AktG im Gewinnabführungsvertrag vereinbaren müssen. § 17 Satz 2 Nr. 2 KStG soll künftig lauten:

Weitere Voraussetzung ist, dass (...)

„2. eine Verlustübernahme entsprechend den Vorschriften des § 302 des Aktiengesetzes durch Verweis auf § 302 des Aktiengesetzes in seiner jeweils gültigen Fassung vereinbart wird."

§ 34 Abs. 10b KStG enthält folgende Übergangsregelung:
„(10b) § 17 Satz 2 Nummer 2 in der Fassung des Artikels 2 des Gesetzes vom 20.2.2013 (BGBl I S. 285) ist erstmals auf Gewinnabführungsverträge anzuwenden, die nach dem Tag des Inkrafttretens dieses Gesetzes abschlossen oder geändert werden. Enthält ein Gewinnabführungsvertrag, der vor diesem Zeitpunkt wirksam abgeschlossen wurde, keinen den Anforderungen des § 17 Satz 2 Nummer 2 in der Fassung der Bekanntmachung vom 15. Oktober 2002 (BGBl I S. 4144), das zuletzt durch Artikel 4 des Gesetzes vom 7. Dezember 2011 (BGBl I S. 2592) geändert worden ist, entsprechenden Verweis auf § 302 des Aktiengesetzes, steht dies der Anwendung der §§ 14 bis 16 für Veranlagungszeiträume, die vor dem 31. Dezember 2014 enden, nicht entgegen, wenn eine Verlustübernahme entsprechend § 302 des Aktiengesetzes tatsächlich erfolgt ist und eine Verlustübernahme entsprechend § 17 Satz 2 Nummer 2 in der Fassung des Artikels 2 des Gesetzes vom 20.2.2013 (BGBl I S. 285) **bis zum Ablauf des 31. Dezember 2014** wirksam vereinbart wird. Für die Anwendung des Satzes 2 ist die Vereinbarung einer Verlustübernahme entsprechend § 17 Satz 2 Nummer 2 in der Fassung des Artikels 2 des Gesetzes vom 20.2.2013 (BGBl I S. 285) nicht erforderlich, wenn die steuerliche Organschaft vor dem 1. Januar 2015 beendet wurde. Die Änderung im Sinne des Satzes 2 eines bestehenden Gewinnabführungsvertrags gilt für die Anwendung des § 14 Absatz 1 Satz 1 Nummer 3 nicht als Neuabschluss."

Folgende 3 Fallgruppen sind in der Praxis zu unterscheiden:

> **Fallgruppe 1: Altverträge mit Vollverweis auf die „Vorschriften des § 302 AktG" (aber ohne Dynamik)**
> **Beispiel 2:**
> Die Organträgerin ist **entsprechend den Vorschriften des § 302 AktG** verpflichtet, jeden während der Vertragsdauer sonst entstehenden Jahresfehlbetrag auszugleichen, soweit dieser nicht dadurch ausgeglichen wird, dass den anderen Gewinnrücklagen Beträge entnommen werden, die während der Vertragsdauer in sie eingestellt worden sind.

13.12 Die „kleine" Organschaftsreform

- Nach dem BFH-Beschluss vom 15.9.2010 (BStBl II S. 935) ist es nicht ernstlich zweifelhaft, dass mit dieser Vertragsklausel eine Verlustübernahme entsprechend den Vorschriften des § 302 AktG vereinbart wird. Dem folgt die Finanzverwaltung (vgl. **BMF-Schreiben vom 19.10.2010, BStBl I S. 836**).

Wichtig:
- In der Fallgruppe 1 (**Altverträge mit Vollverweis auf § 302 AktG, aber ohne Dynamik**) ist eine Anpassung bestehender GAV **nicht** erforderlich!

Fallgruppe 2: Altverträge ohne Vollverweis auf § 302 AktG und z. B. mit Fehlen der Verjährungsregelung des § 302 Abs. 4 AktG (BMF-Schreiben vom 16.12.2005, BStBl 2006 I S. 12)

- Nach der Übergangsregelung in § 34 Abs. 10 b Sätze 2ff. KStG besteht **bis zum 31.12.2014** die Möglichkeit einer steuerunschädlichen Anpassung.

Wichtig:
- Bei dieser Änderung von Altverträgen muss aber zwingend eine **dynamische Verweisung** – vgl. hierzu Fallgruppe 3 – aufgenommen werden.
- Wird ein Altvertrag, der die bisherigen Vorgaben **nicht** erfüllt, bis zum 31.12.2014 **angepasst**, muss **keine neue 5-Jahresfrist** beachtet werden; die Änderung gilt **nicht als Neuabschluss** (§ 34 Abs. 10 b Satz 4 KStG n. F.).

Fallgruppe 3: Neuverträge nach Inkrafttreten des Gesetzes vom 20.2.2013 (GÄuVdUR)

- Für Neuverträge, die **nach dem 27.2.2013** abgeschlossen oder geändert werden, ist das Erfordernis einer dynamischen Verweisung künftig zwingend zu beachten; ein „undynamischer" Verweis (also allein auf § 302 AktG) ist dann nicht mehr ausreichend und steht der steuerlichen Anerkennung der Organschaft entgegen.

Formulierungsvorschlag für die Praxis:
„Die Vorschriften des § 302 AktG in ihrer jeweils gültigen Fassung gelten entsprechend."

Wichtig:
- Auch ein Abschreiben des Gesetzestextes des § 302 AktG im GAV ist nach der gesetzlichen Änderung künftig nicht mehr ausreichend; die Regelung in R 66 Abs. 3 KStR ist insoweit überholt.

13.12.5 Gesonderte und einheitliche Feststellung des Organeinkommens

Nach der Neuregelung in § 14 Abs. 5 KStG gilt künftig für Organschaftsfälle ein Feststellungsverfahren, in dem das Bestehen einer wirksamen Organschaft, die Höhe des zuzurechnenden Einkommens und damit zusammenhängenden Besteuerungsgrundlagen festgestellt werden. Die Neuregelung kommt für Feststellungszeiträume in Betracht, die **nach dem 31.12.2013** beginnen.

Hinweis:
Nach der BFH-Rechtsprechung (Urteil vom 6.3.2008, AZ.: IV R 74/05, BStBl II S. 663) ist ein der OG gegenüber ergangener Steuerbescheid für den OT nicht bindend. Künftig wird das Feststellungsverfahren **Bindungswirkung (= Grundlagenbescheid)** sowohl für die OG als auch für den **OT** haben.

13.12.6 Weitere aktuelle Hinweise zur Organschaft

13.12.6.1 Organschaft und atypisch stille Gesellschaft

Nach Auffassung des BFH (Beschluss vom 31.3.2011, AZ.: I B 177/10, BFH/NV 2011 S. 1397, und Beschluss vom 1.8.2011, AZ.: I B 179/10, BFH/NV 2011 S. 2052) kann eine **Tochterkapitalgesellschaft, an der eine atypisch stille Beteiligung besteht, nicht Organgesellschaft** sein. Dies deckt sich mit der aktuellen Beschlusslage der Finanzverwaltung.

Wichtig:
Die Finanzverwaltung lässt darüber hinaus auch eine **atypisch stille Gesellschaft nicht als Organträgerin zu (Begründung: kein Gesamthandsvermögen**, zu dem die Anteile an der Tochterkapitalgesellschaft gehören können).

13.12.6.2 Eigene gewerbliche Tätigkeit der OT-Personengesellschaft

Bislang ist höchstrichterlich noch nicht geklärt, ob die **gewerbliche Tätigkeit einer Organträger-Personengesellschaft** (vgl. § 14 Abs. 1 Nr. 2 KStG) **ganzjährig** vorliegen muss. Die Finanzverwaltung bejaht diese Frage (vgl. Rz. 21 des BMF-Schreibens vom 10.11.2005, BStBl I S. 1038). Auch das FG Münster hat diese Verwaltungsmeinung mit Urteil vom 23.2.2012, AZ.: 9 K 3556/10 K, G, GmbHR 2012 S. 816, bestätigt. Gegen die FG-Entscheidung ist allerdings beim BFH das **Revisionsverfahren, AZ.: I R 40/12**, anhängig. Entsprechende Fälle können deshalb im Einspruchsverfahren offengehalten werden.

13.12.6.3 Beendigung des GAV aus wichtigem Grund

- Das FG Niedersachsen hat mit Urteil vom 10.5.2012, AZ.: 6 K 140/10, GmbHR 2012 S. 917, entschieden, dass die **Veräußerung einer Organbeteiligung innerhalb eines Konzerns** kein wichtiger Grund für die vorzeitige Beendigung einer Organschaft ist. Gegen das Urteil ist beim BFH das **Revisionsverfahren, AZ.: I R 45/12**, anhängig. Eine **Veräußerung an einen fremden Dritten** erkennt die Finanzverwaltung allerdings als wichtigen Grund an (**vgl. R 60 Abs. 6 Satz 2 KStR**).
- Die **Kündigung eines GAV wegen drohender wirtschaftlicher Schwierigkeiten** hat das FG Berlin-Brandenburg ebenfalls nicht als zulässig anerkannt (rkr. Urteil vom 19.10.2011, AZ.: 12 K 12078/08, EFG 2012 S. 443).

13.12.6.4 Vororganschaftlich verursachte Mehrabführungen nach § 14 Abs. 3 KStG

Das Niedersächsische FG hält in seinem Urteil vom 10.3.2011, AZ.: 6 K 338/07, EFG 2012 S. 261, die Regelung zu den **vororganschaftlich verursachten Mehrabführungen in § 14 Abs. 3 KStG für verfassungsgemäß** (weder Verstoß gegen das Bestimmtheitsgebot noch gegen den Gleichheitsgrundsatz des Art. 3 GG). Hiergegen ist beim BFH das **Revisionsverfahren, AZ.: I R 38/11**, anhängig. Anwendungsfälle des § 14 Abs. 3 KStG (vgl. auch R 60 Abs. 4 KStR) können deshalb offengehalten werden.

13.12.6.5 Bildung aktiver oder passiver Ausgleichsposten beim OT nach § 14 Abs. 4 KStG (vgl. R 63 KStR)

Anwendung von § 14 Abs. 4 KStG (organschaftliche Mehrabführungen):
Mit **Urteil vom 29.8.2012, AZ.: I R 65/11, GmbHR 2012 S. 1308**, hat der BFH entschieden, dass ein passiver Ausgleichsposten nicht zu bilden ist, wenn die auf die OG entfallenden Beteiligungsverluste (aus einer KG) aufgrund einer außerbilanziellen Zurechnung (**hier: nach § 15 a EStG**) neutralisiert werden und damit das dem OT zuzurechnende Ein-kommen nicht mindern. Der BFH sieht die Ausgleichsposten (auch aktive) nur als steuerrechtlichen Merkposten an (**Bilanzierungshilfe**). Zur Problematik vgl. auch Dötsch, Die KSt, § 14 KStG, Rz. 484.

13.12.6.6 Begründung einer sog. Gewinn- und Verlustgemeinschaft

Beim **FG Baden-Württemberg** ist unter dem AZ.: 10 K 1661/12 ein Verfahren zur Frage anhängig, ob mit einer Begründung einer **sog. Gewinn- und Verlustgemeinschaft auch zwischen Schwesterkapitalgesellschaften** (ohne Organschaft zu einem gemeinsamen Organträger) ein **steuerlicher Gewinn- und Verlustausgleich** erzielt werden kann. M.E. ist eine solche Gestaltung allerdings unter fremden Dritten nicht vorstellbar und deshalb **im Gesellschaftsverhältnis veranlasst**. Die Abführung von Gewinnen bzw. die Übernahme von Verlusten zwischen Schwestergesellschaften führt deshalb zu **verdeckten Gewinnausschüttungen und verdeckten Einlagen**.

13.12.6.7 Erweiterte Gewerbeertragskürzung bei Grundstücksunternehmen
Vom BFH wird die erweiterte Kürzung nach § 9 Nr. 1 Sätze 2 ff. GewStG i. V. m. R 9.2 (1) GewStR bei der GewSt für Vermietungen an Schwestergesellschaften innerhalb eines ertragsteuerlichen Organkreises versagt (**Urteil vom 18.5.2011, AZ.: X R 4/10, BStBl II S. 887**).

Liquidationsbesteuerung nach § 11 KStG 14

Die Liquidation der Kapitalgesellschaft stellt eine „Betriebsaufgabe/Betriebsveräußerung" dar, die nach den Rechtsgrundsätzen des § 11 KStG zu besteuern ist.

14.1 Besteuerungszeitraum bei der Liquidationsbesteuerung

Wird eine Kapitalgesellschaft oder eine Genossenschaft nach der Auflösung abgewickelt, ist gem. § 11 Abs. 1 KStG Veranlagungszeitraum übergreifend der in dem Zeitraum der Abwicklung erzielte Gewinn der Körperschaftsbesteuerung zugrunde zu legen. **Auflösung** ist der rechtliche Akt der Liquidationsanmeldung; **Abwicklung** ist der tatsächliche Vorgang der Versilberung des Vermögens.

Der **Abwicklungszeitraum** beginnt mit der Auflösung; der **Besteuerungszeitraum** beginnt mit dem Wirtschaftsjahr, in das die Auflösung fällt. Bei einer Auflösung im Lauf des Wirtschaftsjahrs **kann die Körperschaft ein vorgeschaltetes Rumpfwirtschaftsjahr bilden (R 51 Abs. 1 KStR)**. D.h. es besteht ein Wahlrecht. Verzichtet die Kapitalgesellschaft auf die Bildung eines Rumpfwirtschaftsjahres, ist das Ergebnis dieses Zeitraums in den Besteuerungszeitraum der Abwicklung einzubeziehen.

Zur Liquidationsbesteuerung, vgl. auch die BMF-Schreiben vom 26.8.2003, BStBl I S. 434, und vom 4.4.2008, BStBl S. 542.

Beispiel 1:

Die Liquidation beginnt tatsächlich am **10.5.2013** (Zeitpunkt der Auflösung der Gesellschaft). Die GmbH bildet nach **R 51 Abs. 1 KStR** kein Rumpfwirtschaftsjahr.

Steuerliche Auswirkungen:

Der Liquidationszeitraum beginnt steuerlich ab 1.1.2013; die reguläre Schlussbilanz der GmbH zum 31.12.2012 wird als Liquidationsanfangsbilanz (= Abwicklungs-Anfangsvermögen) zugrunde gelegt.

Die Steuerpflicht der Körperschaft **endet** erst, wenn die Liquidation rechtsgültig abgeschlossen ist. Zum rechtsgültigen Abschluss der Liquidation gehört bei Kapitalgesellschaften auch der Ablauf des Sperrjahrs. Auch wenn die Kapitalgesellschaft vor Ablauf des Sperrjahrs ihr Gesellschaftsvermögen vollständig ausgekehrt hat, ist sie damit noch nicht erloschen.

Nach § 11 Abs. 1 Satz 2 KStG soll der Besteuerungszeitraum **drei Jahre nicht überschreiten**. Dies ist eine Sollvorschrift, die das Ziel hat, ungerechtfertigte Steuerstundungseffekte zu verhindern. In der Praxis kann es im Einzelfall auch einen längeren als einen dreijährigen Besteuerungszeitraum geben, z. B. wenn mit dem Abschluss der Liquidation in 3 1/2 Jahren fest zu rechnen ist. In solchen Fällen wird in der Praxis auf eine Unterteilung des Abwicklungszeitraums in mehrere Besteuerungszeiträume meist verzichtet.

Bei länger dauernden Liquidationen sind nach **R 51 Abs. 1 Satz 6 KStR** die danach beginnenden weiteren Besteuerungszeiträume grundsätzlich jeweils auf **ein Jahr** begrenzt. Nach **R 51 Abs. 3 KStR** ist die **besondere Gewinnermittlung nach § 11 Abs. 2 KStG** nur für den **letzten Besteuerungszeitraum** vorzunehmen. Für die vorangehenden Besteuerungszeiträume ist die Gewinnermittlung nach **allgemeinen Grundsätzen** durchzuführen. **Vgl. BFH-Urteil vom 18.9.2007 (BStBl 2008 II S. 319)**.

Auf den Schluss jedes Besteuerungszeitraums ist eine **Steuerbilanz** aufzustellen.

Umfasst der Abwicklungszeitraum mehrere Besteuerungszeiträume, ist auf den Schluss eines jeden Besteuerungszeitraums das Körperschaftsteuerguthaben (§ 37 KStG), der Teilbetrag EK 02 (§ 38 KStG) und das steuerliche Einlagekonto (§ 27 KStG) gesondert festzustellen. **Bei Abschluss der Liquidation nach dem 31.12.2006 erfolgt die letztmalige Ermittlung des KSt-Guthabens zum 31.12.2006 (§ 37 Abs. 4 KStG). Das EK 02 wird ebenfalls spätestens zum 31.12.2006 gesondert festgestellt (§ 38 Abs. 4 KStG)**. Zur etwaigen Festsetzung eines KSt-Erhöhungsbetrags vgl. § 38 Abs. 8 KStG. Die abschließende gesonderte Feststellung des steuerlichen Einlagekontos nach § 27 KStG für den letzten Besteuerungszeitraum ist auf den Zeitpunkt vor der Schlussverteilung des Vermögens vorzunehmen (vgl. Tz. 2 und 3 des BMF-Schreibens vom 26.8.2003, a. a. O.).

Beispiel 2:

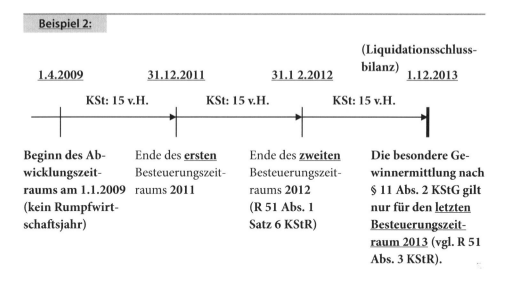

14.2 Gewinnermittlung im Abwicklungszeitraum

Die Vorschrift des § 11 Abs. 2 bis 5 KStG regelt für die in Liquidation befindliche Körperschaft eine besondere Gewinnermittlung in dem Sinn, dass dem Abwicklungs-Endvermögen das Abwicklungs-Anfangsvermögen gegenüber zu stellen ist. Dabei geht diese Gesetzesvorschrift erkennbar von einer **einheitlichen Gewinnermittlung für den gesamten Abwicklungszeitraum** aus.

Die besondere Gewinnermittlung stellt sich wie folgt dar:

Abwicklungs-Endvermögen nach § 11 Abs. 3 KStG
(= zur Verteilung kommendes Vermögen)
./.   Abwicklungs-Anfangsvermögen nach § 11 Abs. 4 KStG
        (= Betriebsvermögen in der Schlussbilanz des vorangegangenen
        Wirtschaftsjahres, ggf. nach Kürzung um Gewinnausschüttungen
        i. S. d. § 11 Abs. 4 Satz 3 KStG)
=   **steuerlicher Liquidationsgewinn (§ 11 Abs. 2 KStG)**

+   folgende Zu- und Abrechnungen nach **§ 11 Abs. 6 KStG**, soweit nicht
        bereits oben berücksichtigt:
+   nicht abziehbare Ausgaben (§ 10 KStG)
+   Hinzurechnung von vGA (§ 8 Abs. 3 Satz 2 KStG)
./.   Kürzung von verdeckten Einlagen (§ 8 Abs. 3 Satz 3 KStG)
+ / ./. Hinzurechnung / Kürzung nach § 8 b KStG

./. Verlustabzug (§ 10 d EStG)
= **zu versteuerndes Einkommen des Abwicklungszeitraums**
➡ **KSt-Tarifbelastung 15 v. H.** (§ 23 Abs. 1 KStG)

14.3 Berücksichtigung eines KSt-Guthabens in Liquidationsfällen

Abschluss der Liquidation bis zum 31.12.2006	Abschluss der Liquidation nach dem 31.12.2006
Letztmalige Feststellung des KSt-Guthabens auf den Zeitpunkt der Liquidationsschlussbilanz (z. B. 20.12.2006).	Letztmalige Ermittlung des KSt-Guthabens auf den 31.12.2006.
KSt-Minderung **wird noch gewährt, wenn Auszahlung vor dem 1.1.2007 erfolgt ist** (§ 37 Abs. 4 Satz 3 KStG).	Keine KSt-Minderung mehr möglich (**Abtretung an Gesellschafter oder Bank notwendig**).

Auch für Liquidationsfälle wurde die Möglichkeit der **Abtretung des KSt-Guthabens** an Kreditinstitute durch die Regelung des **§ 37 Abs. 5 Satz 10 KStG** gesetzlich abgesichert. **Hier wird die Abtretung des KSt-Guthabens die einzige Möglichkeit sein, die Liquidation zu beenden.** Die Abtretung kann dabei
- entgeltlich an ein Kreditinstitut,
- entgeltlich an den Gesellschafter oder eine ihm nahestehende Person oder
- im Wege einer Sachauskehrung an den Gesellschafter erfolgen.

Bei einer **entgeltlichen Abtretung** erhöht das Entgelt den Auskehrungsbetrag (oder wird ggf. auch zur Schuldentilgung verwendet). Bei einer **Sachauskehrung** ist zu beachten, dass (auch) diese beim Anteilseigner zu Einkünften aus Kapitalvermögen i. S. d. § 20 Abs. 1 Nr. 2 EStG führt.

Praxishinweis:
Wird die Gesellschaft ohne vorherige Abtretung des KSt-Guthabens nach § 37 Abs. 5 KStG gelöscht, kann eine Auszahlung nur nach Bestellung eines Nachtragsliquidators erfolgen.

14.4 Steuerliche Auswirkungen beim Anteilseigner der liquidierten Kapitalgesellschaft

14.4.1 Grundsatz: Kapitaleinnahmen nach § 20 Abs. 1 Nr. 2 EStG

Nach § 20 Abs. 1 Nr. 2 EStG sind Bezüge anlässlich der Auflösung einer Körperschaft, die **nicht in der Rückzahlung von Nennkapital bestehen und die nicht Einlagerückzahlung sind**, steuerpflichtige Kapitalerträge des Anteilseigners. Für diese Einnahmen aus Kapitalvermögen kommt nach § 3 Nr. 40 Satz 1 Buchst. e EStG im Optionsfall nach § 32 d Abs. 2 Nr. 3 EStG das Teileinkünfteverfahren in Betracht, andernfalls gilt die Abgeltungsteuer nach § 32 d Abs. 1 EStG in Höhe von 25 v. H.

14.4.2 Ausnahme: Rückzahlung Nennkapital und Einlagekonto

Die **Rückzahlung von Nennkapital und des steuerlichen Einlagekontos** i. S. d. § 27 KStG gehören beim Anteilseigner nach **§ 20 Abs. 1 Nr. 2 Sätze 1 und 2 EStG nicht** zu den Kapitaleinnahmen. Insoweit ist vielmehr **§ 17 Abs. 4 EStG** zu beachten. Dies bedeutet, dass die Rückzahlung „veräußerungsgleicher" Ertrag ist, dem die Anschaffungskosten der Beteiligung unter Berücksichtigung der §§ 3 Nr. 40, 3 c Abs. 2 EStG gegenüberzustellen sind.

Beispiel 3: Anwendung § 17 Abs. 4 EStG = Verrechnung mit AK

Rückzahlung von Nennkapital nach Beendigung der Liquidation im VZ 2013	100.000 €
Auskehrung des steuerlichen Einlagekontos i. S. d. § 27 KStG	200.000 €
Wertansatz nach § 17 Abs. 4 EStG	300.000 €
Davon 60 v. H. nach § 3 Nr. 40 Satz 1 Buchst. c Satz 2 EStG	**180.000 €**
Anschaffungskosten des Gesellschafters für seine GmbH-Anteile i. S. d. § 17 EStG z. B. insgesamt 500.000 €	
Davon 60 v. H. nach § 3 c Abs. 2 EStG	**./. 300.000 €**
Ausgleichsfähiger Verlust im VZ 2013 nach § 17 Abs. 4 EStG:	**./. 120.000 €**

Hinweis: Anwendung § 3 c Abs. 2 EStG
Im Hinblick auf die **Änderung des § 3 c Abs. 2 Satz 2 EStG** durch das Jahressteuergesetz 2010 greift die Kürzung der Anschaffungskosten **seit dem VZ 2011** auch dann, **wenn keine Rückzahlung des Stammkapitals und des steuerlichen Einlagekontos erfolgt**.

14.4.3 Rückausnahme: Sonderausweis = Rückzahlung Nennkapital als „Dividende"

Soweit ein **Sonderausweis i. S. d.** § 28 Abs. 1 Satz 3 KStG vorhanden ist, gilt die Nennkapitalrückzahlung als **Gewinnausschüttung**, die beim Anteilseigner zu Bezügen nach **§ 20 Abs. 1 Nr. 2 Satz 2 EStG** führt (vgl. § 28 Abs. 2 Satz 2 KStG und Tz. 14 des BMF-Schreibens vom 26.8.2003, BStBl I S. 434). Eine Minderung der AK für die Anteile an der GmbH tritt insoweit nicht ein.

14.4.4 In welchem VZ kann ein Auflösungsverlust nach § 17 Abs. 4 EStG beim Anteils eigner steuerlich berücksichtigt werden?

Der Auflösungsverlust nach § 17 Abs. 4 i. V. m. § 3 c Abs. 2 EStG ist grundsätzlich in dem VZ steuerlich zu berücksichtigen, in dem die Liquidation oder das Insolvenzverfahren abgeschlossen ist. Vor Abschluss der Liquidation oder des Insolvenzverfahrens ist der Verlust frühestens in dem VZ anzusetzen, in dem (**kumulativ**) folgende **drei Voraussetzungen** erfüllt sind:

a) **Zivilrechtliche Auflösung der GmbH** (z. B. durch die Eröffnung des Insolvenzverfahrens) **und**
b) es steht fest, ob und wenn ja, in welcher Höhe der Gesellschafter von der GmbH eine Rückzahlung erhält und
c) die Höhe seiner nachträglichen Anschaffungskosten auf die Beteiligung i. S. d. § 17 EStG sind bekannt.

<u>Hinweis:</u>
Im Hinblick auf die Voraussetzung b) erfolgt diese Entscheidung i. d. R. nach den Umständen des Einzelfalls.

Bei einer Bürgschaftsübernahme des Gesellschafters setzt dies grundsätzlich voraus, dass die **Inanspruchnahme** aus der Bürgschaft erfolgt ist. Sofern ein Gesellschafter im Zeitpunkt der Entstehung des Auflösungsgewinns oder -verlustes mit seiner Inanspruchnahme aus einer Bürgschaft für die GmbH **nicht oder jedenfalls nicht über einen bestimmten Betrag hinaus rechnen muss**, ist seine **spätere Inanspruchnahme ein nachträgliches (rückwirkendes) Ereignis**, das auf den Zeitpunkt der Auflösung der GmbH zurückwirkt, so dass die ESt-Veranlagung des Entstehungsjahres nach § 175 Abs. 1 Satz 1 Nr. 2 AO zu ändern ist (vgl. BFH-Urteil vom 1.7.2003, GmbHR 2003 S. 1378, sowie Verfügung der OFD Frankfurt/Main vom 28.1.2003, GmbHR 2003 S. 610, und vom 19.7.2005, DB 2005 S. 2048).

14.4.5 BMF-Schreiben vom 9.10.2012, BStBl I S. 953; Können Refinanzierungskosten noch nach dem Zeitpunkt der Auflösung als Werbungskosten abgezogen werden?

14.4.5.1 Allgemeines

Nach **früherer Rechtsprechung (BFH-Urteil vom 21.1.2004, BStBl II S. 551)** konnten die Zinsen, die ein Steuerpflichtiger zum Erwerb einer wesentlichen Beteiligung i. S. d. § 17 EStG aufwendet, regelmäßig nur **bis zur Veräußerung der Beteiligung oder bis zum Eintritt der Vermögenslosigkeit bzw. bis zur Löschung der Kapitalgesellschaft** im Handelsregister als Werbungskosten bei den Einkünften aus Kapitalvermögen abgezogen werden. **Der Werbungskostenabzug beträgt in den Optionsfällen nach § 32 d Abs. 2 Nr. 3 EStG und § 20 Abs. 1 Nr. 1 i. V. m. § 3 c Abs. 2 EStG seit dem VZ 2009 60 v. H. der Zinsen.**

Auch nach bisheriger Auffassung der Finanzverwaltung konnten Schuldzinsen, die nach dem Zeitpunkt der Auflösung oder Veräußerung anfallen, weder als WK noch als nachträgliche AK im Rahmen des § 17 EStG steuerlich abgezogen werden (vgl. Info der OFD Rheinland vom 23.8.2012, GmbHR 2012 S. 1033).

Aber:
Nach **Auffassung des BFH im Urteil vom 16.3.2010, AZ.: VIII R 20/08, BStBl II 2010 S. 787,** können Schuldzinsen für die Anschaffung einer im Privatvermögen gehaltenen Beteiligung i. S. d. § 17 EStG, die auf Zeiträume nach Veräußerung der Beteiligung oder Auflösung der Gesellschaft anfallen, **wie nachträgliche Betriebsausgaben als Werbungskosten bei den Einkünften aus Kapitalvermögen abgezogen werden (Änderung der Rechtsprechung).**

Die aktuelle Verwaltungsauffassung ergibt sich aus Rz. 139 des BMF-Schreibens vom 9.10.2012, BStBl I S. 953.

14.4.5.2 Voraussetzung: Option nach § 32 d Abs. 2 Nr. 3 EStG

Im Geltungsbereich der Abgeltungsteuer ist bei den Einkünften aus Kapitalvermögen nach § 20 Abs. 9 EStG allerdings nur ein pauschaler Werbungskostenabzug in Höhe von 801 € bzw. 1.602 € zu berücksichtigen. Im Übrigen gilt für tatsächliche Werbungskosten ein Abzugsverbot. Ausnahmsweise ist ein Abzug allerdings dann möglich, wenn die Regeln der Abgeltungsteuer in den Fällen des § 32 d Abs. 2 EStG nicht gelten. Denn insoweit kommt der individuelle Steuersatz zur Anwendung und die tatsächlichen Werbungskosten sind abzugsfähig.

Vorliegend kommt der Ausnahmefall des § 32 d Abs. 2 Nr. 3 EStG, d. h. der Falls der sog. unternehmerischen Beteiligung, in Betracht. Danach kann auf Antrag die tarifliche Besteuerung angewandt werden, wenn der Steuerpflichtige im Veranlagungszeitraum, für den der Antrag erstmals gestellt wird, unmittelbar oder mittelbar

- zu mindestens 25 % an der Kapitalgesellschaft beteiligt ist

oder

- zu mindestens 1 % an der Kapitalgesellschaft beteiligt und beruflich für diese tätig ist und es sich um Kapitalerträge i. S. d. § 20 Abs. 1 Nr. 1 und 2 EStG handelt.

Nach § 32 d Abs. 2 Nr. 3 Satz 3 und 4 EStG gilt der Antrag erstmals für den Veranlagungszeitraum, für den er gestellt worden ist. Er ist spätestens zusammen mit der Einkommensteuererklärung für den jeweiligen Veranlagungszeitraum zu stellen und gilt, solange er nicht widerrufen wird, auch für die folgenden 4 Veranlagungszeiträume, ohne dass die Antragsvoraussetzungen erneut zu belegen sind.

14.4.5.3 Aber: Kein Abzug im Falle eines vollständigen Beteiligungsverkaufs

Wird die Beteiligung vor Ablauf des Fünfjahreszeitraums veräußert bzw. liquidiert, stellt sich die Frage, ob die Berechtigung zum Abzug nachträglicher Werbungskosten mit der Veräußerung bzw. der Liquidation endet. Nach Auffassung der Finanzverwaltung im BMF-Schreiben vom 9.10.2012 (BStBl I S. 953), Rz. 139, ist dies zu bejahen.

Beispiel 4:

B war an der B-GmbH mit 30 % beteiligt. Er hat diese Beteiligung im Jahr 2012 mit Schuldüberhang veräußert. Mit der ESt-Erklärung 2012 hat B einen Antrag nach § 32 d Abs. 2 Nr. 3 EStG wirksam gestellt. Der Schuldzinsenabzug für 2012 ist zulässig. Für den VZ 2013 macht B nachträgliche Schuldzinsen in Höhe von 10.000 € geltend.

2012:

GmbH-Anteil	→	Verkauf mit Schuldüberhang
	→	ESt-Erklärung 2012:
30 %		Antrag § 32 d Abs. 2 Nr. 3 EStG
	→	Schuldzinsen abzugsfähig für
		• 2012?
		• 2013 bis 2016?

Fragestellung:
Ist der nachträgliche Zinsaufwand auch noch innerhalb des verbleibenden Vier-Jahres-Zeitraums des § 32 d Abs. 2 Nr. 3 Satz 4 EStG (VZ 2013 bis 2016) abziehbar?

14.4 Steuerliche Auswirkungen beim Anteilseigner

Lösung:

Ein Antrag nach § 32 d Abs. 2 Nr. 3 EStG für das Jahr 2013 ist nach dem Gesetzeswortlaut **nicht möglich**, da B nicht (mehr) „unmittelbar oder mittelbar" an der B-GmbH beteiligt ist. Fraglich ist daher, ob der für den VZ 2012 gestellte Antrag auch dann ohne erneute Prüfung der Antragsvoraussetzungen für die nachfolgenden vier Jahre Wirkung entfaltet, wenn die Beteiligung **vollumfänglich veräußert** worden ist.

§ 32 d Abs. 2 Nr. 3 Sätze 3 bis 6 EStG regeln das Verfahren zur Antragstellung sowie zum Widerruf des Antrages. Dabei wird fingiert, dass die Voraussetzungen für eine Option während des gesamten Zeitraums erfüllt sind. Erst nach Ablauf von 5 Veranlagungszeiträumen sind ein erneuter Antrag und die Darlegung der Antragsvoraussetzungen erforderlich. Diese Regelung dient der Verfahrensvereinfachung sowohl für den Steuerpflichtigen als auch für die Finanzverwaltung.

Damit gilt die Fiktion der Gültigkeit des Antrags in § 32 d Abs. 2 Nr. 3 Satz 4 EStG nach Auffassung der Finanzverwaltung jedenfalls dann nicht mehr, wenn die Beteiligung vollständig veräußert worden ist. Entfallen die Tatbestände, an die das Gesetz den Antrag knüpft, durch eine Veräußerung der Beteiligung in vollem Umfang, so besteht gerade keine Notwendigkeit einer Vereinfachung des Nachweisverfahrens mehr.

➡ **Die Schuldzinsen für 2013 ff. sind danach nicht als Werbungskosten abzugsfähig. Dasselbe gilt im Falle der Liquidation (= Veräußerung).**

14.4.5.4 Abzug im Falle eines teilweisen Beteiligungsverkaufs

Fraglich ist, wie der Antrag zu beurteilen ist, wenn die Beteiligung nur **teilweise** verkauft wird.

Beispiel 5:

Wie Beispiel 4. Allerdings veräußert C in 2012 lediglich 10 % seiner Beteiligung an der C-GmbH mit Schuldüberhang. Seine Beteiligung vermindert sich damit auf 20 %. C ist für die C-GmbH

a) beruflich tätig
b) nicht beruflich tätig.

2012:

GmbH-Anteil → Verkauf von **10 %**
→ C ist a) beruflich
b) **nicht** beruflich für die C-GmbH tätig

→ Schuldzinsen abzugsfähig für

- 2012?
- 2013 ff.?

Fragestellung:
Ist der nachträgliche Zinsaufwand nach § 32 d Abs. 2 Nr. 3 EStG lediglich für 2012 bzw. generell für VZe 2013 ff. abziehbar?

Lösung:
Der Werbungskostenabzug wird unter dem Gesichtspunkt der Vereinfachung des Nachweisverfahrens im Rahmen des nachträglichen Schuldzinsenabzugs innerhalb des 4-Jahreszeitraums zugelassen. Der Abzug in den Jahren **2013 bis 2017** ist zulässig, wenn für **die zurückbehaltene Beteiligung die Voraussetzungen des § 32 d Abs. 2 Nr. 3 EStG erfüllt sind.**

Zu a): Berufliche Tätigkeit für GmbH
➡ § 32 d Abs. 2 Nr. 3 Buchst. b EStG ist erfüllt
➡ Schuldzinsen abzugsfähig für 2012 sowie 2013 ff.

Zu b): Keine berufliche Tätigkeit für GmbH
➡ § 32 d Abs. 2 Nr. 3 Buchst. a EStG in 2012 erfüllt; Schuldzinsen 2012 abzugsfähig.
➡ § 32 d Abs. 2 Nr. 3 Buchst. a und b EStG seit 2013 **nicht** erfüllt; Schuldzinsen 2013 ff. **nicht** abzugsfähig.

14.5 Praxisfall

Sachverhalt:
Eine GmbH wurde durch Beschluss ihres Gesellschafters **am 1.3.2012** durch Eröffnung des Liquidationsverfahrens aufgelöst. Die GmbH verzichtet auf die Bildung eines Rumpfwirtschaftsjahres (vgl. R 51 Abs. 1 KStR), **so dass der Liquidationszeitraum am 1.1.2012 beginnt.** Zum 31.12.2011 hat sie die nachstehende Steuerbilanz (= **Liquidations-Eröffnungsbilanz zum 1.1.2012**) erstellt:

14.5 Praxisfall

Steuerbilanz zum 31.12.2011 = Liquidationseröffnungsbilanz zum 1.1.2012:

Aktiva €		Passiva €	
Anlage- und Umlaufvermögen	400.000	Stammkapital	50.000
		Gewinnrücklagen	91.000
		Jahresüberschuss 2011	120.000
	400.000	Verbindlichkeiten	139.000
			400.000

Das zuständige Finanzamt hat zum 31.12.2011 folgende Beträge ermittelt bzw. festgestellt:

- Steuerliches Einlagekonto (§ 27 Abs. 2 Satz 1 KStG)   60.000 €

Nach Beendigung der Liquidation werden an den Alleingesellschafter am 31.10.2013 insgesamt 384.260 € (vor Einbehaltung und Abführung KapSt, vgl. Tz. 5.6.1) zurückgezahlt. Die GmbH-Anteile befinden sich im Privatvermögen, die Anschaffungskosten des Gesellschafters für die GmbH-Beteiligung haben in 2000 150.000 € betragen.

In die Liquidationsschlussbilanz zum 31.10.2013 wird eine Körperschaftsteuer-Rückstellung von 14.345 € eingestellt. Körperschaftsteuer-Vorauszahlungen wurden im Abwicklungszeitraum in Höhe von 12.000 € entrichtet. Die Vorauszahlungen auf den Solidaritätszuschlag betragen 660 €. Die Rückstellung für den Solidaritätszuschlag beläuft sich auf 788 €. Die Gewerbesteuerschuld für den Liquidationszeitraum beträgt 24.584 €, die ebenfalls in eine Rückstellung eingestellt wurde.

Lösung:
Steuerliche Auswirkungen aufgrund Liquidation.

14.5.1 Ermittlung des Einkommens und der Körperschaftsteuerschuld für den Abwicklungszeitraum 2012 bis 2013

Abwicklungsanfangsvermögen 1.1.2012:
Das Abwicklungsanfangsvermögen errechnet sich nach § 11 Abs. 4 KStG aus der Schlussbilanz zum 31.12.2011 wie folgt:

Stammkapital	50.000 €
Gewinnrücklagen	91.000 €
Jahresüberschuss 2011	120.000 €
Abwicklungsanfangsvermögen	**261.000 €**

Abwicklungsendvermögen 31.10.2013:
Das **Abwicklungsendvermögen** entspricht gem. § 11 Abs. 3 KStG der verteilten Bargeldsumme von **384.260 €**.

Abwicklungsendvermögen (§ 11 Abs. 3 KStG)	384.260 €
Abwicklungsanfangsvermögen (§ 11 Abs. 4 KStG)	./. 261.000 €
Ergebnis des Vermögensvergleichs = Liquidationsgewinn (§ 11 Abs. 2 KStG)	123.260 €
Nicht abziehbare Ausgaben (§ 11 Abs. 6 KStG)	
Gewerbesteuer-Rückstellung (§ 4 Abs. 5 b EStG i. V. m. § 52 Abs. 12 EStG)	+ 24.584 €
Körperschaftsteuer-Vorauszahlungen	+ 12.000 €
Körperschaftsteuer-Rückstellung (§ 10 Nr. 2 KStG)	+ 14.345 €
Solidaritätszuschlag (VZ und Rückstellung) (§ 10 Nr. 2 KStG)	+ 1.448 €
Zu versteuerndes Einkommen für den Abwicklungszeitraum 2012 bis 2013	**175.637 €**

14.5.2 Ermittlung der Körperschaftsteuerschuld für den VZ 2013

Tarifbelastung 15 v. H. von 175.637 € = (§ 23 Abs. 1 KStG)	26.345 €
Keine KSt-Minderung (§ 37 Abs. 4 Satz 4 KStG)	-----
Keine KSt-Erhöhung (§ 38 Abs. 4 Satz 4 KStG)	-----
Festzusetzende KSt im VZ 2013	**26.345 €**

14.5.3 Ermittlung der Gewerbesteuerschuld für den EZ 2012 und EZ 2013 (vgl. § 16 Abs. 1 GewStDV)

Nach § 16 Abs. 1 GewStDV i. V. m. dem BMF-Schreiben vom 4.4.2008, BStBl I S. 542, ist der Gewerbeertrag, der bei einem in der Abwicklung befindlichen Gewerbebetrieb i. S. d. § 2 Abs. 2 GewStG im Zeitraum der Abwicklung entstanden ist, **auf die Jahre des Abwicklungszeitraums zu verteilen**. Nach R 7.1 Abs. 8 GewStR 2009 ist Abwicklungszeitraum der Zeitraum vom Beginn bis zum Ende der Abwicklung. Eine Festlegung eines Sollabwicklungszeitraums entsprechend der Regelung des § 11 Abs. 1 Satz 2 KStG enthält § 16 GewStDV nicht.

Abwicklungseinkommen im Liquidationszeitraum insgesamt (= **Gewerbeertrag**)	175.637 €

- **davon entfallen auf den EZ 2012:**

175.637 € x **12/22** =	95.802 €
Abrundung auf volle 100 € =	95.800 €
darauf Steuermesszahl	
3,5 v. H. = 3.353 € x Hebesatz 400 v. H. =	**13.412 €**
(§ 4 Abs. 5 b EStG)	

- **davon entfallen auf den EZ 2013:**

175.637 € x **10/22** =	79.835 €
Abrundung auf volle 100 € =	79.800 €
darauf Steuermesszahl	
3,5 v. H. = 2.793 € x Hebesatz 400 v. H. =	11.172 €
(§ 4 Abs. 5 b EStG)	
Gewerbesteuerrückstellung insgesamt	**24.584 €**
(13.412 € + 11.172 €)	========

14.5.4 Berechnung der KSt-Rückstellung und des Solidaritätszuschlags für den Abwicklungszeitraum 2012 und 2013

Verbleibende Körperschaftsteuer für den Abwicklungszeitraum 2013	26.345 €
KSt-Vorauszahlungen im Abwicklungszeitraum	./. 12.000 €
KSt-Rückstellung	**14.345 €**
Solidaritätszuschlag 2013 5,5 v. H. von 26.345 € =	1.448 €
Vorauszahlungen SolZ	./. 660 €
Rückstellung SolZ	**788 €**

14.5.5 Liquidationsschlussbilanz und Kontrollrechnung zum Abwicklungsgewinn

__Liquidationsschlussbilanz zum 31.10.2013:__

Aktiva	€	Passiva	€
Bargeld	423.977	Stammkapital	50.000
		Gewinnrücklagen	91.000
		Gewinnvortrag	120.000
		Gewerbesteuerrückstellung	24.584
		Körperschaftsteuerrückstellung	14.345
		Rückstellung SolZ	788
		Liquidationsgewinn	123.260
	423.977		423.977

14.5 Praxisfall

Kontrollrechnung zum Liquidationsgewinn:
Von dem vorhandenen Bargeld von 423.977 € verbleibt nach Tilgung der Körperschaftsteuer-, SolZ- und Gewerbesteuerverbindlichkeiten (14.345 €, 788 € und 24.584 €) noch ein an die Gesellschafter auszuzahlender Betrag in Höhe von 384.260 €.

Abwicklungsendvermögen von	384.260 €
hiervon entfallen auf das Stammkapital 50.000 €, auf das steuerliche Einlagekonto 60.000 € und auf das restliche verteilte Vermögen 274.260 € (= **ausschüttbarer Gewinn**)	
nach Abzug des **Abwicklungsanfangsvermögens** von	./. 261.000 €
verbleibt ein **Abwicklungsgewinn** von	123.260 €
zuzüglich der nicht abziehbaren Ausgaben	
Gewerbesteuer (§ 4 Abs. 5 b EStG)	+ 24.584 €
Körperschaftsteuer (§ 10 Nr. 2 KStG)	+ 26.345 €
Solidaritätszuschlag (§ 10 Nr. 2 KStG)	+ 1.448 €
verbleibt ein **Abwicklungseinkommen** von	175.637 €

14.5.6 Steuerliche Auswirkungen beim Gesellschafter

Der Liquidationserlös gehört beim Gesellschafter zu den **Kapitalerträgen i. S. d. § 20 Abs. 1 Nr. 2 EStG, soweit das ausschüttbare Eigenkapital – mit Ausnahme der Rückzahlung von Nennkapital und der Ausschüttung aus dem steuerlichen Einlagekonto** – zurückgezahlt wird. Diese Einnahmen unterliegen im VZ 2012 dem **Teileinkünfteverfahren** (§ 3 Nr. 40 Satz 1 Buchst. e EStG, Optionsfall nach § 32 d Abs. 2 Nr. 3 EStG).

Soweit **Nennkapital und das steuerliche Einlagekonto** zurückgezahlt wird, liegen Vermögensrückflüsse vor. In diesem Fall kann sich auf der Gesellschafterebene eine Steuerpflicht nach **§ 17 Abs. 4 EStG** ergeben.

14.5.6.1 Steuerpflichtige Kapitaleinnahmen nach § 20 Abs. 1 Nr. 2 EStG

von der GmbH in 2013 ausgeschüttetes
Eigenkapital (ohne steuerliches Einlagekonto und Nennkapital
= **ausschüttbarer Gewinn**)   274.260 €

Kapitalertragsteuer 25 v. H.
(§ 43 Abs. 1 Nr. 1 EStG)   ./. 68.565 €

SolZ zur KapSt 5,5 v. H.
(§ 3 Abs. 1 Nr. 5 SolZG)   ./. 3.771 €

Nettoauszahlung   201.924 €

beim Gesellschafter unterliegen in 2013
der Einkommensteuer

Auszahlung   201.924 €
KapSt, SolZ (68.565 € + 3.771 €)   + 72.336 €

Einnahmen nach § 20 Abs. 1 Nr. 2 Satz 1 EStG   274.260 €

davon 40 v. H. steuerfrei nach
§ 3 Nr. 40 Satz 1 Buchst. e EStG
(Optionsfall nach § 32 d Abs. 2 Nr. 3 EStG)   ./. 109.704 €

**zu versteuernde Kapitaleinnahmen
nach § 20 Abs. 1 Nr. 2 EStG im VZ 2013**   164.556 €

Der Gesellschafter kann die einbehaltene **Kapitalertragsteuer** von 68.565 € auf seine Einkommensteuerschuld 2013 anrechnen (**vgl. § 36 Abs. 2 Nr. 2 EStG**). Dasselbe gilt für den **SolZ**. Die GmbH muss dem Gesellschafter nach § 45 a Abs. 2 EStG hierüber eine Steuerbescheinigung ausstellen.

14.5.6.2 Anwendung § 17 Abs. 4 EStG für Rückzahlung des Stammkapitals und des steuerlichen Einlagekontos

Die Rückzahlung des Stammkapitals von 50.000 € im Jahr 2013 gehört beim Gesellschafter nicht zu den Einnahmen aus Kapitalvermögen nach § 20 Abs. 1 Nr. 2 EStG. Dasselbe gilt für die Rückzahlung des steuerlichen Einlagekontos i. S. d. § 27 KStG. Der Rückzahlungsbetrag ist aber beim Gesellschafter als Veräußerungspreis i. S. d. § 17 Abs. 4 EStG anzusetzen

14.5 Praxisfall

(**Ansatz mit 60 v. H.**), dem wegen § 3 c Abs. 2 EStG nur **60 v. H. der Anschaffungskosten** des Gesellschafters gegenüberzustellen sind.

Rückzahlung Stammkapital	50.000 €
Rückzahlung steuerliches Einlagekonto	+ 60.000 €
Veräußerungspreis	110.000 €
davon 60 v. H. (§ 3 Nr. 40 Satz 1 Buchst. c Satz 2 EStG)	66.000 €
60 v. H. der Anschaffungskosten von 150.000 € (§ 3 c Abs. 2 EStG)	./. 90.000 €
Verlust nach § 17 Abs. 4 EStG im VZ 2013	./. 24.000 €

Umwandlungssteuerrecht 15

Im Dezember 2006 hat der Gesetzgeber mit dem **SEStEG** eine weitgehende Neufassung des UmwStG verabschiedet (Gesetz über steuerliche Begleitmaßnahmen zur Einführung der Europäischen Gesellschaft [SE] und zur Änderung weiterer steuerrechtlicher Vorschriften vom 07.12.2006, BGBl I S. 2782, BStBl 2007 I S. 4). Dabei wurde das UmwStG u. a. „europäisiert". Mit **BMF-Schreiben vom 11.11.2011** wurde der **endgültige UmwSt-Erlass** veröffentlicht (**BStBl I 2011, 1314**).

Die Randnummern des Erlasses orientieren an den Paragraphen des UmwStG, zu denen sie gehören (z. B. gehören die Randnr. 03.01 ff. zu § 3 UmwStG). Daneben gibt es am Ende des Erlasses Rn. mit speziellen Themen ohne Zugehörigkeit zu einem bestimmten Paragraphen:
- S. 01 ff. mit Übergangsregelungen,
- Org.01 ff. zu Fragestellungen der Organschaft in Umwandlungsfällen,
- K.01 ff. zu Auswirkungen von Umwandlungen auf das steuerliche Einlagekonto (§ 27 KStG) und den Sonderausweis i. S. von § 28 KStG.

Mit dem SEStEG war eine „Europäisierung" des UmwStG verbunden. Nach § 1 UmwStG findet das UmwStG nun auch dann Anwendung, wenn der übertragende / übernehmende Rechtsträger und / oder die Anteilseigner nicht im Inland, sondern im **EU-/EWR-Bereich ansässig** sind.

Umwandlungen stellen aus steuerlicher Sicht **grundsätzlich Veräußerungsvorgänge** dar, die – vorbehaltlich der Regelungen des UmwStG – zur Aufdeckung und Besteuerung der in dem übertragnen Vermögen enthaltenen stillen Reserven führen (Randnr. 00.02 UmwStErl). Das UmwStG regelt die steuerrechtlichen Folgen von Umwandlungen für die Körperschaft-, Einkommen- und Gewerbesteuer, nicht jedoch für andere Steuerarten (z. B. Umsatz-, Grunderwerb- oder Erbschaftsteuer); Randnr. 01.01 BMF.

Abweichend von dem Grundsatz, dass es sich bei Umwandlungen um Veräußerungen im steuerlichen Sinne handelt, ermöglicht das UmwStG unter bestimmten Voraussetzungen eine steuerneutrale Übertragung des Vermögens. Es sollen betriebswirtschaftlich erwünschte Umstrukturierungen in den vom Gesetz ausdrücklich geregelten Fällen nicht durch nachteilige steuerliche Folgen behindert werden.

15.1 Einbringung eines Betriebs in eine Kapitalgesellschaft nach § 20 UmwStG

Die Einbringung eines Betriebs in eine Kapitalgesellschaft stellt dem Grunde nach eine Veräußerung i. S. d. § 16 EStG dar. Unter den Voraussetzungen des § 20 UmwStG kann dies jedoch steuerneutral, d. h. zu Buchwerten erfolgen.

Hierfür ist es nach UmwSt-Erlass 2011, Rn. 20.06 erforderlich, dass **alle wesentlichen Betriebsgrundlagen** (insbesondere Betriebsgrundstücke) des eingebrachten Betriebs mit übertragen werden. Die Zurückbehaltung einer nicht wesentlichen Betriebsgrundlage ist nicht steuerschädlich. Die neue Teilbetriebsdefinition im UmwSt-Erlass 2011, Rn. 15.02, gilt nicht für die Einbringung eines ganzen Betriebs § 20 UmwStG. Denn der UmwSt-Erlass 2011, Rn. 20.06., verweist nur bezüglich des Begriffs „Teilbetrieb" auf die Rn. 15.02. Darüber hinaus muss die Einbringung **gegen Gewährung neuer Anteile** vorgenommen werden. D. h. der Einbringende muss als Gegenleistung für die Einbringung im Rahmen der Gründung oder Kapitalerhöhung neu geschaffene Kapitalanteile erhalten. In der nachfolgenden Übersicht sind die steuerlichen Auswirkungen der Einbringung eines Betriebs nach § 20 UmwStG schematisch dargestellt.

15.1.1 Überblick

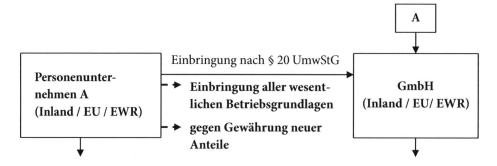

- das **inländische Besteuerungsrecht** wird nicht eingeschränkt

und

- soweit außer Gesellschaftsrechten zwar **eine sonstige Gegenleistung** gewährt wird, diese aber **den BW des einge § 20 Abs. 2 Satz 4 UmwStG).**

Praxishinweis:
Der Antrag auf Buch- oder Zwischenwertansatz ist von der übernehmen den Gesellschaft spätestens bis zur erstmaligen Abgabe ihrer steuerlichen Schlussbilanz, in der das übernommene Betriebsvermögen erstmals angesetzt wird, bei dem für sie zuständigen Finanzamt zu stellen (§ 20 Abs. 2 Satz 3 UmwStG).

Nach diesem Zeitpunkt gestellte Anträge sind unbeachtlich . **Der Antrag bedarf keiner besonderen Form und ist bedingungsfeindlich.** Aus dem Antrag muss sich ergeben, ob die eingebrachten Wirtschaftsgüter und Schulden mit dem Buchwert oder einem Zwischenwert angesetzt worden sind; für die Fälle des Zwischenwertansatzes muss ausdrücklich angegeben werden, in welcher Höhe oder zu welchem Prozentsatz die stillen Reserven aufgedeckt wurden (vgl. RdNr. 20.21 BMF)

gW des BV im Zeitpunkt der Einbringung ./. Wertansatz des BV (i. d. R. BW)

= **Einbringungsgewinn I x Siebtelung**

(keine Anwendung § 3 Nr. 40 EStG /brachten BV nicht übersteigt (vgl. § 8 b Abs. 2 KStG; rückwirkende Besteuerung im Zeitpunkt der Einbringung, § 175 Abs. 1 Nr. 2 AO).

- restlicher Veräußerungsgewinn

Anwendung § 3 Nr. 40 EStG (natürliche Person) bzw. § 8 b Abs. 2 und 3 KStG (Körperschaft).

➡ **Aktivierung des Einbringungsgewinns I** in der Steuerbilanz der GmbH bei den jeweiligen WG (§ 23 Abs. 2 UmwStG).

15.2 Einbringungsvoraussetzungen nach § 20 UmwStG

15.2.1 Sacheinlage

Die **Sacheinlage eines Betriebs/Teilbetriebs/Mitunternehmeranteils** in eine Kapitalgesellschaft kann im Wege der **Gesamtrechtsnachfolge** oder durch **Einzelrechtsnachfolge** erfolgen (vgl. Katalog in Tz. 20.02 UmwSt-Erlass vom 25.3.1998, BStBl I S. 268), z. B. Ausgliederung nach UmwG oder Sachgründung/Sachkapitalerhöhung im Wege der Einzelrechtsnachfolge nach GmbHG.

Praxishinweis:
Nach dem **BFH-Urteil vom 7.4.2010, AZ.: I R 55/09, BStBl II S. 1094,** kann eine Sacheinlage nach § 20 UmwStG auch bei einer **Bargründung mit Aufgeld** vorliegen.

15.2.2 Vorherige „Auslagerung" von Grundstücken im Falle der Einbringung in eine GmbH nach § 20 UmwStG

Beispiel 1: Vorherige „Auslagerung" eines Grundstücks

Einzelunternehmer E will seinen Betrieb im April 2013 **zum 1.1.2013** im Wege einer Sachgründung in die E-GmbH einbringen. Das wertvolle Betriebsgrundstück soll jedoch (aus Haftungsgründen und wegen der GrESt) nicht mit auf die GmbH übergehen. **Im Juli 2012 (ca. 9 Monate vor der Einbringung)** überträgt E das Grundstück deshalb nach § 6 Abs. 5 Satz 3 EStG zum Buchwert auf die zu diesem Zweck in 2012 gegründete E-GmbH & Co. KG.

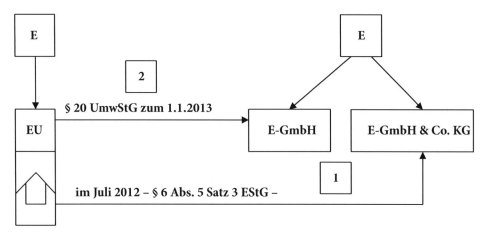

Lösung:

Nach derzeitiger Verwaltungsauffassung in der **RdNr. 20.07, UmwSt-Erlass vom 11.11.2011, BStBl I S. 1314, BMF**, fällt die Einbringung des Betriebs **nicht** unter § 20 UmwStG **(ist also nicht zum Buchwert möglich)**, da eine wesentliche Betriebsgrundlage im zeitlichen und sachlichen Zusammenhang mit der Einbringung in ein anderes Betriebsvermögen übertragen wurde. **Der Buchwertansatz für die Übertragung auf die E-GmbH & Co. KG bleibt aber erhalten.**

Auch wenn der I. Senat des **BFH im Urteil vom 25.11.2009, AZ.: I R 72/08, BStBl 2010 II S. 471**, dies anders sieht, können die Unternehmen in solchen Fällen keine Gestaltungssicherheit erreichen (**allenfalls über einen größeren zeitlichen Abstand zwischen der Übertragung des Grundstücks und der Einbringung des Betriebs**).

Aber:

BFH-Urteil vom 2.8.2012, AZ.: IV R 41/11

Der BFH hat in dieser Entscheidung die Buchwert-Fortführung nach § 6 Abs. 3 Satz 1 EStG für einen Mitunternehmeranteil auch für den Fall zugelassen, dass **zeitgleich**

15.2 Einbringungsvoraussetzungen nach § 20 UmwStG

wesentliches SBV nach § 6 Abs. 5 EStG zum Buchwert in ein anderes BV übertragen wurde. Damit distanziert sich der BFH von der sog. **Gesamtplan-Rechtsprechung!** Dies widerspricht der bisherigen Verwaltungsauffassung (Rz. 4, 6 und 7 des BMF-Scheibens vom 3.3.2005, BStBl I S. 458).

In dieser Entscheidung nimmt der IV. Senat des BFH auch für den Fall des § 6 Abs. 3 Satz 1 EStG mit **überquotaler** Übertragung von wesentlichem Sonderbetriebsvermögen einen **einheitlichen** Vorgang nach § 6 Abs. 3 EStG an (ebenfalls gegen Verwaltungsauffassung, Rz. 16 des BMF-Schreibens vom 3.3.2005, BStBl I S. 458).

Die Finanzverwaltung wird vor einer endgültigen Entscheidung das Revisionsverfahren beim BFH, AZ.: I R 80/12, abwarten (vgl. BMF-Schreiben vom 12.9.2013, BStBl I S. 1163).

Der BFH hat mit Beschluss vom 10.4.2013, AZ.: I R 80/12, BStBl II S. 1004) dem BVerfG folgende Rechtsfrage vorgelegt:

„Es wird eine Entscheidung des BVerfG darüber eingeholt, ob § 6 Abs. 5 Satz 3 EStG 1997 i.d.F. des Unternehmenssteuerfortentwicklungsgesetzes insoweit gegen den allgemeinen Gleichheitssatz des Art. 3 Abs. 1 GG verstößt, als hiernach eine Übertragung von Wirtschaftsgütern zwischen beteiligungsidentischen Personengesellschaften nicht zum Buchwert möglich ist."

Die derzeitige Auffassung der Finanzverwaltung zur vorherigen (zeitnahen) Auslagerung von Wirtschaftsgütern (insbesondere Grundstücke) stellt sich wie folgt dar (im UmwStErl sind dazu keine näheren Aussagen enthalten):

Sachverhalt	Auffassung Finanzverwaltung
Fall 1: Das Grundstück wird nach § 6 Abs. 5 oder § 16 Abs. 3 EStG zum **Buchwert** auf eine (neue oder bereits bestehende) Personengesellschaft übertragen (vgl. Beispiel 1).	Anwendung der **Gesamtplanrechtsprechung** (i. d. R. schädlich für die Annahme einer begünstigten Umwandlung, wenn die Ausgliederung im zeitlichen Zusammenhang mit der Umwandlung erfolgt).
Fall 2: **Verkauf** des Grundstücks an einen fremden Dritten mit vollständiger **Gewinnrealisierung**.	**Keine** Anwendung der Gesamtplanrechtsprechung.
Fall 3: **Verkauf** des Grundstücks an einen fremden Dritten mit Bildung einer **Rücklage nach § 6 b EStG**.	**Keine** Anwendung der Gesamtplanrechtsprechung.

Sachverhalt	Auffassung Finanzverwaltung
Fall 4: **Verkauf** des Grundstücks an einen **nahen Angehörigen** unter Aufdeckung der stillen Reserven (**vgl. BFH-Urteil vom 9.11.2011, AZ.: X R 60/09, DStR 2012 S. 648**).	Prüfung, ob der Verkauf fremdüblich zustande gekommen ist und die Finanzierung aus eigenen Mitteln erfolgt ist. Wenn ja: i. d. R. keine Anwendung der Gesamtplanrechtsprechung.
Fall 5: **Verkauf** des Grundstücks an eigene Personengesellschaft (GmbH & Co. KG) ohne Bildung einer Rücklage nach § 6 b EStG.	I. d. R. **keine** Anwendung der Gesamtplanrechtsprechung.
Fall 6: **Verkauf** des Grundstücks an eigene Personengesellschaft (GmbH & Co. KG) mit Bildung einer **Rücklage nach § 6 b EStG**, die auf ein **anderes Wirtschaftsgut** übertragen wird.	I. d. R. **keine** Anwendung der Gesamtplanrechtsprechung.
Fall 7: **Verkauf** des Grundstücks an eigene Personengesellschaft (GmbH & Co. KG) mit Bildung einer **Rücklage nach § 6 b EStG**, die auf **dasselbe Wirtschaftsgut** bei der übernehmenden KG übertragen wird (R 6b.2 Abs. 2 Satz 2 Nr. 2 EStR).	I. d. R. Anwendung der **Gesamtplanrechtsprechung**, wenn in zeitlichem Zusammenhang mit Umwandlung.

15.2.3 Umwandlungssteuerliche Sacheinlage auch bei Bargründung oder Barkapitalerhöhung mit Aufgeld möglich

Nach dem BFH-Urteil vom 7.4.2010, AZ.: I R 55/09, BStBl II S. 1094, kann eine Sacheinlage gem. § 20 UmwStG auch vorliegen, wenn bei einer Bargründung oder -kapitalerhöhung der Gesellschafter zusätzlich zu der Bareinlage die Verpflichtung übernimmt, als Aufgeld (Agio) einen Mitunternehmeranteil in die Kapitalgesellschaft einzubringen.

Nach Auffassung des BFH enthält § 20 Abs. 1 Satz 1 UmwStG eine eigenständige Legaldefinition des umwandlungssteuerrechtlichen Begriffs der „**Sacheinlage**", die nicht in jedem Fall deckungsgleich mit dem gesellschaftsrechtlichen Sacheinlagebegriff sein muss. Für die umwandlungssteuerliche Sacheinlage ist es nach dem Wortlaut des § 20 Abs. 1 Satz 1 UmwStG erforderlich, aber auch ausreichend, dass der Einbringende als Gegenleistung („**dafür**") für die Einbringung des Betriebsvermögens neue Gesellschaftsanteile erhält. **Diese Voraussetzung ist auch gegeben, wenn der Einbringungsgegenstand als reines Aufgeld neben der Bareinlage zu übertragen ist.**

15.2 Einbringungsvoraussetzungen nach § 20 UmwStG

Beachte aber:
- Bei Verbuchung der Sacheinlage ausschließlich in den Rücklagen (Kapitalrücklage). ist § 20 UmwStG jedoch **nicht anwendbar**, wenn Bareinlage und Einbringung **auf getrennten Vorgängen** beruhen.

- Mangels Gewährung neuer Anteile fallen folgende Vorgänge nach **RdNr. E 20.10 BMF nicht** in den Anwendungsbereich von § 20 UmwStG:
  - die verdeckte Einlage
  - die verschleierte Sachgründung oder die verschleierte Sachkapitalerhöhung
  - das einfache Anwachsungsmodell (§ 738 BGB)

Wichtig:
Von der Finanzverwaltung wird diese neue BFH-Rechtsprechung angewandt (mit erfolgter Veröffentlichung im BStBl II S. 1094). Im neuen UmwSt-Erlass wird in der **RdNr. 01.44 BMF** ausdrücklich auf diese Möglichkeit hingewiesen. Eine Bargründung im zivilrechtlichen Sinne schließt damit die Anwendung von § 20 UmwStG nicht mehr aus. Dadurch lassen sich künftig die **zivilrechtlichen Nachteile einer Sachgründung vermeiden** (zeitaufwendiger Sachgründungsbericht mit Kosten).

Beispiel 2: Bargründung mit Aufgeld

X errichtet im März 2013 im Wege der Bargründung eine GmbH mit einem Stammkapital in Höhe von 25.000 €. Im Gesellschaftsvertrag wird von ihm die Verpflichtung übernommen, als Aufgeld sein Einzelunternehmen (Buchwert des BV zum 31.12.2012: 100.000 €) einzubringen. Als steuerlicher Übertragungsstichtag wird der 1.1.2013 zugrunde gelegt (§ 20 Abs. 5 und 6 UmwStG). Die Eröffnungsbilanz könnte wie folgt dargestellt werden:

Aktiva	Eröffnungsbilanz GmbH zum 1.1.2013	Passiva	
Bank	25.000 €	**Stammkapital**	25.000 €
Betrieb (BW des BV im Saldo)	100.000 €	**Kapitalrücklage**	5.000 €
		Darlehensverbindlichkeit gegenüber X	95.000 €
	125.000 €		125.000 €

➥ Kein Veräußerungsgewinn von X (Gegenleistung von 95.000 € < BW des BV von 100.000 €, § 20 Abs. 2 Satz 4 UmwStG).

➥ Anschaffungskosten des X für seine GmbH-Anteile i. S. d. § 22 Abs. 1 UmwStG = 30.000 € (25.000 € + 100.000 € ./. 95.000 €, vgl. § 20 Abs. 3 Satz 1 und 3 UmwStG).

➥ Zugang steuerliches Einlagekonto zum 1.1.2013 nach § 27 KStG = 5.000 €.

15.2.4 Abgrenzung von einer Sacheinlage mit Aufgeld und verdeckter Einlage, BFH-Urteil vom 1.12.2011, AZ.: I B 127/11, GmbHR 2012 S. 654

15.2.4.1 Sachverhalt

Der Kläger gründete im Dezember 2004 als Alleingesellschafter im Wege der **Bargründung die S-GmbH** mit einem Stammkapital von 25.000 €. Der Gesellschaftsvertrag enthielt u. a. folgende Formulierungen: „Das Stammkapital der Gesellschaft beträgt 25.000 € … Diese Stammeinlage ist in bar zu erbringen und in voller Höhe sofort fällig … Es ist vorgesehen, dass der Gesellschafter (= Kläger) unabhängig von der heutigen Gründung später den Betrieb des Vaters … im Wege der vorweggenommenen Erbfolge erhalten soll. Der Gesellschafter wird diesen Betrieb sodann in die GmbH, ohne Erhöhung des Kapitalkontos, einbringen … Der Wert dieses Betriebs wird der Kapitalrücklage zugeschlagen …".

Im Januar 2005 übertrug der Vater seinen Betrieb im Ganzen unentgeltlich auf den Kläger. Der Übergang erfolgte gem. § 6 Abs. 3 EStG zum Buchwert (z. B. Buchwert 100.000 €, Teilwert 500.000 €). **Unmittelbar danach übertrug der Kläger den Betrieb im Ganzen auf die S-GmbH.** Diese aktivierte das Betriebsvermögen ebenfalls zum Buchwert (z. B. mit 100.000 €), weil sie annahm, der Übertragungsvorgang sei als Sacheinlage i. S. d. § 20 Abs. 1 UmwStG zu behandeln. Den Gegenwert stellte sie in eine **Kapitalrücklage** ein (**Buchungssatz:** Wirtschaftsgüter 100.000 € an Kapitalrücklage 100.000 €).

Das FA war hingegen der Auffassung, der Betrieb sei nicht als Sacheinlage, sondern als **verdeckte Einlage** auf die S-GmbH übertragen worden, weshalb er von dieser zum Teilwert anzusetzen sei. Für den Kläger folge daraus, dass er die stillen Reserven des Betriebsvermögens (z. B. 400.000 €) als Aufgabegewinn nach § 16 Abs. 3 EStG zu versteuern habe.

Streitig war somit, ob die **Einbringung eines Betriebs nach § 20 UmwStG ohne die Gewährung neuer Anteile** möglich sei.

15.2.4.2 Entscheidung des BFH

Der erkennende Senat gab der Finanzverwaltung in vollem Umfang Recht.

§ 20 UmwStG **setzt die Gewährung neuer Anteile im Rahmen der Gründung oder einer Kapitalerhöhung voraus**. Diese Voraussetzungen liegen im Streitfall nicht vor, da der Kläger im Gegenzug für die Überführung des Betriebs **keine Anteile** (= Stammkapital) erhielt.

Somit liegt eine **unentgeltliche Zuführung** in das Eigenkapital (**verdeckte Einlage**) vor, für die § 20 UmwStG **nicht** anwendbar sei. Der Kläger hat somit die **stillen Reserven** des Einzelunternehmens (hier nach § 16 EStG) aufzudecken. D. h.:

1. Schritt: Bargründung GmbH
2. Schritt: Einbringung Betrieb in GmbH
bedeutet,

→ **kein Fall des § 20 UmwStG,**
→ sondern Annahme einer gewinnerhöhenden verdeckten Einlage.

15.2.4.3 Steuerliche Folgen der verdeckten Einlage

1. Schritt:
- Betriebsaufgabe nach § 16 Abs. 3 EStG
- Aufdeckung sämtlicher stillen Reserven (einschließlich Firmenwert)
- Anwendung §§ 16 Abs. 4, 34 Abs. 1 und 3 EStG
- Keine Gewerbesteuer

2. Schritt:
- Verdeckte Einlage in GmbH
- Firmenwert ist dort zu aktivieren und auf 15 Jahre abzuschreiben
- Erhöhung Anschaffungskosten i. S. d. § 17 EStG auf der Gesellschafterebene

Buchung bei der aufnehmenden GmbH

Übernommenes BV (Ansatz gW)
Firmenwert (Ansatz gW)   an Kapitalrücklage

15.3 Wertansatz des eingebrachten Vermögens

15.3.1 Übersicht: Bewertung des eingebrachten Betriebsvermögens

Sind die Voraussetzungen des § 20 UmwStG – Sacheinlage gegen Gewährung neuer Anteile – erfüllt, besteht nach § 20 Abs. 2 Satz 2 UmwStG in der Steuerbilanz ein Wahlrecht zur Bewertung des eingebrachten Betriebsvermögens. Danach können Buchwerte, Zwischenwerte oder aber der gemeine Wert angesetzt werden. Dieses steuerliche Wahlrecht gilt unabhängig davon, wie die Wirtschaftsgüter in der Handelsbilanz der übernehmenden Kapitalgesellschaft angesetzt wurden. D. h. insoweit besteht keine Maßgeblichkeit der Handelsbilanz für die Steuerbilanz. Von diesem Wahlrecht gibt es Ausnahmefälle, die nachstehend schematisch in der Übersicht dargestellt sind und anhand von Beispielen erläutert werde.

Sofern die Voraussetzungen des „**Buchwertprivilegs**" nach § 20 UmwStG erfüllt sind, kann die Einbringung in eine GmbH „**steuerneutral**" erfolgen. Der „**richtige**" **Weg in die GmbH** wird durch das nachstehende Beispiel aufgezeigt.

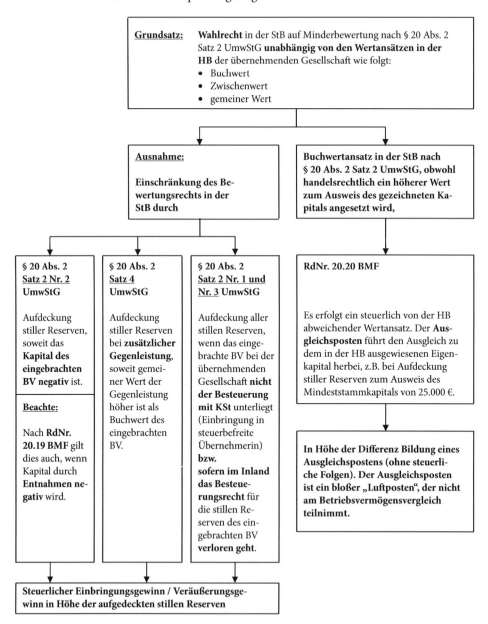

15.3.2 Steuerliche Auswirkungen bei Einbringung in eine GmbH zum Buchwert

Beispiel 3: Vergleich: Gesellschafterdarlehen / Kapitalrücklage

X bringt im Mai 2013 sein Einzelunternehmen im Wege der Einzelrechtsnachfolge durch Sacheinlage (vgl. **RdNr. 01.44 BMF**) in eine neu gegründete GmbH gegen Gewährung von Gesellschaftsrechten ein.

Die Bilanz des Einzelunternehmens zeigt **zum steuerlichen Übertragungsstichtag 1.1.2013** (= Schlussbilanz 31.12.2012, § 20 Abs. 5 und 6 UmwStG) folgendes Bild:

Aktiva	1.1.2013		Passiva
Anlage- und Umlaufvermögen	300.000 €	Eigenkapital	100.000 €
		Verbindlichkeiten	200.000 €
	300.000 €		300.000 €

In dem Einzelunternehmen sind (einschl. Firmenwert) stille Reserven in Höhe von 300.000 € enthalten. Der Teilwert des Betriebsvermögens beträgt damit 400.000 €.

Das Stammkapital der GmbH beläuft sich auf 25.000 €. Die Einbringung erfolgt nach § 20 Abs. 2 Satz 2 UmwStG zulässigerweise zu Buchwerten.

<u>Hinweis: RdNr. 20.21 BMF</u>
Der Antrag auf Buchwertansatz ist **von der übernehmenden GmbH spätestens bis zur erstmaligen Abgabe ihrer steuerlichen Schlussbilanz**, in der das übernommene Betriebsvermögen erstmals angesetzt wird, bei dem für sie zuständigen Finanzamt zu stellen (§ 20 Abs. 2 **Satz 3** UmwStG). **Bei einer Einbringung zum steuerlichen Übertragungsstichtag 1.1.2013 geschieht dies spätestens mit der Abgabe der GmbH-Bi-lanz zum 31.12.2013 im Jahr 2014.**

Für die Praxis ist zu empfehlen, den Antrag auf Buchwertansatz ausdrücklich in einem **(formlosen) Schreiben** an das für die GmbH zuständige Finanzamt zu stellen.

Die in **RdNr. 03.01 BMF** grundsätzlich verlangte **gesonderte Umwandlungsbilanz ist nur in Umwandlungsfällen** (§§ 3 bis 19 UmwStG), nicht jedoch bei den Einbringungen nach §§ 20ff. UmwStG erforderlich. Die Finanzverwaltung hat deshalb auch keine Veranlassung gesehen, in den **RdNr. S. 01 ff. BMF** hinsichtlich der Antragstellung in Einbringungsfällen eine Übergangsregelung aufzunehmen.

Fall 1: Passivierung einer Darlehensverbindlichkeit

Aktiva	Eröffnungsbilanz GmbH zum 1.1.2013		Passiva
Anlage- und Umlaufvermögen	300.000 €	Stammkapital	25.000 €
		Darlehensverbindlichkeiten gegenüber A	75.000 €
		sonstige Verbindlichkeiten	200.000 €
	300.000 €		300.000 €

- Kein Veräußerungsgewinn von X nach § 20 Abs. 2 Satz 4 i. V. m. Abs. 3 UmwStG (Gegenleistung von 75.000 € < BW des eingebrachten BV von 100.000 €)

- Anschaffungskosten des X für seine neuen GmbH-Anteile i. S. d. § 22 Abs. 1 UmwStG („EG I-gefährdeten Anteile"):

Veräußerungspreis (= BW des BV)	100.000 €
./. Darlehen (§ 20 Abs. 3 Satz 3 UmwStG)	./. 75.000 €
AK insgesamt:	**25.000 €**

Variante 1: Darlehensverbindlichkeit gegenüber X = 100.000 €

- Veräußerungsgewinn nach § 20 Abs. 2 Satz 4 UmwStG: 0 €
- Bildung Ausgleichsposten: 25.000 €
- AK des X für seine GmbH-Anteile: 0 €

Variante 2: Darlehensverbindlichkeit gegenüber X = 120.000 €

- Veräußerungsgewinn nach § 20 Abs. 2 Satz 4 UmwSt (120.000 € ./. 100.000 €): 20.000 €
- Bildung Ausgleichsposten: 25.000 €
- AK des X für seine GmbH-Anteile: 0 €

15.3 Wertansatz des eingebrachten Vermögens

Fall 2: Passivierung einer Kapitalrücklage

Aktiva	Eröffnungsbilanz GmbH zum 1.1.2013		Passiva
Anlage- und Umlaufvermögen	300.000 €	Stammkapital	25.000 €
		Kapitalrücklage	75.000 €
		sonstige Verbindlichkeiten	200.000 €
	300.000 €		300.000 €

- Anschaffungskosten des X für seine neuen („EG I-gefährdeten")
  GmbH-Anteile i. S. d. § 22 Abs. 1 UmwStG = ... 100.000 €

- Zugang steuerliches Einlagekonto zum 1.1.2013
  (Kapitalrücklage = Einlage; vgl. § 27 Abs. 2 Satz 3
  2. HS KStG) .... + 75.000 €

<u>Vergleich</u>: Gesellschafterdarlehen / Kapitalrücklage

Eröffnungsbilanz GmbH			Eröffnungsbilanz GmbH		
Aktiva	Stammkapital	25.000 €	Aktiva	Stammkapital	25.000 €
	Gesellschafter-darlehen	**75.000 €**		**Kapitalrücklage**	**75.000 €**

• Angemessene Verzinsung möglich. • **Mindestverzinsung ca. 0,5 v. H. erforderlich** (zur Vermeidung einer gewinnerhöhenden Abzinsung nach § 6 Abs. 1 Nr. 3 EStG, vgl. BMF-Schreiben vom 26.5.2005, BStBl I S. 699). • Rückzahlung jederzeit möglich (im Rahmen der Kündigungsfrist). • Für **Bankfinanzierung** ist hohes Gesellschafterdarlehen von **Nachteil**.	• Keine Verzinsung möglich. • Erhöhung des steuerlichen Einlagekontos i. S. d. § 27 KStG. • Rückzahlung der Kapitalrücklage nur im Rahmen einer Gewinnausschüttung möglich. • Inkongruente offene Gewinnausschüttung nur in Ausnahmefällen. • Steuerfreie Rückzahlung aus dem Einlagekonto (**Einlagenrückgewähr**) nur **nach Maßgabe des § 27 Abs. 1 Satz 3 KStG**, d. h. die Leistung muss den ausschüttbaren Gewinn übersteigen. • Für **Bankfinanzierung** ist hohe Kapitalrücklage von **Vorteil**.

Praxishinweis: Ausgleichsposten nach RdNr. 20.20 BMF
Der Ausgleichsposten, der in den Fällen eines steuerlich von der Handelsbilanz abweichenden Wertansatzes ausgewiesen werden muss, um den Ausgleich zu dem in der Handelsbilanz ausgewiesenen Eigenkapital herbeizuführen, **ist kein Bestandteil des Betriebsvermögens i. S. d. § 4 Abs. 1 Satz 1 EStG, sondern ein bloßer „Luftposten"; er nimmt am Betriebsvermögen nicht teil.** Er hat infolgedessen auch auf die spätere Auflösung und Versteuerung der im eingebrachten Betriebsvermögen enthaltenen stillen Reserven keinen Einfluss und ist auch später nicht aufzulösen oder abzuschreiben.

Mindert sich die durch den Ausgleichsposten gedeckte Differenz zwischen der Aktiv- und der Passivseite der Bilanz, insbesondere durch Aufdeckung stiller Reserven, so fällt der Ausgleichsposten in entsprechender Höhe **erfolgsneutral** weg.

Bei der Anwendung des § 20 Abs. 3 Satz 1 UmwStG sind Veräußerungspreis für den Einbringenden und Anschaffungskosten für die Kapitalgesellschaft der Betrag, mit dem das eingebrachte Betriebsvermögen in der Steuerbilanz angesetzt worden ist.

15.3.3 Aufdeckung stiller Reserven bei negativem Kapital (§ 20 Abs. 2 Satz 2 Nr. 2 UmwStG)

Das „Buchwertprivileg" ist nach § 20 Abs. 2 Satz 2 Nr. 2 UmwStG insoweit ausgeschlossen, soweit das eingebrachte Betriebsvermögen ein negatives Kapital aufweist.

Beispiel 5: Aufdeckung stiller Reserven / Bildung Ausgleichsposten

Ein Einzelunternehmen wird im Juni 2013 zum steuerlichen Übertragungsstichtag 1.1.2013 nach § 20 UmwStG in eine GmbH wie folgt eingebracht:

Kapital Einzelunternehmen ./. 80.000 €, Stammkapital GmbH 25.000 €

Nach **§ 20 Abs. 2 Satz 2 Nr. 2 UmwStG** sind **80.000 € stille Reserven aufzudecken (steuerpflichtiger Einbringungsgewinn: 80.000 €)**; in Höhe von **25.000 €** (Aufdeckung stiller Reserven in der Handelsbilanz zum Ausweis des Mindeststammkapitals) können steuerlich nach **§ 20 Abs. 2 Satz 2 UmwStG i. V. m. RdNr. 20.20 BMF** die Buchwerte (**Bildung eines Ausgleichsposten**) fortgeführt werden.

Zur Aufdeckung der stillen Reserven bei Zwischenwertansatz, vgl. **RdNr. 23.14** und Übergangsregelung in **S. 03 BMF**.

15.3 Wertansatz des eingebrachten Vermögens

Bilanz Einzelunternehmen zum 1.1.2013

Aktiva	120.000 €	Verbindlichkeiten	200.000 €
Kapital	**80.000 €**		
	200.000 €		200.000 €

Eröffnungsbilanz GmbH zum 1.1.2013

Aktiva	120.000 €	**Stammkapital**	25.000 €
Aufdeckung stiller Reserven = Zwischenwertansatz (§ 20 Abs. 2 Satz 2 Nr. 2 UmwStG)	80.000 €	Verbindlichkeiten	200.000 €
Ausgleichsposten	+ 25.000 €		
	225.000 €		225.000 €

Praxishinweis: Vermeidung von Negativbuchwerten und Entstehung eines Einbringungsgewinns!
Die Rechtsfolgen des § 20 Abs. 2 Satz 2 Nr. 2 UmwStG können durch

a) die **Zurückbehaltung von Verbindlichkeiten**,

b) durch **Einlage von Geld** oder

c) durch die **Einräumung einer (marktüblichen verzinslichen) Forderung** der aufnehmenden GmbH gegenüber dem einbringenden Gesellschafter

vermieden werden.

Aber: Sind diese Maßnahmen mit steuerlicher Rückwirkung möglich?
Fraglich ist, ob diese Maßnahmen **rückwirkend zum steuerlichen Übertragungsstichtag** (Einbringungszeitpunkt) nach § 20 Abs. 6 UmwStG möglich sind. Zumindest für die **Zurückbehaltung von Verbindlichkeiten (Variante a)** wird dies von der Finanzverwaltung in Baden-Württemberg bereits bislang bejaht.
M. E. müsste dies zumindest auch für die **Einlage von Geld (Variante b)** möglich sein. Denn nach den Sonderregelungen für Entnahmen und Einlagen in § 20 Abs. 5 Sätze 2 und 3 UmwStG sind die Anschaffungskosten der (erhaltenen) Anteile um den Buchwert der Entnahmen (im Rückwirkungszeitraum) zu vermindern und um den sich nach § 6 Abs. 1 Nr. 5 EStG ergebenden Wert der Einlagen zu erhöhen. **Damit wirken Entnahmen und Einlagen auf den steuerlichen Einbringungsstichtag zurück.**

Es bleibt abzuwarten, wie sich die Finanzverwaltung zu diesen Fragestellungen äußern wird. Im neuen UmwSt-Erlass vom 11.11.2011 (a. a. O.) ist dazu aber noch keine Aussage enthalten.

Hinweis: Werbungskostenabzug bei Zurückbehalt von Verbindlichkeiten
Sofern die Personenfirma ein **negatives Kapital** hat und deshalb § 20 Abs. 2 Satz 2 Nr. 2 UmwStG greift, kann die Aufdeckung stiller Reserven dadurch vermieden werden, **dass der Einbringende betrieblich begründete Verbindlichkeiten zurückbehält**. In diesem Fall sind nach dem **BFH-Urteil vom 7.7.1998 (BStBl 1999 II S. 209)** die auf die zurückbehaltenen Schulden entfallenden und gezahlten **Zinsen – nur im Optionsfall nach § 32 d Abs. 2 Nr. 3 EStG – zu 60 v. H. als Werbungskosten bei den Einkünften aus Kapitalvermögen abzugsfähig.**

15.3.4 „Steuerfalle" in § 20 Abs. 2 Satz 4 UmwStG im Zusammenhang mit dem Wegfall der Maßgeblichkeit der Handelsbilanz

Im Rahmen des SEStEG wurde die frühere Bindung an die Handelsbilanz (**Maßgeblichkeit) aufgegeben**. Dem folgt nun auch der UmwSt-Erlass (vgl. z. B. RdNr. 03.10, 11.05 und 20.20 BMF).

Somit ist

- eine **steuerliche Aufstockung** nun auch dann möglich, wenn dies handelsrechtlich verwehrt ist (**z. B. zur Nutzung eines bestehenden Verlustvortrags**)

und

- ein **steuerlicher Buchwertansatz** zulässig, obwohl handelsrechtlich eine Aufstockung auf einen höheren Wert erfolgt, um (**z. B. gegenüber den Banken**) stille Reserven in der (Handels-) Bilanz offen auszuweisen.

In der Folge werden sich deshalb nach Umwandlungen häufiger **Abweichungen zwischen Handels- und Steuerbilanz** ergeben (was seit dem BilMoG auch außerhalb von Umwandlungen oftmals der Fall sein wird).

Aber:
Problematisch aus Sicht des § 20 Abs. 2 Satz 4 UmwStG sind dabei vor allem Fälle, in denen in der Handelsbilanz eine Aufstockung auf die Verkehrswerte erfolgt, steuerlich aber die Buchwerte angesetzt werden sollen.

15.3 Wertansatz des eingebrachten Vermögens

Beispiel 6: Fallstrick „sonstige Gegenleistung" bei Einbringung Betrieb nach § 20 UmwStG

Im Rahmen der Einbringung eines Einzelunternehmens (E) im Juli 2013 wurden von der aufnehmenden GmbH die Wirtschaftsgüter in der **Handelsbilanz zum 1.1.2013** mit dem **gemeinen Wert von 500.000 €** angesetzt. Der Buchwert des Betriebsvermögens von E beträgt zum 31.12.2012 **100.000 €**, das Stammkapital beläuft sich ebenfalls auf 100.000 €. In Höhe von **400.000 €**, d. h. der Differenz zwischen gemeinem Wert (500.000 €) und Stammkapital (100.000 €), wird dem Unternehmer von der GmbH ein **Darlehensanspruch** eingeräumt.

Lösung:

Ein Buchwertansatz kommt für die Einbringung nicht in Betracht. Es wird zwar ein Betrieb **gegen Gewährung von Gesellschaftsrechten** eingebracht. Die **sonstige Gegenleistung (Darlehen in Höhe von 400.000 €)** übersteigt allerdings den Buchwert des eingebrachten Betriebs in Höhe von 100.000 €, so dass **mindestens der Wert der sonstigen Gegenleistung (hier: 400.000 €)** angesetzt werden muss. Die GmbH muss also in ihrer Steuerbilanz mindestens einen Wert von 400.000 € für die übernommenen Wirtschaftsgüter ansetzen (**§ 20 Abs. 2 Satz 4 UmwStG**).

Es kommt deshalb bei E zu einem **Veräußerungsgewinn in Höhe von 300.000 € (anzusetzender Wert 400.000 € ./. Buchwert 100.000 € = 300.000 € Zwischenwertansatz)**, der als laufender Gewinn nach § 15 EStG zu versteuern ist. Ein Freibetrag nach § 16 Abs. 4 EStG wird im Fall eines Zwischenwertansatzes nicht gewährt (vgl. § 20 Abs. 4 Satz 1 UmwStG). Auch § 34 EStG kommt nicht zur Anwendung. Die Anschaffungskosten des E für seine Anteile an der GmbH betragen 0 € (Wertansatz 400.000 € ./. sonstige Gegenleistung 400.000 €; **§ 20 Abs. 3 Satz 3 UmwStG**).

Aktiva	Handelsbilanz GmbH zum 1.1.2013		Passiva
BW Betriebsvermögen	100.000 €	Stammkapital	100.000 €
Aufstockung WG	**400.000 €**	Gesellschaftsdarlehen	400.000 €
	500.000 €		500.000 €

Aktiva	Steuerbilanz GmbH zum 1.1.2013		Passiva
BW Betriebsvermögen	100.000 €	Stammkapital	100.000 €
Aufstockung WG	**300.000 €**	Gesellschaftsdarlehen	400.000 €
„Luftposten" (RdNr. 20.20 BMF)	100.000 €		
	500.000 €		500.000 €

Wichtig: Kapitalrücklage in der Handelsbilanz

Dieser Fallstrick kann **nicht** dadurch vermieden werden, dass nur in der Handelsbilanz ein Darlehen in Höhe von 400.000 €, in der Steuerbilanz aber nur eine Gesellschafterverbindlichkeit von 100.000 € ausgewiesen wird. **Eine Darlehensvereinbarung (hier: in Höhe von 400.000 €) ist ein tatsächlicher Vorgang**, der nicht wahlweise unterschiedlich in der Handelsbilanz und Steuerbilanz beurteilt werden kann. D. h. nur durch die Einräumung eines **Darlehensanspruchs in Höhe von 100.000 € (= Buchwert des eingebrachten Betriebsvermögens)** hätte nach § 20 Abs. 2 Satz 4 UmwStG eine teilweise Aufdeckung und Versteuerung der stillen Reserven vermieden werden können. In der **Handelsbilanz** der GmbH zum 1.1.2013 **(nicht aber in der Steuerbilanz)** wird sodann die Differenz von **300.000 € (500.000 € gemeiner Wert ./. 100.000 € Stammkapital ./. 100.000 € sonstige Gegenleistung)** einer **Kapitalrücklage (§ 272 Abs. 2 Nr. 1 HGB)** gutgeschrieben.

Aktiva	Handelsbilanz GmbH zum 1.1.2013		Passiva
BW Betriebsvermögen	100.000 €	Stammkapital	100.000 €
Aufstockung WG	**400.000 €**	**Kapitalrücklage**	**300.000 €**
		Gesellschaftsdarlehen	100.000 €
	500.000 €		500.000 €

Aktiva	Steuerbilanz GmbH zum 1.1.2013		Passiva
BW Betriebsvermögen	100.000 €	Stammkapital	100.000 €
"Luftposten"	100.000 €	Gesellschaftsdarlehen	100.000 €
	200.000 €		200.000 €

15.4 Zeitpunkt der Einbringung (§ 20 Abs. 5 und 6 UmwStG)

15.4.1 Allgemeines

Auf Antrag – Rückwirkung der Sacheinlage i. S. d. § 20 UmwStG bis zu 8 Monate (gilt für die ESt, KSt, GewSt, <u>nicht</u> für die USt).

Nach § 20 Abs. 6 UmwStG gelten folgende Rückbeziehungsfristen:
a) Handelsrechtliche Umwandlung im Wege der Gesamtrechtsnachfolge (Verschmelzung) oder im Wege des Formwechsels nach § 25 UmwStG.
   - Steuerlicher Übertragungsstichtag darf **höchstens 8 Monate** vor der Anmeldung der Verschmelzung bzw. des Formwechsels zur Eintragung in das Handelsregister liegen.

b) Einbringung eines Betriebs, Teilbetriebs oder Mitunternehmeranteils im Wege der Einzelrechtsnachfolge (Sachgründung / Sachkapitalerhöhung).
- Steuerlicher Übertragungsstichtag darf **höchstens 8 Monate** vor dem Tag des Abschlusses des Einbringungsvertrags liegen und höchstens 8 Monate vor dem Zeitpunkt, an dem das wirtschaftliche Eigentum an dem eingebrachten Betriebsvermögen auf die Kapitalgesellschaft übergeht.

Die Rückwirkung gilt nicht für:
- Verträge, die im Rückwirkungszeitraum abgeschlossen worden sind (**vgl. RdNr. 20.16 BMF**).
- Mitunternehmer, die im Rückwirkungszeitraum aus der Personengesellschaft ausscheiden, deren Betrieb eingebracht wird (**vgl. RdNr. 20.16 BMF**).
- Einlagen und Entnahmen im Rückwirkungszeitraum (**§ 20 Abs. 5 Satz 2 UmwStG**).

Hinweis: Rückwirkungszeitraum
Rückwirkungszeitraum für den diese Besonderheiten gelten, ist nach dem BFH-Urteil vom 29.4.1987 (BStBl II S. 797) die Zeit zwischen dem Umwandlungsstichtag und der Eintragung der GmbH in das Handelsregister.

15.4.2 Im Einzelnen

15.4.2.1 Grundsatz

Rückbeziehung bedeutet nach § 20 Abs. 5 Satz 1 UmwStG, dass **mit Wirkung ab dem steuerlichen Übertragungsstichtag alle Geschäftsvorfälle nach Körperschaftsteuerrecht** statt wie vorher nach Einkommensteuerrecht besteuert werden. Vom Zeitpunkt der steuerlichen Wirksamkeit der Einbringung geht also die Besteuerung des eingebrachten Betriebs usw. von dem Einbringenden auf die übernehmende Kapitalgesellschaft über (vgl. **RdNr. 20.15 BMF**).

15.4.2.2 Ausnahmen (d. h. 8-monatige Rückwirkung greift nicht)

- **Schuldrechtliche Vereinbarungen** einer OHG oder KG mit ihren Gesellschaftern, die erst **nach dem Stichtag** der Umwandlungsbilanz abgeschlossen werden, werden erst **ab dem tatsächlichen Vertragsabschluss** berücksichtigt. Bei Einbringung einer **Einzelfirma** ist es weder zivilrechtlich noch steuerrechtlich möglich, **rückwirkend** Verträge zwischen dem bisherigen Einzelunternehmer und der Kapitalgesellschaft anzuerkennen (**vgl. RdNr. 20.16 BMF**).
  - **Dies bedeutet: Kein Betriebsausgabenabzug für Zahlungen, sondern Entnahmen**

- Im Rückwirkungszeitraum **ausscheidende Gesellschafter** veräußern **Mitunternehmeranteile** und nicht Anteile an der übernehmenden Kapitalgesellschaft, an der sie auch zivilrechtlich nie beteiligt sind. Um den insoweit ggf. entstehenden Veräußerungsgewinn zu erfassen, muss für die Personengesellschaft noch eine einheitliche Gewinnfeststellung erfolgen.

15.4.2.3 Entnahmen und Einlagen nach § 20 Abs. 5 Satz 3 UmwStG

Entnahmen, die im Rückwirkungszeitraum erfolgen, sind **nicht als vGA** zu behandeln. Der **Buchwert der Entnahmen vermindert die Anschaffungskosten der Anteile**.

Einlagen sind **den Anschaffungskosten für die Anteile** mit ihrem Wert nach § 6 Abs. 1 Nr. 5 EStG **hinzuzurechnen**.

Leistungen der Gesellschaft, die über ein **angemessenes Entgelt** hinausgehen oder bei einem beherrschenden Gesellschafter gegen das **Nachzahlungsverbot** verstoßen, sind keine verdeckte Gewinnausschüttung, sondern **Entnahmen (vgl. RdNr. 20.16 BMF)**. Dadurch ergeben sich folgende Auswirkungen:

1. Außerbilanzmäßige Einkommenskorrektur:
Die als **Aufwand** behandelten Entnahmen sind bei der Kapitalgesellschaft im Rahmen der Einkommensermittlung **außerbilanzmäßig hinzuzurechnen**.

2. Verringerung Anschaffungskosten und ggf. Wertaufstockung
Die Entnahmen **mindern** nach **§ 20 Abs. 5 Satz 3 UmwStG** die **Anschaffungskosten** der Gesellschaftsanteile. **Übersteigen die Entnahmen die Anschaffungskosten der Anteile** an der übernehmenden Kapitalgesellschaft, müssen insoweit zwingend die in dem übergegangenen Vermögen ruhenden **stillen Reserven aufgedeckt** werden, mit der Folge, dass ein Einbringungsgewinn entsteht.

Bei übersteigenden Entnahmen würde ohne Wertaufstockung das eingebrachte Betriebsvermögen durch Entnahmen während des Rückwirkungszeitraums **negativ** werden. **Vgl. § 20 Abs. 2 Satz 2 Nr. 2 UmwStG i. V. m. RdNr. 20.19 BMF**).

15.4.2.4 Umqualifizierung vGA in Entnahmen; vgl. RdNr. 20.16 BMF

Zahlungen aufgrund einer **am steuerlichen Umwandlungsstichtag** bereits bestehenden Verpflichtung		**Rückwirkende Zahlungen** aufgrund einer erst später begründeten Verpflichtung
angemessener Teil	unangemessener Teil	Eigentlich wäre wegen Verletzung des Rückwirkungsverbots eine vGA anzusetzen. Gem. § 20 Abs. 5 Satz 2 UmwStG wird die Zahlung jedoch als **Entnahme (statt vGA)** behandelt.
= Betriebsausgaben	= Entnahmen (statt vGA)	

Beispiel 7: vGA = Umqualifizierung in Entnahmen

Eine **OHG** wird durch Gesellschafterbeschluss vom 28.8.2013 mit Wirkung zum **1.1.2013 (steuerlicher Übertragungsstichtag)** im Wege des Formwechsels in eine GmbH umgewandelt. Der Formwechsel wird am 30.8.2013 zur Eintragung in das Handelsregister angemeldet. Er wird zusammen mit der GmbH **am 1.10.2013** in das Handelsregister eingetragen. Das Stammkapital der GmbH beträgt 200.000 €. Der Wert des eingebrachten Betriebsvermögens und die Anschaffungskosten der Anteile nach § 20 Abs. 3 Satz 1 UmwStG betragen ebenfalls insgesamt 200.000 €.

Die beiden Gesellschafter (je hälftig beteiligt) werden zu Geschäftsführern bestellt. Nach den am 28.8.2013 abgeschlossenen Anstellungsverträgen erhält jeder Geschäftsführer rückwirkend ab dem 1.1.2013 ein monatliches Gehalt von 10.000 €.

Der Gesellschaftsvertrag der OHG hatte den Gesellschaftern das Recht eingeräumt, monatliche Vorschüsse in Höhe von je 10.000 € zu entnehmen. Dementsprechend hatten die Gesellschafter in den Monaten Januar bis August 2013 jeweils 10.000 € entnommen und als Entnahme gebucht. Im Zuge der Umwandlung erfolgte die Umbuchung dieser Beträge auf das Aufwandskonto der GmbH „Geschäftsführer-Gehälter".

Lösung:
VGA wegen Verletzung des Nachzahlungsverbots (gleichgerichtete Interessen) in Höhe von **160.000 € (2 × 80.000 €)**. Umqualifizierung in **Entnahmen** nach § 20 Abs. 5 Satz 2 UmwStG, da im Rückwirkungszeitraum bewirkt. **Außerbilanzmäßige Einkommenskorrektur im VZ 2013** in Höhe von 160.000 €. Bei den Gesellschaftern verringern sich die Anschaffungskosten der Anteile um insgesamt 160.000 € (d.h. von insgesamt 200.000 € um 160.000 € auf 40.000 €).

Unmittelbare steuerliche Auswirkungen ergeben sich dadurch auf der Gesellschafterebene nicht. Die Gesellschafter haben weder Einkünfte nach § 19 EStG (Arbeitslohn) noch Einkünfte nach § 20 Abs. 1 Nr. 1 EStG (vGA) zu versteuern.

Variante: Übersteigende Entnahmen = Wertaufstockung

vGA = Entnahme je Gesellschafter	250.000 €
AK GmbH-Anteile nach § 20 Abs. 3 Sätze 1 und 2 UmwStG je Gesellschafter	./. 100.000 €
Aufdeckung stiller Reserven je Gesellschafter nach § 20 Abs. 2 Satz 2 Nr. 2 UmwStG i. V. m. RdNr. 20.19 BMF	**150.000 €**

= Veräußerungsgewinn nach § 16 EStG (keine GewSt). Ohne die Wertaufstockung würde das eingebrachte Betriebsvermögen negativ werden.

Die AK der („EG I-gefährdeten") GmbH-Anteile i. S. d. § 22 Abs. 1 UmwStG belaufen sich jeweils auf 0 €.

Beispiel 8: Dienstverträge liegen vor = Betriebsausgaben

Wie Beispiel 7, jedoch hatten die beiden Gesellschafter-Geschäftsführer der GmbH **aufgrund von Dienstverträgen mit der OHG** von Januar bis August 2013 angemessene monatliche Vergütungen von je 10.000 € erhalten. Im Zuge der Umwandlung erfolgte die Umbuchung der bisher als Entnahme gebuchten Vergütungen auf das Aufwandskonto der GmbH „Geschäftsführer-Gehälter".

Lösung:

Nach **RdNr. 20.16 BMF** sind die Vergütungen bei der GmbH im VZ 2013 als **Betriebsausgaben** abzugsfähig. Die Gesellschafter-Geschäftsführer erzielen Einkünfte aus nicht selbstständiger Arbeit nach § 19 EStG.

Beispiel 9: Zahlungen nach Ablauf Rückwirkungszeitraum = vGA

Wie Beispiel 7, jedoch werden zunächst keine Anstellungsverträge mit den Gesellschafter-Geschäftsführern abgeschlossen. Mit der OHG bestanden ebenfalls keine Dienst- oder Anstellungsverträge.

Durch Vereinbarung vom 31.8.2013 erhalten die beiden Gesellschafter-Geschäftsführer eine monatliche Vergütung ab September 2013 in Höhe von je 10.000 € und eine

Vergütung für die Monate Januar bis August 2013 in Höhe von je 80.000 €. Die Zahlung der rückwirkenden Vergütung erfolgt am **5.10.2013**. Die Vergütungen werden als Betriebsausgaben der GmbH behandelt.

Lösung:
VGA wegen Verletzung des Nachzahlungsverbots in Höhe von je 80.000 €. Da diese aber **nach dem Rückwirkungszeitraum (dieser endet mit der Eintragung der GmbH im Handelsregister am 1.10.2013)** bewirkt wurde, erfolgt keine Umrechnung in Entnahmen. Die vGA ist bei der Einkommensermittlung 2013 nach § 8 Abs. 3 Satz 2 KStG außerbilanzmäßig hinzuzurechnen.

Die Gesellschafter haben insoweit Einkünfte aus Kapitalvermögen i. S. d. § 20 Abs. 1 Nr. 1 Satz 2 EStG, die im Optionsfall im VZ 2013 nach § 3 Nr. 40 Satz 1 Buchst. d EStG dem Teileinkünfteverfahren unterliegen.

15.5 Grenzüberschreitende Einbringungen

Die Einbringung von Betrieben und Mitunternehmeranteilen nach § 20 UmwStG betrifft auch **grenzüberschreitende Einbringungen innerhalb der EU / des EWR**. § 20 UmwStG ist anzuwenden, **wenn sowohl der Einbringende als auch die übernehmende Gesellschaft EU- / EWR-Gesellschaften sind**; Einbringender kann auch eine dort ansässige natürliche Person sein (§ 1 Abs. 4 Nr. 1 und 2 Buchst. a UmwStG). Bei Personengesellschaften gilt dies nur insoweit, als an dieser begünstigte Rechtsträger beteiligt sind (§ 1 Abs. 4 Nr. 2 Buchst. a Doppelbuchst. aa UmwStG).

Einbringender kann aber auch ein in einem **Drittstaat Ansässiger** sein, wenn das deutsche Besteuerungsrecht an den erhaltenen Anteilen nicht ausgeschlossen oder beschränkt ist (**§ 1 Abs. 4 Nr. 2 Buchst. b UmwStG**). An den erhaltenen Anteilen besteht z. B. dann ein deutsches Besteuerungsrecht, wenn sie zu einer inländischen Betriebsstätte gehören oder wenn mit dem Drittstaat ein DBA besteht, das Deutschland das Besteuerungsrecht zuweist.

Verliert Deutschland das Besteuerungsrecht an den erhaltenen Anteilen **nach** der Einbringung, sind auf Anteilseignerebene folgende Vorschriften einschlägig:

1. Bei einem Verlust des Besteuerungsrechts **innerhalb von 7 Jahren nach der Einbringung ist die Entstrickungsregelung nach § 22 Abs. 1 Satz 6 Nr. 6 UmwStG** zu prüfen (vgl. **RdNr. 22.27 BMF**).
2. Bei einem Verlust des Besteuerungsrechts **nach Ablauf von 7 Jahren** nach der Einbringung ist wie folgt zu differenzieren:

   a) Sind die Anteile einem **inländischen Betriebsvermögen** (auch inländische Betriebsstätte) zuzuordnen, ist § 4 Abs. 1 Satz 3 EStG bzw. § 12 KStG anzuwenden.

b) Ist Anteilseigner ein **unbeschränkt Steuerpflichtiger**, der die Anteile im Privatvermögen hält, ist die **Anwendung des § 6 AStG** zu prüfen.

c) Ist Anteilseigner ein **beschränkt Steuerpflichtiger**, der die Anteile im Privatvermögen hält, ist eine Besteuerung **nicht** vorgesehen.

Beispiel 10:

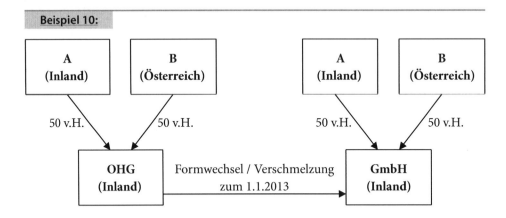

Bewertung des eingebrachten BV:

Bei A: Einbringung MU-Anteil zu BW (§ 20 Abs. 2 Satz 2 UmwStG)

Bei B: Keine Einschränkung des Bewertungswahlrechts bei fehlendem Besteuerungsrecht für erhaltene Anteile, d.h. B kann seinen MU-Anteil ebenfalls zum **BW** einbringen.

Hinweis:

Nach § 20 Abs. 2 UmwStG ist das Bewertungswahlrecht unberührt von der Frage, ob zum Zeitpunkt der Einbringung durch einen Steuer-Ausländer im Inland für die stillen Reserven in den erhaltenen Anteilen an der Übernehmerin ein Besteuerungsrecht besteht (**dies gilt grundsätzlich allerdings nur für Steuer-Ausländer aus dem EU- / EWR-Bereich, weil ansonsten nach § 1 Abs. 4 Nr. 2 a UmwStG i. V. m. § 20 UmwStG dem Grunde nach keine Anwendung findet; Ausnahme:** Drittstaatenklausel nach § 1 Abs. 4 Nr. 2 b UmwStG greift).

Eine **Besteuerung der stillen Reserven** bei den Steuer-Ausländern als Einbringende ergibt sich aufgrund des Prinzips der nachträglichen **Besteuerung eines Einbringungsgewinns**, wenn diese **innerhalb von 7 Jahren** ab Sacheinlage die erhaltenen Anteile veräußern (§ 22 Abs. 1 UmwStG). **Nach Ablauf dieser Frist** ist jedoch eine **steuerfreie Entstrickung der stillen Reserven** des Sacheinlagegegenstands auf der Ebene des Einbringenden gegeben.

Fall 1: A und B verkaufen in 2014 ihre GmbH-Anteile
Steuerliche Folgen:

Bei A (Inland):

- **Einbringungsgewinn I** von 6/7 (1 Zeitjahr ist abgelaufen) der stillen Reserven seines MU-Anteils zum 1.1.2013 = VG nach § 16 EStG i. V. m. § 22 Abs. 1 UmwStG im VZ 2013
- **restliche stille Reserven** = tatsächlicher VG im VZ 2014 = § 17 i. V. m. § 3 Nr. 40 EStG (Teileinkünfteverfahren, 60 v. H. steuerpflichtig)

Bei B (Österreich):
- **Einbringungsgewinn I** von 6/7 der stillen Reserven seines MU-Anteils zum 1.1.2013 (wie bei A)
- **restliche stille Reserven sind in 2014** nicht **steuerpflichtig**, soweit BRD an den erhaltenen Anteilen kein Besteuerungsrecht hat.

Fall 2: A (Inland) verlegt in 2014 seinen Wohnsitz nach Österreich bzw. Tschechien
Steuerliche Folgen bei A:

Aufgrund des Wegfalls der Ansässigkeit von A verliert die BRD innerhalb von 7 Jahren das Besteuerungsrecht an den erhaltenen Anteilen. Ein **Anwendungsfall des § 22 Abs. 1 Satz 6 Nr. 6 UmwStG (= Einbringungsgewinn I) wird dadurch nicht** ausgelöst. Es ist zwar die Voraussetzung des § 1 Abs. 4 Nr. 2 Buchst. b UmwStG weggefallen, nicht aber die des § 1 Abs. 4 Nr. 2 Buchst. a UmwStG (vgl. RdNr. 22.27 BMF). D. h. die persönlichen Anwendungsvoraussetzungen des § 1 Abs. 4 UmwStG gehen hier nicht verloren. **Ob durch einen Wegzug des AE das inländische Besteuerungsrecht hinsichtlich der stillen Reserven in den Anteilen verloren geht, ist bei Ansässigkeit in der EU / EWR unschädlich (§ 1 Abs. 4 Nr. 2 Buchst. a UmwStG).** Es ergeben sich also folgende steuerliche Auswirkungen:
- Kein Einbringungsgewinn I bei A
- Versteuerung der stillen Reserven nach § 6 Abs. 1 AStG

Aber: Fall des § 6 Abs. 5 AStG (zinslose Stundung).

> **Fall 3: A (Inland) verlegt in 2014 seinen Wohnsitz in die Schweiz**
> **Steuerliche Folgen bei A:**
>
> - Anwendungsfall des § 22 Abs. 1 Satz 6 Nr. 6 i. V. m. § 1 Abs. 4 Nr. 2 Buchst. a und b UmwStG. Es ergeben sich folgende steuerliche Auswirkungen:
> - **Einbringungsgewinn I** bei A in 2013 von 6/7 der stillen Reserven seines MU-Anteils zum 1.1.2013.
> - **Versteuerung der restlichen stillen Reserven nach § 6 AStG** (im Wegzugsjahr 2014; unter Berücksichtigung nachträglicher AK).

15.6 Anteilstausch nach § 21 UmwStG

15.6.1 Allgemeines

Der Anteilstausch ist in **§ 21 UmwStG i. V. m. RdNr. 21.01 bis 21.17 BMF** geregelt. Auch eine Anteilseinbringung nach § 21 UmwStG setzt voraus, dass die aufnehmende Kapitalgesellschaft **neue Anteile** gewährt. Für die Bestimmung des Zeitpunkts des Anteilstausches ist nach aktueller Auffassung der Finanzverwaltung auf den **Zeitpunkt der Übertragung des zivilrechtlichen oder – sofern abweichend – des wirtschaftlichen Eigentums** der eingebrachten Anteile auf die übernehmende Gesellschaft abzustellen. **§ 2 UmwStG und § 20 Abs. 6 UmwStG sind nicht anzuwenden, so dass eine steuerliche Rückbeziehung <u>nicht</u> in Betracht kommt.**

<u>Hinweis:</u>
M. E. ist allerdings eine sog. **technische Rückwirkung** von 4 bis 6 Wochen möglich, die man – trotz des allgemeinen steuerlichen Rückwirkungsverbots – auch ansonsten zulässt (vgl. dazu Schmidt, EStG, 30. Aufl. 2011, § 2 Rz. 52, m.w. N.).

<u>Aber: RdNr. 21.01 BMF</u>
Anders ist es, wenn eine Beteiligung **zusammen mit einem Betrieb, Teilbetrieb oder Mitunternehmeranteil** eingebracht wird. Dieser Vorgang fällt dann insgesamt unter § 20 UmwStG (auch für die mit eingebrachte Beteiligung) und kann dann nach § 20 Abs. 5 und 6 UmwStG mit 8-monatiger Rückwirkung erfolgen.

Die **Bewertung der eingebrachten Anteile** erfolgt bei der übernehmenden Kapitalgesellschaft wie folgt:
- grundsätzlich Ansatz **gemeiner Wert** (§ 21 Abs. 1 Satz 1 UmwStG);
- wenn die übernehmende Gesellschaft nach der Einbringung aufgrund ihrer Beteiligung einschließlich der eingebrachten Anteile nachweislich unmittelbar die

15.6 Anteilstausch nach § 21 UmwStG

Mehrheit der Stimmrechte an der erworbenen Gesellschaft hat (**qualifizierter Anteilstausch**, vgl. RdNr. 21.09 BMF), können gem. § 21 Abs. 1 Satz 2 UmwStG die eingebrachten Anteile auf Antrag mit dem **Buchwert** oder einem **Zwischenwert** angesetzt werden.

Praxishinweis: Qualifizierter Anteilstausch, RdNr. 21.09 BMF
Bei **Einbringung durch mehrere Gesellschafter** ist unbedingt darauf zu achten, dass dies **in einem einheitlichen Vorgang** geschieht. Dies muss nicht zwingend derselbe Notarvertrag sein. Es muss jedoch ein zeitlicher und sachlicher Zusammenhang bestehen. Eine gegenseitige Bezugnahme in den einzelnen Verträgen auf die jeweils andere(n) Einbringung(en) ist hilfreich.

Der UmwSt-Erlass vom 11.11.2011 (a.a.O.) enthält folgende wichtigen Aussagen zum Anteilstausch:

- RdNr. 21.02:
  Es bleibt dabei, dass nach § 21 UmwStG auch **Anteile aus dem Privatvermögen** („§ 17 EStG-Anteile") in eine Kapitalgesellschaft eingebracht werden können.

- RdNr. 21.03 / 21.05:
  Anders als bei § 20 UmwStG kann hier die Einbringung auch durch eine/n „**Drittstaatler / Drittstaatlerin**" erfolgen. Ebenso kann Einbringungsgegenstand auch eine **Beteiligung an einer Drittstaatengesellschaft** sein, z. B. der Inländer A bringt nach § 21 UmwStG seine Mehrheitsbeteiligung an einer schweizer X-AG in die deutsche B-GmbH ein.

- RdNr. 21.09:
  Nach wie vor erforderlich ist, dass ein sog. **qualifizierter Anteilstausch** vorliegt. Die aufnehmende Gesellschaft muss nach der Einbringung über die Mehrheit der Stimmrechte an der eingebrachten Gesellschaft verfügen (sog. **mehrheitsvermittelnde Beteiligung**). Bei Einbringung von Beteiligungen mehrer Gesellschafter müssen diese Einbringungen auf einem **einheitlichen Vorgang** beruhen.

- RdNr. 21.17:
  Der Anteilstausch kann **nicht rückwirkend** erfolgen (möglich ist allenfalls eine sog. technische Rückwirkung von 4 bis 6 Wochen). Anders ist es allerdings dann, wenn eine Beteiligung zusammen mit einem Betrieb / Teilbetrieb / Mitunternehmeranteil eingebracht wird. Dann bestimmt sich der Vorgang nach § 20 UmwStG und es ist insgesamt die Rückwirkungsregelung in § 20 Abs. 5 und 6 UmwStG anwendbar (**vgl. RdNr. Org.14 BMF**).

15.6.2 Steuerliche Folgen beim Einbringenden

Grundsatz: RdNr. 21.13 BMF
Nach § 21 Abs. 2 Satz 1 UmwStG gilt folgende **Werteverknüpfung**:
der Wert, mit dem die übernehmende Gesellschaft die eingebrachten Anteile ansetzt, **gilt für den Einbringenden als Veräußerungspreis der eingebrachten Anteile und als Anschaffungskosten** für die erhaltenen Anteile, **d. h. der Wertansatz bei der aufnehmenden Kapitalgesellschaft bestimmt den Verkaufspreis und die AK der neuen Anteile des Einbringenden.** In Inlandsfällen bedeutet dies, dass es aufgrund der sog. **doppelten Buchwertverknüpfung** zu einer Verdoppelung der stillen Reserven kommt.

Ausnahme: RdNr. 21.14 BMF
Nach § 21 Abs. 2 Satz 2 UmwStG ist als Veräußerungspreis der eingebrachten Anteile sowie als Anschaffungskosten der erhaltenen Anteile zwingend der **gemeine Wert** der eingebrachten Anteile anzusetzen, wenn für die **eingebrachten Anteile** nach der Einbringung das Recht Deutschlands hinsichtlich der Besteuerung des Gewinns aus der Veräußerung dieser Anteile beschränkt ist.

Rückausnahme: RdNr. 21.15 BMF
Der **Satz 3 des § 21 Abs. 2 UmwStG** regelt für zwei Fälle eine **Rückausnahme** von dem zwingenden Ansatz des gemeinen Werts:
- **§ 21 Abs. 2 Satz 3 Nr. 1 UmwStG:**
  wenn das Recht Deutschlands hinsichtlich der Besteuerung des Gewinns aus der **Veräußerung der erhaltenen Anteile** nicht beschränkt ist. **Z. B. eine natürliche Person A (Inland) bringt eine inländische Mehrheitsbeteiligung an einer T-GmbH (Anteile im PV) im Rahmen einer Kapitalerhöhung in eine französische SA ein.** Es entsteht bei A kein VG, da das Recht auf die Besteuerung der stillen Reserven an der Beteiligung an der SA bei der BRD liegt.

oder

- **§ 21 Abs. 2 Satz 3 Nr. 2 UmwStG:**
  wenn der Gewinn aus dem Anteilstausch aufgrund Art. 8 der Fusions-Richtlinie nicht besteuert werden darf. Dies betrifft insbesondere die DBA mit Tschechien, Slowakei und Zypern, bei denen das Besteuerungsrecht für einen VG aus den Anteilen dem Ansässigkeitsstaat der Kapitalgesellschaft, an der die Beteiligung besteht, zugewiesen wird. In diesem Fall unterliegt der Gewinn aus der späteren **Veräußerung der erhaltenen Anteile** ungeachtet entgegenstehender DBA-Bestimmungen in der gleichen Art und Weise der deutschen Besteuerung, wie die **Veräußerung der eingebrachten Anteile** zu besteuern gewesen wäre (treaty-override). § 15 Abs. 1 a Satz 2 EStG ist entsprechend anzuwenden.

15.6 Anteilstausch nach § 21 UmwStG

Haben die eingebrachten Anteile beim Einbringenden nicht zu einem Betriebsvermögen gehört, treten an die Stelle des Buchwerts die Anschaffungskosten (§ 21 Abs. 2 Satz 5 UmwStG).

Beispiel: Zum qualifizierten Anteilstausch nach § 21 Abs. 1 Satz 2 UmwStG

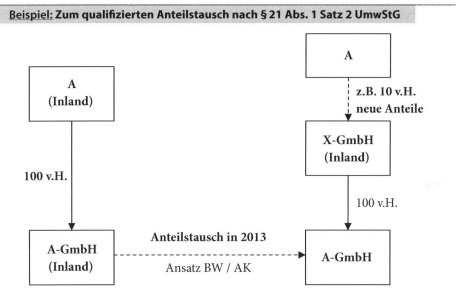

Steuerliche Folgen:

➡ Die **X-GmbH** kann nach **§ 21 Abs. 1 Satz 2 UmwStG** auf Antrag die eingebrachten Anteile an der A-GmbH mit dem **BW** ansetzen.

➡ Bei **A** entsteht dadurch nach **§ 21 Abs. 2 Satz 1 UmwStG kein VG** nach § 17 EStG (Anteile im PV) bzw. nach § 15 EStG (Anteile im BV).

➡ Sofern die **aufnehmende X-GmbH** die eingebrachten Anteile an der A-GmbH innerhalb von 7 Jahren veräußert, gelten die allgemeinen Vorschriften über die Veräußerung von Kapitalanteilen (hier: § 8 b KStG).

Aber: Bei **A** ergibt sich dann nach § 22 Abs. 2 UmwStG im VZ 2013 ein steuerpflichtiger **Einbringungsgewinn II** (wegen „**Statusverbesserung**").

Variante:
Die X-GmbH setzt die eingebrachten Anteile mit dem **gemeinen Wert** an.

Steuerliche Folgen:

➡ Nach **§ 21 Abs. 2 Satz 1 UmwStG** führt dies **bei A** zur **Aufdeckung und Versteuerung der stillen Reserven** im Rahmen des § 17 EStG bzw. § 15 EStG.

➡ **Aber: kein Einbringungsgewinn II von A nach § 22 Abs. 2 UmwStG** bei späterer Veräußerung der Anteile durch die X-GmbH (innerhalb von 7 Jahren).

15.7 Weitere Anwendungsfälle des § 20 UmwStG

15.7.1 Einbringung einer GmbH & Co. KG in die Komplementär-GmbH

Die Einbringung einer GmbH & Co. KG in die Komplementär-GmbH im Wege der Kapitalerhöhung fällt unter den Anwendungsbereich des § 20 UmwStG. Das sog. **erweiterte Anwachsungsmodell** setzt jedoch voraus, dass die Kommanditisten aus der KG ausscheiden, **gleichzeitig** bei der Komplementär-GmbH eine **Kapitalerhöhung** beschlossen wird und die Kommanditisten als Gegenleistung für ihre untergehenden Gesellschaftsanteile an der KG **die neuen GmbH-Anteile** aus der Kapitalerhöhung erhalten.

Die Finanzverwaltung hat in der **RdNr. E 20.10 BMF** ausdrücklich geregelt, dass die erweiterte Anwachsung in den Anwendungsbereich des § 20 UmwStG fällt.

Von der Rechtsprechung wurde mittlerweile entschieden, dass die Anteile an der Komplementär-GmbH nur dann eine wesentliche Betriebsgrundlage des Mitunernehmeranteils darstellen, wenn der Kommanditist im Rahmen der GmbH **seinen geschäftlichen Willen in der KG durchsetzen kann** (vgl. BFH-Urteil vom 25.11.2009, AZ.: I R 72/08, BStBl 2010 II S. 471). In diesem Fall müsste die Beteiligung eigentlich in die GmbH mit eingebracht werden und würde zu eigenen Anteilen der aufnehmenden Komplementär-GmbH werden.

Die Finanzverwaltung akzeptiert aber auch in der **RdNr. 20.09 BMF**, dass die Anteile an der Kapitalgesellschaft **auf unwiderruflichen Antrag des Einbringenden nicht mit eingebracht werden**. Dies entspricht der bisherigen Verwaltungsauffassung in der Tz. 20.11 des UmwSt-Erlasses vom 25.3.1998 (BStBl I S. 268). Der Einbringende muss sich in dem Antrag damit einverstanden erklären, dass die **zurückbehaltenen Anteile** an der übernehmenden Gesellschaft künftig in vollem Umfang als Anteile zu behandeln sind, die durch eine Sacheinlage erworben worden sind (erhaltene Anteile). **Es ist dementsprechend auch für diese Anteile § 22 Abs. 1 UmwStG anzuwenden**, mit der Folge eines Einbringungsgewinns I bei Veräußerung innerhalb der siebenjährigen Sperrfrist.

15.7 Weitere Anwendungsfälle des § 20 UmwStG

Beispiel 1: Nichteinbringung der Anteile an der Komplementär-GmbH bei erweiterter Anwachsung; RdNr. 20.09 BMF

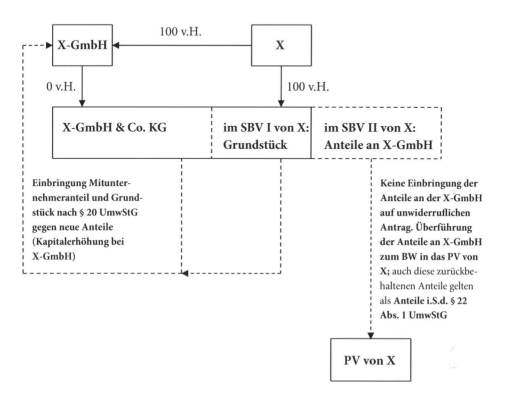

Variante: Formwechsel in neue GmbH

Sofern eine GmbH & Co. KG im Wege des **Formwechsels** (zur Vermeidung der **Grunderwerbsteuer**) **in eine neue GmbH** umgewandelt wird, kommt die Regelung in der **RdNr. 20.09 BMF** jedoch **nicht** in Betracht.

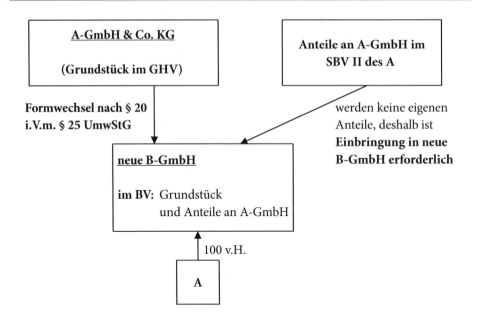

Beispiel 2: Einbringung GmbH & Co. KG in Komplementär-GmbH

An der **X-GmbH & Co KG** sind die Gesellschafter (Kommanditisten) A und B mit je 250.000 € beteiligt. Persönlich haftende Gesellschafterin ist die **Y-GmbH**. Die Y-GmbH hat keine Kapitaleinlage geleistet. Die GmbH hat außer der Geschäftsführung für die KG keinen eigenen Geschäftsbereich.

Die Bilanz der X-GmbH & Co KG zum 31.12.2012 zeigt folgendes Bild:

Aktiva	Bilanz der X–GmbH & Co KG zum 31.12.2012		Passiva
Grund und Boden	200.000 €	**Kommanditkapital A**	**250.000 €**
Gebäude	1.000.000 €	**Kommanditkapital B**	**250.000 €**
Maschinen	100.000 €	Verbindlichkeiten	1.800.000 €
sonstige Besitzposten	1.000.000 €		
	2.300.000 €		2.300.000 €

Aktiva	Die Bilanz der Y–GmbH zum 31.12.2012 lautet		Passiva
Besitzposten	150.000 €	**Stammkapital**	**100.000 €**
		Verbindlichkeiten	50.000 €
	150.000 €		150.000 €

15.7 Weitere Anwendungsfälle des § 20 UmwStG

Das Stammkapital der Y-GmbH wird von den Gesellschaftern (Kommanditisten) A und B je zur Hälfte (je 50.000 €) gehalten. Die Anteile der Kommanditisten der GmbH & Co KG an der Komplementär-GmbH gehören zu ihrem notwendigen Sonderbetriebsvermögen (Sonderbetriebsvermögen II).

Aktiva	Sonderbilanz (Sonder-BV II) A zum 31.12.2012	Passiva	
Beteiligung Y-GmbH	50.000 €	Mehrkapital A	50.000 €
	50.000 €		50.000 €

Aktiva	Sonderbilanz (Sonder-BV II) B zum 31.12.2012	Passiva	
Beteiligung Y-GmbH	50.000 €	Mehrkapital B	50.000 €
	50.000 €		50.000 €

Die Gesellschafter beschließen **im Mai 2013**, das Betriebsvermögen der KG zum **1.1.2013 (steuerlicher Übertragungsstichtag)** nach § 20 UmwStG erfolgsneutral als Sacheinlage im Wege der Einzelrechtsnachfolge durch Sachkapitalerhöhung in die **Y-GmbH** einzubringen.

Die Einbringung könnte alternativ auch im Wege der Gesamtrechtsnachfolge durch Verschmelzung durch Aufnahme erfolgen. In diesem Fall überträgt die bestehende GmbH & Co. KG ihr Vermögen als Ganzes nach Maßgabe des UmwG auf die bestehende Komplementär-GmbH gegen Gewährung von Gesellschaftsrechten an die Gesellschafter des übertragenden Rechtsträgers. Die neuen Gesellschaftsrechte werden bei der GmbH durch eine Kapitalerhöhung geschaffen. Sofern die Komplementär-GmbH nicht am Vermögen der KG beteiligt ist, gelangen die neuen Anteile unmittelbar an die Kommanditisten der GmbH & Co. KG.

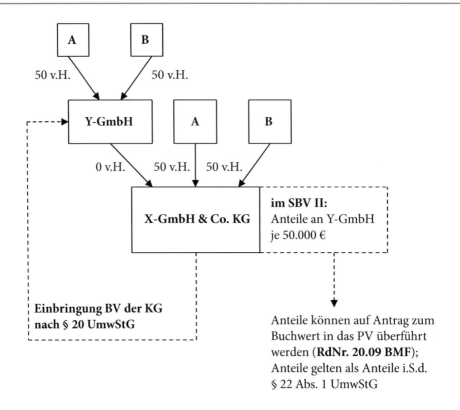

Im Falle der Buchwertverknüpfung ergibt sich folgende **Eröffnungsbilanz der Y-GmbH zum 1.1.2013**, wenn das gesamte Kommanditkapital zu Stammkapital wird:

Aktiva	Bilanz Y-GmbH zum 1.1.2013		Passiva
Grund und Boden	200.000 €	**Stammkapital**	**600.000 €**
Gebäude	1.000.000 €	Verbindlichkeiten	1.850.000 €
Maschinen	100.000 €		1.850.000 €
sonstige Besitzposten	1.150.000 €		
	2.450.000 €		2.450.000 €

Die in den Sonderbilanzen der Kommanditisten A und B ausgewiesenen GmbH-Anteile müssen nicht in die GmbH miteingebracht werden. Diese (Alt-) Anteile sind aber ebenfalls als Anteile i. S. d. § 22 Abs. 1 UmwStG zu behandeln.

Da im vorliegenden Falle die Umwandlung der X-GmbH & Co KG auf die Y-GmbH steuerlich zu-lässig zu Buchwerten erfolgt ist, gelten die GmbH-Anteile von A und B in Höhe von **je 300.000 €** als **Anteile i. S. d. § 22 Abs. 1 UmwStG** (je 50.000 € aufgrund **RdNr. 20.08 BMF**, je 250.000 € aufgrund der Einbringung der Mitunternehmeranteile nach § 20 UmwStG).

> **Praxishinweis:** Keine Anwendung des § 20 UmwStG
> beim einfachen Anwachsungsmodell
>
> Beim **einfachen Anwachsungsmodell** scheiden bei einer GmbH & Co KG, deren Kommanditisten zugleich Gesellschafter der Komplementär-GmbH sind, die Kommanditisten **ohne Ausgleich in Form neuer Gesellschaftsrechte an der GmbH aus der KG aus** mit der Folge, dass ihr Anteil am Gesellschaftsvermögen gem. § 738 BGB der GmbH als letztem verbleibenden Gesellschafter zuwächst und die KG ohne Liquidation erlischt.

Die Finanzverwaltung vertritt hierzu weiterhin die Auffassung, **dass ein Fall des § 20 UmwStG <u>nicht</u> vorliegt. (vgl. RdNr. E 20.10 BMF). Voraussetzung für die Anwendung des § 20 UmwStG ist, dass zumindest <u>teilweise neue Anteile</u> im Falle der Gesellschaftsgründung oder einer Kapitalerhöhung entstehen. Dies ist beim einfachen Anwachsungsmodell (ohne Kapitalerhöhung) nicht der Fall.**

Das Ausscheiden der Kommanditisten ohne Abfindung ist vielmehr eine **<u>verdeckte Einlage</u> in die GmbH, die zur Gewinnrealisierung unter dem Gesichtspunkt der vorherigen Betriebsveräußerung oder -aufgabe führt**. Das entschädigungslose Ausscheiden der Kommanditisten aus der KG zugunsten der Komplementär-GmbH stellt eine unentgeltliche Leistung dar, die durch das Gesellschaftsverhältnis veranlasst ist. **Der Wert der verdeckten Einlage bemisst sich dabei nach der Wertsteigerung, welche die Beteiligung an der GmbH durch das Ausscheiden der Kommanditisten erfährt, und zwar einschließlich des anteiligen Geschäftswerts** (vgl. BFH vom 24.3.1987, BStBl II S. 705). Außerdem ist als zusätzlicher Veräußerungserlös der gemeine Wert der in das Privatvermögen überführten GmbH-Anteile anzusetzen.

Dieser Wert ist als Veräußerungserlös - begünstigt nach §§ 16 Abs. 4, 34 Abs. 1 oder Abs. 3 EStG – bei den Kommanditisten zu besteuern und stellt gleichzeitig deren Anschaffungskosten (nachträgliche Anschaffungskosten durch verdeckte Einlage nach § 6 Abs. 6 Satz 2 EStG) für die GmbH-Anteile i. S. d. § 17 EStG dar.

15.7.2 Einbringung des Besitzunternehmens in die Betriebs-Kapitalgesellschaft

Das **Besitzunternehmen** wird nach den Regeln der Betriebsaufspaltung als Gewerbebetrieb angesehen. **Dieser Betrieb kann nach § 20 UmwStG in eine unbeschränkt körperschaftsteuerpflichtige Kapitalgesellschaft (z. B. im Wege einer Kapitalerhöhung in die Betriebs-GmbH) gegen Gewährung neuer Gesellschaftsrechte eingebracht werden.** Bei Fortführung der Buchwerte kann damit eine Gewinnrealisierung vermieden werden.

Ein Problem stellt sich dabei hinsichtlich der einzubringenden Anteile an der Betriebs-Kapitalgesellschaft, die ja notwendiges Betriebsvermögen des Besitz-Einzelunternehmens bzw. notwendiges Sonderbetriebsvermögen bei der Besitz-Personengesellschaft darstellen. Bei Einbringung werden diese Anteile zu eigenen Anteilen der Kapitalgesellschaft. Der Erwerb eigener Anteile durch eine Kapitalgesellschaft ist jedoch handelsrechtlich nicht uneingeschränkt möglich (vgl. **RdNr. 20.09 BMF**).

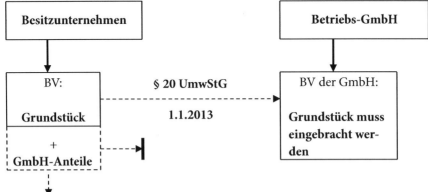

Beispiel 2: Einbringung Besitzunternehmen in die Betriebs-GmbH nach § 20 UmwStG

Anteile können auf Antrag zum **Buchwert** in das PV überführt werden (**RdNr. 20.09 BMF**) und gelten als Anteile i.S.d. § 22 Abs. 1 UmwStG.

15.8 Auswirkungen bei der übernehmenden Gesellschaft (§ 23 UmwStG)

15.8.1 Übersicht

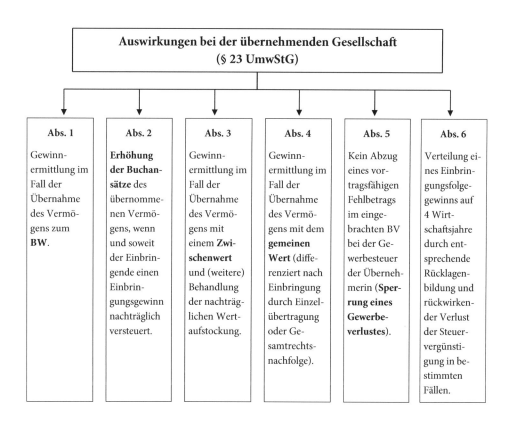

15.8.2 Rechtsfolgen

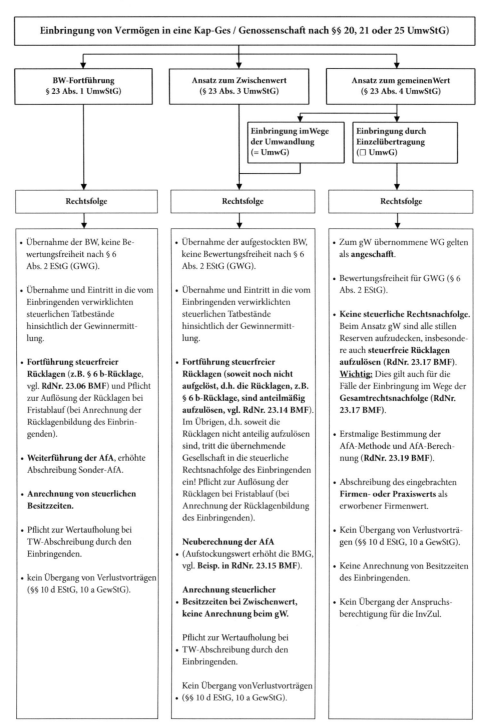

15.8.3 Aufstockung der Wertansätze bei nachträglicher Einbringungsgewinnbesteuerung (§ 23 Abs. 2 UmwStG)

Erfolgt eine **nachträgliche Besteuerung eines Einbringungsgewinns I** (§ 22 Abs. 1 UmwStG) oder eines **Einbringungsgewinns II** (§ 22 Abs. 2 UmwStG), kann es gem. § 23 Abs. 2 UmwStG **auf Antrag** der Übernehmerin zu einer **entsprechenden Aufstockung** der angesetzten Werte für das eingebrachte BV in der Steuerbilanz der Übernehmerin kommen. Die Werterhöhung erfolgt **nicht** in dem Wirtschaftsjahr, in dem der Einbringungsgewinn entsteht, sondern erst in dem Wirtschaftsjahr der übernehmenden Gesellschaft, **in das das (schädliche) Ereignis fällt**, das die nachträgliche Besteuerung eines Einbringungsgewinns auslöst.

Eine **Werterhöhung (= Buchwertaufstockung)** der Buchansätze der durch Einbringung erworbenen WG kann gem. § 23 Abs. 2 UmwStG erfolgen,
- wenn ein entsprechender Antrag der übernehmenden Gesellschaft vorliegt,
- wenn ein nachträglicher Einbringungsgewinn I gem. § 22 Abs. 1 UmwStG entsteht und festgesetzt wird (§ 23 Abs. 3 Satz 1 UmwStG),
- wenn ein nachträglicher Einbringungsgewinn II gem. § 22 Abs. 2 UmwStG entsteht und festgesetzt wird (§ 23 Abs. 3 Satz 3 UmwStG),
- soweit die festgesetzte Steuer auf den Einbringungsgewinn entrichtet worden ist,
- wenn und soweit diese Steuerentrichtung durch eine Bescheinigung i. S. d. § 22 Abs. 5 UmwStG nachgewiesen wurde.

Die Buchwertaufstockung ist nach RdNr. 23.07 BMF wie folgt vorzunehmen:

<u>1. Schritt:</u> Verrechnung mit **Ausgleichsposten** i. S. d. **RdNr. 20.20 BMF**.

<u>2. Schritt:</u> Der übersteigende Betrag ist **gewinnerhöhend** zu verbuchen (Erhöhung des Steuerbilanzgewinns).

<u>3. Schritt:</u> Die Gewinnerhöhung im 2. Schritt ist durch eine **außerbilanzmäßige Abrechnung** im Rahmen der Einkommensermittlung zu neutralisieren.

<u>4. Schritt:</u> Zugang beim **steuerlichen Einlagekonto** i. S. d. § 27 KStG in Höhe des gewinnerhöhenden Betrags (2. Schritt).

Beispiel:

Sacheinlage Einzelunternehmen in eine GmbH zum 1.1.2012 nach § 20 UmwStG zum Buchwert von 18.000 €, Stammkapital 25.000 € (stille Reserven sind im Firmenwert vorhanden).

Aktiva	Steuerbilanz GmbH zum 1.1.2012		Passiva
Betriebsvermögen	18.000 €	Stammkapital	25.000 €
Ausgleichsposten (RdNr. 20.20 BMF)	7.000 €		
	25.000 €		25.000 €

In 2013 wird aufgrund einer Anteilsveräußerung eine rückwirkende Besteuerung eines Einbringungsgewinns I nach § 22 Abs. 1 UmwStG im VZ 2012 in Höhe von 20.000 € ausgelöst.

Lösung:

Die übernehmende GmbH kann im **VZ 2013** unter den Voraussetzungen des § 23 Abs. 2 UmwStG eine Buchwertaufstockung in Höhe von insgesamt 20.000 € vornehmen.

1. und

2. Schritt: Buchung in der Bilanz zum 31.12.2013:

Firmenwert 20.000 € an Ausgleichsposten 7.000 €
(BW-Aufstockung) Ertrag 13.000 €

3. Schritt: Außerbilanzmäßige Abrechnung im Rahmen der Einkommensermittlung für den VZ 2013 in Höhe von 13.000 €.

4. Schritt: Zugang beim steuerlichen Einlagekonto zum 31.12.2013 nach § 27 KStG in Höhe von 13.000 €.

15.9 Praxishinweis: Checkliste zu §§ 20 bis 23 UmwStG

§ des UmwStG bzw. RdNr. des UmwSt-Erl.	Problemstellung	Steuerliche Konsequenzen
§ 1 Abs. 3 und 4 UmwStG / **RdNr. 01.43 ff.**	Ist die gewählte Einbringungsform zulässig und sind die beteiligten Rechtsträger begünstigt i. S. d. § 1 UmwStG?	**Wenn nein:** Ansatz der gemeinen Werte.
§ 20 Abs. 1 UmwStG / **RdNr. 20.06**	Wird ein ganzer Betrieb mit **allen wesentlichen Betriebsgrundlagen** eingebracht?	**Wenn nein:** § 20 UmwStG nicht anwendbar.

15.9 Praxishinweis: Checkliste zu §§ 20 bis 23 UmwStG

§ des UmwStG bzw. RdNr. des UmwSt-Erl.	Problemstellung	Steuerliche Konsequenzen
§ 20 Abs. 1 UmwStG / RdNr. 20.07	Wurden **wesentliche Betriebsgrundlagen / zuordenbare Wirtschaftsgüter** vor der Einbringung in ein anderes BV übertragen oder überführt?	**Wenn ja:** Gesamtplanrechtsprechung prüfen.
§ 20 Abs. 1 UmwStG / RdNr. 20.06 i. V. m. 15.02 ff.	Bei Einbringung eines **Teilbetriebs**: Liegen die Teilbetriebsvoraussetzungen vor?	Es ist dabei auch auf die **unwesentlichen**, aber zuordenbaren Wirtschaftsgüter zu achten!
§ 20 Abs. 1 UmwStG / RdNr. 20.10 ff.	Bei Einbringung eines **Mitunternehmeranteils**: Wird auch das Sonder-BV mit eingebracht?	**Wenn nein:** § 20 UmwStG nicht anwendbar.
§ 20 Abs. 1 UmwStG / RdNr. E 20.09 ff.	Erfolgt die Einbringung **gegen Gewährung von Gesellschaftsrechten** (UmwG / Sachgründung / Sachkapitalerhöhung / Sachaufgeld)?	**Wenn nein:** § 20 UmwStG nicht anwendbar.
§ 20 Abs. 2 Satz 2 Nr. 1 und 3 UmwStG / RdNr. 20.19	Gehen durch die Einbringung **deutsche Besteuerungsrechte** (teilweise) verloren?	**Wenn ja:** Insoweit gemeine Werte anzusetzen.
§ 20 Abs. 2 Satz 2 Nr. 2 UmwStG / RdNr. 20.19	Ist der Buchwert des eingebrachten Betriebsvermögens **negativ**?	**Wenn ja:** Teilaufstockung mindestens bis **auf 0 €** erforderlich (Zwischenwert).
§ 20 Abs. 2 Satz 2 UmwStG / RdNr. 20.19	Liegen **Entnahmen** im Rückwirkungszeitraum vor, die höher sind als der Buchwert des Betriebsvermögens zum Übertragungsstichtag?	**Wenn ja:** Teilaufstockung mindestens bis **auf 0 €** erforderlich (Zwischenwert).
§ 20 Abs. 2 Satz 4 UmwStG / RdNr. 20.19	Werden **sonstige Gegenleistungen** (Hauptfall: Darlehen) gewährt, die höher sind als der Buchwert des eingebrachten Betriebsvermögens?	**Wenn ja:** Teilaufstockung in Höhe des übersteigenden Betrags (Wertansatz mit dem Wert der anderen Wirtschaftsgüter). Sonstige Gegenleistungen verringern die AK beim AE.

§ des UmwStG bzw. RdNr. des UmwSt-Erl.	Problemstellung	Steuerliche Konsequenzen
§ 20 Abs. 2 Satz 3 UmwStG / RdNr. 20.18	Liegt ein **fristgerechter Antrag** auf Buch- oder Zwischenwertansatz vor?	**Wenn nein:** Ansatz der gemeinen Werte.
§ 20 Abs. 5 und 6 UmwStG / RdNr. 20.13 ff.	Welche Konsequenzen ergeben sich aus der **Rückwirkung**?	Im Rückwirkungszeitraum können Entnahmen vorliegen und Vergütungen sind umzuqualifizieren.
§ 21 Abs. 1 Satz 2 UmwStG / RdNr. 21.09	**Anteilstausch:** Wird eine mehrheitsvermittelnde Beteiligung eingebracht?	**Wenn nein:** Ansatz des gemeinen Werts.
§ 27 KStG	Sind die Zugänge im **steuerlichen Einlagekonto** zutreffend erfasst und erklärt?	Zugang insoweit, wie eine Gutschrift im Eigenkapital lt. StB außerhalb des Nennkapitals erfolgt (nicht für Darlehen und nicht, soweit Entnahmen im Rückwirkungszeitraum vorliegen!).
§ 22 Abs. 1 und 2 UmwStG / RdNr. 22.01 ff.	Fand eine **Veräußerung der sperrfristbehafteten Anteile** innerhalb von 7 Jahren nach dem Einbringungsstichtag statt?	**Wenn ja:** Einbringungsgewinn I oder II zu ermitteln (mit Folgewirkungen).
§ 22 Abs. 3 UmwStG / RdNr. 22.28	Sind die jährlichen **Nachweispflichten** (7 Jahre lang nach der Einbringung) erfüllt?	**Wenn nein:** Anteile gelten als zum letzten 1.1. veräußert; ggf. kann Nachweis aber noch nachgeholt werden.

15.10 Zusammenfassendes Praxisbeispiel zur Einbringung einer GbR in eine GmbH nach § 20 UmwStG

Sachverhalt:
Die A und B Hausverwaltungs-GbR, an der die Gesellschafter A und B zu je 50 v. H. beteiligt sind, wird **im Juli 2013 zum steuerlichen Übertragungsstichtag 1.1.2013** in eine neue Hausverwaltungs-GmbH mit einem Stammkapital von 25.000 € eingebracht. Die GbR-Gesellschafter A und B gründen deshalb mit notariellem Gesellschaftsvertrag vom 8.7.2013 die neue GmbH und bringen gleichzeitig die bislang in der GbR genutzten Wirtschaftsgüter im Wege der Sacheinlage nach § 5 Abs. 4 GmbHG in die GmbH ein (**Sachgründung im Wege der Einzelrechtsnachfolge**).

Die Gesellschafter erstellen einen erforderlichen Sachgründungsbericht und melden die Gesellschaft am 15.7.2013 zur Eintragung in das Handelsregister an; die Eintragung in das Handelsregister erfolgt am 20.8.2013.

Außerdem wird in die GmbH ein weiterer Gesellschafter C aufgenommen, der für seine Beteiligung in Höhe von 48 v. H. eine Bareinlage von insgesamt 231.000 € entrichten muss. Hiervon werden 12.000 € (48 v. H. von 25.000 €) auf die Stammeinlage verrechnet; der übersteigende Betrag von 219.000 € wird als Agio in die **Kapitalrücklage** eingestellt. Es liegt somit eine zulässige kombinierte Bar- und Sachgründung vor.

Die Beteiligungsverhältnisse an der neuen Hausverwaltungs-GmbH stellen sich somit wie folgt dar:

A	26 v. H.
B	26 v. H.
C	48 v. H.

Die beiden Gesellschafter A und B wurden zu Geschäftsführern der GmbH bestellt. Nach den am 1.8.2013 zivilrechtlich wirksam abgeschlossenen Anstellungsverträgen erhält jeder Geschäftsführer ab dem 1.1.2013 ein der Höhe nach angemessenes Gehalt von monatlich 4.000 €. Der Gesellschafter C ist für die GmbH nicht tätig.
Der bisherige Gesellschaftsvertrag der GbR hatte den beiden Gesellschaftern das Recht eingeräumt, monatliche Vorschüsse in Höhe von je 4.000 € zu entnehmen. Die Gesellschafter hatten deshalb von Januar bis einschließlich Juli 2013 jeweils 4.000 € entnommen und als Entnahme verbucht. Nach Abschluss der Anstellungsverträge wurden diese Beträge bei der GmbH auf das Aufwandskonto „Geschäftsführer-Gehälter" umgebucht.

Bei der GbR ergab sich zum 1.1.2013 (= 31.12.2012) folgende Bilanz:

Bilanz zum 1.1.2013

Anlagevermögen	60.000 €	Rückstellungen und Verbindlichkeiten	90.000 €
Umlaufvermögen	10.000 €		
Kapital	**20.000 €**		
	90.000 €		90.000 €

Die Wirtschaftsgüter enthalten folgende stille Reserven:

Anlagevermögen: 50.000 €

Firmenwert: 220.000 €.

Die Gesellschafter A und B möchten die GbR möglichst ohne Aufdeckung stiller Reserven in die neue GmbH mit Wirkung zum steuerlichen Übertragungsstichtag 1.1.2013 unter Aufnahme des neuen Gesellschafters C einbringen.

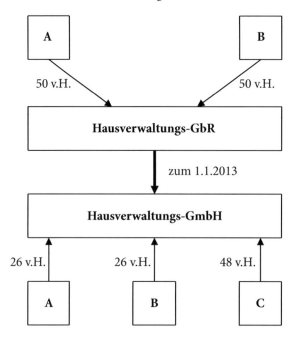

Lösung:
1. Fall des § 20 UmwStG

- Die Einbringung der Mitunternehmeranteile in die neu gegründete GmbH fällt unter den Anwendungsbereich des § 20 UmwStG. Die Einbringung erfolgt im **Wege der Einzelrechtsnachfolge** durch Sacheinlage i. S. d. § 5 Abs. 4 GmbHG unter Erstellung eines entsprechenden Sachgründungsberichts der an keine besondere Formerfordernisse geknüpft ist.

- Für die Anwendung des § 20 UmwStG ist also eine Einbringung **im Wege der Gesamtrechtsnachfolge** durch Verschmelzung einer Personenhandelsgesellschaft auf eine (schon bestehende) GmbH nach § 2 ff. UmwG bzw. durch Formwechsel in eine neue GmbH nach § 190 ff. UmwG nicht erforderlich; hierfür müsste die GbR zuvor nach §§ 2, 105 Abs. 2 HGB ins Handelsregister als OHG eingetragen werden. Vgl. **RdNr. 01.44 BMF**.

- Beide Gesellschafter übernehmen jeweils 6.500 € Stammkapital (26 v. H. von 25.000 €) durch die Sachgründung. Hierfür steht ein **Vermögen von 250.000 €** zur Verfügung (Teilwerte Aktivvermögen und Firmenwert abzüglich Rückstellungen und Verbindlichkeiten, d. h. stille Reserven abzüglich negatives Kapital). Dieses Vermögen reicht aus, um im Rahmen des Sachgründungsberichts die Übernahme von jeweils 6.500 € Stammkapital zu rechtfertigen.

- Nach herrschender Meinung kann auch ein **selbstgeschaffener Firmenwert** Gegenstand einer Sacheinlage sein, da es hierfür auf die Bilanzierbarkeit des eingebrachten Wirtschaftsguts nicht ankommt (vgl. z. B. Scholz, GmbHG, § 5 Rz. 43; Baumbach/Hueck, GmbHG, § 5 Rz. 23).

- Einbringende i. S. d. § 20 UmwStG sind die Gesellschafter A und B und nicht die GbR selbst. Da alle wesentlichen Betriebsgrundlagen der Mitunternehmeranteile gegen Gewährung neuer Anteile eingebracht werden, kommt nach § 20 Abs. 2 UmwStG grundsätzlich ein Ansatz zu Buchwerten in Betracht. Die hierfür gewährten Gesellschaftsanteile sind (als „EG I-gefährdete" Anteile) steuerverstrickt nach § 22 Abs. 1 UmwStG.

2. Steuerliche Rückwirkung

- Nach § 20 Abs. 6 Satz 3 UmwStG kann bei der steuerlichen Einbringung eines Betriebs, Teilbetriebs oder Mitunternehmeranteils im Wege der Einzelrechtsnachfolge der steuerliche Übertragungsstichtag höchstens 8 Monate vor dem Tag des Abschlusses des Einbringungsvertrags liegen und höchstens 8 Monate vor dem Zeitpunkt, an dem das eingebrachte Betriebsvermögen tatsächlich auf die GmbH übergeht.

- Da im vorliegenden Fall der Abschluss des Einbringungsvertrags und der Übergang des wirtschaftlichen Eigentums am 8.7.2013 erfolgte, ist steuerlich eine noch fristwahrende Rückbeziehung auf den 1.1.2013 möglich; sämtliche Folgen der Einbringung sind deshalb im **VZ 2013** zu erfassen.

3. Eintritt eines neuen Gesellschafters

- Die Vorschrift des § 20 UmwStG greift darüber hinaus unabhängig davon, dass im Rahmen der **kombinierten Bar- und Sachgründung** ein weiterer Gesellschafter in die GmbH im Wege der Bareinlage aufgenommen wird, für den selbstverständlich § 20 UmwStG nicht zur Anwendung kommt. Die GmbH-Anteile von C stellen eine Beteiligung i. S. d. § 17 EStG dar.

- Da der Wert von 250.000 € insgesamt 52 v. H. des Vermögens umfasst, musste der neue Gesellschafter C 48/52 von 250.000 € = 230.769 €, aufgerundet also **231.000 €** bezahlen, um mit den Gesellschaftern A und B wertmäßig gleichzuziehen.

- Davon werden **12.000 €** (48 v. H. von 25.000 €) der Stammeinlage des Gesellschafters C gutgeschrieben, der restliche Betrag von **219.000 €** ist als **Einlage (Aufgeld) in die Kapitalrücklage einzustellen.**

- Dies führt nach § 27 Abs. 2 Satz 3 KStG zu einem **Zugang beim steuerlichen Einlagekonto der GmbH in Höhe von 219.000 €**; dieser Bestand gilt aufgrund der Neugründung der GmbH nach § **27 Abs. 2 Satz 3 2. HS KStG** bereits als **Bestand des steuerlichen Einlagekontos zum 1.1.2013.**

Allerdings kommt bei der GmbH eine Buchwertfortführung nicht in Betracht. Es ergeben sich vielmehr folgende steuerliche Auswirkungen:

4. Steuerliche Auswirkungen im Einzelnen
4.1 Aufdeckung stiller Reserven in Höhe von 20.000 € nach § 20 Abs. 2 Satz 2 Nr. 2 UmwStG (negatives Kapital)
Nach § 20 Abs. 2 Satz 2 Nr. 2 UmwStG müssen in Höhe des negativen Kapitals von 20.000 € zwingend die stillen Reserven aufgedeckt werden. Es muss also mindestens auf ein ausgeglichenes Betriebsvermögen von 0 € aufgestockt werden, so dass insoweit ein Einbringungsgewinn von 20.000 € entsteht.

4.2 Keine Aufdeckung stiller Reserven in Höhe von 13.000 € nach § 20 Abs. 2 Satz 2 UmwStG (Bildung eines Ausgleichsposten)
Nach § 20 Abs. 2 Satz 2 UmwStG ist der Ansatz mit dem Buchwert für steuerliche Zwecke auch dann zulässig, wenn das eingebrachte Betriebsvermögen handelsrechtlich zum Ausweis des gezeichneten Kapitals mit einem höheren Wert angesetzt wird.

Dies gilt z. B. für den Fall, dass – wie hier – bei einer Einbringung im Rahmen der Neugründung der aufnehmenden Kapitalgesellschaft handelsrechtlich zum Ausweis des Mindeststammkapitals von 25.000 € ein Wertansatz über dem Buchwert geboten ist. Trotz der Höherbewertung des eingebrachten Vermögens in der Handelsbilanz kann in der Steuerbilanz der Buchwert angesetzt werden (**RdNr. 20.20 BMF**).

Im vorliegenden Fall müssen also **handelsrechtlich** mindestens 13.000 € stille Reserven der Sacheinlage aufgedeckt werden (soweit das Stammkapital von 25.000 € in Höhe von 52 v. H. auf die Gesellschafter A und B entfällt). Ungeachtet des handelsrechtlichen Zwangs zur Höherbewertung ist insoweit gem. § 20 Abs. 2 Satz 2 UmwStG steuerlich die Fortführung der Buchwerte von 0 € möglich. In Höhe von 13.000 € ist in diesem Fall in der Eröffnungsbilanz der GmbH zum 1.1.2013 auf der Aktivseite ein **Ausgleichsposten** auszuweisen.

4.3 Aufdeckung stiller Reserven in Höhe von 56.000 € nach RdNr. 20.19 BMF i. V. m. § 20 Abs. 2 Satz 2 Nr. 2 UmwStG (Entnahmen im Rückwirkungszeitraum)

Die steuerliche Rückbeziehung hat zwar nach **§ 20 Abs. 5 Satz 1 UmwStG** zur Folge, dass das Einkommen und das Vermögen des Einbringenden so zu ermitteln sind, als ob der Betrieb schon mit Ablauf des steuerlichen Übertragungsstichtags auf die übernehmende Kapitalgesellschaft übergegangen ist. Sie führt aber nicht dazu, dass auch Verträge, die die Kapitalgesellschaft mit einem Gesellschafter abschließt, insbesondere Dienstverträge, Miet- und Pachtverträge sowie Darlehensverträge, als bereits im Zeitpunkt des Wirksamwerdens der Umwandlung bzw. der Einbringung als abgeschlossen gelten (**vgl. RdNr. 20.16 BMF**).

1. Schritt: Umqualifizierung von vGA in Entnahmen

Leistungen der Gesellschaft, die über ein angemessenes Entgelt hinausgehen, oder bei einem beherrschenden Gesellschafter gegen das Nachzahlungsverbot verstoßen, sind im Rückwirkungszeitraum keine verdeckte Gewinnausschüttung sondern **Entnahmen** (**vgl. RdNr. 20.16 BMF**).

Die rückwirkenden Tätigkeitsvergütungen für A und B stellen aufgrund gleichgerichteter Interessen eine **vGA wegen Verletzung des Nachzahlungsverbots** dar; A und B sind mit insgesamt 52 v. H. beherrschende Gesellschafter. Die vGA in Höhe von 56.000 € (7 × 8.000 €) wird nach § 20 Abs. 5 Satz 2 UmwStG in eine Entnahme umqualifiziert, da diese im Rückwirkungszeitraum bewirkt wurde (die GmbH wird erst am 20.8.2012 in das Handelsregister eingetragen).

Hinweis:
Rückwirkungszeitraum ist die Zeit zwischen dem Umwandlungsstichtag und der Eintragung der GmbH ins Handelsregister.

2. Schritt: Entnahmen führen zunächst zur außerbilanzmäßigen Korrektur
Die Entnahmen führen bei der GmbH im VZ 2013 zur außerbilanzmäßigen Einkommenskorrektur von 56.000 € (§ 20 Abs. 5 Satz 3 UmwStG).

3. Schritt: Anwendung der RdNr. 20.19 BMF
Durch die Entnahmen in Höhe von 56.000 € im Rückwirkungszeitraum wird das Kapital negativ (**von 0 € auf ./. 56.000 €**). Nach Auffassung der Finanzverwaltung kommt damit **§ 20 Abs. 2 Satz 2 Nr. 2 UmwStG** zur Anwendung. Eine Einbringung zu Buchwerten ist in diesem Fall somit nicht möglich, vielmehr sind in Höhe der das positive Kapital **übersteigenden Entnahmen (56.000 €)** die stillen Reserven aufzudecken. Damit ergibt sich für A und B ein steuerpflichtiger Einbringungsgewinn von 56.000 €. Die Anschaffungskosten ihrer Anteile betragen demzufolge zunächst 56.000 €. Durch die Entnahmen im Rückwirkungszeitraum vermindern sich ihre Anschaffungskosten allerdings dann gem. **§ 20 Abs. 5 Satz 3 UmwStG** auf 0 €. Dadurch wird erreicht, dass sich keine negativen Anschaffungskosten ergeben, da sich Anschaffungskosten höchstens auf 0 € verringern können.

Kapitalentwicklung:

Negatives Kapital zum 31.12.2012 = 1.1.2013./.	20.000 €
Anwendung des § 20 Abs. 2 Satz 2 Nr. 2 UmwStG = Aufdeckung stiller Reserven	+ 20.000 €
Zwischenstand	0 €
Entnahmen (= vGA) im Rückwirkungszeitraum	./. 56.000 €
Zwischenstand	./. 56.000 €
Anwendung der RdNr. 20.19 BMF = Aufdeckung stiller Reserven	+ 56.000 €
Stand zum 1.1.2013 nach Einbringung	**0 €**

4.4 Ergebnis: Zwischenwertansatz von insgesamt 76.000 €
Im Ergebnis ergibt sich also ein **Zwischenwertansatz von insgesamt 76.000 € (20.000 € und 56.000 €)**, der bei den einbringenden Gesellschaftern A und B **im VZ 2013** zu einem Veräußerungsgewinn in Höhe von jeweils 38.000 € führt. Der Freibetrag nach § 16 Abs. 4 EStG sowie die Tarifermäßigung nach § 34 Abs. 1 und 3 EStG kommen bei einem Zwischenwertansatz nicht in Betracht, da nicht sämtliche stille Reserven aufgedeckt wurden. Vgl. § 20 Abs. 4 Sätze 1 und 2 UmwStG.

Steuerliche Folgen: Anteilige Aufdeckung der stillen Reserven

Der Zwischenwertansatz hat zur Folge, dass die stillen Reserven anteilig aufzudecken sind (**vgl. RdNr. 23.14 BMF**). Von den stillen Reserven sind 76.000 € aufzudecken, was 28,148. v. H. der gesamten Reserven von 270.000 € entspricht. Davon entfallen auf das Anlagevermögen 14.074 € (50.000 € x 28,148 v. H.) und auf den Firmenwert 61.926 € (220.000 € x 28,148 v. H.).

Die steuerliche Eröffnungsbilanz der Hausverwaltungs-GmbH zum 1.1.2013 hat deshalb folgendes Aussehen:

Steuerliche Eröffnungsbilanz GmbH 1.1.2013

Anlagevermögen	74.074 €	Stammkapital	25.000 €
(60.000 € + 14.074 €)		Kapitalrücklage	219.000 €
Firmenwert	61.926 €	Rückstellungen und s. Verbindlichkeiten	90.000 €
Umlaufvermögen	10.000 €	Schuldkorrekturposten (Gehälter)	56.000 €
Ausstehende Einlagen (Bareinlage C)	231.000 €		
Ausgleichsposten	13.000 €		
	390.000 €		390.000 €

15.11 Besteuerung des Anteilseigners (§ 22 UmwStG) RdNr. 22.01 bis 22.46 BMF

15.11.1 Übersicht: Besteuerung des Anteilseigners (§ 22 UmwStG)

Durch die Annahme eines **Einbringungsgewinns I und II** soll die Inanspruchnahme steuerlicher „**Statusverbesserungen**" verhindert werden. Dabei ist wie folgt zu unterscheiden:

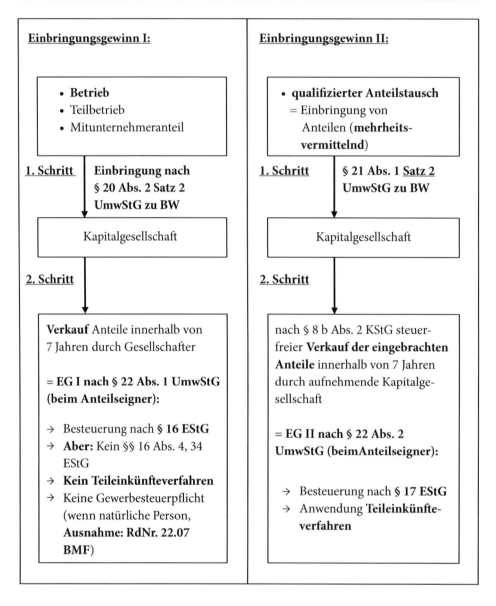

15.11.2 Einbringungsgewinn I (§ 22 Abs. 1 UmwStG)

15.11.2.1 Allgemeines

Nach § 22 Abs. 1 UmwStG erfolgt die **nachträgliche Besteuerung der im Zeitpunkt der Einbringung** vorhandenen **stillen Reserven beim Einbringenden rückwirkend im Einbringungszeitpunkt**. Die Veräußerung der Anteile gilt als rückwirkendes Ereignis i. S. d. § 175 Abs. 1 Nr. 2 AO. Zu einem **nachträglich** entstehenden **steuerpflichtigen Einbringungsgewinn** kommt es immer dann, wenn eine **Veräußerung der erhaltenen Anteile** durch den Einbringenden innerhalb der Sperrfrist erfolgt. Dabei werden die **nachträglich zu versteuernden stillen Reserven jährlich linear um ein Siebtel abgebaut**.

Nach § 22 Abs. 1 UmwStG ergibt sich der gem. § 16 EStG zu besteuernde Gewinn aus der **Differenz zwischen dem gemeinen Wert des Betriebsvermögens im Zeitpunkt der Einbringung und dem Wert, mit dem die aufnehmende Gesellschaft dieses angesetzt hat**, wobei dieser Betrag für jedes zwischen Einbringungszeitpunkt und Veräußerungszeitpunkt abgelaufene Zeitjahr um je ein Siebtel abzubauen ist (**Einbringungsgewinn I**).

Dies setzt aber eine rückwärtsgerichtete **Unternehmensbewertung voraus, die nicht nach dem Stuttgarter Verfahren erfolgen kann** (vgl. § 11 Abs. 2 Satz 3 BewG).

Der Gewinn aus der Veräußerung der Anteile (§§ 15, 16, 17, 18 oder 23 EStG) mindert sich und ein Verlust erhöht sich entsprechend. **Dies bedeutet, dass der insgesamt entstandene Veräußerungsgewinn zerlegt wird in einen Gewinn nach § 16 EStG (= zum Veräußerungszeitpunkt maßgebender Einbringungsgewinn I), auf den weder das Teileinkünfteverfahren (§ 3 Nr. 40 EStG) noch die Steuerfreistellung nach § 8 b KStG** zur Anwendung kommt, **und einen Gewinn aus dem Anteilsverkauf (= nach dem Einbringungszeitpunkt entstandenen stille Reserven** und dem linearen Abbaubetrag der im Einbringungszeitpunkt vorhandenen stillen Reserven), der durch das **Teileinkünfteverfahren (§ 3 Nr. 40 EStG) oder die Steuerfreistellung nach § 8 b Abs. 2 KStG begünstigt ist**.

In Höhe des der Besteuerung zugrunde gelegten Einbringungsgewinns I liegen **nachträgliche Anschaffungskosten auf die erhaltenen Anteile vor**.

Die übernehmende Gesellschaft kann den besteuerten Einbringungsgewinn I nach § 23 Abs. 2 UmwStG in der Steuerbilanz bei den einzelnen Wirtschaftsgütern (nach dem Verhältnis der stillen Reserven) aktivieren (zu Beginn des Wirtschaftsjahres, in welches das die Besteuerung des Einbringungsgewinns auslösende Ereignis fällt). Ist ein Wirtschaftsgut, auf das stille Reserven entfallen, in der Zwischenzeit **bereits zum gemeinen Wert veräußert** worden, stellt der darauf entfallende Aufstockungsbetrag im Zeitpunkt der Anteilsveräußerung **sofort abziehbarer Aufwand** dar.

Voraussetzung für diese Aktivierung ist nach **§ 22 Abs. 5 UmwStG**, dass der Einbringende die Steuer auf den Einbringungsgewinn entrichtet und dies durch **Bescheinigung des zuständigen FA** nachgewiesen hat.

Die gewinnneutrale Buchwertaufstockung erfolgt bei den einzelnen Wirtschaftsgütern (nach dem Verhältnis der stillen Reserven) und ist **auf Antrag erst im Wirtschaftsjahr der Anteilsveräußerung** möglich. Der Aufstockungsbetrag führt auch zu einem **Zugang beim steuerlichen Einlagekonto nach § 27 KStG**, soweit dieser einen Ausgleichsposten übersteigt. Sie ist einheitlich nach dem Verhältnis der stillen Reserven im Einbringungszeitpunkt bei den einzelnen Wirtschaftsgütern vorzunehmen (vgl. **RdNr. 23.07 und 23.08 BMF**).

Der UmwSt-Erlass vom 11.11.2011 (aaO) enthält zur Anwendung des § 22 UmwStG folgende wichtige Aussagen:

- **RdNr. 22.02:**
  Werden zusammen mit einem Betrieb **auch Anteile an einer KapGes** eingebracht, kommt es zur (rückwirkenden) Besteuerung eines Einbringungsgewinns I nur anteilig, nämlich insoweit, wie stille Reserven des eingebrachten Betriebs nicht auf die eingebrachten Anteile entfallen. Die stillen Reserven in den (eingebrachten) Anteilen werden nur dann besteuert (**dann als Einbringungsgewinn II**), wenn diese Anteile von der aufnehmenden KapGes innerhalb von 7 Jahren veräußert werden.
- **RdNr. 22.03:**
  Die Veräußerung der sperrfristbehafteten Anteile ist AO-rechtlich ein **rückwirkendes Ereignis** i. S. d. § 175 Abs. 1 Satz 1 Nr. 2 AO.
- **RdNr. 22.04:**
  Wird **nur ein Teil der sperrfristbehafteten Anteile** veräußert, kommt es auch nur zu einem anteiligen Einbringungsgewinn (I oder II). In diesem Fall soll dann aber GewSt Pflicht eintreten (**RdNr. 22.07; streitig**).
- **RdNr. 22.07:**
  Auf einen entstehenden Einbringungsgewinn I ist **§ 6 b EStG** nicht anzuwenden (auch soweit der Gewinn auf von § 6 b EStG begünstigte Wirtschaftsgüter entfällt).
- **RdNr. 22.10:**
  Der Einbringungsgewinn I gilt nach § 22 Abs. 1 Satz 4 UmwStG als **nachträgliche AK** der erhaltenen Anteile.
- Nach einem **Anteilstausch** sind die **erhaltenen Anteile** an der aufnehmenden Gesellschaft nicht sperrfristbehaftet. Diese Anteile sind nämlich auch nicht „missbrauchsgefährdet".
- **RdNr. 22.17:**
  Es entsteht kein rückwirkender Einbringungsgewinn II, wenn die erhaltenen Anteile bereits **vor** den eingebrachten Anteilen veräußert wurden (**§ 22 Abs. 2 Satz 5 UmwStG**). Die stillen Reserven in den Anteilen sind in diesem Fall nämlich bereits zeitnah realisiert. Es liegt deshalb aus Sicht des Gesetzgebers kein Missbrauchs fall mehr vor (kein Steuervorteil aus der Verlagerung eines dem Teileinkünfteverfahren unterliegenden Gewinn in den Anwendungsbereich des § 8 b KStG).
- **RdNr. 22.38 und 23.08ff.:**
  Die übernehmende Gesellschaft kann den auf das eingebrachte Betriebsvermögen entfallenden Einbringungsgewinn als Aufstockungsbetrag für die übernommenen Wirtschaftsgüter ansetzen. Dies gilt allerdings nur dann, wenn der Einbringende die Steuer auf den Einbringungsgewinn I bezahlt hat und dies durch eine Bescheinigung seines Finanzamts nachgewiesen wird (**Bescheinigung = Grundlagenbescheid**). Die Aufstockung erfolgt allerdings erst im Jahr der Anteilsveräußerung (also nicht rückwir-

kend). Die Aufstockung ist einheitlich vorzunehmen. Ist das Wirtschaftsgut nicht mehr vorhanden, kommt ein sofortiger Betriebsausgabenabzug in Betracht (**RdNr. 23.09**).
- **RdNr. 22.23:**
Mit dieser RdNr. wird der Katalog der unschädlichen Folgemaßnahmen – über das Gesetz hinaus – auf **weitere Tatbestände** erweitert, in denen keine sog. Statusverbesserung eintritt.

Für die Inanspruchnahme der **Billigkeitsregelung** verlangt die Finanzverwaltung zumindest, dass
- **keine steuerliche Statusverbesserung eintritt** (d. h. die Besteuerung eines Einbringungsgewinns I bzw. II nicht verhindert wird),
- sich **keine stillen Reserven** von den sperrfristbehafteten Anteilen auf Anteile ^ eines Dritten **verlagern**,
- **deutsche Besteuerungsrechte nicht ausgeschlossen oder eingeschränkt** werden und
- die Antragsteller sich damit einverstanden erklären, dass auf **alle** unmittelbaren oder mittelbaren **Anteile** an einer an der Umwandlung beteiligten Gesellschaft § 22 Satz 1 und Abs. 2 UmwStG entsprechend anzuwenden ist, wobei Anteile am Einbringenden regelmäßig nicht einzubeziehen sind (es muss also die **Sperrfristbehaftung** der Anteile der beteiligten Gesellschaft **akzeptiert** werden).

Beispiel 1: Einbringungsgewinn I bei Anteilsverkauf durch den AE (natürliche Person) mit Veräußerungsgewinn

<u>Sachverhalt:</u>
- Einbringung Einzelunternehmen im März 2012 zum 1.1.2012 nach § 20 UmwStG in eine neu gegründete GmbH
- **BW des eingebrachten BV** und AK der neuen Anteile = **100.000 €** (z. B. Stammkapital 25.000 €, Kapitalrücklage 75.000 €, Anteile im PV).
- **Gemeiner Wert des BV** zum steuerlichen Übertragungsstichtag 1.1.2011 = **200.000 €**.
- **Veräußerungspreis** bei Anteilsverkauf am 1.5.2014 = **300.000 €**

<u>Steuerliche Folgen aufgrund des Anteilsverkaufs beim AE:</u>
- **Schritt 1: Einbringungsgewinn I im VZ 2012**

gW zum 1.1.2012	200.000 €
BW des BV	./. 100.000 €
Differenz =	100.000 €
davon 5/7	**71.428 €**
(zwei Zeitjahre sind bereits abgelaufen)	==========

= **VG nach § 16 EStG i. V. m. § 22 Abs. 1 UmwStG im VZ 2012** (§ 175 Abs. 1 Nr. 2 AO)
- **Kein Teileinkünfteverfahren**

➡ **Kein §§ 16 Abs. 4, 34 EStG**

- **Schritt 2: tatsächlicher VG nach § 17 EStG im VZ 2014**

VP	300.000 €
AK Anteile	./. 100.000 €
nachträgliche AK (= Einbringungsgewinn I, vgl. § 22 Abs. 1 Satz 4 UmwStG)	./. 71.428 €
VG nach § 17 EStG	**128.572 €**

➡ **§ 3 Nr. 40 i. V. m. § 3 c Abs. 2 EStG greift**
   60 v. H. des VG sind im VZ 2014 steuerpflichtig)

Hinweis: Buchwertaufstockung

Der **Einbringungsgewinn I** von 71.428 € führt bei der GmbH im VZ 2014 nach § 23 Abs. 2 UmwStG bei den einzelnen Wirtschaftsgütern zu einer **Buchwertaufstockung** in der StB (vgl. **RdNr. 23.07 bis 23.10 BMF**).

Variante: Auch Einbringungsgewinn I bei Anteilsverkauf mit Veräußerungsverlust
Sachverhalt:

➡ **BW des eingebrachten BV** und AK der neuen Anteile = **100.000 €**
➡ **Gemeiner Wert des BV** zum steuerlichen Übertragungsstichtag 1.1.2012 = **200.000 €**
➡ **Veräußerungspreis** bei Anteilsverkauf am 1.5.2014 = **40.000 €**

Steuerliche Folgen aufgrund des Anteilsverkaufs beim AE:

- **Schritt 1: Einbringungsgewinn I im VZ 2012**

gW zum 1.1.2012	200.000 €
BW des BV	./. 100.000 €
Differenz =	100.000 €
davon 5/7	**+ 71.428 €**
= VG nach § 16 EStG im VZ 2012	

➡ **Kein Teileinkünfteverfahren**
➡ **Kein §§ 16 Abs. 4, 34 EStG**

- **Schritt 2: tatsächlicher Veräußerungsverlust nach § 17 EStG im VZ 2014**

VP	40.000 €
AK Anteile	./. 100.000 €

nachträgliche AK (= Einbringungsgewinn I)	./. 71.428 €
Veräußerungsverlust nach § 17 EStG	./. 131.428 €

➡ Der Veräußerungsverlust kann im VZ 2014 nach § 3 c Abs. 2 EStG **zu 60 v. H.,
d. h. in Höhe von ./. 78.857 €** steuerlich berücksichtigt werden.

15.11.2.2 Nachweispflicht nach § 22 Abs. 3 UmwStG – RdNr. 22.28 bis 22.33 BMF

Nach **§ 22 Abs. 3 UmwStG** hat der Einbringende in den 7 Jahren nach der Einbringung dem FA **jährlich spätestens bis zum 31.5.** (auch in Inlandsfällen) nachzuweisen,
- **wem** mit Ablauf des dem Einbringungszeitpunkt entsprechenden Tages **in den Fällen des § 22 Abs. 1 UmwStG die erhaltenen Anteile**
- und in den **Fällen des § 22 Abs. 2 UmwStG die eingebrachten Anteile**

steuerlich zuzurechnen sind. Die Nachweisfrist kann **nicht verlängert** werden.

Wird dieser Nachweis **nicht erbracht**, gelten gem. § 22 Abs. 3 Satz 2 UmwStG die Anteile als an dem dem Einbringungstag folgenden Tag bzw. als an dem Tag, der in den Folgejahren diesem Kalendertag entspricht, veräußert, und es ist

- ein **Einbringungsgewinn I** (Fälle des § 22 Abs. 1 UmwStG)
  bzw.
- ein **Einbringungsgewinn II** (Fälle des § 22 Abs. 2 UmwStG)
  zu versteuern.

<u>Praxishinweis</u>: **Nachweis wird erst nach Ablauf der Frist erbracht**
Erbringt der Einbringende den Nachweis erst **nach Ablauf der Frist**, können die Angaben noch berücksichtigt werden, wenn eine Änderung der betroffenen Bescheide **verfahrensrechtlich** möglich ist. **Dies bedeutet, dass im Falle eines Rechtsbehelfsverfahrens der Nachweis längstens noch bis zum Abschluss des Klageverfahrens erbracht werden kann.**

Vgl. BMF-Schreiben vom 4.9.2007, BStBl I S. 698 und RdNr. 22.33 BMF.

Beispiel 2: Zum Nachweis nach § 22 Abs. 3 UmwStG

Die Einbringung eines Betriebs nach § 20 UmwStG in die A-GmbH erfolgte durch A im Juli 2012 rückwirkend zum 31.12.2011.

Steuerliche Auswirkungen:

Der Nachweis nach § 22 Abs. 3 UmwStG für den **Überwachungszeitraum 1.1.2012 bis 31.12.2012** ist zum ersten Mal auf den, dem Umwandlungsstichtag entsprechenden Tag im Folgejahr zu erbringen (also jeweils zu dem Tag, der dem Umwandlungsstichtag entspricht).

Der Nachweis von A ist also zum ersten Mal **zum Stichtag 31.12.2012** zu erbringen. A hat dafür **bis zum 31.5.2013** Zeit.

Sofern diese Nachweisfrist versäumt wird, gelten die Anteile nach § 22 Abs. 3 Satz 2 UmwStG an dem Tag, der dem Einbringungszeitpunkt folgt, als veräußert. Die Anteile gelten damit als **am 1.1.2012** veräußert mit der Folge, dass **zum 31.12.2011 (Einbringungszeitpunkt) ein EGI und zum 1.1.2012 ein fiktiver Veräußerungsgewinn nach § 17 EStG** bei A entsteht.

<u>Aber:</u> **Möglichkeit des Rechtsbehelfsverfahrens bei verspätetem Nachweis,**
RdNr. 22.33 BMF

Auch **bei verspätetem Nachweis** können die erforderlichen Angaben nach dem **BMF-Schreiben vom 4.9.2007, BStBl I S. 698,** noch berücksichtigt werden, wenn eine Änderung der betreffenden Bescheide **verfahrensrechtlich** möglich ist. Im Falle eines Rechtsbehelfsverfahrens kann der Nachweis noch bis zum Abschluss des Klageverfahrens erbracht werden.

15.11.2.3 Verlagerung stiller Reserven auf andere Anteile (§ 22 Abs. 7 UmwStG); – RdNr. 22.43 bis 22.46 BMF –

Gehen im Rahmen der Gesellschaftsgründung oder einer Kapitalerhöhung aus Gesellschaftermitteln stille Reserven aus einer Sacheinlage (§ 20 Abs. 1 UmwStG) oder einem Anteilstausch auf andere Anteile desselben Gesellschafters oder unentgeltlich auf Anteile Dritter über, so tritt insoweit **zwar weder eine Einbringungsgewinnbesteuerung noch eine Gewinnverwirklichung ein.** Diese Anteile werden aber nach § 22 Abs. 7 UmwStG ebenfalls von der **Steuerverstrickung nach § 22 Abs. 1 und 2 UmwStG erfasst.**

Beispiel 3: Zur Mitverstrickung von Anteilen

1. Schritt: Einbringung Betrieb

2. Schritt: Kapitalerhöhung

Kapitalerhöhung gegen Einlage bei der A-GmbH im Juli 2013 um 100.000 € zum Nennwert (ohne Agio) unter Beteiligung des Sohnes von A. Der gemeine Wert der Anteile (unmittelbar vor Kapitalerhöhung) beträgt 400.000 €.

Steuerliche Auswirkungen:

GmbH-Anteile Vater	GmbH-Anteile Sohn
100.000 €	100.000 €
stille Reserven: bisher: 300.000 € jetzt: 150.000 €	→ 150.000 €

GmbH-Anteile Vater:

- **EG I bei Verkauf der Anteile bis 31.12.2019** (§ 22 Abs. 1 UmwStG).

- Verringerung seiner AK aufgrund der Verlagerung stiller Reserven auf 62.500 € (100.000 € ./. 37.500 €, vgl. **RdNr. 22.43 BMF**).

GmbH-Anteile Sohn:

- Auch diese Anteile gelten **insoweit** nach **§ 22 Abs. 7 UmwStG** als Anteile i.S.d. § 22 Abs. 1 UmwStG **(150/250 = 60 v.H. von 100.000 € = 60.000 €).**

- EG I (nach Verwaltungsauffassung in der RdNr. 22.43 BMF nicht beim Sohn, sondern beim Vater) bei Verkauf der Anteile bis 31.12.2019.

> **Aber:**
>
> **Keine sofortige Versteuerung aufgrund Abwanderung stiller Reserven von Anteilen des Vaters auf Anteile des Sohns.**

- Erhöhung AK um 37.500 € auf 137.500 € entsprechend den übergehenden stillen Reserven (AK Anteile A 100.000 € x 150.000 € / 400.000 €).

15.11.2.4 Ersatztatbestände nach § 22 Abs. 1 Satz 6 i. V. m. Abs. 2 Satz 6 UmwStG – RdNr. 22.18 bis 22.27 BMF –

Die rückwirkende Einbringungsgewinnbesteuerung wird neben der Veräußerung der sperrfristbehafteten Anteile auch durch die Ersatztatbestände nach § 22 Abs. 1 Satz 6 i. V. m. Abs. 2 Satz 6 UmwStG ausgelöst.

Zu einer rückwirkenden Besteuerung des **Einbringungsgewinns I** kommt es auch, wenn durch den Einbringenden oder dessen Rechtsnachfolger innerhalb des 7-Jahreszeitraums ein Vorgang i. S. d. **§ 22 Abs. 1 Satz 6 Nr. 1 bis 5 UmwStG** verwirklicht wird. Dies gilt auch, wenn beim Einbringenden, bei der übernehmenden Gesellschaft oder bei deren unentgeltlichen Rechtsnachfolgern die Voraussetzungen des § 1 Abs. 4 UmwStG nicht mehr erfüllt sind (**§ 22 Abs. 1 Satz 6 Nr. 6 UmwStG**).

In den Fällen des **Anteilstausches** löst die Verwirklichung eines Vorgangs i. S. d. § 22 Abs. 1 Satz 6 Nr. 1 bis 5 UmwStG innerhalb des 7-Jahreszeitraums **durch die übernehmende Gesellschaft** oder deren unentgeltlichen Rechtsnachfolger die rückwirkende Besteuerung des Einbringungsgewinns II aus (**§ 22 Abs. 2 Satz 6 UmwStG**). Dies gilt auch, wenn bei der übernehmenden Gesellschaft oder bei deren unentgeltlichen Rechtsnachfolger die Voraussetzungen des § 1 Abs. 4 UmwStG nicht mehr erfüllt sind (**§ 22 Abs. 2 Satz 6 2. HS UmwStG**).

Die **Auflösung und Abwicklung einer Kapitalgesellschaft**, an der die sperrfristbehafteten Anteile bestehen, löst in vollem Umfang die rückwirkende Einbringungsbesteuerung (**§ 22 Abs. 1 Satz 6 Nr. 3 und Abs. 2 Satz 6 UmwStG**) auf den Zeitpunkt der Schlussverteilung des Vermögens aus. Dies soll unabhängig davon gelten, wer in diesem Zeitpunkt Gesellschafter der Kapitalgesellschaft ist. Das Insolvenzverfahren soll diesen Ersatztatbestand nur auslösen, wenn eine Abwicklung erfolgt.

In den Fällen der **Kapitalherabsetzung und der Einlagenrückgewähr (§ 27 KStG)** kommt es nur insoweit zu einer **rückwirkenden Einbringungsgewinnbesteuerung**, als der tatsächlich aus dem steuerlichen Einlagekonto i. S. d. § 27 KStG ausgekehrte Betrag **den Buchwert / die Anschaffungskosten der sperrfristbehafteten Anteile im Zeitpunkt der Einlagenrückgewähr übersteigt**. Der übersteigende Betrag gilt dabei unter Anwendung der Siebtelregelung als Einbringungsgewinn, wenn dieser den tatsächlichen Einbringungsgewinn (§ 22 Abs. 1 Satz 3 und Abs. 2 Satz 3 UmwStG) nicht übersteigt (vgl. **RdNr. 22.24 BMF**).

Die **RdNr. 22.23 BMF** enthält für Vorgänge, die keine „eindeutigen Veräußerungen" darstellen, eine **Billigkeitsregelung**. Aufgrund dieser Regelung kann unter den dort genannten Voraussetzungen bei bestimmten Umwandlungsvorgängen von einer Einbringungsgewinnbesteuerung abgesehen werden.

Beispiel 4: Billigkeitsregelung in RdNr. 22.23 BMF

Die M-GmbH hat in 2013 zum 1.1.2013 einen Teilbetrieb auf ihre Tochtergesellschaft T 1-GmbH ausgegliedert. In den folgenden 7 Jahren ergeben sich (alternativ) die folgenden mit Nummern bezeichneten Umwandlungsvorgänge:

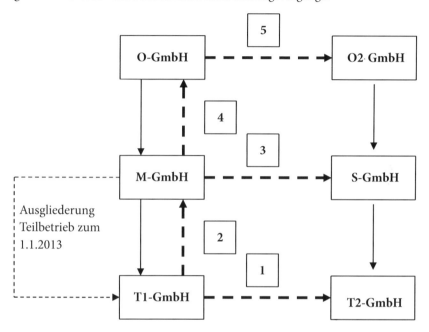

1. **Verschmelzung T 1-GmbH auf T 2-GmbH** (Schwestergesellschaft der übernehmenden KapGes):
   ➡ **unschädlich** (schädlich wäre aber, wenn es sich bei der T 2-GmbH um eine **KG** handeln würde)

2. **Verschmelzung T 1-GmbH auf M-GmbH** (auf die Einbringende):
   ➡ **schädlich** (angeblich vergleichbar mit Auflösung in § 22 Abs 1 Satz 6 Nr. 3 UmwStG; m. E. sehr zweifelhaft)

3. **Verschmelzung M-GmbH auf S-GmbH** (Schwestergesellschaft der Einbringenden):
   ➡ **unschädlich** (schädlich wäre aber, wenn es sich um eine **KG** handeln würde)

4. **Verschmelzung M-GmbH auf O-GmbH** (Muttergesellschaft der Einbringenden):
   ➡ **unschädlich** (schädlich wäre aber, wenn es sich um eine **KG** handeln würde)

5. **Verschmelzung O-GmbH auf O 2-GmbH** (Schwestergesellschaft der Muttergesellschaft):

➜ **unschädlich** (m. E. muss auch eine Veräußerung der Anteile der O-GmbH an der M-GmbH unschädlich sein; der Wortlaut der Billigkeitsregelung verlangt allerdings eine Erklärung, dass **alle** Anteile von an der Einbringung beteiligten Gesellschaften sperrfristbehaftet sind).

Beispiel 5: Einlagenrückgewähr nach § 22 Abs. 1 Satz 6 Nr. 3 UmwStG

A bringt in 2012 sein Einzelunternehmen (BW: 100.000 €, gW: 600.000 €) zum 1.1.2012 gegen Gewährung von Gesellschaftsrechten (100.000 €) in die X-GmbH ein. Die X-GmbH führt die Buchwerte fort. In 2012 beteiligt sich B an der X-GmbH mit 100.000 € und leistet zusätzlich ein Agio in Höhe von 500.000 € (Kapitalrücklage, steuerliches Einlagekonto nach § 27 KStG).

Nach der Einbringung sind A und B jeweils zu 50 v. H. an der X-GmbH beteiligt. Im Juni 2013 erhalten A und B je eine Ausschüttung in Höhe von 250.000 €, für die nach § 27 Abs. 1 Satz 3 KStG **das steuerliche Einlagekonto zum 31.12.2012** verwendet wird. Die AK von A für seine GmbH-Anteile betragen 100.000 €, die von B 600.000 €.

Lösung:

A muss nach Auffassung der Finanzverwaltung in der **RdNr. 22.24 BMF** zur Auslegung des § 22 Abs. 1 Satz 6 Nr. 3 UmwStG im VZ 2012 einen **nicht begünstigten Einbringungsgewinn I** wie folgt versteuern:

Ausschüttung	250.000 €
AK der sperrfristbehafteten Anteile	./. 100.000 €
Differenz	**150.000 €**
davon 6/7 = EG I	**128.571 €**

(**Die Deckelung des zu versteuernden Betrags =**
EG I höchstens 6/7 von 500.000 € = 428.571 €,
gW ./. BW zum 1.1.2012, greift im vorliegenden Fall nicht)

Der Restbetrag in Höhe von **21.429 €** (150.000 € ./. 128.571 € = 21.429 €, § 22 Abs. 1 Satz 4 UmwStG) ist bei A im VZ 2013 nach § 17 Abs. 4 EStG i. V. m. § 3 Nr. 40 EStG in Höhe von 60 v. H. steuerpflichtig.

15.11 Besteuerung des Anteilseigners (§ 22 UmwStG) RdNr. 22.01 bis 22.46 BMF

Beispiel 6: Einbringungsgewinnbesteuerung nach § 22 Abs. 1 Satz 6 Nr. 4 UmwStG bei Veräußerung der sperrfristverhafteter Anteile

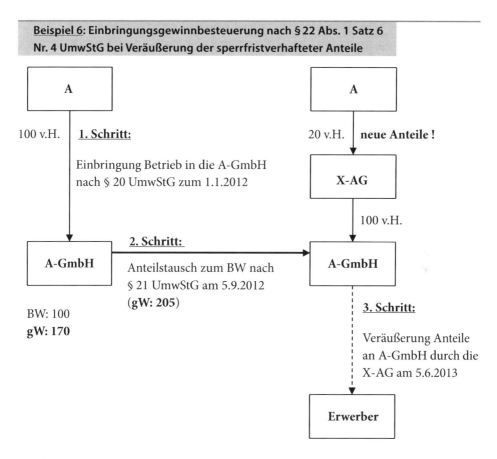

Lösung:

Zunächst entsteht aufgrund des Anteilstausches von A mit der X-AG kein EG I (**2. Schritt**), vgl. § 22 Abs. 1 Satz 6 **Nr. 2** UmwStG.

Aber:

Die Veräußerung der Anteile an der A-GmbH durch die aufnehmende X-AG in 2013 (**Fall des § 8 b Abs. 2 und Abs. 3 KStG**) hat bei A folgende steuerliche Auswirkungen (**3. Schritt**):

1. **EG I bei A im VZ 2012 von 60** (170 ./. 100 × 6/7), vgl. § 22 Abs. 1 Satz 6 **Nr. 4** UmwStG

und gleichzeitig

2. **EG II bei A im VZ 2012 in Höhe von 38** (205 ./. 100 + 60 = 45 × 6/7), vgl. § 22 Abs. 1 Satz 4 und **§ 22 Abs. 2 Satz 1** UmwStG.

15.11.3 Einbringungsgewinn II in den Fällen des Anteilstausches (§ 22 Abs. 2 UmwStG) – RdNr. 22.12 bis 22.17 BMF –

Nach **§ 22 Abs. 2 Satz 1 UmwStG** kommt es in den Fällen des Anteilstausches (§ 21 Abs. 1 UmwStG) und der Einbringung von Anteilen im Rahmen einer Sacheinlage (§ 20 Abs. 1 UmwStG) dann zur nachträglichen Besteuerung der stillen Reserven (= **Einbringungsgewinn II**), soweit beim Einbringenden **der Gewinn aus der Veräußerung dieser Anteile im Einbringungszeitpunkt nicht nach § 8 b Abs. 2 KStG steuerfrei gewesen wäre** und die eingebrachten Anteile durch die übernehmende Gesellschaft innerhalb der **7-jährigen Sperrfrist veräußert** werden.

Praxishinweis:
Anders als beim Einbringungsgewinn I kommt es beim Einbringungsgewinn II stets zu einem Auseinanderfallen zwischen der die steuerschädliche Rechtsfolge auslösenden (aufnehmenden Kapitalgesellschaft) und der durch die steuerliche Sanktion betroffenen Person (Einbringender).

Der Einbringungsgewinn II berechnet sich wie folgt (§ 22 Abs. 2 Satz 3 UmwStG):

Gemeiner Wert der eingebrachten Anteile

./.   Kosten des Vermögensübergangs (vgl. **RdNr. 22.09 BMF**)
./.   Wertansatz der erhaltenen Anteile beim Einbringenden

=   Einbringungsgewinn II vor Siebtelregelung

./.   Verringerung um je 1/7 pro abgelaufenes Zeitjahr seit Einbringung

=   **zu versteuernder Einbringungsgewinn II**

Beispiel 7: Anteilstausch und Einbringungsgewinnbesteuerung nach § 22 Abs. 2 UmwStG

1. Schritt: Anteilstausch durch natürliche Person

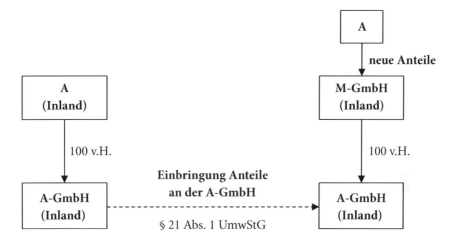

A hat seine Anteile an der A-GmbH (PV) zum **Buchwert (AK) von 300.000 €** gegen Gewährung neuer Anteile (Kapitalerhöhung) **am 1.3.2012** in die M-GmbH eingebracht (**gemeiner Wert der Anteile 1.000.000 €**).

2. Schritt: M-GmbH verkauft die eingebrachte Beteiligung

Die M-GmbH veräußert **am 1.5.2013** die Anteile an der A-GmbH für **3 Mio €**.

Steuerliche Auswirkungen aufgrund der Veräußerung in 2013:
- Bei A: Steuerpflichtiger Einbringungsgewinn II in 2012

gemeiner Wert der Anteile (am 1.3.2012)	1.000.000 €
AK der Anteile	./. 300.000 €
Differenz	**700.000 €**
davon 6/7	**600.000 €**
(1 Zeitjahr ist bis 1.5.2013 bereits abgelaufen)	
davon bei A 60 v. H. steuerpflichtig nach § 22 Abs. 2	
UmwStG i. V. m. § 3 Nr. 40 Satz 1 Buchst. c und § 17 EStG =	**360.000 €**

- Erhöhung der AK des A für seine Anteile an der M-GmbH um 600.000 € (**§ 22 Abs. 2 Satz 4 UmwStG und RdNr. 22.16 BMF**)

- **Bei M-GmbH: Steuerfreier Veräußerungsgewinn in 2013**

Veräußerungspreis	3.000.000 €
BW der Anteile an A-GmbH (bisher)	./. 300.000 €
Erhöhung des BW um Einbringungsgewinn II	
(§ 23 Abs. 2 Satz 3 UmwStG)	./. 600.000 €
Veräußerungsgewinn	**2.100.000 €**

Der Veräußerungsgewinn fällt bei der M-GmbH unter die Steuerbefreiung nach § 8 b Abs. 2 KStG und unterliegt im VZ 2013 im Ergebnis nur zu 5 v. H. von 2.100.000 € = **105.000 €** der KSt und der GewSt (nicht abziehbare Betriebsausgabe nach § 8 b Abs. 3 Satz 1 KStG).

Stichwortverzeichnis

A

Abfindung
    Pensionsanspruch trotz vertraglichem Abfindungsverbot, 216
    unverfallbarer Pensionsanspruch nach Eintritt Versorgungsfall, 215
    unverfallbarer Pensionsanspruch vor Eintritt Versorgungsfall, 215
    von Pensionsansprüchen, 215
Abfindungsklauseln in Pensionszusagen, 213
Abgeltungssteuer, 43
Abgeltungszahlung für nicht genommenen Urlaub, 170
Abgrenzung, 179
    Gewinntantieme, 179
    gratifikationsähnliche Festvergütung, 179
    Umsatztantieme, 179
Abgrenzungskriterien, 41
Abgrenzung von einer Sacheinlage mit Aufgeld und verdeckter Einlage, 384
Abzinsung, 270
    bei bestimmter Laufzeit, 271
    bei unbestimmter Laufzeit, 271
Abzugsbeschränkung bei unentgeltlicher oder teilentgeltlicher Nutzungsüberlassung durch den GmbH-Gesellschafter, 252
Abzugsverbot für vororganschaftliche Verluste der OG, 328
Aktiengesellschaft, 8
Aktuelle Gehaltstabelle, 165
aktuelle Hinweise zur Organschaft, 356
allgemeines Kommunikationsseminar, 112
Angemessenheit der Geschäftsführer-Bezüge, 161
Angemessenheit der Vergütungen bei mehreren Geschäftsführern bzw. bei Tätigkeit in weiteren Unternehmen, 168

Angemessenheit der Verzinsung, 263
Anpassung an abkommensrechtliche Diskriminierungsverbote, 350
Anrechnung der ausländischen Quellensteuer, 55
Anteilige vGA im Zusammenhang mit Firmenjubiläum, 114
Anteilstausch nach § 21 UmwStG, 402
Anwartschaftsbarwert, 223
Anwendung der Konzernklausel bei mittelbarem Anteilseignerwechsel, 315
Anwendung der Konzernklausel bei unmittelbarem Erwerb, 314
Anwendung des Nachzahlungsverbotes bei fehlender Schriftform, 125
Anwendung Konzernklausel bei Abwärtsverschmelzung, 316
Aufdeckung stiller Reserven bei negativem Kapital, 390
Aufgabe des doppelten Inlandsbezugs für Organgesellschaften, 350
Auflösung von Kapitalrücklagen aus organschaftlicher Zeit, 345
Aufsichtsratsvergütung nach § 10 Nr. 4 KStG, 40
Aufstockung der Wertansätze bei nachträglicher Einbringungsgewinnbesteuerung, 415
aufteilbare (abgrenzbare) Anwendung, 112
Aufwendung zur Erfüllung von Satzungszwecken (§ 10 Nr. 1 KStG), 35
Ausgleichsposten, 386
    nach RdNr. 20.20 BMF, 390
Ausgleichszahlungen an außenstehende Anteilseigner, 331
"Aushebelung" der Differenzrechnung nach § 27 Abs. 1 Satz 3 KStG, 99

Auslandsreise, 111
Ausnahme von der Steuerbefreiung nach § 8 b KStG für sog. „Finanzunternehmen", 81
Ausnutzung einer konkreten Geschäftschance, 141
ausschüttbarer Gewinn, 88
Aussetzungszinsen, 37
Ausstellerhaftung, 29

B
Bargründung mit Aufgeld, 379, 383
Beendigung des GAV aus wichtigem Grund, 357
Beginn der Körperschaftsteuerpflicht, 14
Beginn der Steuerpflicht, 14
Begriff der Kommanditgesellschaft auf Aktien (KGaA), 23
Begründung einer sog. Gewinn- und Verlustgemeinschaft, 357
Behandlung der Beteiligungserträge, 345
Beherrschende Stellung, 119
    aufgrund mittelbarer Beteiligung, 120
    bei eigenen Anteilen, 121
    Prüfungsreihenfolge für, 122
Berücksichtigung eines KSt-Guthabens in Liquidationsfällen, 362
Berücksichtigung von Verlustvorträgen bei der Tantiemeberechnung, 180
Bescheinigung, 102
Beschränkte Steuerpflicht, 13
Besteuerungszeitraum bei der Liquidationsbesteuerung, 359
Besteuerung von Dividenden beim Anteilseigner nach § 8b KStG, 42
Betrieb gewerblicher Art von juristischen Personen des öffentlichen Rechts, 11
betriebsinterner Fremdvergleich, 170
Bewertung des eingebrachten Betriebsvermögens, 385
Bezüge des Gesellschafter-Geschäftsführers, 161
Bildung aktiver oder passiver Ausgleichsposten beim OT nach § 14 Abs. 4 KStG (vgl. R 63 KStR), 357
Billigkeitsregelung für Erstattungszinsen, 38
Billigkeitsregelung in RdNr. 22.23 BMF, 435
Bruttomethode, 345

C
Checkliste: "Angemessenheit der GGf-Vergütungen", 191

D
Darlehen der Kapitalgesellschaft an den Gesellschafter, 261
Darlehen des Gesellschafters an seine Kapitalgesellschaft, 267
Darlehensgewährung ist bereits dem Grunde nach steuerlich nicht anzuerkennen, 264
Darlehensgewährung zwischen Schwestergesellschaften, 274
Darlehen zu einem überhöhten Zinssatz, 262
Dauerschuldverhältnis, 125
Devisentermingeschäft, 144
Differenzrechnung nach § 27 Abs. 1 Satz 3 KStG, 88
Direktzugriff auf das steuerliche Einlagekonto in Sonderfällen, 94
Drittaufwand, 150, 252
Due-Dilligence-Kosten, 83

E
Eigene gewerbliche Tätigkeit der OT-Personengesellschaft, 356
Einbringung eines Betriebs in eine Kapitalgesellschaft, 378
Einbringung GmbH & Co. KG in Komplementär-GmbH, 408
Einbringungsgewinn II in den Fällen des Anteilstausches, 438
Einbringungsvoraussetzungen nach § 20 UmwStG, 379
Einfacher Rangrücktritt, 237
    mit Besserungsabrede, 237
    ohne Besserungsabrede, 237
einfaches Anwachsungsmodell, 411
Eingetragene Kapitalgesellschaft, 15
Einheits- und Identitätstheorie, 14
Einkommensermittlung im Einzelnen, 23
Einkommenskorrektur nach § 8 Abs. 3 Satz 2 KStG, 127
Einkommen- und körperschaftsteuerliche Behandlung der KGaA, 24
Einkunftsart, 20
Einlage der (wertlosen) Forderung in die Kapitalrücklage, 245

Stichwortverzeichnis

einlagefähiger Vermögensvorteil, 148, 151
Einlageforderung, 132
Einlageforderung an den Gesellschafter, 105
Einlagekonto, 92, 96
Einlagenrückgewähr, 87, 95
    nach § 22 Abs. 1 Satz 6 Nr. 3 UmwStG, 436
Ein-Mann-GmbH, 2
Einzelheiten zur Anteilsübertragung nach § 8 c
    Abs. 1 KStG, 308
endgültiger Forderungsverzicht, 242
entgeltliche Übertragung Pensionsanspruch auf
    "Pensionärs-GmbH", 229
Entnahmen und Einlagen nach § 20 Abs. 5
    Satz 3 UmwStG, 396
erforderlicher Inhalt der Verlustübernahme-
    verpflichtung für Gesellschaften, die
    nicht unter das AktG fallen, 354
Erlöschen der Schenkungsteuer nur durch tat-
    sächliche Rückzahlung, 294
Ermittlung der verbleibenden Körperschaftsteu-
    er, 85
Ermittlung des steuerlichen Einlagekontos, 93
Ermittlungsschema für das steuerliche Einlage-
    konto, 93
Ermittlungszeitraum, 20
Ersatztatbestände nach § 22 Abs. 1 Satz 6 i. V. m.
    Abs. 2 Satz 6 UmwStG, 434
Erstattung nicht abziehbarer Steuern, 39
Erstattungslösung (nur) für Altfälle, 56
Erstattungszinsen, 37
erweiterte Gewerbeertragskürzung bei Grund-
    stücksunternehmen, 358
Erwerbs- und Wirtschaftsgenossenschaft, 9

F

Fallstrick „sonstige Gegenleistung" bei Ein-
    bringung Betrieb nach § 20 Um-
    wStG, 393
Familienstiftung, 10
Fiktionstheorie bei vGA, 138
finanzielle Eingliederung, 324
Finanzierungskosten, 43
Finanzplandarlehen, 233
Forderung im Betriebsvermögen der GmbH-
    Gesellschafter, 234
Forderung im Privatvermögen der Gesellschaf-
    ter, 232
Forderungsverzicht des GmbH-Gesellschafters
    gegen Besserungsschein, 240

Forderungsverzicht durch die GmbH-Gesell-
    schafter, 231
Forderungsverzicht durch eine Mutter-Perso-
    nengesellschaft, 235
Forderungsverzicht durch Mutter-Kapitalgesell-
    schaft, 234
Forderungsverzicht durch nahestehende Per-
    son, 149
Forderungsverzicht im Dreiecksfall, 67
Freibetrag, 12
Freigebige Zuwendung an nahestehende Per-
    son, 295
Fremdvergleich, 164
    externer, 164
    interner, 164

G

Geburtstagsfeier, 112
Geldbuße, 39
Geldeinlage statt Forderungsverzicht, 245
Geldstrafe nach § 10 Nr. 3 KStG, 39
Gemeinnützige Körperschaft, 22
Gesamtplan-Rechtsprechung, 381
Geschäftschancenlehre, 141
Geschäftsführergehalt, 169, 173
Gesellschafter
    beherrschender, 110
    Geschäftsführer, 2
    nicht beherrschender, 110
gesellschaftsrechtliche Einlage (offene Einla-
    gen), 147
gesonderte und einheitliche Feststellung des
    Organeinkommens, 356
Gewerbesteuerliche Behandlung der KGaA, 24
gewinnabhängige Ausgleichszahlung an außen-
    stehende Anteilseigner, 333
Gewinnabschöpfung
    brutto, 39
    netto, 40
Gewinnausschüttung im "richtigen" Jahr, 95
Gewinnermittlung im Abwicklungszeit-
    raum, 361
gleichgerichtete Interessen, 123
GmbH, 2
Goldoptionsgeschäft, 144
grenzüberschreitende Einbringung, 399
Grundprinzip der Verlustabzugsbeschränkung
    für Körperschaften nach § 8 c Abs. 1
    KStG, 306

Grundsätze der Einkommensermittlung, 19
Grundsätze der Organschaft, 323
Grundsätze zur körperschaftsteuerlichen Einkommensermittlung, 325

H
Halbeinkünfteverfahren, 1
Halbteilungsgrundsatz, 164
Heilung, 353
    fehlerhafter Bilanzansätze im handelsrechtlichen Jahresabschluss bei „verunglückter Organschaft", 351

K
Kapitaländerung, 96, 98
Kapitalerhöhung, 96
    aus Gesellschaftsmitteln, 7, 96
    effektive, 5
    gegen Einlagen, 96
    nominelle, 5
Kapitalgesellschaft, 9
Kapitalherabsetzung
    ordentliche, 97
    vereinfachte, 97
Kapitalrücklage, 88
Kapitalrücklage in der Handelsbilanz, 394
kein Abzugsverbot für vororganschaftliche Verluste des OT, 329
kein Direktzugriff bei offener oder verdeckter Gewinnausschüttung, 94
keine Schenkungsteuer bei quotaler vGA an alle Gesellschafter, 293
keine Schenkungsteuer in Konzernfällen, 297
„Kleinanlegerprivileg", 234
„kleine" Organschaftsreform, 349
Kombination von Gewinn- und Umsatztantiemen, 179
Kommanditaktionär, 24
Konzernklausel in § 8 c Abs. 1 Satz 5 KStG, 314
Körperschaft ohne Geschäftsleitung und Sitz im Inland, 13
Körperschaftsteuer, 1, 85
Korrektur einer vGA außerhalb der Steuerbilanz, 128
Kosten einer Kapitalerhöhung, 16
Krisenbestimmtes Darlehen, 233
Krisendarlehen, 232

Kriterien für Prüfung der Angemessenheit, 164
kurzfristiger Eigenhandel, 81

L
„Last-in-First-out"-Reihenfolge, 63
Leistung aus dem steuerlichen Einlagekonto i. S. d. § 27, 87
Liebhabereibetrieb, 21
Limited, 12
Liquidationsbesteuerung nach § 11 KStG, 359
Lohnfortzahlung im Krankheitsfall, 166
Lösegeldzahlung, 112
Luftposten, 386

M
Mindestbesteuerung, 305
Mindestkapital, 4
Mindeststammkapital, 2
mittelbare verdeckte Einlage, 150
Musterprotokoll, 3

N
Nachforderungszinsen, 37
nachträgliche Kaufpreisänderung, 61
nachträglicher Ausfall der Kaufpreisforderung, 61
Nachweispflicht nach § 22 Abs. 3 UmwStG, 431
nahestehende Person, 123
Nebenleistung zu den nicht abziehbaren Steuer, 37
Nebenrechnung, 128
Nicht abziehbare Aufwendung nach § 10 KStG, 35
Nicht abziehbare Betriebsausgabe nach § 4 Abs. 5 bis 7 EStG, 41
Nicht abziehbare Bewirtungskosten nach § 4 Abs. 5 Nr. 2 EStG, 36
Nicht abziehbarer Geschenkaufwand nach § 4 Abs. 5 Nr. 1 EStG, 36
Nicht abziehbare Steuern nach § 10 Nr. 2 KStG, 35
Nicht rechtsfähige Körperschaft, 10, 11
notarielle Beurkundung, 2, 3
Nur-Rohgewinntantieme, 179
Nutzungsvorteil, 249

O

Obergrenze für die Gewinntantieme, 177
Obergrenze von 75 v. H. der Aktivbezüge (Überversorgung), 207
offene Geldeinlage durch den GmbH-Gesellschafter, 154
offene oder verdeckte Einlage, 296
Oldtimer-Flugzeug, 42
Optionsfall, 43, 44
Organschaft, 328
Organschaft und atypisch stille Gesellschaft, 356

P

Pension neben Aktivgehalt, 217
Pensionsverzicht, 218
   gegen Besserungsschein, 218
   in der Krise zur Abwendung der Insolvenz, 218
Pensionszusage, 210, 211
   an Gesellschafter-Geschäftsführer von Kapitalgesellschaften, 218
   endgehaltsabhängige, 218
   endgehaltsunabhängige, 218
Personengesellschaft als OT, 329
Praxishinweise für die Angemessenheitsprüfung, 166
praxisrelevante Einzelfragen zu § 8 b KStG, 60
private Kfz-Nutzung durch den Gesellschafter-Geschäftsführer, 186
Privater Schadensersatz, 39
Probezeit, 197
   Dauer der, 197
   Verstoß gegen die angemessene, 199
Prüfschema des § 8 c KStG, 312
Prüfungsreihenfolge für vGA, 109

Q

qualifizierter Anteilstausch, 403
qualifizierter Rangrücktritt, 238
quotaler oder vollständiger Verlustuntergang, 307

R

Rangrücktrittsvereinbarung bei Gesellschafterdarlehen, 237
Rechtsfähige Stiftung, 10

Rechtsformvariante der GmbH, 3
Regelaufteilung der Gesamtbezüge (sog. 75 v. H.- zu 25 v. H.-Grenze), 178
Regelung in § 32 a Abs. 1 KStG zur korrespondierenden Besteuerung von vGA, 279
Regelung in § 32 a Abs. 2 KStG für verdeckte Einlagen, 284
Regelung zur korrespondierenden Besteuerung von vGA und verdeckten Einlagen, 279
Repräsentationsaufwendung, 112
Risikogeschäfte durch den Gesellschafter-Geschäftsführer, 144
Rückdeckungsversicherung in vGA-Fällen, 206
Rückgewähr einer verdeckten Gewinnausschüttung, 131
rückwirkende Organschaftsbegründung, 336

S

Sacheinlage, 379
Sanierungsgewinn (betrieblicher Forderungsverzicht), 247
Sanierungsmaßnahmen des Gesellschafters in der Krise der GmbH, 231
Sanierungsprivileg, 233
Schaffung einer werthaltigen Einlage, 245
Schenkungsteuer, 296
   bei disquotaler Einlage, 296
   bei disquotaler vGA, 296
   bei vGA und verdeckten Einlagen, 296
schuldrechtliches Rechtskleid, 107
Schuldübernahme (Erfüllungsübernahme) durch den GmbH-Gesellschafter unter Verzicht auf Regressansprüche, 243
Segelyacht, 42
Selbstkontrahierungsverbot, 109
Sonderausweis, 6, 98
Sondersteuersatz, 1
Sondervermögen, 11
sonstige juristische Person des privaten Rechts, 10
sonstige Körperschaft, die nicht unbeschränkt steuerpflichtig ist, 14
Spendenabzug, 23, 26
Spendenabzug bei der Körperschaftsteuer, 25
Spendenabzug bei der Körperschaftsteuer im Einzelnen, 30

Spenden an Stiftungen (§ 10 b Abs. 1 a EStG), 26
Stehengelassenes Darlehen, 233
Steuerbefreiung von Beteiligungserträgen nach § 8 b Abs. 1 und Abs. 5 KStG, 45
Steuerberatungskosten sind Betriebsausgaben, 38
Steuerfalle in § 8 b Abs. 7 KStG für sog. „Finanzunternehmen", 79
steuerliche Anerkennung von inkongruenten Gewinnausschüttungen, 298
steuerliche Auswirkung bei Einbringung in eine GmbH zum Buchwert, 387
steuerliche Auswirkung beim Anteilseigner der liquidierten Kapitalgesellschaft, 362
steuerliche Auswirkung einer abgeflossenen vGA, 130
steuerliche Auswirkung einer verdeckten Einlage, 153
steuerliche Auswirkungen einer vGA, 116
steuerliche Auswirkung in sog. Dreiecksfällen, 286
steuerliche Behandlung der Leistungen beim Anteilseigner, 104
steuerliche Behandlung des Verlustes im Verlustentstehungsjahr, 303
steuerliche Behandlung des Verlustrücktrags, 304
steuerliche Behandlung des Verlustvortrags, 305
steuerliche Behandlung einer "Nur-Pension", 211
steuerliche Behandlung von Gründungskosten, 15
steuerliche Behandlung vororganschaftlich verursachter Mehr- und Minderabführungen, 341
steuerliche Beurteilung gemischter Aufwendungen, 111
steuerliche Folgen
    aufgrund des Forderungsverzichts beim Gesellschafter, 237
    bei fehlender betrieblicher Veranlassung, 212
    beim nachträglichen Verzicht auf einen Rückgewähranspruch, 133
    bei Nichtanerkennung der Organschaft, 334
    nach Eintritt des Versorgungsfalles, 213
    vor Eintritt des Versorgungsfalles, 212
steuerliche Nebenleistung, 37

steuerliche Voraussetzung bei Pensionszusagen, 196
    Angemessenheit, 196
    Erdienbarkeit, 196
    Ernsthaftigkeit, 196
    Finanzierbarkeit, 196
steuerliche Voraussetzung und Obergrenze für die Gewinntantieme, 177
steuerliche Zurechnung einer verdeckten Gewinnausschüttung, 124
Steuerpflicht, 44
Steuersatz, 12
Steuersubjekt, 9
Stiftung des bürgerlichen Rechts, 10
„Stille-Reserven-Klausel" bei negativem Eigenkapital, 319
„Stille-Reserven-Klausel" nach § 8 c Abs. 1 Sätze 6 bis 9 KStG, 317
Streubesitzdividende, 1, 44, 48, 57
Stundungszinsen, 37

T
Tantiemen, 174
Tantiemevereinbarung, 174
    Fehlende Schriftform der, 176
    Klare und eindeutige, 174
    Nichtdurchführung einer, 175
Tarifbelastung, 85
Tätigkeit in weiteren Unternehmen, 169
Tätigkeitsbereich des gemeinnützigen Vereins, 22
Teilbetrag I, 128
Teilbetrag II, 128
Teileinkünfteverfahren, 1
teilentgeltliche Grundstücksüberlassung bei Betriebsaufspaltung, 259
Teilverzicht bei Abtretung Rückdeckungsversicherung, 225
Teilwertabschreibung auf Auslandsdarlehen, 69
Teilwertabschreibung auf Forderungen, 67
Teilwert der Forderung, 231
teleologische Reduktion, 156, 159
thesaurierter Gewinn, 2
Trauerfeier, 112

U
Überblick und Rechtsfolgen, 307

Stichwortverzeichnis

Übertragung der Pensionsverpflichtung auf einen Pensionsfonds, 227
Übertragung der Pensionsverpflichtung auf eine Unterstützungskasse, 227
UG (haftungsbeschränkt), 3
Umfang der unbeschränkten Steuerpflicht, 13
Umsatzsteuer und verdeckte Gewinnausschüttung, 134
Umsatztantieme, 179
Umwandlungssteuerrecht, 377, 392, 426
unangemessene Verzinsung, 269
unterlassene Verzinsung eines Verlustausgleichsanspruchs, 335
unverzinsliches Gesellschafterdarlehen, 269
Urlaubsrückstellung, 170
Ursächlichkeit des Gesellschaftsverhältnisses, 151

V

Veranlagungszeitraum, 20
Veranlasserhaftung, 29
verdeckte Einlage, 148, 183
    einer Kapitalbeteiligung i. S. d. § 17 EStG, 156
    eines Grundstücks i. S. § 23 EStG, 156
verdeckte Gewinnausschüttung (vGA), 107, 111, 112, 117, 135
    Formen der, 107
    wegen Geschäftschancen, 140
    wegen Verletzung des Rückwirkungsverbotes, 108
    wegen Vorteilsgewährung, 107
Vereinbarung einer Nur-Tantieme, 178
Vereinbarung eines Vorteilsausgleichs zur Vermeidung einer vGA, 136
Vereinbarung eines Vorteilsausgleichs zur Vermeidung einer vGA „Zinsvorteil", 272
verfahrensrechtliche Aspekte wegen verfassungsrechtlicher Bedenken gegen § 8 c KStG, 309
Verlagerung stiller Reserven auf andere Anteile, 432
Verlängerung des Erdienenszeitraums, 205
Verlustabzug, 303, 309
Verlustabzugsbeschränkung nach § 8 c KStG, 303, 306
Verlustnutzung bei gestrecktem Anteilserwerb, 311

Verlustverrechnung im Jahr des Anteilseignerwechsel, 312
Verringerung des Sonderausweises nach § 28 Abs. 3 KStG, 100
Versicherungsverein auf Gegenseitigkeit, 9
Verstoß gegen das Durchführungsgebot, 108
Vertrauensschutz und Haftung beim Spendenabzug, 29
Veruntreuung durch nahestehende Person, 124
Verwendung des steuerlichen Einlagekontos für Leistungen, 87
Verwendungsfestschreibung nach § 27 Abs. 5 KStG, 103
Verzicht auf den werthaltigen Pensionsanspruch, 224
Verzicht auf eine werthaltige Forderung, 65
Verzicht auf "future-service", 221, 222
Verzicht auf "post-service", 222
Verzicht des Gesellschafter-Geschäftsführers auf Gehaltsansprüche, 185
Voraussetzung der unbeschränkten Körperschaftsteuerpflicht, 12
Voraussetzung für KSt- und GewSt-Organschaft, 323
Vorgesellschaft, 14
Vorgründungsgesellschaft, 14
vorherige „Auslagerung" von Grundstücken im Falle der Einbringung in eine GmbH nach § 20 UmwStG, 380
vororganschaftlich verursachte Mehrabführungen nach § 14 Abs. 3 KStG, 357
Vorschuss auf die Gewinntantieme, 180

W

Wegfall Verlustvortrag bei Aufwärtsverschmelzung von Verlust-Tochter auf Gewinn-Mutter, 317
Welteinkommen, 13
Wertansatz des eingebrachten Vermögens, 385
Wertansatz von verdeckten Einlagen, 155
werthaltiger Forderungsverzicht, 149
Wertminderung von Gesellschafterdarlehen (§ 8 b Abs. 3 Sätze 4ff. KStG), 65
Wertpapier-Risikogeschäft, 144

Z

Zeitpunkt der Einbringung, 394
Zeitpunkt der „wesentlichen" Beteiligung bei Gesellschafterdarlehen, 66

zivilrechtliche Wirksamkeit, 193
Zuordnung Veräußerungskosten, 61
Zusage einer Witwenrente als vGA, 204
Zuschlag für Sonntags-, Feiertags- und Nachtarbeit, 169

Druck: KN Digital Printforce GmbH · Schockenriedstraße 37 · 70565 Stuttgart